济南城市发展研究

(2019)

济南社会科学院　编

山东大学出版社

图书在版编目(CIP)数据

济南城市发展研究.2019/济南社会科学院编.
—济南:山东大学出版社,2020.7
ISBN 978-7-5607-6662-1

Ⅰ.①济… Ⅱ.①济… Ⅲ.①城市发展战略—研究—济南 Ⅳ.①F299.275.21

中国版本图书馆 CIP 数据核字(2020)第 133255 号

责任编辑 李孝德
封面设计 牛 钧

出版发行 山东大学出版社
社　　址 山东省济南市山大南路 20 号
邮政编码 250100
发行热线 (0531)88363008
经　　销 新华书店
印　　刷 山东新华印务有限公司
规　　格 720 毫米×1000 毫米 1/16
33.5 印张 618 千字
版　　次 2020 年 7 月第 1 版
印　　次 2020 年 7 月第 1 次印刷
定　　价 98.00 元

《济南城市发展研究 2019》编辑委员会

目　录

经济发展研究

历史文化教育

乡村振兴

城市发展

社会民生

党史专项

经济发展研究

>>>

济南产业的比较优势选择及其空间配置

王　征　等

当前,济南正处于一个重要的产业结构战略调整时期,作为区域性中心城市,抓住机遇,选择和培育切合本地实际的优势产业,是促进产业结构优化升级、加快区域经济发展、实现全面小康的前提和基础。只有正确选择优势产业、推出适合济南目前状况的经济增长点,才能保持济南经济的高速增长、实现济南经济的持续发展。济南产业的比较优势选择对于全面落实市委、市政府提出的打造四个中心、建设现代泉城的各项战略目标的顺利实现具有重大意义。

一、济南产业选择的基础条件及面临的制约因素

(一)具有的优势条件

1. 产业优势。2017 年全市地区生产总值为 7201.96 亿元,比上年增长 8.0%。其中,第一产业增加值为 317.40 亿元,增长 3.3%;第二产业增加值为 2569.22 亿元,增长 8.4%;第三产业增加值为 4315.34 亿元,增长 8.2%。第一、二、三产业构成为 4.4∶35.7∶59.9。人均地区生产总值 98967 元,增长 6.6%,按年均汇率折算为 14652 美元。先进制造业发展势头良好,战略性新兴产业比重不断提高,电子信息制造、交通装备、机械装备等主导产业在全国具备较强竞争优势,实现主营业务收入分别为 576 亿元、852 亿元和 1043 亿元;新材料、生物医药等产业蓬勃发展,分别实现主营业务收入 811 亿元、700 亿元。建设现代服务业强市取得积极进展,信息软件、产业金融、现代物流等领域发展优势突出,实现软件和信息技术服务业业务收入 2352 亿元,产业规模居全省首位,实现金融业增加值 720 亿元、社会物流总额 2.1 万亿元、文化产业增加值 211 亿元、旅游消费总额 847 亿元、规模以上健康服务业企业营业收入 561 亿元,“济南服务”品牌的影响力不断扩大。重点企业支撑、引领作用不断增强,有力推动了主导产业加快发展。如:

浪潮集团高端容错计算机、高性能服务器、网络设备、大容量存储器、云服务终端等云计算产业链全国领先，2016 年实现主营业务收入 411 亿元，“高端容错计算机系统关键技术与应用”获国家科技进步一等奖；山东量子公司自主研发的量子安全通信系统和光电子器件系列产品达到国内领先水平。中国重汽集团已形成九大系列、1700 多个车型，技术水平在国内处于领先地位，已与国际先进水平接轨，2016 年实现主营业务收入 657 亿元。二机床集团自主研发的大型快速高效数控全自动汽车冲压生产线达到国际领先水平。山东天岳作为国内最大的碳化硅单晶材料生产和加工企业，成为世界上仅有的两家同时掌握 N 型和半绝缘型碳化硅半导体材料生产技术的企业之一。晶正电子攻克铌酸锂单晶薄膜制备关键技术，填补了世界空白。齐鲁制药 2016 年主营业务收入达到 111 亿元，抗生素类原料药、抗肿瘤类原料药等产品具有国内乃至世界领先水平。圣泉集团拥有亚洲最大的酚醛树脂生产线，呋喃树脂产销量居世界第一位，在全球首创生物质石墨烯并率先实现商用。盖世物流获评首批国家级示范物流园区，佳怡物流、奔腾物流处于全国零担物流领先地位，济南铁路局、山东高速物流成为多式联运领域骨干龙头企业，传化物流公路港项目落户济南市。文化旅游产业形成了山东影视集团、山东出版集团、山东旅游、嘉华国旅等一批骨干企业。

2. 载体平台建设不断加快。围绕城市空间布局调整优化，济南市制定实施产业布局规划，明确重点产业集聚区发展定位，加大产业整合力度，促进产业集聚发展，推动优势资源和规模企业向符合产业布局要求的园区集中，初步形成了主城区发展服务业、各类开发区和园区发展工业的产业格局。济南高新区充分发挥全市经济建设主战场作用，积极拓展发展空间，创新优化体制机制，依托五大片区加快构建“一区两城两谷”产业格局，综合实力实现跨越提升。明水经济技术开发区升格为国家级开发区，为有效吸引要素资源集聚搭建了更高平台。济南综合保税区封关运行，成为开放型经济发展的重要平台。济南新材料产业园区等省级开发区功能日益完善，为工业发展提供了良好载体支撑。中央商务区建设全面启动，将成为产业金融、新总部经济、创新创业创意和现代商务服务业的重要载体；汉峪金谷、创新谷等园区建设加快推进，为新兴服务业加快发展提供了良好平台。

3. 创新能力不断增强。济南市为全省科教人才中心，驻济普通高等院校 43 所，高新技术企业达到 751 家，各类人才总量约 150 万人，科教资源富集、人力资源雄厚，是国家发展改革委、科技部确定的创新型城市试点，已经初步形成较具优势的区域创新体系。拥有国家信息通信国际创新园、国家集成电路设计产业化基地、综合性国家高技术产业基地、国家信息产业高技术基地、国家动漫产业基地、山东大学晶体材料国家重点实验室、国家胶体材料工程技术研究中心等多个国家级平台载体；量子技术研究院成为国内量子科学研究和科研成果转化的重要载体，为济南市信息产业发展提供了强大的平台支撑。作为国家重大新药创制平台、国家级创新药物孵化基地，济南市生物制药研发和产业化能力在全省居于优势地位。在交通装备、机械装备、新材料等产业领域，共拥有国家工程实验室、国家级企业技术中心、国家工程技术研究中心等国家级创新平台29家，主导制定了多项国际标准，企业创新能力建设取得较大进展。

4. 政府服务体系不断完善。围绕“打造四个中心，建设现代泉城”，先后出台了稳增长50条、财政政策支持28条、供给侧结构性改革19条以及加快区域性金融中心、物流中心、科技创新中心建设的若干政策，为推进产业发展提供了良好政策环境。济南机场跻身千万级大型机场行列，“米字型”铁路枢纽加快优化，“铁公机”多式联运优势凸显，服务实体经济能力进一步提高。积极实施各类高端专业人才引进计划，人才规模不断壮大，人才引领支撑经济社会发展的关键作用持续增强。金融服务实体经济能力不断提升，各类金融机构达502家，产业金融中心建设全面启动，能够为实体经济发展提供充分的资金资本支撑。全国小微企业创业创新基地城市示范、科技和金融结合试点城市等示范试点建设有序推进，为优化政策制度环境、加快推进创业创新提供了有力支持。

（二）济南产业选择面临的制约因素

1. 产业综合实力相对下降。近年来，经济发展取得了一些可喜的成绩，但是与全省先进地市而言，济南经济发展却相对落后。2017年济南经济总量已经退居第三位，与青岛的差距日益扩大。济南同烟台的经济差距从2016年的467亿元缩小至136.99亿元，目前济南增速明显高于烟台。从增长速度上看，其中8个城市的GDP增速超过全省的平均水平，日照、菏泽、莱芜、威海、济南GDP增速超8%，日照GDP增速最高为9.0%。泰安、枣庄、烟台、东营、滨州GDP增速低于7%；滨州GDP增速最低，为6.2%（见表1）。济南第三产业比重较高，人均GDP却较低。通过对比，济南市相比先进地区经济增速不高，综合实力相对下降，急需通过结构调整和布局优化来培育强有力的新兴增长点，以实现整体经济实力的快速提升。

表1　　　　山东17地市GDP总量情况

名次	省市	GDP(亿元)	同比增长(%)
	山东	72678.18	8.1
1	青岛	11037.28	7.5
2	烟台	7338.95	6.5
3	济南	7201.96	8.0
4	潍坊	5858.63	7.0

续表

名次	省市	GDP(亿元)	同比增长(%)
5	淄博	4781.32	7.4
6	济宁	4650.57	7.1
7	临沂	4345.39	7.9
8	东营	3801.78	6.4
9	泰安	3585.28	6.8
10	威海	3480.10	8.1
11	德州	3140.18	7.3
12	聊城	3064.06	7.5
13	菏泽	2820.18	8.5
14	滨州	2612.92	6.2
15	枣庄	2315.91	6.7
16	日照	2002.65	9.0
17	莱芜	896.02	8.1

资料来源：根据各地市政府工作报告、各地市统计信息网站整理所得。

2. 产业同构化问题较为突出。产业同构化是指在一地区产业结构变化过程中，区域间的产业结构在不断出现和增强的过程中相似度不断增高，这将使该区域资源配置效率低、区域内竞争激烈，并且影响区域间合作，对经济发展极为不利。济南市长期以来缺乏系统的、刚性约束力的全市产业布局规划，主导产业发展思路缺乏连续性和相对稳定性，没有对不同门类、不同性质的产业进行集中安排和有效引导，各县（市、区）和开发区招商引资无序竞争，项目落地布局随意，导致产业结构雷同化，形成“大而全”“小而全”的产业同构现象和同质化竞争。长期以来各县（市、区）之间缺少协调交流，竞争大于合作，企业间的关联与协作难以开展，产业整合目标过于分散，整合优势和规模效应不明显。对传统产业依赖程度过高、轻重比例不尽合理的资源能源消耗型产业仍占较大比重，不仅经济效益不高，宝贵空间浪费严重，而且还给资源环境带来巨大压力。

3. 产业布局集聚集群效应急需提高。产业布局不够集中，产业链条中处于中低区位的产品居多，能够自主研发设计并进行产品深层次延伸的企业较少，降低了企业的竞争力，限制了产业对当地经济和财政的贡献度。存在一区多园布局、分散无序发展现象，即同一园区内，企业多是空间集聚而非关联配套协同发展，规模和集聚效益较低，有龙头无产业和有产业无龙头的问题比较突出。产业集群中具备核心竞争力和引导产业发展方向的龙头企业较少，现有龙头企业缺乏关联产业的支撑。产业空间布局较为零乱，产业发展形成“中心集聚、郊县弱化”的二元结构且呈加剧态势。县域经济发展滞后，商河、平阴、济阳在全省位次与济南省会城市地位极不相称。中心城区与商河、平阴等周边县市在发展水平和运行质量上的巨大落差，妨碍了产业链条的平稳衔接，限制了济南作为增长核心的发展，也不利于对周边县市的辐射带动作用。产业布局呈现“大分散、小集中”格局。县区工业空间布局不明晰，特色不明显；主城区五区之间现代三产建设重叠，都市产业与高污染企业并存，对市区产业空间优化形成瓶颈效应。

4. 产业布局与城乡发展的统筹尚需深化。针对产业集群发展的相关政策体系和社会服务体系等配套环境有待完善。一些集群内部公共产品不能支撑该区域发展。很多集群缺少关联产业与支持产业，缺乏社会化服务体系的有力支撑。部分开发区产业就业和生活的承载能力不足，制约了区域城市化进程的推进；产业园区与新城建设的衔接仍显不足，如西部新城的“城”“业”分离现象仍然存在。一些开发区水、电、气、热、交通等市政基础配套设施不健全；远郊区大部分园区缺少教、科、文、卫等服务功能配套设施，园区对企业的集聚力不够。因此，应从单一功能的产业园向融合研发、产业与城市功能的现代科技新城转变。

二、济南产业的比较优势选择及其空间配置主要理论基础

优势产业能够综合反映一个产业的比较优势与竞争优势，对整体产业结构水平的提高发挥着促进作用、并呈现出逐步发展壮大的趋势和前景。处于不同发展阶段的经济体，其优势产业会随着该地区的资源禀赋和产业配置能力的变化而不同。在现代科技快速发展的时代，新的产业部门随之涌现，这就使得传统优势产业的地位逐渐下降。因此，济南依据自身的实际情况，并依据优势产业选择的理论、原则，选择并发展适合自己的优势产业，才能促进产业的优化升级，实现济南经济持续、健康、平稳、快速发展。

（一）优势产业内涵的界定及特征

1. 优势产业内涵的界定。优势产业所体现的优势，一方面体现在资源禀赋方面的比较优势，另一方面主要体现在产业在国际贸易中的竞争优势。比较优势是竞争优势发展的基础，竞争优势是比较优势进一步发展和完善的结果，两者相互联系、相互作用。比较优势作为基础在优势产业中起到非常重要的作用，是优势产业选择的基础，真正从基础上体现了地区的“优势”，但地区的优势又不能仅仅依靠其比较优势，竞争优势在市场中又至关重要。另外，依据可持

续发展理论,优势产业的发展还要有可持续性,它不仅包括环境的可持续性,而且还包括经济的可发展性和社会的可持性。从近几年的产业发展状况来看,尤其是金融危机阶段,有些传统的产业由于污染严重、能源消耗过大、相对产出小而失去了产业优势,所以优势产业必须具有发展潜力,并且注重与生态和谐发展。综上所述,优势产业是以比较优势为基础,充分利用和发挥地区特有资源,运行状态良好,资源配置基本合理,资本运营效率较高,能够体现和巩固地区产业的竞争优势,并具有一定可持续发展性的产业。优势产业是比较优势和竞争优势相结合的产物。比较优势是一个外生优势的体现,依靠自有的资源禀赋形成了产业优势,从而获得比较利益;同时,竞争优势是内生优势的体现,主要依靠后来的发展在市场上占有主动权,从而获得产品的竞争优势。在经济发展的不同阶段,优势产业不断地变化和更替,并不断地向高级化方向发展。优势产业的发展状况反映一个地区经济发展的总体水平和发展方向,在很大程度上决定地区经济的整体素质和效益,制约着地区经济发展的兴衰和发展后劲。

2. 优势产业特征。根据比较优势理论和竞争优势理论以及优势产业的内涵,优势产业的特征可以归结如下:第一,优势产业具有较高的专业化程度。产业专业化水平较高,显示了地区发展产业的优势,从而显示产业发展有着内在的动力。专业化水平是形成产业优势的一个关键因素,所以较高的专业化程度是优势产业的一个重要特征。第二,优势产业具有规模经济。规模经济是产业竞争优势的重要特征,如果没有达到规模经济,优势产业就不可能在地区间产生效率优势,也不可能达到资源的良好配置,也就不能在地区间产生产业上的优势。因此,规模经济是优势产业的一个重要特征。第三,优势产业具有较高的劳动生产率。劳动生产率是形成比较优势和竞争优势的一个重要原因。只有相对较高的生产率,企业的相对成本才能在市场中占优,才能在同行业的竞争中占有成本上的优势,所以较高的生产率是优势产业的一个重要特征之一。第四,优势产业处于产业生命周期的成熟期或成熟期附近。优势产业的动态性决定了优势产业是产业的一个发展过程,其生命的周期也自然遵循产业生命周期理论。由于优势产业的特性所在,既有规模经济,也有较高劳动生产率,所以优势产业应当处在产业生命周期的成熟期或成熟期附近。第五,优势产业有较高的产业增长率。由于优势产业充分考虑了当地的特殊环境和资源,充分利用了地区的有利条件发展区域之间的差异产业,从而会形成一个良性的产业链条,所以优势产业拥有良好的发展空间,具备高增长率。

表 2　　主导产业、支柱产业和优势产业区别

产业名称	优势产业	主导产业	支柱产业
定义要点	具有比较优势和竞争优势	产业结构中的核心地位	产值占 GDP 的比重
特点	发展好，潜力大	关联度高，增长率高	比重大、规模大
生命周期	成长期或成熟期	成长期	成熟期

(二)优势产业的选择原则、基准

1. 优势产业的选择原则。优势产业选择的原则主要来源于优势产业相关理论及对优势产业内涵特征的分析，其主要体现在：(1)资源优势原则。资源优势原则是指该地区的自然资源和劳动资源。根据资源禀赋理论，相互依赖的多种生产要素的差异是比较优势的源泉。一个地区可以充分利用其丰富的资源，从而在成本上形成一个绝对的比较优势。因此，在评价优势产业时要充分考虑地区的资源优势，并对资源优势加以区分研究，比如，研究资源的利用率，可以考察产业结构是否合理。(2)效率优势原则。效率优势是指该地区对资源的利用效率以及专业化程度。地区不同，产业不同，其专业化程度不同，对投入资源的产出效率也不同，形成了地区产业间效率上的差异。对产业效率的研究，主要是基于对产业结构的状态进行研究，进而考察所形成的产业优势。比如，研究产业资本利用率，可以考察产业的发展潜力。(3)技术优势原则。技术优势指该地区在社会实践中所具有的生产工艺优势和科学技术研究水平上的优势。这种优势主要体现在生产设备的现代化和科研水平的领先性。掌握高效的生产工艺，就能在生产上取得相对成本的优势，掌握先进的生产技术，可以在生产上取得相对较高的产品附加值，从而取得较高的经济效益。因此，在评价优势产业时还要遵循技术优势原则。(4)市场优势原则。市场优势是指产品在国内、国外应具有较大的市场需求或潜在的市场需求，并且市场竞争力强。市场需求是产品价值得以实现、企业获得效益的前提，只有产品在市场上有优势，才能最终形成优势产业的基石。所以市场优势原则是评判优势产业不可或缺的原则。

2. 优势产业的选择基准。对优势产业基准的选择，依据其相关理论以及内涵和特征进行选择。(1)优势产业符合产业竞争力基准。产业竞争力基准依据波特的竞争优势理论，其阐述了在产业发展过程中，影响产业竞争力的核心要素。优势产业的发展，不仅需要资源的优势，而且还要形成产业竞争优势，只有这样，才能保持产业的优势。(2)优势产业还符合收入弹性基准和生产率上升基准。“收入弹性基准”是从需求角度提出的面向市场的选择基准。巨大的社会需求是一个产业存在和发展的基础，所以这一基准符合产业发展的规律。与此相对应，“生产

率上升基准”是从供给角度提出的立足于生产的选择基准，是指某一产业的要素与其他产业的生产要素的比率，生产率上升快的产业，相应地，生产成本下降也快。经济效益较好，加快发展生产率上升快的产业就能提高整个社会的经济效益。此方法强调了市场需求和技术因素的重要调节作用。(3)优势产业还符合产业生命周期基准。优势产业的形成和发展与产业的生命周期有着紧密的联系。产业也同世界上其他事物一样，有着自己产生、成长、发展和衰亡的过程，有着自己的生命周期。当某产业的产出在整个产业系统中的比重迅速增加，并且该产业在产业结构中的作用也日益扩大时，该产业也将逐步趋于合理的结构。该产业的发展速度大大超过了整个产业系统的平均发展速度，技术进步迅猛且日趋成熟，其市场的需求则有明显的扩大，优势产业基本形成，而且随着时间的推移逐步走向稳定状态。(4)其他基准。由于产业的基准很多，研究者提出这些基准时，是根据一些具体的研究而定，并不代表普遍的意义。所以选择基准时要因地而异，不可思维僵化。例如，经济相对发达且有资金、技术及人才条件支持和配套的优惠政策的地区，还应符合动态比较费用基准；经济相对落后地区的优势产业还应符合后发优势基准；劳动力资源相对丰富的地区还应符合就业弹性基准等。

三、济南市优势产业选择及其空间配置研究

紧紧围绕“打造四个中心，建设现代泉城”的中心任务，以促进产业转型升级、构建现代产业体系为目标，以改革创新为动力，以开发区(园区)、产业集聚区和重点片区为载体，以布局集中、产业集聚、资源集约为方向，着力突出城市经济发展高地定位，创新布局思路，强化政策引导，合理划定功能分区，全面优化产业布局。按照有利于结合现有基础、调整优化布局、拓宽发展空间、促进产业集聚、培植产业生态、加快转型升级的原则，选取以下产业：

(一)电子信息产业

济南电子信息产业在全省最具发展优势，拥有国家信息通信国际创新园(CIIC)、国家信息产业高技术产业基地、国家集成电路设计产业化基地、国家动漫产业发展基地、国家软件出口创新基地、国家超算济南中心等多个国家级平台和园区，是全国第二家“中国软件名城”。浪潮、中创、山大华天、山东中孚等一批骨干企业竞争优势明显，海量存储、服务器、LD芯片国内市场占有率第一，中间件、信息安全、财务软件、工业软件等在全国居重要地位。现已初步形成以高新区中心区为核心、高新区孙村片区等为重要增长极的空间布局。

东部核心发展区：高新区中心区依托载体平台和发展基础优势，以研发设计和平台服务为重要支撑，重点发展高附加值的高端软件、集成电路设计、卫星应用、航天科技、高性能计算机应用开发、物联网、服务外包等产业；孙村片区依托发

展空间优势，重点布局数字装备、网络通信设备、集成电路等高端制造产业以及软件、信息服务等产业；综合保税区依托现有产业基础和海关特殊监管区优势，重点集聚光电子、高性能存储介质、集成电路、云服务、跨境电子商务等产业。

西部核心发展区：中新知识产业园按照高起点产业规划定位的要求，重点布局高端信息服务业；济南创新谷发挥资源禀赋和区位条件优势，重点布局高性能半导体器件及应用产品、云计算和物联网应用、服务外包、科技研发、通信设备等产业；大学科技园依托高等院校集聚特点，重点布局软件及动漫产业；济南经济开发区结合产业基础，重点发展半导体器件、计算机及外设等电子信息制造业。

（二）交通装备产业

济南是全国重要的重型汽车生产基地，专用车品种优势明显，摩托车规模优势较强，轿车生产初具规模，多家汽车零部件配套企业行业领先，轨道交通装备以货车整车新造为主。重汽集团已形成九大系列1700多个车型，技术水平在国内处于领先地位，重型汽车占国内份额的1/4，居全国重卡行业前三名并进入世界重卡企业前5位。现状布局以高新区、明水经济技术开发区、济南经济开发区、重汽党家庄生产基地等为主。

明水经济技术开发区：以重汽工业园、中集车辆等企业园区为支撑，集聚发展商用车、客车、专用车及零部件产业，推动清洁能源汽车、节能与新能源汽车产业规模化发展。

高新区孙村片区：以吉利汽车、青年汽车为带动，布局发展轿车整车项目，推进新能源汽车项目，结合配套产业区建设，集聚发展零部件产业；以轻骑产业园为依托，布局发展摩托车及零部件产业；以中车园区为依托，发展铁路货车及零部件产业。

临港经济开发区：依托“欧洲工业园”建设，布局发展重型汽车零部件、汽车电子等配套产业。规划建设北车集团轨道交通装备制造专题园区，布局发展城市轨道交通、铁路货车整车制造及零部件产业。提升重汽党家庄工业园规模档次，集中发展重型汽车整车制造产业。推动绕城高速以内现有整车及零部件与总成产能向上述园区集聚转移。

（三）机械装备产业

济南机械装备制造产业基础雄厚，拥有二机床集团、石油济柴、济南铸锻所、齐鲁电机等骨干企业，数控锻压设备跻身世界前列，占国内市场的80%，数控金切机床、发电设备、变压器、大功率内燃机、铸造机械、压力容器、特种电缆、万能试验机、大型磨煤机等国内领先。现已形成以济南经济开发区、高新区孙村片区、明水经济技术开发区为重点，骨干企业园区为支撑，平阴、济北、商河、临港经济开发区为补充的空间布局。

济南经济开发区:以铸锻所、时代试金等为龙头,发挥园区企业集聚优势,突出智能化、集成化、复合化、柔性化等高端方向,布局发展数控压力机、铸造机械、焊接机械等基础制造装备产业集群,建成全国领先的数控机械基地;以宏达、北辰等为龙头,集聚发展核级压力容器产业;规划建设模具工业园,引导模具设计加工企业集聚发展,建成辐射全省的模具基地。

高新区孙村片区:以中电装备产业园、齐鲁泰山产业园、数字装备园等为依托,集聚发展发电装备、输配电装备、电力节能环保设备、智能电表等产业,发挥产业联盟平台作用,促进企业合力发展,强化上下游对接配套,提高产业整体竞争实力,建成国内重要的现代电力装备产业基地。

明水经济技术开发区:推动现有电力装备及特种电缆、通用机械、工程机械等产业向高端化发展;依托交通优势和产业基础,规划布局社会化基础制造中心,鼓励优势企业基础制造能力集中布局,建成全省重要的基础制造基地;依托山东华云,建设高端超难复杂零件社会化加工中心。

特色园区:立足发展基础和比较优势,平阴工业园突出发展电力节能环保装备产业集群,济北经济开发区发展壮大液压机械集群优势,临港经济开发区集聚发展集约型机电制造产业。引导鼓励市区机械装备制造企业向上述园区外迁转移。

(四)新能源及节能环保产业

济南新能源产业发展特点突出,是全国最大的太阳能热利用产业研发和产业化基地,占据国内太阳能热利用行业前4强企业的2席,太阳能中高温利用研发水平在国内居领先地位;拥有完整的太阳能光伏产业链,具备电站工程总承包能力;智能电网产业具备良好发展基础,在输变电设备和配电自动化方面具备较强竞争优势;核电装备产业影响力逐步扩大,山东宏达为我省首家获得国家核安局民用核安全生产许可证的企业,华凌电缆被认定为国家唯一开展核岛内电缆研制的企业;生物质锅炉、生物质利用等产业基础较好,城市生物质垃圾厌氧消化关键技术、余热利用技术居国内领军地位。节能环保产业发展势头良好,输配电网无功补偿、燃煤锅炉烟气脱硫装置、能源监测、环境在线监测、环保治理等产业优势明显。现已初步形成以高新区孙村片区、明水经济技术开发区为产业发展主要载体,力诺、圣泉等骨干企业园区为重要支撑的空间布局。

智能电网产业:重点发展发电、输变电、配电、用电及相关服务业等领域,完善产业链条,努力打造国内有重要影响的智能电网特色产业基地;加快产业集聚和园区建设,形成以高新区为核心片区、各区有所侧重的智能电网产业集群。

太阳能利用产业:以力诺、桑乐等企业园区为依托,巩固太阳能热利用优势,加快太阳能中高温技术产业化进程,研发光热发电和系统集成技术,扩大光热应用领域，整合优化从太阳能电池及组件到系统集成、电站工程总承包的光伏全产业链，发展太阳能建筑一体化产业，集聚上下游企业，建设太阳能光热光伏研发生产基地。

半导体照明产业：以济南新材料产业园、浪潮华光产业园、宝世达等园区为依托，布局发展高性能半导体照明产业。

生物质能产业：以圣泉、十方等为龙头，推动生物质能源及沼气制备利用等产业技术创新和规模化发展，带动相关产业集聚发展。

风电装备：以北车风电园、伊莱特重工、齐鲁电机等企业园区为依托，在高新区孙村片区、明水经济技术开发区建设风电产业园，集聚风电装备生产企业，以风电成套机组设计和组装为核心，带动风电关键零部件和控制系统发展，推动传统电力设备制造企业向新能源设备制造转型。

节能环保产业：依托明水经济技术开发区、长清环保产业园、平阴工业园、商河经济开发区等园区，发展节能环保产业；依托物联网产业发展基础，在高新区集聚发展能耗、环境监测控制产业。

（五）新材料产业

济南在晶体材料、有机高分子材料、特种功能纤维、高性能金属材料、光电子材料、胶体材料、环保节能节材建筑材料等领域产业基础较好，拥有山东大学晶体材料国家重点实验室、山东大学国家胶体材料工程技术研究中心等重要创新平台。碳化硅晶体生长和衬底加工技术达到世界先进水平，建有国家火炬计划有机高分子材料特色产业基地，拥有国内最完整的氟材料和氟化工产业链。现已形成以济南高新区、新材料产业园、明水经济技术开发区刁镇化工工业园等为载体，天岳、圣泉等企业园区为重点支撑的空间布局。

济南新材料产业园：依托山大国家胶体材料工程技术研究中心，集聚发展胶体材料产业；依托省科学院新材料研发与产业化基地，布局发展 LED 封装用有机硅材料、光电封装用固晶导电银胶等产业；依托中国兵器工业集团五三研究所，围绕树脂复合材料、高性能工程塑料、特种黏剂材料等优势产品，打造山东五三新材料产业基地；以天诺光电材料有限公司为龙头，加快建设国内最大的新型导电纤维产业化基地；引导鼓励各类化工新材料产业集聚发展。

明水经济技术开发区刁镇化工工业园：以中氟、华氟等氟化工企业为龙头，加快发展氟聚合物、氟材料、氟精细化学品等高端氟材料产业，带动上下游产业跟进布局发展，做大氟硅化工特色产业链；以济南圣泉集团为龙头，集聚发展高分子合成树脂产业。

特色产业园区：以山东天岳、晶正电子为龙头，加快碳化硅、铌酸锂等高性能半导体材料产业集聚发展，建设成为国际领先的高性能半导体材料基地；以山大吕美、慧成铸造、轻骑铸造等为龙头,集聚发展高性能轻质合金材料产业;推进聚智 CBF 玄武岩纤维项目,建设成为国内重要的高性能纤维材料基地。

(六)生物医药产业

济南生物医药产业发展较好,是国家重大新药创制平台、国家级创新药物孵化基地,生物制药研发和产业化能力在全省居于优势地位,生物技术服务能力强,生物农业、生物制造、生物能源、生物环保具有明显特色。拥有齐鲁制药、山东福瑞达、力诺药业、科兴生物、元隆生物、山东福胶等一批优势企业。重组人粒细胞集落刺激因子和重组人白细胞介素—11 等抗肿瘤药物、头孢菌素原料药、透明质酸、二十二碳六烯酸、血小板促生素、阿胶、人工合成麝香酮等产品在国内外市场具有重要地位。现已初步形成以高新区为重要承载区域,齐鲁制药董家工业园、力诺工业园、科兴工业园、福胶工业园等企业园区为支点的产业空间布局。

高新区中心区:优化提升孵化服务功能,加快专业技术公共服务平台建设布局,完善科研基础配套条件,加强开放性、共享性服务能力,提高科技成果转化平台、新药技术研发平台、产业化支撑平台建设与应用水平。

高新区综合保税区:布局科研中试和综合孵化设施,健全完善国家新药创制各单元技术平台,推进中试车间和综合孵化基地建设,增强企业孵化、基础研究、平台服务和成果转化功能。

高新区两河片区:规划布局生物制药、医学工程、医疗器械、医药保健、生物制造、服务外包等专业性产业园区,突出发展化学制剂药、生物疫苗、诊断试剂、农用生物制品、生活保健品、生物基材料等领域,加快发展生物医学工程,积极进入干细胞与组织工程等前沿技术领域,建设形成产业协同创新能力强的综合性生物医药产业体系。

特色产业园区:发挥高新区"一区三园"的公共服务和辐射带动作用,以优势企业园区为重点,提高基础研究、成果转化和产业化水平,促进优化提升,实现联动发展。

(七)高技术服务业

济南高技术服务业依托省会科教人才资源优势,在全省居首要地位,信息技术服务、生物技术服务竞争优势明显,人才密集、知识密集、附加值高的高技术服务业产业体系正在加快形成。现已形成以高新区中心区为核心,高校科研院所、重点企事业单位、专题园区共同发展的空间布局。

依托国家信息通信国际创新园、济南创新谷、中新知识产业园等园区,以面向重点领域大数据信息服务、高端工业软件、超级计算机高端应用软件研发、复杂信息系统一体化运营服务等为方向,集聚发展信息技术服务业;以加强平台设施建设、发展第三方服务、健全交易机制等为重点,布局发展节能环保服务、科技成果转化服务、知识产权服务、检验检测服务和数字内容服务产业。依托国家重大新药创制平台，发挥国家创新药物孵化基地集聚作用，结合高新区中心区生物医药孵化起步区、综合保税区科研中试区两个功能区规划建设，加快发展生物技术服务业。以完善支撑体系、培育服务主体为重点，在国家信息通信国际创新园、山大路信息科技商务区、明水经济技术开发区、黄台电子商务产业园突出发展电子商务服务业。依托济南经济开发区，集聚发展数字传媒、数字出版等产业。推进市中区济南创新设计产业园规划建设，围绕机械装备、轻工纺织、电子信息、交通装备等产业需求，在各级开发区规划建设一批各具特色的工业设计中心和示范基地，形成高端设计产业集聚区。引导鼓励高校科研院所、重点企事业单位现有研发设计、科技成果转化、检验检测、数字传媒出版等产业功能在高技术服务业集聚区布局发展。

（八）金融产业

济南作为省会城市，集中了众多金融机构的全国总部和区域总部，是人民银行大区分行、银监局、证监局、保监局的所在地，金融业发展水平居全省领先地位，金融业增加值、金融机构存贷款余额均占全省20%以上，在金融资源总量、服务便利性、金融辐射能力等方面具有较强优势。金融机构本外币各项存款余额10925.8亿元、各项贷款余额9211.2亿元。全市共有各类金融机构300余家，从业人员6.2万余人。

依托济南中央商务区及汉峪金谷，在东部新城经十路城市发展轴两侧规划建设东部金融新区，重点集聚金融机构总部、新型金融机构和金融业态，发展形成以大型金融总部、多元金融服务为主，集现代商务、行政办公、文博会展、体育休闲、商业服务等综合配套服务功能于一体的新型金融中心区，成为全省乃至黄河中下游地区的金融特色标志区。同时，发挥济南金融商务中心区的传统优势和集聚效应，结合老城改造项目，建设发展金融商务楼宇，打造集金融、商务、商业于一体且金融机构集中、现代服务业密集、商贸服务业繁荣的泉城“金圈”。

（九）商务会展产业

近年来，济南依托省会优势，积极发展总部经济与高端商务服务业，全市各类总部企业达73家，缴纳税收占全市税收总额的22%；财务、法律、咨询、市场交易等各类商务服务业发展态势良好，种类齐全、分布广泛、功能完善的现代商务服务体系初步形成。会展经济的产业特色、区域特色愈显突出，大型展会承办能力逐步提高，品牌展会知名度和影响力不断扩大，先后被评为全国“金五星”最佳会展城市、“中国十佳品牌会展城市”和“中国十大影响力会展城市”。

总部经济：发挥中央商务区、金融商务中心区、西客站片区、汉峪金谷四大载体优势，充分依托省会资源、优势产业和比较优势，坚持引进与培育并举，国内与国际并重,促进省会城市群经济圈产业融合协作,扶持壮大省属企业和本市企业总部,积极引进跨国公司、大型央企区域总部和职能总部,大力吸引各层面的总部经济企业入驻,打造形成立足济南、辐射全省、影响全国的总部经济体系。

商务服务:根据商务服务业行业特点,以中央商务区、金融商务中心区、泉城特色标志区等服务业重点集聚区为主要载体,以滨河新区中心区、南北康片区等一批城市新区为拓展区,聚集发展以楼宇经济为依托的商务服务企业,逐步形成种类齐全、分布广泛、功能完善的现代商务服务体系,打造现代化商务服务中心。

会展经济:推进西区大型会展中心建设,提升济南园博园会展中心展会功能,完善济南国际会展中心和舜耕会展中心配套服务功能,推进实体与网络会展线上线下协同,优化整合全市会展资源,推进会展国际化、专业化、品牌化和信息化,加快建设会展名城。

(十)商贸流通产业

近年来,济南围绕建设全国性商贸流通中心城市,积极推进商贸服务业加快发展,全市消费品市场平稳增长,新兴业态发展良好,商贸流通网络体系不断完善,商业网点结构和布局得到优化。拥有商贸服务业限上企业2200家;商品交易市场264个,其中交易额亿元以上的有61个;各类连锁企业75家、门店4300多个;实现商贸服务业增加值839.8亿元,社会消费品零售总额2634亿元。

商业中心:一是城市主商业中心,由都市级商业中心和市级商业中心共同构成。都市级中心即泉城印象商业区,包括泉城印象商业核心区和泉城印象商业拓展区,市级商业中心包括西客站商业中心、奥体文博商业中心。二是4个副市级商业中心,包括唐冶新城商业中心、北湖商业中心、长清大学科技园—创新谷商业中心、王舍人商业中心。三是12个地区级商业中心、86个社区级商业中心。

特色商业街:按照体现泉城历史、文化、城市肌理、资源特色的原则,规划建设泉城路综合性商业街和十里泉韵水街、花园路品质商业街、芙蓉街历史文化民俗风情街、英雄山特色商业街、天桥啤酒文化商业街、齐鲁第一茶街区、山大路科技服务商业街、百花洲主题商业街区、北湖特色旅游文化商业街、经二路老字号商街等特色商业街区。

批发市场:规划建设泺口服装服饰、张庄路茶叶及茶文化、黄台建材家居、山大路科技市场、长清平安农产品、虞山汽车后市场6大百亿元级商贸产业园,布局北园大街建材家居展贸市场提升带、黄河北遥墙—崔寨—桑梓店市场拓展带、虞山—郭店生产资料商贸发展带3条特色市场发展带。引导市区内批发市场外迁发展,鼓励各县(市、区)依据区域资源及产业特色,建设发展各类特色农副产品、生产资料批发交易市场。

(十一)物流产业

济南物流业发展水平居全省前列，是国内重要的物流基地，发展规模、载体建设、主体培育和信息化水平不断提高。主城区北部依托重点企业形成了多个物流集聚中心，是全国著名的商贸物流产业集聚区，传化(泉胜)智能公路港项目落户天桥桑梓店。黄河北崔寨物流中心投入运行，郭店钢铁物流形成较大规模，明水经济技术开发区汽车产业配套物流快速发展，机场物流中心和海关一级监管库建成启用，综合保税区增加保税物流功能。

物流主枢纽：依托传化(泉胜)智能公路港项目，构建以高效集约化综合服务为功能、以智能化调度应用为特色、面向全国公路运输体系的物流枢纽，建成省会城市群经济圈以至全省、全国“智能公路港”网络体系主节点；依托济南铁路枢纽货运大北环、小清河复航及历城港区建设、航空物流基地等重大工程，着眼于发挥综合交通运输体系联运优势，布局建设集公路、铁路、水运、航空为一体的董家国际物流港，与智能公路港共同构建，形成物流主枢纽。

物流园区：北部物流园区，以商贸物流为主要特色，提升盖家沟物流基地和零点物流港集约化、现代化水平，形成集仓储、配送、商贸、展示、信息、交易、加工于一体的商贸型物流园区；东部物流园区，以服务高新区、明水经济技术开发区等东部产业集聚区为主要功能，在明水经济技术开发区规划建设以生产资料交易和物流配送为主的现代生产性物流产业集聚发展区；西部物流园区，以服务济南经济开发区等西部产业集聚区和农产品物流为主要功能，在长清平安店布局建设物流产业集聚发展区。规划建设空港、崔寨、综合保税区等特色专业物流中心，集中发展航空物流、金融物流、保税物流等产业形态。布局发展若干市域物流站和章丘、长清、济阳、平阴、商河等县域物流节点。

(十二)文化旅游产业

济南是全省文化中心，已有各类文化产业单位1万多家，从业人员近10万人，新闻出版发行发展平稳，广播影视业产值增长迅速，文化艺术服务取得长足进步，文化信息服务发展势头迅猛。济南是国家历史文化名城，舜文化、齐长城、龙山文化等古文化交相辉映，泉文化是具有世界级品质的旅游资源，南部山区休闲旅游资源丰富，奥体文博、省会文化艺术中心、园博园、明湖新区、小清河及滨河新城区、济西湿地、西客站、非遗园、鹊山龙湖等建设开发为旅游市场增添了新亮点。

文化产业布局建设“七区”：以齐鲁软件园、齐鲁文化创意基地、国家级动漫产业基地、齐鲁外包城为依托，建设高新区文化和科技融合示范区；以老城区泉文化、滨湖文化、佛文化、舜文化以及明府城历史文化资源为核心，围绕天下泉城5A级景区、芙蓉街、曲水亭街、百花洲等历史文化风貌区，建设泉城标志性文化区；依托省会文化艺术中心、非物质文化遗产博览园等现代文化设施，建设西部新城文化新高地演艺会展区;传承济南老商埠历史文脉,建设百年商埠文化创意产业区;保护性开发南部山区,建设南部山区文化和旅游融合示范区;依托英雄山、千佛山文化休闲区以及省市广电、文化路周边、奥体文博等文化产业发展载体,打造综合性文化产业示范区;构建科学合理的文化产业辐射发展体系,建设一市三县文化产业辐射区。旅游业发展"一核一带四区":"一核"为"泉城中央游憩区",依托"天下第一泉"景区、明府城历史文化街区以及外围的千佛山—佛慧山名胜风景区、泉城公园等重点区域,围绕观光旅游主线,进一步完善品牌商贸、特色住餐、休闲娱乐、特色商务等集聚功能;"一带"为黄河(小清河)旅游带,推进鹊山龙湖、济西湿地、黄河古镇等沿黄项目建设,加强小清河沿线整治提升,打造特色沿河文化旅游带;四区包括东部历史与名人文化旅游区、南部山水休闲度假旅游区、西部宗教文化旅游区、北部乡村休闲与温泉养生度假区。以绣源河旅游综合体开发为新起点,推动东部历史与名人文化旅游的提升发展;以打造乡村休闲度假区为目标,促进南部山川、森林、乡村与农业资源的整合、转型与提升发展;整合西部佛教、道教、天主教等宗教文化资源,加快五峰山旅游度假区及泉城农业公园等景区建设,促进西部宗教文化旅游区与京沪高铁沿线的互动发展;加快北部温泉资源开发,打造滞留型温泉养生旅游目的地。

(十三)健康养老产业

济南健康养老产业发展基础和支撑能力在全省居首位。全市拥有各类卫生机构5369家,其中医院、卫生院255家,每千人口医疗卫生机构床位数6.5张,每千人口拥有医生3.3人,已创建国家示范社区卫生服务中心6个,山东省星级社区卫生服务中心39个,形成了较完备的医疗服务体系。全市养老机构174家,床位数23421张,每千名老人有床位21张,初步建立起了以居家养老为基础、社区服务为依托、机构养老为支撑的社会养老服务体系。

养老服务产业:按照贴近生活居住圈、卫生医疗圈、公共交通圈、文体休闲圈的原则,布局建设机构养老服务设施;二环路以内布局中小型机构养老服务设施,鼓励利用工厂、仓库、宾馆等现有设施进行改建;二环路至绕城高速路布设大中型机构养老服务设施,鼓励建设中高档养老服务设施;绕城高速路以外布局建设大型机构养老服务设施,依托南部山区和黄河北温泉资源优势,布局建设高端商业性养老服务设施。

健康服务产业:发挥医院、高校、科研机构集聚优势,以金光健康城项目为带动,规划建设集医药保健、医疗康复、养老服务、健康培训等产业功能为一体的文化西路西段医药健康特色街;依托高新区中心区生物技术服务业和信息技术产业基础,加快发展健康信息技术服务产业;构建医学服务支持平台,在中心城区重点发展以服务健康为宗旨,满足多层次需求的第三方医学检测机构,开展临床、病理、食品和化妆品检测等精品特色服务；发挥济南地理资源优势，在南部山区、商河、济阳温泉区及鹊山龙湖、五峰山等区域建设中高端休闲度假旅游区，开发休闲、养生、娱乐、康体等多种产品，打造健康疗养产业集聚区；以奥体中心、省体育中心、全民健身中心等为重点，发展体育健身产业。

（十四）现代农业

近年来，济南以服务城市、繁荣农村、提升农业、富裕农民为目标，以现代农业园区和粮食生产功能区为主平台，实施农业现代化战略和特色品牌战略，大力发展都市农业、观光农业和生态农业，促进农业生产经营专业化、标准化、规模化和集约化，构建具有省会特色的现代农业产业体系。高标准规划建设现代农业园区，专业化生产、区域化布局的发展格局加快形成。全市发展各类现代农业园区165个、现代农业示范乡镇20个，基本建立起以“一区六园”（市农高区、6个县级农业科技示范园）为龙头、都市园区为骨干、示范乡镇为支撑的发展格局。

都市农业圈：位于主城区绕城高速公路两侧环绕地带及各县城周边地带，布局建设一批生态景观型、体验参与型、旅游度假型、物流会展型、科技展示型和特色精品型现代化都市农业园区。

南部生态休闲观光农业带：包括济南南部山区范围，按照绿色发展要求，做优做强特色经济作物产业，发展休闲观光精品农业。

中部黄河风情农业带：西起平阴东至章丘，主要涉及槐荫区、天桥区、历城区、长清区、章丘区、济阳县、平阴县沿黄地带，建设集“水生、水产、水养、水乐”特色于一体的黄河风情农业带。(1)河北设施农业组团区：包括商河、济阳，建设发展以设施农业、精准农业为特色的优质粮棉、林木花卉、蔬菜高产稳产生产基地。(2)东部特色品牌农业组团区：包括历城、章丘相关区域，发展成为济南特色农产品的“品牌孵化器”。(3)西部现代农业组团区：以泉城农业公园为核心，辐射长清、平阴部分镇办，重点发展农业良种、农产品加工、集约化种养、高科技设施、休闲观光等产业，打造与西部新城融合共生的都市农业综合体。

四、济南产业的比较优势选择及其空间配置对策措施

（一）加强产业选择及空间配置的组织领导

政府通过有效发挥其职能作用，加大力度增加优势产业所需的公共产品和服务的供给，优化产业发展软硬件环境，形成培育优势产业发展的外部推动力。区域内选择优势产业，要充分了解国家宏观经济发展政策及产业战略的影响并加以合理利用，通过制定各种产业规划和产业政策，协调各方组织实施，实现产业和经济的发展、赶超，甚至跨越。同时，制定本区域产业激励政策，积极应对宏观经济形势下的挑战、把握新常态下转变发展方式的机遇，坚持“创新引领、错位发展、突

出特色、着眼长远”优势产业选择的思想,切实发挥好政府在优势产业选择中的积极作用。优势产业激励扶持政策要立足于促进科研技术成果的转化、扶持重点龙头企业做大做强、升级改造传统产业、发展新兴产业、促进产业聚集等方面,强化产业引导,促进产业结构优化升级。打造高水平的园区,鼓励产业聚集;财政扶持或税收优惠,吸引优质资本;提供政府担保或建立风险基金,分担行业风险;引进科研机构,打造产学研联盟,提供关键技术研发资金;完善人才培育和引进配套机制,加强人才储备;实施政府采购,扩大产品市场需求等。建议组建相关领导机构,负责具体工作。

(二)积极储备高层次人才

积极制定相关优惠政策,吸引国内外的各产业领军人物和优秀人才,重点引进各领域专业人士,尤其是具有产业核心技术的创新团体。要对教育加大投入,培养高科技、高层次人才。创新人才激励政策,健全创新人才评定体系。在高新技术行业,把企业作为主体进行评价;针对在主导产业和支柱产业方面有所建树的人才,提供更加优惠政策;针对国内外专家学者,应对将科技成果在济南实行转化的发放补助;针对特定的企业创新人才或经营管理人才,依据其个人所得税,按照一定提成和一定额度予以奖励。致力于解决人才创业的商务成本,出台相关政策,对人才房的申请放宽条件,使更多的人才能够享受住房优惠;同时,并建设配套保障性住房,将公共租赁房用于解决各种人才住房问题。创建一个有利于各专业人才进行交流、学习、探讨的良好环境,设立学术论坛、学术报告等形式的交流平台。对人才,要做到引得进、留得下,为人才做好服务工作。

(三)打造优势产业集群,充分发挥集群效应

产业集群作为一种产业组织形式,其发展与产业结构的调整、技术创新以及国家及地方经济的发展密切相关。产业集群是产业发展的一个基础,也是一个明显的产业优势,但由于其只是一种块状的间断性经济带,其发展模式还不成熟,发展空间还很大,发展潜力有待开发。所以济南应在发展优势产业的基础上充分利用产业集群优势,重点培育优势产业集群,即积极引导并加强产业集群的深度、广度和强度,促进产业集群垂直深化和水平横向发展,强化区域内部产业联系,促进产业链拓展和价值链提升,减小产业发展所带来的各种风险。要不断地加强上游下游的产业延伸,拓展产业范围,使之形成优势产业链带。只有完善产业集群的职能,才能更好地调节产业结构,才能促进产业结构优化和升级,才能加强产业的抗风险能力,才能增强抵御经济危机的能力。

(四)加快产业的交叉互补,带动产业优化升级

加快产业融合,使不同产业或同一产业的不同行业相互渗透、相互交叉并融为一体,逐步形成新的动态产业,使产业不断延伸,加强现代商贸和物流与制造业之间的融合。传统的商贸与物流严重滞后于工业化生产，以至于产品销售与发送滞后，尤其是现阶段经济逐步下滑的情况，汇率的变化给制造业带来了极大的损失。加强与信息产业的融合，使信息产业逐步渗透到传统产业中，提升传统产业的竞争力，促进传统优势产业的升级。

（五）选择发展优势产业，促进劳动密集型产业向资本技术密集型产业转型

优势产业可以衡量一个地区的综合实力，反映一个地区发展的后备潜力，是提高区域特色竞争力的关键所在，所以要着力做强优势产业，全力提高区域竞争力，要科学合理地选择优势产业，充分考虑优势产业基础、发展潜力、比较优势等因素，坚持资源有效利用的最大化原则，重点培育优势产业及其龙头企业，优先安排后备发展空间和政府可调控资源，强化产业服务机制。优势产业的发展是济南产业转型的一个关键，也是加速产业由劳动密集型向资本技术密集型转型的一个基础。济南劳动密集型产业在工业增加值率上还有很大的上升空间，依然是济南经济发展所依托的产业，但是如果仅停留在劳动密集型产业的层次上，则意味着劳动生产率低下，缺乏竞争能力，最终会失去竞争优势。所以济南应该在发展劳动密集型产业的基础上，逐步提高产业的技术含量，逐步由劳动密集型产业向资本密集型产业和技术密集型产业转化，把高新技术引入传统优势产业中，提高传统产业的技术含量、附加值以及市场占有率。还应激励民营企业进入高新技术产业，由低技术、低附加值的产业向高技术、高附加值的产业领域扩展，努力争取实现局部领域的突破和跨越式发展。

（六）完善产业规划，加快产业空间配置

制定产业发展规划是市场经济条件下政府实现宏观调控职能的主要方式。当前我国在产业发展方面资源配置效率较低的一个主要原因就在于，政府在发展战略规划上对产业的选择不够科学、明确和准确。产业发展规划对济南市各行业企业的发展、资源的流动配置方向起到决定性的作用。在认真分析国际国内产业发展的基本规律和趋势的基础上，借鉴发达工业化国家的经验，制定济南优势产业发展规划。产业规划力求科学论证、详细可行，可以成为推动产业发展的基本依据。在当前金融危机的背景下，各地区都掀起了新一轮的产业结构调整。在这过程中，肯定不可避免地会因产业发展规划的雷同而出现重复建设。但是地区产业结构的趋同将影响资源的合理配置，容易导致企业的非正常竞争和区域保护主义的盛行。济南下辖的各个县市及地区必须在明确各自优势的基础上，建立符合优势产业发展的合理的分工与合作体系，建立区域合作与协调机制，实现资源、优势的互补效应。

（课题组成员：王征、沈飞、王新军、王琦）

参考文献

[1]汪世银:《区域产业结构调整与主导产业结构研究》,上海三联书店 2003 年版。

[2]付晓东、杨帆:《主导产业概念辨析与新解》,《河北学刊》2016 年第 1 期。

[3]胡建绩、张锦:《基于产业发展的主导产业选择研究》,《产业经济研究》2009 年第 4 期。

[4]蒋昭霞:《主导产业选择分析》,《兰州大学学报》(社会科学版)2007 年第 4 期。

[5]刘文华、田应华、刘伟辉等:《重庆市服务业主导产业的选择与发展对策》,《经济地理》2011 年第 9 期。

[6]秦耀辰、张丽君:《区域主导产业选择方法研究进展》,《地理科学进展》2009 年第 1 期。

[7]魏后凯:《论中国城市转型战略》,《城市与区域规划研究》2011 年第 1 期。

[8]张圣祖:《区域主导产业选择的基准分析》,《经济问题》2001 年第 1 期。

[9]黄勤:《论区域主导产业》,四川大学博士学位论文,2002 年。

济南新旧动能转换先行区建设与完善投融资体制机制研究

许海峰

2018年1月12日，国家发展改革委发布《关于印发山东新旧动能转换综合试验区建设总体方案的通知》(发改地区〔2018〕67号)，拉开了山东省新旧动能转换综合实验区建设的序幕。2018年6月8日，山东省金融办等19厅局发布《关于进一步运用资本市场助推全省新旧动能转换的若干意见》(鲁金办发〔2018〕9号)，培育发展新技术、新产业、新业态、新模式，推动产业智慧化、智慧产业化、跨界融合化和品牌高端化，实现传统产业提质效、新兴产业提规模、跨界融合提潜能、品牌高端提价值。全面推动企业上市挂牌，利用资本市场做优做强做大"十强"产业，大力发展直接融资，培育发展私募市场，积极打造资本市场"山东板块"，进一步打造资本强省，推动全省创新发展、持续发展、领先发展。经过3年(2018～2020年)努力，全省上下运用资本市场的能力和水平不断提升，直接融资特别是股权融资大幅增长，资本市场服务我省实体经济能力显著增强。

为此，本文围绕《关于进一步运用资本市场助推全省新旧动能转换的若干意见》相关指示精神，对新旧动能转换过程中的直接融资和间接融资进行分析，探讨如何在新旧动能转换过程中借助资本市场，推进新旧动能转换迈向新台阶。①

一、境内外资本市场融资分析

(一)我国境内资本市场体系构架

1. 主板市场。上海、深圳两个证券交易所为主板市场。

2. 中小企业板。该板块于2005年5月设立，是在现行法律法规不变、发行上

① 参见《山东19厅局联合发文：运用资本市场助推新旧动能转换》，http://www.sohu.com/a/239918114_756063。

市标准不变的前提下，在深圳证券交易所设立的一个运行独立、监察独立、代码独立、指数独立的板块。

3. 创业板。2009 年 10 月 30 日首批挂牌 28 家企业，创业板的服务对象是广大进入成长期的早期阶段的成长型企业，突出“创新”与“成长”的特点，重点支持创新能力强、经营模式新、高成长的企业。而中小企业板发行上市条件和主板一样，主要服务对象是进入成长期的后期阶段的比较成熟、经营相对稳定的企业，并且这些企业所在行业较成熟。

4. 代办股份转让系统。代办股份转让是证券公司以其自有或租用的业务设施为非上市股份公司提供股份转让服务。该系统由中国证业协会于 2001 年设立，此后承担了退市公司股票的流通转让功能；2006 年 1 月，中关村高科技园区非上市股份制企业开始进入代办股份转让系统挂牌交易，该系统的功能得到拓展；现在主要为退市公司、非上市股份公司、中关村高新园区股份公司等提供报价转让服务。

(二)四板市场(区域性股权市场)

区域性场外交易市场是多层次资本市场的重要组成部分，是地方金融资源聚集的综合性平台。其建立的根源来自十八届三中全会中明确提出的“深化金融体制改革，加强金融监管，推动金融创新，维护金融稳定”“加快发展多层次资本市场”的要求。

目前我国要在短期内建立一个全国统一的场外交易市场仍然存在一定的困难，而实现地区性联网运行则成为首选。通过区域股权交易中心的地域式覆盖和统一的规范管理，逐步达成集中报价、分散成交、统一核算，从而建设并最终发展成为一个完整统一的场外交易市场。

当前我国区域股权交易中心呈现三种模式：一是以浙江股权交易中心为代表的行政主导模式，由交易所直接参股主导、地方政府直接管理。二是以前海股权交易中心为代表的“券商主导，公司化运作”模式。三是以厦门两岸股权交易中心为代表的“委托经营”的模式，通过托管于发展相对成熟的其他股权交易中心，如前海股权交易中心，在成立初期获得后者的管理和技术支持，实现系统联网与业务联动；既保持公司制运作的独立性，又通过引入外部力量来发展本地市场。

自 2012 年起，全国各地股权交易中心争相成立。目前正在筹备及已经成立的区域性股权交易中心达到 20 多家，其中重庆、武汉、浙江、北京、山西、甘肃、前海以及广东金融高新区股权交易中心等 10 余家区域性股权交易中心有近 20 家券商参股其中。

1. 齐鲁股权交易中心。该股权交易中心是山东省人民政府批准设立的中小企业投融资平台。2010 年 12 月，齐鲁股权托管交易中心成立；2013 年 11 月，由齐鲁股权托管交易中心、齐鲁证券有限公司、山东省鲁信投资控股集团有限公司、山东省经济开发投资公司、深圳证券信息有限公司等15家机构共同发起，改制为齐鲁股权交易中心有限公司。作为全省性股权交易市场，齐鲁股权交易中心主要为中小企业提供融资、股权转让和上市培育等服务。由山东省金融办进行制度规范、业务指导和监督管理，是证监会认可的山东省唯一股权类交易场所。

这一平台通过组织开展非上市公司股权托管、挂牌交易，建立中小企业直接融资渠道，促进非上市公司规范运作，并通过培育孵化，为更高层次资本市场输送优质上市后备资源，努力打造一个功能突出、辐射力强、具有投资价值的国内先进的区域性股权交易市场平台，为主板、中小板、创业板以及新三板市场提供重要基础支撑。

2. 青岛蓝海股权交易中心。该股权交易中心由中信证券、国信证券、中信万通证券、青岛担保中心、青岛全球财富管理中心发起设立，按照“政府监管，券商主导，市场化运作”的模式，立足青岛，辐射山东半岛蓝色经济圈城市。该股权交易中心将紧紧围绕中小微企业创新发展和培育壮大战略性新兴产业的需要，实行低门槛的挂牌企业准入政策，推动更多中小微企业进入区域性股权交易市场，建立创新、高效、灵活的私募融资服务机制，与全国性证券市场实现有效对接，将其着力打造成中小微企业综合性融资服务平台。

(三)境外证券市场上市融资

全球股票市场，主要集中在几个发达的资本主义国家。美国的纽约证券交易所、纳斯达克证券市场和英国伦敦证券交易所，都是比较有影响力的证券交易市场。中国企业海外上市地点，多为美国。新加坡、多伦多、英国、澳大利亚、日本等国也偶有涉及，影响力相对较小，以下着重对美国上市作一个简单介绍。美国纳斯达克上市的三种模式：

1. 直接上市。私营企业到纳斯达克证券市场申请上市的基本程序：第一，向所在国的有关部门提出到境外上市的申请立项。第二，选择境外上市中介机构，包括承销商、境内外律师、注册会计师、资产评估师。第三，制定境外上市方案计划，并报所在国家证券管理部门复审。第四，向美国证券交易委员会(SEC)递交注册登记表，再审核、听证。第五，招股及上市。

2. 买壳上市。所谓买壳上市，即购买一个已经上市并拥有资产或没有资产的空壳公司。其具体做法是：在所在国的境外免税岛注册一家投资公司，通过该公司收购交易所的上市公司，再通过该上市公司反过来收购所在国国内企业的股权，把所在国国内公司的财务报表合并到这家上市公司里去，但控制权还在国内公司手里。以后，还可由包销商进行私人配售或公开发行新股。挂牌上市的审批较繁琐；而买壳上市，对于中小企业来说，也较麻烦。两者各有利弊，企业可从自身实际出发，作出合适的抉择。

3. 合并。这种办法是先在所在国境外的一个免税岛成立一家投资公司，使它拥有所在国国内一些企业的控股权，由选定的一家目标上市公司增发新股，把所在国国内企业的资产合并到该公司里去，但要保证所在国国内企业处于控股地位。这样，国内企业不用出一笔现金去收购它的股权，也没有把原来的大股东置换出去，而是把两者拴在了一起；如果双方能目标一致，就可以规避遭遇收购陷阱的风险。当然，由于文化上的差异，在以后的经营管理中的磨合是不可避免的，所以整合完成了，并购才算成功。

（四）香港证券市场上市融资

香港证券市场对中国企业影响也较大，下面着重介绍一下香港联交所规定的主板上市条件：

1. 公司上市时的股票点市值不少于 1 亿港元，而由公众持有的股票的市值不少于 5000 万港元。

2. 每发行 100 万港元的股票，须有不少于 3 名股东，而股东的总数不低于 100 名。

3. 除非公司的总市值等于港币 40 亿元，否则，公众持有的股份至少达总股本的 25%。

4. 公司必须在实质相同的管理层人员的管理下有不少于 3 年的足够和合适的业绩。

5. 公司及其业务具有联交所认为的适合上市的条件（有一定的主观成分）。

6. 公司的控股股东（持有公司股份 35%或以上者）不能拥有可能与上市公司的业务构成竞争的业务。

7. 公司须委托至少两名独立于控股股东的董事，以代表公众股东的利益。

8. 公司应有足够的管理层人员常驻香港，一般来说，至少有两名执行董事通常在香港居住（对于香港上市的中国企业，有一定的豁免）。

9. 公司的秘书必须通常居住于香港，有足以执行公司秘书职务的知识和经验，并具有规定的专业资格（如律师、会计师）。

二、私募基金融资分析

（一）强化私募股权投资机构政策支持

根据山东省金融办等 19 厅局发布的《关于进一步运用资本市场助推全省新旧动能转换的若干意见》（鲁金办发〔2018〕9 号）指导精神，山东省强化私募股权投资机构政策支持。在济南、青岛、烟台三市开展私募投资机构集聚先行先试，优化各类私募股权投资机构的登记注册和管理服务、股权投资（基金）管理等私募投资管理机构和股权投资基金，工商部门依据有关规定办理登记注册手续。健全地方金融监管体系，引导机构规范发展，适时在全省推广。拓宽省新旧动能转换基金在税收优惠、人才引进等方面的激励政策的覆盖范围，并延及全省私募股权投资机构。对于管理规范、融资对接强、经济贡献大的私募股权投资机构，按规定补助适当的省级地方金融业发展引导资金。对符合条件的私募股权投资基金投资的企业，优先纳入省级上市挂牌后备资源。完善国有创业投资制度，支持有需求、有条件的国有企业积极参与创业投资，通过投资创业企业、发起设立或参股创业投资基金等多种形式，强化国有创业投资机构对种子期、初创期创业企业的支持。充分发挥行业协会等中介服务机构在行业自律管理和政府与市场沟通中的积极作用，逐步建立健全社会化服务体系。完善私募投资管理机构管理体系，坚决打击非法集资、非法证券等违法违规活动。健全资本市场突发事件快速反应和处置机制，化解重大风险隐患，坚决守住不发生系统性风险的底线。

（二）设立新旧动能转换基金

设立新旧动能转换基金，是中共山东省委、省政府贯彻十九大精神、实现走在前列的重要战略决策，是实施新旧动能转换重大工程的有力保障和重要抓手。基金采取引导基金、母基金、子基金三级架构，由省、市两级共同出资400亿元而发起设立引导基金，通过引导基金注资和市场化募集，发起设立多支母基金，形成不少于2000亿元规模的母基金群；母基金再通过出资发起设立或增资若干支子基金，形成不少于6000亿元基金规模。为提高资金使用效率，基金出资采取认缴制，根据投资进度分四年出资到位。

基金聚焦新旧动能转换，突出支持“四新”项目，重点支持新一代信息技术产业、高端装备产业、新能源新材料产业、智慧海洋产业、医养健康产业等五大新兴产业以及绿色化工产业、现代高效农业、文化创意产业、精品旅游产业、现代金融业等五大优势产业项目，大力支持交通等基础设施项目和国家“一带一路”发展战略等项目，培育壮大新动能，改造提升传统动能。

在投资阶段上，基金既可投资种子期、初创期企业，也可投资成长期、成熟期企业，实现对企业全生命周期的基金支持。在投资方式上，引导基金和母基金既可通过参股基金进行投资，也可直接投资具体项目。为提高投资的灵活性和实效性，可安排不超过50%的母基金直接投资省委、省政府确定的重大项目。为降低投资风险，实行分散投资：母基金对单个企业的直接投资以及子基金对单个企业的投资，原则上不超过母基金、子基金总规模的20%。在投资地域上，根据资金来源不同，实行差异化地域限制政策：子基金投资于山东境内的比例一般限定在70%；省外资金占比高的，最低可放宽到60%。在投资行业上，母基金、子基金可跨产业开展投资，比例控制在基金规模的50%以内。

三、债券融资分析

根据山东省金融办等19厅局发布的《关于进一步运用资本市场助推全省新旧动能转换的若干意见》(鲁金办发〔2018〕9号)指导精神,推动债券融资稳步增长。加强创新债券品种的宣传推介和辅导,支持"十强"产业企业积极通过发行绿色债券、创新创业债券、可转换债券、资产支持证券等扩大融资规模。积极支持符合条件的企业通过债券市场融资,对省内企业债、公司债及直接债务融资工具的发行企业、主承销机构及担保增信机构按照发行金额分别给予一定比例的财政资金奖励。鼓励有条件的政府性融资担保机构,为企业发行债券融资提供担保增信支持。推动债券发行主体提高信息披露意识和规范运作水平。

企业债券的发行条件(见图1):

第一,发债前连续三年盈利,所筹资金用途符合国家产业政策。

第二,累计债券余额不超过公司净资产额的40%;最近三年企业债发行定向宽松,保障房债券逆势放量年平均可分配利润足以支付公司债券一年的利息。

第三,发债用于投资项目的,发行总额不得超过其投资总额的30%;用于基建项目的不超过20%。

第四,公司董事会或市国资委同意申请发行债券。

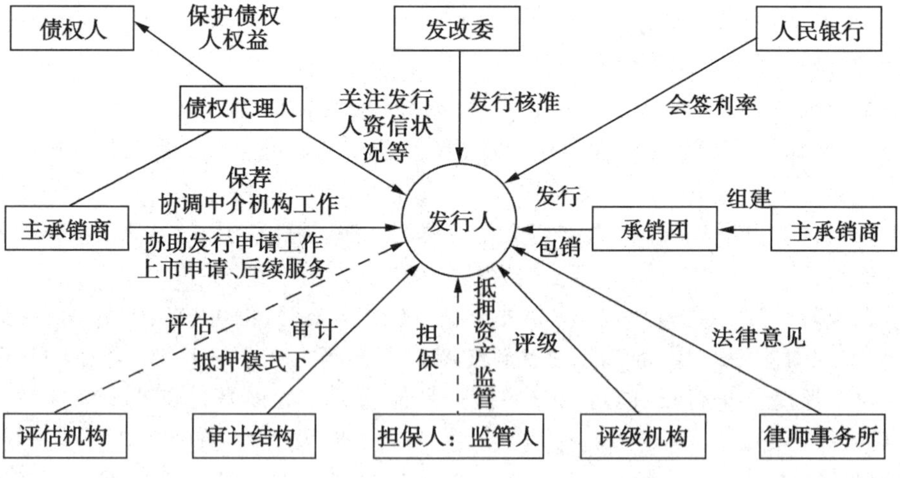

图1 债券发行关系

四、济南新旧动能转换投融资机制的发展创新

（一）机制发展创新主要措施

1. 创新投融资体制。加快建立企业投资市场主导、融资渠道丰富畅通、政府管理简明规范、职能转变务实到位、宏观调控稳健高效、法制体系保障健全的新型投融资体制。最大限度地放宽投资准入，通过规划布局、技术标准引导市场投资行为，设立企业投资项目承诺制试点。创新政府投资方式，发挥基础设施建设基金、政府出资产业投资基金等引导作用，健全 PPP 模式制度，推行代理制度，建立合理的投资回报和多样化退出机制。严格控制政府性债务风险，严禁违规担保，严禁通过各种方式变相举债，建立地方债务风险终身问责、倒查责任制度。加快地方政府融资平台市场化转型，推进国有资本运营集团注入优质资产、引入战略投资者、存量资产证券化，承接运营政府投资设立、整合的股权投资基金。支持民间资本管理公司开展债券投资、受托资产管理、私募基金管理、不良资产收购处置和资产证券化等创新试点业务，支持由民营企业发起设立民间资本投融资控股公司。

2. 增强创新创业金融支持。发挥政府股权投资引导基金的引导作用，健全从实验研究、中试到生产全过程的科技创新融资模式。发展各类风险投资，完善退出机制，在股权质押、产权流转、风险防控等方面先行先试。整合省内各类股权投资基金，建立与国家新兴产业创投引导基金、科技成果转化基金等合作的机制，促进省内创新型小微企业加速发展。建立以互联网为基础、集中统一的不动产权益抵押登记平台。推动发展小微金融，鼓励银行机构设立小微企业专营机构和专业支行，支持小微企业到区域性股权交易市场挂牌，改善对初始创业者的金融服务。在确保依法依规、风险可控的前提下，积极运用互联网、物联网、人工智能、大数据、区块链等现代金融科技手段，努力提高金融服务效率和水平。充分利用山东省企业融资服务网络系统实时、直达的优势，加大对全省新旧动能转换重大工程推介力度，实现“线上推介”与“线下对接”有机结合。支持中小微企业发行企业债、公司债等债券融资工具，提高直接融资比重。

3. 拓宽直接融资渠道。把直接融资放在更加重要的位置，深入推进多层次资本市场体系建设。大力推动规模企业开展规范化公司制改制，支持符合条件的企业到沪深交易所、全国股转系统及境外资本市场上市挂牌。鼓励农村产权、海洋产权、能源环境、文化产权等交易场所建设，拓宽覆盖范围和交易品种。积极推动市场化、法治化债转股，鼓励和引导企业利用可转债、双创债等债务融资工具创新产品，支持企业赴境外发行人民币和外币债券。探索互联网私募股权融资平台建设路径。推动提升国有资产、基础设施、金融资产、企业资产等证券化率水平，将

实体经济优势转化为资本竞争优势。

4. 优化金融支柱产业。发挥信贷融资重要渠道作用,保持信贷增速与经济增长合理匹配。推动银行业加快转变发展方式,招引一批银行机构区域总部及业务总部,鼓励农商行、城商行、民营银行发展特色信贷业务。积极开拓农业保险、信用保证保险、商业健康养老保险等险种,推进知识产权保险等险种试点。推动保险投资从债权投资为主,向股权投资、股债结合等方式拓展。

5. 推动金融业务创新。加快完善金融市场、金融组织、金融产品和服务模式,更好满足实体经济和人民群众多样化的金融需求。鼓励利用互联网、大数据、人工智能等,进行金融业务流程改造和产品创新。积极发展养老金融、教育金融、文化金融、旅游金融、农村金融等新型金融服务。规范发展互联网金融、区块链、人工智能等领域的新型金融业态。支持小额贷款公司、典当、融资租赁、商业保理等金融组织创新、可持续发展。统筹发展介于现货与期货之间的大宗商品交易业务,打造具有全国影响力的交易场所。支持济南推进新旧动能转换金融创新发展试点,开展金融服务实体经济改革创新。

6. 防范、化解金融风险。筑牢市场准入、早期干预和处置退出防线,积极稳妥地推进去杠杆,探索建立地方性金融风险处置基金,完善地方风险救助体系。坚决打击非法集资、金融诈骗等金融违法犯罪活动,加大对失信惩戒和恶意逃废金融债权打击力度。完善金融监管机构与地方政府沟通协调机制,健全事中事后监管制度,提升跨行业、跨市场交叉性金融业务监管能力。

(二)济南投融资创新发展机制主要成就

2017 年,济南 3 家企业首发上市,中孚信息在深交所创业板上市,山东出版成功登陆上交所主板,山东国际信托在港交所主板上市,合计首发融资共 52.42 亿元。2 家公司(中孚信息、积成电子)通过定向增发筹资 1.78 亿元;1 家公司(浪潮信息)通过配股筹资 29.98 亿元。截至 2017 年末,济南上市公司 33 家,股票 34 只(上交所 11 只;深交所 14 只,其中 B 股 1 只;香港联交所 7 只;台湾交易所 1 只;英国伦敦交易所 1 只)。另外,还有 4 家企业上市申请已报中国证监会,处于待审状态;15 家企业在山东证监局完成辅导备案。新增新三板挂牌企业 21 家,累计达到 153 家,有 24 家入选创新层,均居全省第一位。同时,挂牌企业融资额呈爆发式增长,全年增发融资 70.97 亿元,占全省的 67.15%;累计已达 117.21 亿元,占全省约 54.29%。积极推进规模企业规范化公司制改制,提升后备资源培育水平,全年共有 319 家企业完成改制,累计达到 937 家,完成了纳入改制全部 2474 家企业的 37.9%。

2018 年 6 月份,济南市政府出台了《关于进一步促进资本市场健康发展的行动计划》。2018 年 7 月 19 日,齐鲁高速在港交所成功上市,另有 1 家公司在证监会待审，16 家公司在山东证监局完成辅导备案。新三板挂牌企业新增 3 家，累计达到 156 家。

（三）济南投融资创新发展机制发展建议

1. 加大政策扶持力度。在企业上市进行补助的基础上，重点解决企业改制上市过程中涉及土地、房产和税收等方面的扶持政策以及企业改制上市完成后金融信贷、科技项目支持等后续扶持政策。对债券融资进行正确引导，共同培育良好的金融环境，争取更好的金融扶持力度。

2. 建立工作协调机制。济南市金融办、财政局和工商局等相关部门成立工作协调小组，具体负责全市企业资本市场发展的综合协调工作，保障相关政策落实到位，营造有利于企业改制上市以及发展的市场环境。各级有关部门要按照职责分工，积极帮助改制上市企业解决影响发展的难题，在企业注册登记、人才落户、办公选址、金融信贷、项目扶持等方面提供优质服务。建立政府部门与改制上市企业、投资对象、相关市场主体的沟通交流制度，及时通报情况，协调解决相关问题。

3. 加强工作指导。各有关部门要积极围绕企业改制上市及投融资做好宣传工作，组织企业专业培训，并根据企业需要提供工商、税务等相关辅导咨询。市金融办、财政局等职能部门负责制定我市企业投融资考核办法，每年度对做出突出贡献的改制上市企业或中介服务组织给予适当奖励。各县（市、区）可结合本地实际制定相关配套管理办法。

4. 防范、控制风险。要建立、规范和完善企业改制上市及投融资发展的监管机制，坚持依法合规操作，防范和控制改制上市及投融资风险，推动企业投融资健康、稳定发展。

参考文献

[1]陈其安:《中国地方政府投融资平台》，科学出版社 2017 年版。

[2]顾兆坤编:《解密中国版纳斯达克——新三板挂牌筹划流程指引与案例分析》，法律出版社 2014 年版。

[3]郭峥嵘、郭易如:《真实的中国地方政府投融资平台：精益变道、内容创新、风险控制》，经济管理出版社 2018 年版。

[4]何小锋、韩广智:《资本市场理论与运作》，中国发展出版社 2006 年版。

[5]胡恒松、黄伟平、李毅、肖一飞:《地方政府投融资平台转型发展研究(2017)》，经济管理出版社 2017 年版。

[6]蓝裕平:《投融资策划理论与实务》，广东经济出版社 2015 年版。

[7]孙杰编:《资本市场与公司融资概论》，中国社会科学出版社 2010 年版。

[8]吴晓求等:《中国资本市场研究报告(2014)——互联网金融:理论与现实》,北京大学出版社2014年版。

[9]余典范主编:《2017中国产业发展报告——新旧动能转换》,上海人民出版社2017年版。

[10]中国财政科学研究院、中国财政学会投融资研究专业委员会、深圳金砖城市先导基金管理有限公司编著:《中国:政府投融资发展报告(2017)》,经济科学出版社2017年版。

济南培育发展新兴产业对策研究

王新军　等

改革开放以来，中国经历了近四十年的高速增长，经济发展的各种资源条件和环境条件都已经发生了重大变化，以高污染、高消耗为特征的传统经济增长模式已经难以为继。以习近平同志为核心的党中央审时度势地作出我国经济发展已经进入新常态的重大战略判断，新常态不仅意味着经济增长速度将转变为当前的中高速，而且还意味着经济发展质量将不断提升，过去不合理的经济结构将不断优化提升，拉动经济发展的动力将从要素驱动向创新驱动转换。党的十八届五中全会，通过的“十三五”规划纲要也明确指出，接下来的五年，国家仍将重点支持战略性新兴产业发展，加大对节能环保、生物技术、信息技术、智能制造、高端装备、新能源等战略性新兴产业的扶持力度。济南市因地制宜，制定战略性新兴产业发展规划，并率先设立了创投引导基金；在下一个五年计划中，济南市提出实施“互联网＋”行动计划，促进大数据应用产业发展，打造“济南智造”品牌。济南市的战略性新兴产业基础薄弱，缺乏科技创新，缺少自主知识产权，大力培育和发展新兴产业是新常态下济南市实施新旧动能转换、推动经济转型升级、构建新型产业体系的必然选择。因此，开展济南市新兴产业培育发展研究是当务之急，希望该课题的研究能够为政府部门在培育新兴产业发展方面提供决策参考。

一、济南市培育、发展新兴产业具有的基础条件及面临的困难

（一）济南市培育、发展新兴产业具有的基础条件

当前，济南市正处在“打造四个中心，建设现代泉城”、新旧动能转换先行区建设的征程中，城市经济已经发展到了一个较高的阶段，把握新一轮发展机遇，加快转变经济发展方式、调整优化经济结构，科学选择适合济南市的新兴产业并实现新的突破，成为济南市经济社会发展的必然选择。那么，济南培育、发展新兴产

业，自身已具备了哪些有利条件和拥有了哪些自己独有的优势呢？客观地说，主要在以下几个方面具备优势条件：

1. 区位优势。作为经济大省的省会城市和黄河中下游重要的区域性中心城市，济南北连首都经济圈，南接长三角经济圈，东西连通山东半岛与华中地区，是环渤海经济区和京沪经济轴上的重要交会点。随着蓝黄两大国家级战略实施、省会都市群经济圈建设和京沪高铁开通，人流、物流、资金流、信息流加速汇聚，为济南市培育发展新兴产业创造了良好的条件。

2. 科技资源丰富。人才总量持续增长，科技人员总量60余万人，居山东省之首；目前驻济高层次人才中，两院院士8人。全市现有高校39所(加成人高校和社会办学共66所)；拥有市级以上独立科研机构200余家、企业重点实验室12个(国家级2个、省级10个)、工程技术研究中心145个(国家级3个、省级142个)，其中，浪潮集团高效能服务器和存储技术实验室成为首批企业国家重点实验室，力诺集团成立首个国家级太阳能光热利用企业技术中心，齐鲁制药获批建设国家哺乳动物细胞国家工程实验室，重汽集团获批组建国家重型汽车工程技术研究中心。山东省重大新药创制中心列入国家综合性新药研究开发技术大平台计划，济南高新区成为大平台建设的中心区和主要的成果转化基地；拥有企业技术中心282家(国家级23家、省级78家)、工程研究中心54家(其中市属32家、国家级7家、省级15家)，拥有产业技术创新战略示范联盟33家(其中国家级4家、省级29家)。

3. 新一代信息技术产业。济南市电子信息技术产业具有雄厚实力，近年来一直保持持续稳定增长，被国家认定为中国服务外包基地城市。规模以上电子信息制造业企业和软件服务业企业主营业务收入675亿元，其中，软件服务业实现主营业务收入435亿元，独立软件规模实力居全省首位。技术研发能力强，拥有电力软件、通信技术、动漫、交通软件、服务外包、射频识别等六大产业联盟，国家级企业技术中心1个、省级企业技术中心4个，中国名牌3项，中国驰名商标3个。现已形成以国家信息通信国际创新园(CIIIC)为核心，国家软件产业基地(齐鲁软件园)、国家动漫产业发展基地、国家软件出口创新基地等多个国家级园区协调发展的产业布局。山大路科技商务区是长江以北第二大电子信息产品交易市场。电子信息制造方面，浪潮集团名列全国电子信息百强企业第11位，高效能服务器和存储技术实验室是国家重点实验室，天梭海量存储器、服务器和浪潮华光激光二极管芯片国内市场占有率第一。浪潮华芯拥有国际一流的集成电路技术团队、研发测试设备和设计能力。软件服务业方面，浪潮、中创等10家企业进入全国软件企业百强，万博科技跻身全国信息通信技术(ICT)综合服务商前十强。物联网技术方面，射频识别等物联网应用技术起步良好，具备了加快发展物联网产业的良好基础。网络通信方面，三网融合准备工作扎实推进，量子通信研究院、宽带无线接入工程技术研究中心和三网融合联合实验室已投入运行。

4. 新能源产业。济南市新能源产业起步较早，太阳能光伏、风电装备、地热能开发利用和生物质能发电及相关配套产业发展较快。规模以上企业主营业务收入 140 亿元。拥有国家级企业技术中心 1 个、省级企业技术中心 3 个，中国驰名商标 2 个、中国名牌产品 2 个。济南市太阳能热利用产业优势明显，是全国最大的太阳能热利用产业研发和产业化基地；其中，太阳能热水器年产能突破 700 万平方米，居全国首位，占据国内太阳能热水器行业前 4 强企业中的 2 强。力诺集团的高硼硅 3.3 玻璃管产量居世界第一位，占据国内市场 60％的份额；全玻璃真空镀膜管生产规模居世界第一位，占国内中高端市场的 70％以上；太阳能中高温利用研发在国内居领先地位。山东桑乐拥有国内最大的太阳能热水器生产基地。太阳能光伏发电产业已形成了从多晶硅、硅片、电池片到组件、光伏工程及应用产品较为完整的太阳能光伏产业链；其中，力诺 300 兆瓦电池片项目进展顺利，晟朗项目全部建成后可形成年产 2000 兆瓦太阳能多晶硅、1000 兆瓦电池片的生产能力。新能源利用加快推进，太阳能发电孤网装机容量 1500 千瓦，并网容量 1200 千瓦。大唐平阴风电场开工建设。生物质发电装机 0.12 万千瓦，垃圾填埋气体收集发电项目日均发电量 7 万千瓦，日处理生活垃圾 2000 吨的垃圾焚烧发电项目正在建设。济南圣泉集团是全国生物质能源十大重点企业之一。

5. 生物医药产业。济南市生物产业发展迅速，涉及生物医药、生物制造、生物农业、生物环保、生物能源、生物服务等多个领域。规模以上企业实现主营业务收入 130 亿元。拥有国家级企业技术中心 2 个、省级企业技术中心 6 个，国家工程实验室 1 个，中国驰名商标 3 个，是国家重大新药创制平台、国家级创新药物孵化基地、省级生物产业基地。生物制药研发和产业化能力居全省前列，拥有生化产品 60 余种、药品规格 200 余个。齐鲁制药在医院用药排序中已连续多年位列内资企业第一，重组人粒细胞集落刺激因子和重组人白细胞介素—11 这两种抗肿瘤药物国内市场占有率分别为 30％和 60％，是亚洲最大的头孢菌素原料药生产厂。宏济堂是国内唯一拥有人工麝香酮生产技术的企业，市场占有率达 100％。福瑞达眼科用药市场占有率居全国第一位，透明质酸占据国内 60％以上市场份额。元隆生物二十二碳六烯酸和血小板促生素达到国际先进水平。生物制造特色突出，济南圣泉集团拥有亚洲最大的酚醛树脂生产线，呋喃树脂产销量世界第一，以玉米芯为原料制备功能糖已实现产业化。胜利股份农药、兽药产销量居国内 10 强，泰妙菌素、黄霉素、恩拉霉素填补国内空白，海南霉素是国内唯一具有自主产权的动物专用抗生素。秸秆生物制炭装备及生产技术居世界领先水平，十方圆通占全国淀粉行业废水处理业务 50％以上，厌氧颗粒污泥悬浮床反应器等处于国内领先水平。济南圣泉集团是全国生物质化工十大重点企业之一。

6. 高端装备制造业。经过多年发展，济南市装备制造业已经形成门类齐全、优势明显的产业体系，规模水平在全省居首位。规模以上高端装备制造业企业实现主营业务收入 804 亿元，拥有国家级企业技术中心 6 个、省级企业技术中心 18 个，国家级、省级工程技术中心分别为 1 个、20 个，中国名牌产品 5 个。在关键设备制造领域拥有一批具有自主知识产权的高新技术产品，数字化、集成化、自动化、成套化的新产品比重持续增长。济南二机床集团成为世界三大冲压装备制造商之一，国内市场占有率达 80%。巨能液压 5 万吨垂直黑色金属挤压机实现厚壁钢管制造工艺和黑色金属挤压技术突破，是世界上迄今为止最大的金属挤压机。济南铸造锻压研究所科研成果转化率达到 85%以上。济柴集团是国内最大的非道路用大功率柴油机制造企业。中型汽轮机、万能试验机、大型磨煤机、循环流化床锅炉等产品国内市场占有率第一。重汽集团已形成 9 大系列 1700 多个车型，产品技术水平在国内处于领先地位，居全国重卡行业之首、世界重卡企业前 3 位。

7. 新材料产业。济南市有机高分子材料、特种功能纤维、高性能金属材料、光电子材料、环保节能节材建筑材料等领域产业基础较好，拥有一批市场竞争力强、市场占有率高的名牌产品。拥有山东大学晶体材料国家重点实验室，省级企业技术中心 6 个、工程技术中心 5 个，建立了国家火炬计划章丘有机高分子材料特色产业基地，拥有国内最完整的氟材料和氟化工产业链。

8. 节能环保产业。生物质型锅炉、输配电网无功补偿、燃煤锅炉烟气脱硫装置、能源监测、环境在线监测、环保治理等方面产业优势明显，涌现出十方环保、济锅集团、迪生电子、大陆机电等一批优势骨干企业，配电网降压变电站电压无功综合控制及谐波治理技术居国内领先地位。城市生物质垃圾厌氧消化关键技术等居国内领先地位，在清洁生产技术、环保材料和环保处理方面拥有一批特色企业。济钢循环经济走在行业前列，干法熄焦、高炉干法除尘、燃气蒸气联合发电、中水回收利用等技术国内领先。

9. 新能源汽车产业。济南市是国家新能源汽车示范城市，目前已在整车制造、车用动力电池等方面进行了有益的尝试。山东大学、省科学院等科研院所研发实力雄厚。山东省新能源汽车技术创新联盟成立运行。重汽集团、青年汽车、吉利汽车正在研究制定本企业新能源汽车发展规划，加强技术攻关。宝雅公司拥有电动车底盘传动、驱动电机的适配优化、高速高扭直流变频无刷电机、可换挡前驱变速箱等核心技术。耐特新能源公司与山东大学合作开发的磷酸铁锂车用动力电池正极材料及电池成组已具备产业化条件。

(二)济南市培育、发展新兴产业面临的困难

尽管济南市发展新兴产业已经具备了良好的发展基础，但是也应当看到，与先进城市的发展要求相比,也面临一些不容忽视的困难。

1. 体制机制不适应战略性新兴产业快速发展的要求。从科技成果转化机制看,科技与经济"两张皮"、企业与科研院所脱节等问题依然没有解决,使得大量科研成果无法及时有效地转化为生产力,专利实施率很低;从政府管理体制看,由于部门分割、多头管理,相关管理部门之间缺乏必要和有效的协调与分工合作机制,出台的一些政策措施甚至相互抵触。在部分战略性新兴产业领域,相关体制和机制不健全、不完善的问题也比较突出。比如,节能环保产业的价格形成机制不完善,现行相关部门分割、各自为战的行政管理体制无法适应"三网融合"的发展要求,创新药物的市场准入和价格形成机制不健全,卫星应用的军民结合机制不健全,等等。目前企业尚未真正成为技术创新的主体,创新成果转移机制亟待建立,部分领域管理体制改革滞后。随着国家及周边地区相继制定了鼓励新兴产业发展政策,并加大了扶持力度,这些企业在发展速度上同济南市新兴产业发展的差距越来越大。

2. 产业发展核心技术受制于人的问题比较严重。战略性新兴产业一些领域已经发展到一定规模,但原始创新能力不足,关键核心技术和装备依赖性强是当前制约济南市战略性新兴产业发展的主要因素。技术创新研发投入不多、研发装备落后、技术人才不足的状况尚未根本改变。特别是产业技术领军人才更为稀缺,企业科技开发基本处于对引进技术的消化、应用阶段,自主创新能力较弱。目前高档数控系统对国外技术高度依赖;半导体和集成电路专用设备、大型科学仪器、大型医疗设备等长期依赖国外进口;风电整机设计不能实现自主设计,轴承、控制系统等关键零部件技术没有充分掌握;生产光伏电池的设备也主要依赖国外进口,第二代薄膜电池技术、第三代高倍聚光太阳能发电技术等与国际先进水平的差距很大。

3. 市场对战略性新兴产业发展的拉动作用有待加强。目前,风电、太阳能等新能源的并网运行缺乏强有力的激励政策,电网经营企业不积极甚至排斥新能源并网运行;新能源汽车充电桩、电池回收体系等市场应用支撑体系建设缺乏相关政策支持,发展明显滞后;新一代网络、新能源汽车、节能环保等标准体系建设滞后;能源资源性产品价格不能充分反映资源稀缺程度,能效标准标识等的市场监管不到位。一些新技术、新产品在市场导入期存在种种障碍,需要政府推动应用示范、标准制定和基础设施建设等。

4. 符合战略性新兴产业发展特点和要求的投融资体系尚未形成。创业投资市场规模小,多层次资本市场不完善,财政支持方式和政策体系也需要进一步完善。目前,适应战略性新兴产业发展特点和要求的投融资体系没有形成,主要表现在以下几个方面:投资缺失,创业投资和私募股权投资基金总体规模小且退出机制不健全，中小企业融资担保体系不健全，产权交易和技术交易市场不规范，场外交易市场尚处于摸索阶段。在财税政策方面，对战略性新兴产业发展的财税扶持力度明显不足，财政性资金使用分散，投资支持方式难以适应战略性新兴产业的发展需要，企业研发投入加计扣除政策在实践中落实不够。

二、培育、发展济南新兴产业的思路和重点

（一）培育、发展济南新兴产业的思路

深入学习、贯彻落实习近平新时代中国特色社会主义思想，紧抓战略性新兴产业发展的历史性机遇，按照“打造四个中心，建设现代泉城”的发展思路和“拓展城市发展空间，打造现代产业体系”的总体要求，将加快战略性新兴产业发展作为转方式、调结构的重要推动力，实施创新驱动、产业集聚和资源整合战略，大力发展新一代信息技术、新能源、生物医药和高端装备制造产业，加快培育新材料、节能环保和新能源汽车产业，推动战略性新兴产业向规模化、集聚化、高端化发展，努力将济南市建设成为产业规模雄厚、特色优势突出的全国重要战略性新兴产业基地。

（二）培育、发展济南新兴产业的重点

在培育和发展新兴产业过程中，要从产业发展潜力、带动效应、技术进步和创新能力、可持续发展能力等方面出发，充分利用济南市高校相对集中、高层次人才较多的人才优势，结合济南市的现实基础，主要有以下领域可以选择：

1. 新一代信息技术产业。以高端软件、高性能集成电路、物联网、下一代通信网络、三网融合为重点，在巩固现有服务器及计算机外围设备制造优势的基础上，进一步提高电子制造产业水平，促进光电子技术发展，做大做强软件产业。

2. 新能源产业。以太阳能、风能、生物质能为重点，培植东部城区、商河、章丘三大太阳能产业基地，巩固提升太阳能毛坯管、太阳能镀膜管、太阳能热水器在国内市场上的优势地位。积极开发利用风能资源，加快风电装备产业园和风电场建设，逐步实现风电装备本地化。推进非粮生物燃料技术研发和产业化，合理开发利用地热能。

3. 生物医药产业。以生物医药及生物农业、生物制造为重点，加快建设国家重大新药创制平台，推进省级生物医药基地建设，构建和完善生物技术与医药科技创新体系。支持作物育种、畜牧胚胎工程、畜禽疫病诊断试剂和生物疫苗以及绿色高效生物农药、生物肥料、生物饲料和酶制剂产业化。

4. 高端装备制造业。以高端智能装备为重点，加快推动制造业信息化，研究现代设计技术、先进加工技术、先进制造模式等技术，提高大型成套装备生产能力，带动装备制造业发展升级。支持装备制造骨干企业在工程承包、系统集成、提

供解决方案等方面开展增值服务，逐步实现由生产型制造向服务型转变，提升产业竞争力。

5. 新材料产业。重点扶持中氟、华氟、华临等氟化工企业，提升产品技术水平，加快新产品开发，做大氟硅化工产业链。以济南圣泉集团为龙头，研究开发满足铸造行业更高要求的各类树脂。以中国兵器工业集团五三研究所为依托，开展树脂复合材料、高性能工程塑料、特种黏剂材料等方面的研究与开发，打造山东五三新材料产业基地。以天诺光电材料有限公司为依托，加快建设国内最大的新型导电纤维产业化基地。以山大吕美熔体技术有限公司为龙头，研制生产提高合金性能的特种中间合金，加快培植产业链。

6. 节能环保产业。依托迪生电子、山东电力设备厂、济锅集团、大陆机电、济柴集团等骨干企业，加快发展输配电网无功补偿装置、智能电网设备、非晶合金变压器、气体机、生物质型循环流化床锅炉、煤泥循环流化床锅炉、节能监测设备等产业。依托十方环保、济南重工、大陆机电、济锅集团、济钢集团、山水集团等企业，重点发展工业和生活废水处理、环保脱硫磨机、环境在线监测系列产品、工业和生物质沼气利用装置、垃圾焚烧锅炉等，积极做好中水回用、工业废渣处理和粉煤灰综合利用等工作。依托重汽集团、济南重工、齐鲁化纤集团、济钢集团等企业，重点开展发动机再制造、脱硫石膏干燥机、再生涤纶短纤维以及生活垃圾和建筑垃圾的处置利用等工作。依托十方环保、大陆机电等企业，注重发展节能环保产业链两端的技术研发和服务业，鼓励和支持工程总包型、研发型、服务型企业发展，提升产业价值。

7. 新能源汽车产业。以插电式混合动力汽车和纯电动汽车为重点，发展整车、汽车零部件以及相关检测和管理系统。支持山东省新能源汽车技术创新联盟建设发展，推动技术创新和行业标准制定，扩大市场准入，聚合产业力量，不断完善产业链。加强耐特与山大车用高能动力电池的研发合作，推进重汽 2000 台新能源汽车章丘生产基地、久兆 5000 吨磷酸铁锂正极材料和 2 万套磷酸铁锂离子动力电池研发生产基地等项目建设，推动青年汽车、吉利汽车将新能源车辆生产项目落户济南，扩大宝雅低速车规模化生产，推动“国家十城千辆节能与新能源汽车示范推广应用”试点城市建设，培育国家新能源汽车产业基地。

三、培育、发展济南新兴产业的保障措施

（一）完善区域创新体系，加快建立“政产学研”战略联盟

培育和发展战略性新兴产业的根本着力点在于突破核心技术、掌握自主知识产权。为此，我们应该积极实施各项促进技术创新的政策。要重视基础研究和高新技术研究，夯实战略性新兴产业的研究基础，支持高校和科研院所建立一批以

前瞻性研究为主的重点实验室和技术研究中心;以产业高端、技术高端、产品高端为任务和核心目标,紧紧抓住国家重大科技项目实施机遇,对前沿性、关键性、高端性技术和技术瓶颈进行突破。要打破企业、科研机构和高校自我封闭的状态,鼓励高校、科研机构与企业开展多层次、全方位的项目和技术合作,积极探索构建以政府为主、市场为导向、企业为主体、高校和科研机构为主要技术支撑的“政产学研”产业技术战略联盟。济南要整合各高校、科研院所的科技资源,围绕战略性新兴产业重点行业和重点领域,加快建立战略性新兴产业研发基地,促进科研成果的迅速转化。深化国际与区域科技交流,建立与国外有关研究机构长期的科研合作关系,构建信息共享、成展展示、产权交易的交流服务平台,鼓励企业开展引进、消化、再创新工作,将技术引进与技术创新相结合,增强企业自主创新能力。

(二)完善产业发展配套设施建设,优化产业发展环境

战略性新兴产业的快速发展离不开完善的基础设施和良好的外部环境。要完善产业基地的交通、能源、电力、水利、通信等公共基础设施建设,优先保证战略性新兴产业用地,对战略性新兴产业提供一站式服务,并提高服务效率。启动有利于战略性新兴产业市场的新产品示范应用和推广工程,加强对战略性新兴产业新产品的政策支持和市场引导,政府采购要向战略性新兴产业倾斜,明确重点产品补贴目录,对战略性新兴产业产品购买者进行补贴,同时要积极促进战略性新兴产业领域的产品、技术和服务出口,提高海外市场占有度和影响力。结合济南战略性新兴产业总体规划纲要,加快战略性新兴产业重点项目的建设,对列入规划的战略性新兴产业重点项目要采取一事一议的方式制定扶持政策,做好重大项目的协调和推进工作,通过重点项目建设带动战略性新兴产业的发展。

(三)建立人才培养与激励机制,强化高端人才支撑

战略性新兴产业发展的目标和方向明确以后,人才储备和智力保障就成为关键环节,而做好人才的培养和引进工作需要政府、企业和高校分工合作、共同努力。政府在战略性新兴产业人才开发方面要注重政策的制定和环境的营造,根据国内外经济发展趋势和人才的需求制定战略性新兴产业人才发展中长期规划和优秀人才引进优惠政策,鼓励高层次科技人才在济南各高校、科研院所和高新技术企业之间交叉任职或兼职,各区县政府要安排专项资金用于战略性新兴产业人才的培养和引进。此外,一方面要完善人才业绩考核评价制度和期权、技术入股、分红权等科技人员职务成果激励机制;另一方面要继续推进引进优秀青年人才、国际高端人才,确保引进优秀人才的科研资金、住房补贴、异地安家补助、子女就学和配偶就业等优惠政策实施到位。企业要改变重引进、轻培育的人才观念,对引进的人才要继续加强他们技术、管理方面的再教育、再培训。建立以能力和业绩为导向的人才晋升渠道,对优秀人才从物质和精神方面给予奖励。各高校要以市场需求为导向，对部分专业进行相应改革，既要注重培养学生的理论知识，也要注重操作技能的培养；对于技术性强的专业，可以和企业合作，共同培养高技能人才。

（四）强化财税政策支持作用，拓宽投融资渠道

战略性新兴产业在成长壮大期间需要大量的资金用于新产品的研发、市场的推广，这需要拥有强有力的财税和金融政策为战略性新兴产业发展提供支持。要设立战略性新兴产业项目引导资金，建立稳定的财政投入增长机制，引导各级财政专项资金和各类社会资金投向战略性新兴产业。要进一步扩大对战略性新兴产业的税收优惠范围，研究制定流转税、企业所得税、消费税、房产税、营业税等税收支持政策，将税收优惠政策从销售和生产环节向研发环节转移。要建立、健全多层次的风险投资和信用担保体系，争取国家和省创投基金、私募基金、风险投资基金对战略性新兴产业的支持。鼓励战略性新兴产业中的骨干企业到创业板上市融资，充分吸引民间资本与外国投资，积极开展知识产权质押融资，支持符合条件的企业通过发行公司债券、可转换债券及其他金融创新产品筹措发展资金。通过以上措施逐步形成以政府投入为引导、企业投入为主体、创业投资和社会资本并举的多元化投入格局。

（五）集中优势资源，促进产业集聚

一是加速培育和发展中小企业。按照具备好的市场、好的机制、好的领军人物的标准，扶持一批掌握核心技术、创新能力强、成长性高的新兴科技型中小企业。鼓励龙头企业依托产业园区积极向产业链上下游扩展，围绕主导产品开展专业化协作，打造富有区域的特色优势产业链。二是强化招商引资。制定新兴产业发展招商计划，着力引进关联度大的龙头型项目、带动力强的基地型项目、产业链长的综合性项目，重点引进大企业集团研发中心等总部经济，加快培育新兴产业的增长点项目。建立战略性新兴产业重大项目库，有针对性地谋划储备一批高端产业、高新技术、高端环节领航的优势产业项目，积极争取国家和省级新兴产业项目在济布局。三是强化载体建设。按照产业集聚、企业集中、主业突出、特色鲜明的要求，以济南高新区、大学科技园、经济开发区等为载体，加快推进山东信息通信研究院、国家重大新药创制平台、浪潮高性能计算中心、山东量子技术研究院等重大源头创新平台建设，加快引进和培育金融、信息、技术、工程等咨询服务机构，构建配套完善的社会化咨询服务体系，加强产业基础设施和公共服务设施建设，引导重点产业和生产要素加快向产业园区集中，提升产业基地承载力和竞争力。积极创造条件，争取把部分有实力的省级开发区打造成国家级开发区。

（课题组成员：王新军、高晓斌、李海东）

参考文献

[1]国务院:《关于加快培育和发展战略性新兴产业的决定》,国发〔2010〕32 号。

[2]陈森发:《关于发展战略性新兴产业的路径思考》,《求是》2010 年第 4 期。

[3]姜江:《世界战略性新兴产业发展的动态与趋势》,《中国科技产业》2010 年第 7 期。

[4]钱东人:《加快培育重庆战略性新兴产业的思考》,《重庆市综合经济研究》2010 年第 3 期。

[5]王忠宏、石光:《发展战略性新兴产业　推进产业结构调整》,《中国发展观察》2010 年第 1 期。

[6]吴传清、周勇:《培育和发展战略性新兴产业的路径和制度安排》,《理论参考》2010 年第 11 期。

济南培育经济增长新动能研究

王　琦

2018年,随着《山东新旧动能转换综合实验区建设总体方案》的公布,山东省以及济南市以供给侧结构性改革为主线,以实体经济为发展经济的着力点,以新技术、新产业、新业态、新模式为核心,以知识、技术、信息、数据等新生产要素为支撑的新旧动能转换发展模式的职能和定位更加明确。济南作为环渤海和黄河中下游地区中心城市,同时也是山东省新旧动能转换的先行区,承载着打造山东未来发展高地的重大使命,这对济南市来说,既是机遇也是挑战。因此,无论从理论还是从实践上来讲,研究济南市如何抓住历史机遇期,重构经济发展动力机制,寻求经济增长新着力点,培育经济增长新动能,都具有重要的学术意义与实践意义。

一、经济增长新动能的理论阐释

(一)新旧动能概念辨析

习近平总书记在2015年底召开的经济工作会议上指出,新常态的三大特点是速度变化、结构变化、动力转换。他强调,要加快培育新的发展动能,改造提升传统比较优势,增强持续增长动力。李克强总理在2016年《政府工作报告》中,首次明确提出“必须培育壮大新动能,加快发展新经济”。可以说,寻找新动力,培育新动能,是经济进入新常态的应对之策,也是实施供给侧结构性改革的应有之义。

那什么是动能?“动能”一词源于物理学,是指物体由于运动而具有的能量;将动能引入到经济学领域,指的是经济发展所具有的能量,也就是经济发展的动力来源。关于新动能的概念,学术界没有明确的经济学解释。有的观点认为新动能是新动力,或者是新动力和新能力的总和,新动能的本质是效率,新动能强调集约、高效、高质发展;[①]也有观点认为新动能不仅体现在新兴产业的壮大和原有产业的提升上,而且还体现在以产业生态和产业集群为基础,产业、组织、政府、市场、区域等多主体协同发展形成的新模式和新关系网络上。[②]

由此可以看出,经济发展的新动能的基础要素发生了变化。现在所谓的新动能是指在新一轮科技和产业革命中出现的新的动能或新的动力源,既包括有实体概念的新技术、新产业,也包括不以实体呈现的新理念、新模式和新制度。新技术、新产业就是要运用新一代信息技术、生物技术、人工智能技术等具有划时代意义的前瞻技术,催生新业态、新产业,以此创造新供给和新需求;新理念就是要紧跟科技发展趋势,认清创新是驱动发展的第一要素,坚持把创新作为经济发展首要动力;新模式就是要利用"互联网+"平台,集聚闲散的各种优质资源,推动开放融合、资源共享,实现供需精准匹配,提高各要素配置效率;新制度就是要营造公平竞争的市场环境,简政放权,强化激励,容许试错,宽容失败,推动大众创业、万众创新。

如何判定新旧动能?新旧动能不能一概而论,在不同历史阶段、不同发展层次,有不同的判定标准,而且判定标准会随着社会的变化而变化。从历史纵向发展来看,科技发展带来的技术革命一直是经济发展的核心动能;在历史发展关键时期,总会有若干关键技术发挥了主导作用。例如,从蒸汽时代过渡到电气时代,从电气时代过渡到信息时代,再到今天的移动互联网、物联网时代,机械化、电气化、自动化、计算机技术及一系列以此为基础的技术使命对产业以及经济腾飞起到了关键作用;从社会发展横向来看,对于发达国家来说属于旧动能范畴的,对于发展中国家而言,仍然可能属于新动能的范畴。随着一个国家或地区的经济持续增长,初期的新动能可能逐步淘汰成落后旧动能。新旧动能总会处在不断更迭中。随着欧美、日本等工业强国不断对外转移其相对落后的制造业环节,印度、越南、缅甸等发展中国家逐渐成为其海外制造基地。从发展中国家角度看,承接海外产业转移可以有效地促进本国劳动技术水平提升,这本身就是不断孕育新动能的过程。

(二)新动能的时代特征

显而易见,新旧动能是相对而言的,在不同历史时期会有不同的新动能出现,一个时期的新动能到了下一时期就会自动转化为旧动能。在不同的地域,新动能的内涵也会有所不同。因此,与传统工业动能相比,信息时代新动能有以下几个

---

① 参见李佐军:《培育经济增长新动能从何处入手》,《经济研究参考》2017年第4期。

② 参见赵炳新:《区域间总产出波动互相影响的网络模型》,《系统工程理论与实践》2017年第10期。

显著特征：

从科学技术的角度看，以计算机、“互联网＋”为代表的信息技术在经济社会发展的各领域、各环节快速发展，并以此为基础有力地推动了工业制造业和现代服务业向数字化、网络化、智能化方向迈进。经济发展的创新驱动源于信息技术的推广利用及其与新能源、新材料、低碳技术、生物技术交叉融合。由此可见，现阶段的新动能带有显著的科技特征。

从社会发展的角度看，与工业经济大规模标准化追求不同，信息社会更注重小微化、个性化和柔性化产品，社会需求也从工业品需求向服务品需求过渡。互联网使开放、平等、协同、共享等文化特质在新动能形成过程中得到充分体现。新动能体现了信息社会的新需求，推动人类社会从工业化社会向信息化社会加速转型。

从发展模式的角度看，新动能的价值创造从价值链向生态圈转移，价值创造不再依靠每个环节的成本节约和产出比，而是通过资源配置的有效性和精准性来实现，互联网成为资源配置的主要渠道。在新常态下，技术、新产业、新业态、新模式四种基本形态及其复合、集合形成的各种新形态是价值实现的主要载体，投资、资本、人力、创新等要素产生的价值和效益很大程度上取决于各类载体间的网络结构，并通过网络结构实现共创共享。

从动力来源的角度看，新动能的形成有赖于动力动能转换机制，其基础动力来源于供给和需求。从需求侧的角度分析，投资、消费、净出口被称为推动国民经济发展的“三驾马车”，共同构成了拉动一国经济增长的需求动力结构。从供给侧的角度分析，要素投入、制度条件和技术水平是经济增长主要源泉，三者的相互作用构成了经济增长的供给动力结构，它们共同决定着经济增长的方式和速度。其中，要素投入是根本，这是任何经济体都不可超越的规律；技术水平决定着要素的使用方式和效率；制度条件则通过影响要素使用者的激励结构而作用于要素的使用方式和效率。以上这些要素都是通过改变要素的配置和使用方式，提高要素的产出效率和合意程度来提升经济总体水平。

二、新旧动能转换的内涵及逻辑根源

中国特色社会主义进入新时代，社会的主要矛盾已经转化为人民日益增长的美好生活需要和不平衡、不充分的发展之间的矛盾，经济社会结构面临诸多的新问题和新挑战。实施新旧动能转换是顺应历史发展规律的重大战略举措。综观经济增长理论的发展，不管是传统增长理论还是新增长理论，要素投入、科技进步和制度条件始终被认为是经济增长的三大动力。经济增长三大动力之间总是相互作用，共同决定着经济增长的方式和速度，其中技术水平决定要素的使用方式和效率，而制度条件则通过影响要素使用者的激励结构而作用于要素的使用方式和效率。但经济发展方式受诸多因素的影响，这些因素会随着时间、环境的变化而不断变化，因此经济发展方式也会随着这些影响因素的变化逐步从不完善向完善转变。新旧动能机制转换过程中的动力结构转换是决定新旧动能转换效果的重要因素，动力配置是否合理直接关系到国民经济能否平稳运行。

（一）新旧动能转换的内涵

新旧动能转换内涵丰富，是“旧动能”逐步被“新动能”取代的过程。新旧动能转换，既要求发展新技术、新产业、新业态、新模式，着力培育战略性新兴产业的产业份额，同时又要借助信息化手段推动传统产业的转型升级。从微观角度看，新旧动能转换应该是要素组合方式、要素利用效率、生产技术水平的组合所创造的增长方式的综合改变，从一种较低的平衡增长路径跃升至较高水平的平衡路径的动态过程；从中观角度看，新旧动能转换是地区、城乡、产业从非均衡增长向均衡增长转变的动态过程；从宏观角度看，新旧动能转换是整个社会由高速增长向高质量增长转变的动态过程。①

由此可以看出，新旧动能转换是一个动态的、非均衡的增长过程，不能简单地理解为某些产业的技术更新、生产方式的量变，而是整体社会技术更迭、生产方式转型升级的质变。新旧动能转换可概括为三个阶段，即转换前期、转换中期和转换后期。在转换前期，新动能处于萌芽状态，虽然拥有较高的技术水平，但市场占用率及对全要素生产率的贡献都会低于旧动能。此时，旧动能仍处于稳步提升的状态，在经济增长中仍然发挥着重要作用，新动能不可能完全取代旧动能成为推动经济发展的主要动力来源。在转换中期，新动能积累经验，逐步适应发展环境，对全要素生产率的贡献也稳步提升；在这一阶段，新动能会取代旧动能成为促进经济社会发展的中坚力量。转换后期，随着新动能运用到经济社会的各个方面，新动能所代表的信息化成为社会发展的主体，产业结构得到重构，经济总量大幅度攀升，旧动能退出历史舞台，经济结构在较高的平衡增长路径中趋于稳定。但不可否认的是，此时社会正在孕育新的代表未来发展方向的超新动能。产业动力来源更迭周而复始，从未间断。

（二）新旧动能转换的逻辑基础

1. 新旧动能转换是社会发展的必然要求

从劳动力投入角度分析，劳动力结构决定经济发展方式的转变，也是经济发展动力转换的重要环节。世界经济的演进也是从主要依赖简单劳动向主要依靠

---

① 参见杨蕙馨、焦勇：《新旧动能转换的理论探索与实践研判》，《经济与管理研究》2018 年第7 期。

脑力劳动的飞跃。众所周知，劳动力素质的提升对经济增长具有非常重要的意义。舒尔茨认为，人力资本是体现在劳动者身上的一种资本类型，以劳动者的知识程度、技术水平、工作能力以及健康状况来表示的数量和质量是这些价值因素的总和。① 当代经济增长和国家财富的增长主要是人力资本投入的结果，技术进步主要依靠人力资本的积累。从产业发展来看，劳动力结构优化升级就是要推动农业劳动力向非农业转移，乡村劳动力向城镇转移，工业劳动力向服务业转移；从职业发展来看，劳动力结构优化升级就是使体力劳动者向脑力劳动者转化，低层次体力劳动者向高层次体力劳动者转化，低层次脑力劳动者向高层次脑力劳动者转化。从要素使用的角度分析，进入现代社会后随着煤炭、石油资源逐渐枯竭，太阳能、电能、核能大量新兴能源大量投入到工业生产和人们日常生活中，人类对传统石化资源的依赖程度下降，知识、创新、技术、信息等无形要素对经济增长的重要作用开始显现，世界经济增长呈现出由要素驱动向创新驱动逐渐过渡的发展态势。人类进步的历史上，每一次经济转型都是新旧动能转换的结果，新旧动能转换是人类社会发展的必然要求。

2. 新旧动能转换是科技进步的必然结果

在要素禀赋、经济投入等因素固定的条件下，经济水平依赖于效率的提升，而效率提升更依赖于技术的进步。新旧动能转换和新技术革命相伴而生，新技术革命的每一次前行，总伴随着新旧动能的转换。20 世纪 40 年代以来，以电子计算机、原子能、航天空间技术为标志的第三次科学技术革命全面爆发，大批新的技术手段应运而生，极大地促进了社会发展。② 进入 21 世纪，“互联网＋”、物联网、移动互联网飞速发展，使互联网借助有形的商业模式实现了从虚拟世界向实体经济的过渡。人们使用互联网不再只是进行简单的信息传递，而是进行线上信息与线下实体的高效配合。近年来，工业化的再次兴起和信息化的广泛渗透成为新技术革命的新趋势和发展特征。社会发展新旧动能的不断更迭，是由科技进步的客观规律所决定的。科学技术不断更新的过程，也是新旧动能不断转换的过程。

3. 新旧动能转换是中国经济发展的根本出路

改革开放以来，中国经济总量一直保持高速增长。国家统计局初步核算，2017 年我国国内生产总值（GDP）827122 亿元，经济总量首次迈上 80 万亿元的历史新台阶。但从 2010 年开始，由于受到内外部因素干扰，经济增长跌破 8％的高

① 参见郭熙保：《发展经济学经典论著选》，中国经济出版社 1998 年版，第 296～300 页。

② 参见杨蕙馨、焦勇：《新旧动能转换的理论探索与实践研判》，《经济与管理研究》2018 年第7 期。

速增长水平。在经历了30多年的快速增长,长期以来粗放型的经济发展方式所积累的矛盾也日益突出,资源消耗高,生态环境承载力下降,收入分配差距扩大,国际贸易争端加剧,这些因素都成为阻碍经济发展的巨大障碍。同时,中国进入新的发展阶段以后,经济发展条件发生了重大变化,过去支持经济发展的体制改革红利、人口红利、投资红利、资源红利出现了新的变化,成本竞争力、人口红利所带来的外延式增长已经达到极限边缘,依靠劳动力、土地、资本等要素带动的传统动能模式已经难以为继。因此,经济发展方式必须进行调整,经济结构要从需求因素转向供给因素,由传统红利向新红利空间转变,通过实施供给管理来创造新的红利空间。实现新旧动能转换是中国经济发展的根本出路。

三、国内外先进地区培育经济增长新动能的经验和启示

(一)国外

新一轮全球技术革命的大潮中,信息网络、生物科技、清洁能源、新材料与先进制造业等是发达国家和跨国公司研发投入中集中、最前沿的技术领域,正孕育着一批具有重大产业变革前景的颠覆性技术。他山之石,可以攻玉。西方国家面对产业革命带来的机遇与风险并存的情况,应对之策各有所长,但也有规律可循,具有重要的借鉴和启示意义。

1. 美国

2008年,美国陷入次贷危机引发的金融危机。为走出困境,奥巴马政府提出了“再工业化”和“工业互联网”两大战略举措。

措施一:“再工业化”战略

2012年,美国总统行政办公室和国家科技委员会发布《先进制造业国家战略计划》,提出五大目标:加强先进制造业技术的投资;加强工人技能培训;强化官产研合作;推进跨政府部门的合作;增加先进制造业研究的总投资。其次,美国政府加大对前沿科技的投入比例。在具有国家战略价值的新兴产业领域,美国借助税收补贴等手段,利用杠杆效应撬动巨大的社会资本向这些领域投资,鼓励私人投资清洁煤技术、宽带服务、新兴能源等领域,以保持美国的创新活力。同时,美国政府把中小企业视为“再工业化”的一支重要力量。2009年3月,奥巴马宣布从7870亿美元经济刺激方案中划拨约7.3亿美元,解决中小企业贷款难的问题。当年10月,奥巴马宣布一项支持小企业发展的信贷援助计划。另外,奥巴马政府还要求国会放宽施加给小企业贷款机构的薪资限制及其他限制。

措施二:“工业互联网”战略

2011年通用总裁伊梅尔特提出“工业互联网”的概念后,在硅谷建立了全球软件研发中心,启动了工业互联网研究开发、应用管理、数据采集等拓展性工作。

2013年，通用宣布将在未来3年内投入研究资金15亿美元，并于同年发布《工业互联网工作》报告，对工业互联网所涵盖的项目进行细化。2014年，通用发布《2015工业互联网观察报告》，强调大数据分析在工业互联网中的重要作用，并且针对互联网中的安全问题、数据孤岛问题以及系统集成问题等进行了汇总并提出解决方案。

工业互联网将成为制造业一个基础性的平台，这一平台将制造业的上游、下游汇集一体，涵盖供应链、分销商，也包括研发、制造、物流等重要环节，是名副其实的全球制造网络。美国借助工业互联网的优势，重振美国制造业，实现美国再工业化的战略举措。

2. 德国

德国是全球制造业的领军人物，在一批超强企业的支撑下，德国制造业成为最具竞争力的制造业之一。为了应对新的产业革命的挑战，德国提出工业4.0的战略规划。

2011年，德国首次提出工业4.0的概念。简单来说，工业4.0是“智能制造”的代名词，包含信息物理系统(CPS)、物联网与服务网、机—机通信(M2M)这样的前沿技术。其核心理念可以概括为：一套系统，即资源、信息、物品和人相互信息物理系统；两大主体，即以推广工人智能化和生产智能化为目标；三大转变，即实现生产由集中向分散的转变、产品趋同向个性化的转变、服务由客户导向向客户全程参与转变；四类目标，即开发智能化生产新方法，优化自动化新技术，满足劳动力变化新需求以及形成工业生产新模式；五项任务，即建成制造业过程融合化和网络化的生产系统，强化生产制造中信息通信技术的创新和应用，构建标准化和规范化的模式，构建基于人机交互的新型企业组织模式，加强安全性和专有技术的研究和推广。工业4.0的意义就在于充分利用嵌入式控制系统，实现创新交互式生产技术联网，将制造业由数字化向智能化转型。

3. 日本

面对全球性科技升级，日本将机器人和人工智能作为国家创新战略的重要领域。2015年，日本政府发布了《机器人新战略》，涵盖经济社会的诸多方面。自20世纪60年代从美国引进机器人后，日本一直是全球机器人研发和制造大国。据日本产经省统计，2013年日本工业机器人产业总产值达到3611亿日元，供应全球50%以上的工业机器人产品。2016年，日本机器人产业总产值达到7033亿日元。仅仅经过三年的时间，日本机器人产业产值翻了一倍，足见其发展势不可挡，为日本产业转型奠定雄厚基础。

概括起来，日本机器人创新战略主要包括以下几个方面：

措施一：推进创新环境一体化建设。成立“机器人革命促进会”，负责官产研合作、相关信息的采集与公布;制定管理制度改革提案和数据安全规则;建设各种机器人前沿技术和实验环境,为未来创造条件;与日本科技创新推动小组合作制定科技创新整体战略。

措施二:加强人才队伍建设。通过系统集成商牵头,培育机器人系统集成、软件等技术人才;加大培养机器人生产线设计和应用人才;立足于中长期,制定大学和研究机构相关人才的培育;通过初、中等教育以及科技馆等社会设施,广泛普及机器人知识。

措施三:关注下一代技术和标准。一方面,推进人工智能、模式识别、机构、驱动、控制、操作系统和中间件等下一代技术研究;另一方面,积极争取国家标准,并以此为依据推进技术的实用化。

措施四:确定数据驱动型社会的战略规划。普及机器人的应用与研发,鼓励各类企业参与到机器人的设计研发工作中,制定人与机器人协同工作细则,实现机器人数据平台,使日本凭借机器人技术占据全球大数据竞争优势。

(二)国内

在国内经济发展进入动能转换的"新常态"大背景下,各省市全面落实改革发展战略,先后出台政策,积极培育发展新动能,加快推进金融、财政、人才、科技等方面体制机制改革。具体措施参见表1。

表1　全国各省市培育经济增长新动能政策、措施概览

地区	培育经济增长新动能的主要措施
北京市	1.打造全国科技中心;2.健全创新市场导向,制定出台《北京市促进科技成果转移转化方法》,加大激励力度;3.改革创新人才支持,出台《关于引进全球顶尖科学家及其创新团队的实施意见》;4.强化金融支持创新功能。
天津市	1.推进全面创新改革实验,探索建立京津冀区域创新资源共享机制;2.加快推进自贸区改革实验;3.推进金融创新改革,出台《天津市金融改革创新三年行动计划(2016～2018年)》《关于金融支持中国(天津)自由贸易实验区建设的指导意见》;4.简政放权,推进事中事后制度改革。
上海市	1.推动改革试点,出台《上海系统推进全面创新改革实验加快建设具有全球影响力的科技创新中心方案》,在全国先试先行;2.科技创新,加快高端医疗器械、北斗导航、机器人、大数据技术突破;3.创新服务体系;4.打造新产业发展聚集区,以改革实验区、自贸实验区、张江国家自主创新示范区为依托,辐射带动一批创新聚集区。

续表

地区	培育经济增长新动能的主要措施
深圳市	1.创新确定为城市主导发展战略，出台创新“33”条、创新驱动“1＋10”等政策；2.打造国际创新中心，推动“深港创新圈”建设；3.改革财税政策，出台《新兴产业专项资金多元化扶持方式改革方案》；4.推动战略性新兴产业集聚式发展；5.创造良好的营商环境。
广东省	1.推进大平台建设，公布《珠三角国家自主创新示范区建设方案(2016～2020)》，以全面创新改革实验区和珠三角自主创新示范区为依托，形成协同发展新格局；2.加强人才引进工作；3.积极引进全球资源；4.加强科技成果转化，实施《广东省促进科技成果转化条例》，国内率先出台经营性领域技术人股改革实施方案。
浙江省	1.加强科技载体建设，出台《浙江省人民政府关于加快特色小镇规划建设的指导意见》，着力推进产业集聚区建设；2.加强科技投入，财政重点扶持高技术培育、重大科技研发与基础研究投入、人才队伍建设以及创新环境完善等；3.优化创新环境，出台《浙江省人民政府办公厅关于实行企业“五证合一”登记制度的通知》，首推“五证合一、一照一码”登记模式；4.加强人才引进，实施“金蓝领”“百校千企”“千企千师”人才培养计划，完善用人机制。
河北省	1.政策引导，出台《河北省战略性新兴产业发展“十三五”规划》；2.机制体制改革，制定《京津冀全面创新改革试验方案》《河北省石保廊全面创新改革试验方案》，营造良好创新环境；3.提升产业创新能力，出台《关于众创空间推进大众创新创业的实施意见》、《关于提升产业创新能力实施细则》，支持各类创新平台建设；4.加大创业投资，成立省战略性新兴产业创业投资引导基金、省科技成果转化引导基金、省级小企业发展基金、京津冀协同创新科技成果转化引导基金、天使基金等，为早中期新兴产业提供资金支持。

(三)经验启示

先进国家和地区普遍认识到创新的重大战略意义，创新战略被看作是新一轮国家竞争的关键。新一轮技术革命浪潮与经济活动为主导的全球化浪潮，把国家创新能力提升到决定全球经济主导地位的重要位置，纷纷出台相应的战略规划，美国人工智能发展战略、德国工业4.0战略以及日本机器人战略，都将科技创新作为推动本国经济发展的重要推动力。发达国家的创新战略不仅强调技术创新，在创新理念、商业模式、机制体制等方面也要求齐头并进，只有理念、技术、人才、制度各种创新与之相匹配，才能最大限度地发挥创新的潜力。

发达国家都认识到制造业乃一国之根本，振兴以制造业为核心的实体经济，促进经济增长和国内就业,是金融危机之后美、德、日等发达国家的共识。但各国推进制造业升级的战略并不是千篇一律,而是依据本国在技术、人才、制度等方面的优势来制定未来发展重点和方向。因此,在借鉴他国经验时,也要尊重本国经济发展规律,不能人云亦云,生搬硬套。

四、济南市新动能发展概况及面临的问题和挑战

(一)济南市新动能发展概况

山东省第十一次党代会提出,把加快新旧动能转换作为统领经济发展的重大工程,坚持用世界眼光、国际标准、山东优势,积极创建国家新旧动能转换综合实验区。济南市第十一次党代会提出,强力推进携河发展,统筹黄河两岸重点片区开发,努力实现济南从“大明湖时代”向“黄河时代”的历史性跨越。随着《山东省新旧动能转换重大工程实施规划》颁布实施,济南新旧动能转换先行区的布局规划、职能定位和体制建设逐步清晰明确。在山东新旧动能转换综合实验区建设中,济南市承担着先锋队、排头兵的引领作用,要为全省乃至全国提供可复制、可借鉴的样板做法。作为“先行区”,无论是区位优势、资源禀赋还是产业结构等方面,济南都具备新旧动能转换先行先试的底气和优势。济南作为全省政治、经济、文化中心,具有得天独厚的发展优势。

1. 区位、资源优势明显,科技、人才集聚

济南区位优势明显,是一座通衢之城。2016 年,济南被确定为环渤海南翼中心城市,在环渤海经济圈和长三角经济圈之间承上启下作用明显。北接京津唐,南接长三角,西连黄河中上游,东连胶东半岛,京沪高铁、胶济铁路在此交汇,济南已成为全国性的交通枢纽。济南是全国 10 大区域性客运中心、42 个综合交通枢纽节点城市、16 个路网性铁路枢纽、首批 45 个公路主枢纽城市和 21 个物流节点城市。济青高铁、济莱高铁、济郑高铁、济滨高铁等快速铁路线正在加快建设,以济南为中心的“米”字形高铁网络基本成型。同时,作为重要的国际机场,济南机场国际航班通达 5 大洲,直达境内外 70 多个城市。2017 年,济南机场旅客吞吐量 1432 万人次,同比增长 23%,增速居全国千万级以上机场第二位。

济南水资源、矿产资源、林木资源丰富。除了拥有丰富的自然资源之外,济南还是山东省科创中心、金融中心和医疗中心。2017 年,济南市拥有国家级企业技术中心 27 家,增设省级(示范)工程技术研究中心 153 家,建成国家级、省级企业重点实验室 12 家。2017 年,济南市金融业增加值 776.01 亿元,增长 4.7%,占 GDP 比重为 10.8%。新增新三板挂牌公司 21 家,总数达到 153 家。2017 年末,济南市

拥有卫生机构 5771 个,其中,三甲医院 21 家、民营医院 147 家。[①] 在新旧动能转换的历史机遇下,打造"健康医养之城"、发展医疗康养产业成为济南推动城市转型的重要着力点。

2. 产业结构优化升级,构成比例更加合理

2017 年,济南市地区生产总值 7201.96 亿元,比上年增长 8.0%。其中,第一产业增加值 317.40 亿元,增长 3.3%;第二产业增加值 2569.22 亿元,增长 8.4%;第三产业增加值 4315.34 亿元,增长 8.2%。三次产业构成为 4.4∶35.7∶59.9。[②]

随着济南加快推进产业结构转型升级,高新技术产业获得长足发展。为了加快新旧动能转换,济南正在大力发展大数据与新一代信息技术、智能制造与高端装备、量子科技、生物制药、医疗康养等十大产业集群。在这个过程中,很多新技术、新产品纷纷呈现:量子通讯产业走在全国前列,世界上首个商用量子通信专网在济南正式运行;新能源汽车制造实现突破,国内首台零排放氢燃料电池新能源汽车在济南成功下线;生物制药全国领先,齐鲁制药在中国生物制药研发 50 强企业中排在第一位。济南在全国 15 个副省级城市增幅排名中位居第二,呈现出跨越赶超、加速崛起的强劲势头。

3. 济南新动能层出不穷,助推高新技术产业成长

随着新旧动能转换战略的实施,济南市积极筹划,引导先进生产要素持续积累,促成产业结构优化升级,新技术、新业态、新模式不断涌现,新动能层出不穷。2017 年,济南市高新技术产业增加值增长 20.9%,累计实现主营业务收入 879.5 亿元,增长 13.8%。规模以上工业企业实现高新技术产值 2661.2 亿元,占规模以上工业企业总产值的 45.15%,增长 20.1%,比年初提高 1.5 个百分点。

同时,科技研发人员和经费投入提高。2017 年,规模以上工业企业研发人员数量 56079 人,增长 28.1%。规模以上工业企业办研发机构 527 个。2017 年,规模以上企业 R&D 经费投入 156.7 亿元,占 GDP 比重为 2.40%,比上年提高 0.22 个百分点。规模以上企业 R&D 活动折合全时当量成直线上升状态(如图 1 所示),R&D 活动外部支出也呈逐年递增态势(如图 2 所示)。2016 年,山东省各城市 R&D 折合全时当量排名中,济南市列第二位,仅次于青岛市,遥遥领先于山东省内其他城市(如图 3 所示)。

---

① 根据《2017 年济南市国民经济和社会发展统计公报》数据整理。

② 根据《2017 年济南市国民经济和社会发展统计公报》数据整理。

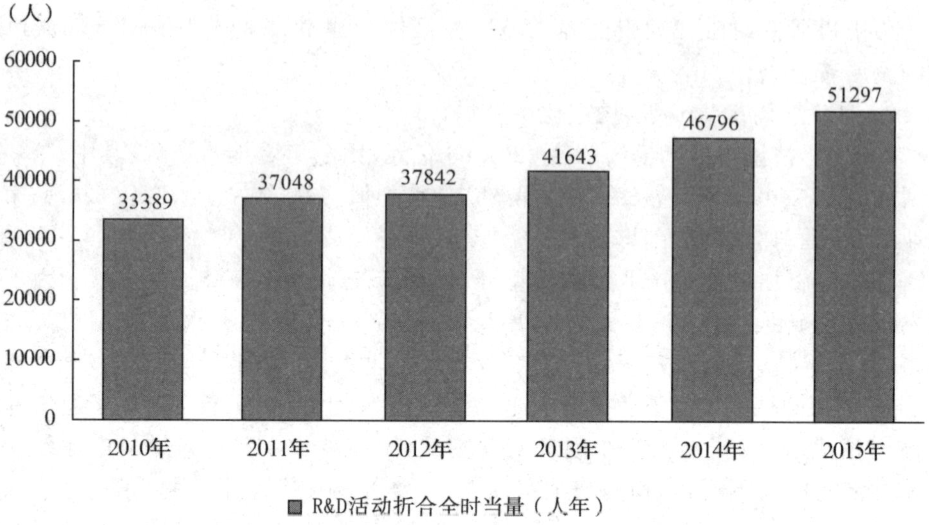

图1　济南市2010～2015年规模以上企业R&D活动折合全时当量(人年)①

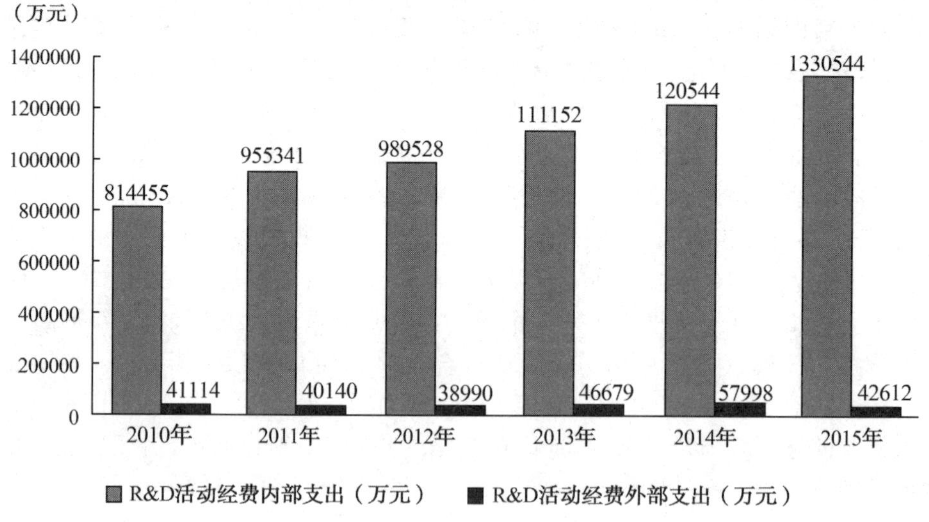

图2　济南市2010～2015年R&D活动经费内部支出与外部支出(万元)情况②

① 根据2011～2016年《济南统计年鉴》资料数据整理。

② 根据2011～2016年《济南统计年鉴》资料数据整理。

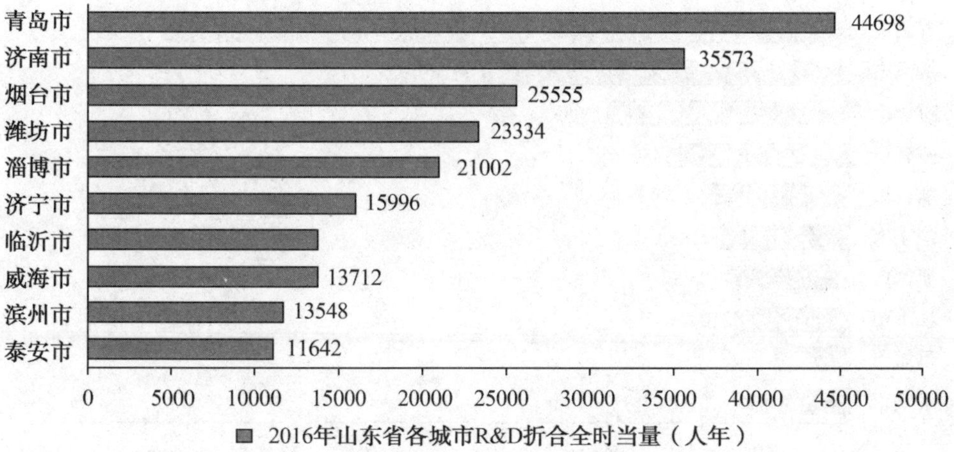

图 3　2016 年山东省城市 R&D 折合全时当量(人年)前十名①

4. 科技研发投入不断加大，科技创新能力加强

2010～2015 年，济南专利申请数量逐年递增，从 2010 年的 4425 件攀升到 2015 年的 14178 件，成几何倍递增(如图 4 所示)。2017 年，济南市专利申请量 31789 件，在山东省内仅次于青岛 59545 件，排名第二(如图 5 所示)。②

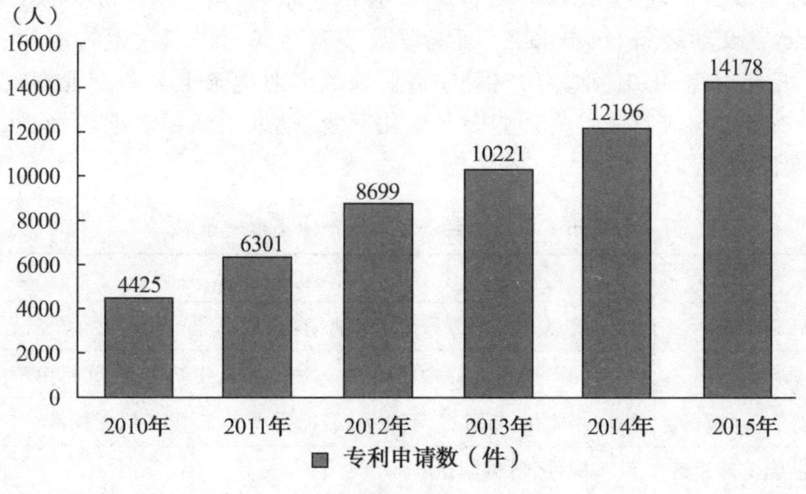

图 4　济南市专利申请数量(2010～2015 年)③

① 根据《2017 年山东省统计年鉴》资料整理。

② 根据《2017 年济南市国民经济和社会发展统计公报》数据整理。

③ 根据 2011～2016 年《济南统计年鉴》资料整理。

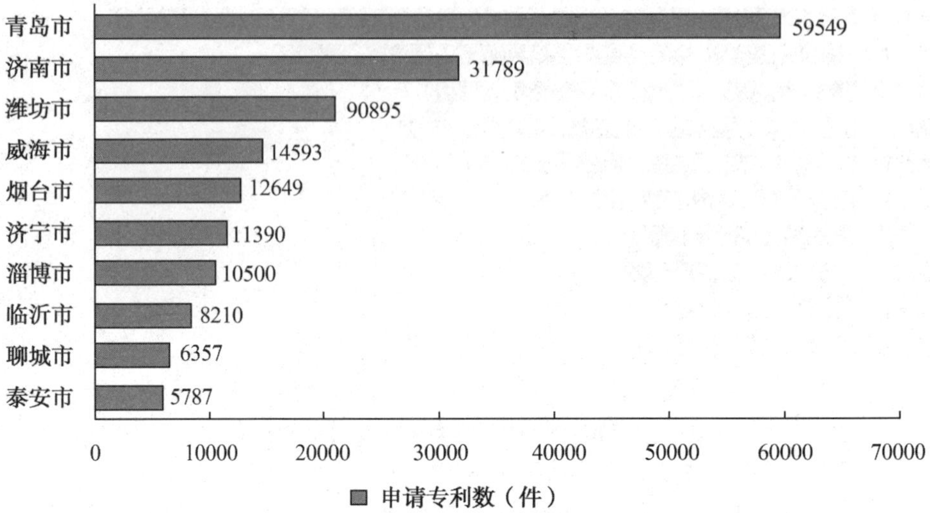

图 5　2017 年山东省专利申请数前十名城市①

5. 依托园区建设，构建产业发展动能新模式

依托各大产业园区（如表 2、图 6 所示），济南市产业集群不断成长，通过加速产业内部资源整合，已经具备市场前景好、技术含量高、增长速度快以及产业规模大等特点，在交通装备、机械装备、新能源及节能环保、新材料、生物医药、食品纺织、家电五金、石油化工、钢铁建材等制造业领域产业链条上具备产业集群的基本特征，并逐步走向成熟完善。产业园区优化升级，是推动新旧动能转换、实现产业跨越式增长的重要模式。

表 2　济南市省级以上经济开发区产业集群一览表

经济开发区	产业集群类型
济南高新开发区	电子信息、生物医药、交通装备、现代服务业
济南综合保税区	基地配套产业、国际物流产业、服务外包、生物医药、光机电产业
济南槐荫工业园区	机电一体化、新材料、新能源、智能化小家电、电子信息技术、生物技术
济南临港经济开发区	汽车配件、机械制造
济北开发区	食品饮料、机械装备、纺织服装、电子信息
商河经济开发区	新能源、高新技术、机械制造、农副食品、交通物流、商贸服务

① 根据《2017 年山东统计年鉴》资料整理。

续表

经济开发区	产业集群类型
济南明水经济开发区	交通装备、机械制造、精细化工、食品饮料
济南新材料产业园区	新材料、生物医药、电子信息、新能源
济南经济开发区	机械、食品、新材料、房地产
山东平阴工业园区	机械装备、医药食品、水泥建材、阿胶玫瑰、玛钢管件、炭素制品

图 6　济南市省级以上经济开发区示意图

(二)发展新动能面临的问题与挑战

1. 经济发展动力不足,供给侧结构性改革还需深化

济南是山东的制造业基地,拥有完备的工业基础,传统动能产业在经济总量中占有很大比重。但近年来,随着人口红利消失、劳动力成本上升、资本回报率下降,潜在增长率也随之下降。基于需求导向,以"三驾马车"为动力拉动济南产业增长的效果不明显。同时,制造业下行趋势明显,产能过剩,供给需求错位,深层次体制机制和结构性矛盾突出,需求侧导向政策并未从根本上解决产业发展问题,经济发展动力需要进一步调整。因此,济南市未来政策的着力点要通过供给侧结构性改革,为市场释放新供给创造条件,引导新供给创造新需求,通过经济供给和需求结构调整达到供给侧与需求侧的平衡。

2. 企业缺乏创新活力，发展动力有待提高

科技创新能力是企业发展的基础，也是企业不断前行的动力。改革开放以来，我们主要通过技术引进促进技术进步。购买先进设备，学习、吸收、消化国外已有的成熟技术，既节约了成本，又规避了风险。当市场被技术引进能力和技术吸收能力较强的企业开发后，大量的企业开始追随、模仿并进行套利，表现为低端层次的低成本竞争，利润空间有限，同时也使实体经济的生产能力得以扩张并获得规模效益，但是伴随而来的却是生产过剩。① 在资金有限的情况下，企业优先购买技术而不是自主研发，企业自主创新能力自然会减弱。同时，企业创新能力不足还源自于人才的匮乏，没有专业人才帮助企业进行技术创新。企业缺乏创新活力，这也是培育经济增长新动能面临的困境之一。

3. 科技投入不足，创新激励还需提升

科技投入是培育经济增长新动能的重要环节，要顺利实现从要素驱动向创新驱动转变，科技发展起着至关重要的作用。2016 年，济南市科技 R&D 投入经费 156 亿元，只占山东省 R&D 投入经费的 10%，与省内青岛市 286 亿元、烟台市 178 亿元相比还有较大差距。② 济南市发明专利申请和商标注册数量居山东省前列，但科技成果转化率有待提升，大量专利未得到实质性应用。同时，我国知识产权保护力度有待加强，尤其随着电子商务和网络零售的发展，专利侵权时有发生，举证难、成本高、赔偿低等突出问题制约着行业创新的动力。

4. 体制机制不健全，企业发展活力受限

改革开放以后，计划经济逐步为市场经济所代替。以政府主导的经济结构正发生深刻的变化，市场在生产资料调节分配过程中起主导作用。一直以来，政府通过扶持主导产业发展，解决了长期以来供给严重不足的问题。但进入新常态，这种发展方式抑制了市场机制的作用，压缩了实体经济的发展空间，导致经济结构严重失衡。没有完善的体制机制提升做保障，生产资料不仅不能自由流动和有效配置，而且还会减弱经济社会的创新活力。

五、济南市培育经济增长新动能的政策建议

（一）以新旧动能转换先行区引领新动能

济南市新旧动能转换先行区总体规划约 1000 平方公里，涉及黄河沿岸 5 个县 21 个街镇，分为黄河北岸和黄河南岸。其中，天桥区桑梓店街道和大桥街道以及

---

① 参见伍茜溪：《供给侧视角下经济发展新动能培育探析》，《云南财经大学学报》2018 年第4 期。

② 根据《2017 年山东省统计年鉴》有关数据整理。

济阳县崔寨街道被标识为核心区。在布局规划上，以新旧动能转换先行区为引领，以东部高端产业集聚区、省级开发区转换提升区、泉城优化升级区为支撑，以济南中央商务区、济南国际医学科学中心为重点，构建"一先三区两高地"的核心布局；在职能定位上，济南新旧动能转换先行区坚持生态优先、携河发展、产城融合的建设理念，重点发展大数据与新一代信息技术、智能制造与高端装备、量子科技、生物医药、先进材料、产业金融、现代物流、医养健康、文化旅游、科技服务等产业，提高省会城市首位度，建设"大、强、美、富、通"的现代化省会城市，构建京沪之间创新创业新高地和总部经济新高地，打造全国重要的区域性经济中心、金融中心、物流中心和科技创新中心；在体制建设上，济南新旧动能转换先行区在体制机制上参照雄安新区，实施"大部制、扁平化、聘用制"的合理组织架构，进行一系列改革创新，力求打造审批事项最少、办事效率最高、发展服务最优、行政收费最低的"四最"服务环境和高效开放管理体制，探索一条适合先行区发展实际、有利于先行区建设发展的体制机制创新途径。

济南市要抓住这次千载难逢的机遇，以高起点、高标准、高水平规划建设国家新旧动能转换先行区，充分发挥先行区的引领带动作用，集聚创新要素资源，发展高端、高效新兴产业，打造开放、合作新平台，创新城市管理模式，综合提升基础设施和公共服务水平，建设现代、绿色、智慧的新济南。

（二）以新技术催生新动能

新一轮技术革命正在加快推进数字化进程，产业间相互融合和渗透也在加速。济南市要进一步突出创新技术的供给和创新能力。对接国家"中国制造2025"和"互联网＋"行动计划，坚持先进制造业和现代服务业"双轮驱动"，积极推进智能制造、绿色制造、服务型制造，培育新动能，发展新经济，突出发展大数据与新一代信息技术、智能制造与高端装备、量子科技、生物医药、先进材料、产业金融、现代物流、医疗康养、文化旅游、科技服务十大产业。加快构建上中下游密切衔接、配套完善的现代产业集群，将其打造为济南率先发展的领跑产业、拉动经济增长的龙头产业。同时，培育自主创新能力，推动高水平创新平台建设，依托国家以及省重点科技园区，打造具有国际水准的科技示范中心，加速推进具有自主知识产权的示范产业，以此带动济南市经济从要素驱动到创新驱动的转化。

（三）以新模式推动新动能

"互联网＋"是促进产业升级、推动市场化改革的重要举措。经济发展新模式就是借助"互联网＋"平台，把集聚分散的、海量的资源重新融合，使供给与需求达到精准匹配，以此提升实体经济的创新能力，形成更广泛的以互联网为基础的经济社会发展新业态。济南市要进一步实施"互联网＋工业"战略，大力培育发展工业互联网、工业云、工业大数据等新兴业态。鼓励企业开展线上线下融合、柔性制造、个性定制等制造模式创新，促进传统制造模式转型升级。同时，“互联网＋协同制造”也是制造业发展重点，济南市要提升制造业数字化、网络化、智能化水平，发展基于互联网基础的协同制造业新模式，例如网络协同制造、众包众创、远程服务等新模式，鼓励企业由单纯的制造产品向提供产品与服务过渡，深化生产和服务企业的专业化分工，支持工业企业向专业化服务机构购买生产辅助服务、研发设计、品牌营销、售后服务、生活服务等产品，以此开启从生产型制造业向服务型制造业的转型，走产业融合、创新发展之路。

（四）以新制度保障新动能

新产业、新业态、新模式的飞速发展也对原有的治理模式提出了新的挑战，创新治理模式，以新制度保障新动能的发展，成为推动济南城市转型的重要内容。建设运行高效、治理规范的服务型政府是实现经济动力结构优化的重要保障。济南市要创新先行区体制机制，发挥先行示范作用。推动行政与经济管理职能适度分离、相互协调，创新管理机构设置，实施“大部制、扁平化”管理，探索法定机构管理模式。同时，济南市要一步加大简政放权力度，推进大部制改革步伐，将部分有利于促进动能转换的行政权力事项依法下放或委托到具体实施部门；明确监管内容，创新监管模式，建立统一高效的数据采集、监测、分析和预防体系；规范行政程序、行为、时限和自主裁量权，提高政务公开水平，增强政府公信力和执行力，营造稳定、公平、透明、可预期的营商环境。

参考文献

[1]郭熙保：《发展经济学经典论著选》，中国经济出版社 1998 年版。

[2]徐宪平、杜平、张新红：《驱散经济增长的迷雾——新常态下的新动能》，中国财富出版社 2018 年版。

[3]李佐军：《培育经济增长新动能从何处入手》，《经济研究参考》2017 年第 4 期。

[4]伍茜溪：《供给侧视角下经济发展新动能培育探析》，《云南财经大学学报》2018 年第 4 期。

[5]杨蕙馨、焦勇：《新旧动能转换的理论探索与实践研判》，《经济与管理研究》2018 年第 7 期。

[6]赵炳新：《区域间总产出波动互相影响的网络模型》，《系统工程理论与实践》2017 年第 10 期。

济南打造新时代县域经济升级版研究

赵　森

改革开放以来，济南市县域经济发展取得了巨大的成就，城镇化进程也取得了可喜的进步，县域经济逐渐成为经济和社会发展的重要力量。但随着经济结构调整进一步深入，诸如区域发展不平衡、产业结构不合理、城乡收入差距大等问题依然存在，结构性、深层次的问题和矛盾逐步暴露出来。县域经济研究是区域经济研究的重要内容，县域经济发展也与济南市乃至山东省发展紧密相关。因此，研究济南市如何尽快实现县域经济转型发展，打造新时代县域经济升级版具有非常重要的理论价值和现实意义。

一、县域经济理论基础

（一）“县域经济”的概念界定

县域经济由于在地域、发展模式、产业结构等方面具有特殊性、复杂性等特征，学术界对于“县域经济”概念的界定存在一定的差异性。概括地说，县域经济是国民经济大系统中的一个子系统和区域性经济网络，具有区域性、综合性和层次性等特征。它不仅包括县城经济，而且还包括乡镇经济和村域经济；它是以县城为中心，以集镇为纽带，以广大乡村为基础的区域性经济。因此，从管理上看，属于县行政区划认定的区域经济；从经济张力上看，可向县外扩展和渗透，其边界又不局限在县行政区域内；从内涵的联结上看，县域经济是城乡结合体和工农结合体；从在国民经济中所处的地位来看，它处于基础地位。基于以上论述，“县域经济”可以概括为：以县为基本单位，以县城和集镇为经济活动中心，以广大农村为腹地，按照劳动地域分工原则建立起来的具有鲜明特色的行政区划型的经济，是国民经济大系统中一个带有综合性、区域性、差异性、开放性、独立性的层次。

(二)县域经济基本特征

对"县域经济"概念界定上可以看出,县域经济既是区域概念,也是经济概念,是国民经济与社会发展系统下的综合体系,在空间结构上有县城、中小城镇和乡村的层次结构体系。因此,县域经济的基本特点,既有区域经济发展的基本属性,又有经济社会发展的综合性特征,还有空间结构层次性演化的动态特点。具体来讲,有以下几个方面的特征:

1. 县域经济具有行政区划的特征

在资源配置属性上,我国县域经济属于典型的以政府为主导的配置形式,配置范围有明确的空间界限,要素流动首先拘泥于行政区划的小循环,再通过市场的要素配置实现外循环。在行政资源配置与市场资源配置关系上,政府对价格决策与市场形成价格机制之间存在着动态变化过程,这一过程又直接决定了行政区域经济发展能力与市场区域经济发展能力之间存在此长彼消的关系。在我国多数县域经济发展中,由于县域经济发展的封闭性和落后性,政府主导价格决策能力远大于市场决定价格机制能力,使县域行政区划为主的经济发展模式远大于经济区域为主导的发展模式。从这一角度而言,县域经济在属性上是区域经济发展的主要内容,但更具有行政区划经济的典型特征。

2. 县域经济具有复合性特征

县域经济的复合性特点,既表现在经济活动地域性特征方面,也表现在经济结构性特征方面。县域经济活动地域性,主要是指县域经济空间结构属性。一方面,它包括县域行政区划中的农业、工业、第三产业。对于县域经济发展而言,工业化与城镇化成为县域经济的主要表现形式之一,这又使得它具备了城市现代经济发展的特征,代表了未来经济发展的基本方向。另一方面,县域经济还具有农业现代化的发展的基础特性,农村经济成为县域经济主要发展范畴。因而县域经济在发展过程中带有典型的城乡二元结构特征,统筹城乡发展成为县域经济面临的主要问题,而县域经济可以作为统筹城乡发展的重要载体。县域经济还具有经济结构方面的基本属性。国有经济、集体经济、个体经济和私营经济以及混合所有制经济形式在县域经济发展中均有存在,并且随着我国经济体制改革不断深化,个体经济和私营经济正成为县域经济的主要存在方式。县域经济在经济组织形式上还具有独立性特点,一般意义上的县域经济已经成为独立的经济系统,是功能较为完备的综合性经济发展体系。县域经济活动涉及生产、流通、消费和分配等各个环节和三次产业结构的各部门。①

3. 县域经济具有开放性特征

县域经济虽然具有行政区经济的特性，但从本质上说仍是一种区域经济的表现形式。随着我国社会主义市场经济体制建立、发展与完善，价格机制在全社会配置资源能力不断增强，县域经济发展已经摆脱了传统封闭性的特点，逐渐向开放性的市场经济体系演化。由于市场经济中资源配置起决定性作用，县域经济要提升获得资源的能力，需要突破区划约束，在更广阔的范围内实现资源的优化配置。同时，县域经济作为经济区域经济发展的基本单元，由于比较优势存在差异性，决定了其生产、流通、消费和分配不可能完全形成闭环，需要在某些环节上发挥比较优势，在某些环节上通过分工、交换获得非比较优势资源；这又需要县域经济通过分工协作，将其纳入到次区域甚至全球范围内的产业分工体系之中。②

二、济南市县域经济历史沿革、发展现状及存在的问题

（一）历史沿革

济南作为全国15个副省级城市之一，是环渤海地区南翼中心城市。济南历史悠久，秦始皇统一天下后，建立郡县制，济南属于济北郡，称“历下邑”；中华民国成立后，改“济南府”为“济南道”，济南初属岱北道；1949年5月改为济南市，下辖11个区；1950年改为市区6个、郊区5个，1954年合并调整为市、郊各5区；1987年4月，撤销济南市郊区、历城县，设立济南市历城区；2001年6月，撤销长清县，设立济南市长清区；2016年12月22日，济南撤销县级章丘市，设立济南市章丘区；2018年6月19日，济南市撤销济阳县，设立济南市济阳区。截至2018年，济南辖8个市辖区、2个县。其中，市辖区包括市中区、历下区、天桥区、槐荫区、历城区、长清区、章丘区、济阳区，县包括平阴县、商河县（见图1）。

（二）各县区位和资源分布

平阴县，又称“玫城”，因地处古东原之阴，东原砥平，故名“平阴”，此系以“平阴”命名之始。平阴县位于济南市区西南部，是济南的市郊县，属于沿海经济开放区。平阴县拥有丰富的矿产资源、水资源和土地资源。其中，水资源开发利用度

① 参见武连运：《对我国县域经济发展的战略研究》，《甘肃农业》2005年第10期。

② 参见李香兰、冯玲玲：《县域经济发展的深层次思考》，《国土与自然资源研究》2006年第4期。

高,位于刁山坡镇大孙庄村的地热井被开发利用于温泉、医疗矿泉水;平阴县洪范池矿泉水可采深度达300米。同时,平阴县旅游资源丰富,其中,全国三大天主教圣地之一的胡庄天主教堂、济南七十二泉的洪范池泉群与"和圣"柳下惠故里都位于这里。平阴县物产资源丰富,玫瑰、阿胶是其代表性产品,因此被誉为"中国玫瑰之乡""中国阿胶之乡"。

图1　济南市区(县)行政规划图①

商河县,地处山东省西北部,是济南市的北大门,东靠滨州市的惠民、阳信,西与德州市的临邑毗邻,南临济阳县,北与德州市的乐陵接壤。商河县境呈菱形,南北最长51千米,东西最宽43千米,总面积1162平方千米。商河县历史文化悠久,历史遗迹众多,名士辈出。商河鼓子秧歌是中华民族民间舞蹈艺术的瑰宝,列山东三大秧歌之首。同时,商河县矿产资源和地热资源丰富,其中商河地热资源地下储量256亿立方米,可开采量179亿立方米,具有埋藏浅、温度高、水质优的特点,属于医疗型地热温泉。近年来,商河县以打造服务省城、辐射周边的先进制造业、农产品生产交易和以温泉为特色的健康休闲"三大基地"为目标,已经向"工业强县、旅游富县、开放活县"战略目标奋进。

① 2018年6月,济南市部分行政区划进行调整:撤销济阳县,设立济南市济阳区。截至目前,济南市共辖8区2县。

(三)济南市县域经济发展现状

1. 经济总量保持平稳增长

表 1　　2015 年平阴、商河国民经济主要指标与济南市比较①

<table>
<tr><th colspan="2">指标名称</th><th>单位</th><th>平阴</th><th>商河</th><th>济南</th></tr>
<tr><td colspan="2">地区生产总值</td><td>亿元</td><td>226.70</td><td>165.70</td><td>7201.96</td></tr>
<tr><td rowspan="3">产业增加值</td><td>第一产业增加值</td><td rowspan="3">亿元</td><td>31.56</td><td>46.00</td><td>317.40</td></tr>
<tr><td>第二产业增加值</td><td>126.53</td><td>63.40</td><td>2569.22</td></tr>
<tr><td>第三产业增加值</td><td>68.91</td><td>56.30</td><td>4315.34</td></tr>
<tr><td colspan="2">三次产业比例</td><td>%</td><td>13.9∶55.7∶30.4</td><td>27.7∶38.3∶34.0</td><td>4.4∶35.7∶59.9</td></tr>
<tr><td colspan="2">地区财政收入</td><td>亿元</td><td>27.20</td><td>9.00</td><td>677.20</td></tr>
<tr><td colspan="2">工业总产值</td><td>亿元</td><td>335.39</td><td>191.70</td><td>5877.28</td></tr>
<tr><td colspan="2">固定资产投资</td><td>亿元</td><td>230.81</td><td>114.50</td><td>4363.60</td></tr>
<tr><td colspan="2">社会消费品零售总额</td><td>亿元</td><td>86.63</td><td>79.90</td><td>4146.10</td></tr>
<tr><td colspan="2">外贸进出口总额</td><td>亿美元</td><td>6.28</td><td>1.03</td><td>108.10</td></tr>
<tr><td rowspan="2">居民可支配收入</td><td>城镇居民</td><td rowspan="2">万元</td><td>2.24</td><td>2.18</td><td>4.60</td></tr>
<tr><td>农村居民</td><td>1.17</td><td>1.17</td><td>1.65</td></tr>
</table>

平阴县经济增长保持稳中向好。2015 年全县完成生产总值 226.70 亿元,按可比价格计算,同比增长 8.4%。其中,全县 205 家规模以上工业企业实现主营业务收入 335.39 亿元、利润 35.60 亿元、利税 49.95 亿元,同比分别增长 8.6%、−0.02%、2.5%;实现规模以上工业企业增加值 97.81 亿元,同比增长 8.6%;规模以上高新技术产业企业 48 家,实现产值 139.91 亿元,增长 27.1%,占规模以上工业企业产值比重 40.5%,同比上升 3.5 个百分点。同时,重点企业运行平稳。32 家龙头企业实现主营业务收入 201.52 亿元、利润 25.94 亿元、利税 36.59 亿元,分别占全县规模以上工业企业的 60.1%、72.9%和 73.3%,分别增长 7.0%、−2.8%和 1.5%。②

商河县经济实现平稳较快发展。2015 年全县实现地区生产总值 165.7 亿

① 根据 2015 年平阴、商河、济南《国民经济和社会发展统计公报》数据整理而得。由于 2017 年部分统计资料缺失,为全面反映经济社会发展情况,以下图表多以 2015 年数据为论证依据。

② 根据《平阴县 2015 年国民经济和社会发展统计公报》有关数据整理。

元，增长 8.8%，人均地区生产总值 28777 元（按常住人口 57.6 万计算），增长 8.3%。其中，全县规模以上工业累计完成工业总产值 191.7 亿元，同比增长 11.7%；累计实现工业增加值 47.3 亿元，同比增长 20.1%，产销率达到 99%；全县规模以上工业企业累计实现主营业务收入 186.9 亿元，同比增长 12.9%；实现利税 13.2 亿元，同比增长 5.2%；实现利润 8.1 亿元，同比增长 8.3%。同时，高新产值比重略有提高。高新技术产值累计完成 25.8 亿元，增长 33.9%，占规模以上工业企业总产值的比重为 13.5%，比年初提高 2 个百分点。① 具体数据可参见表 1。

2. 产业结构更加优化

2015 年，平阴县第一产业增加值 31.56 亿元，同比增长 3.9%，对经济增长贡献率 4.5%，拉动 GDP 增长 0.4 个百分点；第二产业增加值 126.53 亿元，同比增长 7.7%，对经济增长贡献率 62.4%，拉动 GDP 增长 5.2 个百分点；第三产业增加值 68.91 亿元，同比增长 12.9%，对经济增长贡献率 33.1%，拉动 GDP 增长 2.8 个百分点。三次产业比例由上年的 14.5∶56.9∶28.6 调整为 13.9∶55.7∶30.4。商河县第一产业增加值 46.0 亿元，增长 4.5%；第二产业增加值 63.4 亿元，增长 13.9%；第三产业增加值 56.3 亿元，增长 5.3%。三次产业构成由去年的 27.2∶39.1∶33.7 调整为 27.7∶38.3∶34.0，与上年相比，第三产业提高了 0.3 个百分点。

县域经济产业结构进一步优化，但与济南市相比还存在一定差距，具体数据参见图 2、图 3。

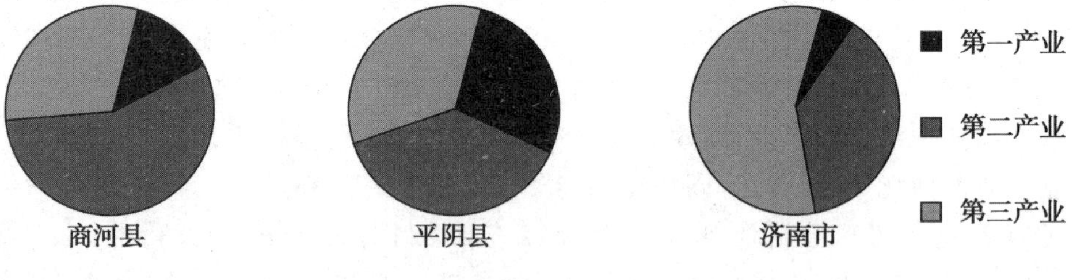

图 2　2015 年三次产业结构平阴县、商河县与济南市比较②

① 根据《商河县 2015 年国民经济和社会发展统计公报》有关数据整理而得。

② 根据 2015 年平阴、商河、济南《国民经济和社会发展统计公报》有关数据整理而得。

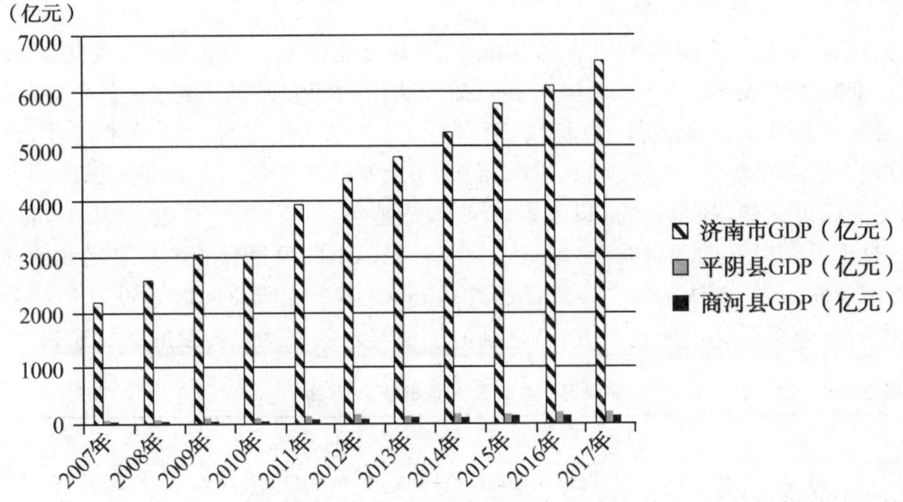

图 3　2007～2017 年平阴县、商河县 GDP 与济南市 GDP 比较①

3. 高新技术产业发展提速

表 2　　2015 年平阴县、商河县高新技术产业发展情况②

指标名称	单位	平阴县	商河县
高新技术产值	亿元	139.91	25.80
高新技术产值增长比	%	27.10	33.90
高新技术产值占工业产值比重	%	40.50	13.50
专利申请数量	件	382.00	358.00
专利授权数量	件	291.00	186.00

济南市县域经济高新技术产业发展提速，高新技术产值、高新技术产值占工业总产值的比重逐年增加。2015 年，平阴县规模以上高新技术产业企业 48 家，实现产值 139.91 亿元，增长 27.1%，占规模以上工业企业产值比重 40.5%，同比上升 3.5 个百分点。商河县高新产值比重略有提高。高新技术产值累计完成 25.8 亿元，增长 33.9%，占规模以上工业企业总产值的比重为 13.5%，比年初提高 2.0 个百分点。具体数据参见表 2。

① 根据 2007～2017 年《济南统计年鉴》有关数据整理而得。

② 根据 2015 年平阴、商河、济南《国民经济和社会发展统计公报》有关数据整理而得。

4. 产业园区蓬勃发展

县域经济中产业园区的成立与发展加快了当地相关产业的集聚，促进了济南地区产业集群的发展。平阴、商河两县包括筹建中的产业园区多达20多个，园区优势项目既涵盖高端机械装备、新能源、新材料、卫星专项技术等高新技术产业，也包括阿胶玫瑰、食品加工、玻璃制品、农产品加工、纸制品等传统优势产业（见表3）。以平阴工业园区为例，截至目前，园区累计引进安置企业80多家，总投资40.83亿元，其中，过千万元以上的项目有51家，过5000万元以上的项目有22家，过亿元的项目有15家。获得省、市认定的企业产品品牌达到30多个。产业园区建设已经成为培育和发展产业集群的一种有效方式，是县域经济实现新旧动能转换的重要途径。

表3　平阴县、商河县产业园区一览表

地区	产业园区	优势项目
平阴县	山东平阴工业园区	机械装备、医药食品、水泥建材、阿胶玫瑰、玛钢管件、炭素制品
	玛钢流体产业园	球铁管件、精密智能阀门、金属管路连接件
	二机床平阴产业园	数控机床装备、铸造、焊接以及汽车模具、功能部件
	阿胶文化产业园	阿胶系列产品
	伊利产业园	液态奶
	新能源及节能产业园	新能源及节能产业、电力节能设备
	北斗应用科技产业园	北斗卫星专项技术，高精度、高性能系统级芯片，通用导航终端和全球定位系统软件
	泰洋树生物科技产业园	生物蛋白酶、益生菌、鹤年堂中药转化、海狗油、小分子全自动创生水、蚓激酶研发制造等先进生物资源和生物技术
	锦水高端制造产业园	通用航空、新能源、锅炉配件、新材料等高端制造
	历下平阴科技产业园	筹建中
	玫瑰高端产业园	筹建中
	山水绿色建材产业园	筹建中
商河县	经济开发区	新能源、高新技术、机械制造、农副食品、交通物流、商贸服务
	玉皇工业园区	玻璃制品、机械加工、农产品加工、纸制品
	电子商务产业园	电子商贸
	城区产业园	筹建中
	民营产业园	筹建中

(四)济南市县域经济发展面临的主要问题

1. 整体实力不强

改革开放以后,济南市县域经济虽然有很大的提升,但较之全国百强县的各项指标都有较大的差距。从统计数据来看,2017 年全国百强县之首江苏昆山市,实现地区生产总值 3520.35 亿元,人均地区生产总值达 21.21 万元。① 而平阴县完成生产总值 273.04 亿元,只占昆山市的 7.7%;与省内排名第一的青岛即墨市地区生产总值 1203 亿元相比,只占即墨市的 22.6%。同时,县域经济发展比较低迷,尤其是最近两年,受宏观经济下行趋势的影响,实体经济受到不同程度的冲击,县域经济各项指标也出现不同程度的回落,县域经济发展面临较大压力。

2. 产业结构不完善

产业结构不完善一直制约着济南市县域经济的发展,到目前为止也没有得到明显改善。普遍现状是:第一产业过大,第二产业脆弱,第三产业滞后。2015 年,平阴县三次产业比例为 13.9∶55.7∶30.4,商河县为 27.7:38.3∶34.0,与济南市三次产业比例 5.0∶37.8∶57.2 相比,产业结构还需要进一步优化提升。同时,大多数县域经济以传统农业为主,以资源消耗型工业为主,对资源和能源依赖程度较高,高新技术产业投入和研发没有明显优势。例如,2015 年商河县高新技术产值累计完成 25.8 亿元,只占其工业总产值的 13.5%,高新技术产业还需进一步加强。在规模以上工业企业中,大多产业以农产品初级加工和粗放型机械加工为主,同质现象严重,产业结构不尽合理。

3. 对外开放程度不高

近几年,济南县域经济积极融入到"一带一路"建设和新旧动能转换先行区建设中,对外开放程度和招商引资力度都有很大的改观,但与发达省份相比,差距仍比较明显。同时,县域内的企业大都以传统行业为主,产品的影响力和竞争力等方面都存在一定的问题,致使投资成本较高、外资依存度较低。2015 年,商河县实际利用外资 4500 万美元,实现进出口总额 1.03 亿元,分别占到济南市的 2.8%、11.3%;平阴县实际利用外资 1700 万美元,实现进出口总额 6.28 亿美元,分别占济南市的 1.0%、6.8%,招商引资成效不明显。

三、发展县域经济国内外经验借鉴及启示

(一)国外经验借鉴

1. 美国"大都市圈"建设模式

美国城镇的建设发展秉持"大都市圈"模式,这些城镇是城市与城市之间连接

① 根据《昆山市 2017 年国民经济和社会发展统计公报》有关数据整理。

的纽带。从地理位置来讲,美国的城镇主要建设在交通便利的公路主干道或者运河、铁路附近。城镇建设的资金投入主要来源于政府,在规划方面进行了明确的功能区分。从发展经验来看,美国的城镇建设有三方面的经验是可以借鉴的:首先是区域位置,便利的交通是美国小城镇建设的基础,这也为实现人口聚集提供了便利;其次是基础设施建设的完备,在城镇建设之初,政府就进行了详细的规划,以致城镇具有一定的吸引力,能吸引资金和人才;最后,城镇的发展为中心城市服务。美国的城镇有一项重要的作用,即为中心城市分流产业布局。在城市发展日趋成熟的前提下,中心城市开始向着高层次发展,而城镇经济在分流产业布局的背景下也得到了改善。

2. 英国"卫星城"建设模式

英国的城镇最早是由卫星城发展而来的。随着英国大城市产业与人口急剧增加,巨大的城市压力使政府开始在大城市的周边建立卫星城市。这些卫星城市通过合理的规划,为大城市的扩张打下了基础。而在选择卫星城市的目标时,多以小城镇为主体,这样既能够节约建立卫星城的成本,又能够在短时间内实现企业和人口的聚集。从未来发展的角度来看,英国的城镇将朝着卫星城的方向继续发展。

3. 日本的"政府主导,多方合作"建设模式

日本的小城镇采用的是"政府主导,多方合作"的模式。为了加强城镇建设,日本出台了一系列的法律文件,比如《基本教育法和学校教育法》等,明确规定了义务教育的时间,鼓励学生积极地参加大学教育,同时鼓励农民积极地参与到企业或者社团举办的各种培训中,学习一定的职业技能,以更好地适应城镇化的需求。与欧美国家小城镇建设相似,日本的城镇建设也是为了缓解大都市的压力、促进郊区的产业发展。

(二)国内经验借鉴

1. 浙江省民营经济发展模式

浙江省是中国最早发展民营经济的省份,也是专业化细分市场做得最有特色的省份。浙江模式最典型的特征是民营经济突出,民营经济成为推动县域经济发展的中坚力量。浙江省始终把握市场经济发展脉搏,县域经济率先向市场经济全面转轨。浙江模式代表了中国广大劳动者在生产力落后、交通不发达的地区自发地发展商品经济,继而带动整个地区全面发展的道路。其中最具代表性的就是温州,走出了一条以个体私营经济为主的经济逐步壮大之路。经过几十年的发展,民营经济发展方式也产生了深刻变化,逐步向质量型、集约型转变,产业集群优势更加明显,企业规模不断扩大。

2. 苏南乡镇企业发展模式

苏南模式最主要的特征是农民依靠自身力量发展乡镇企业，以此来拉动该地区经济发展，实现农业向非农业的转化。20世纪80年代，苏南乡镇企业开始起步，苏南模式是中国乡镇企业崛起、转型的典型代表。进入90年代，苏南乡镇企业在政企分工、产权明晰、企业重组等方面的改革取得了明显成效：第一，经济发展速度提高，企业规模有了大幅度提升；第二，工业化进程推进迅速，逐步形成以制造业主为体的产业发展新格局；第三，招商引资成绩显著，国际化特征日益明显。苏南发挥地处长三角的地域优势，优化投资环境，实施外向带动战略，吸引国外大量优质企业入驻，形成具有一定规模的产业集群。张家港赶超经济、昆山外资经济、常熟名牌经济都是这一阶段苏南模式的典型代表。

3. 山东农业产业化发展模式

山东模式概括起来就是利用毗邻日韩的区位优势，大力推进农业产业化，以此带动整个地区经济发展的产业发展模式。20世纪中期，山东率先推动农业产业化，培养农业产业化龙头企业，逐步扭转过去农业大县、财政穷县、工业小县的产业结构，使之成为县域经济主要着力点。山东模式最主要的特点表现在以下几个方面：第一，培育了一大批科技含量高、产业竞争力强的龙头企业；第二，龙头企业逐步向优势产业集中，形成具有竞争优势的产业集群；第三，以产业区位理念配置县域经济，积极营造县域内企业诞生、成长和创新的新环境，不断推进县域内企业的技术创新和产品创新，发挥本地企业及迁入企业在本地创新网络中的重要作用，增强网络创新系统的整体功能。

（三）国内外县域经济发展经验对济南的启示

1. 政府要选择与其地域发展相适应的工业化和城市化道路

先进国家或地区县域经济发展过程中大都遵循以下原则：第一，强调大城市对小城镇的带动作用，尤其是那些靠近大中城市的县域，更应该利用其优越的地理区位，以农业资源为依托，承接城市产业转移，发展劳动力密集型产业。美国的“大都市圈”模式很好地诠释了这种带动模式对小城镇的辐射作用。小城镇不仅有效地为大中型城市分流产业布局，而且还更好地促进了自身发展。第二，强调集中居住和经济发展相结合，既要重视城镇建设，又要保证居住环境。实现县域工业化和城市化，就是既要保证县域生产力水平得以提升，又要保证非农业区和小城镇具有优越的居住环境。英国“卫星城”建设模式，就是实现这种综合经济功能的典型代表。同时，重视法律在规范县域工业化和城市化进程中的重要作用，重视教育对城镇化建设的重要意义。日本小城镇建设模式中对教育和文化的投入值得我们借鉴。

2. 政府实施政策倾斜,合理支持县域经济发展

发达国家对县域农业和农村提供大量的政策和资金支持,既包括财政支持,也包括市场投入。农业较其他产业,其竞争力表现出弱质性,但又具有较强的公共物品属性,因此必须对其实施政策性保护。发达国家大都在实现了工业化和城市化之后对农业进行反哺。济南市已经具备向农业和农村实施政策倾斜的条件,既可以对农业和农村发展给予政策支持,也可以为县域经济发展提供财政和金融支持。

3. 加大科技投入力度,为县域经济发展提供人才支撑

发达国家和地区在县域经济发展过程中都非常重视科技投入和人才培养。国家通过资金、物质奖励,大力引进人才。同时,重视对当地人才的培养。通过对农村教育和培训的投入,建立多元教育平台,培养当地农民,以提高他们的文化素质和专业技能。例如,日本的"政府主导,多方合作"发展模式中,鼓励农民积极地参与到企业或者社团举办的各种培训中,学习一定的职业技能,以更好地适应城镇化的需求。

四、打造新时代县域经济升级版的战略选择和政策建议

(一)新时代发展县域经济的战略选择

1. 新旧动能转换先行区建设是县域经济发展的重要契机

山东省第十一次党代会提出,把加快新旧动能转换作为统领经济发展的重大工程,积极创建国家新旧动能转换综合试验区。济南市第十一次党代会提出,强力推进携河发展,努力实现济南从"大明湖时代"向"黄河时代"的历史性跨越。实施先行区规划建设,有利于推动优质资源要素加速集聚,形成洼地效应,发挥领跑、示范、辐射作用,对于提升城市吸引力、竞争力和综合实力,乃至提高省会城市首位度都具有重大推动作用。

新旧动能转换先行区建设是县域经济发展的重要契机。县域经济发展要紧紧抓住济南市乃至山东省产业结构优化升级的历史机遇,聚焦新技术、新产业、新业态、新模式,加速产业智慧化、智慧产业化、跨界融合化、品牌高端化,立足县域地方特色、济南特色,合理选择主导产业,突出重点,主动超前,引导集聚创新资源要素,加快培育科技创新型产业,打造高端、高质、高效产业集群,形成县域经济发展新引擎。

2. 县域经济发展战略选择

新常态下,济南县域经济应该积极适应社会经济发展新变化,寻求县域经济发展新途径。从外部发展动力来看,县域经济依托北接首都经济圈、南接长三角经济圈的区位优势,积极融入到"一带一路"建设和新旧动能转换先行区建设中

去，紧紧抓住欧洲、日、韩等国际资本转移和京津冀产业转移以及济南市产业梯度转移的有利时机，吸引更多优质资本和产业入驻；从内部发展动力来看，县域经济要继续深入推动供给侧改革，提高经济运行质量和效率，消除过剩产能；推动新旧动能转换，培育新的经济增长点，培养壮大主导产业集群，保持经济平稳、健康发展；加强政府、人才、诚信等外部保障机制建设，为县域经济发展保驾护航。具体战略选择见表4。

表4　　济南县域经济发展理论依据与战略选择

问题	理论依据	发展战略选择
产业结构不合理	产业结构优化理论 均衡发展理论 产业梯度转移理论	调整三次产业比例，着力发展第三产业，积极承接发达地区资本和产业转移
主导产业不强	中心—外围理论	培育产业集群，拓展产业链，提高竞争力
经济发展动力不足	增长极理论 内生增长理论 可持续发展理论	增强内生动力，合理利用外生动力，利用“互联网＋”，培育新经济增长点
城镇化建设缓慢	点轴开发理论 网络开发理论	农业产业化带动城镇化，实现全面发展

（二）打造新时代县域经济升级版的政策建议

1．产业发展内、外动力升级

（1）培育县域经济发展的内生动力

培育内生增长动力是县域经济持续、稳定、健康发展的关键。内生动力结构是县域经济可持续发展和综合竞争力的基础，也是县域经济发挥集聚和扩散功能的前提。因此，根据“比较优势”理论，从所处的地理环境、自然资源、人力资源、产业基础、资金、市场等生产要素状况以及目前所处的发展阶段来度量。比如，平阴县可以考虑将机械装备、医药食品、阿胶玫瑰、玛钢管件、奶品制造作为当地的主导产业；商河县则可以考虑以先进制造业、农产品生产加工、温泉养生等产业作为推动当地经济发展的主导产业。同时，加大特色园区和专业化市场建设，培育发展载体、发挥集聚效应，引进和培育特色龙头企业和市场经济人，引导民营企业集群发展，联合协作，扩张规模，聚合内生动力，促进行业快速、健康发展。

（2）合理利用县域经济发展的外生动力

县域内外各种要素的流动及其相互作用，必然会对县域内部经济结构产生深刻的影响,从而改变县域内部经济秩序和规模。济南依托北接首都经济圈、南接长三角经济圈的区位优势,借助新旧动能转换先行区建设的契机,抓住韩、日等国际资本向山东半岛转移的机遇,广泛吸收国内外资本,积极主动承接产业转移,重点引进先进制造业、农产品加工业,加速工业化、城镇化进程。合理使用外资已经成为推动县域产业结构优化升级的重要外部力量。在"引进来"的同时,还要积极"走出去",通过在县外、省外以及国外投资办厂,出口优势产品,开拓国际市场,壮大县域经济影响力。

2. 产业结构优化升级

调整和优化产业结构是当前济南发展县域经济的重要内容。要巩固农业的基础地位,发展高质、生态农业,结合县域地方特色发展特色农业生产基地;突出工业在县域经济中的支柱作用,做大做强支柱产业,拓展产业链,以民营经济的快速发展壮大园区经济;加强以信息主导产业为主的战略性新兴产业,实施新旧动能转换战略,寻求制造业新的经济增长点;服务业的发展,不仅要关注交通运输、社会保险、文化旅游等传统服务业,而且还要关注技术服务、决策咨询等生产性服务业的兴起,逐步形成结构合理的第三产业体系。

3. 外部保障体系升级

政府行为、社会诚信、人才储备等机制建设是县域经济发展的环境动力,也是推进县域经济持续发展的制度保障。政府应该充分发挥监管职能,深化行政审批改革,建立高效的政府服务环境,打造良好的营商环境,提升县域经济核心竞争力;规范市场行为,健全法律规范,打破行业垄断和地方保护,维持公平的市场竞争秩序,提升社会诚信水平,优化县域经济发展环境;加大科技投入和教育投放,建立人才引进、培养和共享机制,为县域经济发展提供智力支持。

参考文献

[1]李香兰、冯玲玲:《县域经济发展的深层次思考》,《国土与自然资源研究》2006 年第 4 期。

[2]武连运:《对我国县域经济发展的战略研究》,《甘肃农业》2005 年第 10 期。

济南新旧动能转换与经济发展研究

马小惠

新旧动能的良性转换可以推动产业升级，是产业升级与进步的重要动力；经济发展过程中的产业转型升级属于新旧动能转换的呈现方式，经济发展则可以对新旧动能的良性转换提供支持。经济发展与新旧动能转换之间呈现出优势互补、相辅相成的关系。分析研究本地区经济发展与济南新旧动能转换间的关系对解决相关问题，将具有重要的现实意义。当前经济背景下，在推动经济平稳发展的同时，完善创新驱动，激发企业活力，深化供给侧结构性改革，以新旧动能转换促经济发展。

一、新动能与旧动能转换

在现代经济体制改革的背景下，新动能的出现为现代经济的增长创造了条件，能推动现代服务业的发展，并带动新型产业的进步。将传统产业进行转化，向服务产业靠拢，从而保证经济稳定增长。正是由于新动能的作用，我国产业结构在不断变化，并最终将第三产业作为现阶段发展的主要目标。相关数据指出，服务产业的增长速度在我国各大产业中位居前列，并依然处于上升阶段。新动能的不断使用，同时也能满足现代社会的需求。

习总书记在达沃斯世界经济论坛中提出，要加强重要领域及关键环节上的改革，加强市场对资源配置的决定性作用，牵好创新发展的“牛鼻子”。不断创新发展战略，始终推进战略性创新产业的发展，充分关注新技术，不断实现传统产业的转型升级。我国经济正处在新旧动能转换以及产业发展升级的关键时期，传统因素与新兴力量并行存在。为此，积极思考新旧动能转换与经济发展之间的关系对解决相关问题具有重要价值。

旧动能已经不适合现代社会的需求。旧动能所能发挥出的作用正逐渐减小，尤其是在我国经济国际化的发展中出口产品的经济增长已经呈现出负值,经济负增长的现象逐渐严重。为此,需要实现新旧动能的转换以减缓经济负增长、增加边际收益,从而带动资金投入。再加上旧动能在使用的过程中,容易出现较多的副作用,比如,产能过剩造成资源浪费,房价过高给人们生活带来的压力,金融风险带来的资金不足问题增加了企业的负债压力。由此看来,旧动能使用已经无法适应现在社会的发展,无法在新经济体制下进一步保持经济稳定增长。而新动能在使用过程中能够更快地适应现代市场体制,并能够根据市场变化及时调整经济结构,比如需求结构,能够进一步保证市场供应需求相等,保证经济市场的稳定运行。因此,推动新旧动能转换能够有效改善产业结构,促使新产业的出现,缩短区域之间经济差距,保证经济的均衡发展。

二、济南市经济发展现状

(一)济南市近年来GDP水平

近年来山东省GDP排名常年居全国第三位,仅落后于广东省与江苏省。2017年,全省实现生产总值(GDP)72678.2亿元,按可比价格计算,比上年增长7.4%。其中,第一产业增加值4876.7亿元,增长3.5%;第二产业增加值32925.1亿元,增长6.3%;第三产业增加值34876.3亿元,增长9.1%。三次产业构成为6.7∶45.3∶48.0。人均生产总值72851元,按年均汇率折算为10790美元。经济增速与近年来情况类似,始终较领先于全国平均水平。

济南作为省会城市,位于山东省中西部,南依泰山,北跨黄河,背山面水,分别与西南部的聊城、北部的德州和滨州、东部的淄博、南部的泰安交界,属温带季风气候。2017年,济南市生产总值7201.96亿元,比上年增长8.0%。其中,第一产业增加值317.40亿元,增长3.3%;第二产业增加值2569.22亿元,增长8.4%;第三产业增加值4315.34亿元,增长8.2%。三次产业构成为4.4∶35.7∶59.9。

山东省作为我国东部地区重要的工业省份,从中华人民共和国成立之初就在工业等传统领域保持着较高水平,其中很多国有大型工业企业更是在国内该行业中居于领先地位。但随着国家改革开放政策的推行与市场经济体系的不断完善,山东省经济发展方向狭窄、发展动力不足等问题逐渐显现出来。要想解决这些问题,就要乘势而上、顺势而为,抓住机遇,转换思想,以省会济南为重要支撑点,打造济南新旧动能转换先行区。

(二)济南市经济发展现状

2017年,济南市服务业在整体产业结构中占比已接近半数,基本实现了发展第三产业的阶段性目的,但仍略低于全省平均水平。同时,在工业构成中,传统工业的占比仍超过7成,一些技术水平较高的工业部门,如汽车产业、精密仪器制造等在工业结构中占比仍十分有限；而且工业产品仍以低端制造产品为主，缺乏具有国际影响力的高科技设备、专业设备生产企业，因而整体经济竞争力一般。

2017年，全年专利申请量30737件，其中，发明专利申请量11720件。专利授权量17330件，其中，发明专利授权量5043件，增长12.0%。与一些发达省市相比，专利数量及质量差距愈发增大。同时，高科技技术储备人才相对不足，规模以上企业中从事新技术研发的人员数量在整体人口数量中的占比仅在全国处于中游水平。以人工智能为首的高科技企业数量及发展情况也不容乐观，企业数量及其营业额在全国各省份仅列第10名左右；而在这些企业申报的发明数量排名中，济南市较为靠后。这说明，济南市在以人工智能为首的高科技产业发展中处于较为落后的地位。

济南市很多传统工业部门，如钢铁、煤炭、化工等都会在生产过程中给环境带来严重污染。虽然有关环保部门已经针对这些重污染工业部门在污染气体排放、污水及固体污染物处理等方面出台了相应举措进行约束，但取得的效果仍十分有限。2017年，济南市PM2.5和PM10大气平均浓度均大幅高于全国平均值，二氧化硫(25微克/立方米)、二氧化氮(46微克/立方米)等环境污染气体排放量全省排名较为靠前，大气质量达标天数仅约为全年总天数的60%。

从济南市整体金融融资方式构成来看，传统的间接融资模式仍是主要的融资方式。2017年，通过传统的间接融资模式产生的融资资金在社会整体融资资金中占比近7成，并相较于上年同比有所提高，而新型直接融资模式占比不到整体的1/4，且相较于上一年有所回落。同时，对于一些在新动能产生中起到重要作用的新兴产业，如信息技术、节能环保、人工智能等，相关金融机构由于对其产生风险的可能性缺乏有效判断及对其偿还能力缺乏有效预估而对这些企业的融资需求保持相对谨慎的态度，致使这些企业资金获得较为困难，企业资金周转情况不佳，不少企业因此而破产、倒闭，给济南市新兴产业整体发展带来不利影响。

目前济南市金融风险整体水平仍处于可以有效控制的状态，但潜在存在的由不良资产、债务违约等行为带来的金融风险隐患仍不容忽视。2016年，济南市金融机构不良贷款率相较于上年有所提高，不良贷款量在全省居末位，低于全省平均水平1.4个百分点，低于青岛1.24个百分点，致使金融机构在进行融资放贷时态度更加谨慎。同时，不良贷款等金融风险逐渐出现了从上级至下级蔓延、行业内互相蔓延等迹象，给行业整体金融信用形象造成损害，给行业整体发展带来了十分消极的影响。

三、先行区经济发展策略

"新旧动能转换"这一概念最初由李克强总理提出，是对"经济发展转型升级"

的一种形象化表述,为我国目前经济发展指明了方向。这一概念不仅要对旧动能及原有传统产业进行有效升级,而且还要注入新动能,即发展涉及信息技术、人工智能、节能环保等高科技领域的新兴产业。通过对济南市经济现状及经济特征进行总结,提出几点关于在济南打造新旧动能转换先行区及促进经济发展的有效策略:

(一)实现传统产业的转型升级

传统产业作为济南产业结构中最为重要的组成部分,在新旧动能转换过程中应将对这些产业实现创新升级作为首要工作内容,通过将这些产业与前沿的智能技术、信息技术等新技术结合促进传统产业升级,使传统产业在新的历史时期焕发新的活力。具体来看:

第一,在农业领域,应首先促进各农业门类的融合,通过建立密切的联系使农业发展朝着整体化的方向迈进。这不仅有利于农业转型工作的高效开展,而且还有利于农业结构自身的优化升级。同时,还要做好农产品安全化、标准化建设。通过引入一些国际领先的农产品标准,实现对农业生产全过程的标准化管理,使更多种植生产的农产品符合绿色食品、无公害食品的要求。这既有利于农村居民获得更高的经济效益,也有利于推进山东由"农业大市"转变为"农业强市"。

第二,在工业领域,针对济南市原有的优势工业门类,如钢铁、煤炭、服装、家用电器、精密装备等,实行细化管理,针对每个行业乃至每个企业的发展特点制定个性化发展政策,力求使政策的制定完全符合行业、企业的发展需要,促进企业发展速率与效果的双最佳化。对于传统能源领域的发展,要力求从环境保护和资源节约等方面进行有效把控,并推进新能源产业的发展,力求使这些重污染工业部门对环境的污染降至最低,为后代留下"绿水青山"。对于轻工业及制造业的发展,应积极利用互联网这一平台实现多个产业的有机融合,通过多产业联合的手段促进整体实力的提高,使济南市众多优势工业部门以规模化的形式参与到国内国际市场竞争中。

第三,在服务业领域,要重点发展新型服务业类型,如新型物流、信息技术、共享经济、电子商务等。通过这些新兴服务业的发展,为原有实体经济或服务提供新的发展途径,使原有服务业的发展紧跟时代潮流。同时,要推进服务业与民生工作的结合,如通过政策及财政层面扶植涉及家政服务、养老、医疗、教育等民生问题的服务业企业;在促进这些企业发展的同时,有效解决目前在这些领域存在的公共资源供需关系失衡的问题,促进民生工作效果的优化,提高省内居民生活幸福感与获得感。

(二)提高新兴产业发展水平及人才储备量

新兴产业作为未来经济产业发展的重要方向,对其予以重点发展也成为了新旧动能转换的有效措施之一。首先，济南市应积极与国家有关政府部门合作，推动更多的新兴产业试点项目落户本省，催生更多的倾向于本市的新兴产业政策。其次，要实施全民化创新战略，促进社会创新创造风气的产生。以机器人制造、节能环保、新型医疗、新材料等产业为切入点，从财政、政策层面扶植相关领域小微企业发展，并鼓励大型企业对相关领域进行突破创新，力求从提高工业产品技术含量、优化产品销售营销模式、满足资金及原材料的需求等途径为新兴产业发展提供动力。最后，要做好新型产业人才培养工作，以山东省现有优秀高等教育院校为平台，对原有工科进行有效升级，在相关专业课程教育中加入人工智能、机器人、云数据处理等方面的内容，通过打造一批新型工科专业、培养一批具有新型产业专业素养的人才，为新兴产业的发展提供理论及人才储备，促进新兴产业发展的科学性与高效性。

（三）推动金融体系改革

金融行业作为为经济发展提供资金支持的重要部门，对其进行创新发展能够从经济层面为新旧动能转换提供动力。首先，要对传统金融部门的经营模式进行改革，要结合发展的新形势、新方向创造与之相适应的金融服务模式与金融产品。通过设立普惠制金融管理部门，为新兴产业及小型企业提供更为广阔的融资渠道，使用新型资源，如信息资源、品牌价值、知识产权等，解决这些企业原有的融资困难，使更多的企业稳定、健康、快速发展。其次，要结合新型产业的发展特点拓宽融资渠道，鼓励民间资本投资、天使投资、风险投资等新兴投资模式参与到新兴企业的融资过程中，为高科技、信息化产业企业的发展提供良好的资金环境。最后，要拓宽股权交易中心的功能。应结合社会发展的趋势，使股权交易中心真正在高科技产品制造、市场规模扩展、企业融资、小型企业培育等方面具备服务条件，同时加强地方性股权交易中心与全国整体股票市场的联系，提高山东省内企业在国内股票市场上市企业的数量，使全省股权市场发展朝着科学化、层次化、系统化的方向进行。

（四）有效加强风险防控能力

在新旧动能转换的过程中，不可避免地会出现威胁经济发展的风险，如何对这些风险采取妥善的方式进行处理也应成为政府部门工作的重要内容之一。首先，应建立一套科学的金融风险防控机制。政府领导部门应亲自挂帅，联合司法、金融等多个部门共同参与机制的建立工作，应以降低企业流动性风险和妥善处理银行剩余不良资本为工作重点，使银行与企业双方的合法权益都受到保护，改善银行、企业合作环境，避免因银行、企业双方的互相不信任而导致资金流动减少、影响企业正常经营活动的情况出现。其次，有关部门应积极吸取风险问题处理过程中的工作经验，将其总结成为一套系统化的风险处理模式，以便于在今后的类似问题处理中得以借鉴。最后，要做好减轻企业负担的工作，通过这一途径有效降低企业融资过程中不良资本流入的几率。比如，对于一些由基本型经营税种衍生出来的新型税种费用予以减免，促进企业经营资金的相对平衡，为企业正常发展提供良好的商业环境。

四、新旧动能经济发展思考

（一）注重新旧动能转换与调节

在优化产业结构时，根据当前市场的需求变化进行调整，进一步推行新型产业。由于现代市场需求变化较快，只有保证产品生产的稳定性，才能促使市场经济稳定增长。为此，需要对产业结构进行调整，改变经营模式，从而形成产业新形式。由此来看，在对产业结构进行调整时，不用采取过激的方式刺激市场经济，而是需要从新的方面引入新模式。而新旧动能转换的出现，为经济结构的调整创造了条件。以新旧动能为基础开展新兴产业，在一定程度上能够提高企业在市场中的竞争能力，从而提高收益。基于新旧动能转换调整国家经济结构时，还要以经济稳定发展为目标，实现经济的深化改革。与此同时，应该由政府将结构调整与经济稳定有效融合，进一步保证国家经济增长的可持续性。由此，新旧动能转换工作的开展将结构调整作为主要发展目标，能够有效缓解地区经济发展不平衡。与此同时，结构调整也是经济稳定增长的必然要求。要想实现中华民族的伟大复兴，就要将结构调整与经济之间的关系调节好，实施新旧动能的转换，促使国家综合实力的增强。

（二）注重资源配置与整合

实施新旧动能转换的实质是将产业结构进行调整，而要保证结构调整的准确性，就需要利用市场进行资源配置。以市场为中心，对产业资源进行整合，按照新旧动能转换的要求，在市场中开展相关工作，将高质量的服务推向市场，优化服务产业，从而实现产业资源的有效配置。

（三）注重人才的培养

新旧动能的转换需要以创新型的产业为基础，而新型产业的出现则需要大量创新型人才。由此，为加快新旧动能转换，创新人才培养则需要通过两方面进行：第一，引进创新型人才。劳动力一直是生产的必然要素，现代社会各行各业需要各种创新型人才。只有引进创新人才，才能进一步促使管理工作、生产工作更具有高效性，才能促使更多新型产业的发展，才能促进国家综合实力的提升。第二，人才走出去。要想保证国家经济稳定增长、产业结构调整具有合理性，需要采取人才走出去战略，提高人才的国际交流能力以及他们自身的创造能力。

(四)注重供给侧改革的作用

供给侧改革与新旧动能转换的目标一致,都是以培养新型的产能为主,但两者之间还存在一些不同:供给侧改革是利用原有的产业结构,并以此为基础来构建新产业、打造产业新形态;而新旧动能转换工作则是基于动能结构转换,对旧的产业进行筛选,催生新型产业。由此来看,新旧动能转换工作的开展在一定程度上能够打造出新型的产业模式。

新动能的培育需要从两方面进行:首先,对市场消费环境进行调整。只有保证市场消费水平的稳定性,才能够促进产品的稳定生产,经济发展才具有持续性。同时还要创新消费方式。比如,电子商务模式的使用,能够提高产品销售的速度,提升消费水平及服务能力。其次,重视重工业产业结构的调整。政府作为产业结构调整的主体,需要制定相关的政策以加大对企业的支持力度,为企业引进大量新型管理策略和生产技术,将环保理念融入到工业生产中,减少能源消耗,降低有害气体的排放,减轻自然环境的负担。由此,新动能的培育才能不断加快,国家经济才能保持稳定增长。

为加快新旧动能的转换,需要进一步加快对现代产业结构的调整,从而促使新型产业的出现,保证经济发展的可持续性。实施新旧动能转换的主要原因是由于旧动能对现代市场的作用逐渐减小,只有利用新动能,才能有效缓解经济发展不平衡的问题。为此,需要进一步加强对新动能的培育,才能加快新旧动能转换工作的实施。

参考文献

[1]《国务院办公厅印发〈关于创新管理优化服务培育壮大经济发展新动能加快新旧动能接续转换的意见〉》,《电力与能源》2017 年第 1 期。

[2]《加快新旧动能转换　推动传统产业转型升级——山东省食品工业协会第八次会员代表大会暨产学研合作推动工业转型升级高峰论坛在济南召开》,《中国科技产业》2017 年第 9 期。

[3]《全省政府研究室系统加快推进新旧动能转换研修班在济南举办》,《山东经济战略研究》2017 年第 7 期。

[4]白景明等:《基于新旧动能转换下的财政金融风险——东北地区财政经济调研引发的思考》,《财政科学》2018 年第 1 期。

[5]顾巍:《省人社厅新旧动能转换重大工程推进工作领导小组第一次会议召开》,《山东人力资源和社会保障》2017 年第 6 期。

[6]冷秋:《青岛金融业:助力新旧动能转换　服务实体经济发展》,《金融时报》2017 年 11 月 8 日。

[7]刘天东:《打好新旧动能转换“组合拳” 打造富美章丘“升级版”》,《中共济南市委党校学报》2017 年第 4 期。

[8]王伟:《新旧动能转换背景下推进济南省会经济大发展的路径分析》,《中共济南市委党校学报》2017 年第 6 期。

[9]吴长发:《动能转换初显生机 转型发展任重道远——临西县新旧动能转换调研报告》,《统计与管理》2017 年第 11 期。

[10]许恬:《国务院“四招”力促新旧动能迸发 解读〈关于创新管理优化服务培育壮大经济发展新动能加快新旧动能接续转换的意见〉》,《中国科技产业》2017 年第 3 期。

[11]杨盛林:《以建设“品牌山东”精准发力新旧动能转换》,《湖北经济学院学报(人文社会科学版)》2017 年第 11 期。

[12]张文、张念明:《供给侧结构性改革导向下我国新旧动能转换的路径选择》,《东岳论丛》2017 年第 12 期。

历史文化教育

济南古城起源与早期城垣变迁研究

张华松

探讨济南古城起源不能忽视两个重要背景:其一,山水形胜与区位优势;其二,济南地区是中国早期城市的重要起源地。

距今4000多年前的龙山时代,依托舜井泉群,在历水西岸已经出现泉水聚落,这是济南古城——历下城的滥觞。商代后期,在历水与娥英水之间"历汭"之地,已经出现城邑;西周时期,有城邦国家历国立国于此。因此,以商周之际算起,济南古城——历下至少有3000年的建城史。

西晋永嘉年间(303～312)济南郡治从东平陵西迁至历城,在历水东岸建设新城以作为郡城,因此中古济南城是以东、西二城隔历水相望的双子城格局呈现于世的。又因为在双子城外建有双子城共有的外郭,所以这一城垣布局也可称作"母子城"或者"母抱双子城"。唐宪宗元和十五年(820),以全节县户口凋残,省入历城,济南城垣扩大,"双子城"的格局不复存在。东、西城合二为一,历水成为城中河;取土扩建城垣,历水陂扩大为湖泊,北宋时称"西湖",元代以后称作"大明湖"。城中河与城内湖的存在,很大程度上决定了日后城区布局和城市风貌,也为日后城区建筑用地提供了拓展空间。明清时期,济南古城四门不对的城垣格局以及城市肌理,在元末以前既已形成。元初,张荣祖孙环绕珍珠泉营建官衙宅舍,珍珠泉由此不仅成为地理意义的城市中心,而且还成为政治意义的城市中心。

一、山水环境及微地貌变迁

(一)山水环境

济南古城在北宋曾巩诗文中就有"山城""水乡"之誉。山环水抱、百泉争涌,不仅决定了济南古城的城垣择址、布局和变迁,而且还决定了济南古城"城头山色相围出,檐底波声四面来"的独特风貌。

1. 山

济南周边的山，都属于泰山余脉，城南自东而西主要有燕子山、佛慧山、千佛山（古称“历山”“舜山”）、马鞍山、英雄山（古称“赤霞山”，又名“四里山”），城西北有凤凰山、标山、金牛山、北马鞍山、匡山、粟山、药山，城东有五顶茂岭山、燕翅山、茅山，城北有鹊山、华不注山等。

以上诸山中，千佛山宛如一张巨大的屏风横亘在城南，远古圣王大舜曾耕稼于山下，所以不论是自然地理，还是人文地理，此山对于济南古城都有地标意义。在民间信仰中，此山与济南古城风水攸关，为“龙脉”之所经。明人王象春在《齐音》中说：“一方人文必钟一方灵秘，或秀在水，或秀在山，历则齐之镇山也。”

城北的鹊、华二山，隔济水（今黄河）东西相望，形同济南古城的门阙。这里，河流交络，湖泊浩渺，水气弥漫，云蒸霞蔚，故而在古代有“鹊华烟雨”“鹊华烟云”的标目。古人认为，渤海的海气溯济水而上，从鹊、华之间涌入济南，鹊、华之间所以又有“海门风雨”之说。

2. 泉

宋代著名文学家曾巩说：“齐多甘泉，冠于天下。”元代著名地理学家于钦说：“济南山水甲齐鲁，泉甲天下，盖他郡有泉一二数，此独以百计。”济南泉水发脉于泰山，是闻名于世的泉城。

济南泉水最早见载于文献者，为济南东北郊外华不注山脚下的华泉。北魏郦道元《水经注》中明确提到两大泉群：一是泺源泉群，即趵突泉泉群，所谓“泉涌若轮”；一是历源泉群，即舜井泉群，所谓“泉源竞发”。两大泉群分别位于汉魏历城县县城的西南和东南，都在城外。

特殊的地理构造决定济南城厢发地皆为泉水。北宋李格非《历下水记》记济南名泉 30 余处，如舜泉、爆流泉（又名“趵突泉”）、金线泉、真珠泉（又说“珍珠泉”）、洗钵泉、孝感泉、玉环泉等。金代济南《名泉碑》列举济南名泉 72 处，其中绝大部分在济南城厢。济南古城是依托着丰沛甘冽的泉水建立和发展的城市。

3. 湖

在济南古城内外，泉水汇聚成许多湖泊湾塘，较大的湖泊有以下三个：

一是古大明湖，在今五龙潭泉群及其以北一带，其水源来自趵突泉群和五龙潭泉群。北宋时称“四望湖”，尚有上千亩的水面，正如苏辙在《寄济南太守李公择》中所写：“不知西垣下，滉漾千亩渌。”金元时期，水面缩小，南部湖区水面涸落，五龙潭等众多泉眼露出。

二是历水陂，在今大明湖西南隅，水源主要来自舜井泉群与城西的古大明湖，陂水向北流入鹊山湖。唐元和年间，扩建济南城，北郭改为北城，因筑城取土，历水陂水面扩大，形成北宋时的西湖和东湖，元代以后的大明湖。这是中古济南城区地理地貌的最大变化，对于济南城建意义重大。明人王象春在《齐音》中说：“湖出城中，擅奇宇内。”

三是鹊山湖，商周时期称“泺泽”。湖中浅水区遍布莲荷，故又名“莲子湖”。湖水主要由城厢内、外泉水和城南山水汇聚而成。湖水进入济水的水口，即今泺口；还有一部分湖水通过华不注山前的听水河道派入济水。唐人段成式《酉阳杂俎》记载：“历城北二里有莲子湖，周环二十里。”李白《陪从祖济南太守泛鹊山湖三首》有“湖阔数十里，湖光摇碧山”和“水入北湖去，舟从南浦回”的诗句。北湖即鹊山湖。唐末至宋初，黄河屡次决口，泛滥成灾，侵及济水（清水），泥沙沉淀。这一方面使济水河床逐渐抬升，另一方面使济水沿线包括鹊山湖在内的众多湖泊逐渐淤浅、蓄洪滞洪能力下降。熙宁十年（1077）河决澶州，济水下游改道走漯水之后，鹊山湖底淤浅，水面缩小；金初，开凿小清河，此后鹊山湖基本变成沼泽湿地。

4. 河

济南古城中过境河流是城北的济水。

济水在上古时代，与河、淮、江并称“四渎”。济水从河南一路流来，过鹊华之阙，向东直达渤海。因济水清湛，所以魏晋以后又有“清河”之名。北宋熙宁十年（1077）七月河决澶州，黄河水涌入巨野泽（梁山泊），分为二流：一流向东南，过徐州，夺淮河入海；一流向东北，走济水（清河），致使济水（清河）在历城东北改道，而循漯水故道入海，历城以东原济水下游河道日益淤浅，行洪通水能力大为降低。金朝初年，伪齐刘豫政权以济南北郊泉水为源头，在华不注山之阳的古听水以及历城东北原济水（清河）河道基础上，开挖小清河，以通漕运、盐运。清河遂有“大清河”之名。

济水以及大、小清河，在古代是极其重要的交通大动脉。从济南古城到济水及大、小清河有水路相通，从这一意义上说，济南古城也是济水和大、小清河上的口岸城市。这对于济南古城的发展具有重大意义。

发源于济南城厢的以泉水为源头的河流有两条，即历水和泺水。济南古城的前身——历城，恰好就坐落在历、泺二水之间。狭义地说，历、泺二水是济南古城的母亲河。

历水发源于今舜井街上的舜井（舜泉）泉群，其流向是先西北，再正北；大约在今王府池子附近分为东、西两股，西股为历水主流，向西北方向流入历水陂，与南来的泺水（古大明湖水）相会。陂水继续北流，统名“泺水”，经过鹊山湖，最后注入济水。历水陂以上的历水主流（西股）河道久已湮没，已无踪迹可寻。东股为历水分流，沿北偏东方向流入鹊山湖。今王府池子—曲水河—北花洲—北水门一线，大致就是历水东股河道孑遗。

泺水发源于趵突泉泉群。《太平环宇记》卷一九引南燕晏谟《三齐记》云：“历水出历祠下,泉源竞发,与泺水同入鹊山湖。”可见历、泺二水原本泾渭分明,各不相涉,皆入鹊山湖的。可是百余年后的郦道元却在《水经注》中说:“(泺)水出历城县故城西南,泉源上奋,水涌若轮……其水北为大明湖……湖水引渎东入西郭,东至历城西而侧城北注陂水。”泺水从趵突泉群发源后,向北流入古大明湖。湖水通过人工开凿的沟渠(引渎)东入西郭,然后顺着历城县城西侧向北注入历水陂。可见,这条县城西侧向北流入历水陂的河道必定不是泺水本身和正道。

考今趵突泉泉群之水分东、西两岔,汇合后,经今西门桥(泺源桥)下河道——西门河,向北流去,我们习惯称这条河道为“泺水”。北宋苏辙《泺源桥记》:“桥之西二十步有沟焉,居民裴氏以石壅之,而屋于其上,水不得泄。”这说明古代西门外有东西并列的两条沟渠,东沟与南来的山水沟在南北一条线上,主要用以排泄山洪,西沟才是泺源之水北出的通道。金《名泉碑》:“温泉,城西石桥北。”石桥即泺源桥。崇祯年间叶承宗《历城县志》卷一《济南城图》载,西门外东西并列存在两河两桥。同书卷三《建置·城池》明确说:“西门桥外,复有泺源桥。”当时将宋代泺源桥称作西门桥,将西侧的桥称作泺源桥。乾隆《历城县志》:“泺水又北,分为二渠,名曰夹河,以防山水之暴涨也。平时东流横微。皆有桥,旧以木为之,名大板桥……泺水又北,即直县之西门矣,复分为二,而西流恒微。有桥,名泺源桥,苏子由有记。旧志之洪济桥亦在此。又北,与西流合。”可见在清乾隆年间,西门外仍有东西并列的两条河道,各有一桥,一名泺源,一名洪济。西门外古时东西并列两条河沟,是无可怀疑的。西沟直通古大明湖,为泉水河,即泺水。清乾隆《历城县志》卷八《山水考三》:“五龙潭南有东、西蜜脂诸泉,皆北流汇于五龙潭,又北右会贤清泉水,又北左会锦缠沟水,又北入于泺。”这条水流的上游,明清称“小河”。泺水的正身可能就是后世的小河。因古大明湖引水东入城西的山水冲沟,郦道元就将这条山水冲沟误认作泺水了。

5. 山水冲沟

济南古城南靠群山,地势东南高、西北低,有数道山水冲沟从南山下来,对于济南古城垣安危和变迁影响至大。城南山水冲沟主要有四条,自西而东分别是:

(1)今济南中学西侧冲沟,直对杆石桥下的锦缠沟。

(2)今齐鲁医学院西侧的广场西沟。

(3)今青年东路的广场东沟,正冲城西南山水沟。向北连通西门河,这条冲沟很深很阔,古称“大涧”,对西关一带威胁最大。广场东沟—山水沟—西门河,原本是首尾相连的一条冲沟。

(4)今朝山街冲沟,已被篷盖为地下暗沟。这条冲沟向北,与古历水在一条线上,很可能原本是历水的上游。

苏辙《泺源桥记》说:“桥之南五里,有大沟焉,属于四涧,以杀暴水之怒,久废不治，于是疏其堙塞，筑其缺而完之。”其所谓的“大沟”便是今文化西路南侧的圩子沟；所谓“属于四涧”，是说有四条涧沟最后都被“大沟”截住，成为“大沟”的支流。山洪下泄总是直上直下，轻易不会拐弯，拐九十度弯再西去，更是不可想象。因此可以确定整个南圩子沟为人工开凿，目的是拦截上面列举的四条涧沟之水，以保障城垣和关厢的安全。

南圩子沟的挑挖开凿，应在唐宋时期，甚至更早。为了防止洪水漫溢，古人在圩子沟与每一条山水冲沟相交处的北侧修筑堤堰和水闸，控制山洪北去流量，主流则通过人工开凿的圩子沟引入锦缠沟泄走。叶承宗《历城县志》：“二里坝，在城西二里，趵突泉南，延袤二里余。夏秋，南山诸水暴涨，捍之使西下，达锦缠沟。今虽渐圮，遗石犹存，及时修之，为费尚小；因循不治，此堤一溃，趵突数百家必受漂没之害矣。”事实上，自古以来，山水暴涨，圩子沟漫溢，洪水漂没城厢(尤其是西关趵突泉周边一带)，给居民生命财产安全造成重大损失之事，仍然经常发生。

今朝山街冲沟，其在南门大街西侧的一段，数十年前尚暴露在外，山洪注入南护城河。然而，南护城河为人工沟渠，在明初开凿东南城壕以前就已存在。甚至可以推测，南城壕的西半段有可能在汉魏以前就已形成，从那时开始，朝山街冲沟的洪水主要是通过南城壕转入城西冲沟(即今西护城河)。

顾炎武《山东考古录》说：“昔之守济南者，以涧为固。”环济南古城周边的山水冲沟及人工挑挖的大沟，原本也有障敌的军事功用。济南古城的护城河以及晚清圩子城(外城)的护城河的许多段落正是在山水冲沟和拦截山水的人工大沟的基础上形成的。

(二)微地貌变迁

“沧海变桑田”，“水国奠平土”，济南古城内、外微地貌变迁之大，是今人很难想象的。

唐代北海太守李邕登历下员外新亭，举目北眺，有“太山雄地理，巨壑渺云庄”的慨叹。所谓巨壑，指的就是济水。济水河道深切，原本确是一条巨大的沟壑。20 世纪初，为修建泺口铁路大桥，地质工作者在泺口附近地下 60 余丈的泥炭层中发现许多古莲子。

古济水(今黄河)两岸，向南至胶济铁路之间，分布着河流冲积层和湖相沉积层。地质年代自地表下 7 米内为全新世(1.2 万～1.0 万年前至今)新近堆积；7 米以下为晚更新世堆积，尤以最后 1000 年堆积为主。湖相沉积，主要来自鹊山湖。1000 年前，鹊山湖的湖底在今地面以下五六米深处。

济南古城北郊为湖泊、沼泽、湿地，南边是山地，东、西两边也多为崎岖不平的冈阜、丘陵，所以古城的南、东、西三面为历代墓葬集中分布区，往昔南郊山麓坡地荒冢累累，甚至在黑虎泉上的司里街还发现有元代墓葬。西郊锦缠沟以西，北有商、周时期墓葬,南有汉代墓群;东郊,山大路与二环东路之间是汉墓的集中区域,在近邻济南古城的黑虎泉东侧十亩园一带有大面积的宋代墓群。

济南古城区内,地势也是高低不平的。总的来说,东南高,西北低。在明初开凿东南城壕以前,济南古城东南隅与城外山丘连为一体,地势最高。考古发掘证明,历山顶街附近,现地面以下不足一尺,就是生土层。但这不等于说,生土层就这么高,事实上原地面比生土层还要高出许多,甚至原本也是低缓的丘陵、冈阜。有比较充分的文献资料表明,在今南护城河一线,尤其南护城河东半段,历史早期有一列若断若续的小山丘,其北趾延伸到舜井南侧。

唐人封演《封氏闻见记》卷八:"齐州城东有孤石,平地耸出,俗谓之历山。以北有泉,号舜井。"唐人段成式《酉阳杂俎·语资》称此石"广三丈许"。这块大石,"俗谓之历山",其实已是经过长期开山采石取土之余残留的"山根"。据孙进之先生说,过去城南的后营房街(现已被泉城广场占压),"露出地面的岩石很多,有的突峙街旁,有的用作墙壁,当为历山的残留"①。这些岩石,济南人称作"绛土石"。当然将古城内外的这些早已消失的小山头统统指实为历山,还有商榷的必要,但是历史早期曾存在丘阜,则是毋庸置疑的。

《封氏闻见记》还载录了唐肃宗乾元年间(758～759)诗人魏炎的三首舜井题诗。其中一首是:"济南郡里多沮洳,娥皇女英汲井处。窃向池中潜畎来,浇茆溪上平流去。"齐州城东的"舜子郡"曾是济南郡治所在,地多泥沼。东西舜井潴水成池,池水通过地下渠(潜畎)流出,然后顺着遍布芦苇的历水流去。北宋时,今大明湖已形成,其主体部分称作"西湖"(另有东湖),历水是主要补给源。从苏辙《题徐正权秀才城西溪亭》和李清照《如梦令·常记溪亭日暮》的描写还可以知道,当时历水两岸湖沼面积广大,蒹葭丛生,芙蕖成片。岸上开渠凿池,引水灌圃,绿竹猗猗,曲径通幽。这一状况一直持续到明朝前期。

至于城西,1950年拆掉道光十六年(1836)重建的西门桥,改建为钢筋混凝土桥。在东桥台清基时发现一座单孔石拱的"桥下桥",额题"泺源桥",桥面在道光桥面下5米,在新建桥面下6.7米。1982年9月,济南市政公司在进行排污管道工程施工时,又在西门桥偏北地下6米多深处,挖出北宋时泺源桥基石10多块,其中一块上刻有"靖康元年九月二十二日,本府兵官王镗建造"②十八字题记。可知宋时,西门一带地面比今日低5米左右。而在这一条件下,明初以前,当城区地面尚未抬升到一定高度之前,城西的泉水、湖水也能通过人工渠道引流入城。《太平寰宇记》卷一九:"四望湖,在县西二百余步。其水分流入县城,至街中,与孝感水

---

① 孙进之:《济南山水古迹考》,《济南市志资料》第一辑,1981年12月。

② 于中航:《古代的济南城》。

合流，入州。城西出。”又云：“孝感水，在县北门。按《三齐记》云：其水平地涌出为小渠，与四望湖合流入州，历诸廨署西，入泺水。”湖水入城的水道非一条，同孝感水合流之后，自南向北经过州衙各廨署西侧，最后流入泺水。[①] 济南古城西北，尤其是西北部的地势何等低洼，可想而知。

2002 年，济南市考古研究所对西门里北侧的高都司巷进行考古发掘，结果表明：这一带文化层最深处达到 6 米，文化层高低不平，南部高，北部低，距地表 3 米以上为明清时期的文化堆积，3 米以下至 4 米多为宋元时期的文化堆积，4 米以下为宋以前的堆积。在不足 1 万平方米的范围内，发现水井 30 多口，水井中陶片的年代多为战国时期，有的井中发现少量商代陶片。战国水井一般深两三米，井下便是含水的生土层，而晚期的水井大部分没有打到生土层，这说明水位随着底层的堆积、年代的推移而不断提高。[②]

高都司巷遗址正北 500 米为小明湖遗址。2010 年的考古发掘表明，这里的文化层共分 5 层：第一层为现代建筑垃圾，厚 2.2 米，时代为中华人民共和国成立以后；第二层为深黑色淤泥层，厚 3 米，距现地表 2.2 米，时代为元代至民国时期，里面含有大量黑色颗粒，遗存大量的河蚌、螺等动物外壳；第三层为宋代文化层，厚约 0.5 米，距现地表 5.2 米，内有灰坑、水沟、道路等遗迹；第四层为唐代文化层，厚约 0.5 米，距现地表 5.7 米，出土了少量灰陶瓦片和瓷片；第四层以下为黄褐色黏土，发现了少量绳纹灰陶片，为汉代遗物。

小明湖（又名“南湖”）遗址，宋代尚为居住区，宋代文化层距现地面 5.2 米。小明湖北侧就是宋代西湖（即大明湖），由此可以想见当时西湖（即大明湖）以及其北面的鹊山湖，其湖面必在 5 米以下，否则就会湖水倒灌。而元代至民国时期，之所以形成小明湖，大概是大明湖和北园湿地淤浅，水面抬升，湖水倒灌所致。

总之，济南古城区微地貌在自然和人力的双重作用下，历史上变迁很大，总的趋势是削高填低而趋于平整。水体面积在逐渐将小，陆地面积在逐渐扩大，元好问咏济南文庙，有诗云“水国奠平土”，说的正是这一过程，而这个过程一直持续到近现代才结束。多山多泉多沟壑，城区地势高低不平，这一特殊的地理环境和地貌特征，极大地制约着数千年的城垣布局、变迁和发展。

---

① 在北宋之时，齐州衙署在今省府大院，位于北魏西城的北城墙以北。

② 参见李铭、郭俊峰：《济南首次大规模城市考古——高都司巷遗址的发掘》，济南市考古研究所编：《济南考古》，科学出版社 2013 年版。

二、济南古城——历下城的起源

(一)探讨济南古城起源不能忽视的两个重要背景

1. 山水形胜与区位优势

济南南依泰山,北临古济水(今黄河),位于鲁中山地与鲁北平原的过渡带上。地势南高北低,地形可分为三带:南部为山地丘陵带,中部为山前平原带,北部为冲积平原带。

"泰山雄地理,巨壑眇云庄。""云从四岳出,水向百城流。""济南山水甲齐鲁,泉甲天下。"这是古人对于济南古城山水形胜的高度概括。济南古城是名副其实的山城、水乡。

济南多山,山岳、丘陵不仅为城市的防卫安全提供天然的屏障,而且还为城市提供充足的不可或缺的生产生活资源,如木材、木炭、桑麻、药材、干鲜果品以及石材(石器的原材料),还可以为狩猎经济提供狩猎场。至于山前坡地和山前平原蕴藏着丰富的高岭土、耐火土、煤炭、铁矿石等矿产,在古代社会都是具有战略意义的重要资源。

济南多水,趵突泉、舜泉等天然大泉为早期人类生产生活提供源源不断的优质水源,在水井开凿技术尚未发明以前,则显得尤为重要;古大明湖、历水陂、鹊山湖等湖泊、沼泽,可以提供丰富的鱼、虾、菱、藕之属;济水河道深阔,水清流缓,是中国北方内河航运的起源性河流。济水与鹊山湖以及历水、娥英水相通,为济南古城物资输入、输出提供了重要的通道。

济南古城的区位优势十分明显。横向看,它地处中原内陆与山东半岛及渤海湾的过渡带上,远古以来的济水,中古以来的大、小清河和黄河,以及济水与泰山山地之间狭长的济右走廊,都是沟通东西水陆交通的大动脉。纵向看,济南地处华北与华东的接合部上,是南北交通的咽喉重地,纵贯泰山西侧的张夏谷地(地质学上称作"张夏地堑"),历来都是南北往来的通衢要道。区位优势决定了济南自古就是水陆通达、舟车辐辏之地。

至于济南古城所在地,其区位优势又是最凸显的。具体来说,济南古城地处济右走廊最狭隘处,几乎山水相连;无论是从济南向东,还是从济南向西,济水河道与山地之间的距离都逐渐拉开。

《太平寰宇记》卷一九引《述征记》云:"历城到营城三十里,自城以东,水弥漫数十里,南则迫山,实为险固。"明人王象春将济水流经的鹊、华之间的地带比作天下第一雄关要隘的函谷关,其诗《齐音·济水》云:"大清河作玉龙蟠,横断千流与万山。割据东秦称十二,西来即此是函关。”[①]“历下军声从古盛”[②],济南(历下、历城)作为齐国和青州西方的门户,向来是车骑舟船进出山东半岛的必经之地。

济南古城所在的地理位置、山川形胜以及区位优势,决定了它的起源不会很晚。这是我们探讨济南古城起源时不能忽视的一个重要的地理背景。

2. 济南地区是中国早期城市的重要起源地

人类文化起源于山岳而繁盛于大河,这是具有世界意义的普遍现象。对于新石器时代的人类来说,大山与大河之间的山前坡地和冲积平原是最适宜的“天然居住地带”。济南正好处在这一“天然居住地带”上,故而是史前文化和早期文明的高地。

城池的出现是人类社会发展到一定历史阶段的产物,是进入文明时代的重要标志。在中国,城池的出现有几个重要步骤,便是:环绕聚落的环濠、土圩子、原始城。济南地区的考古发掘资料表明,早在距今 8000 年前后,章丘小荆山后李文化先民为防御野兽侵袭、防止禽畜走失,就环绕聚落挖掘环濠。[③] 距今 6000 年前,济南地区周边一带已经出现了像阳谷县阿城镇王家庄城这样的原始城,筑城技术采用的是束棍夯筑的方法,而且从匀称规整的夯土层来看,可能已使用版筑。即使尚未采用版筑,也已在呼唤版筑技术的诞生了。[④] 距今 5000 年前后的章丘焦家遗址,属于大汶口晚期的一处古国都城遗址,在此发现有夯土城墙和护城壕沟。[⑤]

距今 4600～3900 年,为考古学上的龙山时代。迄今为止,山东地区共发现龙山文化城址 8 处,它们是日照两城镇城址、五莲丹土城址、寿光边线王城址、临淄桐林城址、邹平丁公城址、章丘城子崖城址、茌平教场铺城址、阳谷景阳冈城址。其中,除了半岛东南滨海地区的两座,其余 6 座都分布在古济水流域或侧近。据张学海所绘《山东地区龙山文化城址分布图》[⑥],在鲁西古济水流域及附近的城址还有皇姑冢、王家庄、前赵、王集、大尉、乐平铺、尚庄等 7 处,这些城址分别隶属于

---

① 据《史记·高帝本纪》载,田肯劝说高帝刘邦:“夫齐,东有琅邪、即墨之饶,南有泰山之固,西有浊河之限,北有勃海之利。地方二千里,持戟百万,县隔千里之外,齐得十二焉。故此东西秦也。”

② (宋)刘攽:《彭城集》卷一四《寄王济州》。

③ 参见山东省文物考古研究所、章丘市博物馆:《山东章丘市小荆山后李文化环壕聚落勘探报告》,《华夏考古》2003 年第 3 期。

④ 参见张学海:《中国城的起源与原始城的发现》,《张学海考古论集》,学苑出版社 1999 年版。

⑤ 参见钱欢青:《5000 年前济南人走进国家博物馆——焦家遗址考古发现展开幕,山大考古成果首次亮相国博》,《济南时报》2018 年 7 月 12 日。

⑥ 参见《张学海考古论集》,学苑出版社 1999 年版,第 157 页。

景阳冈中心城和教场铺中心城，为龙山文化城组中的二级城。如果把二级龙山城也计算在内，那么山东境内的龙山文化城址更是绝大部分都集中在济水中下游流域。

在上述龙山文化城址中，济南章丘城子崖城址无疑最有典型意义，因为它不仅是龙山文化的发现地，而且还是龙山文化的命名地。

城子崖龙山城建于公元前2500余年前（龙山文化早期）。就像黄河中下游同期多数龙山城一样，它也是建立在台地上，城内外地平高差竟达5米，是一座典型的台城。据1990年主持城子崖遗址复探、试掘工作的张学海先生介绍，城子崖龙山城三面城垣皆平直，北城垣中部外凸，城东西长455米，南北最大距离540米，面积20万平方米。[①] 城有南北门，两门之间有道路相连。城垣似沿河崖上筑，方法是先将河崖挖成数米深的半斜壁沟形基槽，并将基槽以里的10余米地面挖成向外倾斜的缓坡，然后在基槽底开始夯筑。达到槽口时，夯筑范围扩展到缓坡面上，继续堆筑成两面坡形的墙身。夯土层外陡内缓，内部夯土层很不规整。然后再贴着外坡自下而上版筑出厚1～2米的外部城垣，夯层较规整。夯层厚2～3厘米，夯痕呈浅弧底形，直径2～3厘米。城筑成后，不断沿城垣两侧进行修筑。为此，墙垣不断加厚增高，晚筑城垣的墙基一般都高于早筑的墙基，城内地平面也逐渐增高。

城子崖龙山城建筑技术的意义主要体现在：版筑与堆筑相结合的城垣建筑技术，提高了筑城的效率和城垣质量，在同样宽度的墙基上可以筑成更高大的城垣，而外壁保持平直而耐久，是城垣建筑技术的一大进步，满足了在当时生产力条件下普遍筑城和修筑大规模城的需要，可能代表了龙山城垣的主要建筑技术。筑城于台地上的意义：一是“因地制宜，依托河崖、沟崖和利用取土沟，加高城垣外壁的高度，而保持平直的外壁，使难于攀登；成小斜坡形的内壁，把城顶与城内地面连成一体，任何部位都可上下城顶，而且城顶也可居住，便于瞭望、防御”；二是台城因能更好地适应和利用不同的地形，营筑起来比较省力、省时，因此既能大批地筑城，又能营建大规模的城。它是龙山时代正在普遍筑城和要求营筑更大规模城的时代的产物，是史前城的一个发展阶段，而不是城的产生阶段。[②]

“筑城以卫君，造郭以守民。”城子崖龙山文化城的出现，表明这里曾是海岱地区一个小区的政治、经济和文化的中心，或者说以城子崖城为中心存在着一个龙山时代的古国。田野考古调查表明，这个古国的范围南达泰山北麓，北到刁镇、白云湖一线，东抵长白山西麓，西至小清河支流巨野河附近，东西30公里，南北32公

---

① 参见张学海：《论山东地区的龙山文化城》，《张学海考古论集》，学苑出版社1999年版。

② 参见张学海：《论山东地区的龙山文化城》，《张学海考古论集》，学苑出版社1999年版。

里，面积大约1000平方公里。在这个古国中心地区，分布着40多处龙山文化聚落遗址，依其规模大小，可以分为“都、邑、聚”三级结构。具体说来，城子崖城作为古国的都城，在它的周围分布着党家乡、黄桑院、宁埠乡、马彭东南、明水镇马鞍庄、枣园镇季官庄、相公乡牛官庄和刁镇小坡等遗址，面积一般在3万～6万平方米之间，相当于古国的二级城邑；其余30余处龙山文化小遗址，面积一般只有数千到一二万平方米，则是古国的一般聚落。由此可见，当时济南地区城乡差别、城乡对立的格局业已出现，以私有制为基础的多层次的金字塔式的社会结构已经形成了。①

龙山之后的山东东夷文化是岳石文化，存在时间大致相当于中原的夏王朝。目前唯一公认为岳石文化的城址就是城子崖遗址。

岳石文化城子崖城址是在龙山文化城址的基础上修筑的，城内面积约17万平方米。东、南、西三面城垣都在龙山文化城垣以内夯筑，北面则筑在龙山文化城墙之上。城垣夯筑规整，厚8～12米，夯土坚硬，采用十分成熟的夹板挡土和成束棍夯的筑城技术，夯窝密集清晰。② 另外值得注意的是，岳石文化城子崖城城垣内侧采用槽内逐板内收的方法版筑，墙壁成小台阶形，相对于龙山文化城城垣内侧采用的堆筑法来说显然是一种进步，但是小台阶状的有较大坡度的内壁证明那时还没有使用桢（立木）来固定夹板。③

在岳石文化城子崖城址之上，还存在一座周代城垣，它筑在岳石文化城垣的内侧，战国初已经废弃，代之而起的可能是此城东北2公里之外的东平陵城。由于周代城垣内的地面比现在地表高出许多，所以城垣所存无几，只在岳石城垣两侧残存少许墙基。可知它的城垣是沿岳石城垣两侧上筑，并把岳石城垣包在其中的，其形制很可能与岳石城基本一致。④

综上所述，城子崖遗址自下而上叠压着龙山、岳石、周代三个时代的城址，三者之间有可能存在前后相继的关系。城子崖龙山文化城北面数公里，又有时代更早的焦家大汶口文化城。可见，济南地区作为中国早期城市重要起源地，是不争

① 参见张学海主编：《纪念城子崖遗址发掘60周年国际学术讨论会文集·城子崖与中国文明》，齐鲁书社1993年版。

② 参见山东省文物考古研究所：《城子崖遗址又有重大发现，龙山岳石周代城址重见天日》，《中国文物报》1990年7月26日；山东省地方史志编纂委员会编：《山东省志·文物志》，山东人民出版社1996年版，第77页。

③ 参见张学海：《论山东地区的龙山文化城》，《张学海考古论集》，学苑出版社1999年版。

④ 参见张学海主编：《纪念城子崖遗址发掘60周年国际学术讨论会文集·前言》，齐鲁书社1993年版。

的事实。这是我们探讨济南古城起源时不能忽视的一个重要的文化背景。

(二)对于济南古城——历下城起源的追溯

1. 对历下建城史几种观点的商榷

济南古城位于历山之下,故称"历下城"。秦汉实行郡县制,历下置县,称历城县。

春秋战国时期,历下是齐国西方的门户和要塞。齐国沟通中原诸国的最重要的水陆交通线——济水与济右走廊皆经过历下,由历下又分出两条交通干线:一条向西北过济水前往燕赵,一条循张夏谷地南趋鲁国。历下水陆辐辏,战略地位异常重要。《读史方舆纪要》:"春秋时,诸侯争齐,多在历下。自战国以迄秦楚之际,历下多事,则齐境必危。秦兵次历下,而王建由以亡。"因是兵家必争之地,历下必有坚固的城防。

《读史方舆纪要》所谓"兵次历下",语出《史记·田敬仲完世家》:齐王建四十年(前225),"秦兵次于历下"。战国时期,济南即有历下;倘若向上追溯,春秋时"历下"之名就已存在。

《史记·晋世家》:"平公元年,伐齐,齐灵公与战靡下,齐师败走。晏婴曰:'君亦毋勇,何不止战?'遂去。晋追,遂围临菑,尽烧屠其郭中。东至胶,南至沂,齐皆城守,晋乃引兵归。"晋平公元年(前557),为齐灵公二十五年。据《春秋》三传以及《史记·齐太公世家》等,该年晋齐之间无战事。另外,《晋世家》所述晏婴语以及后续战役经过("遂围临菑,尽烧屠其郭中。东至胶,南至沂,齐皆城守"云云),皆与《左传》所述齐灵公二十七年(前555)齐晋平阴(今长清孝里东张)之战及其后续战事大致相同,因此可以肯定《晋世家》"晋平公元年"的"元年"应作"三年"("三""元"二字形相近,故有此误),所指应是同一次战役。《史记集解》引徐广曰:"靡,一作'历'。"则"靡下"即"历下"。这说明,晋军在从平阴进军临淄途中,又在历下同齐军打了一仗,晋胜齐败。

据此,可以认定,齐鲁书社1986年版《济南简史》及《济南史志》第一册以《史记·晋世家》的文字和徐广的注解为依据,说明春秋时济南就有"历下"一名。这个观点是完全成立的。

然而,近期网络上流传一篇标题为《济南究竟何时开始称"历下"的》的文章,认为"历下"一名始于汉初,姑且称之"汉初说"。雍坚先生撰写《济南"历下"之名始自战国,并非汉初》,与"汉初说"商榷,然而对于春秋时期已有历下城的传统观点,又不置可否。此外,近一二十年还有一种颇为流行的观点认为,济南有2600年的建城史,济南古城最初唤作"泺邑",而非"历下"。这些观点牵涉济南建城史,不能等闲视之,有必要商榷,以正视听。

(1)与“汉初说”商榷

“汉初说”认为,《史记》所载公元前225年“秦灭魏,秦兵次于历下”的“历下”,不在齐国,而在魏国。理由之一是:《左传》有“凡师一宿为舍,再宿为信,过信为次”的记载,由此认为秦军在攻灭魏国之后,按一日行军一舍三十里计算,三日行军三舍便是九十里,从魏都大梁(今河南开封)行九十里,秦兵还不能到达齐国,不可能驻在齐国的历下(历史上重名的地方很多),所以此“历下”不在齐国,应在魏国。在这里,“汉初说”显然是将“过信为次”理解为“三宿为次”了。何谓“过信为次”?是指行军宿营,从第三夜开始,皆可称作“次”。《史记》“秦兵次于历下”,即“秦兵驻扎在历下”,意思很明显,实在没有必要用《左传》的文字作过度的解释。

“汉初说”主张“秦兵次于历下”的“历下”在魏国而不在齐国的第二个理由是:“四年后,直到秦国灭齐前,齐国西界仍不通秦。‘(秦)二十六年(前221),齐王建与其相后胜,发兵守其西界,不通秦。秦使将军王贲从燕南攻齐,得齐王建。’”所谓“不通秦”,诚如“战国说”作者雍坚所指出的那样,“并非指不与秦国接壤,而是指‘与秦国断交’,即断绝外交沟通”。

上引“汉初说”原文,“历下”后面有夹注:“历史上重名的地方很多。”似乎其承认战国时济南就有“历下”一名,然而就是不承认“秦兵次于历下”的“历下”在济南,一口咬定为魏国历下,那么,请问:魏有“历下”,依据何在?魏国“历下”又在何处呢?

《史记》记载,公元前204年“韩信攻破齐历下军”。“汉初说”认为这才是齐国历下的最早记载,所以齐国的“历下”应始于西汉初年。

公元前204年“韩信攻破齐历下军”,时当楚汉战争期间,刘邦尚未统一天下。“历城”的建置,不可能出现在干戈扰攘、兵燹连天的楚汉之际,而只能说在秦代就有。可见,“历城”始于汉初的说法是不成立的。

总之,《史记》“秦兵次于历下”“韩信攻破齐历下军”,都足以证明济南“历下”一名在战国和秦代就已存在。倘若如某人所言,历下一名晚出于汉初,那么请问:尽得山水形胜之利的今济南老城区难道在汉初以前竟没有城邑存在吗?答案显然是否定的!既然有城邑,它不叫“历下”又叫什么呢?

上述《史记集解》引徐广曰:“靡,一作‘历’。”徐广所见《史记》版本,“靡下”写作“历下”。这是济南古史很重要的一条资料。可是“汉初说”以“‘靡’‘历’在古时既不双声,也不叠韵,不能通用”,证明“靡下”不可能写作“历下”。我们认为这是值得商榷的。“历下”之误作“靡下”,是古文字“歷(历)”“靡”二字字形相近所致。

“汉初说”又说:“《史记·齐太公世家》有‘与齐侯兵合靡笄之下’的记载。《史记集解》中,徐广曰:‘“靡”一作“摩”。’贾逵曰:‘靡笄,山名也。’《索隐》:‘靡笄,山名,在济南,与代地磨笄山不同。’徐广不可能在同一本书里,注释同一地名,又作

'历'又作'摩'(两次战争时间相差只有 34 年),肯定有一处在传抄过程中搞错了。"

我在这里想说的是,"搞错了"的恰恰是"汉初说"本身。因为"与齐侯兵合靡笄之下",发生在公元前 589 年齐晋鞍(今济南北马鞍山下)之战的前夕;双方会兵的靡笄山,就是今济南槐荫峨嵋山。徐广注靡笄山,称"'靡'一作'摩'"。公元前 555 年"齐灵公与战靡下",徐广注"靡一作'历'"。明明是相隔几十年的两件事,不相干的两个地名,"汉初说"又怎能得出"徐广不可能在同一本书里,注释同一地名,又作"历"又作"摩"(两次战争时间相差只有 34 年),肯定有一处在传抄过程中搞错了"的结论呢?

总之,春秋战国时期,齐之历下为邑,秦朝在地方上普遍实行郡县制。《济南简史》说:"秦把原来的历下邑(古济南)改为历下县(置县令),属济北郡。"这个推论也是成立的,而"汉初说"却毫无根据地认为"这个'历下(县)'是无中生有造出来的"。

(2)与济南建城 2600 年说商榷

称济南建城 2600 年,理由是《春秋》经、传记载鲁桓公十八年(前 694)"公会齐侯于泺"。

此年,鲁桓公与齐襄公在泺相会。关于泺之具体所指,有不同的说法。西晋杜预注:"泺水在济南历城县西北,入济。"此处指的是历城西北的泺水。北魏郦道元《水经注·济水》:"济水又东北,泺水入焉。水出历城县故城西南,泉源上奋,水涌若轮。《春秋·桓公十八年》,公会齐侯于泺是也。"此处指的是泺水的源头,即趵突泉。杨伯峻《春秋左传注》则认为"泺"是指"泺水入济"的"泺口"(今写作"洛口")。以上三说,我们认为应以杨伯峻先生"泺口说"为是。

然而当年有学者采用郦氏的观点,坚持说齐鲁相会的"泺"就在趵突泉。又有人推测说,两国君主既然相会于趵突泉,则证明当时趵突泉边已有城邑,而这个城邑只能叫作"泺邑"。显然,这是没有多少依据的臆测之说,不曾想竟然流行开来,在今天似乎已成定论了,乃至介绍济南历史的文字往往也认同建城史 2600 多年、济南城最初名"泺邑"的观点。

其实,历在南,泺在北,原本就是两座城。历下扼守南面的陆路交通线,泺邑扼守北面的水上交通线。

上引西晋杜预注:"泺水在济南历城县西北,入济。"杜预说泺水在历城县西北,而不是西侧。这似乎在告诉我们泺水并非是指发源于趵突泉泉群、流经历城县城西侧的娥英水。看来上古时娥英水与泺水极有可能不是一条河流。泺水应别有所指。

那么,上古时的泺水,究竟发源于哪里呢?《山海经·东山经》云:"又南三百里，曰岳山，其上多桑，其下多樗。泺水出焉，东流注于泽，其中多金玉。”岳，郭璞注音为“乐”。商周时期，泺水发源于岳山脚下，向东注入湖泽。从方位上考察，泺水所出的岳山应该就是今日济南西北郊区的药山。[①] 其实不论岳山，还是药山，本名都应写作“乐山”，因为“药”“岳”“乐”古音相同；至于何以命名为“乐山”，大概是取山上“多桑”、桑条上蚕丝缠绕之意。[②] 山为“乐”，水因山而名，故称“泺水”；泺水注入的湖泽，当然应称作“泺泽”，就是后世的鹊山湖。泺水出了泺泽，从泺口北注济水。泺口上的城邑，便是泺邑，也可写作“乐邑”。

“乐”作为地名又始见于武乙、文丁时期卜辞“……未贞：……在乐”（《合集》33153）。这是济水上一处重要的口岸城镇。殷末十年商王（帝乙或帝辛）远征夷方，往返都曾驻足于此。[③]

商周时代泺水既然发源于泺泽西南的岳山（药山），那么发源于今济南老城区内外诸泉并向北注入湖泽的河流可能统名之曰“历水”。据郦道元《水经注》，历水发源于今济南老城舜井街一带“泉源竞发”的舜泉泉群，北流而折趋西北，与发源于泺源（今趵突泉）的泺水（又名“娥英水”）相会于历水陂（故址在今大明湖西南隅）。据此，历水只是泺水的一条支流。可是在《水经注》中，论流量，历水并不小于泺水；论流程，历水又比泺水长许多。因此，泺水正源尚在岳山的商周时期，《水经注》中的泺水很可能是历水的一条支流，否则便不好解释历、泺汇成的湖泊何以名之“历水陂”而不是“泺水陂”，何以夹处在历、泺二水之间的城邑命名为“历”而非“泺”。

因此，我们认为，仅凭《春秋》经、传鲁桓公十八年（前 694）“公会齐侯于泺”的文字，是不能得出济南古城历下建城 2600 年的结论的，更不能得出济南古城历下本名“泺邑”的结论。

2. 西周时期的“历汭”与“历国”考

西周一代，东、西方的隔阂和矛盾始终存在，周王室与殷商旧国以及东夷（包括淮夷）之间的冲突和战争时有发生。有些冲突和战争就发生在济南地区，或者

---

① 《续修历城县志》卷九《山水考五》引新《（山东）通志》认为，《山海经·东山经》中的岳山即今药山，明确指出药山为“古泺水之正发源也”，又说“今其山下之水，夏月时流时涸，犹略可考也”。

② 王献唐《说挞线》说：“乐即缠挂丝绵之木义，从丝木会意。丝之下端，且皆合连木上，形义尤显。古者乐隶宵部，读若跃若劳，与绕缭声同，以丝绵绕缭义上得名，犹今语缠子。”（转引自于省吾主编：《甲骨文字诂林》，中华书局 1996 年版，第 3198 页）

③ 参见张华松：《殷末十年征夷方取道济水考》，《东方考古》第 11 集，科学出版社 2014 年版。

涉及济南地区。

1986年陕西省西安市康县王家坝遗址出土的史密簋,被学者普遍认定为周懿王时期的器物。铭文记载说,东方的方国部落叛乱,"广伐东国"。是年十二月,周王命令师俗、史密东征。叛乱的方国部落,如南夷(南淮夷)、虎方(徐方)在鲁南,莒在胶州,杞夷在新泰,舟夷(州国)在安丘,灌(斟灌)在寿光东南,邳在滕州,大多在山东半岛的南半部。师俗、史密率领的平定叛乱的军队则主要来自齐国,即所谓的齐师(主力军)、族徒(贵族武装)、遂人(地方武装)。平叛军分道合击于长必,斩获百人,取得了胜利。长必,地名,或以为即《春秋·隐公三年》纪、莒会盟之密(今昌邑东南密城)。关于这一推测,虽然不能落实,总之不出山东半岛。参与平叛的诸侯国,除了齐国,还有莱、白、𣦼三国。莱(在今潍坊东部)在齐国的东部,白(在今桓台与高青之间)是齐国的西邻,𣦼也应当距离齐国不远。

周厉王时期的师寰簋刻有周王命令师寰征伐淮夷胜利后的纪功之辞。说的是,淮夷进犯周朝"东国",周王命令师寰带领左右虎臣以及东国齐、㠱、莱、𣦼四个诸侯国的军队征讨淮夷,并取得了胜利。㠱在山东莒县北境,汉代为箕县。齐、莱、㠱都在山东半岛泰沂山系以北地区;𣦼与三国一起出兵,则其地必与三国不远,也当在鲁北地区。

以上两篇青铜器铭文的拓本、释文以及考释,详见安徽大学出版社2005年出版的陈秉新、李立芳所著《出土夷族史料辑考》(上、下)。两篇铭文中的"𣦼"字,郭沫若释作"僰",然而陈秉新、李立芳考证认为此字"从秝",不"从棘","查《集成》四三一四作,象人歷禾中而突出其止(趾),当隶定为𣦼,𣦼见甲骨文,从止、秝,秝亦声,旧释为歷之初文,确不可移"①。𣦼即"歷(历)"。西周时山东半岛有历国是可以肯定的。既然两次战役受命率军御敌的齐、白、莱、历各邦国都在今山东半岛北部,地相近,东西相望,那么,从地望上推测,此"历"应在济南。另外,山东半岛自古名"历"之地只有济南,则更有理由确定"历国"在济南了。

历国南依泰山,北临济水,是沟通东西南北水陆交通的枢纽,战略地位异常重要,为周朝与东方反叛诸侯方国之间的必争之地。这在周厉王时期发生的禹伐噩侯之战中就有反映。

1942年陕西岐山任村出土的周厉王时期的《禹鼎》铭文记载:"乌虖哀哉!用天降大丧于下国!亦唯噩侯御方率南淮夷、东夷广伐南国、东国,至于历内。王乃命西六师、殷八师曰:'扑伐噩侯御方,勿遗寿幼!'"

---

① 陈秉新、李立芳:《出土夷族史料辑考》,安徽大学出版社2005年版,第215页。

以上《禹鼎》释文以徐中舒考释为据，并参考马承源和杨宽的释文。[①] 关于噩的族姓和地望，徐中舒考证认为，噩或作“鄂”，姞姓，远在殷商之世就已立国，故地在今河南南阳之南，是楚国兴起前的南方大国。然而，如果噩国远在南阳之南，是不可能同时率领淮夷和东夷大肆进攻周朝的南国、东国的。

东国的范围在西周时代是很明确的。周初谭国（都城在济南章丘龙山城子崖）大夫所作诗篇《大东》（保存在《诗经·小雅》中）提到“大东小东”。成周洛邑在周朝版图中，位居天下的中心，即所谓“中土”。以成周为本位，周人称近东地区（相当于今豫东鲁西）为“小东”，称远东地区（相当于山东半岛，即海岱地区）为“大东”，济南地区当时在大东的范围之内。小东、大东地区的夷人称“东夷”。而南国的范围却比较广大，鲁南苏北乃至整个淮河流域甚至江汉地区都可以称作“南国”。这里的“南国”是同东国、东夷、南淮夷相提并举的，显然不是指广义的南国，而应该仅限于鲁南苏北和淮河流域。对“南国”构成威胁的南淮夷，据顾颉刚先生考证，原本是由今山东潍河（古称“淮水”）流域的淮夷集团中分化出来的一支，南迁以后称南淮夷，以别于留居原地的淮夷（北淮夷）。[②] 有了以上说明，我们推想《禹鼎》中噩的地望必定在山东境内距离东国、南国都不很远的地方。

在殷墟卜辞中，噩是殷商最后两个国王帝乙、帝辛（纣）经常光顾的游猎区，“固在殷之东土”[③]，“其位置大致便在殷都东北”[④]。总之，噩位于殷之东土比较靠东的位置，济南平阴、长清两县区西侧的古济水（今黄河）大约就是噩的东限，而殷末十年商王征夷方往返所经过的噩便是噩国位于古济水右岸的一座城邑。

噩为大国，也可写作“阿”，其封域主要在济西，大致相当于今山东阳谷、东阿、茌平、齐河一带。《春秋·庄公十三年》：“公会齐侯盟于柯。”杜注：“今济北东阿县，齐之阿邑。”“柯”“阿”二字通用，俱为“噩”的通假字。齐之阿邑在今阳谷县阿城镇西一里处，今称“阿邑故城”。附近以“阿”名地者所在多有，如《左传·襄公十四年》的“阿泽”，故址在今阳谷、东阿两县交境一带；如汉代置县阿阳，故址在今齐河西南；今冠县东南有桑阿镇。《左传·襄公十九年》“诸侯盟于祝柯”，在今济南

① 参见徐中舒：《禹鼎的年代及其相关问题》，《徐中舒历史论文选辑》，中华书局 1998 年版；马承源：《中国古代青铜器》，上海人民出版社 2008 年版；杨宽：《西周史》，上海人民出版社 1999 年版。

② 参见顾颉刚：《徐和淮夷的迁、留》，《文史》1990 年总第 26 辑。

③ 胡厚宣：《殷代封建制度考》，《甲骨学商史论丛初集》，河北教育出版社 2002 年版，第 27～29 页。

④ [日]岛邦男：《殷墟卜辞研究》，濮茅左、顾伟良译，上海古籍出版社 2006 年版，第 371 页。

槐荫古城村。关于祝柯,《水经注·济水》称,“汉兴,改之曰阿”。殷末十年商王远征夷方往返经过的𨙸,当在今槐荫古城。不过需要指出的是,征夷方所经之𨙸,不大可能是𨙸国的都城,而应该是一座边邑。

考古工作者曾在古城村东北(玉符河东岸、田家庄南)发现略高于地面的古文化遗址,残存的、暴露于外的面积约有3万平方米。从采集到的遗物看,该遗址的时代上限为大汶口文化;至于下限,因有完整陶簋、陶盆和鬲足等商代遗物可资比较,基本上可以确定为商代。这“商代遗物”应该就是𨙸邑的文化遗存了。[①]

𨙸国在殷周之际保留下来,到了西周厉王的时候,竟然联合东夷和鲁南苏北的南淮夷,向周朝的东国和南国展开了声势浩大的进攻。

《禹鼎》铭文有关这次战争的具体地点只有“历内”一处。“历内”即“历汭”。《说文》“水部”:“汭,水相见貌。”“汭”,也就是河流弯曲交汇之地。早期中国城邑往往就建在水之汭,如洛汭、伊汭、妫汭等。

魏晋以前,历下城(即历城)位于今济南老城区西南一隅,夹处在两条河流——历水与娥英水之间。城西的娥英水发源于趵突泉泉群,城东的历水发源于今济南城内舜井街上的舜井泉群。两条河流在历城西北隅的历水陂(大明湖的前身)相汇,然后向北偏西方向流去,最后从泺口入济水。历水与娥英水以及历水陂三面围合之地,显然可以称之“历汭”,那么几乎可以肯定的是:《禹鼎》铭文记载𨙸侯御方进犯周朝东国,兵锋直指的“历内”,位于“历汭”的历国,即历下城。

由此来看,西周时期古历水隈曲之地的“历汭”有一个唤作“历”的城邦小国,多次参与周朝对东夷、淮夷的平叛战争。大约在西周末、东周初,历国被齐国吞并。

3. 殷商时期历下有城的推想

商代后期,济南是殷商王朝经略和控制东方的中心。那时,在今济南古城的东郊,有殷商王朝的重要方国——䧹国(今大辛庄遗址);北郊,有济水口岸的重镇泺邑(在今泺口);西郊,有𨙸(阿)邑(在今槐荫古城村)。历下所在的地理位置,重要性并不亚于以上三座城邑,从情理上推测应该建有城邑。

济南市天桥区刘家庄街道办事处,1972年、1974年、1976年曾三次在防空干道工程建设中陆续出土了近20件商代青铜器,并先后入藏济南市博物馆。成型或修复成型的青铜器共计15件,计有鼎3件、簋1件、爵3件、觚2件、器盖1件、甗箅1件、弓形器1件、戈3件。李晓峰对这批铜器进行修复和整理,并著文认为,这批铜器数量较多,种类也较齐全,但因未经正式发掘,缺乏出土地层与墓葬形制

---

① 参见张华松:《殷末十年征夷方取道济水考》,《东方考古》第11集,科学出版社2014年版。

的依据，无法利用地层学或墓葬形制予以断代。① 但从器物来看，器形、花纹、铭文等都具有殷代风格，如鼎、爵、觚等都为安阳殷墟或其他地方商代晚期墓所常见。通过同殷墟等地商代晚期铜器的细致比较，确定济南刘家庄青铜器的年代应“定在殷墟文化二期偏晚至四期偏早阶段，其绝对年代相当于武丁以后的祖庚、祖甲至帝乙或帝辛的早期阶段”。

刘家庄铜器中，2号觚圈足内壁上铸有铭文“父辛”二字。另外，至少一鼎、一簋、一卣上铸有“”字的族徽，象一人跪地和另一个两手持杆下捣之形，或释为“役”。研究者认为，“同一族徽集中见于一地，一般可以指认该地曾是该族聚居地。有趣的是，在商王畿的一处很大的族墓地——殷墟西区墓地也发现了近同的族徽”，据此“似可认为，此族为原居住在王畿内的商族子姓分支，在商族的墓地内占有一席之地。后来该支系（或该支系的近支）被分迁东土，在现在济南一带立足，或为封国，或为商王属地。总之，济南刘家庄一批青铜器的主人应是由王畿迁来的商人”。②

2010年，济南市考古研究所又在刘家庄遗址发掘出土了商代的青铜残鼎、青铜戈以及陶盘、陶簋等遗物。遗物都出土于土坑墓，墓中一般都有一二只殉狗。考古人员根据此次刘家庄遗址的发掘推断，“这个区域还埋藏着大量的珍贵文物，不排除有重量级文物出土的可能”③。

刘家庄东距济南老城区不足两公里。老城区西部的高都司巷和旧军门巷一带都曾发现商代文化遗存。④ 因此可以推定，商代晚期，今老城区尤其老城区西部可能就是刘家庄墓主人的封国或封邑的所在。

4.4000多年前的泉水聚落

《孟子》《史记》等早期典籍都记载，大舜早年转徙于东夷各地，从事各种生业。济南是他较长时期的居住地，他耕稼的历山便是今日济南的千佛山，他疏浚的井泉便是今日济南舜井街上的舜井（又名“舜泉”，为历水源头，井址就已填埋）。⑤

据古史记载，虞舜迁徙，“一年成聚，二年成邑，三年成都”，这说明当时社会也

① 参见李晓峰、杨冬梅：《济南刘家庄商代青铜器》，《东南文化》2001年第3期。

② 参见高广仁、邵望平：《海岱文化与齐鲁文明》，江苏教育出版社2005年版，第247页。

③ 赵晓林：《刘家庄区域出土大量珍贵文物》，《济南日报》2010年9月21日。

④ 参见李铭、郭俊峰：《济南首次大规模城市考古——高都司巷遗址的发掘》，《齐鲁文史》2005年第4期；崔大庸、许延廷主编：《济南重大考古发掘纪实》，黄河出版社2003年版，第259、285页。

⑤ 参见张华松：《我国文明社会肇始于虞代——兼论济水中下游为有虞氏“龙兴”之地》，《齐鲁文化研究》2010年总第8辑；张华松：《济南大舜文化发展史研究》，《济南城市发展研究（2012）》，济南出版社2012年版。

已经出现明显的都、邑、聚三级结构。济南既然为大舜耕稼之地，那么当时其在济南建有城邑的可能性便不能排除。而事实究竟如何呢？我们知道，古史传世的虞舜时期，大致相当于考古学的龙山时代。近年济南市考古研究所在舜井西南侧的贵和商厦附近发现龙山文化遗存，倘若再联系到舜耕历山、疏浚井泉（即舜井）的古史传说，可以推定，至迟在距今4000多年前的龙山时代，历水西岸就出现了泉水聚落。历下城或即滥觞于此。

5. 结论

济南古城的前身——历下城，位于历山（今名千佛山）北麓，它是依托着发源于舜井泉群的历水和发源于趵突泉泉群的娥英水发展起来的。它的建城史，有可能追溯到距今4000多年前的龙山时代；若以殷商之际算起，也至少有3000多年。

三、济南郡治西迁至历城之后的“双子城”

（一）济南郡治西迁至历城与“双子城”格局的形成

济南作为一级政区名称，开始于汉初。大约在汉高祖六年（前201）至高后元年（前187）之间，设济南郡，郡治在济水之南的东平陵，“济南”一名从此见诸史册。东平陵城是济南地区的中心城市，历城作为东平陵城西面的屏障，军事地位极为重要。西汉初年的韩信、东汉初年的耿弇，都是在攻占历城之后，才得以统一山东半岛。历城有丰富的铁矿资源，冶铁业发达，西汉全国设铁官49处，其中就有历城。

上古时期的中国，政治、经济、军事、文化等各方面，更多呈现的是东西横向的地缘关系。然而到了三国以后的中古时期，由于南北对峙、交争局面开始形成和长期存在，南北纵向的地缘关系开始凸显。在这一背景下，同时也扼守东西、南北交通之孔道的历城，比地处东西交通线上的东平陵城便拥有更明显的地缘政治优势和战略地位。另外，历城拥有的充足的泉水资源，也是东平陵城所不能比拟的。为此，西晋永嘉年间（303～312）济南郡治从东平陵西迁至历城。

然而由于历城城区狭小，不敷所需，便在历水东岸建设新城，作为郡城。所以中古时期的济南城是以东、西二城隔历水相望的双子城格局呈现于世的。又因为建有双子城共有的外郭，所以这一城垣布局也可称作“母子城”或者“母抱双子城”。

南朝刘宋时期，济南历城曾是一县（历城）、一郡（济南）、二州（冀州、青州）的共同治所，青州不久迁回东阳。北魏政权占领济南之后，因河北有冀州，就将刘宋侨置冀州改名为齐州。北魏时曾有58年历城是一县（历城）、二郡（济南、东魏）、一州（齐州）的共同治所。济南区域中心城市地位迅猛提升，显然以突出的战略地位为前提。因此，济南就不仅是三级地方政府的驻地，而且还是一座战略要塞和军事据点。兵燹连天，战事不断，出于防御的需要，济南城垣有过多次重修。北齐时就已跻身为“山川沃壤，衿带形胜”的“天下名州”①。

两晋南北朝时期，玄学盛行，世家文化兴起，佛教广为传播，文学趋于自觉，园林艺术肇兴。新济南城得天独厚的泉林湖山一经时代思潮的浸润和洗礼，便使此后千年世人艳羡的济南文化的诸多现象和特色开始形成或呈现：园林艺术产生，泉水文化发轫，风雅“诗城”初显端倪，北方佛教文化重镇地位得以确立。

隋唐在地方实行州、县两级制，济南为齐州的治所和历城县的治所。隋代乃至唐朝中期以前，由于政局比较稳定，济南城垣沿袭既往，没有大的变化。

（二）由《水经注》看中古时期“双子城”的城垣布局

《管子·乘马》说：“凡立国都，非于大山之下，必于广川之上；高毋近旱，而水用足；下毋近水，而沟防省。因天材，就地利。故城郭不必中规矩，道路下必中准绳。”济南古城正是遵循着这一原则选址、规划和建设的。

1. 北魏历城县故城（西城）的城垣

自从西晋永嘉年间（303～312）济南郡治西迁，营建东城，东城为郡城，西城仍为县城。后来，地方实行州、郡、县三级制，西城先后为侨置冀州和齐州的驻地，历城县治移驻东城，故而北魏郦道元《水经注》称西城为“历城县故城”。因此，《水经注》称作“历城县故城”的西城与先秦时的历下邑、汉魏时期的历城县城一脉相承，前后不会有很大变化。

《水经注》：“（泺）水出历城县故城西南。”《太平寰宇记》：“泺水在县西南二百步。”从方位和距离来看，历城县故城西南城角与明清济南城西南城角大致在同一位置。“四望湖在县西二百步，其水分流入县城。”从方位和距离看，西城墙与明清西城墙也基本在一条线上。

东城墙的位置也不难确定。据《水经注》，历水从舜井出，先西北流，然后直北经历城东。《太平寰宇记》：“舜井在县东百步”，“历水在县东门外十步”。那么，东城墙的南半段大致在今天地坛街的西侧。东城墙的北半段，则西移至今芙容街一线，因为今芙容街以东，直到明朝前期，依然为湖沼沮洳之地，不宜建城。

北城墙在历水西股（即历水主流）以南，历水主流从今王府池子一带向西北流去，故道应当在明清时期的贡院一带。《太平寰宇记》：“孝感水，在县北门。”道光《济南府志》据此认为北城墙“北不逾太平寺街孝感泉”。孙进之《济南山水古迹考》推测“古城的北城约自曲水亭西经孔庙中的泮池和今省府中的凤翥池而达于旧发电厂”。如此，“古城东西五百步，南北六百步”。

---

① （唐）段成式：《酉阳杂俎》前集卷一二《语资》。

历城县故城西门与今西门在同一位置,就故城西城墙而言,也是居中而偏南的。之所以如此,因为城西有古大明湖(四望湖),若门开当中,出门就会有湖水阻挡。东门与西门理应相对,据孙进之先生考证,约在院前十字口,即今珍珠泉大门正南的泉城路上。南门,孙进之先生推测当在榜棚街南首。北门位置,孙进之先生推测当与南门相对,大约就在省府前街北端、省府大门内的凤翥池附近。

然而,从考古发掘资料看,似乎北门不在北城中间,而有可能在北城的西首。小明湖遗址第三层为宋代文化层,厚约 0.5 米,距现地表 5.2 米,在其中发现了灰坑、水沟、道路等遗迹。在宋代地面上相距 10 米之内有三条南北向的沟渠,沟渠深宽都在 1 米左右。还发现一条南北走向的道路,距现地表 6.2 米、宽 2.1 米,分为两层。下层中间还发现两条平行相距 0.5 米的车辙,为交通工具长期碾压而成。① 今小明湖一带在北魏时期的西城的北城墙外已发现的南北向的道路显然由北门延伸出来,三条南北向水渠也当由北门附近流出。在小明湖遗址以南 500 米的高都司巷遗址,发现一段长 8 米、宽 2 米、路土厚约十几厘米的宋代路面;在路的一侧还有一段石砌水沟,沟底用陶片铺平。② 这一带发掘的宋代石砌井口,还带有石砌的水渠。这道路与水渠显然由北门而出,与小明湖遗址的道路和水沟相通。

历城县故城的东、北,以历水为城壕。城西以山水冲沟为城壕,因山水冲沟平日缺水,所以需要西引古大明湖(四望湖)的湖水。

2. 北魏济南郡城(东城)的城垣

《水经注》载,历水“上承东城历祠下泉”。苏辙《舜泉诗并序》云:“城南舜祠有二泉。”元代后期历城人张起岩《迎祥宫碑记》曰:“府城门直南少西,旧虞舜祠。”可知,直到元末,舜井、舜祠都在城外,那么东城的南城墙必在舜井、舜祠的北面,大约就在今泉城路南侧不远处。

东城的西城墙在历水东岸,据《水经注》,历水枝津“首受历水于历城东,东北经东城西而北出郭”,历水枝津先往东北流,然后“经东城西而北出郭”。可见东城与西城之间颇有一段距离,由此推测东城的西城墙大约在今珍珠泉东侧的院后街一线。

历水枝津出郭处,应是后世的北水门。当时东城与北郭之间,是地势低洼的沼泽湿地,东城的北城墙大致应在今大明湖路一线。

至于东城的东城墙,陆敏考证认为:“东城的东界,由于历山顶街以东地势崎

---

① 参见仝艳锋、郭俊峰、刘秀玲:《济南市小明湖遗址发掘收获丰硕》,济南市考古研究所编:《济南考古》,科学出版社 2013 年版。

② 参见李铭、郭俊峰:《济南首次大规模城市考古——高都司巷遗址的发掘》,《齐鲁文史》2005 年第 4 期。

岖，沟壑纵横，筑墙不易，东城东界不会超出按察司街——历山顶街以外。”[①]这个观点是可取的。因为十多年前，在今按察司街与泉城路的东北角发现有汉代冶铁遗址；而在西北角，发现有隋唐时期的冶炼遗迹以及一座墓葬和一座窑址。冶铁工场、墓葬和陶窑一般不会在城内，所以东城的确应在按察司街西侧。

东城的西门，应该与西城的东门相对，可能也在今泉城路上。南门，在今舜井街偏北处。东城的北面是沮洳之地，交通不便，故而似乎没有北门。东门大约在东城墙偏北处，主要是因为由济南前往东方的大道偏向东北方向，经古听水和济水南岸。古代城邑也集中分布在这条交通线上。

东城，以历水及其分流为西城壕；城北湿地沼泽，是天然的屏障；城东和城南，似乎并无城河。如此，东城城垣呈东西短、南北长的长方形状，城区面积比西城要大出许多。

3. 北魏济南城的外郭

“筑城以卫君，造郭以守民。”(《管子·度地》)济南郡治西迁以前，历城并无外郭。然而在《水经注》中，西城有西郭，西郭应在近世东流水街区的西侧、古大明湖东岸；东城有北郭，历水经东城西侧向北流，然后从北郭出，由此看，北郭似乎又不只是东城的北郭，也是西城的北郭。天宝四年(745)，杜甫游历济南，与李邕登历下古城员外新亭，赋诗唱和。李邕有诗云：“形制开古迹，曾冰延乐方”，“负郭喜粳稻，安时歌吉祥”。杜甫有诗曰：“新亭结构罢，隐见清湖阴。迹籍台观旧，气冥海岳深。圆荷想自昔，遗堞感至今。”此亭为齐州司马李之芳建于西城的北城墙上，借助了原有城堞上的台观旧迹，可以居高望远，近处是城北、郭南的稻田，远处隐约可见鹊山湖南岸风光。可见，东、西城原本共有北郭。

东城以东有东郭。《魏书·崔玄伯传》记载，北魏皇兴二年(468)二月十四日，慕容白曜攻陷历城东郭，刘宋政权的冀州刺史崔道固出城投降。东郭应该在明清济南城东城墙的位置，东郭的北半段以山水冲沟为天然屏障。

东、西城似乎以城南若断若续的丘阜为天然屏障，没有建筑南郭。古城东南隅地势高亢，地下有深厚的岩石层，这里的城壕为明初所开凿。除此之外，南城壕的大部分段落早已开挖形成。城壕截住了朝山街山水冲沟的山水，引水进入西城壕。金《名泉碑》中的鉴泉(舜泉南)、杜康泉(南舜庙)、黑虎泉(李承务巷)等，都是早年开凿南城壕时出露的泉眼。这些泉水成为南城壕的稳定水源。

元代于钦《齐乘》卷二说，济南泉水，“在邑者，潴市之半；在郭者，环城之三”。可见当时济南城还没有形成完全闭合的城壕系统。

---

① 陆敏：《论历史时期济南城市的空间拓展》，徐兆文、李永祥主编：《济南文史论丛初编》，济南出版社 2003 年版，第 376 页。

西郭门与西城的西门，东郭门与东城的东门，可能都在一条直线上。北郭门便是历水枝津北出的水门，舟船从此出入；北郭以外为湖泊沼泽，并无陆路可行。没有南郭，当然也就没有南郭门。

综上所述，中古早期(北魏)，济南古城是以双子城格局呈现于世的，但是在规划和建设外郭时，则是将东西城作为一个整体来看待的，也就是说，外郭是统一的，东西城都被圈在外郭之内。需要说明的是，既然缺南郭，则东郭的南头必有城墙联接东城，西郭的南头也必有城墙联接西城，如此才能形成闭合的外郭而有利于防守。

四、唐元和十五年城垣扩大以后的济南城

唐肃宗乾元二年(759)九月，史思明陷齐州，济南城垣遭到严重破坏。宪宗元和十五年(820)，以全节县①户口凋残，省入历城。乾隆《历城县志》卷一四《古迹考·城池》载，历城“其扩而大之，不知始于何时？即杜诗犹与《水经注》相合，意在元和十五年并全节入历城之时乎？今土人犹曰：‘府城毁平陵城为之，砖瓦之类，人肩立数十里中，以手递运，其成甚速。’此语当有所自来”。乾隆《历城县志·凡例》：“以历城言之，唐元和以前之城小于今城。”卷一《总纪一》：“县城肇于周汉，拓于唐，至命初始为省治，规制更备。”用全节城拆下来的砖瓦作建筑材料来扩建齐州城(历城)，齐州城垣外移，原来的北郭和东郭变为北城和东城，西郭则予以拆除。从此，“双子城”的格局不复存在。

东、西城合二为一，历水成为城中河；取土扩建城垣，历水陂扩大为湖泊，北宋时称“西湖”，元代以后称作“大明湖”。城中河与城内湖的存在，很大程度上决定了日后城区布局和城市风貌，也为日后城区建筑用地提供了拓展空间。

宋金元时期，济南作为区域中心城市的地位进一步提升。北宋政和六年(1116)，齐州升格为济南府。金元时期，山东东西道(路)的许多政府机关常驻济南。在经济方面，都市经济发达，城市工商业职能开始彰显，现藏国家博物馆的北宋“济南刘家功夫针铺”的商标铜版就是明证。金初开通小清河，直达渤海，济南成为重要的海盐集散地；元代京杭大运河“弃弓走弦”，济南大、小清河与大运河实现联运，极大地促进了济南城市经济的繁荣。

人口是经济社会发展的重要指标。宋初太平兴国年间，齐州户数为32118户，元丰初年已增长为133321户，较前增长了315.1%。金代，济南府户数为308469户，远远超出其他同级别府、州，占整个山东地区人口的16.21%，高居山

① 《太平寰宇记》卷一九载，废全节县在故东平陵西北十五里。今历城董家城子庄即其故址。

东地区首位。至于当时济南城中住户，可能多达10万户。金末贞祐之乱，"济南城空二十余年"，所以有元一代，济南城人口压力并不大。据《元史·地理志》记载，元代济南路户数为63289户，口数为164885人，远未达到宋金时期的水平。

宋廷重文轻武，以文治国，饶山水之胜的济南"每有风流太守来"。以曾巩为代表的历代济南地方官员主持济南城市规划和建设，既重视城市的使用价值，又重视城市的审美价值；既重视城市的功能性，又重视城市的文化性。他们充分利用济南城市独有的山水资源，尤其是泉水资源，精心规划和建设济南的园林景观，用以彰显济南城市的个性特点，济南作为著名的园林之城的地位从而得以确立。

金朝初年，伪齐刘豫因济南为其发迹地，故在济南城建方面投入颇大。元好问在《济南行记》中曾说："大概承平时，济南楼观天下莫与为比。"金末贞祐之乱期间，济南城遭到严重摧残，唯有荆榛瓦砾而已。元代济南城建，据现有资料看，主要集中在元世祖至元年间(1264～1294)。元末，为防御红巾军北上，曾对济南城垣进行较大规模的维修。

(一)城垣变迁

唐元和十五年(820)，将全节县并入历城县，同时用全节城拆下来的砖瓦作建筑材料来扩建齐州城(历城)。从此，"双子城"的格局不复存在。

城圈扩展后的济南城，以原西城的西门为西门，以原东城的南门为南门，以东郭门为东城门，原北郭水门为北城水门。明清时期四门不对的城垣格局，此时已奠定。

双子城时期，西城的南城墙位置偏南，东城的南城墙位置偏北。也就是说，东、西城的南城墙，南北相错，不在一条直线上。如今二者连为一体，势必是东城的南城墙向西延伸，对接西城的东城墙。这样舜井、舜祠仍然被撇在城外。

至于西城墙，势必要向北延伸，与原来的北郭相接。向北延伸的新筑城墙，其中的一段城墙遗迹已被发现。2007年，济南市考古研究所对位于济南老城区趵突泉北路6号的蓝石集团商务中心工地进行抢救性考古发掘，发现一段埋于地下的城墙残迹，其墙基横断面为上宽下窄的倒梯形，上部宽17米、底部宽13米，底部由两侧向中间逐渐加深，墙基最深4.2米。综观墙基剖面，共由16块不同的土组成，其中以15号土最早，结构坚硬，夯打明显，层表光滑，夯窝直径8～10厘米，圆心间距16厘米，夯层厚22～24厘米；含大量木灰、红烧土颗粒、黄土块等。发掘者根据叠压关系和土中包含物，初步推定这段西城墙建于宋代。[①] 现在考古学界进一步推定至晚为宋初，而我们认为还应该再向前推100多年，也就是说，这一段西城墙

① 参见郭俊峰等：《济南趵突泉北路6号发现一段古城墙》，《齐鲁文史》2008年第3期。

最初建于元和十五年(820)。

(二)城区布局

曾巩说:“济南多甘泉,名闻者以十数。其酾而为渠,布道路民庐官寺,无所不至,潏潏分流,如深山长谷之间。”①苏辙说:“岱阴皆平田,济南附山麓。山穷水泉见,发越遍溪谷。分流绕途巷,暖气蒸草木。”②济南古城的街巷是与泉溪、泉渠相伴而生的。由于城区地势南高北低,溪渠多为南北走向,而街巷也是南北向多于东西向。南北向的街巷两旁,往往有明溪暗渠,此即所谓的“分流绕途巷”。因“四门不对”,再加上城中有历水及沿岸沼泽湿地,城区北半部有大明湖,故而城中不可能形成中央十字大街。这一切都说明,明清济南古城的城垣布局和城市肌理早在元末以前就基本形成了。

唐元和年间,扩建济南城,城圈向外拓展,城区面积扩大许多,但是在扩出的部分中,相当一部分被西湖(大明湖)所占。元代于钦《齐乘》说:“湖今在府城内,周十余里。”元好问《济南行记》说,大明湖“其大占府城三之一”。倘若再将城内众多泉池、沟渠、陂塘、水湾等都计算在内,那么水体面积就确如于钦所言的那样,“在邑者,潴市之半”,半个城区被各类水体占去。③ 如此,可供建设的用地,基本被各级衙署、官舍、庙宇和园林所瓜分,普通百姓只能见缝插针,或者在地势低洼潮湿的水边拓地建房;而一旦水岸之地、沮洳之地被改造成适宜于居住的居民区,又往往会被政府购置用来扩建或新建衙署、学宫或园林别墅。

中国古代城市中,衙署区一般位于城中心,可是由于济南古城由双子城合并而成,历水纵贯城中,所以在很长时间里,济南各级衙署官舍在布局上沿袭既往,分为西城区、东城区两个中心。作为城市中心坐标的钟鼓楼也分处东城和西城的中心,钟楼在开元寺(今省政协大院)西侧④,鼓楼在宪司(今省府大院)东南,两者东西遥相对应。

西晋永嘉年间,济南郡治西迁,以新建的东城为治所。不久,在郡之上设置州一级的行政单位,新置的齐州(初名冀州)驻西城⑤,想必与此同时历城县署也就移

---

① (北宋)曾巩:《齐州北水门记》。

② (北宋)苏辙:《寄济南守李公择》。

③ 《齐乘》载:“府城内,灰泉最大,自北珍珠以下,皆汇于此,周回广数亩,当是大明湖之源也。”考古发掘资料证明,宋元乃至明代,西城墙内还有大面积的陂塘。

④ 明洪武初年,因附近居民所请,钟楼北移至大明湖南岸的康和尚院旧址,筑台三层,台上建楼,悬钟其上。钟楼高台至今犹存。

⑤ 孝庄帝永安三年(531),齐州城人赵洛周据西城反,齐州刺史萧赞弃城走。由此可证州治在西城。

驻于东城，故而在北魏郦道元《水经注》中，举凡西城，都称作“历城县故城”。唐元和年间扩建济南城，拆掉原有的西城北城墙，齐州衙署北移，今省府大院便是元和以后齐州衙署故址所在。宋代齐州（济南府）占地面积广大，正堂为仁风厅，仁风厅的后面有静化堂、禹功堂、芙蓉堂、名士轩以及竹斋、凝香斋、水香亭、采香亭、芍药厅等建筑，其中不少建筑濒临西湖（大明湖），是西湖（大明湖）南岸风景区的构成部分。

原东城地势最平整的地块在今省政协大院的前院及其周边一带。北朝至明初，这里坐落着当时城内最大的古刹开元寺，所以位于东城区内的各级衙署和机构只能在开元寺周边选址建设，如历城县署在开元寺北侧。

济南区域中心城市的地位，在金元时期得到较大提升。金代，山东东西路提刑司、山东东西路宣抚使司等路级机构都驻济南。元初设山东行省，地方实力派、历城人张荣出任山东行尚书省兼兵马都元帅、知济南府事。后来，山东行省被取消，山东东西道宣慰使司和山东东西道肃政廉访司也都先后驻济南。张荣祖孙三代环绕珍珠泉营建官衙宅舍。从此，珍珠泉不仅成为地理意义的城市中心，而且还是政治意义的城市中心。而今省府大院则是山东东西道肃政廉访司（宪司）的驻地故址所在。其他各级各类政府机构则往往与居民区交错分布。元贞元年（1295），为了建山东东路都转运盐使司，原本位于历山顶西南百步许乌满剌巷中的清真寺被迫迁到西关外的锦缠沟东岸。

宋元时期，济南府学文庙是最重要的文教机构单位，它创建于北宋熙宁年间，元至元年间曾进行大规模扩建增修。府学文庙位于北宋齐州衙署的东边，在东、西两条历水之间，北临西湖（大明湖），占地面积广大。这一带原本地势低洼，属于滨湖滨河的沼泽湿地，经填土垫高后，才能进行大规模开发建设。元好问吟咏府学文庙诗，有“水国奠平土”的诗句，所反映的就是这一过程。

元末以前，商业区和居民区的分布情况，史阙有间，不可详考。不过，考古发掘资料表明：北临泉城路、东至天地置业、西至榜棚街、南临黑虎泉路的卫巷一带，从商周以后，一直是城内人烟稠密之所在；在各个时代的文化层中，以宋、金、元文化遗存最为丰富。① 西门里路北的高都司巷遗址的考古发掘表明，这一带从商周以来，也是一个人口密集的繁华街区。在不足1万平方米的范围内，发现有30多口水井，有的井口还配建溢水口和石砌水渠。关于水井的年代，据考大多为战国时期，可见早在2000多年前，这里已经形成“家家泉水、户户垂杨”的泉城独有的风貌。宋元时期，城中的主要商业街便是齐州衙署（元代宪司）前的南北大街，沿

① 参见王兴利等：《济南卫巷遗址发掘简述》，济南市考古研究所编：《济南考古》，科学出版社2013年版。

街贾廪错列，商业繁盛。元代时，这一街区唤作“澄清里”。

随着城区日益拥挤，以城门外大街为中轴线的关厢一带，由于交通之便，逐渐成为商业集聚区和居民区。如，舜井、舜祠所在的城南厢，唐代时就初步形成街区①，北宋的时候，更是游人如织、车水马龙的闹市区②，元代时被划为济南府城的第二坊③。西关厢泉水丰沛，景色宜人，交通便捷；尤其是金初小清河开通之后，舟船能直抵西门外，商业更为繁荣。北宋曾巩在趵突泉畔兴建的泺源堂、历山堂，就有招待客商的馆舍性质。元代，金线泉一带是繁华的歌舞地，有秀春院等歌楼，“檀板银筝，殆金陵板桥之比”④。也正是在元代，清真寺由城内迁建于锦缠沟东岸，西关厢因之很快发展成回民聚居区。回民素以经商见长，也以经商为主业。

北门为水门，联通城内大明湖和城北的鹊山湖。鹊山湖和大明湖沿岸居民多以捕鱼为生。近城湖岸有水港鱼市。来自济水和后世大、小清河上的舟船也在此泊岸，所以水港也是物资装卸和交易之地。

由于城区可供发展的空间有限，除了开元寺等少数宗教庙宇在城内，大多则集中分布在关厢，特别是西关、南关风景名胜区或交通要道附近。西关外，北魏时有大明寺，北宋以后有长春观，元代时有五龙潭边的五龙堂、金线泉上的灵泉庵、趵突泉上的吕祖祠以及从城内迁建于锦缠沟东岸的清真寺。南关外，由近及远有舜祠、迎祥宫、东岳庙、岱岳观、华林寺、千佛寺、佛慧寺等。东关外，只有净居寺。

“济南山水甲齐鲁，泉甲天下。”济南山水园林建设，起步很早。南北朝的时候，园林之城的基本风貌和格局就初步形成了。那时，历水岸边的流杯池已经具有公共园林性质。泺水岸边的古大明湖、客亭、大明寺，水木明瑟，为游览休憩的胜地。城北的鹊山湖，“红绿间明，乍疑濯锦”。烟波之上，鹊山宛如飘浮的翠屏，华山又似含苞欲放的花朵。青山绿水，风光如画，著名的私家园林，如使君林和房家园就坐落在湖岸之上。城南历山（舜山）为登高望远的首选之地，半山腰有舜祠及厅堂等游观建筑。

北宋时期，私人园林仍然集中在泺水、历水两岸。在泺水沿线，以金线泉畔的张氏园亭和趵突泉畔的刘诏园亭最为著名；在历水一线，则以溪亭为代表。由地方政府和官员主持规划和建设的园林景观工程，主要集中在西湖（今大明湖）上。

---

① 参见（唐）封演《封氏闻见记》卷八。

② 欧阳修《留题齐州舜泉》：“游车击毂惟恐后，众卉乱发如争先。岂徒邦人知乐此，行人亦为留征轩。”

③ 于钦《齐乘》：“舜庙，济南府城第二坊。”

④ （清）王培荀：《乡园记忆旧录》，戴永夏：《泉文化——济南》，山东友谊出版社 2012 年版，第 48 页。

曾巩任齐州知州时(1071～1073),利用泉水资源规划和建设西湖(今大明湖)风景名胜区,环湖修建了北渚亭、百花台、百花堤、鹊山亭、静化堂、名士轩、芙蓉堂、芍药厅、仁风厅、凝香斋、环波亭、水香亭、水西亭等园林景点,并构筑桥梁,营造出"七桥风月"的胜景。济南作为享誉天下的园林之城的地位最终得以确立,故而数年后苏辙用"林泉郡"来称誉济南。

元代,西湖已改名为"大明湖"。大明湖以及城西南的趵突泉泉群和城中央的珍珠泉泉群仍然是要重点打造的园林景观名胜区。北郊山水对于济南城的生态和景观的价值和意义开始凸显。"鹊华烟云"或"鹊华烟雨",不仅是济南城市的大型山水景观,而且还是济南城市的一种文化意象。因此,经过唐宋数百年的沉寂之后,城市园林建设的重心又开始重返北郊。在北郊,赵孟頫建有以泉水为主题的别墅式园林砚溪村,张养浩建有大型田园别墅园林云庄。

五、标志性建筑和园林

(一)建筑[①]

1. 客亭。北魏时古大明湖畔的一座迎来送往的名亭,故址大致在今筐市街与花店街交叉口东侧附近。《水经注》描述其周边环境曰:"左右楸桐负日,俯仰目对鱼鸟,水木明瑟,可谓濠梁之性,物我无违矣。"唐代时名"历下亭"。天宝四年(745),杜甫与北海太守李邕宴游历下亭。这里泉溪交流,修竹荫翳,人处其中,溽暑全无,宛若仙境。如若极目远眺,南山之云霞、北渚之风烟皆能一览无余、尽收眼底。宋元时期,历下亭在西湖(今大明湖)南岸历山台上。

2. 李员外新亭。唐尚书员外郎李之芳出任齐州司马时所建,亭子位于历城古城北城墙上,可南眺山岚、北瞰湖光。天宝四年(745),新亭竣工不久,李之芳设宴于亭中,邀请杜甫与李邕登亭宴饮题咏。李邕有诗句云:"吾宗固神秀,体物写谋长。"杜甫有诗句云:"迹藉台观旧,气冥海岳深。"

3. 北渚亭。熙宁五年(1072),齐州知州曾巩所建。亭子位于北城之上(故址约在今大明湖北极阁处),是登高饱览湖光山色的胜地。二十一年之后,晁补之出任齐州知州,亭废已久,"尝登所谓北渚之址,则群峰屹然列于林上,城郭井闾皆在其下,陂湖迤逦,川原极望"。遂重修北渚亭,并作《北渚亭赋》。元初郝经也曾登临此亭,有诗曰:"城南倒插泰山脚,城北沉涵海气横。周围尽浸楼台影,鱼鸟惯闻箫鼓声。"

4. 百花台。北宋齐州知州曾巩所建。位于历水入湖处稍南的开阔港汊中,堆

① 本文仅择重点介绍城厢内外创始于元末以前的曾有和见存的优秀建筑。至于齐长城、灵岩寺、四门塔、九顶塔、永济桥等著名建筑,因距城太远,与城垣变迁无甚关系,不在介绍之列。

土为百花洲,洲上起建百花台,广植花木于其上,景色堪比武陵桃花源。曾巩有诗云:“烟波与客同樽酒,风月全家上采舟。莫问台前花远近,试看何似武陵游。”明代诗人李攀龙曾于台上建白雪楼。

5. 百花堤。北宋齐州知州曾巩所建。由百花洲向北纵贯西湖(今大明湖)湖面。堤上修筑拱桥以便游船通行东西。沿堤广植花草,间以绿柳。游人沿长堤可以直抵北岸的廊榭,然后拾阶而登北渚亭。曾巩有诗云:“如玉水中沙,谁为北湖路?久翳荒草根,未承青霞步。我为发其枉,修营极幽趣。发直而砥平,骅骝可驰骛。周以百花林,繁香泫清露。间以绿杨阴,芳风转朝莫。飞梁凭太虚,峣榭蹑烟雾。直通高城巅,海岱归指顾。”

6. 鹊山亭。北宋齐州知州曾巩所建。大约位于西北城台上,所谓“筑台临水巧安排”。曾巩有诗咏赞道:“大亭孤起压城巅,屋角峨峨插紫烟。泺水飞绡来野岸,鹊山浮黛入晴天。”元初犹存。

7. 环波亭。北宋齐州知州曾巩所建,位于西湖(今大明湖)湖中。曾巩诗云:“杨柳巧含烟景合,芙蓉争带露华开。城头山色相围出,檐底波声四面来。”苏辙也有诗状写此亭:“南山迤逦入南塘,北渚岧峣枕北墙。过尽绿荷桥断处,忽逢朱槛水中央。”元初犹存。

8. 齐州七桥。为保证各条泉溪之水能畅通无阻地进入湖区且不妨碍行人交通,曾巩任官济南期间,沿湖构筑了百花桥(元改名为“鹊华桥”)、芙蓉桥、水西桥、湖西桥、北池桥等七座桥梁,将湖水和泉水串联起来,形成了优美浪漫的“七桥风月”的胜景。曾巩《离齐州后》:“将家须向习池游,难放西湖十顷秋。从此七桥风与月,梦魂长到木兰舟。”

9. 府学文庙。建于北宋熙宁年间(1068～1077),元、明、清三代增修、重修30余次。主体建筑,沿中轴线自南而北依次为:影壁、大门、泮池、棂星门、大成殿、明伦堂、尊经阁等。两侧有乡贤祠、节孝祠、名宦祠、启圣祠、魁星楼等。近代以后,大多圮毁。现存大成门、大成殿,尚保留有宋元时期的建筑艺术风格。2005年,重建府学文庙建筑群。

10. 胜概楼。金代建,耸立于趵突泉池西畔,宏伟壮丽。元代赵孟頫有诗盛赞登临此楼所见之美景:“楼下寒泉雪浪惊,楼前山色翠屏横。登临何必须吾土,啸傲聊因得此生。檐外白云来托宿,梁间紫燕语关情。济南胜概天下少,试倚阑干眼自明。”后被山洪冲毁。

11. 白云楼。元初张荣之孙张宏所建,故址在珍珠泉北。至元二十五年(1288),济南人张养浩时年19岁,应邀撰写《白云楼赋》,描写此楼之宏伟壮丽,其中有文云:“吁其高哉!兹楼之有如此兮,括万象于宏敞,飞四阿于鸿冥……翼截华鹊之烟雨,背摩霄汉之日星……我来宣郁一登眺兮,众山故为出奇秀,恍然身世游仙庭。凭栏俯视魄四散，耳根但闻风铁音泠泠。上有浮云容与卧苍狗，下有惊湍澎湃奔流霆。”入明，岁久倾颓，尚存基址，高丈许。

12. 天心水面亭。在大明湖畔，元人李泂所建。李泂，滕州人，元代名臣，著名诗人兼书法家，长期侨居济南大明湖上。壅土水中而为亭，取宋儒邵雍“月到天心处，风来水面时”诗句，命名此亭为“天心水面亭”。张养浩《过李溉之天心亭》云：“放眼乾坤独依栏，古今如梦水云闲。南山也解留连客，直送岚光到座间。”

13. 超然楼。元人李泂所建。在天心水面亭的后边。明人杨衍嗣有诗状写此楼：“近水亭台草木欣，朱楼百尺会波濆。窗含东海蓬瀛雨，槛俯南山岱岳云。柳色荷香尊外度，菱歌渔唱座中闻。七桥烟月谁收却？散入明湖已十分。”明末己卯之变，被焚毁。近年大明湖东扩，予以重建，为大明湖地标性建筑。

14. 会波楼。元初，在北水门上起建会波楼（也名“汇波楼”），楼面阔七间，二层，翼角悬山，巍峨壮丽，登楼凭栏，南瞻函、历之云岚，北眺鹊、华之烟雨。外则秧针刺水，万亩云屯；内则桂棹溯波，千顷绣列，诚游观之胜地。泰定元年（1323），张养浩撰《重修汇波楼记》，称“济南形胜，惟登兹楼，可得其全焉”，并咏诗赞道：“何处登临思不穷，城楼高倚半天风。鸟飞云锦千层外，人在丹青万幅中。景物相夸春亘野，古人皆梦水连空。浓妆淡抹坡仙句，独许西湖恐未公。”今会波楼为近世重建。

15. 北极阁。位于大明湖北岸，始建于元代，属于典型的古代高台建筑，明、清两代多次重修。现存庙宇为 1980 年重修，由前后大殿、钟鼓楼、东西配房和庙门等组成。前殿祭祀真武大帝，后殿祭祀真武大帝之父母，故称“父母殿”。北极阁背城面湖，近瞰市廛，远眺群山，是大明湖上登高望远的佳地，为山东省历史优秀建筑。

（二）园林

1. 使君林。北魏正始年间（504～508）齐州刺史（使君）郑悫[①]开辟的一方私园。园中，岸边绿树成荫，水上莲荷如绣，真是天赐的清凉世界、避暑胜地。在使君林的消暑雅会上，人们还发明了一种十分风雅的饮酒方式——碧筒饮。该饮酒方式备受历代文人雅士推崇，遗风留传久远。

2. 房家园。北齐亡后，齐州人房豹回归故里，在济南北郊利用天然的泉溪湖沼，构筑起“杂树森竦，泉石崇邃”的水景园林。园林的规模、景致及造园艺术，十分可观。时人以其与西晋权贵石崇金谷园相比。济南文人雅士常游宴于此，齐州参军尹琳吟咏园中所见美景，有“风沦历城水，月倚华山树”的诗句传世。

① 《酉阳杂俎》写作“郑悫”，可是据《魏书》，正始年间任齐州刺史者有郑懿而无郑悫。“悫”盖为“懿”之讹误。

3. 张氏园亭。北宋济南望族张氏围绕金线泉构建的水木环合、风光旖旎的水景园亭。据吴曾《能改斋漫录》卷一五引《渑水燕谈》,金线泉出现于宋初,是借人工而形成的一处名泉,百余年间成为士大夫游济南竞相一睹为快的名胜。曾巩有诗描绘此泉林之美:"玉甃常浮灏气鲜,金丝不定路南泉。云依美藻争成缕,月照灵漪巧上弦。已绕渚花红灼灼,更萦沙竹翠娟娟。无风到底尘埃尽,界破冰绡一片天。"

4. 溪亭。北宋历城名士徐遁(字正权)于历水上构建的私园。苏辙《题徐正权秀才城西溪亭》云:"竹林分径水通渠,真与幽人作隐居。溪上路穷惟画舫,城中客至有罾鱼。东来只为林泉好,野外从教簿领疏。"李清照早年也曾舟游溪亭,其《如梦令》云:"常记溪亭日暮,沉醉不知归路。兴尽晚回舟,误入藕花深处。争渡、争渡,惊起一滩鸥鹭。"由二人诗词可见,历水两岸湖沼面积广大,蒹葭丛生,芙蕖成片。岸上开渠凿池,引水灌圃,绿竹猗猗,曲径通幽,真是隐逸之佳地,"好林泉"名不虚传。

5. 西湖园林风景区。北宋时,以曾巩为代表的历任地方官,以诗人的艺术审美来规划和建设西湖(今大明湖)园林景观,除了北岸建设北水门、北渚亭、鹊山亭,还修筑了纵贯湖面的百花堤、湖南岸百花洲中的百花台,以及环湖东岸、南岸自州衙迤逦于湖中洲渚的静化堂、名士轩、芙蓉堂、芍药厅、凝青斋、环波亭、水香亭等景点,沿湖及泉溪之上架构百花桥(后世改名为"鹊华桥")、芙蓉桥、湖西桥等七座桥梁,形成优美浪漫的"七桥风月"的胜景。苏辙有诗咏赞西湖泉林云:"应念兹园好,流泉天下无。"并称济南为"林泉郡",即"园林之城"。

6. 张舍人园亭。元初,张荣及其子孙以珍珠泉为核心建立的一处大型的宅园型的私家园林。张宏还在珍珠泉北起建白云楼,为登高览胜的好去处。

7. 云庄。元代济南人张养浩在今济南北郊标山至张公坟村一带规划建设的大型郊野园林。有水陆田五百亩,因地制宜,引流为池,灌畦溉树。园中营建遂闲堂、云香林、云锦池、挂月峰、待凤石、处士庵、绰然亭、乐泉亭、九皋亭、拙逸亭、半仙亭、翠阴亭等名胜景点。园中还置有十块太湖石,名曰"十友"。其中,龙、凤、龟、麟四石最具有石品中的"皱、瘦、透、秀"的特点,有"四灵石"之称。张养浩常将此园与唐人王维"辋川别业"相提并论。

附录

元末以前济南城建大事记

1. 龙山文化时期

龙山文化时期，济南舜井泉群西侧出现泉水聚落。

2. 商

商朝后期，济南老城西南隅出现城邑。

3. 西周

西周时期，历国立国于历水与娥英水（后世又名"泺水"）之间的"历汭"之地。

4. 汉

汉高帝六年（前 201）冬十月，"令天下县邑城"，大修历城县城。

5. 西晋

西晋永嘉年间（307～312），济南郡治由东平陵西迁至历城，于历水东岸建设济南郡城（东城）。

6. 南北朝

(1)刘宋

元嘉九年（432），分青州，立冀州，冀州治历城。大概自此，历城县治迁往东城，西城为州城。

孝建二年（455），刘宋政权以"青州北有河、济，又多陂泽，非敌所向，每来寇掠，必由历城，二州并镇，此经远之略"为由，移青州，与冀州并治历城。

大明八年（464），青州还治东阳（今青州）。

(2)北魏

皇兴元年（467）八月，征南大将军慕容白曜兵临历城，"筑长围以攻之"。

皇兴二年（468）二月十四日，慕容白曜攻陷历城东郭，刘宋冀州刺史崔道固出城投降，北魏占领历城。

皇兴三年（469），改侨置冀州为齐州，复置东魏郡，治历城。

正始年间（504～508），齐州刺史郑懿在济南北郊鹊山湖畔开辟使君林，为避暑胜地。

熙平二年（516）九月，"城青、齐、兖、泾、平、营、肆七州所治东阳、历城、瑕丘、平凉、肥如、和龙、九原七城"。

孝昌三年（527），移东魏郡治于台城（故址在今历城区东北）。

永安元年（529）五月"己巳，齐州郡民贾皓聚众反，夜袭州城，会明退走"（《魏书》卷十《孝纪第十 · 孝庄纪》）。（按：州城，指西城）

永安三年(531)，齐州城人赵洛周，“据西城反，应尔朱兆，刺史丹阳王萧赞弃城走”(《崇祯历城县志》)。(按：州城在西城)

(3)北齐

北齐天统二年(566)七月七日，代理齐州刺史魏收登舜山(即历山)，徘徊顾眺，慨乎言道：“吾所经多矣，至于山川沃壤，衿带形胜，天下名州，不能过此。”

(4)北周

北周建德六年(577)，灭北齐，齐博陵君房豹回归故里，在济南北郊构建“杂树森竦，泉石崇邃”的水景园林，为济南士绅祓禊之胜地。

7. 隋

隋开皇十五年(595)正月，隋文帝杨坚东巡至齐州(文帝母亲吕苦桃的故里)。

8. 唐

天宝四年(745)，杜甫与李邕同登历下古城员外新亭，赋诗唱和。此亭为齐州司马李之芳所建。

乾元二年(759)，史思明攻陷齐州。

元和十五年(820)，并全节入历城，同时扩建齐州城(即历城)，用的建筑材料是全节城拆下的砖瓦。自此，城垣外移至外郭，“双子城”的格局不复存在。

9. 宋

明道二年(1033)冬十月，浚齐州清河。

康定元年(1040)九月，祖无择任齐州通判，在济南城建申申堂，延接士人，奖掖后进。

元丰年间(1078～1085)，重修舜井、舜祠。

熙宁五年(1072)二月，齐州知州曾巩重修齐州北水门，“累石为两涯，其深八十尺，广三十尺，中置石楗，析为二门，扃皆用木，视水之高下而闭纵之。于是内外之水，禁障宣通，皆得其节，人无后虞，劳费以熄”。三月，水门改造完工。具体董理其事者，为供备库副使驻泊都监张如纶、右侍禁兵马监押伸怀德。由此而后，因北水门水闸根据水势高低而启闭，因时调节泄水流量，使城内西湖(即今大明湖)成为一个天然大水库，既可从根本上解决水患，又可适时灌溉城北平原，成为一项泽被后世的水利工程。曾巩有《齐州北水门记》记其事。

熙宁六年(1073)，齐州知州曾巩利用拆迁“徙官之废屋”的木石材料，于趵突泉畔修建了泺源堂和历山堂，作为迎来送往的客馆驿舍；同时，撰写了《齐州二堂记》一文，交代兴建二堂的缘由和经过，考证历山位置、舜耕历山的史实以及济南泉水的源头。“齐州二堂”为济南古代的名胜，《齐州二堂记》为济南历史文化的经典性文献。

熙宁七年(1074)三月，齐州知州李肃之主持筹建城东闵子祠成，苏辙撰、苏轼书《齐州闵子祠堂记》，刻石立碑而置于闵子墓前。

是年六月，大雨，淫潦继作，汇于城下。齐州城西门外护城河上的木桥因年久失修，被洪水冲跨，致使交通断绝，给过往行人商旅造成极大的不便。历城知县施辩于是向州府建议，重建新桥；齐州知州李肃之当即同意。于是，施辩负责筹措调运工程所需建筑材料，工程组织和指挥由齐州兵马都监张用晦担任。九月动工，“取石于山，取铁于府，取力于兵”。当年十一月，新桥建成，“三趺二门，安如丘陵。惊流循道，不复为虐”。同时，又组织人力、物力疏浚城南山水沟，修补山水沟北岸堤坝（今二里坝）的缺口；疏浚西门河西沟，拆除河沟上的违建民房。齐州掌书记苏辙有《齐州泺源石桥记》以记其事。

熙宁八年（1075）夏，舜井复涌，当局整治泉池，疏通沟渠。

熙宁十年（1077）七月，河决澶州，黄河水涌入济水（清河），致使济水（清河）在历城东北改道，而循漯水故道入海。历城以东原济水下游河道，日益淤浅，行洪通水能力大为降低。于此同时，洪水裹挟大量泥沙沉淤于鹊山湖，致使鹊山湖蓄洪功能明显降低。

熙宁年间（1068～1077），齐州知州李恭创建济南府学于西湖（大明湖）南。金朝时改称“济南府学”，元至元年间增修。

政和元年（1111），于西关外建长春观。

政和六年（1116）八月巳丑，升齐州为济南府。

靖康元年（1126），重修泺源桥。主其事者，乃济南府兵官王镗。

10. 金

天会六年（1128）春正月，南宋以中奉大夫刘豫知济南府。十二月，金兵南侵，围攻济南。济南守将关胜坚持抗金，被刘豫所杀。刘豫献城降金，济南失陷。

天会八年（1130）九月，刘豫在金人的扶持下，在大名府就任伪“齐”皇帝之位。此后，刘豫为了保证其政权的物资供应，就以泉水汇聚的济南北郊湖泊为上源，在原清河下游河道的基础上开挖运河，即为小清河。小清河全长近500里，经章丘、邹平、长山（今属滨州邹平）、新城（今淄博桓台）、高苑（今属淄博高青）、博兴等，在车马渎注入渤海。小清河的通航使济南的交通枢纽地位更加突出，使济南逐渐成为食盐和其他货物的重要集散地，大大促进了济南经济的繁荣和社会的发展。

贞祐二年（1214），蒙古骑兵大举伐金，攻破河北、山东、山西90余州，金迁都汴京。蒙古军于所经之处进行了大规模屠杀和掠夺，造成空前惨烈的浩劫。各地人民纷纷起义，大肆杀戮金朝的地方官吏和长期作威作福的女真贵族。盗贼满野，兵燹连天，济南因地处兵家必争之地，故为重灾区，致使“济南城空二十余年”，楼台亭榭多化为灰烬，“唯有荆榛瓦砾”而已。

正大五年（1228），丘处机弟子陈志渊创建华不注山华阳宫之后，遣其弟子进驻舜祠废墟，主持舜祠香火，并于舜祠东侧空地上构建迎祥宫。迎祥宫主体建筑有三清殿、十二真殿、火星殿等。

中统三年(1262)二月，原农民起义军红袄军首领李全之子李璮率众攻占济南，旋被蒙古军包围。李璮坚守济南半年之久，城终被蒙军攻破，自己也被杀。

至元年间(1264～1294)，“复树官府、学校”。

元贞元年(1295)春，山东东路都转运盐使司都运使木公八剌沙，为建运盐司，奉命将位于历山顶西南百步许乌满剌巷中的清真寺徙置于泺源门西锦缠沟东。当时仅有楹殿数间，最初由教艾迪主持教务。是为今济南清真南大寺之前身。

是年，济南路总管府总管兼府尹斡赤重修舜祠。重修后的舜祠由一前一后的正殿和寝殿组成，正殿供奉虞帝像，寝殿供奉娥皇女英像。丹楹刻桷，雕梁画栋，规模和格局也有加于旧。同时，又疏浚和整治舜井泉池，沿口上铺盖大块文石，周围缭以红色木栏挡板；在泉池的中间架设南北向的画桥，直通舜祠大殿。张起岩撰《迎祥宫碑记》以记其事。

至正二年(1342)六月，济南山水暴涨，冲东、西二关，流入小清河，漂没民居无算。是年十一月，修葺济南路庙学。

至正六年(1346)八月，修建济南府学垣墙，广千二百五十二尺，高一丈六尺，广四尺，以石筑基，以白污垩，覆之以瓦，宫墙始竣。张起岩有记。

至正十二年(1352)闰三月至九月，修筑济南城，以备徐、淮红巾军来犯。主其事者，乃监宪杨国贤。

至正十三年(1353)一月，重修五龙潭五龙堂毕。

参考文献

[1]《徐中舒历史论文选辑》，中华书局1998年版。

[2]《张学海考古论集》，学苑出版社1999年版。

[3]崔大庸、许延廷主编：《济南重大考古发掘纪实》，黄河出版社2003年版。

[4]高广仁、邵望平：《海岱文化与齐鲁文明》，江苏教育出版社2005年版。

[5]胡厚宣：《甲骨学商史论丛初集》，河北教育出版社2002年版。

[6]济南市考古研究所编：《济南考古》，科学出版社2013年版。

[7]马承源：《中国古代青铜器》，上海人民出版社2008年版。

[8]山东大学文化遗产研究院编：《东方考古》第11集，科学出版社2014年版。

[9]山东省地方史志编纂委员会编：《山东省志·文物志》，山东人民出版社1996年版。

[10]杨宽：《西周史》，上海人民出版社1999年版。

[11]于省吾主编：《甲骨文字诂林》，中华书局1996年版。

[12]张学海主编:《纪念城子崖遗址发掘60周年国际学术讨论会文集》,齐鲁书社1993年版。

[13][日]岛邦男:《殷墟卜辞研究》,濮茅左、顾伟良译,上海古籍出版社2006年版。

[14]顾颉刚:《徐和淮夷的迁、留》,《文史》1990年总第26辑。

[15]郭俊峰等:《济南趵突泉北路6号发现一段古城墙》,《齐鲁文史》2008年第3期。

[16]李铭、郭俊峰:《济南首次大规模城市考古——高都司巷遗址的发掘》,《齐鲁文史》2005年第4期。

[17]李铭、郭俊峰:《济南首次大规模城市考古——高都司巷遗址的发掘》,《齐鲁文史》2005年第4期。

[18]李晓峰、杨冬梅:《济南刘家庄商代青铜器》,《东南文化》2001年第3期。

[19]钱欢青:《5000年前济南人走进国家博物馆——焦家遗址考古发现展开幕,山大考古成果首次亮相国博》,《济南时报》2018年7月12日。

[20]山东省文物考古研究所、章丘市博物馆:《山东章丘市小荆山后李文化环壕聚落勘探报告》,《华夏考古》2003年第3期。

[21]山东省文物考古研究所:《城子崖遗址又有重大发现,龙山岳石周代城址重见天日》,《中国文物报》1990年7月26日。

[22]赵晓林:《刘家庄区域出土大量珍贵文物》,《济南日报》2010年9月21日。

济南城乡绿化与景观审美研究

王铁军

一、互生共存:林泉生态系统的自然机理及其审美取向

绿化对泉城济南具有特殊重要的意义。在自然意义上讲,泰山崛起之前,济南没有泉。泰山的崛起使济南有了不透水的平原和石灰岩构造的坡地,济南是否自此就有了泉吗?未必然。这是因为在平原和坡地之间还少了一个中间环节,这就是生态植被、原始绿化。原始绿化使平原具有了丰富的含水量,使坡地具有了足够的疏松层。有了这样的条件,坡地才会在水张力作用下吸纳平原地下水而形成高水位,并在低水位出露而成泉。这是一个庞大的生态系统,而该系统运行的最初动力是雨雪。济南每年降雨降雪的时间不长,尽管每次雨雪量不同,而每年降雨雪的实际时间累加不过是半个月左右,个别年份亦不过是1个月左右而已。尽管如此,南部山地长年不干涸的泉水却有360多处。这种每年短暂的雨雪天气与长年不干涸的泉水并存的现象表明,非雨雪天气持续较长时,仍有大量泉水不干涸。除坡地、平原等地质要素外,远古地表植被大量生长在适宜泉水发生、发育的位置。这种自然界自发形成的大面积林木原始绿化,伴随着更新世最后一次冰川期的结束而产生,也伴随着全新世的暖湿气候条件的形成而愈加茂盛,从而促进了山体地质板块内部溶蚀和裂隙的发育与延伸。地表自然形成的原始绿化规模相当庞大,广泛分布于南部山地斜坡以及山前平原上,形成了树冠层叠、一望无际的绿海,足以保持水土、涵养水源。地表植被分布广泛的根部系统有助于坡地与平川地下水涵容量的增加。平川地下水丰沛到一定程度便会在水张力作用下向坡地浸润,促使山体内部裂隙的高水位生成而下渗,在下水位出露而成泉。这是一个自然形成的庞大的绿化造泉工程,以至于是每年时间短暂的雨雪补给便能使泉水现象持续发生。我们从大自然的这种神奇造化中可以看出:绿化与泉涌是坡地、平原地貌自然生态系统中相互依存的两个方面;林、泉互生共存,泉涌离不

开绿化，绿化能促进保泉。这是大自然给我们的启示。

至此，在本文中，绿化不再是绿化本身，而是作为“生态系统中的植被化”概念来使用的。当然，这种绿化不可能是小范围的零星栽种、点缀培植，而是要形成一定的规模效应。城乡美丽环境的塑造尤其要以绿化为先，这是由济南特定的自然机理与人文历史所决定的。有道是“积水成渊，积土成山”，植树即是保泉，美化必须绿化，哪怕是仅植一株，亦不因量少事小而不为。从点滴做起，必定会形成绿色的海洋。泉与树的相互关联常见于古代，现代却经常偏重于泉而忽略了树。泉口生树的现象，在最初应当是自然界的生态巧合。长清万德的明孔山麓涤思峪的檀抱泉，便是自古流传至今“泉树共生”的典型案例。檀树盘根虬曲于泉上，树龄约有上千年，后世有修整，但最初是人为栽培的可能性很小。泉树共生的例子还有市中区兴隆街道大泉自然村的斗母泉，旁边生长着连根同生的车梁木和刺楸，皆为稀有树种，树龄在四五百年。车梁木和刺楸都具有解毒祛风等中医药价值，两树连根同生泉上，显然是元明时期人为栽植所致。那时，人们很可能已经考虑到车梁木和刺楸的药用价值而将其植于泉上，以提高泉水品质，体现了人与自然生态的良性共生意识。清代以后对于泉水生态不甚重视，例如乾隆皇帝每每热衷于泉边题字，忽略了泉树共生的关系，根本认识不到林木对济南泉水的生成所发挥的巨大作用。当代对泉水景观的塑造也往往局限于甃石为池，更缺乏林木对泉景的直接参与；即便有所配置，亦是在泉池较远处的周边加以烘染而已。

我们在大自然的启示下还形成了林与泉两种事物成对成双的审美取向，获得了认识上的较高“站位”，就会很容易发现过往一些单一性的审美观念指导下所形成的景观处理方式其实是有所欠缺、存在着遗憾的。例如，关于老城街巷内的泉水景观处理方式，举目可见者，皆甃石为池或为井，绝少见有绿色生态直接参与景观之中；更可惜的是，元明时期那种植树于泉上、借助植物药用价值而使泉水发生保健作用的栽培技术或已失传。笔者实地考察时，仅在广福泉发现其上植有小香椿一株，亦未必是为了使泉水发挥保健作用而栽植的。究其原因，或有老城“太拥挤”的托词。但更多情况是只要有意培植，泉树共生还是大有可为、大有余地的。例如，双忠祠街的双忠泉，位于“丁”字路口，占地不足9平方米，是一处很好的街巷观瞻位置，可惜除了甃石为池而外却再无作为，倘或施以“贴墙”植被法，有多种耐阴耐寒林木可供选择，届时街头将“生意盎然”，即或冬季亦将会有青翠可爱的街景。但要注意尽量避免平面化的园林铺排方式，街巷内以选植贴墙较高者为宜。至于南部诸山，如茶壶泉、玉漏泉、玉河泉、响呼噜泉等甃石为池者，不胜枚举。常见的现象是修了泉池就不管了，使许多名泉在短暂的盛水期过后每每露怯。这种单纯考虑泉池保护的做法，使甃石工程周围山体裸露，或施加地表硬化处理，植被被破坏，而泉池孤立于其中，降低了泉水风景的观赏性。彩石街道玉河泉景区的汉白玉石栏杆,是村里为使景区建得更美而设在村头的附属设施,可能是受了其他地方的影响,忽略了绿化建设,石料石材片面投资不少,园林美化效果却很不到位,原因就在于没有实现林泉互补。有泉的地方,绿化就要跟上,有裸露就要以绿色弥补,泉池与林木两手抓才是更为得体的做法。

二、见缝插绿:老城及其外缘狭窄空间的绿化、美化

老城及其外缘位于山前平原的核心位置,在此开展植树造绿具有美化环境、涵养水源的双重意义。青翠多泉的南部诸山,非雨雪天气的长年来水,正是源自于山前平原。也正因如此,街巷纵横而空间狭窄的老城及其外缘,人口集聚密度较高,绿化程度较低,见缝插绿是必要措施,而不宜再兴建具有地表硬化倾向的建筑。例如,将军庙街的天主堂——清同治五年(1866)的巴洛克式古建筑,在老街巷中别具一格,其南还烘托以八字墙屏,实属难得。此处本无泉景是情有可原的,但整条街却一点绿色都没有。所幸八字墙屏呈些许内凹状,提供了点缀绿色的可能性。同时,该区域现有的建筑环境还需要腾出更多空间以绿化、美化环境。在老城内外见缝插绿,其具体方式有很多,常用手法有"出墙""补墙""搭墙"等,很有必要总结与推广。

(一)出墙

"出墙"手法的运用,需结合老城中的案例进行具体说明。原则上,"出墙"宜采用沿街与院落相结合的方法,以提高绿色的层次感,使一些较窄街巷的绿色从院内墙头伸展而出,自街巷行走则可以抬头见绿。也就是说,充分利用老城区域传统院落较多的特点,在院内予以充分绿化、美化,多植高大乔木,造就景观跃然"出墙"、街巷可见的艺术效果,此即所谓抬头见绿。例如,将军庙街西首的启明街较之将军庙街要窄得多,沿街绿色铺陈已无可能。然而时至初冬 11 月份,竟仍然能在此看到街内的高大乔木纷披而出的庞大绿冠,这给这条老旧的小街增添了无限生机。这种园林铺陈类似于沿街小公园绿地的内置化处理。由于具体情况不同,老街巷绿化方式不能一概而论。

芙蓉街北首的文庙古建筑群,受周围较高的现代建筑影响,审美视觉空间被侵占,这在建筑密度较高的老城拥挤环境中是常见的现象。为此,文庙大门外旁边的排排宿舍楼应多植高大乔木以造成纷披遮挡的效果。文庙院内两侧为东、西花墙子,墙外即东花墙子街与西花墙子胡同。沿街、沿胡同也需要多植乔木以实现视觉空间的分割。具体可采用墙内与墙外植树相结合的方法,除了在花墙子内多植乔木之外,花墙子外也要有重点地培植乔木,使树冠跃墙而出,其实这也是在运用"出墙"手法。花墙子两侧栽植以高大乔木,则无论从墙外看还是从墙内看都是树冠出墙,从而实现景区视觉空间的绿色屏护。具体树种可选用挂叶期较长且

树身较高的白蜡树。成年白蜡的背景遮挡性强，身高常在 20 米左右，而且耐寒能力强，在城里具有热岛效应的暖冬时节甚至可以不凋叶。

（二）补墙

“补墙”是一种墙面蔓延遮蔽式造园手法。例如，老城将军庙街区一条名为“西熨斗隅街”的岔道，呈南北走向，每天上午都有阳光掠过西熨斗隅街的西墙。街口处，以沿街平房砖砌的东山墙为起始，向北连接着另一平房的白粉墙，再向北连接着另一平房的水泥抹灰的外墙等，斑驳陆离，向北延伸，构成了整条街的西墙面，给人以补丁连补丁的片段感。有趣的是，正像街名“熨斗”一样，西墙这些“补丁”仿佛正在被一个无形的大熨斗抹平着。由于受风雨侵蚀，那道白粉墙上淌下来无数条灰黑色的雨痕，带走了老城积淀厚重的古雅风韵，使整条街宛若旧仓库的后墙。诸如类似的空间环境怎样见缝插绿？经过反复实地考察，笔者以为还是以采用爬山虎（或名“爬墙虎”）统一覆盖为宜。爬山虎蔓延覆盖属于立体绿化方式，谓之“补墙”生景法。具体操作方法是：沿西墙下开出宽约半砖的条形地槽，移栽爬山虎上墙，春季于爬山虎根基两侧间隔陪衬种植薄荷等香草类植物。有时爬山虎铺排过大有损于建筑物的外观，除了特殊情况，一般在小街巷使用时要有修剪管理。

（三）搭墙

鞭指巷的泰运昌辰旧址，是近代一处具有中西合璧特色的四合院，属于省级文保单位，其拱券形门楼的绿化原采用爬山虎覆盖的方法。由于爬山虎生长过快，遮挡了胡柏年手书“泰运昌辰”的石刻题额。目前该门楼已在内反锁，爬墙虎自黑漆大门上透出外垂，宛若翠帘，塑造了一种被赋予了绿色生机的古旧感，使老建筑萌生了一种清新的自然美，目前在老城区是甚为别致的一种绿化类型，这在园林造景上叫作“搭墙”（或“坠帘”）手法。植物可以选用爬山虎，亦可用葡萄、凌霄、藤萝、常春藤等为装饰；藤蔓可以搭于墙头，使之外垂下坠作珠帘状。百花洲亦有一处“搭墙”景观，于古建筑街巷植以生长速度较快的凌霄，藤蔓蒙茸，一直延伸到屋瓦房檐，给静谧古朴的老建筑营造出了一片生机盎然的热烈气氛，如画似诗，效果绝佳。另外，“搭架”手法类属于“搭墙”，可以在场地较宽处布陈，不宜在狭窄街巷施用。

（四）贴墙

园林造绿的跃然“出墙”手法、“补墙”蔓延手法、坠帘“搭墙”手法，是老街巷中见缝插绿、实现立体绿化的具体途径，实施中要以实际观赏效果为转移。有时狭窄街巷的绿化，以上三种手法都不适用，还需要运用“贴墙”手法。“贴墙”与以上三种手法的主要区别在于运用的植物不同。“贴墙”运用非藤蔓类、非主干类植物，诸如冬青、翠竹、石楠、女贞、蔷薇、南天竹等长干类植物。此类植物，冬季具有较好的耐寒性，又作为“贴墙”生长而增强了保温性，基本上可供四季观赏。这些植物的大气候条件是：在山前平原，冬季气候较南山温暖，因此亦仍有生长迹象。

以上“四墙”园林手法也可以推广运用到主要交通路段或其他社区，目前经四路顺河东街东北口的绿地中心大厦下就有立体绿化（即“冬青的墙化处理”）的成功案例，占地无多，却塑造出赏心悦目的街景小品。口袋公园、袖珍园地、微观景廊（亭）等也应结合立体绿化，在较小面积内呈现更多的绿色。

三、水源涵养：老城外围区域林地的培育与绿化、美化

（一）林地塑造的生态学功能

我们平时所说的“绿化”系指地表的植被化，绿化的意义不单纯是对城乡环境的美化，而且对于涵养水源、保持水土更具有重要意义，这在北方城乡普遍存在缺水问题的当今更显得尤其必要。老城区见缝插绿，一如前述，而老城外围区域的人口集聚程度相对较低，更有条件展开较大规模的林木绿化。举凡泰山北坡及其以北的平川，皆当为林木绿化、美化的覆盖区域。这是因为常见有山前坡地以及冲积平原水土流失、水源减少的情况，有歌谣形容水土流失：“天旱把雨盼，雨来冲一片，带走土和肥，剩下石头蛋。”这里提请注意的是，遭受雨水侵蚀的不仅是坡地，而且山前平原、堆积平原、大河下游平原土层较厚的非透水区域也常见到雨水冲刷后泥沙裸露的情形。对此，也常见有地表硬化处理的对策措施，以期降低雨水的冲刷性。又为了解决地表硬化所导致的地表与地下的渗透的隔绝问题，在硬化表面采取了开缝留孔、暗池蓄水等透水存水措施，以加强地表径流的地下贮存。但从生态学的角度说，这并不是保持水土、涵养水源措施的上策首选，而是一种过高成本下的人工模拟，难以漫山遍野、大面积地展开，其功效是有限的，充其量仅是一种局部的辅助措施而已。只有广植林木才能真正做到保持水土、涵养水源。林木植被具有很强的留土保水（保湿）能力。树冠能截留雨水、减缓雨水冲刷强度。有资料显示，面积较大的林地可以形成规模效应，林地树冠截留量约为降水总量的15％～40％，从而减少和减缓地表径流的流量速度；树林内的土壤团粒结构好，树木的根系又有助于增强地表与地下的通透性，使更多暂留于地表的“客水”在雨水的冲击力作用下转变为地下水，减少地表径流，有效保持水土。

结合济南泉水分布情况，所谓老城外围区域大致包括了袈裟泉泉群、涌泉泉群、玉河泉泉群、白泉泉群的分布区域，大致覆盖了长清、槐荫、天桥的黄河右岸区域，还覆盖了历城北部的遥墙、临港、唐王、董家、唐冶、孙村、巨野河及其以南区域。这片区域的北部，即为整个山前平原，是南部诸山高水位的来源地，亦是坡地石灰岩在水张力作用下吸纳山前平原地下水形成高水位的水体来源；这片区域的南部，即为南部诸山。南、北划分大致以经十路为界。两大区域一南一北，拟设为

南、北两大生态功能区，以保持水土、涵养水源。两大区域应该秉持三个并重原则：泉池建设与林木绿化并重，城市更新与林木绿化并重，兴建新区与林木绿化并重。

（二）城北生态功能区的塑造

在北部区域，于老城外缘西部、北部沿黄右岸（南岸），有效利用黄河河床抬高的特点，培育以林木涵养水源为主旨的城北生态功能区，形成黄河堤外分流渗漏机制，广植林木以培育水源地。由于济南地势南高北低，即便是位于北部的水源亦可在水张力作用下，浸润地势较高的坡地，进而在南部高山上形成高水位。初期可以在槐荫吴家堡太平河上游以东的曹家、闫家、裴家地区，利用黄河虹吸灌渠分流太平河、北太平河以形成林地灌渠，同时在太平河、北太平河两岸广植林木，并与千亩银杏林（建邦大桥南）相连成片，培育更大规模的根系导渗机制。同时，运用水体生态过滤技术，在太平河、北太平河、美里湖河道广植芦苇等具有水体过滤功能的植物，增大微生物附着面，培育有益菌群，改善水体质量。同时，增大黄河与太平河、美里湖、小清河之间渠道径流量，以水体生态过滤技术配套水体过滤功能植物。经过生态过滤的美里湖水渠、北太平河、太平河三大渠道东注小清河，提升小清河水体质量，增加城北生态功能区的附加价值。这里所谓"附加值"是说除了涵养水源、保持水土之外，还将兼顾地表径流的清洁度。二期工程则在太平河流域向南辟置林地、弥合济西湿地，至经十路为止。黄河右岸的天桥区段、历城段，亦逐步向小清河方向培育林地，同时通过虹吸灌渠方式向两侧分出若干支脉以拓延地表径流分布，使之蜿蜒于林地中。其具体实施的基本方式、微生物过滤技术与槐荫吴家堡段、美里湖段相同。

老城外围东部，纵贯着三条较大的小清河支流，即燕棚河、杨家河、巨野河。这三条河源自南部山地，北穿经十东路而北注小清河，构成相连成片的三河流域，是林地培育的重点。从南高北低的地势来看，三河流域地下水源地的林地培育恰好有利于水张力条件下的南向浸润。而且，三河流域源头地多为云台山、东龙洞、蟠龙山等风景名胜区，有利于将林地与名胜区弥合成片。黄河、小清河之间，早先就辟有许多纵横交错的灌渠或水道，可以加以更新改造，使之成为城区北部生态功能区的组成部分。历城区北端的遥墙、临港、唐王等地，在林木培育的品种上要结合传统特点，结合跨境章丘的白云湖生态特点，可将其发展为湿地类型的生态空间；而在天桥区的药山一带可以广建适宜当地生长的中药材种植园，并将其辟为中药材集散地。总之，要因地制宜，发展林下经济，植物品种不能一概而论。

（三）城南生态功能区的塑造

经十路以南区域，自腊山街道及其以南、以东，直至经十东路的港沟、唐冶、彩石、巨野河街道以南，培育以林木保持水土为主的城南生态功能区域。在地理上，城南生态功能区域是与山前平原相衔接的坡地上水位区域，在生态意义上具有吸纳山前平原地下水形成高水位的作用。该区域地势坡度较大，山地、垭口、岭道增多，极易造成水土流失。目前在山体绿化方面已形成了许多代表作品，但仍不乏裸露的山体。有些山体，或其局部侧面，或垭口两侧以及岭道山梁的顶部，荒秃感仍然比较强烈。这种现象貌似因水源缺乏所致，其实是曾经遭受了严重砍伐或野蛮开发，破坏了坡地疏松层吸纳水体上山的自然机理所致，予以补救的重点措施就是培育林木。补救应结合“草灌乔”综合施策，尽量避免单一品种，要培育土壤的团粒化，以促进疏松层的形成。陡峭荒坡的补救，根据济南有些地区的成功经验，初期宜以藤蔓类植物攀爬为基础，微观强力抓附于岩隰石缝，或在自然叶面覆盖下直接扎进砂砾层，以避免粗放型栽种对坡地造成的二次伤害。例如，药乡森林公园对受伤的陡峭坡地的植被进行培育，如今藤蔓植物附着完好，与周围林木实现了无缝衔接。对于岩石裸露较多的山体，可以预先规划好“草灌乔”分布，借鉴邹平樱花山绿化的做法，运用微爆破技术实施一次性漫山辟坑、栽植填土，当年即可见到成效。

（四）生态功能区绿化、美化的维护管理

老城外围区域既要广植林木，又要避免伐树，尤其要解决旧院落内的伐树问题。老城外缘周围有大量的、鳞次栉比的旧院落，院内大多原本就植有树木，但有些树木，甚至有些单人围抱不过来的大树往往不明不白地消失于流年岁月中。这些树大多不是什么珍奇稀有品种，但也不能随意砍伐。例如，市中区斜马路南首曾有民国老建筑“止园”，园内原本就植有西府海棠、青桐以及粗大的国槐等，可惜的是这些树木竟随着岁月的流逝而消失了。鉴于林木对泉城济南具有特殊重要的意义，城市更新改造中对城区原有树木要登记造册，宁肯人让树，也不能树让人，并要制定相关法规严禁随意砍伐现象发生。即或是自己购买的院落，原本植有的树木如随意砍伐者也要以违法论处。对于已绿化、美化的山体则需要长期维护，植树要与日常管理相结合，设“山长”常年管理维护，提高植物的后期管理成本，杜绝植树之后没人管的现象发生。提高植物后期管理成本的意义在于降低或消除重复植树的可能性，而这其实也就意味着最大的节约。在有条件、人气高的名胜区域，还可设立义务植树项目，提高游赏情趣，丰富旅游内容。

四、立足本地：美丽乡村建设的绿化、美化问题

（一）乡村绿化、美化的本土个性

本土个性，就是强调人文或自然风貌要具有当地传统或多少带有一些原汁原味的个性。济南乡村绿化、美化的区域包括尚未城市化的区域，不仅涉及商河、平阴两县，而且还包括其他尚未城市化的区域的公共景观或休闲绿地、乡村道路、水

路、庭院、周边山地等。目前济阳处于城乡形态的过渡或兼顾阶段，审美取向业已发展为“城”“郊”“村”的综合形态，其绿化、美化的塑造也相应以现代园林、郊野格调、平川烟树的兼备为主旨。但目前就守住抗风沙的生态底线、塑造平原农田林网而言，则又包括济阳、商河两地。林网建设以网、带、片、间（区间）相结合，乔、灌、花、草相配套，这方面自有国家相关标准，毋庸赘言。

济南乡村绿化、美化总的审美取向就是要强化本土个性。在形态构造上，避免一味模仿城市的现代化公园或一般意义上的“古典”园林。倘或一味模仿典雅，即使把乡村建成皇家气派的“颐和园”也是失败的。丢掉了个性也就丧失了灵魂，这是有些乡村景观盲目攀高附梯、建设得令人感觉俗不可耐的原因之一。小镇、乡村景色，最可宝贵的就是本乡本土流传下来的悠悠古韵，所谓“乡愁”即寄托于其中，从而酝酿出“剪不断，理还乱”的千古情思。绿化、美化是守住或强化本土个性的突破口，具体可以结合传统地貌生态特征归纳审美格调，或发掘当地历史文化亮点，或直接以绿为景来增强绿化力度，或培育本地传统林木品种等。

（二）探索乡村绿化、美化的审美格调

以前章丘因地貌特征类似于济南，山、泉、湖、河、原（山前平原）兼备，而称“小泉城”。现在看来，平阴也是兼备山、泉、湖、河、原地貌特征的，只是感觉规模要比章丘小得多而已。章丘和平阴各有自己独立的泉群，章丘的泉群称“百脉泉泉群”，平阴的称“洪范池泉群”。这也就意味着大自然为两地塑造了各自相对独立的林泉生态系统，各自所属的泉水是各自山前平原地下水在山坡水张力作用下形成高水位而在下水位的出露。在章丘、平阴的平原和坡地广植林木，同样也有利于缓冲和导渗，保持水土、丰沛地下水，从而增加泉脉来水。章丘和平阴的人口集聚性小，地下水开采量少，泉水保护较省城为好，但这并不作为放缓绿化、美化的理由，而是要作为乡村个性化塑造的良好条件。章丘、平阴泉水的季节性、断流性倾向还是存在的，两地的林木绿化、美化同样是任重道远。在美化取向方面，唐人司空图有论审美格调的“二十四品”，可以作为各区县绿化、美化审美格调的参考，避免个性塑造的盲目性。例如，章丘在传统上有形成于明清时期的著名核心景观“绣江春涨”，鲜光多彩，以二十四品之“绮丽”为其归属；平阴的传统审美格调来源于城北“碧峰仙迹”，以其美的不可思议而生渺远奇异之想，以二十四品之“飘逸”为其归属。长清介于南部生态功能区与平阴山水之间，推敲灵岩、五峰诸景为最可称道，与二十四品之“清奇”相合。但是长清要放下灵岩、五峰的包袱，展开大面积的植树造林，以炒米店、大学路为窗口，以河道两岸为侧重，以大力实施绿化、美化山体和平川为当务之急，使袈裟泉群分布区域得到更好的滋养。章丘的大面积绿化、美化行动较早，率先垂范，则显效也较早。生态系统良性循环前提下的“五彩山村”之美只是章丘林木绿化、美化效果之一；更大规模的综合效应还会不断显现,尤其是绣源河风景带沿街的绿化、美化,无论从绿化宽度还是从层次感来说,都堪称一流。至于济阳、商河,平川广布,最宜结合本地乡土特点进行大面积田园风光化的塑造。而就地貌特征来讲,两地亦有微别:济阳多塘,商河多洼。塘岸多陡,宜植高树以深映倒影;而水洼多缓,可栽蒲苇成洲以憩鸟类。其塑造景观具体铺陈当因势利导,忌讳一概而论。多塘、多洼之处或许本来就是农家村舍附近桥边水渠的鱼池、荷塘,设若开发为景观,则宜结合原有村落布置,把单纯的农业劳作场所提升为农业背景下的乡野图画。

(三)发掘历史文化,增强景观内在的文化个性

乡村新辟景观切忌雷同于城市,而且最好有历史文化依据,避免景观的虚拟倾向。据史载,济阳徒骇河南岸旧有浇花井,其西南即张稷若墓。稷若名尔岐,号蒿庵,稷若其字也,是明清之际的经学大家。名重当时,教授乡里,徒骇河南岸陈苍屏故园即为蒿庵讲学处。园内旧有浇花井,史载蒿庵"先生于讲学余暇,引流浇花"于此。乾隆四十一年(1776),济南府城还出现了蒿庵书院,以纪念张稷若。浇花井曾经是名显当时的胜迹,"洵可与浣花溪、百花潭并传不朽云",今已不存。类似这种有历史文化依据、具有当地特色的事例,都可以用来作为塑造景观的素材。又如,商河县西北旧有麦丘城,大沙河"古城遗址"相传为古麦丘城所在地。麦丘地所在地原属德平县,1956年始划归商河。商河县在夏、商属兖州,在周"有麦丘,邑而城之,为治所",春秋时属齐国之地。关于麦丘文化,汉代刘向《新序》中有齐桓公遇麦丘邑人的精彩记载:

> 桓公田,至于麦丘,见麦丘邑人,问之:"子为何者也?"对曰:"麦丘邑人也。"公曰:"年几何?"对曰:"八十有三矣。"公曰:"美哉,寿乎!子其以子寿祝寡人!"麦丘邑人曰:"祝主君:使主君甚寿,金玉是贱,以人为贵,人为宝。"桓公曰:"善哉!至德不孤,善言必再,吾子其复之!"麦丘邑人曰:"祝主君:使主君无羞学,无恶下问,贤者在旁,谏者得入。"桓公曰:"善哉!至德不孤,善言必三,吾子一复之。"麦丘邑人曰:"祝主君,使主君无得罪于群臣百姓。"桓公怫然作色曰:"吾闻之,子得罪于父,臣得罪于君,未尝闻君得罪于臣者也。此一言者,非夫二言者之匹也,子更之。"麦丘邑人坐拜而起曰:"此一言者,夫二言之长也,子得罪于父,可以因姑姊、叔父而解之,父能赦之;臣得罪于君,可以因便辟左右而谢之,君能赦之。昔桀得罪于汤,纣得罪于武王,此则君之得罪于其臣者也,莫为谢,至今不赦。"公曰:"善!赖国家之福,社稷之灵,使寡人得吾子于此。"扶而载之,自御以归,礼之于朝,封之以麦丘,而断政焉。

"麦丘"之于史家,属于非同凡响之地,《史记》《说苑》《韩诗外传》《晏子春秋》等著名典籍皆有所载,惟其善本者,刘向《新序》而已。又据民国《商河县志》卷一:"溯至上古,未必不始于三五之世,因田宜麦,故名。"本县园林更宜极力张扬之。

（四）增强景观的绿化、美化力度

美丽乡村建设中一定要充分配合园林绿化、美化，避免乡村绿化、美化的弱化倾向。本以为村落的绿化、美化优越于城区，其实不尽皆然。村落中要保护好原有景观或培育新景观。考虑到村落的拥挤性，培育新景观可以采用济南老城的“四墙”手法，尽量避免殿式前庭的广场化，既耗费空间，又得不偿失。更新改造的村落要留出充分的绿化余地，提供浓厚的烘托氛围，增强景物的归属感。植物烘托要注重形态和色彩，常绿或落叶乔木、灌木、草本、地被植物综合搭配，表现出绿化、美化的丰富性。

恢复或兴建名胜古迹的村落，景区建筑面积一定要小于林木绿化面积，仅做到林木成行是不够的，一定要达到绿化成林、栽林成荫的程度。历城四风闸村辛弃疾纪念馆的绿化处理就很好，尤其是前庭张玉林作品——辛公雕像周围，苍松翠柏簇拥效果强烈，使雕像产生了伟岸的艺术效果。但村内街巷绿化很不够，沿街房前场地上无藤架，下缺篱笆，水泥地面裸露，俨然“旱村”。又如济阳刘台遗址的园林塑造，林木零星布置，本欲给人以古朴、简洁、苍凉的感受，以期增强从远古走来的历史感；殊不知，旧迹的厚重取向才是增强历史沿深度的首选，其设计构思是营造深沉含蓄的格调，在表现手法上就要大量栽植浓郁深厚的林地予以烘染。否则，林木稀疏，传递出萧索简疏的意味，未能构成刘台村的亮点。乡村中忽视景观绿化、美化的现象比较普遍，如章丘东部、与邹平分界的长白西村，颇具明代老村特征的村头“老柳树井”被粗沙、水泥抹成了大平台，平台中间一黑洞直穿地下，不仅井上的老柳树早就没影了，而且新柳亦不见栽。传统老井风貌特征尽失，极大地破坏了与老村老屋美感的协调性。当然，水井周围适当砌平台可以便于使用，然而却不能忽略绿化传统，营造出一个空场子，在视觉上给人留下光秃感。类似这种情况必须加以纠正。

（五）绿化、美化中的传统植物、本地品种

乡村的绿化、美化还应注意发掘传统植物、本地品种。本地植物就是当地传统植物，或在历史上本地长期生长的植物。本地植物不仅具有顽强的适应性，具有易栽易活、生态安全性强等特点，而且还是对当地传统种植文明继承与张扬的体现。在园林绿化、美化中，建造者往往青睐于外来的新物种，甚至钟情那些价格不菲的新奇百怪物种，对本地唾手可得的植物却往往不以为意，在城乡规划设计中更没有引起相应的重视，这是应予以纠正的。园林意义上的植物不包括作物。据史载，历城的传统植物有松、柏、柳、荷等，植物品种极其繁多。不好说哪种植物最为有名，造园者可以广泛运用。济阳、商河的传统树种是桑树和枣树，平阴历史上著名的传统植物是苍耳、白皮松，长清的著名传统树木有赤心柏、银杏。不仅长清五峰山至今仍保留有千年银杏树，而且灵岩寺在历史上亦盛产银杏，以至于灵岩寺在古代有“银杏寺”的别称。另外,在今天桥区的药山一带以及今历城与泰安交界地的药乡一带,在历史上就因盛产中药材而著名。绿化、美化建设中对本地植物的张扬,既具有传统的栽种实践依据,也具有降低绿化成本、展示文化底蕴的意义,体现了传统文化与当代生态的统一性。

五、系统协同:从绿化、美化到生态系统的升华

绿化是景观审美的基本铺垫,而事实上,绿化本身也是景观塑造的基本元素之一。城乡绿化其实也就是城市与乡村建设的多类型、多层次、多功能的生态园林化。林木、泉水、平原、山体、河流等元素构成了生态系统,有针对性地实施林木绿化就会促动这个生态系统自然运行,产生人与自然和谐共存的良性循环之效。因此,不仅见缝插绿是必要措施,而且南、北生态功能区的培育也是必要之举,乡村绿化中的村落绿化亦是重中之重。另一方面,绿化的观赏性已经被普遍认同,林木对人类带来的美感增加了“绿化”的价值,这也是地表硬化处理所望尘莫及的。园林化的林木培植能创造新的观赏景点,甚至可以形成较大范围的区域景观,还能搭配城乡建筑,形成促进建筑美与自然美的统一。林木景观绿化的可塑性强,既可以在城市集聚区域见缝插绿,也可以在城市区划外围,甚至在南部行政区划以外与泰安、莱芜联手共同培育生态林地,以改善周围城市生态环境、提高人居环境质量,共同建立起维护生态底线的有利屏障。生态系统直接影响到人类生存系统的优劣。生存系统包括生态系统和社会系统两个方面。生态系统劣化必然伴随着人类生存质量降低,甚至导致贫困。林木绿化美化则从改善生态系统入手,进而优化投资环境、增强市场需求、改善生存条件、提高生活品质,绿化美化区域的含金量亦随之不断提升。

近现代济南城市规划与建设研究

董建霞

中国古代城市中,有些是在有意图的规划下建设的,如隋唐长安、元大都等,它们在国内外产生了深远的影响。但是,众多的城市尚没有整体性的明确的规划,直到近代才出现了有明确的研究对象和范围、有系统的理论和完整的工作方法的城市规划。进入近代以后,部分城市积极进行规划建设的探索,取得了一些成绩,体现了丰富各异的现代化历程。

济南古城具有悠久的历史,在规划和建设上体现了中国古城规划的思想,如:以官府衙门为中心的布局,重防御、求实用的建设,因地制宜的布置等。清末自开商埠后,济南城市规划与建设取得了较大发展。尤其是商埠区规划,揭开了济南城市发展史上新的一页,突破了千百年来以古城为核心的发展框架,大大拓展了城市发展的空间。民国时期先后进行了五次规划,北商埠与南商埠规划设计更加系统完善,然而由于国家处于政治动荡、军阀混战和外敌入侵的时期,规划都没有能够实现。

整个近现代济南的城市规划与建设历程实际上是中国城市发展的一个侧影,其规划与建设活动可以说是内陆自开商埠后城市规划发展的一个代表。通过梳理近现代济南城市规划与建设的历史发展脉络,研究济南在城市规划与实践方面的历程和成就,可以为今后济南的建设及发展提供一定的历史和理论依据,同时将有助于更清晰地了解近现代中国城市规划的发展历程。

一、近现代济南古城城垣的变迁

据考证,济南已有3000多年的建城史,大致早期的历下城、历城,西晋末年以后的济南"双子城",唐代东西二城合二为一,宋金时期园林之城形成。明初,伴随着省会地位的确立,济南城开始了规模空前的修建工程,基本奠定了明清古城的格局。

(一)明清时期古城格局的形成

明初,朱元璋令各地修建城墙。洪武元年(1368),济南城也在原来土城的基础上扩建,墙体"内外甃以砖石",整个城垣周围"十二里四十八丈,高三丈二尺(崇祯年间又增高三尺),阔五丈"①。城墙外侧有数丈宽的护隍,护隍之外是护城河,"阔五丈,深三尺"。城墙四面各开一门,东曰齐川,西曰泺源,南曰舜田(后改称"历山"),北曰汇波。四门中,只有南门居中,其他三门,西门偏南,东门偏北,北门偏东,故民间有"四门不对"一说。"四门不对",是顺应济南地形地势、泉水环境以及交通需要的结果。四门中,北门为水门,每年季春开启,孟冬关闭,用以调节城内大明湖的水位。其余三门门前各建有1座瓮城,4座城门及3座瓮城门上各建1座城楼,由此再加上四隅的4座角楼和后来在东、西、南城上增建的3座敌楼,一共有14座城楼。城楼与城楼之间的敌台共有13座(崇祯年间又在西北城墙上增设4座)。另外,每门设官厅2座(北门只有1座)、炮台4座(北城炮台2座)。沿城墙筑有垛口3350个、铺舍(供士兵值宿)55座。② 城池可谓固若"天险"。城内德王府、各级官衙及庙宇书院等次第修建,古城已成为山东省的政治文化中心和军事堡垒。

明末己卯之变给济南城带来毁灭性的破坏。清初经过修整,城垣基本恢复。经过清前期百余年的休养生息,伴随着社会经济的恢复发展,特别是康熙五十一年(1712),颁发了"滋生人丁,永不加赋"的政策,全国人口快速增长。作为省会的济南,人口增长更是非常迅速。城内空间日益逼窄,人们纷纷在关厢一带构建庐舍、开设店铺,关厢日益繁华起来。

咸丰十年(1860),捻军进入济南一带,团联大臣杜翮见关厢一带毫无障蔽,遂督令在关厢外修筑土圩,周长40里。翌年建成。西圩子建在锦缠沟东岸,以锦缠沟为圩子河。南圩子建在今文化西路一线,以原有的东西走向的人工沟渠(宋代以前开凿,称"大沟")为圩子河。东圩子大致建在今历山路一线,也是利用山水冲沟为圩子河的。北圩子建在何家庄、大杨家庄、水屯北侧,以东西泺河之间的河渠为圩子河。

同治四年至六年(1865～1867),山东巡抚丁宝桢为加强防御,又将土圩改建为石圩。新筑石圩仅有东、南、西三面,而省去了北面,因而石圩长度比土圩大为缩短,自东北而西北共计3670丈(约合12.22千米),墙高1.2丈(约合3.99米),基厚1.5丈(约合4.99米),顶厚1丈(约合3.33米),墙内外两侧用块石垒砌,中间用黄土夯实兼打灰土。石圩上共有垛口3300个、炮台14座,辟有七门,即岱安、

---

① (明)刘敕:《历乘》卷五《建置》,明崇祯六年(1633)刻本。

② 参见(明)叶承宗:《历城县志》卷三《建置》,明崇祯十三年(1640)刻本。

永固、永靖、永绥、永镇、济安、海晏,门上皆有城楼。① 圩子城的出现主观上是为了军事防御,客观上则是城市空间拓展的必然结果,从此济南城形成了内城、外城的格局。

光绪末年,随着城市经济的发展和人口的增多,城内道路愈加拥堵,为缓解交通压力,内城又增开了四个门,即坤顺门(西南门)、乾健门(西北门)、巽利门(东南门)、艮吉门(东北门)。艮吉门因地方偏僻,行人较少,常闭不开。

图 1　济南城厢图②

(二)民国时期城垣的兴废

民国初年,古城的城墙、城河、城门、城楼一如从前,基本保持了晚清以来的格局,但之后多次遭受战火的蹂躏。

---

① 参见民国《续修历城县志》卷一三《建置考一》,济南大公印务公司 1926 年铅印本。

② 资料来源:叶春墀:《济南指南》,济南大东日报社 1914 年版,中国文联出版社 2001 年重印。

1928年4月底，日本侵略者出兵济南，妄图阻断国民革命军北伐统一中国的步伐，制造了"五三"惨案。日军对济南城区进行野蛮轰击，城垣及建筑破坏惨重。泺源门与汇波门之间的西北角损失最重，麟祥门、普利门、柴家巷一带炮火连天，泺源门及其瓮城的城楼完全被炸毁，齐川门、历山门城楼均遭炮火毁坏。泺源桥被炸毁，靠近城墙西南侧的顺城街夷为焦土。大明湖南岸的山东图书馆大部分建筑被毁，藏书楼楼顶被洞穿，基础亦遭到破坏。城内店铺、民宅、官署等均遭到不同程度的毁坏。"五三"惨案是济南城建史上的一次灾难。

韩复榘主鲁后，将日军炮击损毁的泺源门、齐川门、历山门城楼及瓮城全部拆除，并将城墙上面的通道辟为城头马路。为适应人、车上下的需要，在各个方向修建了六处行人上下阶梯道，并在泺源门两侧各修建一处车辆登城坡道。北面设架空木桥，从城墙直通北极庙的后面。上面设有岗楼、劳工休息室，城墙上的垛口大多已去除，并栽种花木。东南城角上的魁星楼也被拆除，其址上修建了山东省气象测候所。泺源门、齐川门、历山门三门也被拆除，辟宽马路，以利交通。在城头马路漫步，整个城市风景尽收眼底，不失为济南一景。20世纪30年代，倪锡英来济南游历后，曾在其书中写道："济南城区里，还有一件足以称述的事情，便是城上汽车道，这是各省各地没有的，而独济南有之。在济南内城十二里周围的城头上，辟着一条广阔的汽车道……路的阔度可以交行过两部汽车，两旁还留有人行的余地。"①

韩复榘之所以将城楼、瓮城、城门拆除，将城墙进行改造，一是因为没有经济能力来恢复原貌，二是为适应经济的发展与城市发展理念的变化。随着城市经济不断发展、交通工具不断改进、人口愈加聚集、城市日益繁荣，城墙城楼的防卫功能逐渐减弱，反而越来越成为经济发展和城市建设的障碍，所以地方主政者不再重视修筑城墙。民国时期，伴随着城市的发展及西方文化的影响，许多城市开始拆除城墙城门。如1918年广州成立市政公所后，开始了大规模拆建工程。除留下大、小北门及长1200余米的城墙以保护都督官署外，其余城墙及15座城门连同相邻5000多间房屋均被拆毁，改建为宽敞的新式马路。② 1928年北伐成功，国民政府定都南京后，围绕南京城墙的保留与拆除问题进行激烈争论，幸在一些有识之士的力争下，城墙得以保存。1929年12月，国民政府公布了《首都计划》，其中对南京城墙采取保存并在上面行驶汽车，这一方案是由此项计划的顾问美国建筑师茂飞（Henry K. Murphy）提出来的。未曾想这一方案未能在南京实施，却在济

① 倪锡英：《济南》，中华书局1936年版，第118～119页。

② 参见姚燕华、陈清：《近代广州城市形态特征及其演化机制》，《现代城市研究》2005年第7期。

南得以实现。

1937 年 12 月 22 日，日军开始强渡黄河，山东省主席韩复榘却以“焦土抗战”为名，下令将济南电灯公司、省府、高等法院、裕鲁当、进德会、前总督署、劝业场等重要建筑物一并焚毁。同时，在部分城墙下部挖空，作为防空洞。济南城市建设又一次遭受重创。

1948 年 9 月 16～24 日，济南战役期间，解放军从巽利门、东南角楼、坤顺门等处发起强攻，在东南角楼一带成功突入内城，城墙城楼被毁多处。1950 年 2 月，开始拆除老城墙。直到 20 世纪 60 年代基本拆毕，辟为马路。为了纪念英雄军队解放济南的丰功伟绩，将解放军最先攻破的东南角一部分城墙台基保留了下来。1986 年，在此台基上修建了“解放阁”。

商埠开放后，为了方便商埠区与老城的交通，又在圩子墙上陆续开辟城门。光绪三十二年(1906)在西圩子墙的永镇、永绥门间开辟了直通经二路的普利门，柴家巷拓宽后遂改称“普利街”；不久又在普利门和永绥门间增开了麟祥门，接通经四路；齐鲁大学创建时，为便利与圩子里的交通，在南新街南口正对校门处开辟了新建门；20 世纪 30 年代初期，又在圩子墙东南角开辟了中山门。至此，圩子墙共开辟了 11 个门。1949 年 4 月起，圩子墙逐渐被拆除，也辟为马路。

明清时期形成的济南城垣经过民国时期的改建，直到中华人民共和国成立初期逐渐被拆除。这也是中国大多数城市城垣变迁的历程。

二、近现代济南新城区的规划

光绪三十年(1904)，济南自开商埠，揭开了济南城市发展史上新的一页，成为济南城市发展史上具有里程碑意义的事件。因为济南首次跳出古城格局而规划开辟了新的商埠区。民国时期，又在此基础上，规划了北商埠、南商埠等。济南城市空间大大拓展，基本奠定了现今城市中心城区的格局。

(一)1904 年商埠区规划

胶济铁路的修建与通车是推动济南自开商埠的直接动因。按照计划，胶济铁路于光绪三十年(1904)六月就要修至济南。届时，德国势力必将借助铁路由胶澳一隅向省城济南及山东腹地渗透和扩张。为了隐杜觊觎、保全主权、防止利权外溢，山东巡抚与当时的北洋大臣兼直隶总督袁世凯反复磋商，并联名递呈《直隶总督袁世凯等为添开济南潍县及周村商埠事折》，半月后(即 1904 年 5 月 15 日)就获得清廷允准。

开埠奏准后，山东成立了商埠总局，负责协调管理济南商埠界内有关工程建筑、房地产租赁、中外工商行政管理、税捐征收、地方巡警治安等事务，为专门主管济南商埠事务的行政机关。下设工程局、巡警局、发审局三个办事机构。商埠总局先后制定了《济南商埠开办章程》《济南商埠租建章程》《济南商埠买地章程》等，并绘制出《济南商埠全界图》，初步进行了新城区的规划和设计。

商埠区规划在古城西关之外，“东起十王殿，西至大槐树，南沿赴长清大道，北以铁路为限。计东西不足五里，南北约为二里，共地四千余亩”①，即今天的火车站以南、经七路以北、馆驿街以西、北大槐树街以东的地区。商埠区道路采用棋盘状布局，并分别按经纬依次编号，东西向的称“经”路，由北向南平行排列共 7 条；南北向的称“纬”路，纬路则由东向西排列共 10 条；经纬路垂直相交，道路宽度 7～17 米不等。商埠区还规划设立华洋贸易处、华商贸易处、堆货栈、西人住家处、领事驻扎处以及花园、菜市、营房等，可以说齐备有序。

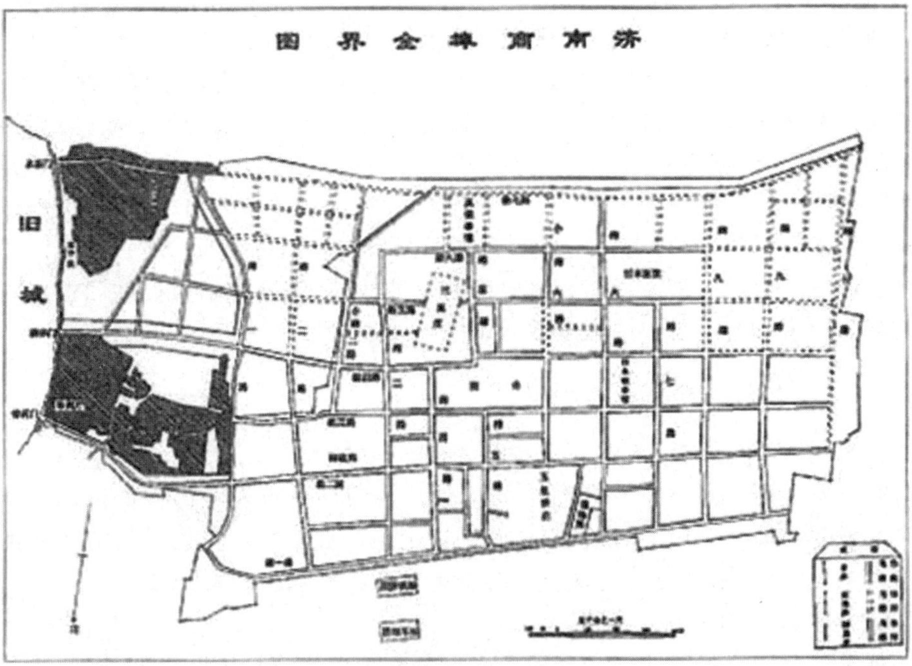

图 2　济南商埠全界图②

同时，各类章程中对土地、房屋的租建等制定了具体的细则。如《济南商埠买地章程》规定了购地迁坟办法，并阐明了商埠区的土地政策。如对于划定的商埠区的土地，首先由商埠总局会同绅董制定买地价格，然后由商埠总局统一收买，不准民间私相受授，所有商人只能租地建屋。《济南商埠租建章程》则对租地办法、

① 叶志如选编：《清末济南潍县及周村开辟商埠史料》，《历史档案》1988 年第 3 期。

② 资料来源：民国《续修历城县志》，济南大公印务公司 1926 年版。

租金征收办法、租契问题、建筑质量等进行了详尽规定。如在建筑房屋方面就明确规定："商埠内不准搭盖草屋，并下等板屋，恐易引火致害别人。凡盖造房屋，必先请工程处并报巡警局核准，方可兴工。"另外还有："凡商埠内盖造房屋或旧屋翻新，必须先筑泄去污水之沟一条或数条，此沟须通至工程处所造之沟，以便宣泄积水。"①工程处还对房屋的坚固情况、各户的污秽妨碍等随时察看。

可以看出，商埠区的各类章程，为济南商埠的开发和建设提供了有力的制度保障，可谓是济南城市规划和建设在制度上现代化的开始。商埠区规划在老城之外，主观上是政治保守的考虑，客观上来说，则突破了千百年来以老城为核心的发展框架，大大拓展了济南城市发展的空间，形成了老城新埠并立的新格局。

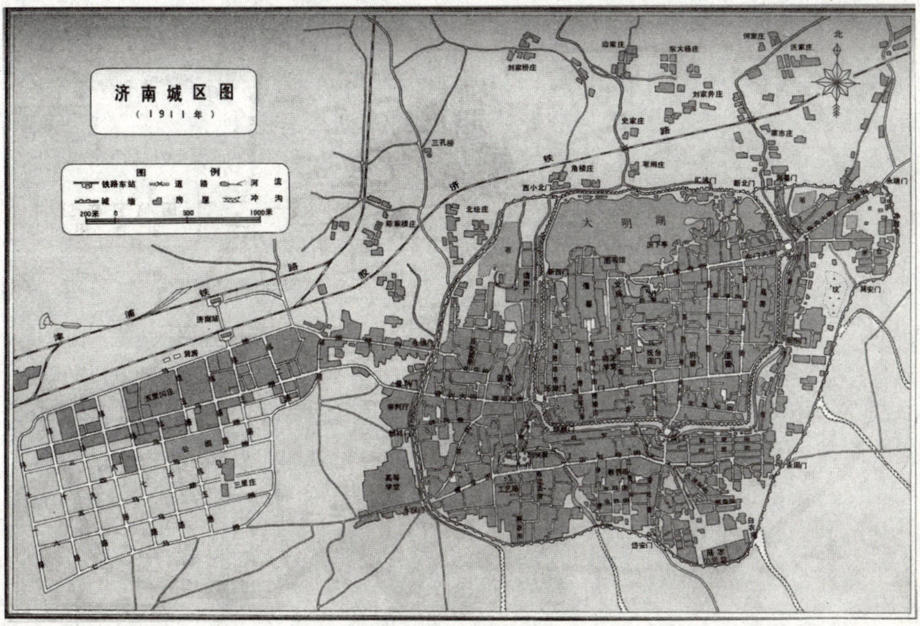

图3 济南城区图②

商埠区的选址与规划深受胶济铁路的影响。西郊商埠区一带原有五里沟、三里庄、魏家庄几个村庄，其余皆为农田、洼地、荒野、坟墓。商埠区之所以选在这里，就是因为这里是胶济铁路的终点，火车站建在这儿。商埠总局借助胶济铁路发展经济的意图非常明显。商埠土地的价格划定也以胶济铁路为界，由北向南分

① 济南市房产管理局编志办公室编：《济南市房地产志资料》第一辑，1983年刊，第216～217页。

② 资料来源：《济南通史》近代卷，齐鲁书社2008年版。

作四等："以福、禄、寿、喜等字分别编号，福字（经一路和经二路之间）每亩每年租洋三十六元，禄字（经二路和经四路之间）每亩每年租洋二十四元，寿字（经四路和经六路之间）每亩每年租洋十六元，喜字（经六路和经七路之间）每亩每年租洋一十元。"①距离胶济铁路愈近，地价则愈贵。

商埠区规划既吸收其他地区及西方先进的理念，又体现其自身特点。山东请出了原上海道台袁树勋，负责监督新商业区的建设，意在效法上海的城市建设。商埠区道路的命名，学习西方的经纬路称谓，又结合自身的情况，与地球仪经纬方向相反，成为济南商埠区的一个特点。同时期开埠的郑州、沈阳等地经纬路皆与地球仪经纬方向相同。

商埠开办后，商埠与老城之间空地悉被建房设铺。西圩子墙先后增开普利、麟祥两城门，以适应工商之需。商埠区又向东拓展，1918 年，将普利门沿顺河街一线向西至纬一路拓展为商埠租地；1926 年，将清泉街（今并入顺河街）以西、馆驿街以南（皖新街、凤翔街等）拓展为商埠用地，最终将西关外之地纳入商埠。这样，商埠区与老城区逐渐连为一体。

（二）1925 年的北商埠规划

1920 年 1 月，济南市政公所、商埠总局合并成立山东省会市政厅，专门掌管省会济南的城市规划建设、城市工商实业和交通卫生筹划监理等市政事务。1925 年，山东省会市政厅鉴于商埠的繁荣，设想再扩大发展的范围，以适应工商业发展的需要，就筹划商埠向北发展。因为泺口为济南重镇，为上下游船只的目的地，清泺小铁路、津浦铁路泺黄支线先后建成，使得泺口黄河码头与小清河黄台桥码头及胶济津浦铁路都连接起来。但是济南与洛口之间，陆路交通不便，运输困难，以致水陆交通不能联为一气。因此，规划开辟北商埠，使水运、陆路、铁路交通互联互通，以进一步促进工商业发展。

北商埠范围在官扎营以北、洛口圩子墙以南，东沿津浦铁路，西到黄家屯、毕家洼一带，南北 4.3 公里，东西平均 1.6 公里，面积 6.88 平方公里。② 同时，从地界、引河、水池、马路、公园、市场、小学校、市政厅办公处等 13 个方面进行了规划设计。规划将市政厅放在其中，可以看出政府发展理念更加开放。规划采用格网式道路网，以义威路（今济泺路）为主干道，另配以纵路 11 条、横路 18 条。其道路的命名，除位于中心的北京路，其他都以外国的国名和城市名来命名，如墨西哥路、安哥拉路以及巴黎路、华盛顿路、柏林路、伦敦路、罗马路、维也纳路、马德里路、利斯本路等，显示出此时期济南受西方文化的影响之大，体现了民国时期社会

---

① 民国《续修历城县志》卷一三《建置考一》，济南大公印务公司 1926 年铅印本。

② 参见济南市志编纂委员会编印：《济南市志资料》第四辑，1983 年印，第 99 页。

对西方文化的崇拜。

1925～1926年，按照规划，以主干道义威路(今济洛路)为中线，两边开挖联通小清河的"U"形"引河"(今工商河)，并在跨河处修建了单孔石拱桥——成丰桥，在河北岸设栈房码头。黄台港槽船由小清河可以直抵成丰桥。1927年，修建了跨小清河的义威桥(今济泺桥)，为济南市第一座钢筋混凝土三铰拱桥。

因不久发生"五三"惨案，北商埠的建设被迫中断。

(三)1929年的建设新济南计划

1929年5月，国民革命军接管济南后，阮肇昌奉令，接收山东省会市政厅，并按照"中央法令"，"改市政厅为市政府，改称总办为市长"。同年7月，济南市政府成立，第一任市长阮肇昌提出《建设新济南整个计划》，是对济南市的总体规划与展望。该计划指出，济南市发展趋势应由旧城逐渐向西移于商埠，此后最繁盛地区当为商埠至泺口间之北展界。此后济南市的发展，一是改善旧城与商埠，二是发展南北展界为新市区。北展界即上述所称的北商埠。

1930年4月，中原大战爆发，市政府工作亦随之废弛，规划未及实施。

(四)1932～1935年模范市、村规划

韩复榘督鲁后，济南市政府专门成立了设计委员会。该会在1932～1935年间对济南市进行了详尽的规划，先后发布《辟南北展界为模范市村计划书》《济南模范市计划书》等。这一规划是在充分吸收南北展界计划的基础上进行的，又将南展界重新命名为"模范村"，北展界命名为"模范市"(1934年改称"模范区")，并将模范市作为全市的中心。

模范市，南自官扎营，北到黄河洛口，东迄津浦铁路，西自黄河码头向南，经前后黄家屯至官扎营迤西，面积约15000余亩。[①] 规划包括交通系统、划分区域(商业区、工业区、小工商区、住宅区)、公共游息场所(公园、体育场、广场等)、公共建筑物预留地(机关、学校、图书馆、救济院等)、卫生设备预留地(医院、公厕、下水道等)、公用事业场所(发电厂、自来水厂、公共汽车厂、市场、菜场等)、私人建筑物限制等方面，非常完备细致。将金牛山与小清河之间地带规划为公园区，并制定了《金牛山五三公园大体计划》。规划在成丰桥与济泺路之间选一椭圆形地区设市政府办公地区，作为行政区。调剂老商埠棋盘式与最新式网状街道的缺点，采用方格式道路，内中加以放射线式。在行政区四隅，放射出四条斜路，主要线路交叉口设计成广场。新区与泺口、小清河、铁路、老城、商埠之间道路联通皆有考虑。模范市是继商埠区之后规划的又一个发展工商业的新区。

---

① 参见《济南模范市计划书》，《济南市政月刊》1932年第7期。

模范村，南自四里山经十六路，北至商埠，西至纬十二路，东至齐鲁大学，计面积 7000 余亩。规划在四里山下建公园和大动物园、大广场 1 个和小广场 2 个、运动场 5 个；预建小学 15 处，男、女中学各 1 处，图书分馆 5 处，医院及传染病院，公安分局 3 处，派出所 15 处，平民大楼 5 处，菜市 3 处，还有邮局、电报、电话、公厕等。道路也沿用商埠经纬路排列方式，为东西长方格式，另加斜线数条，与城关商埠相联络。①可以看出，模范村规划为住宅区，这里南接山林，北连商埠，风景优美，公园、文化场馆等一应俱全。模范村的规划是济南城区向南拓展的开始。

图 4　济南市商埠及模范市村计划平面图②

模范市、村规划强调功能分区，对不同功能区进行了详细划分，同时还对城市公共设施作出详细规划，采用“格网＋斜线”式构图，具有明显的区域中心，是一个较为完善的现代城市规划。可惜的是，1937 年底，日军侵占济南后，规划建设工程被迫停止。

（五）日本侵占济南时期的规划

1937 年底日军侵占济南后，成立伪济南市政府，下设伪建设局，对济南开始了重新规划。规划分为北郊工业区和南郊新市区两部分。将济南市模范市（区）及西邻地区辟为北郊工业区，又分为东、西两个工业区。东部工业区占用了原模范市（区）的南端，西侧以工商河内侧为界，东至津浦铁路。西部工业区在纬十二路北头东侧，万盛街东头以西，南临津浦铁路正线，北至堤口路。规划确定之后，于 1943 年 9 月开始按划分地段标价放租。在此期间，工业区内仅建成华北农产品化学工业公司（济南啤酒厂的前身）等

① 参见《辟南北展界为模范市村计划书》，《济南市政月刊》1932 年第 6 期。

② 资料来源：《济南市政月刊》1932 年第 6 期。

几个厂家及北园路、师范路、飞机场路等几条道路。

1939年日伪华北建设总署强行征购民有土地，将位于经七路以南、四里山以北、齐鲁大学以西、岔路街以东地区规划为南郊新市区，共计占地面积约2161亩。可以看出，这是模范村规划中的一部分，西边少了岔路街至纬十二路部分。同时，将新修建的经十路命名为“兴亚大路”，经九路为“兴亚北一路”，经八路为“兴亚北二路”等。南郊新市区，北靠商埠，南接山区，地势高，环境宜人，地理条件好。新市区大部分优良地段，均为日本人所占用，成了日本人的聚居地。

这是一个具有强烈的侵略目的的规划编制，是济南城建史上屈辱的一页。随着抗日战争的结束，日伪政府的规划建设随之停滞。

（六）解放战争时期的城市规划

1945年，国民政府接收济南，济南市政府成立工务局，负责城市建设。1947年，济南工务局作出济南城市规划初稿。道路以现在的大明湖路为北干路，现在的泉城路至经二路为中干路，正觉寺街至经七路为南干路。关于排雨、排污，从东城到商埠西部，分成五个排水区域。同时，对老商埠进行展界，三里庄、五里沟、魏家庄、南大槐树、北大槐树、官扎营、馆驿街、北商埠以南、南郊以北等处，皆归为市有埠地。

国民政府忙于接收和进行战争准备，城市规划和建设无暇顾及，只是进行了一些道路、桥梁、建筑等的修缮。

近现代济南城市的规划从商埠区到北商埠及东、西部工业区，都是沿着铁路的两侧向外拓展，借助铁路及河流联通一起发展济南工商业的意图非常明显，这说明交通条件对济南城区的规划拓展的影响是显而易见的。实践也证明，商埠区的开辟非常成功，距离铁路较近的经一路至经四路间以及纬二路至纬五路间成为商埠区最先发展起来的、最为繁华的地段。商埠区逐渐成为近现代济南城市的经济中心。北商埠的规划也是想更充分地发挥水路联通的作用，几次规划均对当时的城市建设及工商业发展起到了一定的促进和引导作用。

清末自开商埠的规划是近现代济南城市规划的开始，在城市规划理念、规划制度等诸方面批判性地借鉴了欧美模式，在中西古今问题的选择上，既有模仿又有一定意义上的创新。虽然规划相对来说比较粗略，偏重于工商业发展方面，但是规划明晰可行，实施坚定果决。建设过程中虽然有资金短缺等困难，但是终究能够基本按照规划逐项落实，达到预期的目标。20世纪二三十年代，商埠区已发展成为济南商业中心，使济南由“山东政治之中枢”，发展为“山东工商业之要埠”。商埠区建设可以说是近现代济南城市规划与建设史上的一个里程碑。

民国建立后，比较典型的具有现代意义的城市规划建设活动掀起高潮。新文化运动开始后，西方文化大量涌入中国，西方城市规划理论也被引进。此时期，济南为适应工商业发展，不断拓展城市空间，先后进行了五次规划。前三次规划中显示出鲜明的西方文化色彩，这些规划皆因战争原因未能实施。但就规划来说，1932～1935年模范市、村规划是一个系统、综合、科学的规划。规划特点是走向系统，由专门规划设计部门完成，除了工、商、住宅、市政建设等方面，城市规划延伸到文化、教育、医院等领域。虽然没有实施，但其影响了之后济南的规划建设。今天济南中心城区的格局基本上是由这次规划奠定的，南部住宅区、北部工业区的布局也影响至今。

三、城区的布局与建设

（一）街巷、沟渠、桥梁

济南地下水位高，城内和西关地势比较低洼潮湿。因此，街巷多用石料铺砌。济南近郊南山产青石。明清以来济南的道路、桥梁、沟渠多用青石铺砌。青石质软，不耐磨损，而且夏季遇暴雨，易于炸裂。开埠之后，开始修筑碎石路。老城内的院前街、府东大街、普利街、按察司街、运署街、筐市街、花店街等都修了碎石路。20世纪20年代，天津、青岛已出现了更加坚固便行的沥青路。济南也学习借鉴，于1927年修建了最早的一条沥青路——估衣市街路（今共青团路东段）。该路东起泺源桥，西至筐市街南口，长320米，宽12米，平坦、整齐、宽阔，成为一条样板路。

商埠各路最初基本上铺设的是碎石路。商埠开建时，专门从德国购买了五台蒸汽压路机，首先修筑了经一路、经二路（西至纬五路）和纬一路至纬五路之间的北段，经三路到经七路及其余纬路也部分地修了土路。至1928年，商埠区的经一路至经七路、纬一路至纬十路基本铺成碎石路。

济南市政府成立后，城埠尽力铺设沥青路，如老城区的西门大街、院西大街、远东大街普利街、朝山街等及商埠区的大部分路段。八年间共修建沥青路22390米、石板路10400米、碎石路18885米、土路基6700米、缸砖人行道2300米。济南市道路状况得到改善。

日伪统治时期，主要是翻修城关原有已被破坏的道路和修筑商埠西部尚未修成的经纬各路的碎石路面。为了军事上运输物资的方便，将纬十二马路的经二路以北、张庄路东段至段店北路路口铺成了混凝土路面，修建了济南到王村的道路，新辟了飞机场路。解放战争时期，国民党山东政府为了便于运输以抵抗解放军攻城，修垫了“环市公路”（即堤口路—北园路—历山路—经十路—纬十二路）。石板路基本未修，沥青路一点未修。截至1948年9月，全市共有沥青路23687米、石板路 55477 米、碎石路 72768 米、土路基 52800 米、人行道 4770 米。①

济南泉流众多，河沟纵横，因而修建的桥梁也较多。由于南部山区生产大量青石，给修建石桥提供了条件。因而古时济南的桥多为石拱桥、石板桥，如泺源桥、鹊华桥、杆石桥等。民国初年又修建了成丰桥、标山桥、师范桥等石拱桥。木桥简便易修，齐川桥、历山桥、坤顺桥等皆为木桥。1907 年，为适应小清河商船直达泺源门的需要，自泺源门以北至小北门，跨城隍架起第一虹桥、第二虹桥、第三虹桥。此时期，桥梁修建最大的成就是津浦铁路泺口黄河大桥，1908 年 9 月 21 日举行开工典礼，1912 年 11 月 16 日竣工。它由德国钢桥制造厂设计和施工，是当时全国孔径最大的铁路桥梁。1911 年，在经一路北侧修建了“天桥”，这是济南及山东第一座铁路与城市道路交叉的立交桥。1927 年 10 月，修建了横跨小清河的桥梁，造型美观，为济南第一座钢筋混凝土桥梁，初称“义威桥”，后称“五三桥”，即今济泺桥。韩复榘主鲁时期令省建设厅小清河工程局修建了边庄铁路桥、张公坟铁桥、普利桥与济安桥（两桥用钢筋混凝土修建）、五柳闸桥，还有侯家场木桥。济南市政府工务局修建了南门桥、大东门桥以及太平河、小清河上的钢筋混凝土桥等。日伪时期也修建了一些桥梁，如初期把第二虹桥、南门桥、大东门外桥以及南、东、东南三个圩子门的 6 座桥修成了钢筋混凝土的平桥。随着北园路、堤口路的修建和兴济河的开挖、民生大沟的修砌等，修建了 17 座砖石拱桥。1945 年 8 月后，国民政府因鹊华桥是石拱桥，交通不便，遂改为木平桥。修济历路时建了全福石拱桥。因西门石拱桥交通量大，把南侧的行人木桥加宽，重修玉函桥、第一虹桥、麟祥桥等木桥。到解放前夕，济南市共有钢筋混凝土桥 39 座、铁桥 2 座、砖石拱桥 70 座、石板桥 19 座、木桥 21 座、涵洞 20 个。②

济南地势南高北低，雨季易暴发山洪，北部的黄河为地上河，所以防汛、泄洪、排水皆是城市建设中的大事。清末民初时期，济南城内主要的防洪坝有二里坝和东关水坝。二里坝位于南关山水沟南头、龙王庙西，长 40 米，高 1.5 米，缓解太平庄、千佛山西麓的山洪，分 1/5 入西圩濠，1950 年重修南圩濠时拆去。东关水坝位于仁智东街和南岗街东南，坝长 20 米，高 1.5 米，以防御羊头峪一带所来的山洪。黄河历来多有水患，河务局经常春修、冬修。1937 年 4～6 月，河务局组织各区力量，培修洛口至邱家庄大堤。抗战胜利后，准备恢复黄河原道，1946 年春夏之际，修复从津浦铁路向东的黄河大堤，北岸至陈家村东北，南岸至姬家庄。

疏浚河道、开挖沟渠方面。光绪三十一年（1905），在长清县睦里庄西玉符河右堤修建石拱铁板三孔闸，引玉符河水东北流，经历城县吴家堡、匡山，与柳塘河

① 参见济南市志编纂委员会编印：《济南市志资料》第四辑，1983 年印，第 64～172 页。

② 参见济南市志编纂委员会编印：《济南市志资料》第四辑，1983 年印，第 64～172 页。

合流，过林家桥入小清河，始称“新清河”，后统称“小清河”。1925年计划开辟北商埠时，为了便于黄河、小清河水运和铁路联运，就开挖了引河（今工商河），长6600米。引河的开挖，使得小清河的船只可沿河道驶进成丰桥，便于济南的工商业运输，同时又使地势低洼的北商埠夏秋积水得以排泄。1931年小清河工程局疏浚了西圩濠，并将它改经济安门外向东从苇闸入西泺河；又将南关山水沟用乱石修砌，自二里坝一直到趵突泉东。此时期还有一个比较大的工程，就是疏浚太平河，将其分成了东、西两条。把西太平河从董庄、刘庄向东新开河道，至吴家堡直入小清河。东太平河从周官屯疏浚到方家涯、王炉之间入小清河。为了限制西太平河排入东太平河的流量，使美里庄一带的洼地积水经新开河道向东流入小清河，在董家庄、刘家庄南边原河相通处修了滚水闸。为了使东西排水畅通并能预防黄河出现险情，又在这个地方修建了双孔梯子坝闸和粟山闸以及单孔的烟墩桥，将侯家庄的宏济桥添加了两个孔，以便于排洪。1942年日伪下令挑挖兴济河，以排泄玉函山北麓和龙窝、白马山一带的山洪入小清河。这是当时济南最大的排洪工程。为了方便泄洪，1943年在南郊新市区四里山下游的山洪沟上用乱石修砌了洪沟护岸，分段做成跌水。日本投降后，将其命名为“民生大沟”。

设闸控制水位，既能防汛，又利于灌溉农田。清代在巽安门外东护城河上设响闸，在城北护城河设永清闸（也名“苇闸”），在西泺河边庄西南设广济闸（1933年改建为新式水闸，改称“边庄闸”）；在张公坟庄东北有五柳闸，1934年改建为新式水闸；在黄台石桥村西有滚水坝闸，在黄台板桥西南有老鹳闸，在何家庄东南有新闸，在金牛山之东有香闸。边庄闸和五柳闸，两闸皆设有水力涡轮机，可以利用水力榨油和磨面粉。1935年在新东门外响闸上，修建一发电站，利用水利发电，以供给建设厅和教育厅夜间照明，白天则用以磨面粉。

济南老城内泉眼密布，东流水、剪子巷等石板路面上经常有泉水流动。早期以路面排水和路两侧明沟排水为主。道光十六年（1836），知府王镇砌西门内外沟渠，在城内相继修建雨污合流的暗沟排水工程。1915～1916年又将城内西门大街至府东大街两旁修筑石板暗沟。商埠往昔为田园，雨水为田地吸收，所以很少有积水之患。商埠开放后，道路两侧均修有雨污合流的排水沟，泄水之途仅有胶济、津浦两路的沟渠。随着人口、房屋愈来愈多，马路、沟渠难以完全容纳，一旦淤塞或遇到暴雨，极易造成水患。济南市政府成立后，工务局规划了水流区域。1931年利用拆城门的旧砖，修筑了从经一路纬五路向东经馆驿街至西圩濠的砖拱沟，以排泄纬六路以东、经七路以北的水入西圩濠；又修筑了杆石桥拱沟，排泄经七路及其以南的水入西圩濠。1932年开始用水泥制造无筋混土管，先从纬一、纬二路安装，陆续在经三、经四、经七、纬三、纬四、纬五、纬十等路安装。又在博山模范窑厂定制一部分漏井缸，埋设在经一路东段两旁。至抗战前，建有拱沟3130米、石板暗沟32650米、混凝土管沟渠21725米、缸管沟5660米,共长63165米。日伪政府时期修建了南郊新市区、纬十二路、天成路及商埠西部经纬各路和城关一部分的石板暗沟。因许多下水道年久失修,一些民族工商业者自动出资修缮与建设了靖安巷、富康街、北刘家庄的拱沟以及永长街、万字巷等处缸沟及万盛街等处明沟。1945年后,国民政府统治时期仅用工赈的办法疏浚了全市下水道总长度的1/4。①

近现代时期济南的城市基础设施建设陆续展开,由于时局动荡、政权迭变,工程不能相接相续,但在城市建设发展史上还是有着承前启后的重要作用。

(二)功能分区

自开商埠以来,老城、新埠并立,基本是古城区为政治文化中心,商埠区为工商业中心。这是相对而言的。因为老城区的芙蓉街、后宰门及外城西关一带,也是工商业的兴盛之地。同样,商埠区也有行政机关。济南市政府成立后,市级机关多设在商埠区,古城区内主要是省级机关及文化教育机构驻地。

1. 官署

济南古城分为内城和外城。各级官署衙门主要集中在内城,基本延续明清以来的布局,即以珍珠泉所在的清巡抚部院为中心布局,只是官署名称随着政权的更迭有所变化。清巡抚部院(今山东省人大址),民初为民政长署,继为都督府,后称为巡按使署督办公署,后又为省政府。清布政使司(今山东省政府大院),民初为国税厅,又为政务厅长公署,后为民政厅。清按察司(按察司街南口),自审判厅、检察厅成立后即取消;民初为审计处,国民政府成立后为省建设厅址。清提学使司署,民初为工商厅、农矿厅、实业厅,后为省教育厅址。清至道书院及学院旧址,民国时为财政厅。皇华馆街的清课吏馆旧址,民初为法政专门学校,后为河务局。运署街的山东盐运使署迁址商埠区,现址改为办事处和盐务稽核分所。山东省陆军测量局则在南营演武厅。济南府署,民初为警察厅,后为省会公安局。清末在原贡院西新号遗址建咨议局,民初为省议会址,国民政府成立后改为国民党山东省党务执监委员会址。清末山东成立的审判厅、检察厅,则建在普利门外;1928年,改为高等法院、地方法院,检察职权缩小,改为法院内之检察处。1911年成立的山东模范监狱在山东审判厅南,南关后营坊街设第五监狱,1916年改称"少年监狱"。1927年在麟祥门外设山东反省院,是国民党政府迫害中国共产党、革命群众和爱国民主人士的特种监狱。历城县衙位置未变,民国以来,历经修葺。1930年,县长周宗尧改建县衙,房舍尚称整齐。县属第一、二、三科皆驻在县府内。

① 参见济南市志编纂委员会编印:《济南市志资料》第四辑,1983年印,第80～172页。

第四科驻府学西庑，第五科驻西公界。

商埠区最初与历城县分而治之，其管理机构皆设在埠内。商埠总局及后来的省会市政厅设在胶济车站南邻（经一路纬六路）。1929 年，济南市政府成立；1930 年，会同公安局和历城县政府划定市界，市区东西约 15 公里，南北约 11.5 公里，面积约 173 平方公里。① 全市分为 10 个区，内城 2 个区，城关 2 区，商埠 3 个区，郊区 3 个区。这个区划一直沿用到 1954 年。济南市的各机关多设在商埠区。市政府与工务局在天桥西（今济南铁路局东院北部）办公。财政局在原市政厅址。教育局在经二路纬五路。商埠清道队驻纬八路。民国时期，中央直属机关也多设在商埠区。中央财政部直属的山东盐运使署在小纬二路，山东盐务税警局在经三路小纬二路口。财政部直辖的山东印花、烟酒税局在经四路纬二路。实业部青岛商品检验局济南检验分处在经三路商埠公园西。统税局济南分局管理所在经二路纬六路。这些中央直属机关多与工商业有关，因而多设在商埠区内。

2. 坛庙寺观

清末民国时期古城的许多坛庙被移作他用，如：厚宰门关帝庙用作省巡警局；县东巷的大王庙被公安总局划入；南关火神庙、东岳庙成为学校；城东先农坛，民国时期成为民生果园办事处；万寿宫在韩复榘主政山东时成为接纳难民的场所。还有许多寺观保留使用，如舜井街西有舜皇庙和迎祥宫，宽厚所街北有县城隍庙，尹家巷北有督城隍庙。祀名宦先贤的祠庙多分布在大明湖周边，南岸有李公祠、阎公祠，西北岸有铁公祠、藕神庙，北岸有北极庙，北极庙东有曾公祠、张公祠、晏公祠，东岸有汇泉寺。西圩子墙与五龙潭之间有周公祠和戴公祠。西南关一带有娥英祠、吕祖庙、药王庙、清真寺、三皇庙等。东关有净居寺。南关比较多，有岱岳观、太公祠、昭忠祠、兴隆庵、白衣庵等。

第二次鸦片战争后，外国传教士以不平等条约为护身符，大量涌入中国，进入济南。西方宗教建筑开始在济南出现。1861 年，西方教会在内城将军庙街建起了天主教堂。为了对抗西方文化的入侵，清政府在天主教堂附近修建了府城隍庙、将军庙、慈云观、关帝庙。这里成为中西宗教建筑并立的街区。后来，西方教会又在东关外修建了洪家楼天主教堂。基督教进入济南后，最初计划在泺源书院旁建造教堂，结果引发了“济南教案”。西方教会最终于 1894 在东关华美街修建了第一座基督教堂。后来，又建立了南关教堂、后宰门教堂等。

商埠区教堂建筑较多，国外教会修建的有陈家楼天主教堂以及南上山（经七纬一）、长春里（经一路）、三里庄（经五纬四）等基督教堂。辛亥革命后，伴随着中

---

① 参见济南市志编纂委员会编印：《济南市志资料》第四辑，1983 年印，第 108 页。

国民族主义的高涨和民族经济的发展，教会内的中国教牧人员倡导教会自立，成立山东中华基督教自立总会。1924 年，中国人自行投资、设计、建造了山东中华基督教自立会礼拜堂，地址在经四路。1935 年，企业家苗海南出资修建了官扎营基督教堂。第一次世界大战之后，济南的日本侨民增多，日本宗教场所多设在商埠区，如日莲宗布教所在经五路纬四路、高野山布教所在通惠街、天理教布教所在经三路纬五路、西本愿寺在经三路纬七路等。教堂建筑的出现与增多及自立教堂的修建，反映了中国文化与西方文化由冲突到融合的过程，同时可以看出不同时期帝国主义国家在济南侵略势力的消长。

3. 文教场所

清政府推行新政后，令将原来的书院改建为新式学堂。书院多分布在古城区内。泺源书院（今泉城路省统计局址）遂改建为山东大学堂，后山东大学堂迁址杆石桥北（今山东省实验中学址），泺源书院成为山东师范学校。景贤书院（东城根）和济南书院（今省政府西）分别改为东运学堂和济南中学堂。至道书院（钟楼寺）改为山东客籍高等学堂。尚志书院旧址（今趵突泉公园内）设山东总校士馆，后改为山东师范传习所。在皇华馆（今大明湖路济南市第一人民医院址）设山东法政学堂，在南关设高等巡警学堂。另外，光绪三十年（1904），历城县令王伯安创办南关女学，开启了近代济南女子学校教育的先河。同年，济南官绅设立公立女学。翌年，何志霄又在西关药王庙办女子学堂。山东高等农林学堂设在古城外东边的七里堡。

布政司之东的贡院（今省政府东）自明代建立后，规模不断扩大，至光绪年间已拓展至大明湖南岸，号舍达万余间。光绪三十一年（1905），科举制被废除，贡院遂被废弃，原址挪为他用。南面用作山东提学使署，民国时期，提学使署改为岱北公署公署和教育会。提学使署北用作山东官立模范高等小学，该小学 1928 年后改名为“山东省立第一实验小学”。小学北为 1922 年由著名画家周爱周、俞剑华等人创办的私立山东美术学校。1929 年后，该校先后改为私立爱美中学、山东省实验剧院，今皆划入省府大院。北面的原新号舍，东面于光绪三十四年（1908）改建为山东省图书馆。图书馆西为光绪二十九年（1903）建立的济南官立中学堂，该学堂 1912 年改称济南中学校，次年改名山东省立第二中学。1914 年，该校与省立第一中学校、省立第三中学校合并，命名为“济南省立第一中学校”。学校西邻，宣统元年（1909）建咨议局，民国后将其改为山东省议会。曾经规模宏大的济南贡院现今已不见了踪影。

民国时期，济南学校教育发展很快，各级各类学校及文教机构日益增多。除了省立、市立等公立学校，还有育英、正谊（阎祠）、爱美（贡院）、崇实等私立中学，还有工业学校、商业学校、女子蚕业讲习所等职业学校。同时，西方教会为了方便传教，还通过创办学校、诊所等吸引教民，如济美中学和翰美女中、齐鲁大学等都是教会学校。至 1947 年，济南市拥有高等学校 4 所、中学 39 所、中等职业学校 9 所、小学 108 所。① 1925 年，为承办在济南举行的第十二届华北运动会，在千佛山北麓南圩子外(今文化西路山东体育学院址)临时开辟运动场，后称“山东省立第一公共运动场”。1929 年，国民党山东省政府对场地进行维修，增建球类及田赛场地，更名为“山东省立民众体育场”；1931 年、1933 年又先后扩建。1931 年，在皇亭南部建成济南市立体育场。另外，还有众多公共教育设施，如光绪三十一年(1905)教会在南关创办的广智院成为济南最早的博物馆。在大明湖南岸，除了省立图书馆，1929 年还成立省立民众教育馆；在趵突泉，有通俗图书馆；吕祖庙内设市立讲演所，附设阅报所等。商埠初建时就规划了公园，公园内附设陈列馆，1931 年在经六路纬二路创建市立图书馆。诸多文教机构多设在古城区及其周围，商埠区相对少一些。学校、馆所的房舍多由原来的书院和寺观祠庙等改建而成，这些多集中在古城区，商埠区一般需要新建。南北商埠在规划中提前划出了学校位置、规模等，可惜未能实施。

20 世纪初，济南新闻报业开始出现，通讯社、报馆随之纷纷成立。通讯社大多设在古城区及其周边，如：布政司小街有像传新闻社，后宰门有快闻通信社、齐鲁通讯社，县学街有大陆通信社。报馆则多集中在商埠区，如：纬二路有《平民日报》《山东新闻》，小纬二路有《大晚报》《救国日报》，纬四路有《济南晚报》，纬五路有《诚报》等。

4. 居民区

老城内城中，各级各类官署、学校、坛庙等设施占据了城区绝大部分空间，普通民居只能交错其间。居民主要集中在西门里以北、藩司以西，以及东门里大街南北街区、芙容街片区、曲水亭街区。民居多为瓦房，以四合院式为主，有一进、二进、三进院落等。院内较开阔，以石板铺地，并种植石榴等植物。在泉眼众多、泉水丰沛地带，泉水穿流于街巷与民居中间，经年不息；人们以泉水泡茶，在泉边洗衣。泉水与家家户户的生活息息相依，成为济南传统民居最大的特色。

明朝灭亡后，原德王府西苑的今王府池子一带被迅速开发为居民区，原宁阳王府、宁海王府所在的东南城区则变成达官贵人、富商巨贾云集的高档社区。如清末历城知县金有大的官邸——金家大院，省民政厅厅长刘道远家，开植灵茶庄的王家，大律师闫家，开银号的魏家，书香门第张家，中医世家袁家，织布业的刘家，面粉业的李家以及富商沈家、马家、纪家大院等，皆是建筑考究的四合院。另

① 参见济南市志编纂委员会编：《济南市志》第六册，中华书局 1997 年版，第 4 页。

外还有气势不凡的江南会馆和浙闽会馆。

居民更多的是居住在外城一带。西关一带多为工商业者聚集的地方。一般小商户多是前店后坊,在店铺后面居住。达官富商则选择在风景优美的大明湖畔、东流水一带建造房院,如何宗莲公馆、夏溥斋府邸、刘恩驻私宅(园林中具体介绍)等。南门外以东的毗邻黑虎泉的司里街、所里街也成为官商富户人家居住之地。原来山水沟以西的南关一带居民稀少,随着城内人口增多、土地紧张,民国时期这里逐渐建起了许多房屋。特别是在通往新建门一带的南北上新街、南新街区出现了许多中西混杂的别墅。这里曾居住着许多著名人士,如文学家老舍,京剧表演艺术家方荣翔,画家李苦禅、黑伯龙、关友声,民国山东司法第一人张志等,还有清代两淮节度使王占元的私宅景园、富商徐家花园、伪济南市长朱桂山的别墅等。上新街南口有气势庞大的济南道院。

商埠开放后,开始大兴建设,"崇楼峻宇,迭起西郊"。由于商埠区是棋盘式格局,形成了许多街坊,临街的房子一般为店铺,里面则穿插着住宅、里弄、宅院。里弄就是一条共用的甬道,甬道两侧是建筑风格统一的独立院落。如经三路、经四路一带有福康里、长荣里、建兴里、东仁里、安仁里等。商埠区聚集了许多中外商人,他们建造了很多别具风格的别墅,如胶济、津浦铁路火车站附近高级外籍员工欧式别墅住宅和公寓,中西结合的张采丞别墅(经三纬五路)、经三纬六路 234 号、经七路 333 号等。商埠民居,墙体简陋者用土坯,有的用乱石,富裕者用烧砖。由于地势低洼,其地基必用石块砌在二尺半处,以防潮湿和夏季暴雨及春冬狂风。

明清以来,随着内城各级机关的增多、城市人口的增长,空间日益紧张,居民多选择在外城建房居住。如民国《续修历城县志》中所说:"承平日久,省会之地,四方辐辏,城市逼窄,侨寓斯土者,时于城外隙地,或平治墓田,构建庐舍。于是,昔日空阔之区,悉成宅第,而市廛亦以增多。"①清末民初时期,外城居民数量已超过内城。据统计,1914 年,内城居民计 56574 人,而外城则达 70174 人。② 一直到中华人民共和国成立前,外城人口数量与内城及商埠相比一直保持最多。自开商埠以后,商埠区从无到有,人口增长幅度是最大的。据统计,自 1914～1933 年商埠区居民从 11159 人增至 80233 人,增长了 68074 人;而内城从 56574 人增至 71543 人,只增长了 14969 人;外城从 70174 人增至 105618 人,增长了 35444 人。③ 1914 年商埠区人口占人口总数的 4.5%,而到了 1933 年则增至 18.8%。可以看出,商埠区的人口增幅最大。20 世纪 30 年代,商埠区人口数量已超过内城。商埠

---

① 民国《续修历城县志》卷三《地域考二》,济南大公印务公司 1926 年版,第 85 页。

② 参见民国实业部国际贸易局编印:《中国实业志(山东省)》(丁),1934 年印,第 9 页。

③ 参见民国实业部国际贸易局编印:《中国实业志(山东省)》(丁),1934 年印,第 9 页。

区人口增长最快,也说明了民国时期商埠区是发展最快的区域。人口的持续增长说明城市在持续发展,城市的繁荣则进一步吸引了大量人口的集聚,二者相辅相成。

近现代以来,济南城的中国传统宅第房屋仍然为主导。但是随着外来文化的进入,民居建筑上出现了各式外来住宅建筑类型和中西结合的新住宅形式。大致有:一是完全欧式洋楼。多为外国官员、商人、工程师、职员、神父、传教士的住宅,建筑外观造型都采用房主国家的流行式样,装饰材料、木材、瓦件等多是舶来品,主要分布在商埠区繁华地段,如经一路、经二路、经三路、小纬二路等。原齐鲁大学校园南部30幢洋房,专门为国外教授居住的别墅住宅群。二是中西合璧式别墅住宅或四合院式住宅。主要是一些民族企业家、各业精英、官员营造的,西化的程度因房主喜好和财力不同而不同。如:麟趾巷的金氏公馆,由一个西式的两层别墅与纯中式的小庭院组合在一起;上新街的景园则仅仅修建了一个中西合璧的门楼。三是传统民居的延续,但在建筑的某些部位显露出西方文化的渗透和影响。这类住宅同传统的四合院式民居共同构成济南近现代民居的主流。随着商业的发达,前店后宅、下店上宅兼有两种功能的建筑形式成为济南近代建筑中常见的类型。还有多进四合楼成为富商大贾们喜爱的居住形式,如宽厚所街的金大有官邸、律师闫家宅等。四是里弄住宅。受上海、天津等地里弄建筑的影响,济南的民族资本家也建造了一批里弄住宅,供企业的白领职员居用。① 古城商埠皆有,商埠居多。

5. 工商业区

老城商业区域在普利大街、估衣市街、花店街、城顶街、剪子巷、西门大街、院西大街、院东大街、芙蓉街、布政司大街、鞭指巷、后宰门街、舜井街、趵突泉街等。自普利门内至院西大街、院东大街为最繁荣区域。

明清时期,由于交通的便利,西关厢商业已经发展起来。自开商埠后,泺源桥外的西关大街、普利街成为联系古城与商埠的要道。西圩子墙先后开辟了普利门与麟祥门,西关商铺更多,更加繁华起来。中药材、杂货、绸布、鞋帽、钱庄"五大行"多集中在西关这一带。同时,许多经营同一类商品的店铺或手工业者集中在一起,形成了许多具有行业特点的街市,如筐市街、花店街、织锦市、估衣市街、剪子巷等。东流水街有着便利的交通和优质的水源,一些机器工厂与手工作坊,如宏济堂阿胶厂、延寿堂阿胶店、同兴堂阿胶店、济南电灯公司、泺源造纸厂、丰年面粉厂、东元盛织染厂、聚记号染织厂、双合成染布厂、泰祥顺染坊等,莫不兴业于此。

---

① 参见张润武、薛立:《图说济南老建筑》(近代卷),济南出版社2007年版,第317~323页。

商埠之地多为商业区域，自纬三路至纬六路为繁荣区域，自经二路、纬四路、纬五路为繁荣中心。商埠内还有萃卖商场（经三路）、新市场（纬一路东，经二路至经三路间）、大观园商场（经四纬二）、西市场（经二纬十一路）等大型商场。同时，商埠内还创办了一些工厂，如兴顺福面粉厂、鲁安烟草公司、铭昌烟厂、陆大铁工厂、同丰铁工厂、洪泰火柴工厂等。津浦铁路通车后，工厂多设在交通便捷的北商埠一带，如鲁丰纱厂设在北商埠林家桥，成通纱厂设在东工商河以东、津浦铁路以西的西义和庄，仁丰纱厂设在北商埠后陈家楼北侧，成丰面粉厂、华庆面粉厂、宝丰面粉厂、茂新面粉厂设在火车站北官扎营一带，裕兴颜料厂设在小清河北岸五柳闸。

20 世纪二三十年代，济南商业中心转移到了商埠区。济南开埠后，商埠区很快由一块荒郊坟地变成了商铺林立的繁华市区。1914 年出版的《济南指南》中称："五里沟以数十百年之古墓荒郊，遂变而为绝大商埠。"①1915 年商埠区内华商开设的商家店铺已有五六百家，1927 年商埠的商号店铺总数已发展到 1534 家。②至 20 世纪 20 年代，占省城商业首要地位的不再是传统的"五大行"，而是集中于商埠区的进出口贸易业，济南的商业中心已由古城区转移到商埠区，正如文献记载所称："市内商业共分三区，计城内、西关、商埠三处。……如煤炭棉花、土产杂粮、转运公司、银行钱庄、屠宰、皮件、五金电料、铁厂、旅栈、娱乐场以及洋行药房等，均在商埠一二三经路，及纬二三四五六各路。商情大小，商埠居首，城里次之，西关次之。"③开埠后，济南的经济迅猛发展，经济功能愈加凸显，济南也逐渐成为山东乃至华北重要的工商业重心。

6. 景观园林

宋元时期，济南已成为享誉天下的园林之城。明清时期，山水园林风景型城市特色进一步凸显。"四面荷花三面柳，一城山色半城湖"形象地刻画出济南古城的景观格局。

在古城中央，依托珍珠泉泉群，建有清山东巡抚署院西苑及民国时期山东省政府。在西关的趵突泉泉群，公共园林与私家园林交错分布。公共园林内有许多景观建筑，如观澜亭、望鹤亭、蓬山旧迹坊、悠然亭、四面厅、泺上白雪楼等。私家园林主要有张家花园（今万竹园）。五龙潭泉群与东流水一带林圃莲塘、溪流如织，向为济南园林胜地。晚清、民国时期许多富商及官员纷纷在此修建宅园府邸。

---

① 叶春墀：《济南指南》，济南大东书局 1914 年版，第3 页。

② 参见孙宝生：《历城县乡土调查录》，历城县实业局 1928 年印，第 163～167 页。

③ 胶济铁路管理局车务处编：《胶济铁路调查报告分编》（六），文华印刷社 1934 年印，第 24 页。

如徐世光(曾任济南知府)的徐园、孟家矜恕堂的质园、夏溥斋府邸渠园、何宗莲府邸颐园、刘恩驻(电灯公司创始人)的刘家花园等,都是闻名遐迩的私家园林。这些私家园林无不巧妙布置,泉池泉溪、亭台楼榭相得益彰,有江南水乡园林之风采。

大明湖水面虽然日趋减小,部分亭阁失修荒废,却仍然是济南最主要的风景名胜之地。清末、民国时期湖上有历下亭、小沧浪亭、沧浪亭、觉沤亭(杨士骧建)、曲水亭等。宣统元年(1909)修建的遐园,是大明湖畔一处别致的公共园林。民初辛铸九在大明湖南岸修建的辛公馆是一处私家园林。

曾以"鹊华烟雨"著称的北郊风貌在近现代发生了很大变化。因为咸丰五年(1855)黄河袭夺大清河道后,黄河水患频繁,泥沙沉淤,对北郊生态环境造成了严重破坏。"鹊华烟雨"不复存在了,园林建设也无建树。

南郊千佛山上先后构筑了齐烟九点坊、对华亭、一览亭等建筑。近代以来,千佛山的地位在持续提升,已代替华不注山而成为济南三大名胜之一。究其原因,一是自刘鹗记述"佛山倒影"的奇异景观后,千佛山开始与大明湖相提并论;二是重阳节登高赏菊的习俗与庙会的开办皆使得千佛山名气不断提升;三是民国时期南关的开发建设、道路整修,使得赴千佛山更加便捷,再加上距离城区较近,遂成为人们郊游休闲的理想之地。

东郊的龙洞佛峪宋元以来即为济南的旅游胜地。这里的名泉名寺、摩崖石刻众多。清人周永年曾在此读书,筑有林汲山房。此外,还有松露书屋、钓鱼台、听瀑亭等。1934 年,韩复榘在这里修建别墅,为其避暑之地。

商埠区原是一片田地,没有泉林等自然禀赋,但其建筑景观比较别致。商埠总局规划兴建的商埠公园(今中山公园),筑有假山、水池、亭台,可以说是一处公共园林。整个商埠区的建筑,有哥特、罗曼、古典、摩登风格的建筑以及日耳曼式、英吉利式、日本式建筑等,还有中西合璧式,形成了与古城区截然不同的建筑景观。因为山东为德国的势力范围,商埠区最初以德国风格的建筑最多,如德华银行、德国驻济领事馆、胶济铁路火车站、津浦铁路火车站、义利洋行、德孚洋行等。第一次世界大战后,山东地区又成了日本的势力范围,济南商埠区内日本建筑也随之增加,如日本领事馆、同仁会济南医院(今山东省立医院)等。英国建造了亚细亚火油洋行、英美烟草公司等。美国、俄国等都修建了领事馆及洋行等。中国人建造的楼房也模仿、融合了西方的设计理念与方法,如瑞蚨祥鸿记、宏济堂第二分店、山东邮务管理局大厦、济南交通银行大厦等。1936 年来济游览的倪锡英写道:"商埠区的建筑可谓别具风格,是西式的结构却又含着中国式的意味……它显然是集合了中国和欧西的美点,而这个所谓西式,却十足地充满着日耳曼民族的建筑美,可说是'中德合璧'的一种建筑美,'简单''大方''宏伟''美观',这八个字，唯商埠地的建筑可以当之。”[①]这也可以说是整个商埠区的景观特色。

（三）标志性建筑和园林

1. 建筑

（1）津浦铁路济南火车站。1908 年始建，1912 年建成使用，由德国著名建筑师赫尔曼·菲舍尔设计。该建筑分为东、西两楼和钟楼。钟楼为圆柱形，嵌在东、西两楼之间，总高度达 32 米；绿瓦穹顶，顶部东、西、南、北四面设有德式大钟。整座建筑呈不对称布局，立面组合高低错落、主次分明、富于变化，是一座典型的日耳曼风格的车站建筑，是 20 世纪初世界上优秀的交通建筑。第二次世界大战后联邦德国出版的旅行手册《远东旅行》将其列为“远东第一站”，清华大学和同济大学的建筑学教科书都曾将其作为范例。

（2）胶济铁路济南火车站。1915 年建成。该建筑为“一”字形平面，主入口位于中间偏东部分并稍向南突出，通往候车大厅。门洞二层为石柱廊，有 6 根高大粗壮的爱奥尼石柱。建筑局部处理细致精妙，是一个较成功地体现德国古典复兴晚期建筑艺术和结构形式相结合的建筑，是济南近代城市建设史和建筑历史上的精品。

（3）津浦铁路宾馆。1909 年建成。建筑为矩形平面，砖石结构，屋架、地面、楼板皆为木制，走廊为缸砖铺面；建筑中间混合部分高大而厚重，两头低矮而又稍作收敛，建筑风格沿有德国古典惯用的镶嵌粗糙毛石为饰的手法，是简化了的日耳曼青年派建筑风格。孙中山、胡适、泰戈尔、徐志摩等名人皆曾下榻于此。

（4）津浦铁路洛口黄河大桥。德国孟阿恩桥梁公司承建，1912 年 11 月竣工。桥体总长 1256.91 米，全部为钢结构，由 12 孔钢梁组成，是当时中国乃至亚洲最大的悬臂梁式铁路大桥。

（5）洪家楼天主教堂。1908 年建成，由奥地利修士庞会襄设计。教堂坐东面西，正面有两个尖顶分立式钟楼，高约 60 米，左右为穹隆式尖卷顶；3 个正门均为尖拱形，拱门上面层层雕花，装饰美观。教堂后端，也矗立着两个高约 55 米的尖塔。前后四塔相互对应，别具一格。整个建筑体量高大，气势宏伟，为典型的哥特式建筑，是华北地区较大的天主教堂之一。

（6）基督教自立会礼拜堂。1924～1926 年建成，完全由中国人自己设计、投资、使用的宗教建筑。建筑坐北面南，平面为“工”字形，主体建筑高两层，南立面东西两侧为四层高的塔楼，顶部为方锥形铁皮塔尖。造型质朴庄重，色彩明快，融合了西洋古典手法与中国传统建筑的风格。

---

① 倪锡英编：《济南》，中华书局 1936 年版，第 108 页。

(7)济南道院。1934～1942年修建。道院建筑采用中国传统的建筑布局手法，前后共有四进院落，沿中轴线依次为照壁、正门、前厅、正殿、文光阁等主要建筑，两侧东西厢房以廊相连。建筑布局得当，主次分明。主体建筑的屋顶构架、柱式、歇山、卷棚、亭子、斗拱等均采用清式大木作手法，但均为钢筋混凝土浇铸而成，是一座以宫殿与庙宇混合组成的仿古建筑群，是古代传统建筑形式与现代建筑技术、材料相结合的范例。

(8)瑞蚨祥鸿记。1923年建成。建筑为三进院落的传统四合院格局。营业楼正立面左右建有对称的四层方形塔楼。塔楼既借鉴了西方教堂的建筑形式，又采用了中国传统的四角攒角四方亭。主营业楼大厅内东、西、南、北各向排列着中国传统红色立柱。二楼的平顶罩棚为钢梁、钢檩条，是济南第一座采用钢结构的建筑。建筑整体具有浓郁的中西文化碰撞交融的二元建筑特色。

(9)济南交通银行大厦。1925年建成，由中国建筑师庄俊设计。建筑使用钢筋混凝土等近现代建材和技术修建，地上主体三层，局部四层，并设有一层地下室。其主入口位于北侧，北立面采用对称处理，中部采用巨柱式，有6根爱奥尼克立柱直抵三层。整个建筑气势宏大，装饰考究，为早期美国仿希腊古典复兴式风格。

(10)德华银行。在经二纬二路，1901年前后建成。初为胶济铁路德国工程师办公处。该建筑主体二层，局部三层，二层以上作为坡度陡峻、高大的屋顶阁楼层。在西南角设有八边形的塔楼，以适应地段形状和不同方向观赏的视觉要求。主屋面顶部的小望楼和八角形塔楼均为双层变折式屋顶，其高低、大小、位置有所差异，从而形成了丰富多彩的建筑竖向形象。建筑高低错落，轮廓丰富，保存完好，为济南近代城市建设史和建筑史上的精品。

(11)广智院。英国传教士怀恩光修建，1905年竣工。建筑坐南面北，占地1万余平方米。由陈列大厅和纵横连贯的陈列室及休息厅组成，总平面呈“出”字形，是一片气势连贯、空间相互连接的中国传统四合院式平房建筑群，是一个典型的中西建筑手法混杂、中西建筑风格交融的作品，在中国博览建筑史上占有重要地位。历史学家翦伯赞主编的《中外历史年表》一书特地将其作为中国博览馆建筑的代表。

2. 园林

(1)万竹园。明代为殷士儋的通乐园，清初为王苹的二十四泉草堂。清末民初年间，张怀芝购买后，征集南北能工巧匠，历经五年将其修建成一处私家园林。花园占地20余亩，内有3套院落、13个庭院、186间房屋，还有五桥四亭一花园及望水泉、东高泉、白云泉等名泉。园内建筑玲珑雅致、古朴清幽，各院曲廊环绕，楼堂亭榭参差错落，溪流、池泉与院落建筑动静相映，形成院院相通、流水潆洄之景观，是集南北园林及济南建筑特点而成的融合之作。

(2)遐园。宣统元年(1909)建成。于贡院东新号遗址创建，面山背湖，广 26 丈，楼 12 楹。其中，海岳楼与宏雅阁储藏图书与金石文物；两楼南北峙立，有桥廊通行。另有虹月轩、金丝榭、明漪舫、浩然亭等建筑，均造型巧妙。园内花木扶疏，曲水清清，山石嶙峋，亭台回廊错落有致，被誉为“济南第一标准庭院”。1934 年又在园西部修建具有现代建筑风格的奎虚书藏楼，平面为“山”字形，红砖砌墙，钢筋混凝土结构，空间上与遐园融为一体。

(3)颐园。1918 年，何宗莲弃官退居济南，选择东流水畔而建造的府邸，故又称为“何家花园”。大门向东临河与大明湖相望，院内北部为住宅，南部辟为花园。园内假山峻峰嶙峋，各呈秀姿。亭台楼榭，参差其间。小溪引五龙潭之水，环绕厅堂，注入荷花池。溪边植有垂柳，依依而生；装有奇石，伴水峙立。颐园构思新颖，布局巧妙，结构严谨，是一座具有江南水乡风格的园林。

(4)齐鲁大学校园。校门坐南面北，采取中国传统的三间三楼式的牌楼形式。教学区南北轴线长达 200 米，办公楼位于最北端，康穆礼拜堂在最南端，东西两侧由北向南对称布置考文楼、图书馆和柏根楼、神学楼，建筑间形成中心花园，为西方园林布局。校园东部为男生宿舍，是一组庞大的四合院楼群。西部为女生宿舍美德楼和景蓝斋。南部为教授居住的西欧风格的别墅住宅。校门西侧为保罗楼和小教堂。校园布局自由，建筑别具风格，环境幽雅宜人，北依趵突泉，南望千佛山，老舍先生称之为“非正规的公园”。

(5)商埠公园。济南最早的公园。园内植花种树，建亭蓄池，设假山曲径。公园北门内建有六角形水池，池南有四照亭，池西有云洞岭，岭上有登啸亭；柏树林、音乐台、弹子房、咖啡馆、茶座、广场一应俱全，园内景致优美，是一处休闲娱乐的公共园林。

四、近现代济南城市规划建设的特点与贡献

近现代济南城市规划建设活动是丰富的，融合了商业性、独立性、借鉴性，表现为由主要服务于封建统治阶层向服务于市民阶层转变，由传统的封闭格局，即以政权为中心的城市实体和社会空间布局向开放的、以工商业为中心的现代化城市发展需要的空间布局转变。近现代济南城市规划体现了中国传统规划思想与近现代西方规划思想之间的冲突与融合过程，是基本按照新的规划方案进行建设的范例，对中华人民共和国成立后济南城市发展的影响是巨大而深远的，在实践中为中国近代的城市规划走向科学化进行了有益探索。

多年来，中国近现代城市规划历史习惯地运用“冲击—反映模式”来解读，认为中国近现代城市规划源于租界和殖民地城市的规划，我国的城市规划就是对西

方先进城市规划理论的学习和模仿。在这种思想的约束下,我们看不到广大中国近现代城市丰富多样的努力和成就。在中国城市现代化过程中,其实各地城市经历了不同程度地学习和移植西方、对西方思想的批判利用、对中国传统的城市规划建设思想的重新思考、中西交融互补等阶段,其深层的内容是中国传统文化与西方近现代文化交锋与互动的过程。近现代济南规划建设表现出中国传统规划思想与近现代西方规划思想之间的冲突与融合,是一种拥有主权背景下对西文模式有选择性的学习西方,为城市规划在中国的成熟做出了有意义的探索。

今天,我们应该以更高的远见、创新和毅力,迎接当今中国城市发展的"黄金时代"。城市规划中,只有将国际上先进的城市规划思想与传统规划思想的合理因素相互交融,才能创造出既有本土特色又融合国际风格、既根植传统又与现代相结合的具有独特魅力的城市。

参考文献

[1]安作璋:《济南通史》,齐鲁出版社 2008 年版。

[2]济南市史志编纂委员会编:《济南市志》,中华书局 1997 年版。

[3]济南市志编纂委员会编印:《济南市志资料第四辑》,1983 年印。

[4]李百浩:《中国近代城市规划与文化》,湖北教育出版社 2008 年版。

[5]罗腾霄:《济南大观》,济南大观出版社 1934 年版。

[6]民国《续修历城县志》,济南大公印务公司 1926 印。

[7]王守中、郭大松:《近代山东城市变迁史》,山东教育出版社 2001 年版。

[8]叶春墀:《济南指南》,济南大东日报社 1914 年版。

[9]张润武、薛立:《图说济南老建筑》,济南出版社 2007 年版。

[10][德]托尔斯藤·华纳:《近代青岛城市的规划与建设》,青岛市档案馆编译,东南大学出版社 2011 年版。

[11]李百浩:《济南近代城市规划历史研究》,《城市规划汇刊》2003 年第 2 期。

[12]李百浩:《中西近代城市规划比较综述》,《城市规划汇刊》2000 年第 1 期。

[13]王亚南:《近代北京城市规划和建设研究意义和概要》,《北京规划建设》2008 年第 1 期。

[14]吴良镛:《展望中国城市规划体系的构成》,《城市规划》1991 年第 5 期。

[15]姚燕华、陈清:《近代广州城市形态特征及其演化机制》,《现代城市研究》2005 年第 7 期。

济南文化旅游创意产品开发研究

梁永贤

文化创意旅游是城市实现特色化的有效载体。大力发展文化创意旅游，不仅能够破解产业融合联动的难题，而且还能够促进传统产业升级，形成城市的特色产业体系。创意旅游策划就是从根本上打破传统思维束缚，以从整体上实现产业价值体系增值为策略，着力从创意的视角去解决旅游产业自身发展和内在升级中存在的问题，从而构建一种全新的旅游产业发展模式。

济南不仅是省会城市，而且历史悠久，具有厚重的历史文化积淀。一个城市所具有的文化、精神往往通过其人文景观、建筑艺术、风俗饮食、服装服饰等物质形式表现出来。济南旅游产品很丰富，但随着时代的推进、消费者需求的提升，它们并不能局限在这些传统老字号上面。因此，必须立足于济南的历史文化、地域文化和民俗文化，融合济南传统文化特色，合理开发具有济南特色的、继承历史而又有所创新的文化旅游创意产品。本文用新的研究视角对文化产业发展中的重大问题进行系统研究，通过对“济南文化旅游发展的文化创意转向”的探讨深入认识济南城市文化旅游发展中新的理念与路径。

一、概念内涵与理论基础

近年来，随着国家和各地对文化旅游产业发展的重视和扶持，文化旅游创意产业作为新兴领域从无到有，从单一到多样，取得了长足的发展。与此同时，承载文化旅游创意产业发展最重要的表现形式——文化创意产品的开发与设计不再局限于对产品本身功能价值的挖掘，更加关注能够让人们从产品中获得满意性体验的观念价值。创意产品作为一种以文化、创意理念为核心的产品，是人的知识、智慧和灵感在特定行业的物化表现。Scott、Santagata 等进一步阐述，文化作为一种资本，以观念价值的形式蕴含在实物或服务的使用价值之中，甚至比使用价值更能决定创意产品的价值。Fagan、Chen、Carreiro 等提出,要注重技术变迁对创意产品研发的影响,强调技术在创意产品生产中的作用。

基于上述认识,可以发现创意产品和普通产品一样,也以盈利为目的,并且在生产过程中同样借助各种生产技术。不同的是,创意产品特别注重其原创性,并突出这种原创性是以文化资源为源头的内容创意。在创意生成过程中,为提高内容创意转化成真实产品的成功率,创意人员应考虑当前的生产技术条件。正如林明华、杨永忠(2013)所建立的理论框架(见图 1):文化是创意产品的内核,技术特别是现代生产技术是创意产品实现的手段,经济效益则是创意产品的根本目标;也就是说,创意产品的本质是文化、技术与经济的有机融合,并且这种融合体现在创意产品的整个生成过程中。

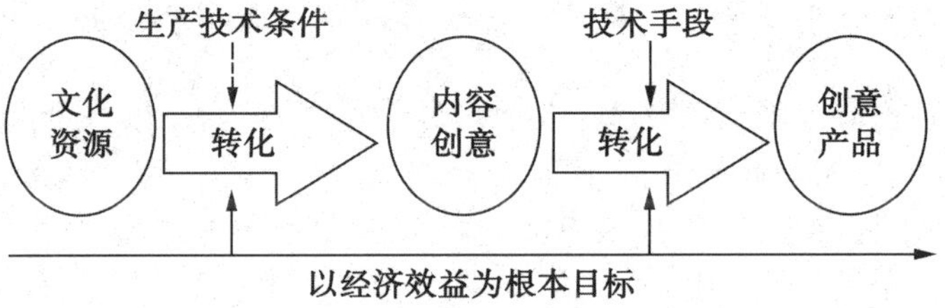

图 1　文化创意产品的形成

(一)文化旅游创意产品的内核

文化旅游创意产品作为主要满足消费者精神需求的产品,源于创意人员的内容创意,而内容创意的产生根植于本地文化旅游资源。地方性文化旅游资源作为文化旅游创意产品的内核,可以被视为一套价值观、信仰、传统、习惯等,用于识别一个群体并将其凝聚在一起,具有较强的隐性特征。“地方性文化旅游资源”是人与地域之间,通过长时间累积所形成的特殊文化体系。其中,文化资产部分,可分为有形文化资产及无形文化资产两部分,有形文化资产包括了古迹、历史建筑、聚落、遗址、古文物、地方特产等,而无形文化资产则包括传统艺术、风俗民情、节庆活动等。基于长远的历史文化积累,地方文化旅游的特殊性必然会造就其稀缺性。

地域性文化旅游创意产品一般可以通过材质、造型、美感、营销等方式的塑造,凸显其独特性并创造出产品的附属价值,增强文化旅游识别的功能。得到的收益将不仅仅是商品价值,更可借此预见在消费者背后庞大的观赏与购买动机。

(二)文化旅游创意产品的实现手段

内容创意要转化成创意产品,需要借助生产技术。创意人员在进行内容创意之前,有必要对现有的生产技术有大致的了解,在此基础上判断内容创意转化的可行性。从长期看,生产技术是不断向前发展的,但短期内生产技术水平相对固定不变。受生产技术水平的限制，有些好的内容创意难以转化成创意产品，或者即使可以制造出产品，却难以收回成本。因此，科学技术对于创意产品的产生具有决定性作用。

第一，科学技术可以使内容创意转化为多种形式的创意产品，即增强创意产品的多样性和多元性。王红亮和李国平进一步将科技创新的"一意多用"分解为两种基本类型：具有替代特征的表现形式和具有互补特征的表现形式。具有替代特征的创意产品均来自同一个内容创意，其差异仅仅是内容的呈现形式。具有互补特征的创意产品的替代性弱于互补性。由内容创意开发出一种创意产品，从这种创意产品中再衍生出其他创意产品，但这些衍生品只能表达内容创意的一部分内容，不能表达全部创意，而且产品之间的替代性较弱甚至没有替代性，却有很强的互补性。

第二，科学技术可以改变创意产品的生产模式，降低生产成本，从而促进创意产品的规模化生产。技术创新在内容创新向创意产品的转化中具有明显的正向作用，是提升文化产业价值必须把握的关键环节。

（三）文化旅游创意产品的根本目标

文化旅游创意产品因为凝聚了劳动者的抽象劳动，因而形成了经济价值，但其最高价值反映在内在的文化价值中。经济价值可通过其所有者申请版权、商标权等知识产权的形式得以实现。这种权利的界定，有助于所有者获得该产品的经济价值。文化价值则是由创意产品蕴含的文化符号、美学特征、文化意义、身份认同、历史意义以及象征意义等构成的。文化价值既是多元的，又是可变的。文化价值的高低受消费者主观性评价的影响。若消费者对创意产品的文化内涵有较高的评价，其相应的文化价值也将较高。文化价值的高低又影响到创意产品的经济价值，甚至是决定性因素。创意内容的不可替代性和原创性是文化旅游创意产品的核心。新技术在文化旅游创意产品开发过程中的价值和意义不在于技术本身的先进性，而是主要看其与文化旅游内容和表现形式的拟合度。

（四）文化创意产品的特点

由于文化、创意和高科技元素的植入，文化旅游创意产品的特征更为复杂、不确定，具体表现为使用价值和价值的不确定性、流通过程的共享性和重复利用性、生产过程成本的复杂性、应用过程的增值性和知识产权的保护性等。文化旅游创意产品的特点和其生产制作区别于一般传统产品。

文化创意产品的价值是不确定的。从消费者的角度来看，文化创意产品的价值更多地依赖于消费者个人的精神和文化偏好。不同的需求偏好者对同一个文化创意产品可能会从不同的需求角度出发，对其文化价值、艺术价值、娱乐价值或者是商业开发价值作出不同的价值评价；而且只有在认同这种文化创意商品的价值之后,消费者才会决定购买。这种依照消费者主观标准对文化创意产品进行评价的特点,使文化创意产品的价值具有不确定性。

作为具有知识产权的文化创意商品可以在同一时间内分别由若干人使用,具有共享性和重复利用性特点。传统商品交易中,生产者让渡使用价值,丧失所有权和使用权;而文化旅游创意产品与服务具有非排他性特征,还可以重复使用并带来这类产品的重复生产,易于形成规模经济效应,能有效降低社会交易成本。

文化旅游创意产品作为人类社会特殊的知识产品,其生产过程是复杂的脑力劳动过程,其生产过程成本也非常复杂。同一般物质产品的生产不同,决定文化旅游创意产品价值量的是精神生产劳动。由于精神生产劳动具有独创性、不可比性,无法以社会必要劳动时间作为其确定价值量的唯一标准,所以文化旅游创意产品生产过程成本具有复杂性,其价值链增值能力呈现先期研究与开发附加值高、中期生产制造利润低、后期营销利润高的"微笑曲线"特点。文化旅游创意产品随之具有高成本研发、低成本制造、复制产品的成本几乎为零的特点,这是传统商品生产过程中所不具备的。

二、济南市文化创意产业开发现状

(一)产业发展现状

济南市文化创意产业呈稳步增长趋势,年均增长超过25%,已经进入快速发展期。文化产业核心层、外围层、相关层的比例由2008年的40∶13.5∶46.5发展到2012年的34∶34∶32,产业结构日趋完善。文化创意产业增加值呈逐年增长趋势,从2008年的91.5亿元增加到2012年的341.1亿元;文化产业占GDP的比重也逐年增大,从2008年的3.03%增加到2012年的7.15%。然而同文化产业较发达的地区相比,无论是文化产业增加值占GDP的比重,还是文化产业的增速,都处于落后的状态。从文化产业增加值占GDP的比重来看,北京市文化产业增加值占GDP的比重已经达到12.34%,广州已经达到19.52%;从文化产业产值增速来看,北京市达到9.1%,深圳市达到15%,广州市达到11.3%。

济南市共有1个国家级文化产业示范基地、11个升级的示范基地,还有30多个各县(市、区)已建、在建、拟建的各类文化产业园区(基地、街区)。其中,朱家峪、锦屏山、百脉泉三大影视文化产业基地集休闲娱乐、影视拍摄等于一体,先后承拍《闯关东》《南下》等一批经典大戏;英雄山文化产业区年营业额达120亿元,营业面积突破50万平方米;全市半数动漫企业集聚齐鲁软件园、建邦大厦和大学科技园等三大国家级动漫游戏产业基地,形成了一定的规模效应。

济南市打造丰富多彩的品牌活动。依托本地文化资源,深入挖掘馆藏特色,融入历史内涵和商业价值,使文创产品从内容到形式上实现了创新突破,例如章丘现代黑陶艺术。此外，济南第一个“中国特色商业街”英雄山文化市场、一系列文化产业街和文化产业园也在蓬勃发展。曲水亭民俗文化产业街、“中华老字号”大观园商场、山东书城文化综合体、“星工厂”济南影视儿童乐园综合体、“loft 济南·慢生活”文化产业园等形成了规模效益。这些文化创意产业的建成及发展大大地推动了济南市的繁荣发展。

（二）发展条件分析

1. 自然区位因素

济南区位优势明显，有利于发展文化创意产业。济南市位于华东地区，是重要的交通枢纽，位于黄河经济带与环渤海经济区的交汇地带，同时连接着华北与华东。作为山东对华东、华北联络的窗口，济南交通便利，自然地理条件优越。同时，济南与省内周边省、市、区有良好的衔接关系，是创意产业的布局地，也是成长发展的基础环境。

2. 社会因素

济南作为山东省省会，是山东省的政治中心。济南也是山东省的经济中心，众多银行的山东省分行及证券、保险公司的山东分公司多设在济南。济南市经济状况良好，有着较好的融资、投资环境。济南重视教育和科学技术，文化事业蓬勃发展，拥有普通高等学校 40 多所。

3. 发展的不利因素

济南市拥有文化创意产业形成和发展所需要的自然和社会条件，但同时也存在一些不利因素：

（1）济南市文化创意产业的内部结构失衡，文化创意产业的集聚程度较低，未形成产业优势。在高新区齐鲁软件园的带动下，济南市的高新技术开发行业发展迅速，优秀技术人员不断涌现，但是缺乏带头企业，尚未形成品牌效应，市场竞争力较低。与高新技术开发行业相比，设计行业的发展速度明显落后，阻碍了相关行业的发展。

（2）文化创意产业发展缺乏完善的财政政策支持。济南市政府对文化创意产业的研究不够深入，未把文化创意产业的发展提升到战略高度。产业的健康发展离不开政府的积极引导，尤其是文化创意产业起步困难，前期回报较小，对投资者和文化创意人才的吸引度低。济南市政府未把文化创意产业作为增进经济发展的有效动力，也没有具体的融资政策支持。

（3）济南市高校人才外流情况严重。高校人才作为文化创意产业的生产者和主要消费人群，是推动文化创意产业发展的核心。济南市拥有山东大学、山东师范大学、济南大学等高校，然而由于没有特殊的大学生就业优惠政策，高校人才外流情况严重，不利于文化创意产业的长远发展。

(4)济南市旅游资源、文化资源开发不足。除大明湖、千佛山等国家级景区之外,济南市的旅游资源还有很多,但大多开发不足,社会关注度较低。具体来看,文创旅游创意产品的研发更多地侧重外形的模仿和图案纹饰的直接利用,表现内容过于简单,缺乏对文化元素的再提炼,在产品的创新性和产品的精神文化属性上体现不足;产品的功能性及实用性不强,多数产品属于艺术品或礼品纪念品的范围,难以真正融入人们的日常生活;市场定位不明确,品牌意识较为薄弱,尚未形成良好的文创品牌产业链,产品易呈现昙花一现的短期价值,难以长期延续其产业价值。

三、文化旅游创意产品开发路径

现阶段文化旅游创意产品的开发已从单一的文化旅游元素的运用转为文化内涵的体验,单纯以功能为主的产品形式已不再是主流,现代人更追求心灵满足感;消费者不再一味地追求大众化的设计,而是要拥有能够表达自身特色并具有个人风格的产品。在此趋势下,对于创意产品的设计,不仅包含产品的素材来源、创意人员、销售渠道、展示形式,而且还包括产品背后的故事性。文化资源是创意产品的生成之源,然而从内容创意之初到创意产品最终成型的整个过程中,能否为企业带来利润始终是企业决策时最重要的依据。因此,在开发济南市文化旅游创意产品时,从开发策略着手,并在内容创意上结合“科技”和“文化”两张牌,开发具有原生态、地方特色的文化旅游创意产品,是济南市发展文化旅游创意产业的主要方向。

(一)了解地方文化旅游资源,深挖文化内涵

地方文化旅游为创意人员提供设计所需的各个层面的信息,并帮助其理解地方文化的特质与内涵;创意人员通过挖掘地方文化,为其提供产品设计的服务功能。了解地方文化旅游资源的手段主要有:一是查阅二手资料;二是萃取当地文化旅游资源,即实地感受其文化内涵,去粗存精,以现代眼光重新解构既有的文化与传统,体会文化的内在精神,从中提炼出具有代表性的文化符号,如建筑物形象、人物肖像、人物品性等。

(二)考虑目标消费群体的文化背景,有方向地进行内容创新

为了生成符合消费者需求的内容创意,创意人员在创作过程中需要考虑目标消费群体的文化背景。因为群体文化会影响群体中个体的思考方式和行为方式,无疑也将影响目标消费者的消费偏好。创意人员只有了解目标消费群体的消费习惯、价值观等,特别是消费群体独有的文化特性,如颜色禁忌等,才有可能创造出符合目标消费者意愿的内容创意。创意人员了解目标消费群体文化的方式多种多样,归纳起来有两类渠道:一是原始资料搜集,主要通过问卷调查法、德尔菲

法、现场观察法等方式获取目标消费者的信息；二是二手资料搜集，主要通过互联网、图书馆、专业机构（如当地统计部门、专业咨询公司）等搜集相关资料。需要注意的是，不管是原始资料还是二手资料，创意人员都必须识别信息的可靠程度及适用范围；对于二手资料，更要注意其信息的时效性。在此基础上，创意人员通过创造性活动，结合目标消费者的群体文化，最终把这些文化符号转化成满足消费者需求的内容创意。

（三）加强创意人员的培训，提升创意人员的文化素质

人才的高度决定文化创意产业发展的水平。创意人员有可能具有丰富的想象力以及不断涌现的创作灵感，然而受限于自身文化修养，往往对即将开发的文化理解不深入或者较为片面，甚至认为内容创意就是简单地复制传统文化符号，其结果必然是内容创意的物化形式——创意产品，仅具有文化的外壳，而没有文化的灵魂，文化所蕴藏的社会价值、精神价值以及历史价值等也没有真正体现，以致创意产品在市场中如同昙花一现，难以持久。对创意人才的争夺，成为文化战略的重要方面，比如，第一时间垄断创意人才在一定时间段的服务和产品，从源头上抢占文化创意市场的制高点和竞争主动权。

（四）确保创意产品开发的经济效益

经济效益是企业在创意产品生成过程中进行决策的主要依据。从消费者的角度看，创意产业创造了观念价值，与消费结构的升级相契合；同时，市场的异质性和细分化程度不断提高，顾客在市场交易中的主导地位逐步确立。事实上，正是顾客的评价构成了价值的真正源泉，只有被顾客认可的商品和服务才有价值。商品价值增值和消费者认可程度提高的基本趋势沿着功能价值到观念价值的路径逐渐展开。文化创意通过观念、感情和品位的传达，赋予商品和服务某种独特的象征意义，从而在许多成熟的行业中创造了“奇迹”。从生产者的角度看，推崇创新、推崇个人创造力、强调文化艺术对经济具有支持与推动作用的文化创意资本，也正成为知识经济时代推动生产效率提升的重要生产要素。

四、文化旅游创意产品开发对策

（一）价值提升

通过对济南市文化旅游资源价值整合，形成新的价值。传统旅游资源单一的价值体系必须演进为与旅游资源所依附的环境、时间、空间资源价值相结合的完整的新型复合资源价值系统。因此，对文化旅游创意产品的开发应立足于整合开发：一是要考虑旅游产业系统内资源、城市整体建设发展资源的综合利用，二是要对物质性文化景观、文化设施和氛围性的环境营造以及心理性的旅游形象、联想记忆等进行整体设计。这种对文化旅游创意资源的整体开发是提升文化旅游价值以及形成视觉震撼力、历史穿透力、文化吸引力、生活浸润力、快乐激荡力的重要途径。

通过品牌塑造，提升形象价值。目前济南市文化旅游创意产品的品牌形象尚未确立，急需通过景观建设、功能区打造、氛围营造、信息传递等，塑造文化旅游品牌区域、品牌线路，提升济南文化旅游的形象价值。要善于从历史文化中提炼出符合现代人审美需求的要素，以此为依据进行设计与开发，创作出能够准确传达齐鲁地域文化寓意的造型；或者根据现有的造型元素，结合产品的具体功能属性和应用属性，用现代工业设计的艺术设计手法进行再设计，表达产品所蕴含的形式美与意境美。

丰富产品属性，提升产品价值。文化旅游创意产品的属性主要有：(1)功能性。功能是产品的基本属性，产品的使用价值是通过其功能实现的。产品的功能以实用功能和审美功能为主。一款好的文创产品，是文化、形式和功能的融合体，不仅要蕴含丰富的文化内涵，要有体现形式美的造型，而且还应具备功能属性，也就是产品的实用性。文创产品设计要接地气，以人为本，为人所用。这是文创产品产业化的基础和前提。(2)故事性。故事赋予产品以生命力。一件优秀的文创产品，必定是一个有故事的产品。换言之，除了功能外，我们还要赋予文创产品浓厚的文化内涵，目的是增加文创产品的厚重感，通过生动、趣味、感人的故事内容和表达方式唤起与消费者之间的共鸣。消费者购买的不是一件普通的产品，而是一个故事、一个传说、一段历史。(3)互动性。互动性在这里特指文创产品的受众体验。可将文创产品融入文化活动和文创商业中，融入文化创意零售、展览空间，打造全新的商业体验，让受众体验生活美学。文创产品的文化体验性对现代人尤其是年轻受众群体有很强的吸引力。少一点“正襟危坐”，多一些互动体验。从产品的“展示”到与产品的“对话”转变，给受众带来故事性、趣味性的全新体验。

（二）创新驱动

新的认识范式的确立有助于发现原先被遮蔽了的认识盲点和认识误区。注重系统创新，首先是发展理念的更新，其次是生产流程、服务链条、产业结构、发展模式、价值体系等多个方面的综合创新。凡是文化旅游发展成功的地区和企业，都非常重视系统创新战略的应用，不管是杭州宋城集团、深圳华侨城集团，还是陕西西安的曲江新区，都是如此。就深圳华侨城集团而言，其文化旅游产业发展的特征在于：文化产品的原创性、文化形态的多元化、文化产业链条的完整性以及致力于非营利性、公益性文化事业发展的文化情怀。它的“资源的文化价值＋现代科技＋生活时尚”的核心发展思路与特征很好地阐明了系统创新的重要性。

加强技术创新的支撑作用。政府应鼓励现代科技在创意产业中的应用，对创意企业进口的生产设备和软件实施适当的关税减免、财政补贴、金融支持等政策；

对开发创意企业技术设备和软件的高科技企业实施奖励政策。

创新产业组织形式。与传统的产业发展模式注重有形资源和客体资源的开发和利用不同,创意产业强调无形资源和主体资源的开发和利用。创意产业的核心要素是高级人力资本、文化资本、知识产权资本和技术资本等软性资本。创意企业通常规模较小,不具备规模化生产的优势,需要根据创意产品生产工艺的复杂程度把创意产品的制造环节外包给专业制造企业或者自主进行生产,这样既可以保证产品质量,又能有效降低创意产品的生产制造成本。

(三)市场营销

从价值实现的角度看,市场营销有助于创意产品价值的挖掘。创意产品的观念价值取决于消费者主观的感受,具有较强的主观性;尤其是对某些特定的创意产品而言,观念价值和功能价值是合一的,如收藏品、艺术品、音乐会等价值的主观性更强。另外,创意的创造者往往强调自己的理念,而消费者和受众的主观评价和认识又很不一致,而且对其价值内涵的认识也有一个过程。因此,创意产品往往需要经过多次反复的展示、推介、宣传,其价值才被逐步挖掘出来。对有效开发创意产业而言,其价值的实现更依赖于市场营销的推介和挖掘。

第一,形象营销依然是市场营销体系的基础。济南市积淀了深厚的文化传统,形成了齐鲁文化和黄河文化相融合的独特气质。济南周边有泰山文化、曲阜孔家文化、大汶口文化、水浒文化、中都文化、黄河文化、齐文化等重要的文化资源。这些文化资源与济南的龙山文化、岳石文化、泉城文化相得益彰,对于全国游客具有很强的虹吸效应,依然是“形象营销”的基石。

第二,吸引物营销将成为市场营销的具体表现特征。提升形象不足以保证一个地方的繁荣。一个地区需要用地方特色去满足居民需求、吸引外来者。济南市丰富多样的文化旅游资源将成为市场营销体系中的重要组成部分和具体的表现特征。

第三,基础设施营销成为旅游营销体系中重要的组成部分之一。基础设施的快捷、方便和开放,都是以往旅游市场营销体系中被忽略的要素。传统市场营销往往疏于表述,或者表达不深入、不成体系。随着“一带一路”发展战略的实施,基础设施要素已成为旅游者关注的重要层次,不仅需要继续深化形象、核心产品方面的经营,而且还需要展示济南立体化、现代化和开放性的基础设施。

第四,人员营销更需要成为济南文化旅游创意市场营销中不可缺少的组成要素。随着网络的普及推广,社交网络平台愈加红火,普通的市民、旅游者成为城市市场营销的重要组成部分。因此,提升市民素质,激励市民积极参与文化旅游创意的设计与开发,注重旅游者对济南文化旅游的反馈和期待,都将成为文化旅游创意市场营销体系的重要组成部分。

第五，营销手段的多样化。面对创意经济时代人类创意的密集性和多样化，必须充分利用媒介并将其作为强有力的推手，积极利用互联网、手机、数字电视、户外媒体、微博等各类新媒体并将其作为营销推广的新渠道。

（四）融合发展

文化旅游创意产业群是为各种不同产业提供创意服务的产业群。在组织形态上，它打破了传统产业的界限，可以同时与不同的产业产生关联。第一产业、第二产业、第三产业均可通过价值链、价值网和价值星系等形式与文化旅游创意产业相互融合，实现其价值创造。

首先，必须科学认识文化旅游与文化创意产业的产业属性及其内在关系，找到二者融合发展的理论统摄点，寻找二者融合发展的战略需求点。文化旅游、文化创意产业分属于不同的政府管理部门。不同部门间由于发展观念、产业管理体制、政策资源、市场障碍等方面的差异性，可能存在融合的困惑点和障碍点。比如，文化旅游市场化程度很高，文化创意产业的意识形态属性较强，在融合发展时存在一定障碍。因此，必须克服和突破上述困难，用创新性措施和手段，用改革的勇气和魄力，推动二者多元交互、共生共赢、深度融合。

其次，要从产业价值链、文化生产与再生产理论以及企业管理理论等方面，针对文化旅游和文化创意产业的价值生成模式和生产流程进行解构与整合，切实寻找到产业、产品和企业不同领域之间具体的交叉点和交汇点。文化旅游、文化创意产业都涉及济南文化资源的利用与开发、济南文化形象的塑造以及文化市场的开发，在不少具体方面都存在融合发展的需求。

最后，这些创意企业之间通过在价值链上定位、在空间上集聚，相互协作，形成链式的产业组织模式。如深圳市龙岗区大芬村的文化产业示范基地，通过空间集聚，采用市场交易的机制，分处价值链不同阶段的个人或企业间的分工协作得以顺利实现。这种价值创造模式使得创意产业得以品牌化，生产成本也相对较低。

（五）区域合作

文化基础是文化旅游区域合作中的基础。区域之间有着相近的文化渊源，或者有着相近的文化构架，在文化交流、文化活动的开展中有很强的沟通、分享的需求。区域之间基于相近的文化基础和现实中强烈的文化交流、共享的需要，构成良好的合作基础，通过进一步的交流和沟通，能够找出具体的区域合作的重点和工作抓手，快速推进实施，保障区域合作的顺利发展。因此，可以立足于共同的文化渊源，加强山东省内周边城市的区域合作。

第一，从文化交流的促进层面，在核心吸引物之间的联系、信息共享和游客联系方面进行推动。济南与省内其他城市之间，依托高铁便捷的交通优势联动发展，继续深化区域旅游合作体制机制，推进山东半岛文化旅游资源、文化旅游服务、文化旅游市场等方面的一体化进程。济南泉城文化、泰安泰山文化和青岛海洋文化完全可以做到优势互补、共同发展，推动大济南文化旅游圈、山东半岛文化旅游圈的建设。在济南的文化旅游场所、公共文化休闲旅游空间以及文化旅游节事活动中，增加山东半岛其他相关性较强的文化旅游景观、文化旅游节庆活动等的链接和导引；同样，在山东半岛其他文化旅游场所中，也增加对济南市文化旅游资源、文化旅游活动的链接和文化信息共享。此外，推进山东省各个文化旅游景区的信息共享，不仅是网站信息、文化介绍信息等方面的信息共享，而且还可以在深入推广信息的基础上进行合作，以主题为导引，进行一体化、跨区域、多角度的联合宣传。

第二，从文化旅游功能推进的角度，通过旅游服务、信息咨询、人才培养等方面的联动和交流，推进山东半岛文化旅游区域合作的发展。山东半岛区域需要进一步加强在旅游投诉和监督上的规范统一和异地合作，建立跨区域旅游投诉处理合作互助平台。继续完善山东半岛文化旅游政策协调机制、利益共享协调机制、人员互派交流机制等，进一步深化山东半岛区域内的文化旅游。此外，需要更积极构建山东半岛文化旅游产业整体规划模式，合理布局产业要素，明确产业分工，探索创意产品品牌共创，逐步形成功能明确、优势互补、相互促进的山东半岛文化旅游创意产业一体化格局。

参考文献

[1]初晓恒、吕宛青：《我国旅游产品文化挖掘与传递研究》，上海财经大学出版社 2008 年版。

[2]沈祖祥、张帆：《旅游策划学》，福建人民出版社 2000 年版。

[3]杨振之：《旅游原创策划》，四川大学出版社 2005 年版。

[4]李建伟：《论创意经济中文化旅游产业的价值体现》，《经济论坛》2009 年第 3 期。

[5]李静：《泉州本土文化符号在创意产品设计转化中的应用》，《西部皮革》2012 年第 1 期。

[6]厉无畏、顾丽英：《创意产业价值创造机制与产业组织模式》，《学术月刊》2007 年第 8 期。

[7]林明华、杨永忠：《创意产品：文化、技术与经济的融合物》，《科技进步与对策》2013 年第 7 期。

[8]王红亮、李国平：《从创意到商品：运作流程与创意产业成长——基于“一

意多用”视角》,《中国工业经济》2007 年第 8 期。

[9]杨颖:《旅游业与创意产业的融合——基于产业比较视角的研究》,《南京人口管理干部学院学报》2009 年第 1 期。

[10]于杰:《文化创意产业集聚研究——以济南市为例》,《山东社会科学》2017 年第 1 期。

[11]张道政:《基于价值创造的文化产品创意分析》,《经济论坛》2010 年第 4 期。

[12]张迺英:《文化创意产品价值的实现路径分析》,《社会科学》2012 年第 11 期。

[13] Scott A J. *The cultural economy of cities*. London: Sage Publication, 2000.

[14] Santagata W. Cultural districts, property rights and sustainable economics growths. *International Journal of Urban and Regional Research*, 2002, 26(1).

[15]FAGAN R. “Industrial change in the global city: Sydney's new spaces of production,”in Connell J. (ed.) *Sydney: the evolution of a world city*. Oxford University press, Melbourne, 2000.

济南市促进教育公平和义务教育均衡发展研究

王丽娟

义务教育作为政府提供的基本公共服务，具有强制性、免费性和普及性，是最直接体现社会公平的领域。推进义务教育均衡发展，确保适龄学童享有教育公平的权利。

一、济南市促进教育公平和义务教育均衡发展的做法

济南市把义务教育均衡发展作为最大的民生工程，围绕着义务教育均衡发展这一战略目标努力促进教育公平，走出一条具有济南特色的县域义务教育均衡发展的创新之路。

（一）健全保障办学条件基本均衡的机制

1. 保障适龄儿童、少年的受教育权，实现入学权利公平

健全的制度是保障儿童受教育的权利和实现义务教育均衡发展的基础。济南市政府和教育行政部门，根据居民居住情况，合理划分学区内的学校招生范围，并于2013年在全市进行学区范围公示，使义务教育实现公平的“无缝隙覆盖”，保障适龄儿童在户籍所在地就近免试入学、接受九年义务教育。

2. 加大投入力度，逐步完善经费保障机制

近年来，济南市不断深化义务教育经费保障机制改革，努力推进中小学办学资源均衡配置，将农村义务教育全面纳入公共财政保障范围。一是制定城乡义务教育学校生均公用经费基准定额。普通中小学每生每年1010元和810元，特殊教育学校按每生每年9000元的标准补助公用经费。二是完善城乡义务教育经费保障机制。其一，市财政在继续落实农村学生“两免一补”和城市学生免除学杂费政策的同时，向城市学生免费提供教科书并推行部分教科书循环使用制度；其二，把城乡家庭经济困难的寄宿生生活费补助范围扩大到在校寄宿生的30%；其三，对

农村小规模学校的经费补贴进一步倾斜，只有100～200人的学校按200人核定公用经费。2017年财政全年投入2360万元资金用于保障优惠政策的落实并根据义务教育发展过程中出现的新情况和新问题适时调整。

3. 推进城乡统筹，办学条件逐步标准化

学校硬件设施是进行教学的物质基础，有保障教师教学和学生学习的作用。近几年，以扶持薄弱学校和农村学校为突破口，从设施改善方面缩小城乡学校以及校与校之间的办学差距。一是在办学条件上实施中小学配置标准化工程。“十二五”期间投入中小学标准化建设工程、特殊教育学校教学仪器设备配套工程、农村中小学现代远程教育工程和“两热一暖一改”工程(即“热水、热饭、取暖和改厕”)、农村义务教育校舍标准化工程等重点项目建设46亿元，实现了城乡义务教育阶段学校办学条件无差别配备。二是学校增容扩增。2017年全市有义务教育小学580所(独立设置小学)、普通初中199所(九年一贯制学校计入初中数)；预计2018年将有28所新建中小学建成完工，包含了17所小学、9所初中、2所九年一贯制学校；另有10余所在建中小学校2019年完工。三是信息化建设初具规模。现代教育教学改革的一大趋势就是教育信息化。教育信息化能对学校间、区域间、城乡间的教学水平差距进行弥补。经过多年信息化的投入，全市小学已有561所学校建立园网，拥有计算机7.29万台、纸质图书1281.78万册、电子图书314.67万册；中学已有197所建立校园网，拥有计算机6.03万台、纸质图书1071.36万册、电子图书200.37万册。信息化建设在各区、县和学校中形成了数字化媒体教育资源，为进一步推进教育信息化奠定了良好的基础。

(二)推进校长、教师流动，力促教育公平，实现均衡发展

2014年《济南市教育局关于进一步推进教师交流轮岗工作的意见》出台，工作目标遵循“政策引导、区域统筹、因地制宜、优质公平”的原则。实施中小学教师“县管校聘”的管理改革，使中小学教师交流轮岗形成制度化、常态化。仅2017年就有3900名教师进行交流，超出符合交流条件教师总数的10%以上。之后，市教育局等多部门又联合出台了《进一步推进县(市)区域义务教育学校校长教师交流轮岗工作的意见》，明确目标指向重点引导优秀校长和骨干教师向农村学校、薄弱学校流动，缩小城乡、区域、校际之间师资差距，促进教育公平，提升教育质量。

(三)实施“双零择”，办公平而有质量的教育

1. 把教育均衡发展摆在优先发展的战略位置

2015年全市范围内实施“零择校”政策，实现了100%的公办小学划片、免试、就近入学和公办初中对口免试直升。“零择校”促使了相对薄弱学校的生源回流，同时也提升了校长办学的主动性、教师教学的积极性，让多数学校走上了良性发展的道路。2016年市教育局又提出了“零择班”的目标，采取均衡分班的方法解决了热点学校的"大班额"问题。实施"双零择"的方式主要有:一是实施政策引导,推行阳光招生。通过打破分数壁垒,将60%以上的高中招生指标平均分配到每所初中,最终让每所学校都能获得升学指标,解决了薄弱校学生上好高中难的问题。如此一来,有效抑制了义务教育的"择校热"。二是加大投入、扩建力度。近两年全市投入74.4亿元,新建和改扩建中小学校187所,增加学位19万个。济南针对义务教育的各项建设和投入均居全省首位,有效地解决了"大班额"问题。

2. 坚持改革举措与百姓呼声同频共振

《济南市教育局关于进一步做好中小学生课后服务工作的通知》出台,解决了学生"课后服务和午间就餐"两项群众关心的难点问题,并配套出台了《关于增加中小学教育教学管理绩效工资总量的通知》以调动教师的积极性;课后服务坚持以教师为主、社会力量为辅,学校教育资源全部开放,做到了"早到可进校,进校有事做,做事有指导,晚走有管护",解决了家长后顾之忧。同时,创新需求形式,全市100%学校用"食堂+配餐"的方式解决了学生午间就餐问题。

(四)城乡教育共同体创新教育均衡发展模式

促进县域义务教育优质均衡发展,通过科学设计、统筹协调,将若干个不同区域的学校组成教育发展共同体,形成城乡义务教育一体化发展新格局。如济南市市中区集团化办学发展共同体模式就是很好的案例。2013年,为破解城乡教育二元化困局,顺应人民群众"上好学"的民生诉求,市中区在全市率先启动了集团化办学。发挥资源优势带动新建学校、薄弱学校、农村学校等高效、快速发展,推进优质教育资源规模扩张,实现义务教育资源的优质化、均衡化,让每个孩子享有教育起点和教育过程的公平。集团化办学破解了教育发展的不均衡和不充分的现实问题。2017年市中区学校实现了集团化办学全覆盖,各集团内的学校成为"教育命运共同体",如育英中学、济南实验初中、经五路小学、胜利大街小学等品牌学校"孵化"了经纬学校、育秀中学、泉海小学、舜华学校、泉润学校等近20所新建小区配套学校,覆盖了万达广场、鲁能领秀城、中海国际社区、伟东新都、华润中央公园等10余个大型居民社区。5年时间,市中区累计投入专项资金6000万元用于集团化办学,让6.8万名居民子女在家门口享受到了优质均衡、公平而有质量的教育。

二、教育公平和义务教育均衡发展中存在的问题

济南市在推进义务教育均衡发展的过程中采取了各种有效的重要举措并取得阶段性的卓越成果,但依然存在一些问题。

(一)城乡、区县、校际发展不均衡现象普遍存在

济南市城乡、各区县、学校之间在办学理念、管理水平、办学条件、师资力量、教学质量、家庭教育等方面差距依然很大。虽然推动了十几年的义务教育均衡发展,整体上有所改观,但仍然有不均衡现象。

1. 办学条件的不均衡现象

2008 年《山东省普通中小学基本办学条件标准(试行)》的颁布,确定了办学条件的“底线”,改变了城乡学校之间、强校弱校之间办学条件差异过大的状况。2009 年全市各区县对薄弱学校的实验器材、电教装备等硬件设施进行了补充和更新,使薄弱学校的改造、提升达到了标准,但只是达到“底线”的标准。办学条件标准限定下的硬件改善,仅仅是在一定程度上改善了薄弱学校原本的不足,缩小了与热点学校的差距。沈阳师范大学教育科学学院经柏龙教授谈当代中国的“十大教育不公平现象”时说,农村小学 30 年没变化,城市的学校与农村的学校有天壤之别,沈阳市实验小学配备的软件、硬件跟国外发达国家的学校相差无几。一位老资格教育专家一个劲儿地感慨:“中国教育差别百年啊! 1998 年底,国家教育部颁发了《加强薄弱学校建设》的文件,强调大中城市要办好区内的每一所学校,缩小学校间差距过大的现象,力争使所有学生都能受到同等条件的教育。但我认为这应该是一个较长时段的目标,不是近期内马上就能做到的。”所以说,真正达到均衡还需要一个漫长的过程。

2. 师资力量不均衡现象

在促进教育公平和义务教育均衡发展的过程中,师资力量不均衡是全国的共性问题。济南市的师资力量在各区和各校之间也存在这个问题,尤其是城乡间师资力量的差距更加突出。一是市区各校之间的师资力量对比有差距,但有别于城乡学校的差距。像历下、市中是城市的中心区,没有村镇,办学早且较为集中,重点中小学数量较多,加上财政拨款力度大、师资力量强、生源较多,吸引着其他区的优秀教师和生源源源不断地聚拢于此;槐荫、天桥、历城等区由于乡镇和农村比较多,形成教育相对落后的格局。近几年随着城市扩容及义务教育均衡发展政策的实施,师资力量差距在逐步缩小。二是城乡间师资力量的对比明显差距较大,城区与农村师资力量不能一概而论,短时间内很难拉平。尽管教育管理部门组织了多种形式的师资培训,整体水平已有很大提高,但差距不会立马消失。总之,城乡师资差距主要表现为以下几个方面:一是目前仍然存在教师结构性缺(超)编的问题。不管是城区和乡镇都有这个现象,农村部分中小学教师缺编的问题更为突出。二是教师队伍结构不合理。城区能保证音乐、美术、信息技术、综合实践活动和心理健康教育等 15 个学科的教师数量;农村中小学分工没有如此明细,各学科方面的师资力量相对配置不足。三是乡镇教学理念有待更新。农村中小学教学

理念发展滞后,缺少素质教育下应构建的新理念。四是农村教师年龄偏大,综合素质偏低,缺乏工作热情的教师仍占有一定的比例。五是农村学校教师学历及职称普遍偏低。由于农村学校教职员工规模较小,根据济南市的职称评聘标准,所占比例也会减少许多,造成了职称普遍偏低的现象。近几年,情况有所改变,新聘任教师原则上都是优先分到农村学校任教,一定程度上充实了农村教育力量,但总体上还是有差距。

3. 教学质量不均衡现象

由于长期存在办学条件和师资力量方面的差距,城乡之间的教学质量差别是显而易见的,尤其是农村学校在素质教育方面明显落后。济南市各区、各校教学质量的差异体现在教学综合成绩上,这些与区域环境和生源都有关系。如历下区是济南市民公认的文化区(大专院校集中),市中区是机关区(省市政府机关集中),居民整体素质较高,特别是学生家长,对教育非常关注且抓得很紧。天桥区和槐荫区是工业区、棚户区和旧村改造居住区,经济条件及居民素质普遍较低,所以在教育上出现了槐荫、天桥落后于历下、市中的格局。优秀师资和生源的无序流动又加剧了这种格局的扩大,呈现出强者恒强、弱者恒弱的趋势。例如,关于择校问题,虽然推进义务教育均衡发展,减少区与区之间、校与校之间的差距,并有效地遏制了择校的发生,但教学质量高的重点学校还是备受关注的"宠儿"。许多家长为孩子能上重点学校,在重点学校片区购买学区房,像市民耳熟能详的市中区经五路小学、胜利大街小学和历下区的山师附小、省实验小学、甸柳一小等,济南外国语学校、育英中学、实验初中、燕山中学、山大附中、甸柳一中等重点初中周围的旧房的房价高于非重点学校的新楼房的房价。可见,区域和校际之间的非均衡现象仍然长期存续,教育质量引起的变相"择校"代价更高。

(二)学校空间布局体系尚待完善

随着城区快速扩容,原来处于城郊的区域现已成了市区,形成了新旧城区学校空间分布差异。人口居住密集的老城区学校受到用地面积的限制扩展余地小、学位紧张,而新建居民小区学校设施配套与房地产开发不同步,使得中小学配套滞后。据济南市相关部门介绍:济南现在的学校建设模式是新建住宅小区的教育配套设施由开发商无偿代建,建议政府对代建企业运作模式、建设主体、监管模式、产权移交、使用管理等问题进行探讨,研究可操作的办法。从以上的介绍中得知,滞后的管理影响到教育公平和义务教育均衡发展。例如,2017 年济南融创财富中心小区交付使用后,有 13 家的孩子达到上小学的年龄。当初开发商曾承诺小区配套建一所小学,但学校建设用地后来被国土局列为山体防护绿地,小学建设规划被取消。小学建设规划被取消后,财富中心小区又不在距离较近的辅仁学校小学部的学区范围内,业主只能由历下区教育局根据各招生学校空余学位和生源数量情况,带着适龄儿童到4公里外的龙奥学校办理入学手续。从撤销学校建设这件事情来看,规划任意改动有违教育的公平。

(三)校长、教师交流过程中的问题

提高教育质量的关键在于提升教师的水平。教师流动有利于优化师资结构、提升教师队伍建设。教师交流是国外教育均衡发展的成功经验之一。像日本的"定期流动"制度、韩国"互换交流"制度以及加拿大实施"校长流动"制度等对济南市的校长教师流动有借鉴意义。区域内教师交流是济南促进教育均衡发展的一项重要举措,尤其是优秀员工的交流能更好地发挥其辐射带动作用。从实施过程来看,的确产生一定积极作用。然而,受各种因素的影响,从目前各地的交流情况看,并没有达到预期的效果。

1. 校长、教师交流的范围有限

济南市义务教育阶段教师交流实行的是区域内交流,原因有二:一是义务教育阶段学校、教师属区域管理,区域内交流比较方便;二是符合教师交流就近原则,方便教师工作和生活。但是济南市教育发展的不均衡主要表现为区县和城乡的不均衡、从城区交流来看,历下区、市中区教育质量水平高,优秀师资相对集中,而且还有更多的优秀教师跨区域流向历下区、市中区;而其他的区县学校包括农村,受交通、生活等各种条件的限制,教师交流的范围更窄。由于交流范围的局限,只能对区域内校际间的均衡有一定作用,改变不了区县间和城乡间的均衡实力。

2. 校长、教师交流引发学校的稳定问题

每年暑假教师交流前,不少学校教师心态不稳定。这种不稳定的心态和频繁的交流状态,在某种程度上是不利于师资的稳定的,会给学校管理和教学工作带来不利影响。另外,各区域内校长较频繁地交流,虽然一定程度上对均衡各校有作用,但领导的不稳定容易导致急功近利的政绩作风,有违教育发展规律,也不利于一个学校长足发展所需要的稳定环境。

三、教育公平和义务教育均衡发展存在问题的原因分析

缩小教育差距的关键在于缩小教育的城乡差距。济南各区县、城乡、校与校之间义务教育发展不均衡是各种因素综合作用的结果。

(一)区域的经济差异

社会经济决定了教育公平和义务教育的均衡发展。区县间、城乡间、校际间发展不均衡与济南各区县的经济发展不均衡有很大的关系。我们通过各区县2018年上半年的GDP排名分析经济实力对教育的影响:历下区718.3亿元,章丘区551.7亿元,市中区499.2亿元,历城区459.1亿元,槐荫区259.5亿元,天桥

250.3 亿元，长清区 181.1 亿元，平阴 145.7 亿元，济阳区 144.4 亿元，商河 118.0 亿元，以上数据足以说明历下区与市中区为何在办学条件、师资力量、教学质量等方面走到各区县的前列。市中区的 GDP 低于章丘区 52.2 亿元，高于历城区 40.1 亿元；但从人口数据(2016 年户籍人口)来看，市中区只有 61.76 万人，而历城和章丘两区人口分别是 97.16 万和 102.99 万，平均后显然市中区占有更大的优势。各区经济发展的不同步，直接影响着当地政府对教育的投入。

(二)城乡二元体制导致城乡义务教育不均衡

20 世纪 80 年代，国家为了实现教育的突破发展，实施“重点学校”制度，将有限的教育资源用于城市的重点学校，人为拉大了学校之间的差距，造成了重名校建设、轻薄弱学校提升的状况。现如今，尽管政府想方设法加大对薄弱学校和农村学校的倾斜建设，但已经形成的名校概念在人们的脑海中已经根深蒂固，短时间不容易改变。

在偏远的农村学校接受教育的孩子虽与城镇孩子同在一片蓝天下，却不能接受同等质量的教育。他们大部分是留守儿童，长期与父母分离，缺乏必要的父母呵护和家庭教育，如果学校教育再跟不上，那将是一个严重的社会现实问题。目前，义务教育阶段所有的适龄儿童包括偏远农村的孩子都能有学上，但“上好学”成了纠结的问题。偏远的薄弱学校教学质量相对较差，开齐、开足课程都成了问题，如英语、信息技术、音乐、体育、美术等由于缺少教师很难保质保量地开课，至于一些发展性、创新性的教学活动更难以企及。现在在农村学校读书的留守儿童，多数由祖父(母)等隔代监护，他们大多不懂教育，只能把孩子的教育权完全托付给学校。同时，把孩子的未来和希望也都托付给了学校，而他们的子女接受的教育却不尽如人意。

四、提升教育公平和义务教育均衡发展的对策和建议

教育均衡发展是政府公共管理的一个重要方面，既要体现教育的公平性，又要为社会的发展提供优质人才，以适应当前社会发展和经济增强的需要。政府作为基础教育的办学主体，要切实承担起基础教育均衡发展的责任，努力促进教育公平。在基本普及九年制义务教育后，应由过去非均衡发展教育的策略转移到均衡发展策略上来，处理好教育均衡发展和教育公平之间的统筹和协调。

(一)推进义务教育均衡发展的策略

1. 完善教育公共服务体系，强化城乡教育一体化建设

《济南市中长期教育改革和发展规划纲要(2010～2020)》中，强调完善教育公共服务体系，加强教育城乡一体化建设的一个重要目标就是：“教育发展与人口总量、结构变化相适应，与经济结构调整相衔接，与城市功能定位相匹配。城乡之

间、区域之间公共教育资源配置和校际之间差距明显缩小。进城务工人员随迁子女平等接受义务教育。残疾人受教育权利得到充分保障。困难家庭学生资助体系更加健全。入学机会公平得到切实保障,人才选拔机制进一步完善。”学校教育唯有建立完善的体系,才能发挥其应有的功能。面对现今依然存在的城乡、区县间教育资源的分配不均衡以及学校之间的差距,加强教育一体化建设至关重要。以济南的市情为基础,从总体上科学规划,实事求是地制定具体操作流程,尽快缩小教育发展差距,从根本上解决区县、城乡义务教育发展不均衡的问题,给老百姓一个教育公平的环境。

2. 加大财政投入并明确责任

随着百姓对义务教育的水平的要求越来越高,相应的财政投入也要加大。根据义务教育经费的管理制度,县级政府为主要财政承担者。但济南市各区县由于历史原因,经济发展极度不平衡,GDP最高的历下区与最低的商河县,在半年之内就差6倍之多;像长清区、平阴县、济阳区、商河县这些欠发达县区,也很难独自承担义务教育经费投入的重任。市政府应当对经济发展水平不高的区县加大教育经费投入的力度,缓解欠发达区县政府财政负担过重的现象。建议根据济南市经济发展平均水平,制定义务教育财政投入最低标准,对低于最低标准的区或者县政府通过建立合理的财政转移支付制度给予弥补支持。针对上级部门拨付支持的教育经费,在各区县财政部门建立经费管理体系;明确各区县政府的财政责任,并把完成情况作为干部政绩考核的重要衡量标准。

3. 健全义务教育均衡发展经费保障机制

教育投入的多少,会直接影响到义务教育规划措施的实施。保证资金投入到位,不是哪一个部门的事,落到实处才最为关键。增加财政教育投入时,要有一个监督机制来监督经费的投入、管理和使用,并对每年的财政预算、使用情况、达到的效果进行全过程监督。建立城乡一体化的义务教育发展机制,统一城乡生均教育经费、办学条件和教师收入标准,在财政拨款、学校建设、教师配备和待遇等方面向农村倾斜。义务教育是纯公共产品,为此,政府应当提高管理效率,注重产品的效果和质量。在进行义务教育经费分配时,要缩小区县间、城乡间、校际间义务教育经费的差距,就要综合考虑到经费投入、分配、使用的协调性、合理性和系统性。

目前,促进区域教育均衡发展,首要解决的是保障教育经费按国家要求的比例投入,如果没有保证最基本的比例,所谓加大教育财政投入就是一纸空文。建立义务教育经费保障机制的实质就是要在现行《义务教育法》中补充并完善义务教育经费的条款,合理地规定各级地方政府对义务教育经费投入的标准,逐步提高生均公用经费基准定额,并向农村学校、寄宿生和进城务工人员随迁子女较多的学校倾斜，进一步增强义务教育经费的可携带性。

(二)构建教师管理新体制

1. 健全义务教育教师工资、福利待遇机制

我国人事编制规定，公办中小学校教师属于全额事业单位编制，义务教育阶段的教师工资是地方分级财政负责制，实行一级政府一级财政的“块块管理”。一个地区的经济发展水平决定着该地区的教师工资和福利待遇。经济发展水平不同的区县，义务教育阶段教师工资发放的数额也就不同，福利待遇也有差别。以长清区为例，长清区的教师工资、福利待遇相比济南市区经济发达的区来说差距很大；不仅如此，长清区内各乡镇之间也有区别。可见，各区县之间、城乡之间悬殊的薪酬待遇和社会保障制度是制约师资队伍建设的重要原因。教师队伍同工不同酬，没有体现出教育公平的原则，也无法调动乡村教师在艰苦环境工作的积极性。推进义务教育均衡发展的重担分解到每个教师肩上。政府可以改变教师的管理方式，对教师实行“条条管理”，人事关系和工资及福利待遇由市教育局统一管理，由市级财政直接代发；健全城乡义务教育教师工资统发机制，保障城乡教师享有均等的工资、福利待遇，真正实现教师待遇同工同酬。

2. 加强城乡教师的队伍建设

义务教育均衡发展是一项系统工程，其中一个关键环节就是师资队伍的建设。教师的观念、教师的水平、教师的素养直接决定着教学质量的优劣，而师资配置和队伍建设就成为教育均衡发展中的核心问题。习近平总书记指出，国家繁荣、民族振兴、教育发展，离不开我们大力培养造就一支师德高尚、业务精湛、结构合理、充满活力的高素质专业化教师队伍。现行体制下，可以从以下几个方面加强城乡教师队伍建设：首先，加强中小学教职工编制管理，逐步实行城乡统一的中小学编制标准或适当调整农村中小学核编的比例，采取以师生比核编或以班额比核编的办法，保证偏远山区和交通不便的农村学校教学工作的正常开展。建立有效的教师补充机制，新增教师优先满足农村学校、城镇薄弱学校的需求。其次，加强教师和校长队伍建设。一是实行校长负责制，保证校长拥有依法行政、依法自主治校的权利。二是制定教师和校长队伍每年定期培训计划，促进教育队伍的整体水平不断提高；对教师的培训内容要有针对性。最后，把师德建设放在首位，建设一支为有师德、有担当、有口碑的教师队伍。完善学校用人机制，想方设法调动教师的积极性，鼓励每一位教师不断钻研业务、对教育精益求精、对学生关爱备至、勇于担当教育教学改革的重任。

3. 创新城乡义务教育校长、教师流动方式

有一种说法：“有一个好校长，就有一所好学校。”可见一位好校长能对一所学校的发展起到举足轻重的作用，但独木不成林，还需要有个好团队，才能真正打造

一所好学校。教师是教学工作的主导者。学校间基础设施上的差距是次要的,而学校间管理水平和师资水平的差距才是主要的。在现有的城乡教师轮换制度下,城市优秀教师去农村交流多是为了完成任务,便于返城后评职称,并不能实质性地提高农村学校的师资水平,也就无从谈起提高农村学校的教学质量,至于校长层面也是如此。虽然政府出台了一系列的补贴措施,但是收效甚微。如何才能建立一个有效的轮岗制度,需要精心的研究和论证。一是从法律层面规定城乡义务教育教师流动的实施细则,对交流方式、交流范围、交流年限等条件进行严格的规定。更重要的是配套建立科学评价机制,制定详细的评价标准,对城乡校长教师交流后所产生的效果进行评估。二是"团对"交流。现实中校长、教师的交流由于受各种因素的影响,很难达到预期的目的。那么校长、教师县域交流如何才能更有实效呢?有的教师提出"团对"交流。所谓"团对"交流,是指优质学校与薄弱学校的校长、教师组成全科教学管理团队,进行包班式交流。一所薄弱学校的形成有诸多原因,交流一个校长或一两个教师是不能解决问题的,所以可以尝试让校长、教师的交流范围扩大一些,改变交流方式,采取团队交流。这种交流方式可避免单个交流的缺陷:一是整体交流是团队"作战",避免单打独斗、势单力薄。强弱学校整班互换,交流影响更大。通过团队支点就能撬动两所学校内部的竞争,既能慢慢消除薄弱学校沉积了多年的陋习,又能激发优质学校消失了多年的拼劲。二是避免背离交流的初衷,切实产生正影响。校长、教师交流的初衷是好的,但是实际操作中却出现了一些不好的现象。交流变成了流动,流动变成调动,结果是优秀教师不断向优质学校集结,薄弱学校优秀教师不断流失;而"组团"交流则不同,它是双向的一顶一的交流,具有可操作性和持续性。

(三)加快新建小区学校配套建设,移植教育优质资源

随着新建小区的快速增加,新建小区配套学校的问题受到关注。2017 年市人大常委会开展义务教育均衡发展专题询问纪实时,市人大常委会委员魏军问道:"如何保障新建小区配套教育设施与首期居民住宅同步建设、同步交付使用?"询问会上,市国土资源局的领导是这样回答的:"2013 年我市实行配套教育设施用地与居住用地捆绑出让政策,将配套教育设施一并纳入土地招、拍、挂供应方案。为了避免因教育设施用地拆迁难、熟化滞后导致无法与首期住宅项目同步建设、同步交付使用的问题,今后在土地招、拍、挂过程中,将严格把关,配建教育设施用地拆迁不到位、熟化不到位,达不到'净地'条件的,该经营性用地将不予出让。"也就是说,2013 年之前有些小区,特别是规模较小的社区,没有配套的教育设施;2013 年之后出台教育设施用地与居住用地捆绑出让政策,新建小区全部配套教育设施,但不能保障同步建设或同步交付使用。即使同步交付使用,入住配套学校的管理者也会与开发商售房时的承诺相差甚远。前几年,新建小区业主因开发商售房时承诺的配套学校与实际不符而与之产生冲突的事情经常见诸报端。之所以这样，都是缺少优质教育资源惹得“祸”。针对学校空间布局体系尚待完善的问题，笔者建议：一是解决好未建教育配套设施小区的问题，因为这种小区规模相对较小，政府可重新划分学区范围，或为这些小区进行综合配套，按人口规模建立义务教育市管学校。二是在开发商预售房产时，政府同步建立配套学校建设专管账户，按学校建设的预算金额，从开发商的预售房产金额中扣除建房款项，用于配套学校的建设，以保证商品房与学校同时施工并同步交付使用。三是政府要加快对优秀教育资源的培育，全面推行优质教育资源共享战略，对“集团化办学”“弹性学区”“城乡联盟”“跨学段学区化管理”“名校托管”等这些办学方式进行甄别筛选，选出适合不同社区的优质教育资源并将其移植到新建小区。四是推行集团化办学，实施城乡义务教育发展共同体。新建小区的学校在交付使用时，也可采取对外招标的形式，打破区域界限，召集各教育集团进行竞标，由中标的教育集团进行管理。

参考文献

[1]翟博：《教育均衡论——中国基础教育均衡发展实证分析》，人民教育出社2007年版。

[2]管福泉：《“组团”交流更实效》，《湖南教育》2016年第3期。

[3]宋瑞宏：《力促教育公平推动义务教育均衡发展》，《基础教育参考》2018年第6期。

[4]谢颖丽：《教育均衡发展：甘肃坚持促进公平与追求卓越并举》，《甘肃教育》2017年第21期。

[5]张伯君：《深化改革发展　促进教育公平　探索吉林特色县域义务教育均衡之路》，《吉林教育》2016年第1期。

[6]张佳余：《优化教育资源配给　促进教育公平达成——辽宁省盘锦市义务教育均衡发展与相关问题探究》，《基础教育参考》2017年第13期。

[7]董敏：《城乡义务教育均衡发展策略研究——以济南市长清区为例》，陕西师范大学硕士学位论文，2016年。

[8]冯秀川：《济南市义务教育均衡发展问题研究》，山东大学硕士学位论文，2009年。

[9]高宁波：《山东省义务教育均衡发展问题及对策研究》，山东师范大学硕士学位论文，2015年。

[10]张纪余：《推进义务教育均衡发展的策略研究——以济南市义务教育发展为例》，山东大学硕士学位论文，2011年。

济南市职业院校产教融合、校企合作研究

孙　明

党的十九大报告提出:“完善职业教育和培训体系,深化产教融合、校企合作。”2014年,习近平总书记对职业教育工作作出重要指示,为新的历史时期加快推进现代职业教育发展指明了方向,提供了根本遵循。在指示中,习近平强调:“要牢牢把握服务发展、促进就业的办学方向,深化体制机制改革,创新各层次各类型职业教育模式,坚持产教融合、校企合作,坚持工学结合、知行合一,引导社会各界特别是行业企业积极支持职业教育,努力建设中国特色职业教育体系。”这一论述深刻阐释了职业教育改革发展各要素的内涵和辩证统一关系。坚持产教融合、校企合作,是深化职业教育体制机制改革的重要举措,是创新各层次各类型职业教育模式的必由之路。2017年12月5日,国务院办公厅印发了《关于深化产教融合的若干意见》(国办发〔2017〕95号),强调指出:“深化产教融合的主要目标是,逐步提高行业企业参与办学程度,健全多元化办学体制,全面推行校企协同育人,用10年左右时间,教育和产业统筹融合、良性互动的发展格局总体形成,需求导向的人才培养模式健全完善,人才教育供给与产业需求重大结构性矛盾基本解决,职业教育、高等教育对经济发展和产业升级的贡献显著增强。”这对于贯彻落实十九大精神,把习近平总书记教育思想转化为教育工作的生动实践,进一步深化产教融合、校企合作,推动职业教育乃至整个教育改革创新,具有重要意义。

一、产教融合、校企合作的内涵及优势

(一)产教融合

1. 产业融合的内涵

产教融合,是指职业院校根据所设专业,积极开办专业产业,把产业与教学密切结合,相互支持,相互促进,把学校办成集人才培养、科学研究、科技服务为一体

的产业性经营实体，形成学校与企业浑然一体的办学模式。产教融合是基于产业的“产”和教育的“教”的融合，产业的“产”必须以生产为前提，而教育的“教”则更加侧重于职业教育。只有在真实的生产氛围中进行专业实践教学和体验，学生才会学到真本领，教师才能锻炼出真水平。这边的“产”必须与“教”紧密结合，“产”的目的是为了“教”。在产教融合的基础之上，进一步推动学院科学研究以及学生的创新创业，构建“产学研创”体系。

2. 产教融合的优势

(1)有利于激发学生的创造力、创新力，并为学生工读结合、勤工俭学创造条件。职业院校兴办专业产业，并使之与教学相结合，这为学生提供了必要的实习条件和难得的锻炼机会。在生产实践和管理实践中，学生会在老师的带领、指导下，把学到的书本知识运用到实践之中，从而加深对知识的理解，增强应用知识和解决实际问题的能力。不仅如此，产教结合还会激发学生创造、创新的愿望和热情，激励他们在实践中不断探索、不断创新，而这种创新意识、创新能力、创新人才的培养正是职业教育的办学方向。学校兴办专业产业，让学生参与生产或经营，取得一定的报酬，这客观上也为学生工读结合、勤工俭学创造了条件。

(2)有利于提高教师的业务水平。现在，职业学校的老师大多是从高校直接分配的，他们专业水平高，理论知识丰富，但缺点是知识应用能力不强，实际操作水平不高。这也极大地影响了职校教学质量的提高。学校创设实习基地，兴办专业产业，为广大教师，特别是专业课教师参加实践、提高实际工作的能力提供了条件和机会；而且在实际工作中，教师把理论知识与生产实践相结合，把教学与科研相结合，有利于提高自身业务素质和教学质量，这对职业学校建立一支过硬的师资队伍有着十分重要的意义。

(3)有利于促进地方经济繁荣发展。职业教育是最直接为当地经济建设服务的，职业学校设置的专业都与当地经济建设密切相关。学校教师专业知识丰富、头脑灵活，他们依靠科技兴办产业，在当地具有一定的示范性；同时，职业学校培养了一大批懂技术、会管理的人才，他们走上社会，必然会成为该领域的行家里手。这有利于带动当地经济结构的调整，促进地方经济的繁荣和发展。

(4)有利于促进职业教育的健康发展。职业教育是以就业为导向的教育，培养的是生产、建设、管理和服务第一线需要的高技能人才。这类人才具有鲜明的职业性、技能性、实用性等岗位特征。简单地说，这类人才是工作在第一线，懂技术、会操作、能管理的技术员。因此，应按岗位群对人才的知识、能力、素质的需求作为最高原则来设置专业、制定教学计划。“产教融合，校企合作”的培养思路正是这种需求的集中体现，应大力推广和提倡。同时，学校也应针对企业所需的产品与技术进行开发，以实现学校培养人才、研发产品和技术服务三大功能。为使企业需求与学校教学无缝衔接，与技术发展方向合拍，就必须依靠和吸收企业技术骨干、学者专家参与培养目标的研讨、教学计划的制定。

(二)校企合作

1. 校企合作的内涵

校企合作，是指学校与企业建立的一种合作模式，是一种注重培养质量、注重在校学习与企业实践、注重学校与企业资源和信息共享的“双赢”模式。校企合作应社会所需，与市场接轨，与企业合作，秉承实践与理论相结合的全新理念，为教育行业发展带来了一片生机。

2018 年 2 月 5 日，教育部等 6 部门联合印发了《职业学校校企合作促进办法》(以下简称《办法》)。《办法》自 2018 年 3 月 1 日起施行，主要政策创新点体现在：明确了校企合作是指中等、高等职业学校和企业在实施职业教育过程中通过共同育人、合作研究、共建机制等方式实施的合作活动；提出了要建立校企主导、政府推动、行业指导、学校企业双主体实施的合作机制；明确了职业学校和企业可以结合实际在人才培养、技术创新、就业创业等方面，开展 7 种形式的合作；明晰了国家的促进跨区域校企合作方面的职责、地方政府的职责以及教育、财税、用人和分配等方面的具体政策等。《办法》的颁布为职业院校校企合作之路明确了目标原则与方向，搭建了校企合作的基本制度框架。

2. 校企合作的优势

(1)校企合作适应社会与市场需要。学校借助企业反馈，了解企业需求，有针对性地培养人才，结合市场导向，注重学生实践技能，更能培养出社会需要的人才。

(2)校企合作有利于职业院校发展。首先，校企合作符合职业教育的内在发展规律，有助于职业院校从传统而枯燥的理论教学向创新与灵活的实践教学过渡；其次，通过校企合作，职业院校可以充分利用企业的资金、设备、场地等优势资源，加强学生的实习实训教学；再次，校企互动大幅提高了职业院校的教学质量，不断完善专业设置、革新教师的教学方法与手段、修订人才培养方案、调整课程教学计划等；最后，校企合作通过提升学生的职业素养和岗前意识，来提高职业院校学生的未来就业竞争力。

(3)校企合作有助于企业人才选拔。校企合作符合企业培养人才的内在需求，有利于企业实施人才战略。首先，通过校企合作，学校能够将企业按需培养的优秀毕业生直接输送到用人单位及岗位，实现了企业优先选拔，省去了不必要的人才浪费；其次，学生在企业实习实训的过程中，尽管没有成为企业的正式员工，但其在实践中从某种意义上也为企业创造了生产与劳动价值；最后，学校是人才培养的摇篮，牵动着千家万户。企业通过与学校合作，能树立美好的社会形象，而社会形象又是企业的无形资产,关乎着企业的声誉。校企合作有助于提高产品的社会影响力,从而提高企业的经济效益。

(4)校企合作是一种"双赢"模式。校企合作,做到了学校与企业信息、资源共享。学校使用企业设备,企业也不必为培养人才担心场地问题,实现了让学生在校所学与企业实践有机结合,让学校和企业的设备、技术实现优势互补,节约了教育与企业成本,是一种"双赢"模式。

国内对于产教融合、校企合作的研究角度比较多,可以从不同层次、不同培养模式、不同合作内容和不同办学主体来进行不同分类。虽然研究角度不同,但是以下五个方面却是相同的:一是产教融合的校企合作应该以符合地方发展为出发点,为地方经济发展服务;二是学校和企业必须利用一切资源进行全方位整体推进;三是政府牵头、校企共同参与的管理机构必须健全;四是切实维护学生权益,保障学生优质就业;五是在推进产教融合的校企合作中必须以市场为导向,循序渐进,实现多方共赢。

二、济南市职业院校"产教融合,校企合作"现状

近年来,中共济南市委、市政府不断加强对高等职业教育的领导和分类指导,大力强化内涵和特色发展,出台了一系列政策和措施。全市高职院校办学质量和水平也有了很大提高,为社会经济发展培养了大批职业人才,服务经济社会的能力不断增强。在取得历史性发展成就的同时,也必须清醒地认识到,与长三角、珠三角地区,乃至省内青、烟、潍等市相比,济南市高等职业教育还存在较大差距。

(一)办学力量分散,专业特色不鲜明

当前,济南市有市属高职院校 4 所,分别是济南职业学院、济南护理职业学院、济南工程职业技术学院和济南幼儿师范高等专科学校;另有 1 所高级技工学校——济南市技师学院。这 5 所学校大多是在中专(中职)、成人院校的基础上合并、升格而来的,分属教育、卫计、人社等部门,在管理上存在行业、部门和条块分割现象,不利于高校根据自身发展的需要协调与社会、行业、企业的关系;各主管部门都承担着一定的管理职责,在统筹协调、资源整合等方面,难以形成合力,影响了整体集聚效应的发挥。与省属及其他地市院校相比,济南市属高职院校成立时间普遍较晚,发展基础也比较薄弱。在全省 6 所国家示范性高职院校和 7 所国家骨干高职院校中,济南市属院校中有 1 所骨干院校。在全省 74 所高职高专院校中,济南市属院校无论是办学规模还是综合实力都未形成明显优势,发展后劲不足,缺乏旗帜性的领军院校。与省内青岛、潍坊的制造、物流等专业,烟台、威海的化工、医械、制药等专业以及滨州的航空等专业相比,专业特色不够鲜明,人才培养质量有待进一步提高。在供给侧结构性改革方面仍然存在短板,未能充分体现

区域支柱产业、战略性新兴产业和优势产业需求的办学导向,未能充分发挥面向农村劳动力转移和城市再就业的职业培训功能,服务"四个中心"建设的高素质技术技能型人才培养供给能力不足。

(二)缺少系统化、法制化的政策

产教融合、校企合作的发展离不开国家政策和地方政府的支持和指导。职业教育作为与经济发展联系紧密的一种教育类型,理应更多地依靠和发挥政府、行业、企业等主体的作用,但是事实远非如此:因行业、企业与职业教育隶属于不同的管理部门,体制机制运行方式也不同。另外,政府在产教融合、校企合作过程中的主导作用发挥也不充分,缺乏相关的法律法规。近年来,虽然济南市出台了《关于推进现代职业教育体系建设的实施意见》(济政发〔2014〕20号)、《济南市职业教育发展规划》(济发改社会〔2015〕91号)、《关于转发鲁教职字〔2017〕6号文件做好职业教育质量提升计划有关工作的通知》(济教职字〔2017〕2号)、《关于转发省教育厅关于加快推进职业教育信息化发展的实施意见的通知》(济教职字〔2018〕6号)等一些关于促进产教融合、校企合作的政策,但依然缺少刚性、系统化的法律条文,从而使职业教育政策的制定落后于职业教育的现实发展。因此,将产教融合、校企合作纳入法律的框架内,对从根本上推动职业教育的深入发展具有重要意义。

(三)资金投入不足,投资体系不健全

目前,济南市属高校办学经费主要来源于学校行政事业收入(主要是学费收入)和市财政划拨的办学经费。由于大多数院校正处于建校发展期,基本设施和办学条件还不够完善,基本建设任务很重,资金缺口较大,甚至有的院校债务负担较重。随着国家行政体制改革的深入,高职院校主管部门功能弱化,行业院校未能实际享受教育费附加,财政拨款大部分用于教职工工资发放,行政事业收入和财政拨款无法满足办学需要,造成了济南市属高职院校办学经费紧张的局面,极大地影响了高职院的校发展和办学质量的提升。

(四)产教融合不够,校企合作力度不强

产教融合、校企合作的成效表现之一就是高职院校的人才培养质量和社会服务能力明显提升,从而为地方经济的可持续发展和区域产业转型升级提供必要的技术技能人才支撑和应用技术支持。但是,作为技术技能人才培养的一种重要方式和手段——产教融合、校企合作,总体上不尽如人意,具体表现为:高职院校的合作积极性高、比较主动,而企业合作意愿不高、相对被动;产教融合、校企合作主要表现为浅层次、松散型,涉及企业核心人才培养培训和应用技术研发等方面的高层次、紧密型合作很少,更谈不上将其转换为学校培养技术技能人才的主要手段和优质资源。目前,济南市职业院校与企业合作程度与经济社会发展的速度仍不够匹配，产教融合仍不够深入。据统计，《济南市十大千亿产业振兴计划》确定的208家重点企业中，与我市职业院校开展校企合作的仅有10余家，校企合作的广度和深度明显不够，职业院校对产业发展的贡献力明显不足。目前，国家提出的校企合作的相关政策和要求尚未得到有效落实。多数企业不愿参与院校人才培养，“订单培养”“现代学徒制”等立足于校企合作的培养模式仅仅对接个别企业，而企业每年接受毕业生的规模有限，学生到企业大多是低层次顶岗实习。“产教融合”完全依靠院校自身是很难实现的，只有获得更高级的顶层设计和政策支持，才能深化校企合作体制机制改革，从而达到产教深度融合。

三、国外职业教育经验及启示

在一些发达国家中有很多比较成功的职业教育典型模式，如德国的“双元制”、美国的“合作教育”、新加坡的“教学工厂”模式等。这些培养模式都有一个共同的特点：将技能人才的培养与企业结合起来，在生产实践中培养真正的技能型人才，推进“产教融合，校企合作”。

（一）国外职业教育的经验

1. 德国“双元制”模式

所谓“双元”，其中一元是指职业学校，另一元是指企业。在这种模式下，学生对未来岗位有明确的认知；职业学校专业课程的实施正是依据岗位的素质要求，这也是企业培训的目标。该模式的核心环节就是企业培训；而职业教育的规律性要求就是：加强理论与实践结合，侧重实地训练。“双元制模式”具有如下特点：专业设置以职业分析为导向；实训培养目标以职业能力为本位；以职业学校和企业合作为基础实施实训；学生是实训教学活动的主体。

2. 美国“合作教育”模式

“合作教育”即学生在一学年中要有1/4的时间进入到与自己专业对口的公司或企业进行实训。在实训过程中，注重培养学生的职业道德和职业素养，充分锻炼学生的工作责任心以及社会责任感，使学生能够树立自信心和成就感。同时，学校能够通过实训获得社会上知名企业的支持，使学校能够依据用人单位的需求调整专业课程设置，充实和更新教学内容。该模式是学校、学生、企业三方合作受益的实训模式，大大减轻了学校在设施设备上的负担，充分培养学生的职业道德和职业素养，让企业第一时间获得优秀的人力资源。

3. 新加坡“教学工厂”模式

新加坡所推行的“教学工厂”模式，强调以学校为本位，将真实的企业环境引入教学环境中，两者有机融合，实施以项目课题为导向的实践性和操作性现场教学。“教学工厂”具有以下特点：以企业化的环境布局，使学生感受未来所从事的工作氛围;以现场化的项目教学法以及师徒式的师生关系,使学生能够从高技术人员身上获得真实的工作经验;以本土化的课程培养学生,形成区域特色的职业教育。

(二)国外职业教育的启示

1. 强化人本理念

要将人本理念融入到人才培养的全过程中,坚持以人为本的原则,切实以人的成长规律为基础,充分发挥人文关怀的效力。因人施教,尊重学生的发展要求,珍惜学生的发展潜质,使每位学生得到最大的发展空间。将学生的成长规律与教育的发展规律相结合,努力营造出崇尚科学、勇于开拓、自然和谐的氛围,强化校园环境的"文化量",不断提升人才培养质量,实现学生的高质量就业。

2. 实施开放式办学

职业院校应主动面向社会、面向企业,实施开放式办学,按照社会发展对人力资源的要求,贴近社会、贴近市场、贴近实际,切实深入行业企业以进行大量的市场调研,合理设置专业课程,"量身订制"人才培养方案。目前,一些职业院校举办的"冠名班"和"订单班",就是校企深度合作、开展人才培养的产物,其有效适应了市场及企业岗位的实际需求。

3. 创新实践平台

在实践教学方面,职业院校要以提升实践教学质量、培养学生综合职业能力为宗旨,以产生一定经济效益并可开展技术服务为目的,建设集教学、生产、科研、培训、示范多种功能于一体的"实训工厂"。与以往的实训基地建设有所不同,"实训工厂"在满足教学要求的基础上,根据市场发展形势,开展生产经营活动和技术服务活动。"实训工厂"不仅要满足学生职业能力提升的需要,而且还要满足生产的需要,产生一定的经济效益,并能带动科技研发、技术服务等多种功能的拓展。

4. 发挥人才效应

职业教育的可持续发展,必须依靠人才、发展人才,精心打造一流的"双师型"教师队伍。加强人才引进力度,在岗位需求的基础上,严格按照程序引进高端人才、紧缺人才和企业的工程技术人员;加强在职人员培养,鼓励在职教师进修、培训,鼓励教师到企事业单位的生产、管理第一线学习和掌握现代生产技术,不断更新知识,参加实践锻炼,提升教学水平。

四、济南市推进产教融合、校企合作的措施

综上所述,我们可以看出推进产教融合、校企合作是职业院校人才培养、师资队伍建设、技术技能积累、服务经济社会发展等内涵指标全面提升的重要内容;对企业而言,推进产教融合、校企合作可以为其提供人才储备、技术革新等企业发展

所必备的条件。推进产教融合、校企合作的措施主要有：

(一)建立相关法律法规

综观发达国家职业教育发展的历程，无论是德国的“双元制”还是澳大利亚的“新学徒制计划”等，都有完备的校企合作立法作支撑，可以说推进产教融合、校企合作离不开法律法规的政策保障。一方面产教融合、校企合作相比在教室集体授课的教学模式是一种成本较高的人才培养模式，需要充分调动高职院校和企业双方的积极性，这时政府的政策支持是非常关键的；另一方面建立相关法律法规，确保企业承担职业教育责任。当前，限制职业教育发展的重要原因之一是社会参与力度不够，尤其是企业在校企合作中承担的作用不突出。为了促进企业承担职业教育责任，政府要制定职业教育相关法律法规，相关的行业主管部门要严格监督企业在职业教育中的职责，积极引导企业参与到职业学校的人才培养目标建设、专业建设、课程开发中来，并且明确保障这些职教支持企业的实际权益。

(二)加强政府办学的主导作用

高等职业教育是密切联系经济社会发展的“特殊”高等教育。国务院印发《关于加快发展现代职业教育的决定》(国发〔2014〕19 号)强调，要“加强组织领导，落实政府职责。完善分级管理、地方为主、政府统筹、社会参与的管理体制。”办好高职教育，主要依靠行业及教育主管部门的力量是不够的，要在深刻把握高等职业教育发展和学生成长成才规律的基础上，按照“政府主导、行业指导、企业参与”的办学要求，正确处理政府相关部门与高等职业教育之间的关系，建立财政、人社、发改、规划、教育和行业主管部门等多部门通力合作的长效机制，通过综合分析经济社会发展、产业结构布局、社会人才需求等，研究确定办学专业配比及人才培养总量，综合运用立法、拨款、规划、信息服务、政策指导和必要的行政手段，建立健全科学高效的高等职业教育资源配置体系，不断加强和改进对市属高等职业院校的宏观管理和指导支持。建议尽快成立全市职业教育发展工作领导小组或建立职业教育联席会议制度，由市领导牵头，定期召集有关部门负责人、院校主要领导和行业专家代表等参加会议，负责统筹解决全市职业教育发展所面临的各种困难和问题，协调推进改革发展各项工作任务的督导落实。

(三)进一步深化“放管服”改革

党的十九大报告强调，要“转变政府职能，深化简政放权，创新监管方式”。深化高等职业教育领域“放管服”改革，是深化高等教育综合改革的重要举措，是落实和扩大高校办学自主权的必然要求。2017 年 3 月，教育部等 5 部门联合印发《关于深化高等教育领域简政放权放管结合优化服务改革的若干意见》，聚焦高等教育改革发展中的深层次问题，对破除束缚高等教育改革发展的体制机制障碍提出了明确要求。当前，任务已经很明确，通过深化“放管服”改革，构建以质量为导向的政府、院标关系,推动高职院校提供适合的教育,以满足人民对更加公平、更高质量的职业教育的需求,重点是要做好三个层面的工作:一是"放好",进一步给高职院校松绑减负、简除烦苛,在专业设置、人员编制、岗位管理、进人用人、职称评审、薪酬分配、经费使用管理等改革发展深层问题上,赋予院校更大的办学自主权,形成以质量为导向的自我管理、自我约束、自我发展机制。二是"管好",加强发改、规划、财政、编办、人社等部门的协同,加大对高等职业教育的支持力度,统筹保障资金安排,健全政策法规制度体系,加强教育标准建设,强化监管优化服务,深入推进管办评分离,营造良好的政策环境。三是"服务好",引导高职院校合理定位、办出特色,建立招生、就业与专业设置联动机制,为聘用人才提供便捷、高效的人事管理服务,支持院校深化人事分配制度改革,建立健全有利于提高竞争力的内部分配机制,推动高职院校提供适合的教育,满足人民对更加公平、更高质量职业教育的需求。

(四)进一步建立健全政府为主的投资体系

《高等教育法》明确规定:"国家建立以财政拨款为主、其他多种渠道筹措高等教育经费为辅的体制,使高等教育事业的发展同经济、社会发展的水平相适应。"当前,办学经费紧张已成为制约市属高职院校发展的难点。各院校通过积极开展社会培训、提供社会服务、募集社会捐赠、吸引社会投资以及向金融机构贷款等各种方式,多渠道地筹集资金,在一定程度上缓解了经费紧张的局面。为加快全市高等职业教育健康发展,在各院校自力更生的同时,还需要政府进一步加大政策扶持和资金投入力度。一方面,建立健全政府计划投资体系,明确政府对高职院校建校经费和日常教育经费的来源与支付方法的管理,并以地方法规的形式确定下来;另一方面,加大政府财政支持力度,相关部门应制定灵活多样的绩效发放政策。

(五)进一步完善产教融合、校企合作机制

现代高等职业教育以其自身富集的专业、技术、人才等资源优势,对区域经济社会和产业发展的辐射作用日益彰显。2018 年是济南新旧动能转换先行区"引爆"的关键之年,按照市委、市政府"规划先行、公共设施先行"的战略部署,先行区先发展学校、医院、文化场馆等公共服务设施,凝聚起发展的人气和活力,从而带动产业、人口的涌入,形成良性循环。建议市委、市政府根据市属高职院校的办学特点和专业特色,在先行区统一规划一处大学产业园区,推动高校率先进入,引导校企共建一批生产性实习实训基地、技术服务和产品研发中心、社会职业培训基地、大学生创新创业实践平台等,推动高职院校技术创新和成果转化,推动互联网、大数据、人工智能和人才培养的深度融合,在社会、学校、产业和企业之间打造一条密切合作的绿色通道。要进一步加强对产教融合、校企合作的支持力度,强化企业主体的重要作用，不断完善校企协同育人的相关政策、法规和制度，搭建多层次合作平台，并着力从协调、激励、保障等长效机制上化解校企合作面临的困难和问题。推进集团化办学，建立校企联合招生、联合培养、一体化育人的现代学徒制试点，积极吸引资本、知识、技术、管理等多种要素，探索混合所有制办学模式，推动校企共建二级学院，着力打造校企利益共同体。充分发挥高职院校社区学院功能，积极开展技术技能培训和继续教育，努力为农村劳动力转移、新型城镇化建设及社区文化教育服务，不断增强全市高等职业教育的有效供给。

建设教育强国是中华民族伟大复兴的基础工程，必须把教育事业放在优先位置，加快教育现代化，完善职业教育和培训体系，深化产教融合、校企合作，这是我国新时代职业教育发展的方向。济南作为省会城市，应当加快高等职业教育发展，提高人才培养质量，扩大就业创业，推进经济转型升级，培育经济发展新动能，努力为“打造四个中心，建设现代泉城”中心任务做好服务。

参考文献

[1]国务院办公厅：《关于深化产教融合的若干意见》（国办发〔2017〕95 号），2017 年 12 月 5 日。

[2]济南市教育局：《关于进一步加强和改进职业教育集团建设工作的指导意见》（济教职字〔2018〕13 号），2018 年 9 月 6 日。

[3]贺星岳：《基于现代职教体系的产教融合、校企一体化研究与实践——以浙江工贸职业技术学院为例》，《职业技术教育》2015 年第 21 期。

[4]李莉：《新加坡职业教育特色及对我国职业教育的启示》，《重庆职业技术学院学报》2008 年第 2 期。

[5]刘晓、徐珍珍：《职业教育产学研一体化办学的内涵、特征与模式》，《中国高校科技》2016 年第 8 期。

[6]宋卓究：《德国职业教育对我国职教的借鉴作用》，《科技信息》2009 年第 19 期。

[7]张志、杨金玲：《关于我国高职院校实习实训模式综述》，《山西财经大学学报》2008 年第 1 期。

挖掘黄河文化智慧性内涵
构筑济南携河北跨新特色

李记全

黄河被誉为“四渎之宗”，是炎黄子孙的母亲河，也是中华民族的代表与象征。黄河文化产生于新石器时代，具有起源早、成熟快，政治色彩鲜明、同化能力强等文化特色，其内涵涉及中华民族以及黄河流域广大劳动人民、广大治河工作者创造的全部物质财富和精神财富的总和及其所形成的价值观念、精神诉求、思维模式和行为方式的综合。黄河文化的生存地域有广义和狭义之分，它长期居于中国古代多元文化的领导地位，并成为“多元一体”的中华文明的核心。天人合一的哲学观念、源远流长的文化传统、不断进取的文化精神和兼收并容、博采众长的恢宏气度是黄河文化的四个特点，自强不息、天人合一、多元融合、崇德利用等成为黄河文化的内在精神。

黄河流域的河洛文化是中华文明的起源。河图表述的是生生循环的自然规律，为先民法天则地、顺物合时提供了依据，为中华民族以智慧著称于世奠定了基础。我们弘扬优秀传统文化，需要主动学习智慧经典，主动净化思想意识，主动遵循规律法则来开展各类活动。济南在携河北跨、由“大明湖时代”迈入“黄河时代”的进程中，同步规划好、传承好、发展好黄河文化，对提升优秀传统文化的独特魅力、彰显时代价值具有重大意义。

一、黄河文化的智慧性内涵探析

黄河流域是中华民族的重要发祥地。中华民族素以勤劳、智慧著称于世，与黄河文化的智慧性内涵密切相关。

（一）从河图看黄河文化的智慧性内涵

河洛文化诞生于黄河流域，是中国文明的主干和源头。《易·系辞》有段文字：“河出图，洛出书，圣人则之。”

河图口诀："一六居下，二七居上，三八居左，四九居右，五十居中。"（见图 1）河图由 10 组黑白色圆点组成，奇数"一、三、五、七、九"为白点，表"阳"；偶数"二、四、六、八、十"为黑点，表"阴"。图中相邻黑白点为一组，共分下（北）、上（南）、左（东）、右（西）、中五组，暗含了阴阳规律、阴阳五行规律等内容。

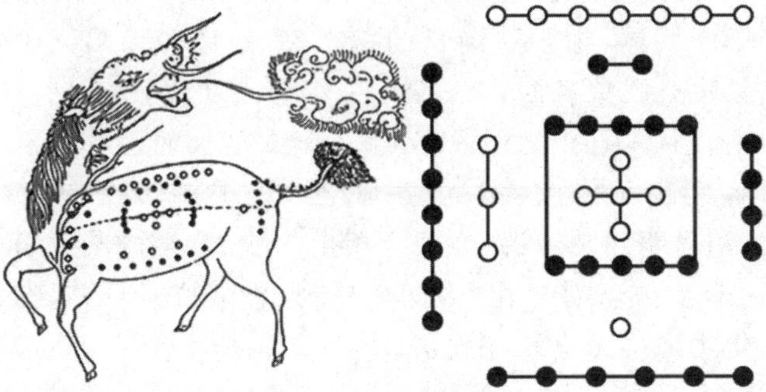

图 1　河图①

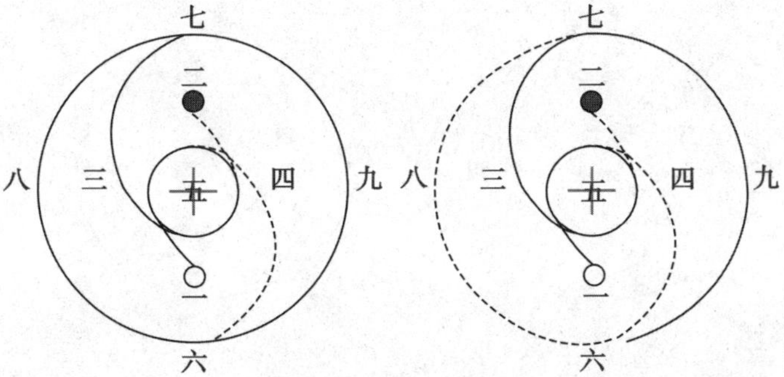

图 2　阴阳运动变化轨迹

从阴与阳各自的运动变化轨迹（见图 2）来看，阳数"一、三、五、七、九"的运动变化轨迹形成了一个向上的、呈现螺旋渐变的、下小上大的"S 形"（见图 2 中除最外面大圆圈外的实线部分）；阴数"二、四、六、八、十"的运动变化轨迹形成了一个向下的、呈现螺旋渐变的、上小下大的"S 形"（见图 2 中虚线部分）。将阴阳运动变化的两种发展轨迹结合到一起，便形成了河图结构。

从河图的五方布局来看，北方（下方），1 个白点在内，6 个黑点在外，阴六阳

① 资料来源：刘战魁：《道德经全解》（第三卷），Awakening Light Press 2012 年版。

一,阴数大而阳数小,阳于阴内,为阴中一阳复生的初始萌生状态,就好像冬天阴气藏涵至极而阳气开始萌生一样,其五行为水主藏,具渊涵之象。南方,(上方),2个黑点在内,7个白点在外,阳七阴二,阳数大而阴数小,阴于阳内,为阳盛而一阴复生的初始萌生状态,就好像夏季阳气勃发旺盛至极而阴气开始复生一样,其五行为火主长,具生长之象。东方(左方),3个白点在内,8个黑点在外,阴八阳三,阴数大而阳数小,阳于阴内,为阳数渐长的状态,就好像春天阳气生发起来一样,其五行为木主生,具生升之象。西方(右方),4个黑点在内,9个白点在外,阳九阴四,阳数大而阴数小,阴于阳内,为阴数亦渐长,阳数至极而返的状态,就好像秋天阳气肃降收敛一样,其五行为金主收,具肃降之象。中央,5个白点在内,10个黑点在外,阴十阳五,阳显明而阴藏涵,为聚合相生的状态,生成某一事物、结果或结论等;有阴就有阳,有生成就有分化,因此也呈现出开散还原的状态;中央五行为土主化,具承载运化之象。无论北、南、东、西四方的阴阳象数关系如何变化,最后都环抱于中央,形成了互根互离的“万物负阴而抱阳”的五方环抱图模型(见图3)。宇宙间大至星系的旋臂,小至生物DNA的双螺旋结构,呈现的都是“负阴抱阳”现象。

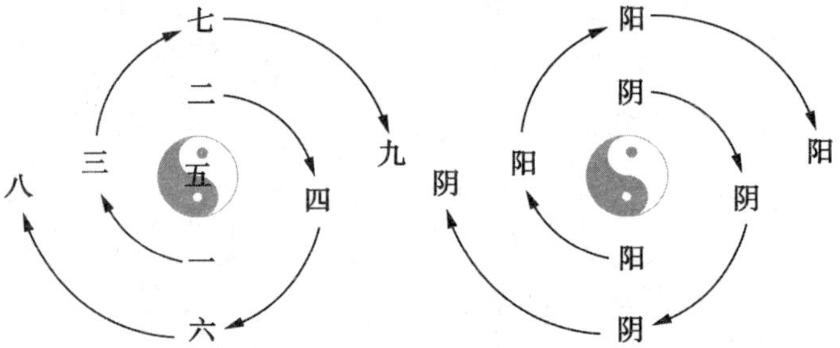

图3 阴阳环抱

资料来源:《道德经全解》(第三卷),刘战魁著

阴阳环抱,循环往复,运化起来便形成了“生、长、化、收、藏”的发展轨迹。因此,天地之间的万有万象呈现出生生循环的运化发展周期。宇宙自然这种生生运化不息、循环往复不止的无限性与永恒性,被黄河文化“自强不息、厚德载物”的内在精神体现出来。“圣人则之”,“则”的就是天地自然与阴阳五行规律。

(二)天人合一观

就本质而言,河图中阴阳象数关系的不同排列组合反映的是天、地、人之间的整体相应关系。这种天、地、人之间的整体相应关系,也是“天人合一观”的理论根基。河图所表述的生生循环的自然规律,即是“天人合一”中的“天”,也就是中华传统文化中的天道。

天地间万事万物都在生生循环的自然规律作用下运化发展，呈现出“春生、夏长、秋收、冬藏”的“生、长、化、收、藏”状态。人具有自然属性和社会属性。从人的自然属性看，人作为自然界中的万物之一，从出生到死亡，随着自然规律的生生循环之性自然而然地经历着“生、长、壮、老、已”的变化过程；从人的社会属性看，在人从小到大的成长过程中，在与父母、亲友、老师、同学、同事等的社会交往过程中，在“为学日益”的过程中，很容易固执于个人主观观念，过度依赖于所学到的知识、所掌握的技能、所获得的经验等，往往于不知不觉中出现违背自然规律而妄想妄为的现象，出现功亏一篑、事败功没的结果。因此，人必须尊重规律，天道不可违，“顺之则生，逆之则亡”——这也是中华传统文化中强调的“顺天”“合天”的本质内涵。人只有法地、顺天、合道，才能符合人自身生命活动的运化要求、生存要求以及人类社会的健康发展要求。

“天人合一”，强调人的自然属性，强调人是大自然的一部分。从自然的角度，把人放在宇宙自然这个大背景下，放在自然规律造化繁衍万有万象的过程中，来看人与自然的本然关系。人的生命活动从来没有离开过天地间自然规律的造化，因此能与天地自然这个环境形成整体运化的相应关系。“天人合一观”是整体与辩证的统一，强调天地间任何具体事物的整体都是由若干个局部和环节构成的，所有事物都在天地自然这个整体之中生化繁衍，既不是绝对的存在，也不是孤立的存在，必然有其他相关的事物与之相伴；从根本上讲，无论它怎样运动、变化、发展，无论它与其他事物之间的关系怎样变化，都始终在自然规律的造化繁衍下呈现出整体与辩证的特性。因此，人在应对任何一个具体事物时，都要站在天地自然的整体高度，对该事物的属性特征及与之相关的其他事物作整体性的观察与辩证性的认识——这是天人合一观的本质内涵。

冬季气温下降，万物蛰藏，人们添衣保暖；春季气温回升，万物复苏，人们减衣纳凉。万物通过蛰藏与复苏，人们通过增减衣服，人与自然环境达成和谐统一。古智者通过长期的见证外观内察，总结出地球自然环境的变化与二十八星宿的分布及日月五星的运行规律有关，并揭示出五运六气与天、地、人之间形成的整体相应关系，即“人天相应”。

五运，即水运、火运、木运、金运、土运，实际指辰星（水星）、荧惑（火星）、岁星（木星）、太白（金星）、镇星（土星）的运行规律与地球之间形成的整体运化的气运周期。为观察这五颗行星的运行规律，古智者在观测天象时，选择以北极星为中央星宿来建立参照标准体系，再确定周围北、南、东、西四方各七星宿（四方相加为二十八星宿），从而组成了一个相对稳定的观测背景与参照五运六气出现波动变化的衡量标准体系。观天时,就是在天球这个巨大的背景中观测日月五星的运动轨迹、变化状态和发展趋势及其气场的波动变化周期对地球气场的直接影响。

六气,即风、寒、热(暑)、湿、燥、火。二十八星宿与日月五星所形成的气的波动变化周期直接影响地球自然环境的"风、寒、热(暑)、湿、燥、火"六气的波动变化周期。由于这六种气的波动变化会影响地球上风、霜、雨、雪等气象的变化,因而通过认识天地间五运六气的变化周期,古人可以更合理地按照自然规律的运化状态来安排日常起居和农牧渔猎等日常活动,不断改善生存条件。

同时,古智者还发现人的身心活动与五运六气之间形成了整体相应关系,如人的经络气血循行、人的生命运化功能等同时受五运六气的影响,发现人的生命活动具有五种不同的藏象特性,即肝藏魂、心藏神、脾藏意、肺藏魄、肾藏精,且与自然界中的"生、长、化、收、藏"具有相应的关系(见表1)。

表1　　阴阳五行象数关系表

天的象数	生数	一阳	二阴	三阳	四阴	五阳
	五化	藏	长	生	收	化
	五气	坚	息	柔	成	充
	五时(年)	冬	夏	春	秋	长夏
	五常	寒	热	风	燥	湿
	五令	严贞	郁蒸	宣发	雾露	云雨
	五变	凝冽	炎烁	推拉	肃杀	动注
	五星	辰星(水星)	荧惑(火星)	岁星(木星)	太白(金星)	镇星(土星)
地的象数	成数	六阴	七阳	八阴	九阳	十阴
	五方	北	南	东	西	中
	五位	下	上	左	右	中
	五行	水	火	木	金	土
	五性(地)	润下	炎上	曲直	从革	稼穑
	五德	寒	显	和	清	濡
	五用	操	躁	动	固	化
	五化(象)	肃	茂	荣	敛	盈
	五形	圆	尖	直	薄	方

续表

人的象数	五藏	肾	心	肝	肺	脾(心包)
	六府	膀胱	小肠	胆	大肠	胃(三焦)
	五体	骨	脉	筋	皮	肉
	五志	恐	喜	怒	忧	思
	五神	精	神	魂	魄	意
	五窍	耳	舌	目	鼻	口
	五色	黑	赤	表	白	黄
	五味	咸	苦	酸	辛	甘
	五音	羽	徵	角	商	宫
	五荣	发	面色	爪	毛	唇

资料来源:《道德经全解》(第三卷),刘战魁著。

医学著作《黄帝内经》中,将自然规律整体作用于天、地、人的相关内容及其相互关系进行了阐释。比如,《黄帝内经·素问·阴阳应象大论》中关于阴阳五行关系的精彩论述:“东方生风,风生木,木生酸,酸生肝,肝生筋,筋生心,肝主目。其在天为玄,在人为道,在地为化。化生五味,道生智,玄生神。神在天为风,在地为木,在体为筋,在藏为肝,在色为苍,在音为角,在声为呼,在变动为握,在窍为目,在味为酸,在志为怒。怒伤肝,悲胜怒;风伤筋,燥胜风;酸伤筋,辛胜酸。”

“南方生热,热生火,火生苦,苦生心,心生血,血生脾,心主舌。其在天为热,在地为火,在体为脉,在藏为心,在色为赤,在音为征,在声为笑,在变动为忧,在窍为舌,在味为苦,在志为喜。喜伤心,恐胜喜;热伤气,寒胜热;苦伤气,咸胜苦。”

“中央生湿,湿生土,土生甘,甘生脾,脾生肉,肉生肺,脾主口。其在天为湿,在地为土,在体为肉,在藏为脾,在色为黄,在音为宫,在声为歌,在变动为哕,在窍为口,在味为甘,在志为思。思伤脾,怒胜思;湿伤肉,风胜湿;甘伤肉,酸胜甘。”

“西方生燥,燥生金,金生辛,辛生肺,肺生皮毛,皮毛在肾,肺主鼻。其在天为燥,在地为金,在体为皮毛,在藏为肺,在色为白,在音为商,在声为哭,在变动为咳,在窍为鼻,在味为辛,在志为忧。忧伤肺,喜胜忧;热伤皮毛,寒胜热;辛伤皮毛,苦胜辛。”

“北方生寒,寒生水,水生咸,咸生肾,肾生骨髓,髓生肝,肾主耳。其在天为寒,在地为水,在体为骨,在藏为肾,在色为黑,在音为羽,在声为呻,在变动为栗,在窍为耳,在味为咸,在志为恐。恐伤肾,思胜恐;寒伤血,燥胜寒;咸伤血,甘胜咸。”

龙是中华民族的图腾，中华民族号称“龙的传人”。龙作为传说中的三栖动物，上天能飞，着陆能行，入水能潜，能隐能显，寓意了自然规律的造化繁衍机理和宇宙间不同层次、不同层面、不同属性特征的气的运化发展状态。世人推崇的龙马精神，表达了“精神旺盛、奋发向上”的意思，寓意了自然规律的生生循环之性，因此才能健行不息。

无论人类做什么，都无法回避自然规律对自身及相关一切存在的作用。龙马负图，神龟献书，伏羲画卦，开启了中华文明。无论是河图、洛书还是伏羲八卦，都是通过阴阳的不同象数关系与五行的不同排列组合揭示天、地、人之间形成整体相应关系的那个自然规律，以此教导先民认识规律、遵循规律行事。这便是黄河文化智慧性内涵的体现，也是中华民族以智慧闻名的缘由！

（三）从“道德仁义礼”与“仁义礼智信”看黄河文化智慧性内涵的遗失

黄河文化不断发展壮大，在地域上东迁南移，向周边拓展，先后融合了多民族的地方文化，成为中华文化的基本组成部分。在这一过程中，春秋战国时期在黄河流域出现的百家争鸣现象对黄河文化的发展产生了重大影响，尤其是“一易两子”（《易经》、老子《道德经》、孔子《论语》）甚至影响了黄河文化乃至整个中华文化的发展方向。然而，随着社会的发展进步，世人开始主观追求并过度依赖智慧文明文化成果，不能将身心活动完全投入到见证天、地、人之间形成的整体相应关系的践行当中，逐渐失去对天地自然规律的认识，按照自我主观想法随意解读河图、洛书，从而导致黄河文化的智慧性内涵逐渐遗失。

1. 老子的“道、德、仁、义、礼”

老子为楚国人，生于河南鹿邑，任周守藏史期间在黄河流域的洛阳工作。其著作《道德经》被誉为万经之王，是中国历史上最伟大的名著之一，对传统哲学、科学、政治、宗教等产生了深刻影响。老子通过“道冲而用之久不盈，深乎万物宗”“道生一，一生二，二生三，三生万物”说明了万事万物由“道”产生；通过“人法地，地法天，天法道，道法自然”强调人遵循自然规律的重要性；通过“失道而后德，失德而后仁，失仁而后义，失义而后礼”阐明世人逐渐背道离德、渐失无为的质朴本性。因此，不得不依下衰之势渐次立起仁、义、礼之概念，以有为的方式来规范人们的思想言行和社会秩序。这样舍本逐末，不能从根本上解决问题，必有极大弊端——“夫礼者，忠信之薄而乱之首”。

老子所说的道、德、仁、义、礼五个层面，既是对人而言，体现在不同思想境界和处事应物的能力上；也是对由人构成的人类社会而言，体现在不同的治理方式及其形成的不同结果上。

在“道”与“德”的层面，人呈现的是自然质朴之性，这样展现出的思想言行、社会功用都是无为的。从“仁”开始，已经属于有为的范畴。

如果人在处事应物中不能合“道”，就只能循着“德”（自然规律）无为而行；如果不能呈现合道顺德的质朴天性，只能按照“仁”之无私忘我的平等观来规范社会伦理道德观念和行为活动准则，以维系自然、社会、人之间的和谐关系；如果做不到“仁”，那么符合“义”之是非善恶的分别观也就随之产生了，以规范世人思想言行、促使社会生活安定有序；如果做不到“义”，那么程式化的各种繁琐的礼仪规章也就随之形成了，这便是“礼”。

由此可知，从“道”“德”降为“仁”“义”，已经是有为的外求法，愈发远离根本。从“道”降到“礼”，世人的社会生活关系越来越复杂，社会矛盾问题越来越增多，社会意识形态越来越混乱，最后为了统一管理，只好借助复杂的礼法体系来治理社会、规范世人的思想言行，以期达到维系人与自然及社会关系相对和谐的目的。可见，到了“礼”的层面，倾向于繁杂的仪规、仪式，完全是形式与现象，偏离了其本质与意义。

对于标榜仁、义、礼的弊端，《淮南子·齐俗训》指出：“率性而行谓之道，得其天性谓之德。……仁义立而道德迁矣，礼乐饰则纯朴散矣，是非形则百姓眩矣，珠玉尊则天下争矣。凡此四者，衰世之造也，末世之用也。”

就本质而言，“仁”以无私忘我为根本要求，强调的是人我平等、物我同观的平等观；“义”强调是非善恶的分别观；“礼”是对社会生活中民风民俗、伦理道德规范的理解而形成的。可见，从道德仁义礼的整体性来看，仁、义、礼可看作道德渗透于社会不同层面的“用”，本身无所谓对错，但不能脱离道德之“体”。

2. 儒家的“仁、义、礼、智、信”

有学者认为齐鲁文化是黄河文化的重要组成部分，儒家思想是黄河文化的核心。“仁、义、礼、智、信”为儒家“五常”。孔子周游列国，入周问礼于老子，提出“仁、义、礼”；后经孟子延伸为“仁、义、礼、智”；董仲舒扩充为“仁、义、礼、智、信”。

如果连礼之仪规仪式的底线都被突破了，那么只能依靠法律的强制作用。自秦“焚书坑儒”、汉“罢黜百家，独尊儒术”以后，通过采取礼、智、信层面的手段管理社会，愈加倚重法律的强制手段。这并非说明人类更加文明、更加进步，治理手段更加成熟，反而映现出人心复杂、社会已经堕落到不得不以法律来强制的地步。如今，我们在强调“法治”的同时，是否应该考虑是否理解了“道、德、仁、义、礼”的本质内涵？是否应该反思人们的欲望与行为是否已经突破“礼”的底线了呢？

“礼、智、信”的本质依然在明“礼”的范畴内，如学习礼仪、学习知识、学做诚信的人、开展讲文明活动等。儒家“仁、义、礼、智、信”所展示的社会意识形态，已经远离了古智者所说的合道顺德的智慧性内涵，远离了黄河文化智慧性内涵的根本要求。“五常”纲要的发展亦说明儒家学说越来越远离根本，向求诸末枝方向发展了。

二、正本清源

河图揭示了天地间万事万物“生、长、化、收、藏”的运化发展轨迹，并因此呈现出生生循环的发展周期，所阐释的天、地、人之间整体运化相应关系成为“天人合一观”的理论基础。人作为万物之一，需要遵循天人合一观的要求去法天则地、顺物合时，呈现自然质朴之性。社会上之所以标榜仁、义、礼，是因为出自本然天性的内容遗失了，只能立起这样的概念并不得不推崇它、提倡它，属“不得已而用之”之举。老子提倡“不尚贤”“不贵难得之货”“不见可欲”等理论，是清源净流之根本手法。

老子不反仁义，而言妄逐仁义之失；不反礼法，而言唯重礼法之弊。在道德的根本层面，不言仁而能相爱无别，不言义而能直映是非，不言礼而能谦敬无争，不言法而能自呈其序。从这个意义上来说，同样强调“天命之谓性，率性之谓道，修道之谓教”的儒家文化，在实际运用过程中，只有不脱离道德之体，才能真正发挥其用。

因此，单纯以仁、义、礼的方式来规范人们的思想言行，而不从人的心性之根本来净化，虽然在某种程度上会起到一定的规范作用，但这样的利是有很大局限性的，甚至反而会带来更大的危害。我们弘扬优秀传统文化，树立“文化自信”，统筹推进“五位一体”总体布局，协调推进“四个全面”战略布局，需要学习古智慧经典，主动净化思想意识，提高身心素养，深入认识并主动遵循自然规律、社会发展规律、人的身心规律，按客观规律培养人才、发展社会、改善环境，才有可能达成人与自然及社会的整体和谐，才能展示黄河文化乃至整个中华文化的智慧性功用。人心归朴才是治理之根本法！

三、济南传承发展黄河文化的思考

济南作为黄河入海前流经的最后一个省会城市、作为黄河下游唯一的省会城市，在携河北跨、使济南由“大明湖时代”迈入“黄河时代”的进程中，同步规划、传承、发展黄河文化，对提升优秀传统文化独特魅力、彰显时代价值具有重大意义。

“海右此亭古，济南名士多。”从黄河文化中蕴含的阴阳五行学说内容来看，在济南诸多名士中，有两位值得关注：一位是名医扁鹊，一位是阴阳五行学派大师邹衍。二人都是在齐鲁文化的沃土中成长起来的，其为人和学说都打上了齐鲁文化的鲜明烙印。鉴于邹衍的著作都已遗失，故将名医扁鹊作为切入点，探讨济南传承发展黄河文化的对策。

(一)发挥扁鹊论坛的影响力

举办扁鹊论坛，应以弘扬优秀传统文化为大背景。

1. 借助扁鹊的影响力宣传“理”

自古以来，医道同源，医易同源。这里的“源”也就是“理”，与“圣人则之”中

“则”的内容是一致的，都是指天地自然的规律与法则。关于这些规律与法则，老子在《道德经》中进行了凝练的概括与总结。可邀请沿黄九省医、易、道方面的专家学者参加，对黄河文化中涉及的河图、洛书、伏羲八卦等所蕴含的“理”进行宣传、阐释，以期达成共识，为宣传黄河文化、打造黄河经济带奠定智库基础，让世人从根本上理解中华文化智慧性的根源。

2. 充分发挥文献与考古成果作用

关于扁鹊的相关文献，当前已经研究得不少了。因具有传说性质，所以业内外学者有诸多怀疑，比如关于扁鹊里籍问题，就有山东济南长清、河北沧州任丘等说法。与扁鹊学派相关的最新考古成果，当为 2012 年 7 月至 2013 年 8 月在成都市金牛区天回镇的一处西汉墓出土的医学竹简（以下称“天回医简”）。中国中医科学院中国医史文献研究所柳长华教授等人，对天回医简的价值、源流等问题进行了研究，发表了相关研究成果，如《四川成都天回汉墓医简的命名与学术源流考》，指出首次发现了关于扁鹊医学最突出标志的“五色脉诊”文献。“天回医简”所载医书传自扁鹊、仓公，其在医学史上的价值远高于“马王堆医书”。据中国社会科学网、《中国社会科学报》消息，2018 年 1 月，基本完成医简的编联、释文与注释等工作，可借举办扁鹊论坛之机，将考古的最新研究成果向国内外推广开来。关于“天回医简”在中医理法体系中的价值和地位研究，可能是一个长期的过程，这可作为论坛的一个常驻主题。

3. 关于黄河文化与长江文化问题

黄河文化与长江文化，一北一南，一阴一阳。在漫长的发展过程中，两者相互融合，不可分割。正如黄河文化兼收并容、博采众长、多元融合的特点一样，举办黄河论坛，应秉持开放、包容的理念。在成都出土“天回医简”，也可看作黄河文化与长江文化相互影响、相互交流的案例。

（二）统筹建设扁鹊博览园

扁鹊故里卢邑在今济南市长清区归德镇卢城洼。在济南地区，扁鹊采药、炼药的遗迹还集中分布在济南城北郊素有“齐烟九点”之称的药山、鹊山一带。药山位于黄河之南，传说扁鹊经常来此山采药，故称此山为“药山”；鹊山位于黄河之北，据传因扁鹊在此炼药而得名，鹊山上曾有扁鹊祠，鹊山西麓有扁鹊冢。鹊山与药山隔河相望，相距不远。可以考虑在药山、鹊山建立扁鹊博览园，在扁鹊故里建设纪念馆，开通黄河航运，打造长清故里至扁鹊博览园的扁鹊游览观光专线。在扁鹊博览园内种植相应中药材，宣传推广中医药文化、黄河文化，不断增进游客的认同感。建设成型后，可作为举办扁鹊论坛的场所。

（三）建设大型黄河文化园

济南黄河段文化资源虽小规模零散分布，但相对集中在药山、鹊山、华山之间。可考虑在此三山之间建设一座大型黄河文化园,将其打造成济南黄河文化地标式建筑。结合穿黄隧道建设,恢复建立泺口渡口,设置舵楼、疙瘩船、划子等渡船宣传黄河号子、黄河夯歌及相关传说,打造具有济南黄河特色航运文化。将百里黄河风景区、黄河森林公园进行提升整合,培养市花(荷花),种植市树(柳树),放养市鸟(鸥鹭),以特定标识物来彰显济南形象;恢复"鹊华烟雨"美景,传承济南历史文化,打造"黄河时代"的"四面荷花三面柳,一城山色半城湖"的泉城新特色。以泺口黄河铁路大桥、毛泽东视察黄河纪念地、九烈士纪念碑等为载体,建设红色教育基地,形成红色旅游线,激发民族意识,增加爱国情感。开设美食店,突出济南特色的黄河鲤鱼、炸荷花、荷叶粥等美食,让济南黄河文化回味于游客唇齿间。可展播以黄河为题材的视频,举行民俗表演,展示龙山黑陶等艺术品,激励社会各界传承发展黄河文化。

(四)成立黄河文化研究机构

黄河文化作为中华民族优秀文化的代表,知名度高,影响深远。对于黄河文化之一的易文化,黄河流域的山东大学、洛阳大学等高校都有相应的研究机构。对于黄河文化而言,也应成立黄河文化研究机构。最好在国家层面,由政府主导,至少由沿黄九省的高等院校、科研机构、社会团体、相关企业等组成,有志于研究黄河文化的专家学者、社会人士均可参与,进而形成相对系统完备的黄河文化研究格局。研究机构职责:一是发掘保护黄河文化遗产;二是系统梳理、升华黄河文化;三是加强身心活动的实践探索,见证天、地、人之间的整体相应关系,在传承发展黄河文化智慧性内涵上发挥好"领头雁"的带头作用。

(五)推广普及养生文化

中国传承下来的养生文化,对获得身心整体健康的理论和方法有详细的讲解。如《黄帝内经》中明确了如何做到顺天合时的饮食起居。民俗文化中也有"寒从脚起,病从口入""冬不蒙头,夏不露腹""春捂秋冻"等说法,这些内容都是经代代实践并传承下来的内容,是先人智慧的总结。反观当今社会,年轻人为追求所谓的时髦、性感,穿露脐装、低腰裤,乃至寒冷天气毫不在意,往往导致百病丛生。养生文化注重治未病,更需要加强宣传教育,引导人们养成良好的生活习惯,以有效预防相应疾病,在保障身心健康的同时,也节省了国家医疗方面的财政支出。普及养生文化,让更多的人掌握自然、社会、人三个方面的规律与法则,建立科学的世界观、审美观,对穿着奇异服饰、追求纵意纵欲的生活方式有一定的抵制能力。长此以往,社会风气也将逐渐改变。

(六)根本是突出人思想的教育

上古先人呈现的是自然质朴之性,通过长期外观内察而总结出宇宙自然的规律法则以教育人们法天则地、顺物合时。随着时代的进步,个人及社会意识形态也从道德层面开始外求，逐渐下降为仁、义、礼的层面，社会问题繁杂多变。社会意识形态是个人意识形态的集合反映。社会问题的根源在于人。解决社会问题，和谐社会关系，根本途径需要从个人入手，从个人的思想意识入手，按照“吾日三省吾身”的要求，坚持“去甚，去奢，去泰”，不断自我反省、净化思想意识。这是治本之策！结合不同年龄段的特点，抓好幼儿及中小学生教育，结合《教育部、国家语委关于印发〈中华经典诵读工程实施方案〉的通知》（教语用〔2018〕3 号）精神，在学生记忆力最好的中小学阶段开展智慧经典背诵活动、训诂背诵活动，于潜移默化间提高学生的身心素养，起到以点带面、以少数带动多数的作用，培养具有新时代特色的“济南名士”，使济南在推动整个社会风气向好向善转变中走在前列。

参考文献

[1]刘战魁：《道德经全解》（第三卷），Awakening Light Press 2012 年版。

[2]刘战魁：《道德经全解》（第四卷），Awakening Light Press 2014 年版。

[3]刘战魁：《道德经全解》（第九卷），Awakening Light Press 2016 年版。

[4]徐长玉主编：《济南文化通览》，山东人民出版社 2012 年版。

[5]安作璋、王克奇：《黄河文化与中华文明》，《文史哲》1992 年第 4 期。

[6]盖永霞：《开放交流的黄河文化综述》，《重庆三峡学院学报》2007 年第 5 期。

[7]李伟：《黄河与齐鲁文化研究的价值、现状与展望》，《齐鲁师范学院学报》2018 年第 2 期。

[8]李振宏、周雁：《黄河文化论纲》，《史学月刊》1997 年第 6 期。

[9]彭岚嘉、王兴文：《黄河文化的脉络结构和开发利用——以甘肃黄河文化开发为例》，《甘肃行政学院学报》2014 年第 2 期。

[10]徐吉军：《论黄河文化的概念与黄河文化区的划分》，《浙江学刊》1999 年第 6 期。

[11]于希贤、陈梧桐：《黄河文化——一个自强不息的伟大生命》，《北京大学学报》（哲学社会科学版）1994 年第 6 期。

[12]张光义：《关于黄河文化建设几个基本问题的思考》（上篇），《黄河报》2008 年 12 月 6 日。

[13]张华松：《扁鹊里籍卢邑说新证》，《东岳论丛》2015 年第 7 期。

乡村振兴

济南实施乡村振兴战略的基本思路和实践路径研究

齐 峰 等

党的十九大报告首次明确提出“实施乡村振兴战略”。2017 年中央经济工作会议和中央农村工作会议进一步明确了总体思路和实施途径。今年中央一号文件和中共中央国务院印发的《乡村振兴战略规划(2018～2022 年)》,全面阐述了实施乡村振兴战略的重大意义、总体要求、目标任务、工作重点,描绘了实现乡村振兴的宏伟蓝图。这是以习近平同志为核心的党中央着眼于全面建成小康社会、全面建设社会主义现代化国家作出的重大战略决策部署,是新时代做好“三农”工作的总抓手,为新时代农业和农村改革发展指明了方向、明确了重点。济南实施乡村振兴战略,要充分认识这一战略的重大意义,准确把握乡村振兴战略的科学内涵和目标要求,认真谋划实施路径,打造乡村振兴的“齐鲁样板”。

一、乡村振兴战略的科学内涵和时代价值

农业、农村、农民问题是关系国计民生的根本性问题。我们党始终高度重视“三农”问题,准确把握基本国情和发展的阶段性特征,制定了不同的发展战略。实施乡村振兴战略,是党的十九大对以往提出的重要农村战略的系统总结和升华,既涵盖了过去各个历史时期党的农村战略思想的核心内容,也顺应国情变化,赋予了农村发展新的内涵,反映了党的农村发展战略思想的与时俱进。

(一)实施乡村振兴战略是党的“三农”战略的新发展

乡村振兴战略的提出是一个不断积累、不断丰富的过程。乡村振兴作为新时代中国特色社会主义建设的新战略,在改革开放 40 年的历程中,在不同时期曾有过不同的侧重与表述。党的十一届三中全会总结历史的经验和教训,提出“经济上保障农民的物质利益,政治上尊重农民的民主权利”,为党和政府处理与农民的关系确立了准则。发端于安徽省凤阳县小岗村的“大包干”,拉开了农村改革的序

幕。党的十四大明确了建立和完善社会主义市场经济体制的改革方向，农村改革的重点开始转向建立社会主义市场经济体制，为我国农业和农村经济发展步入新阶段奠定了坚实基础。

进入21世纪以来，如何全面建成小康社会成为我国经济社会发展的头等大事。党的十六大、十七大和十八大均立足于2020年全面建成小康社会的战略目标，对“三农”工作提出要求、作出部署。党的十六大报告提出：“统筹城乡经济社会发展，建设现代农业，发展农村经济，增加农民收入，是全面建设小康社会的重大任务。”2005年10月，党的十六届五中全会提出“建设社会主义新农村”的重大历史任务和“生产发展、生活宽裕、乡风文明、村容整洁、管理民主”的具体要求。2007年10月，党的十七大提出“要统筹城乡发展，推进社会主义新农村建设”，强调“建立以工促农、以城带乡长效机制，形成城乡经济社会发展一体化新格局”。党的十七届三中全会出台了《中共中央关于推进农村改革发展若干重大问题的决定》，为全面建成小康社会奠定了坚实基础。

党的十八大以来，以习近平同志为核心的党中央高度重视“三农”工作。党的十八大将解决好农业、农村、农民问题摆在全党工作的重中之重，将城乡发展一体化作为解决“三农”问题的根本途径，明确指出了推动城乡发展一体化的基本方向和着力重点，是党对解决“三农”问题思路的新认识。特别是习近平总书记关于“三农”问题的系列重要讲话，就全面深化农村改革、实施精准扶贫方略、实施乡村振兴战略等重大问题提出一系列新思想、新观点、新论断，为新时代“三农”工作提供了重要指引。党的十九大报告明确提出“实施乡村振兴战略”，按照“产业兴旺、生态宜居、乡风文明、治理有效、生活富裕”的总要求，建立健全城乡融合发展体制机制和政策体系，加快推进农村现代化的总任务，以乡村振兴战略统领未来国家现代化进程中的农业、农村发展，展现了从城乡统筹、城乡一体化到乡村振兴的清晰脉络。这些新战略部署体现了党对中国农村向何处去的问题的新思考，是对党在过去四十年里所形成的“三农”战略思想的继承与发展。

（二）深刻认识实施乡村振兴战略的时代使命

乡村振兴战略的提出植根于我国社会主要矛盾发生变化这一时代背景，契合新时期城乡要素流动的新趋势，描绘出未来乡村发展的新图景。这是对新时代城乡关系发展的深刻认识和准确把握，是着眼于当前农业农村发展实际和未来农业农村现代化发展趋势而作出的重大战略部署，是新时代“三农”工作的行动纲领。

1. 实施乡村振兴战略是应对社会主要矛盾变化，决胜全面建成小康社会、实现社会主义现代化的重大战略任务

随着中国特色社会主义进入新时代，我国社会主要矛盾已经转化为人民日益增长的美好生活需要和不平衡、不充分的发展之间的矛盾。当前我国最大的发展

不平衡是城乡发展不平衡,最大的发展不充分是农村发展不充分,受发展不平衡、不充分影响最大的是农民。这种不平衡、不充分的发展已经成为我国社会不能满足人民对美好生活需要矛盾的主要方面。这种不平衡主要包括:城乡经济发展和居民收入不平衡,城乡差距依然较大;城乡资源配置不均,城乡基础设施和公共服务不平衡,水、电、路、房和教育、文化、社保、医疗等公共资源差距明显;农村区域发展不平衡,东部地区一些城市郊区出现了一些十亿元村、百亿元村,而有些地区还很贫困,存在空壳村、贫困村。不充分问题则主要表现为:农业发展基础薄弱、质量效益不高,农民增收后劲不足,农村自我发展能力弱,乡村整体发展水平不高;农村环境和生态污染较重,乡村治理体系和治理能力不强等问题日益凸显。乡村发展的不平衡、不充分严重影响了农村居民生活的幸福感和获得感,成为影响农村经济和农业现代化的制约因素,是制约我们如期全面建成小康社会和实现社会主义现代化、实现国家长治久安的最大短板。从长远来看,我国农民的数量依然庞大。因此,如何能在这样一个巨大人口规模的制约下,进一步改善城乡之间发展不平衡、不充分的状态,实现农村在经济水平、生活水准、生态环境、社会治理、文化教育等方面的全方位发展,不仅是建设社会主义现代化强国的客观需要,而且还是提升农民生活水平的现实要求。习近平总书记多次强调,任何时候都不能忽视农业、不能忘记农民、不能淡漠农村;中国要强,农业必须强;中国要美,农村必须美;中国要富,农民必须富。用"小康不小康,关键看老乡"的全新判断来突出农业、农村、农民在全面建成小康社会中的中心地位,把农业、农村能不能实现现代化作为评判现代化的根本标准。中国特色社会主义进入新时代,在全面建设社会主义现代化国家新征程中,农民不能缺席,乡村不能掉队,农业不能滞后,必须坚持农业农村优先发展的战略思想,抓紧补齐农业农村"短板",加快推进城乡一体化发展。实施乡村振兴战略符合新时代对农业农村发展的新要求,与"两个一百年"奋斗目标有机衔接,与整个国家现代化保持同步,是应对社会主要矛盾变化的必然要求。

2. 实施乡村振兴战略是突破城市化困境、解决新时代"新三农"问题、加快推进农业农村现代化的战略举措

城市化程度是衡量一个国家或地区经济社会发展水平的重要指标,加速推进城市化对促进经济快速发展和人民生活水平提高意义重大。从世界范围看,随着工业化、城镇化的快速推进,农业在国民经济中所占比重越来越小,农村人力资源和物质要素向非农产业和城市大量转移,农民收入增长缓慢,农业农村发展相对滞后,甚至出现农村凋敝和衰落现象,这成为一个国家现代化发展的短板。从人类文明史来看,乡村衰落是一个世界性问题,是城市化和工业化驱动的必然结果。我国城市化进程发展迅猛,城市化率从 1978 年的 18%攀升至 2016 年的 57.4%。

城市化对推动我国经济社会发展的作用显而易见。然而,在城市化加速发展过程中,随之而来的乡村衰落问题也逐渐显现,出现了"新三农"问题。主要表现为:一是农村"空心化"。因农村人口与空间分布变迁而衍生出乡村聚落"空废化"和住宅"空心化",村落数量不断减少。二是农业"边缘化"。农业占 GDP 比例不断降低,农业在市场经济发展中越来越处于弱势地位。三是农民"老龄化"。城镇化和工业化的发展促使越来越多的农村青壮年离开农村,前往城镇地区现代产业部门就业;"386199 部队"(妇女、儿童、老人)成为农村留守的主要人口构成,留守老人成为从事农业生产的主要力量,"老年农业"问题成为农业和农村发展中的一大隐忧。"新三农"问题,不仅严重消减农村生产发展活力,而且还使农村社会活力不足、城乡差距呈现扩大之势,成为我国城市化过程中衍生出来的重大问题。在城镇化不可逆转的背景下,如何在人口不断向城市集中的同时避免乡村空心化并振兴乡村,就成为全面推进现代化过程中必须破解的新时代难题。全面现代化不仅包括工业和城市的现代化,而且还包括农业、农村的现代化。没有农业、农村的现代化,国家现代化就不完整、不全面、不牢固。党中央提出实施乡村振兴战略,就是要从根本上改变乡村从属于城市的现象,解决好农业、农村、农民问题,在更高标准、更高层次上推进农业农村现代化建设。

3. 实施乡村振兴战略是破解城乡二元结构、重塑城乡关系、实现城乡协调发展的战略选择

改革开放 40 年来,我国城乡面貌发生了深刻变化,但与城市相比,乡村在产业发展、生态保护、社区治理、生活水平等方面存在明显差距,城乡二元结构仍然是目前我国最大的结构性问题。城镇化初期,农业、农村为全国人民解决温饱问题提供了充足、丰富的农产品,输送了大量青壮劳动力,为国家工业化积累了必不可少的资本,为城镇化让出稀缺的土地资源,保障了工业化和城镇化的快速发展。广大农村、农民为此付出了巨大牺牲。在城镇化快速推进和城市不断繁荣的同时,如何让城乡居民共享经济社会发展成果,不断促进城市与农村在人口流动、公共政策、资源开发、环境保护、成果共享等方面形成水乳交融、双向互动、互为依存的格局,是新时代城乡融合发展的迫切要求。乡村不发展,中国就不可能真正发展;乡村不实现小康,中国就不可能全面实现小康。随着中国特色社会主义进入新时代,摆在我们面前的一个重大时代课题,就是要建立什么样的新时代中国特色社会主义工农城乡关系、怎样建立新时代中国特色社会主义工农城乡关系。党中央从全局和战略高度明确提出要坚持农业、农村优先发展,以推进城乡融合发展来破解城乡二元结构,作为推进中国特色社会主义乡村振兴的重要途径,纠正了城镇化进程中存在的制度和政策偏差,是对城乡关系、城乡变化趋势、城乡发展规律的深刻认识和正确把握。乡村振兴战略把乡村放在了与城市平等的地位上,

把乡村作为一个有机整体，更加注重发挥乡村主动性来激发乡村发展活力，建立更加可持续的内生增长机制，确立了全新的城乡关系，这是一种思路的根本性转变。乡村振兴战略不仅为解决农村发展问题指明了道路，而且还为建立新型城乡关系提供了逻辑框架。乡村振兴战略是继新农村建设、美丽乡村建设的第三次飞跃，城乡融合发展又是对城乡统筹发展、城乡一体化发展的第三次飞跃。

4. 实施乡村振兴战略是解决农业农村发展突出问题、推动济南高质量发展的迫切要求

改革开放 40 年来，济南市农村发生了很大变化。随着城镇化的加速推进，一些城郊村并入城区，城区面积不断扩大，农村、农民数量呈现减少的趋势。由于长期偏向城市的发展战略，城市建设和发展成为济南发展的主导，无论是城市发展定位、发展战略重点还是财力、物力、精力投向，优先发展城区摆在了头等重要的位置，农村则被放在了从属于城区的地位。以至于城区发展快、农村发展慢，一条腿长、一条腿短，最突出的表现就是城乡差距较大、城乡发展不平衡，这成为推动济南高质量发展的最大短板。实施乡村振兴战略，是解决农业农村突出问题、推动城乡一体化发展的根本途径。济南实现高质量发展，必须坚持农业、农村优先发展，走城乡融合发展之路。没有农村的高质量发展，济南高质量发展就无从谈起；没有农业、农民的现代化，城市现代化就不全面。只有大力推动产业振兴、生态振兴、文化振兴、人才振兴、组织振兴，乡村才能全面振兴，城乡发展才能协调，才能走出一条高质量发展之路。

（三）准确把握乡村振兴战略的科学内涵和时代要求

乡村振兴战略内涵十分丰富，既包括经济振兴、社会振兴和文化振兴，又包括治理体系创新和生态文明进步，是一个关于全面振兴的综合性概念，必须准确把握其内涵要义和总要求。

1. 乡村振兴战略的科学内涵

所谓乡村振兴，就是通过大力发展，使乡村逐步兴盛和繁荣起来。乡村振兴不单纯指乡村经济振兴，而是包括乡村经济、政治、社会、文化和生态文明在内的全面振兴，是一个内涵丰富、领域广泛的综合性大战略。

习近平总书记在 2018 年“两会”参加山东代表团审议时强调，实施乡村振兴战略是一篇大文章，要推动乡村产业振兴、人才振兴、文化振兴、生态振兴、组织振兴，推动乡村振兴健康有序进行。乡村“五大振兴”是乡村振兴战略的核心内容和主要抓手。

乡村“五大振兴”是不可分割的有机整体，它们各有侧重又相互作用。其一，产业振兴是乡村振兴的物质基础，事关提供乡村就业机会和拓宽农民增收渠道。因为只有农村产业振兴，才有可能创造出更多的就业机会和岗位，为农民增收和

农村富裕拓展持续稳定的渠道。推动乡村振兴,必须让农业经营有效益、成为有奔头的产业,让农民增收致富、成为有吸引力的职业,让农村留得住人、成为安居乐业的美丽家园。其二,人才振兴是乡村振兴的关键所在。推动乡村振兴,必须培养造就一支强大的人才队伍,切实解决农村缺人手、少人才、留不住人等问题,凝聚乡村发展人气。其三,文化振兴是乡村振兴的重要基石。推动乡村振兴,必须坚持既要"富口袋"又要"富脑袋",大力挖掘乡村文化功能,提升乡村文化价值,增强乡村文化吸引力,不断提升乡村社会文明程度。其四,生态振兴是乡村振兴的内在要求,良好的生态环境是农村最大优势和宝贵财富。推动乡村振兴,必须推进乡村自然资源加快增值,实现乡村绿色发展,构建人与自然和谐共生的乡村发展新格局。其五,组织振兴是乡村振兴的根本保障。推动乡村振兴,必须加强农村基层党组织建设,通过基层党组织把广大农民群众凝聚起来,形成强大合力。实践中,乡村"五大振兴"不可割裂地看,不能顾此失彼,它们相互联系、相互作用、相互促进,必须注重协同性、关联性,整体部署,协调推进。

2. 乡村振兴战略的总要求

乡村振兴战略是新时代新农村建设的升级版。党的十六届五中全会提出了建设社会主义新农村的总体要求,即"生产发展、生活宽裕、乡风文明、村容整洁、管理民主"的"20字方针"。党的十九大提出:"实施乡村振兴战略,要按照产业兴旺、生态宜居、乡风文明、治理有效、生活富裕的总要求,建立健全城乡融合发展体制机制和政策体系,加快推进农业农村现代化。"这一总要求内涵更加丰富,领域更为广泛,充分体现了中国特色社会主义的新时代特征和全面建成小康社会的基本要求。

产业兴旺是乡村振兴的根本。产业是推进农业农村现代化的原动力,产业兴旺则经济兴旺。产业兴旺是乡村振兴的重要支撑。如果缺乏产业支撑、产业凋敝,乡村振兴就成为空中楼阁。产业兴旺就是紧紧围绕促进产业发展,引导和推动更多资本、技术、人才等要素向农业农村流动,调动广大农民的积极性、创造性,建立现代农业产业体系,加快农村一、二、三产业融合发展,保持农业农村经济发展活力。发展现代农业是产业兴旺的核心,通过产品、技术、制度、组织和管理创新,提高良种化、机械化、科技化、信息化、标准化、制度化和组织化水平,推动农业、林业、牧业、渔业和农产品加工业转型升级。

生态宜居是乡村振兴的前提。生态宜居是乡村振兴的关键环节。良好的生态环境和村容村貌既直观反映农村文明程度,也是美丽乡村的外在表现。乡村生态宜居不再是简单强调单一化生产场域内的"村容整洁",而是对"生产、生活、生态"三位一体内生性低碳发展方式的乡村探索。生态宜居的内核是倡导绿色发展,以低碳、可持续为核心,对"生产场域、生活家园、生态环境"为一体的复合型村镇化道路的实践打造和路径示范,全面改善农村人居环境,建设功能完备、服务配套、美丽宜居的新乡村,实现人与自然和谐共生,让乡村人居环境绿起来、美起来。

乡风文明是乡村振兴的关键。乡风文明是乡村振兴的坚实基础。乡风习俗是一个地域的生活文化,是农村精神家园的底色。振兴和繁荣乡村文化,促进乡村文明,是乡村振兴的重要根基。如果乡村文化衰败,不文明乱象滋生,即使一时产业旺盛,也难以获得持续的繁荣。乡风文明就是要促进农村教育、文化、医疗、卫生等事业发展,改善农村基本公共服务,弘扬农耕文明和优良传统,推动移风易俗、文明进步,努力实现乡村传统文化与现代文明相融合,使农民综合素质进一步提升、农村文明程度进一步提高。

治理有效是乡村振兴的保障。乡村治理是国家治理的基础,乡村治理水平关系党和国家的政策能否得到有效落实,也关系农民切身利益。乡村治理现代化是推进国家治理体系和治理能力现代化的重要内容。新时代乡村治理的明显特征是强调国家与社会之间的有效整合,盘活乡村治理存量资源,用好乡村治理增量资源,以有效性作为乡村治理的基本价值导向,平衡实施村民自治以来乡村社会面临的冲突与分化。治理有效就是要加强和创新农村社会治理,加强基层民主和法治建设,弘扬社会正气,惩治违法行为,使农村更加和谐、安定、有序。治理有效既体现治理手段的多元化和刚柔相济,即"三治合一",又体现治理效果的可持续性和低成本性,为广大农民群众所认可、所满意。

生活富裕是乡村振兴的目标。生活富裕就是要让农民有持续稳定的收入来源,经济宽裕,生活便利,最终实现共同富裕。乡村振兴战略的实施效果要用农民生活富裕程度来衡量。生活富裕的目标指向则是农民的现代化问题,切实提高农民的获得感和幸福感,消除农民的"被剥夺感",使得生活富裕具有共同富裕的内在特征。实施乡村振兴战略,就是要通过强农、惠农、富农政策,使乡村经济振兴,不断提高农民收入和消费水平,进一步增进农民福祉,大幅度提升农民生活品质,增强使农民的获得感、幸福感和安全感。

3. 乡村振兴战略总要求之间的逻辑关系

乡村振兴战略"20 字方针"所体现的五大目标任务是相互联系的有机体。产业兴旺决定了生活富裕。产业发展是劳动分工不断深化的体现。产业兴旺意味着农村产业更好地参与到了经济大市场的产业分工中,使农村资源在更大的市场空间内得到充分利用;作为资源所有者的农民就能够获得更多的收入,过上富裕生活。生活富裕构成了乡风文明和治理有效的基础。富裕起来的乡村,邻里关系融洽,人与人之间亲情甚浓,提高了农村公共事务的协商合作水平。产业兴旺和生活富裕促进了生态宜居的形成。农村生态宜居包括干净的空气、怡人的景观、适宜的人口密度、便捷的城乡交通等要素。只有富裕程度达到一定水准以后,农民才会开始重视这些要素的价值,农民才有能力通过生产方式的转换,将更多资源投入到生态环境的改善当中,实现生态宜居的愿景。

乡风文明、治理有效、生态宜居对产业兴旺和生活富裕也起着推动作用。社会治理的改善鼓励乡村精英发挥作用,吸引一部分从农村流出的精英开始回流反哺乡村建设;乡风文明建设提升了农村人力资本水平,促进了农业进步与农民收入的提高;生态宜居程度的改善可以推动乡村旅游业等产业发展,促进产业融合,增加农民收入。产业兴旺和生活富裕对于乡村振兴的其他三项要求具有基础性意义,二者也会从乡风文明、治理有效和生态宜居的发展中受益,形成乡村振兴的良性发展格局。

在乡村振兴战略推进过程中,要把实现乡村百姓"生活富裕"作为乡村振兴的根本目标,把乡村"治理有效"与"乡风文明"建设紧密结合起来,以"治理有效"促进"乡风文明"建设,通过"乡风文明"建设提高乡村德治水平,实现"三治合一"的乡村"善治"格局。要把"产业兴旺"与"生态宜居"有机结合起来,使"生态宜居"成为乡村百姓"生活富裕"的重要特征和"产业兴旺"的重要标志。

二、济南实施乡村振兴战略的基本情况和面临的问题

济南是城市和乡村并行发展的城市。现下辖8区2县,市域总面积7998平方公里,耕地面积538万亩,其中永久基本农田444万亩。全市共设置镇(街道)141个,其中涉农镇(街)89个;现有4548个行政村;全市常住人口723万,其中农村人口360万。应该说,无论从面积还是从人口比例上看,农村都占了大头,乡村振兴任重道远。

(一)济南实施乡村振兴战略的基本情况

党的十九大报告明确提出实施乡村振兴战略。近年来,济南市把美丽乡村建设作为实施乡村振兴战略的重要抓手和主要载体,先后进行了一些探索和实践,如产业转型升级、农村人居环境整治、基础设施完善等,农业、农村经济发展势头良好,乡村面貌明显改观。济南市出台的《关于贯彻落实中央决策部署实施乡村振兴战略的意见》,对推进乡村振兴战略作出全面安排,明确提出要打造乡村振兴"齐鲁样板",正在编制实施乡村振兴战略"1+5"规划体系,稳步推进乡村振兴。

1. 加快培育壮大农村产业

产业是乡村振兴的根本。坚持把"产业兴旺"放在第一位,紧紧扭住产业发展这个"牛鼻子",以推进农业供给侧结构性改革为主线,优化产业结构,壮大经济实力,增加农民收入,厚植乡村振兴的物质基础。

一是大力发展现代都市农业。省会城市农业要依托城市、适应城市、服务城市,把发展现代都市农业作为主攻方向,满足城市居民的生活需要。在确保粮食

产能 50 亿斤以上、保障粮食安全的基础上，建设都市精致农业，培育农业发展新动能。

二是着力打造农业特色产业。出台《振兴十大农业特色产业的实施意见》，市财政每年设立不少于 1 亿元的“十大产业振兴引导资金”，做大做强平阴玫瑰、章丘大葱、历城草莓、长清寿茶、曲堤黄瓜、商河花卉、高官甜瓜、龙山小米、南山核桃、农高种业等 10 个农业品牌。目前。平阴玫瑰谷、袁米农业科技、国家非主要农作物展示评价中心已落地十大产业，总投资 50 亿元。

三是优化调整农业产业结构。着力打造“一圈、两带、三区”六大农业经济板块，构建粮食、蔬菜、渔业、特色产业四大功能区，基本建成了 120 万亩粮食高产创建示范区、19 处蔬菜标准园及千亩标准化示范区、15 万亩杂粮杂豆种植基地，打造农旅融合度高、文化底蕴深厚的“十八里谷道”杂粮产业观光带。

四是积极发展特色乡村产业。按照“产村结合、融合发展”的工作思路，因地制宜、因村制宜，打造更多特色鲜明、竞争力强的专业村、专业镇和在全国具有更高知名度的农产品品牌。章丘区施家崖村发展特色优质白莲藕种植产业，带动村民亩均增收 5000 多元，成功走出了一条富民强村的新路子。长清区双泉庄村大力发展中药材种植，成立了中药材种植合作社，种植面积突破 5000 亩，人均增收 4000 多元。引导农民调整种植结构，鼓励发展花卉、苗木、林果、蔬菜、中药材等经济作物，以标准化、基地化、规模化支撑品牌化，提高种植效益。

五是大力推进一、二、三产业融合发展。紧紧抓住“新六产”发展机遇，促进农业与旅游、教育、文化、养老等产业融合。加快推进休闲农业和乡村旅游产业换档升级，将农村环境优势、生态优势、绿色优势转化为产业优势，让广大农民群众从中获益。支持引导南部山区旅游资源丰富、生态良好的村，发展乡村旅游和民宿经济，让青山绿水变成“金山银山”。创建全国最美休闲乡村、齐鲁美丽田园等主体 18 个，休闲农业经营主体发展到 1122 家。积极培育农村电商，引导农民群众主动跟上互联网发展浪潮，依托阿里巴巴“千县万村”农村电商项目，构建电子商务公共服务体系，推进农户与电子商务平台对接，让农产品搭上电子商务的“网络快车”。拓宽销售渠道，构建“农高优选”等一批综合服务平台，建立以现代农业体验馆为代表的线上线下一体化营销模式。

2. 扎实推进美丽乡村标准化建设

济南市早在 2013 年就在全省率先提出，由生态文明乡村建设向美丽乡村建设升级转变，把美丽乡村标准化建设放到建设现代泉城的大框架中，放到新型城镇化的大战略中，放到率先高水平全面建成小康社会的大格局中来认识、来谋划。制定了《关于加强和改进美丽乡村标准化建设的实施意见》《美丽乡村建设规范》，有序推进美丽乡村建设。按照“连点成线、扩线成面、产村结合、融合发展”的思路,将谋划布局示范村创建,精心设计、整体规划每条线路,将一张蓝图绘到底。目前全市已经布局打造了179个市级示范村、12条美丽乡村精品线路,每条线路连接5~10个村,形成一个个小片区,每个县区都有了一面美丽乡村建设的旗帜,较好地发挥了集群示范效应。长清区万德街道地处泰山脚下,通过整体规划、持续投入,用三年时间,将10个村连成一线,形成了"齐鲁8号风情路"。章丘区投资1900余万元正在打造"荷香小镇、水乡白云"美丽乡村精品旅游线路。自2017年开始,济南市每年重点打造60个省、市级示范村;到2020年,省、市级示范村总数达到350个以上,80%以上的保留村达到美丽乡村建设标准;到2025年,基本实现美丽乡村标准化建设全覆盖。重点打造100个精品示范村,为全市乡村振兴树立典范标杆,用三年时间在章丘区、平阴县等10个县区各遴选10个村打造全省一流、全国知名的美丽乡村样板。

3. 加强农村基础设施建设

一是加强农村环境综合治理。实施农村人居环境整治三年行动,全面清理垃圾、粪便、柴草、污水、凌乱的电线和电杆,整治村内主要街道两侧、建筑墙壁;实施城乡环卫一体化管理,规范"户收集、村集中、镇转运、县(区)处理"的生活垃圾收运处理体系;加强农村房前屋后、路旁院内以及零星闲置地块的美化、绿化工作,实现美化、硬化、净化、绿化、亮化等"五化"目标。

二是着力完善农村基础设施。推进农村道路、厕所、供电、学校、住房、饮水、供暖"七改"工程。农村主干道路面全部实现硬化,完成520个村庄街巷硬化任务;农村卫生厕所改造工作加快推进,完成无害化卫生厕所改造49万户;63个小城镇完成电网改造,电力线路迁改527公里;累计完成农村贫困户危房改造13771户;农村公共供水工程体系不断巩固提升,建成各类农村饮水安全工程855处,累计投资15.5亿元,解决340万农村居民和18万农村学校师生饮水安全问题,农村自来水普及率达到98%,基本解决农村饮水安全问题。2018年基本完成农村改厕任务,农村公共场所和农村新型社区实现冬季供暖。

三是着力提升农村公共服务水平。从事关农民群众切身利益的问题入手,推动基本公共服务向农村延伸。优先发展乡村教育事业,深入实施《加快教育事业发展三年行动计划》,加大农村教育投入,促进城乡义务教育均衡发展,2018年全面完成"改薄"任务;合理布局学校设置,做好农村幼儿园布局规划,让所有孩子有学上、能入园。提高乡村医疗和社会保障水平,进一步提高乡镇卫生院和村卫生室服务能力,加强乡村医生队伍建设;完善基本医保、大病保险、医疗救助、贫困人口医疗商业补充保险,减轻群众医疗负担,防止因病致贫返贫。逐步提高居民基本养老保险最低缴费标准和基础养老金标准,完善农村养老服务设施,构建以居家为基础、社区为依托、机构为补充、医养相结合的养老服务体系。

4. 加强文明乡风建设

以倡树文明新风为重点，努力形成文明乡风、良好家风、淳朴民风，焕发文明新气象。一是推进乡村德治工程，开展善行义举“四德”榜提升工作，开展“好媳妇、好婆婆”“身边好人”评选活动，引导农民群众爱党爱国、向上行善、孝老爱亲、重义守信、勤俭持家。二是加强农村公共文化建设，丰富农民精神文化生活，广泛开展群众性文化活动，2018年实现基层文化服务中心全覆盖。三是积极推进农村移风易俗，推进农村红白理事会制度化、规范化、常态化建设。四是深入开展精神文明创建。开展“文明村”“星级文明户”“文明村镇”创建活动，实施“百镇千村”建设示范工程，全市80%以上的村和镇达到县级以上文明村镇标准。

5. 培育乡村人才队伍

一是培育壮大新型农业经营主体。实施新型经营主体培育“630”工程，累计落实奖补资金2.5亿元，带动市级以上农业龙头企业、家庭农场、农业合作社分别达到420家、2761家、6492家，特色农业园区超过250个。大力发展社会化服务主体，在商河县创建“全国首个小麦病虫害整建制统防统治示范县”，建设1.5万亩粮食全程社会化服务示范区，全市农业社会化服务组织发展到260余家。

二是加快培育新型职业农民。实施新型职业农民培育工程，组织开展全市优秀农村实用人才培训，培养一批懂生产、会管理、善经营的农业职业经理人、经纪人，每年培育各类新型职业农民1.1万人次。“四园一校区”成为新型职业农民培训龙头。出台《济南市新型职业农民认定办法》，开展职业农民职称评审试点。加强对农村实用人才管理、服务和考核，将“泉城乡村之星”补贴由每人每月300元提高到1000元。

三是充分发挥农业科技人才作用。健全完善高等院校、科研院所等专业技术人员到乡村和企业挂职、兼职和离岗创新创业制度，保障其在职称评审、工资福利、社会保障等方面的权益。健全科研人员以知识产权为基础、以知识价值为导向的分配政策，允许农技人员通过增值服务合理取酬。

四是加大政策支持力度，鼓励各类人才返乡创业。充分挖掘乡村工匠、文化能人、非遗传承人等农村人才，让有特长、想发展的各类人才投身到乡村振兴的伟大事业中来。

6. 健全乡村振兴组织体系

全面实施“1055”组织振兴工程，即通过实施“十大行动、五大工程、五大计划”，推动基层党组织、村民自治组织、集体经济组织、经济社会服务组织全面发展。着力健全乡村组织体系，激发乡村组织活力，夯实乡村振兴组织基础。一是加强乡村基层党组织建设，坚持从“好人”中选“能人”，选优配强村“两委”班子，特别是村党组织书记，把农村基层党组织建成坚强战斗堡垒。二是加大村级组织运转经费保障力度,确保县域范围内平均每村每年财政补助运转经费不低于9万元,并建立正常增长机制。三是完善村民自治机制,健全民事民议民决制度,促进基层群众自我管理、自我服务、自我监督,实现村级事务共建共治共享。

(二)济南实施乡村振兴战略存在的主要问题

实施乡村振兴,首先要正确认识和明晰农村究竟是什么现实状况,还存在哪些问题。只有把准要害,乡村振兴才能做到有的放矢。与先进地区相比,济南市整个乡村还存在以下比较明显的问题:

一是乡村经济比较薄弱。农业依然维持小规模分散家庭经营的格局,粗放的经营方式仍未改变,绝大多数农村靠天吃饭的局面依然存在。乡村产业发展整体表现比较单一,以农业为主,农业比较效益不高,农业经济总量增长缓慢,缺乏竞争力。2015年济南市GDP总量为6100.2亿元,其中农业增加值为305.4亿元,占GDP比重为5%;2016年GDP总量为6536.1亿元,农业增加值为317.3亿元,占GDP比重为5%;2017年GDP总量为7201.96亿元,农业增加值为317.4亿元,占GDP比重为4.4%,可见农业占GDP的比重在逐年下降。特色产业不突出,缺少规模体量大、产业链条长、科技含量高、带动能力强、就业门路多、符合乡村产业规划要求的产业项目,对农民增收作用带动不强。全市420家市级以上龙头企业,销售收入过10亿元的仅有3家,没有1家过50亿元的企业。集体经济总体薄弱,还有相当一部分经济空壳村、薄弱村。

二是乡村基本公共服务存在短板。近年来,虽然乡村基础设施已取得了很大提升,尤其是水、电、路等公共服务和基础设施得到极大改善,但是乡村公共服务发展还有较长的路要走。一方面,乡村目前普遍缺少休闲生活服务设施,另一方面在教育、医疗、文化、体育、卫生和社会保障上与城市相比还有较大差距,尤其是养老服务缺失,养老服务问题更加突出。农村环境和生态问题比较突出,主要表现在农村水土污染严重,污水和垃圾处理落后,不仅威胁到农产品质量安全,而且还极大影响了农村居民的居住环境和健康。

三是农民增收后劲不足。由于受农民教育程度的限制,农民适应生产力发展和市场竞争的能力不足。农业种植业基本上不挣钱,养殖业面临一定的市场风险,农民持续增收的渠道不宽,农民家庭人均可支配收入中农业收入占比不到1/3。农村整体消费水平低,城乡差距依然较大。2017年济南市农村居民人均可支配收入16594元,城镇居民人均可支配收入46642元,城乡居民收入比2.8∶1,在副省级城市中较高。

四是乡村文化亟待提振。随着乡村人口外流,尤其是传统生产生活方式转变以及社会关系变迁,使得乡村传统文化凋敝得越来越严重。一方面,大量人口外出,使传统节庆、风俗、饮食、手艺等失去了传承的土壤;另一方面在利益至上原则支配下，很多乡村文化出现了异化，过去那种建构在熟人关系上的亲切与温情瓦解了，并为功利主义所取代。有些农村人情攀比、赌博之风盛行，移风易俗、加强农村精神文化建设的任务仍然繁重。

五是乡村发展活力不足。伴随城镇化率迅速提升，大量农民进入城镇谋生，尤其是青壮年劳动力、年轻有为、创造力强的人才离开，使乡村发展失去了最宝贵的财富；很多乡村发展缺人气、缺生机、缺活力，沦为"空心村"。特别是偏远小山村普遍出现村庄空心化、农户空巢化、农民老龄化，留在村子里的都是老人、妇女和孩子，呈现不同程度的衰退。

六是乡村社会治理难度加大。基层组织动员能力弱，农村党支部、村民委员会作用发挥不够，特别是村民委员会作为村民的自治组织，没能起到组织村民参与公共管理的作用，个别村还有"两委不和"的情况。治理水平和服务能力不足，村干部岗位吸引力不够强，村级干部面临着能人不愿干、常人干不了的尴尬局面。村民集体意识也存在淡化弱化的情况，集体归属感也不强，很多村民缺乏参与民主管理和民主生活的积极性，社会治理参与率相对较低，社会治理的责任往往由村民委员会内少数人承担。乡镇政府职能转变还没完全到位，公共服务和社会管理职能还没有发挥好。

（三）济南实施乡村振兴战略面临的重大挑战

实施乡村振兴战略是一项长期的艰巨任务。济南推进乡村振兴才刚刚起步，乡村地广人多，建设任务重，需要破解多方面的难题。当前，在实施乡村振兴战略的过程中，重点要破解人才短缺、资金短缺、农民增收难三大难题。

一是面临人才短缺的挑战。人才是最为活跃、最为关键的因素。只有人在，才能活村。要实现乡村全面振兴，就必须培育造就一批有文化、懂技术、会管理、善经营、爱农村的实用型人才。从实际情况来看，目前乡村人才短缺现象十分严重。一方面，在城镇化快速推进的过程中，随着大批学历比较高、素质比较好的中青年人不断地往城里迁移，农村人口老龄化现象日益加重；另一方面，随着中青年人不断向城镇迁移，留下来的农村居民科学文化素质远远不能适应乡村全面振兴的需要。实现乡村全面振兴对各级各类人才的需求量很大，而现有的农村人口科学文化素质又远远不能适应这方面的需要。乡村振兴所需要的人才不单纯指农业方面的人才，还包括农村发展所需要的各方面人才，尤其是农村非农产业发展、基础设施和公共服务、乡村治理、村镇建设、新兴服务业等领域的技术和管理人才。如何多方面采取更加有效的政策措施，加快培养和吸引各种急需人才，留住农村本土优秀人才，将是我们推进乡村振兴面临的最大挑战。

二是面临资金短缺的挑战。由于多方面的原因，乡村振兴面临严重的资金短缺问题。一方面，由于长期投入不足，农村现有基础设施、公共服务严重滞后，城乡差距十分悬殊,远不能适应农民日益增长的美好生活需要。另一方面,由于农村发展水平比较低,自我积累能力非常有限,加上投融资渠道不畅,资金有效供给严重不足。实施乡村振兴战略,从产业振兴、文化发展到人居环境改善都需要投入大量的资金。如何采取更加有效的措施,建立多渠道、低成本、可持续的投融资机制,来弥补乡村振兴所需要的巨大资金缺口,是一个比较大的挑战。

三是面临农民持续增收的挑战。目前,大多数农民收入的来源主要不是靠农业、农村,而是主要靠农民离开农业、离开农村到城里去打工挣钱,依靠城市的产业支撑。工资性收入是农民增收的主要来源,农业收入只是一小部分。因此,如何通过加快发展现代高效绿色农业以及促进农村一、二、三产业融合和激活农村资源等多元化措施,建立农业、农村导向型农民持续增收的长效机制,从根本破解农民增收难题,也是推进乡村振兴面临的挑战。

三、乡村振兴的国际国内经验借鉴与启示

党的十九大以来,全国各地正在按照中央的部署制定乡村振兴规划。浙江省、成都市、南京市等地率先探索,走在了全国前列,其经验做法值得我们学习。放眼世界,在工业化、城镇化加速推进过程中,不少国家也曾遇到过乡村发展停滞的情况。20 世纪 30 年代初,发达国家便开始探索乡村振兴的建设模式,开辟了各具特色的发展道路,为我们走好中国特色社会主义乡村振兴道路提供了有益启迪。

(一)国内先进省市实施乡村振兴的主要做法

1. 浙江省:“千村示范、万村整治”工程造就万千美丽乡村

浙江省乡村振兴走在了全国前列,并进行过先行探索与实践。从 2003 年至 2018 年,浙江省 15 年间扎实推进“千村示范、万村整治”工程,造就万千美丽乡村,开启了以改善农村生态环境、提高农民生活质量为核心的村庄整治建设大行动。浙江省通过产业转型、乡村改造、设施配套、生态治理、文化传承等一系列努力,在产业兴旺、生态宜居、乡风文明、治理有效、生活富裕和城乡融合发展体制机制与政策体系的建构等方面均有了明显改善。乡村面貌由点及面、焕然一新,已经从“一处美”拓展为“一片美”,从“新村美”拓展为“协调美”。在浙江“七山一水两分田”的大地上,不仅有体现江南水乡的田园韵味、青山绿水的乡愁醇味,而且还有体现城乡融合的现代之美,率先走向乡村振兴。

浙江之所以在乡村振兴方面取得显著成效:一是坚持绿色发展理念。习近平总书记提出“绿水青山就是金山银山”的绿色发展理念是指导浙江乡村发展的核心理念。浙江新农村建设和城乡统筹工作推进相对较早,在城乡空间、产业、公共服务统筹和一体化发展上有较好基础,为生态统筹、生态融合作铺垫。生产、生

活、生态“三生融合”的发展架构是浙江践行“绿水青山就是金山银山”理念、推进浙江绿色发展的具体体现。在保护生态资源的同时,把“绿水青山”资源转化为“金山银山”资源,保护与发展交融并行,“三生融合”发展并行,乡村的场景就会变成农民的家园、市民的乐园、城市的花园,进而推动城乡产业融合、景观融合、生态融合的包容发展和共享发展。

二是坚持规划引领建设。浙江形成以县域美丽乡村建设规划为龙头,以村庄布局规划、中心村建设规划、农村土地综合整治规划、历史文化村落保护利用规划为基础的“1+4”县域美丽乡村建设规划体系。

三是坚持稳扎稳打。从农村实际出发,把握好整治力度、建设深度、推进速度、财力承受度以及农民接受度,不搞一刀切、大拆大建。农村垃圾处理、污水治理是乡村人居环境建设的两个前置性工程,做到位才可避免工作反复,可以此为“先手棋”,推进全域性乡镇整治。

四是坚持群众视角。宣传群众、发动群众、依靠群众,夯实美丽乡村建设的群众基础和社会基础。把农村生态环境、乡土文化等优势转化为发展显势,规划、建设、管理、经营、服务并重,把美丽乡村建设与农村新型业态培育有机结合,开拓农民“就地就近就业”门路,激发农村发展内生动力。

2. 成都市:探索城乡融合发展新路

成都推进乡村振兴率先起步。十九大提出实施乡村振兴战略以来,成都已经制定并着手实施“乡村振兴五年计划”,落实“十大重点工程”,推进“五项重点改革”,在邛崃、崇州等地召开乡村振兴现场推进会,通过打造千亿元农业产业集群、实现农村三大产业融合发展、探索现代要素聚集体制机制和建设新乡村及培育新型农民等措施,正在有力地推动乡村全面振兴。

一是坚持乡村全面振兴。成都“乡村振兴五年计划”明确提出,要着力打造休闲旅游、食品饮料、农产品物流、农村电商和饲料加工5个千亿元农业产业集群。实施“农业+旅游”“农业+文创”“农业+康养”“农业+会展”等行动,推动农业全面升级,按照农、商、文、旅、体融合发展的思路打造乡村产业体系。通过培育新型职业农民、乡村工匠和农业职业经理人,通过建设国家农业高新技术产业开发区和农业科技创新中心引进、培育、聚集加快现代农业农村发展的高端人才,增强特色镇(街区)人口集聚力和新产业、新业态承载力,确保实现乡村振兴战略的中心任务——农民生活富裕、全面发展。把深入践行社会主义核心价值观、天府文化深度融入乡村建设和居民生活、扩大公共文化有效供给等作为乡村文化建设的重点内容,推动乡村文化振兴。实施川西林盘保护修复工程、大地景观再造工程、农村人居环境整治工程、生态环境治理改善工程,让生态环境成为乡村产业振兴和人才振兴的第一资源要素及文化振兴的第一符号。探索建立“管委会+投资公司

＋共营制”运营模式，实施城乡社区发展治理工程，构建“一核多元”基层治理体制机制，推动乡村组织振兴。

二是重点突破推动乡村全面振兴。成都把乡村绿道和川西林盘建设作为推动乡村生态振兴的关键举措，不仅有助于把乡村人居环境改善与农、商、文、旅、体融合发展有机地统一起来，实现产业振兴，而且还有助于传承发展中华农耕文明，实现文化振兴，带动人才振兴，促进组织振兴。

三是以实干促乡村全面振兴。坚持规划先行，按照“不规划不设计、不设计不施工”的要求，立足资源禀赋、生态底蕴和比较优势，对全域乡村空间形态、产业布局、生态保护、基础设施、公共服务等进行全面规划、系统设计，注重“多规合一”，形成以美丽乡村建设总体规划为龙头，县域村庄布局规划、村庄整治建设规划、中心村建设规划、历史文化村落保护利用规划等专项规划相互衔接的规划体系。坚持分类推进乡村振兴。邛崃推进乡村振兴的基本做法是产业优先、招大引强，成效显著，经济蓬勃发展；崇州推进乡村振兴的基本做法是生态优先、创新创造，探索出一条以农、商、文、旅、体融合发展的道路，以全域旅游重构城乡格局。

四是探索城乡融合发展新路。成都基于大都市发展和乡村发展现状，提出探索既要解决“三农”问题又要根治“城市病”的成都特色的城乡融合发展新路。成都把完善城乡规划体系、优化城乡功能布局、提升宜居宜业品质、推进全域景观化、重塑新型城乡形态、注重产业协同、构建现代农业生态圈、建立城乡一体化的要素资源市场和创新城乡社区治理等作为城乡融合发展的着力点，实现城乡居民基本权益平等化、公共服务均等化、居民收入均衡化、要素配置合理化和产业发展融合化。

3. 南京市：建设“村美、民富、精神足”的新农村

南京市推进乡村振兴战略，“内外兼修”抓村容村貌、“一村一品”抓乡村经济，建设“村美、民富、精神足”新农村。

一是垃圾治理让乡村焕发“新颜”。推进乡村振兴，农村垃圾治理是首场硬仗。2017 年 6 月开始，南京试点推广乡村垃圾分类工作，在当地 10 多个乡村对生活垃圾进行“两次四分法”处理。“两次”由农户在家中将生活垃圾分为干、湿两类，“四分法”则由保洁员将已分类垃圾运送到社区再处理。此外，试点乡村还配备自动化分拣设备和日处理 300 公斤厨余垃圾设备，基本做到垃圾日产日清。目前，南京市各区郊县乡镇正同步推进生活垃圾“两次四分法”。到 2019 年，南京 100％的行政村将全面推开垃圾分类处理；到 2020 年初，步建成农村垃圾分类收运处理系统，实现有机垃圾处理站、垃圾分类分拣站全覆盖。

二是农旅融合让村民富起来。南京各村根据区位优势和资源禀赋，打造“一村一品”特色种养业，并结合乡村旅游，多渠道增加农民收入。为了让村民过上好

日子，政府将在外打工的中青年请回来，“帮规划、帮建设、帮带客”，办起各具特色的农家乐和生态农业。南京市采取美丽乡村“搭台”，农民增收“唱戏”，“旅游＋乡村”发力，拉动一、二、三产快速融合，农民在家门口就将农产品销售一空，旺盛的人气又带动一、二、三产深度融合，生态富民得以充分体现。

三是农家书屋让村民“富脑袋”。实施乡村振兴战略不能光看农民的口袋，更要看农民精神风貌怎么样。南京市坚持物质文明和精神文明一起抓，特别注重提升农民的精神风貌，把农家书屋作为提升村民精气神的重要抓手，南京农家书屋遍地开花。浦口区江浦街道打造特色农家书屋，江宁区谷里街道打造南京市第一家24小时农家书屋。截至2017年4月底，南京市已建成478家农家书屋，让书屋离农民群众更近，实现村民从“富口袋”到“富脑袋”的跃升。

（二）国际发达国家的典型做法

1. 日本“造村运动”

日本国土面积37.8万平方千米，耕地面积仅占13.6%。第二次世界大后日本经济飞速发展，但1973年爆发石油危机后，经济衰退，农村破败，贫富差距拉大。日本政府受限于财力，短时间内难以用资金扭转颓势，同时城市人口激增，农村百废待兴。针对这种不利形势，20世纪70年代末，“造村运动”在各个乡村自发开展，志在发展农村经济，缩短贫富差距。

“造村运动”是一场自下而上的农村改良运动，属于民间主导型建设活动，同时得到了政府的大力支持。政府通过颁布政策法规和提供资金技术等措施起到了重要的引导和推动作用，带动人民自力更生、自谋其生。日本政府广开言路，让各村人民有充分发言权，了解全国各地不同农村的实际状况，在乡村建设方案制定上，充分尊重民意，根据不同乡情给予不同方针。“造村运动”涵盖了民众基础设施建设、生态环境改善、古村落古建筑保护、培养农业技术人才等诸多方面。“造村运动”的根本目的是让每个村落根据自身优势资源，集中一到两项特色大力发展，使农村焕发出强大生命力。1979年，日本人平松守彦提出的“一村一品”，正是“造村运动”时期的经典产物。“一村一品”运动以开发农业特色产品为目标，因地制宜，集中力量发展优势产业，通过辅以搭建合理有效的金融体系框架，提供农业低息贷款以及将农业纳入补贴等方式，推动区域特色产业发展。经过各方共同努力，“一村一品”运动在日本农村建设过程中取得了巨大成功，从原先贫富差距较大发展到全面实现城乡一体化，深入挖掘“农村内核”，突出“农村魅力”，走可持续发展道路。数十年发展历程中，“一村一品”发展理念贯穿始终。现今“一村一品”发展思路已被多国争先效仿。

2. 韩国“新村运动”

20世纪60年代，韩国农村发展落后，民生凋敝，城乡差距较大。基于此，20

世纪 70 年代,政府号召开展“新村运动”,注重工农业协调发展。“新村运动”是一场由朴正熙政府主导组织发起的自上而下的全国性农业建设活动,有着严密的指挥体系。政府从财力、人力和物力等各方面全力支持“新村运动”,同时号召人民积极参与建设活动,为“新村运动”顺利开展起到了重要促进作用。总的来说,“新村运动”带有比较浓厚的政治性色彩。

“新村运动”着力点主要在美化环境以及农村改造建设方面,取得了非常突出的成果。该运动主要实施农村环境改善、住边环境改善、流通设施改善、副业扩大等大规模农村开发事业。这些建设项目与人民生活息息相关,得到了人民的强力支持。“新村运动”的另一个着力点是重视教育培训与激励机制结合。注重培养农民科学素养,各个村庄通过民选发展带头人,并对其进行专业培训,提高带头人文化素质,带动全村人民提升整体素养。通过政府推动,自上而下,从中央高层到地方,层层建立研修院等专业教育培训机构,对运动决策者、指导者灌输专业知识。上至国家干部,下至农村领导人,都必须按规定进行专业培训。政府倡导农民自力更生,各村落因地制宜,发展养殖业、种植业、畜牧业等特色产业,创造出城郊集约型现代农业区、平原立体型精品农业区、山区观光型特色农业区等三种类型农业区划,拓宽了农民增收渠道。总的来说,韩国“新村运动”在国家贫困、政府财政投入低的不利形势下,政府下定决心,全国人民鼓足干劲,最终实现农村飞速发展。

3. 德国“村庄更新”

德国是一个国土面积接近 36 万平方千米的中欧国家,工农业发展均衡。农村与城市都具有优美的环境、便捷的交通、完备的设施。农村能够得到良性发展,很大程度上要归功于“村庄更新”。第二次世界大战后,德国满目疮痍,经济停滞不前。农村土地广阔,劳动力低廉,吸引了企业家的眼球。政府通过财政支持等手段鼓励工厂搬迁,于是大规模工厂转移至农村。在这样的背景下,政府希望采取土地合并的方式缩小城乡贫富差距,于 20 世纪 50 年代中期出台了《土地整理法》,明确了村庄更新的主要任务。随后,巴登威腾堡州、黑森州和巴伐利亚州相继提出了村庄发展规划并付诸实践,村庄基础设施得到改善,人民生活质量得到了较大提升。20 世纪 70 年代以后,城市人民开始关注环境问题,农村这片净土得到了人们的青睐,“逆城市化”现象出现,农村人口激增,土地、交通等矛盾加剧,人民生活质量下降。政府意识到需要对农村进行统筹规划,明确发展定位,合理布局,与城市区分开来。1976 年修订《土地整理法》,“村庄更新”明确写入法律条文,建设项目着眼于保护古建筑,发展村庄特色,走绿色发展道路。21 世纪以来,村庄更新融入了可持续发展理念,着力发展生态、休闲、旅游等多个产业,转变传统农业发展模式,发展现代科技农业,主要方向有环境农业、原料农业、基因农业,农村发展呈现勃勃生机。

4. 美国农业规模化

实施农业规模化经营，其本质就在于通过农业生产要素优化组合、充分高效利用各种农业资源禀赋，实现农业生产要素生产过程中在种类构成、要素组合、比例分配的最优化，深度挖掘有限土地的内在潜力，提升土地生产力及劳动生产率，增强经济效益。

美国在现代农业、农村发展中表现出来的全国范围的高度自动化、机械化，既有其地广人稀的天然优势，也有在农业各链条、各环节均渗透现代化科学技术、倡导农业专业化的努力。根据不同区域气候、土壤、地势等客观自然条件，结合农业作物自身生长规律，美国在全国范围内划分了 10 个主要农业区，实现传统条件下“多种复合式”经营方式向现代化“专一专业化”方向转变。同时，所有传统农业的生产加工过程，包含小麦、玉米、棉花、大豆等传统农作物，从播种到最终入库完全由现代化自动机器设备完成。这背后，国家和地方政府在农业科技研发支持、基础设施建设方面的投入不可忽视。

（三）发达国家乡村发展的经验启示

发达国家乡村建设的经验和发展农业产业的做法，对济南市实施乡村振兴战略提供了有益启示：

第一，注重顶层设计，立法先行，补齐制度短板。日本在“造村运动”中取得了巨大成功，健全的法律法规以及完善的政策支持是取得成功的关键所在。“造村运动”前后，日本政府针对土地利用、农业发展、乡村建设等热点问题制定了一系列法律法规，日渐完备的法律体系使农民的权益得到有效保障，使农民拥有了最坚实的后盾。此外，日本政府尽可能站在农民的角度，充分考虑他们的渴求，提供政策支持并确立和践行农民生活保障机制，真正做到服务人民。美国先后制定出台并修改完善了《农业调整法》《农业法》《农业安全与农村投资法案》等百余部法律法规，通过立法明确了农业的基础性地位，大力支持农业农村发展。日本则根据不同阶段农业、农村发展需要，不断完善法律保障体系，制定修改《农地法》《农协法》《农业基本法》等一系列法律法规，在粮食增产、农民增收、农业增效等方面起到了良好的促进作用。德国建立了覆盖“联邦政府—州政府—地方政府”全系统的乡村建设法律框架体系，制定修改《帝国土地改革法》《土地整理法》等关键性法律法规，有力地促进了土地整合和乡村更新。

第二，注重政策制度综合保障，支撑全面振兴。城乡公共资源与服务均衡发展是发达国家乡村振兴的重要保障。发达国家通过系列政策制度确保城乡公共资源均衡化，使农村与城市享受同等水平的基础设施和公共服务。自大萧条时期起，美国就建立了农产品价格支持和信贷支持政策，重点支持农村经济和社区发展项目，推动农民收入多元化，并从社会保障、医疗、教育、金融等多个领域制定政策、设立机构，实现农村与城市基本公共服务均等化。日本、韩国则通过对农业农村的巨大投入，确保城乡公共资源配置均衡化发展，防止城乡人口过度单向流动，加速农业现代化转型。欧盟则采取包括财政转移支付、公共投资、产业规划等在内的地区政策促进地区经济和社会均衡发展。各国依据实际情况而有所侧重，地区政策是欧盟实现城乡经济社会发展一体化的支柱。

第三，因地制宜，发展乡村特色产业。上述各国乡村发展历程，发展乡村特色是其主要共同点。过去乡村经济发展以传统农业、乡镇工业为主；现代乡村经济注入了可持续发展理念，强调在经济发展的同时保护环境，造就了生态农业、休闲旅游业、种植业等乡村特色产业的蓬勃发展。开发乡村特色产业，一方面能够带来“绿色收入”，另一方面又在保护乡土文化、乡风民俗和发展乡村魅力方面发挥至关重要的作用。

第四，强化基础设施建设，推动乡村功能合理拓展。发达国家乡村振兴强调农业多功能性的拓展，推动农业、农村多元化发展。国际经验表明，随着乡村振兴逐步推动，农业、农村除了传统的生产、生活、居住等功能外，逐渐拓展到乡村旅游、乡村教育、采摘观赏、自然保护、景观保护等新功能、新业态，体现了传统文化的传承与发展。农业基础设施建设与完善是拓展乡村功能的基石。日本、韩国山地多、平原少，自 20 世纪 70 年代起便持续加大基础设施建设投入，改善农村基本条件。20 世纪末，日本基础设施建设投入占农业财政支出约 50%。完善的农业基础设施为乡村功能拓展奠定了良好基础，乡村旅游、文化传承等新业态逐步释放活力，乡村振兴呈现多元化发展趋势。

第五，突出科技创新驱动，支撑城乡融合发展。发达国家发展经验表明，乡村振兴离不开农业科技的强有力支撑，完善的农业科技创新体系在助推本国农村经济增长、加快实现农业现代化、增强农业国际竞争力的进程中至关重要。美国、欧盟、日本等国均重视科技对乡村发展的支撑作用，通过加大投入和优惠政策等方式引导创新资源聚焦乡村建设，使科技逐步融入到农业生产、经营和服务的整个产业链体系，并从环保、生态、可持续等方面渗透到农业、农村发展的方方面面。伴随着乡村振兴，农业领域的科技创新与应用潜力逐步释放，吸引越来越多私人领域的科技投资。1985 年，日本西部山区通过项目建设实现了农产品生产加工、城乡交流和乡村旅游的结合；投资主体除地方政府外，还包括私人投资者和当地居民。美国农业科技私人领域投资比重于 20 世纪 70 年代末超过政府投入，充分体现出乡村振兴创新主体多元化的发展趋势。创新资源多元化的集聚与突破有力地支撑了城乡融合和农业农村现代化进程。

第六，注重农民教育，突出专业培训。乡村振兴离不开高素质的农业人才，农民作为乡村建设主体，其受教育程度、专业技术素养在很大程度上决定乡村建设的效果。日本、韩国和德国等农业发达国家十分重视培养农民的科学素养，教育和培训机构广布。国家直属农业科学技术中心、不同等级农业技术院校、国家与企业共建的农业培训机构、民办培训服务机构、各类研修院等都为提升农民专业素养、输送农业专业人才提供了极大便利。多层次、全方位教育培训机构培养出了各级乡村建设人才，为乡村发展提供内核动力。

四、济南实施乡村振兴战略的基本思路和实践路径

实施乡村振兴战略是一篇大文章，涉及农村经济、社会、文化以及乡村治理和生态文明建设各个领域。新时代实施乡村振兴战略，需要科学制定规划，抓重点、补短板、强弱项，强化制度供给，健全政策体系，激发乡村发展新动能，持之以恒地向前推进。

（一）济南实施乡村振兴战略的基本思路

1. 坚持城乡融合发展

实施乡村振兴，必须走城乡融合发展之路。要将工业与农业、城市与乡村、城镇居民与农村居民作为一个整体，纳入全面建成小康社会和现代化建设全过程，从根本上改变乡村长期从属于城市的现状，明确乡村在全面建成小康社会和现代化建设中的突出地位以及在城乡关系中的平等地位；从根本上改变以工统农、以城统乡、以扩张城市、减少农村和农民的发展路径，明确城乡融合发展是实施乡村振兴战略、推进农业农村现代化的有效途径，逐步实现城乡要素合理配置，由农村向城市的单要素转移转变为城乡之间要素的双向流动，实现城乡产业发展融合化，促进农业、农村高质量发展。济南推进乡村振兴战略，必须把工业和农业、城市和乡村作为一个整体统筹谋划，促使城乡总体规划、土地利用总体规划、产业布局总体规划有机衔接，建立城乡资源优化配置和良性互动发展机制。一方面要继续坚持工业反哺农业、城市支持农村的方针，进一步加大对农业、农村的投入力度，在资金、人才、技术等要素方面给予更多倾斜和保障，既要注重物质投入的硬件建设，更要重视提高乡村人口素质的软件建设，包括乡村基础教育、职业教育、就业培训、培智扶志等，促进公共资源向农村配置，推动基础设施和公共服务向农村延伸，实现城乡发展无缝对接。另一方面要建立城乡融合发展内在机制，充分发挥市场对资源配置的决定性作用，推进一、二、三产业有机融合，拓宽农业发展空间，实现城乡功能互补、城乡互动互促互惠发展、城乡交融一体发展。

2. 坚持乡村绿色发展

中国美，农村必须美，良好的生态环境是农村最大的优势和宝贵财富。推动农村绿色发展，就是遵循乡村自身发展规律，将生态文明建设融入乡村经济、政治、文化、社会建设各方面和全过程，让人们望得见山、看得见水、记得住乡愁。济

南推进乡村振兴战略,应牢固树立绿色发展理念,把“绿色”作为发展的底色和目标,打造人与自然和谐共生发展的新格局,同时把发展作为“绿色”的前提和基础,解决“守着金山讨饭吃”的内生发展能力不足问题,实现农村“富而美”。一要加快绿色产业发展。因地制宜地发展特色种养业,鼓励每个村镇根据自身比较优势,确立1～2个绿色主导产业,生产绿色、高效、生态、安全的农产品,提高农产品的竞争优势和质量效益。积极开发生态农业、健康养生农业、休闲观光农业、养老农业等绿色农业产业,培育农业新业态,将绿水青山转化为金山银山。二要构建绿色生产方式。农业生产要从依靠资源投入增加产出数量向依靠优化资源配置提高产出质量转变,着力构建科技含量高、资源消耗低、环境污染少、生态破坏弱的绿色生产方式,大力度降低化肥、农药的使用和依赖,培育壮大有机循环的农村生产新模式,提高乡村生产的质量和效率。要发挥农村独特优势,将齐鲁文化、传统民俗、生态观光等特色资源有机融入乡村建设,大力倡导农村居民绿色消费、绿色出行、绿色居住等生活方式。三要加强农村生态环境综合治理。扎实做好农村改水、改厕等工作,清除垃圾围村现象,加强生态环境检测和监督,加快生态环境修复,建立市场化、多元化生态补偿机制,使乡村发展从“靠山吃山、靠水吃水”转变为“边吃山边养山,边吃水边养水”,筑牢“绿水青山”变成“金山银山”的绿色发展根基。

3. 坚持党建引领

办好农村的事情,实现乡村振兴,关键在党。实施乡村振兴战略,必须充分发挥党的领导的政治优势,把党的领导贯彻到乡村振兴的全过程和各方面。要健全党委统一领导、政府负责、党委农村工作部门统筹协调的农村工作领导体制,落实党政一把手是第一责任人、五级书记抓乡村振兴的工作要求。农村基层党组织是推进乡村振兴的“主心骨”。打造千千万万个坚强的农村基层党组织,培养千千万万名优秀的农村基层党组织带头人,是实现乡村振兴的重要组织保障。要抓牢农村基层党组织建设这个“牛鼻子”,持续整顿其中软弱涣散的农村基层党组织,把农村基层党组织建成带领村民增收就业、脱贫致富的“领头雁”。通过农村基层党组织把广大农民群众凝聚起来,形成强大合力。要加强村组干部建设,选优配强农村“两委”班子,尤其是要加强农村基层党组织书记的选拔、培养和使用,切实提升农村基层党组织的组织力、凝聚力。要突出农村基层党组织的服务功能,把维护农民根本利益、促进农民共同富裕作为工作出发点和落脚点,既做让群众看得见、摸得着、得实惠的实事,也做为后人作铺垫、打基础、利长远的好事,通过服务更好地贴近群众、团结群众、引导群众,以组织振兴增强乡村振兴的内在支撑。

4. 坚持规划先行

乡村振兴是一项长期工作,既要有紧迫感,也不可急躁冒进。一要坚持规划先行。树立城乡融合、区域一体、多规合一理念，统筹考虑产业发展、人口布局、公共服务、土地利用、生态保护等要素，科学编制包括总体规划和专项规划在内的乡村振兴规划，设计科学合理、适宜可行的乡村振兴标准和指标体系，细化实化工作重点和政策措施，增强规划的前瞻性、约束性、指导性，体现规划的可行性、长期性、稳定性。二要因地制宜。“百里不同风，十里不同俗。”济南乡村发展水平差别明显，要正视发展差异化现象，依据各村发展基础、区位条件、资源禀赋等情况，充分发挥各村的积极性和创造性，依据自身条件探索适宜的实现形式，不搞“一刀切”，避免一拥而上、千村一面。注重地域特色，尊重文化禀赋，体现乡土风情，打造各具特色的乡村振兴实践模式。三要循序渐进。乡村振兴要遵循乡村发展规律，既尽力而为，又量力而行，稳扎稳打，不下指标，不人为提档加速，不追求短期速效，避免“高大上”，避免负债搞建设，坚决杜绝形象工程。要结合实际分类有序地推进乡村振兴：对具备条件的村庄，要加快推进城镇基础设施和公共服务向农村延伸；对自然、历史、文化资源丰富的村庄，要统筹兼顾保护与发展；对生存条件恶劣、生态环境脆弱的村庄，要加大力度实施生态移民搬迁，彻底改变村民生活环境。

5. 坚持深化改革创新

当前农村发展中依然面临着农民增收、耕地保护、脱贫、治理困境等问题的困扰，乡村振兴必须解决好振兴什么、怎么振兴、谁来振兴的现实问题，关键是“钱、地、人”三大问题。必须以改革创新的思路，清除阻碍农业农村发展的各种障碍，通过改革调整城乡关系和相关政策，激发农村各类要素的潜能和各类主体的活力，不断为农业、农村发展注入新动能，让广大农民最大程度地分享改革红利。首先，要巩固和完善农村基本经营制度，深化农村土地制度改革，完善承包地“三权”分置制度，在稳定承包关系的基础上盘活土地效用。其次，要深化农村集体产权制度改革，通过资源变资产、资金变股金、农民变股东等股份合作制改革，保障农民财产权益，探索新的集体经济实现形式，发展壮大集体经济。此外，还要完善农业支持保护制度，发展多种形式的适度规模经营，培育新型农业经营主体，健全农业社会化服务体系，实现小农户和现代农业发展有机衔接。农业改革发展的重点是构建现代农业产业体系、生产体系、经营体系。

6. 坚持农民主体地位

乡村群众是乡村振兴的推动者、参与者，更是乡村振兴的受益者、获利者。实践证明，农民群众是实现乡村振兴的决定性力量。坚持农民主体地位，就是要充分尊重农民意愿，调动农民积极性、主动性、创造性，充分发挥农民作用，让农民群众广泛参与到乡村振兴中来。乡村振兴要坚持以农民为本，把维护农民群众根本利益、促进农民共同富裕作为乡村振兴工作的出发点和落脚点，把农民对美好生活的向往转化为推动乡村振兴的原动力，充分尊重农民选择，多采用引导、示范、扶持的方法凝聚农民群众力量，切忌简单代替农民选择，防止乡村振兴重物不重人、见物不见人。

乡村振兴是全体农民的共同责任。乡村振兴中党的领导、政府的支持、市场的推动、社会的关心和农民的参与缺一不可。当前尤其需要提高农民在乡村振兴中的责任意识。只有当全体农民意识到自己在乡村振兴中的责任并自觉地承担起责任，乡村振兴战略才能真正激发出全体农民的主动性、积极性和创造性。

乡村振兴要靠广大农民奋斗，依靠农村内部力量推动，这是推动乡村振兴的重要基础和条件。没有内在积极性和主动性，仅靠外部支持和帮扶，乡村振兴是难以实现的。要让广大农民明确乡村振兴等不来、也送不来，要靠自己奋斗，充分调动乡村群众自身的积极性、主动性，着力避免和纠正一些农民"等靠要"思想，防止出现"上头热、下边冷""干部干、群众看""干部着急、群众不急"现象。在实践中，政府部门要改进工作方式方法，改变乡村振兴就是简单给农民钱、物的做法，多采用生产奖补、劳务补助、以工代赈等机制，不大包大揽，不包办代替，不喧宾夺主，教育和引导广大农民用自己的辛勤劳动实现乡村振兴。要注重培育农民发展生产和务工经商的基本技能，注重激发农民发展经济的内在活力，提高农民自我发展能力，增强参与乡村振兴的本领。

(二)济南实施乡村振兴战略的实践路径

乡村振兴涉及乡村经济、生态、文明、治理、生活，是统筹推进农村经济建设、政治建设、文化建设、社会建设、生态文明建设的全面系统性工程。实施乡村振兴战略，重点是补齐农村这块短板，加快推进农业、农村现代化，促进农村全面发展和繁荣，是决胜全面建成小康社会和建设社会主义现代化强国的重中之重。在具体推进过程中，应着力抓好以下几个方面：

1. 着力发展现代农业，加快振兴农村产业

乡村要振兴，产业是支撑。实施乡村振兴战略，最核心的是发展农村产业，让广大农民增收致富。没有生产的大发展，没有生活水平和质量的大提升，乡村振兴就不具备基础条件。只有把富民增收作为首要任务，坚持不懈地加大农业结构调整力度，着力培育现代富民产业，推动农村一、二、三产业深度融合，日益壮大农村经济，才能为乡村振兴注入强劲的动力和活力。

一是因地制宜，发展农村优势产业和特色产业。济南市农村地区自然条件、经济状况、农村产业发展存在较大差异，所以发展乡村产业必须坚持因地制宜，根据不同地区特点选择优势产业和特色产业，形成优势互补、各具特色、良性循环的农村产业新格局。首先，要认真做好产业发展规划，进一步优化产业布局和产业结构。顺应城乡居民消费结构升级的需要，以农业供给侧结构性改革为抓手，坚

持质量兴农、绿色兴农方向，发展特色种养业，扩大无公害农产品、绿色食品、有机食品生产，切实把产品做优、把规模做大、把品牌做响，形成在全国有较高知名度的农业品牌，提高农产品的供给效率。其次，要大力推动农产品加工业转型升级。依托资源优势发展农产品深精加工，促进农产品就地加工、转化增值，形成若干个农业加工业产业集群，更加有力地带动农民增收。最后，实施“手艺农村”计划，发展乡村特色文化产业。用好用足农村丰富的地理、文化、历史资源，深度发掘农村中的老手艺、老工艺，通过农业与文化、教育等行业叠加，探索建立传统手工艺原创生产示范基地，以手艺带农户，以农户带农村，以农村带基地，以基地带销售，建设“手艺农村”原创手工艺品线上线下营售商业模式，发展农村手工文化产业，实现农业全产业链增值。

二是加快培育新产业、新业态。现代化农村不仅要有发达的农业，而且还要有发达的产业体系。要瞄准城乡居民消费需求的新变化，推动农业向二、三产业延伸，促进农村一、二、三产业融合发展，使农村产业全面振兴。首先，充分挖掘和拓展农业的多维功能，加快拓展农业的生态环境保护、观光旅游休闲和文化传承等非生产功能，推动农业与旅游、文化、创意、教育、健康养老等产业深度融合发展，促进农业产业链条延伸，拓展农业增效增收空间。其次，发展乡村旅游，打造乡村振兴新引擎。依托南部山区丰富的自然生态资源，实施休闲农业和乡村旅游产业发展工程，开展“乡村旅游点建设计划”，培育发展特色小镇、特色村庄、田园综合体，发展农产品采摘、农家乐、农事体验等集住宿、餐饮、娱乐于一体的旅游项目，制作具有浓郁地方特色的工艺品和旅游纪念品，让好山好水转化为农民的聚宝盆。最后，大力发展农村电子商务。加强信息基础设施建设，推动“互联网＋”计划，加快发展“淘宝村”，支持和鼓励农民就业创业，拓宽增收渠道，增加农民获得感。

三是加快培育新型农业经营主体。实施新型农业经营主体培育工程，着力培养一批专业大户、家庭农场、专业合作社、重点龙头企业或现代农业产业联合体。一方面，充分发挥龙头企业的资金、技术、管理优势，支持龙头企业加大资源整合和市场开拓力度，积极推进农业上、下游一体化发展，探索开展全产业链服务，不断提高产业组织能力和价值增值能力，示范带动农村产业融合发展；另一方面，加快发展专业大户、家庭农场、农民合专业作社、社会化服务组织和农业产业化联合体等新型农业经营主体，大力发展高效种养以及农产品加工、销售、服务，吸纳广大农民群众参与规模化经营，不断提高农业资源和农民组织的集成服务功能，建立共享机制，通过订单合同、合作制、股份制等多种形式，促进资源要素互联互通，实现新型经营主体和普通农户收益共享。

四是深化农业与科技融合发展。目前，济南农业发展方式仍比较粗放，传统农业基本上还是靠天吃饭。要改变这种现状，就必须发展现代农业产业，走现代农业产业化之路。首先，要改变传统小农经济生产模式，实现农业机械化，提高农业生产效率。其次，要进一步加大农业科技投入。把先进科学技术广泛应用于农业，不断完善农业基础科研、应用科研及推广体系，不断提高科技对农业的贡献率，提高农产品产量、质量，降低生产成本，实现生产技术科学化，依靠科技创新激发农业、农村发展新活力。最后，要加快农业信息化建设。现代信息技术为现代农业拓展了新的发展空间，深化农业与高新技术融合发展，重点是推进移动互联网、物联网、大数据等新一代信息技术以及生物技术等高新技术在现代农业领域的广泛应用，推动农业科技发展和农业体系创新升级，促进传统农业向现代农业转变。"互联网＋"带动传统农业升级，对农业商品的销售方式带来了突破性改变，在一定程度上加速了转变农业生产方式、发展现代农业的步伐。互联网与农业深度融合的产业链模式以及以信息技术、生物工程技术、自动监控等高新技术为基础的数字农业、智慧农业是未来现代农业产业化的发展方向。

2. 着力改善农村人居环境，建设生态宜居美丽乡村

近年来，济南市积极推进美丽乡村建设，把改善农村人居环境作为重要任务，大力推进农村基础设施建设和城乡基本公共服务均等化，农村人居环境建设取得显著成效。但也应看到，各县区农村人居环境状况差异较大，一些农村仍然存在"脏乱差"问题，与全面建成小康社会的要求和农民群众的期盼相比还有较大差距。要把美丽乡村建设作为实施乡村振兴战略的重要抓手和主要载体，把全市农村作为一个大景区、大花园来谋划，高标准推进美丽乡村建设，全域提升农村人居环境质量，实现乡村整体美、全域美，让美丽乡村成为农民幸福生活的宜居家园和市民休闲养生养老的生态乐园。

一是推进农村基础设施建设提档升级。要加大农村基础设施建设投入，大力度推进农村"四好"公路建设，完善农村公路、通村道路系统，推进行政村连通成网工程、村内道路硬化建设、城乡客运一体化建设，让农民出行更便利。加大互联网基础设施投入，补上乡村发展滞后的短板。在互联网基础设施建设周期长、农村家庭互联网无法做到全覆盖的情况下，应尽量实现"村村通"，以村为单位接入互联网，让农村发展走上信息化发展的光明大道，实现城乡信息共享的公共服务均等化，让乡村群众平等享受信息时代红利。加大对农村电力、供气、供水、排水、垃圾处理、污水处理等投入力度，为乡村生态宜居环境提供良好的基础条件。对城郊村、镇驻地村推行公共设施一体化，水、电、气暖等公共服务产品延伸到农村，让农民享受到市民待遇，改善农村居住环境和生活质量。

二是加大基本公共服务供给。要加快推进基础教育均衡发展，加快薄弱学校校舍改造，提升硬件设施，积极发展学前教育，每个乡镇至少举办一所公办幼儿

园，解决幼儿“入园难”问题；出台鼓励师资向农村地区倾斜的政策和举措，在乡镇驻地建设教师公寓，解决教师居住问题，让教师安心教育工作。要完善村级医疗卫生设施，提升乡镇卫生院医疗水平，出台鼓励市内医疗资源下乡的政策措施，让名医下乡，解决农村群众“看病难、看病贵”问题。完善城乡居民基本养老保险制度，着力增加农民基础养老金；完善统一的城乡居民基本医疗保险制度和大病保险制度，着力提高农民报销比例；统筹城乡社会救助体系，着力提高农村低保标准和覆盖面。特别要针对农村人口结构的变化，健全农村留守儿童和妇女、老年人关爱服务体系，构建农村养老、孝老、敬老政策体系和社会环境。

三是推进农村人居环境整治。聚焦农村垃圾处理、污水治理、村容村貌整治三项重点任务，努力让农村绿起来、美起来。推进农业污染集中治理，实施绿色生态农业建设行动，突出解决好农业面源污染问题和畜禽养殖污染问题。全面处理农村垃圾，实施定点投放、定时收集和分类运输、分类处理。大力推进“厕所革命”，从农村实际出发推动卫生厕所建设和改造，实现农村无害化卫生厕所全覆盖。分步骤、有计划地推进农村生活污水治理，推动城镇污水管网向周边村庄延伸。开展村庄绿化、美化行动，搞好农村房前屋后绿化、美化，建设绿色生态村庄。集中整治村容村貌，保护好拥有悠久历史文化的名村、古村，注重建筑风貌、历史文化、景观美化、自然风景的协调，让农村像城市一样干净整洁。

四是打造特色小镇和田园综合体。建设宜居小镇是未来乡村振兴的愿景。围绕有基础、有特色、有潜力的产业，建设一批集农业、文化、旅游“三位一体”和生产、生活、生态同步改善以及具有历史记忆、地域特点、民族风情的特色小镇。坚持人的城镇化，完善基础设施、公共服务，在构筑产业生态圈的同时，打造宜居环境和创业氛围，真正将特色小镇打造成为联结城乡居民生活发展的桥梁。鼓励社会资本建设以农民合作社为主要载体，集循环农业、创意农业、观光休闲农业、农事体验于一体的田园综合体，按照以人为本的原则推进乡村环境设计、建筑外观、功能布局、能源利用和生活服务，让农民充分参与和受益，把田园综合体提升为一种令人羡慕的理想的生存状态。

3. 着力推进体制机制创新，强化乡村振兴制度性供给

实施乡村振兴，必须破解城乡二元结构，建立健全城乡融合发展体制机制，强化乡村振兴制度性供给，释放农村发展活力，让城乡要素实现优势互补、互动融合发展。

一是建立健全有利于各类资金向农业农村流动的体制机制。实施乡村振兴战略，需要投入的资金量极其庞大，必须拓宽投入渠道，应从财政、金融、社会资本等多个渠道筹集乡村振兴所需资金，形成多元投入格局。首先，加大政府直接投入。没有政府的直接投入，乡村振兴就会困难重重。要加大市财政对乡村振兴的

投入，有效解决县乡财政配套不足的问题，确保农业农村投入适度增加。尽可能把各类涉农资金捆绑使用，提高资金使用效率和效益，集中财力、物力办大事。其次，加快农村金融创新。立足城乡融合发展，构建由政策性金融、商业性金融、合作金融、新型农村金融机构及保险公司、券商和期货公司共同构成的既竞争又合作的金融服务供给体系，加快农村信用社改革，大力推动农村数字普惠金融发展，实现信贷资源在城乡协调配置，从根本上解决农村发展中的资金难题。再次，鼓励和引导社会资本参与乡村振兴。鼓励社会资本到农村发展适合企业化经营的现代种养业、农业服务业、农产品加工业以及休闲旅游、养老等产业。创新利益联结机制，引导社会资本带动农民而不是替代农民。最后，拓宽投入渠道。改变土地出让收益不下乡的格局，应把土地增值收益更多地用于支持乡村振兴。

二是探索农村集体经济新的实现形式和运行机制。建立小农户与现代农业有机衔接机制。鼓励有一定规模的专业大户和农业大中专毕业生、外出务工农民、个体工商户、农村经纪人等，通过土地流转创办规模适度的家庭农场和合作农场。鼓励农民以土地、资金、劳动、技术、产品为纽带，开展多种形式的合作与联合，依法组建农民合作社联合社，大力发展农业生产性服务业，为农民提供社会化服务。

三是强化城乡基本公共服务均等化制度供给。一方面，统筹城乡户籍制度改革，构建城乡一体化人力资源流动机制，推动“村民进城”和“市民下乡”协调发展，为乡村振兴提供人力资源支持；另一方面，通过制度设计加大对农村养老服务等公共财政投入，大力推进公共服务均等化，解决当前“农民老龄化”问题，将老年农民从“老人农业”中解放出来；为乡村提供公平的教育、卫生、医疗等社会保障体系，并通过财政转移、改变财政结构为贫困人群和乡村提供财政支持。

四是消除社会资本进入农村的制度障碍。探索建立社会资本进入农业、农村的用地保障机制。允许农村集体经济组织可以将村庄整治、宅基地整理等节约的建设用地，以入股、联营等方式与社会资本共同发展乡村休闲旅游、养老等产业和农村三产融合项目，通过出租、合作等方式引进社会资本盘活空闲农房及宅基地的使用，开展资源变资产、资金变股金、农民变股民等试点，促进社会资本进入乡村。

4. 着力强化人才支撑，培养造就农业、农村人才队伍

乡村振兴，人才为本。实施乡村振兴战略，离不开各领域、各方面的人才支持，培养造就一支懂农业、爱农村、爱农民的“三农”工作队伍，是实现乡村振兴的重要保障。唯有让愿意留在乡村、建设家乡的人留得安心，让愿意上山下乡、回报乡村的人更有信心，让那些懂技术的“土专家”“田秀才”、善经营的“新农人”“农创客”都能在广袤田野精彩绽放，才能汇聚起千千万万的各类优秀人才，扎根乡间沃

野,挥洒才智和汗水,书写新时代乡村振兴的壮丽诗史。

一是大力培养造就新型职业农民队伍。爱农业、懂技术、善经营的新型职业农民,是实现乡村振兴的中坚力量,也是发展现代化农业的生力军。实施“农业后继者培养工程”,加强对农业从业者的职业化培训,让“想种地”和“能种地”的人去种地。按照构建现代农业产业体系的要求,大幅度增加农村人力资源开发投入,逐步建立多渠道、多层次、多形式的农民教育培训体系。要大力发展高等、中等职业教育,将农业职业教育纳入国民中高等教育,从职前教育、职中教育等多方面提升农业从业者的技能。要加大对农民实用专业技术、专业技能培训,提升农民就业能力。从农业科技发展、农业发展理念、农业文化、农场管理等方面入手,提升农民素养,把千千万万农民培养成增收致富能手。加强对新型农业经营主体带头人的培训,以专业大户、家庭农场经营者、农民专业合作社带头人、农业龙头企业负责人和农业社会化服务组织负责人等为主要对象,努力提高其综合素质和职业能力。要拓宽培育途径,创新培育机制,支持新型职业农民通过弹性学制参加中高等农业职业教育,鼓励农民专业合作社、专业技术协会、龙头企业等组织和机构承担培训职能,帮助农业园区、农业企业建立新型职业农民实习实训基地和创业孵化基地,逐步建立完善职业农民注册、职称认定、信息档案登记等制度,以便于对其进行管理、培训和支持。

二是挖掘利用本土人才。本土人才是乡村振兴的重要人才支撑。本土人才是扎根和活跃在民间传统工艺、现代实用技术、古建园林技艺等领域,掌握特殊技艺的能工巧匠、善于开拓创新的经营能人、拥有一技之长的生产能手。本土人才虽然文化水平不一定高,但往往身怀绝技绝活,是传承技艺的巧匠、带领群众致富的“领头雁”。从长远来看,本土人才具有深厚的乡土情怀,更有可能扎得下根、稳得下心,真正把心思用在家乡建设上。应坚持走充分挖掘、培养本土人才资源为主,人才引进、人才支援等为辅的乡村人才振兴之路,逐步建立起本土人才不断成长的长效机制,更多依靠本土人才改变家乡面貌、实现乡村振兴。要完善乡土人才培养激励机制,从乡土人才的寻访推荐、梯次培养、职称评审、技艺传承到传统技能进职校、搭建成果展览平台、加强资金扶持等方面,制定出台一系列优惠政策,让乡土人才“香”起来、强起来,激活乡土人才群体的创造能量。要着力发现和培育“新农人”。传统农业和农民不能适应乡村振兴的新要求,要通过发现和培育新农人,特别是有知识、有文化、有见识、有本领的青年才俊,开辟农业、农村新路径。坚持工匠精神,将乡村传统农业和手工业纳入重点宣传和传承对象,实现传统农村工匠人才的“传帮带”功能,挖掘传统农村工艺价值和品牌。

三是做足乡贤能人文章。一个乡贤就是一片影响,一个能人就能改变一个地方的命运,一个优秀的农村带头人就能决定一个村庄的未来。一方面,实施“新乡贤培育计划”。进一步从农业生产能手、经营能人、能工巧匠、乡村教师、乡村医疗卫生人员、乡村科技服务人员、乡村文化工作人员等优秀人物中发现和树立现代乡贤典型,以期对乡村文化振兴发挥强大的示范和带动作用。另一方面,推动“新乡贤回归运动”。在“逆城市化”背景下,通过制定有吸引力的人才政策,筑巢引凤,让更多外出农民工、退伍军人、农村大中专毕业生、退休人员在“乡愁”“乡情”的感召下,满怀报效乡梓的志向,携带资金、技术和人力资源返乡、下乡创业发展或下乡居住,直接带动乡村经济发展,促进乡村繁荣和治理现代化。

四是引进和留住外来人才。要制定优越的人才政策,营造良好的工作、生活以及政策环境,吸引和留住外来人才在乡村从事经商、管理或文化艺术等活动。首先,建立良好的人才激励机制。扎扎实实地做好“筑巢引凤”工作,吸引、留住更多非本土、非乡村人才参与乡村建设、推动乡村发展。既要引进懂农村发展规划、善于实施乡村治理的复合型人才,也要引进懂农业技术、能将现代农业新技术新工艺和本地种养殖业结合起来的技术型人才,还要引进懂农业营销、熟悉农村电子商务、能够提高农民的市场经营水平的经营型人才,努力汇聚各方面力量。其次,吸引各类人才参与乡村振兴建设。重视农村青年人才的关键作用,特别是做好新型农村科技人才和大学生的吸引工作,鼓励有意愿、有现代科技知识、有高端技能、有互联网思维的青年人才回乡创业发展。充分调动各类人才尤其是各类成功企业家参与乡村建设,发挥其资金、管理、知识等方面的优势,为乡村产业发展起到有效的带动作用。最后,营造有利于乡村发展的创业环境。以“乡情”“乡愁”为纽带,吸引更多的人才、资本、技术等要素在农业农村流动,让更多的返乡能人在家乡有大展身手的舞台,进而走出一条“群众跟着能人走,能人跟着产业走,产业跟着市场走”的“共生共富之路”。

5. 着力推进乡村文化繁荣兴盛,加快建设现代乡村文明

实施乡村振兴战略,文化的力量不可缺位。没有文化的振兴就没有乡村的振兴。乡村文化振兴,就是要重新激活乡村活力,在复兴传统的基础上,满足广大农民多样化文化需求,保障农民文化权益,重建新的乡村精神和乡村理想,唤起农民文化自觉。推进乡村文化振兴,要坚持物质文明和精神文明一起抓,让优秀传统文化重新活起来,让农民精神面貌重新亮起来,让人们思想道德重新立起来,让乡村社会文明程度提升起来。

一是大力培育和践行社会主义核心价值观。加强农村思想道德建设,大力弘扬中华优秀传统文化,搜集整理乡规民约、族谱家训等道德资源,继承弘扬我国农民吃苦耐劳、勤劳善良等民族传统美德和优良传统。深入推进农村精神文明创建活动,扎实开展传承“好家风、好家训”活动,持续开展“好媳妇、好儿女、好公婆”“十星级文明户”等评选表彰活动,培育与社会主义核心价值观相契合、与社会主

义美丽乡村建设相适应的优良家风、文明乡风、淳朴民风。深入推进乡村社会公德、家庭美德、个人品德建设，弘扬善行义举，贬斥失德失范；倡导文明新风，推动农村移风易俗工作，遏制大操大办、厚葬薄养、人情攀比等陈规陋习，积极传播科学健康生活方式，让积极向上的精神追求、健康文明的生活方式成为乡村时尚。

二是重视保护和传承乡村优秀特色文化。乡村是传统文化的源头，是农耕文明的载体。乡村文化是中华优秀传统文化的根和魂，保留着许多农耕文明的基因。重视乡村物质和非物质文化遗产保护，充分挖掘具有农耕特质、民族特色、区域特点的非物质文化遗产，着力保护有历史文化底蕴的古村落和古民宅，挖掘传统古村落的历史、文化、艺术、科学、经济、社会等价值。深入挖掘农耕文化蕴含的优秀思想观念、人文精神、道德规范，进行情感教育、价值观教育和优秀历史传统教育，充分发挥其在凝聚人心、教化群众、淳化民风中的重要作用，结合时代要求继承创新，让乡村文化展现出永久魅力和时代风采。建设一批展示农村地方特色文化的平台，提升农村优秀传统文化的传播力和影响力。

三是注重提升农民精神风貌。乡村文化建设的宗旨是，统筹应用多种文化手段和教育方式，培育和塑造乡村振兴的实施主体，从转变和提升村民的思想观念、精神状态、生存技能等综合素质入手，焕发他们奋发图强、改变面貌的激情，增强他们创业致富、建设家乡的本领，为乡村振兴提供强大的内生动力。加强诚信社会建设，强化农民的责任意识、规则意识、风险意识；提升农民政治参与意识，关心公共事务，在自治、法治、德治相结合的乡村管理中涵养现代文明素质。

四是加大农村公共文化建设力度。深入实施重点文化惠民工程，统筹城乡公共文化设施建设布局和资源配置，推进乡村文化站、文化广场、农家书屋、农民体育健身工程、广播电视户户通等一系列惠民工程建设，健全乡村公共文化服务体系，进一步提高公共文化服务能力。加大对农村优质文化产品的供给力度。倡导文艺工作者深入农村、贴近农民，不断推出反映农民生产生活尤其是乡村振兴实践的优秀文艺作品，充分展示新时代农民的精神面貌。引导文化工作者开展送地方戏下乡活动，开展群众喜闻乐见的文化活动，丰富农村文化生活。注重培养乡土文化人才，扶持民间文艺团体，提炼本土文化特色，推出优秀文艺作品，让民间文艺活跃在民间。

6. 着力推进乡村治理，构建乡村治理新体系

乡村是社会最基层的结构，基层结构稳固则村民生活安然。治理有效，是乡村振兴战略的重要组成部分。必须加强农村基层基础工作，健全自治、法治、德治相结合的乡村治理体系，确保乡村社会充满活力、安定有序。

一是加强村“两委”干部队伍建设。干部队伍建设是实现治理有效的组织保障，是实现乡村治理有效的前提。首先，必须注重村“两委”领导班子组织建设。

要建立健全、选优配强村“两委”领导班子，特别是选拔任用好村党支部书记。“农村富不富，关键看支部；支部强不强，关键看‘头羊’。”村支书作为乡村治理的组织者和实施者，既是广大党员的带头人，又是村民自治的领路人，对实现乡村治理有效起着关键作用。要把公正廉洁、年富力强、能带领群众共同致富的人选进班子，形成一个组织健全、分工明确、齐心协力、开拓进取、廉洁高效的集体，共同致力于乡村振兴工作。其次，要提高村“两委”村务治理能力，建立以村民为中心的村务管理格局。最后，提高村“两委”运用协商民主的能力，建立村“两委”决策征求村民意见的常态化民主决策机制，强化村民代表会议职能，推行村级事务阳光工程，切实保障村民的决策参与权，形成民事民议、民事民办、民事民管的多层次基层协商格局。

二是深化村民自治实践。乡村自治是加强和创新乡村治理的重要动力，在体现村民意志、保障村民权益、激发乡村活力等方面发挥着重要作用。要健全和创新基层党组织领导的充满活力的村民自治机制。首先，进一步健全完善基层民主选举制度和程序，切实保障村民的选举权和监督权。其次，建立完善村民参与机制，如利益表达机制、利益协调机制、利益保护机制，引导村民依法行使权利、履行义务、表达诉求、解决纠纷，实现政府管理和村民自治的良性互动。最后，建立乡村治理平台。如开设“村民议事会”“百事服务团”“百姓议事会”等治理载体和平台，为村民学习交流、沟通协调、化解矛盾、参与村务等提供有效途径。

三是建设法治乡村。只有依法治村，农村社会才能实现稳定、有序发展。首先，完善依法治村规范体系。强化法律在维护农民权益、规范市场运行、农业支持保护、生态环境治理、化解农村社会矛盾等方面的权威地位。其次，做好乡村普法宣传教育工作，提升村民法律意识。要加大农村普法力度，提高农民法治素养，引导广大农民增强遵法、学法、守法、用法意识。再次，注重在法治轨道上进行乡村治理。增强基层干部法治观念、法治为民意识，将政府涉农各项工作纳入法治化轨道，善于运用法治思维和法治方式防范风险、化解矛盾、维护群众合法权益，引导群众养成在法治框架内主张权利、解决纠纷的习惯。最后，突出“平安乡村”建设。加强农村社会治安综合治理，深入开展扫黑除恶专项行动，严厉打击农村黑恶势力、破坏乡村秩序的宗族势力、横行乡里的地痞流氓和违法犯罪活动，还乡村以宁静。

四是提升乡村德治水平。要重视发挥道德的教化作用，使乡村道德体系建设同社会主义核心价值观相衔接、相协调、相促进。首先，深入挖掘乡村熟人社会蕴含的道德规范，结合时代要求进行创新，强化道德教化作用，引导农民向上向善、孝老爱亲、重义守信、勤俭持家。其次，建立道德激励约束机制，引导农民自我管理、自我教育、自我服务、自我提高，实现家庭和睦、邻里和谐、干群融洽。最后，加快建立完善村规民约。依托中华传统文化，挖掘传统道德资源，重建具有正确价值观支撑的乡规民约和乡村道德体系，充分发挥其在凝聚人心、教化群众、淳化民风中的重要作用，努力走出一条乡村治理的新路子，大大降低农村社会运行成本。

五是推进乡村治理智能化。新时代乡村治理，应充分发挥信息技术、人工智能等现代科技的作用，将技术优势和制度优势结合起来，不断提升乡村治理效能。加强现代科技在乡村治理各个领域的深度应用，优化治理技术工具，探索大数据治理、云治理、“互联网＋乡村治理”等新模式，推动治理理念、治理内容、治理方式、治理体制机制创新，释放现代科技在乡村治理中的巨大效能。

7. 着力保障和改善农村民生，提高农民生活品质

生活富裕是实现乡村振兴的重要标志。生活富裕的核心是农民增收问题。习近平总书记在视察章丘区三涧溪村时强调：“乡村振兴，说一千道一万，农民增收是关键。”实施乡村振兴战略，就是要通过乡村经济振兴和强农、惠农、富农政策，不断提高农民收入和消费水平，进一步增进农民福祉，大幅度地提升农民生活品质，使农民的获得感、幸福感和安全感更加充实。

一是提高农民的就业质量和收入水平。把农民作为就业优先战略和积极就业政策的扶持重点，加强职业技能培训，提供全方位公共就业服务，多渠道促进农民工创业、就业，促进农村劳动力转移就业和农民增收。

二是提高农村民生保障水平。积极解决关系农民群众切身利益的现实问题，把农村社会保障从“有”到“好”作为主攻方向，大幅度提高农村民生投入。推动城乡义务教育一体化发展，努力让每个农村孩子都能享有公平而有质量的教育，使绝大多数农村新增劳动力接受高中阶段教育，尽可能地接受高等教育；完善城乡居民基本养老保险制度，完善统一的城乡居民基本医疗保险制度和大病保险制度，统筹城乡社会救助体系，完善最低生活保障制度。

三是打好精准脱贫攻坚战。乡村振兴，摆脱贫困是前提。据统计，全市共建档立卡贫困人口 18.52 万、贫困村 916 个。经过连续几年的扶贫攻坚，现已累计脱贫 16.96 万人，573 个贫困村“摘帽”退出。要进一步加大脱贫攻坚力度，广泛动员社会资源与力量参与，用心、用情、用力帮扶，坚持扶贫与扶志相结合(课题组成员：齐峰、梁永贤、孙明)扶贫与扶智、扶能相融合，着力激发贫困群众脱贫致富的内生动力，增强脱贫信心，不断增强其自我发展能力；创新精准扶贫、精准脱贫体制机制，采取产业扶贫、教育扶贫、文化扶贫、电商扶贫、旅游扶贫、科技扶贫、社会保障兜底等多种举措，增强乡村振兴的内生造血功能，最大限度地减少返贫现象，确保 2018 年底实现全市所有贫困村整体脱贫的目标。

（课题组成员：齐峰、梁永贤、孙明）

参考文献

[1]鲍绍坤:《乡村要振兴　治理得跟上》,《人民日报》2018年9月25日。

[2]陈文胜:《实施乡村振兴战略　走城乡融合发展之路》,《求是》2018年第6期。

[3]陈文胜:《为什么要提出乡村振兴战略》,《湖南日报》2017年12月5日。

[4]龚建文:《乡村振兴,要抓好"五个着力"》,《光明日报》2017年11月21日。

[5]韩长赋:《实施乡村振兴战略　推动农业农村优先发展》,《人民日报》2018年8月27日。

[6]黄祖辉:《浙江乡村振兴的先行探索与启示》,《农民日报》2018年1月20日。

[7]李国祥:《健全投入保障制度　大力推进乡村振兴》,光明网-理论频道,2018年2月10日。

[8]李培林:《乡村振兴与社会治理值得关注的五个课题》,《社会治理》2018年第7期。

[9]李周:《深入理解乡村振兴战略的总要求》,《人民日报》2018年2月6日。

[10]刘家义:《打造乡村振兴的齐鲁样板》,《人民日报》2018年5月11日。

[11]刘守英、熊雪锋:《我国乡村振兴战略的实施与制度供给》,《政治经济学评论》2018年第4期。

[12]马峰:《深入推进乡村振兴战略》,《中国社会科学报》2018年5月16日。

[13]马华、马池:《春乡村振兴战略的逻辑体系及其时代意义》,人民论坛网2018年2月5日。

[14]明海英:《培育新型职业农民》,《中国社会科学报》2018年8月22日。

[15]潘鲁生:《繁荣文化　振兴乡村》,人民网-书画频道,2018年3月9日。

[16]钱念孙:《乡村振兴应注入文化动能》,《光明日报》2018年3月12日。

[17]王慧娟、周方:《在乡村振兴中发挥农民主体作用》,《中国社会科学报》2018年8月9日。

[18]魏后凯:《坚定不移地实施乡村振兴战略》,《经济日报》2017年11月3日。

[19]文军:《大力培育新型职业农民》,《人民日报》2018年7月23日。

[20]吴国宝:《切实发挥农民在乡村振兴中的主体作用》,光明网-理论频道,2018年2月27日。

[21]谢玉梅:《我国乡村振兴战略的实施路径》,《光明日报》2018年3月21日。

[22]叶兴庆:《以改革创新促进乡村振兴》,《经济日报》2017 年 12 月 28 日。

[23]张红宇:《坚定不移实施乡村振兴战略》,《人民日报》2018 年 2 月 26 日。

[24]张学彪、聂凤英、曲春红:《借鉴国际经验,助力乡村振兴》,《农民日报》2018 年 2 月 15 日。

[25]周湘智:《乡村振兴:让乡土人才“香”起来》,《光明日报》2018 年 5 月 6 日。

[26]周永根:《以“人”为核心　推动实现乡村治理有效》,《中国社会科学报》2018 年 11 月 14 日。

[27]朱启臻:《乡村振兴　人才为先》,《光明日报》2017 年 12 月 3 日。

新时代济南市促进农民增收问题研究

沈　飞

促进农民增收的关键在于城乡管理体制创新和城乡融合发展。从目前来看，促进城乡之间的资源要素流动依然是一项重大任务。深化农村土地制度改革以及各类资源市场化配置，要突破传统禁区，这不仅需要创新理论，而且还需要社会实践。根据农村社会经济发展的实际，作出新的制度安排，充分挖掘农村市场和资源潜力，以城带乡，激发城市工商企业、居民和广大农民的活力，促进城乡协调发展，既能为城镇发展提供更多的空间，也有利于农村资源的有效利用，这也是促进农民增收的主要动能。

一、农村经济发展现状及分析

（一）农村经济发展现状

农民增收问题是“三农”问题的核心，也是我国从中央到地方各级政府长期重点关注的问题。党的十八大以来，社会经济发展成就显著，“三农”问题也取得了积极进展，尤其是近年来，随着中央精准扶贫政策、乡村振兴战略的实施，农村居民收入不断提高，广大农民群众的获得感也在日益增强。2017 年，全国农村居民人均可支配收入 13432 元，农村居民人均消费支出 10955 元。同年，山东省第一产业增加值 4876.7 亿元，占 GDP 总值的 6.7%；全省农村居民人均可支配收入 15118 元，农村居民人均生活消费支出 10342 元。2017 年，济南市第一产业增加值 317.40 亿元，占 GDP 总值的 4.4%；农民可支配收入 16594 元，增长 8.1%；农村居民人均生活消费支出 10327 元，增长 9.9%。城乡居民收入比为 2.8∶1，与上年持平。城镇居民恩格尔系数 23.5%，农村居民恩格尔系数 31.5%。从目前来看，虽然济南农民收入总体水平高于山东和全国的总体水平，但是消费水平却略低于全国和山东的平均水平，城乡之间收入和消费水平仍然长期存在较大的差

距,农村经济发展还存在诸多问题:

第一,农业发展质量不高。受技术水平、规模、生产方式等各种因素的影响,小农户生产的农产品越来越难以适应大市场变化的需求,同时城乡居民对农产品质量及安全有着更高的期待,发展健康生态产品成为未来农业的必然选择。

第二,对农村投入不足。农村资源潜力有待进一步挖掘,政府财政支持农业发展虽然在逐年增加,但是支持力度仍然不能满足农业健康、持续发展的需求,尤其是农业基础设施建设依然存在许多历史欠账。此外,更重要的是城市工商资本下乡动力不足,形成全社会广泛支持"三农"的格局尚待时日。

第三,农民增收渠道较窄,农村产业发展规模、效益不高,依靠传统的生产经营方式已难以大幅度提升农民的收入水平,尤其是偏远中心城市的地区、农业产值所占比例较大的地区,农民的发展能力更弱。从整个区域发展来看,济南城乡经济融合度依然不高,城乡之间、乡村内部之间收入差距较大的现状仍然广泛存在。

第四,对农村居民的教育培训不足。城乡教育不均衡问题长期存在,除了农业生产技术之外,对外出务工劳动力进行新的职业培训也相对欠缺,以致竞争力不足。从事家庭联产承包经营的农户,尤其是许多中老年人,对日新月异的新信息技术掌握和运用不足,创新能力较差,难以借助信息高速公路搭上社会经济发展的快车。

第五,农村合作经济组织的力量总体上仍然比较薄弱。除了一些受到重点支持的乡村外,大多数地区的农村合作经济组织基础薄弱、服务功能单一、凝聚力不强,对乡村经济的带动作用也不足。

(二)问题产生的主要原因

农民收入增长速度长期低于城镇居民,主要有以下几个方面的原因:

1. 农民家庭生产资源有限

人均"一亩三分地"难以实现大幅度增收的要求。现阶段由于农村人口规模较大,农业劳动力人均土地资源占有量偏少。长期以来,农民底子薄、资本少、增收技能和途径单一的情况仍然比较普遍。2016 年,济南人均耕地面积只有 0.85 亩,远低于全国平均水平。以家庭为主的生产单位规模有限,而农民从业技能、文化教育水平等个体化差异也影响到农产品的质量安全与稳定。

受传统农业经济效益低下的影响,农业龙头企业数量仍旧不多,知名农业品牌偏少,对农村经济的带动作用有限。近年来,济南除了发达地区或地方重点支持的明星示范乡村镇,如特色种养基地、旅游资源丰富的村镇,大部分地区农民的自我发展能力都比较薄弱,尤其是许多贫困村和大量脱贫时间不长的乡村,原始积累少,实现持续增收的难度更大。

2. 农村居民的可支配收入少,家庭金融资产总体偏低

当前,构成城镇居民家庭资产重要组成部分的已经是房产,大城市能达到60%以上,城市的房产可以交易。同样是构成农民重要资产组成部分的房屋、宅基地以及集体经营性土地等重要存量资产却难以参与市场资源配置。城乡管理的双规制致使许多乡村以打擦边球的形式参与房地产市场活动。以小产权房为例。由于小产权房长期缺乏政策和法律规范,小产权房拥有者以及租住者的利益往往也难以得到保障,一些问题越积越久。当前,全国上下,包括济南在各区县内大规模拆除违章和临时建筑,其中有不少就是属于该性质的房屋。农村土地的"三权"分置改革进展缓慢,许多地方对农民现有的资产评估尚未进行。对农村发展至关重要的资源不能通过市场进行配置,农民可支配的资金又有限,扩大生产经营规模以及增收的难度自然很大。

3. 城市工商资本进入农村市场受到诸多政策体制因素的限制

由于农村可开发利用的重要资源——土地被严格管制,城镇居民难以与农民进行深度合作、共同开发经营。而农民受到自身能力的限制,资源开发效益普遍较低。从目前来看,乡村旅游作为一种新兴产业吸引了城市居民共同参与,但是却具有很大的局限性:城镇居民休闲旅游消费规模有限,基本上是过客,而且没有突出特色的旅游项目则难以引来更多客人,而一些高成本的旅游项目投资风险往往很大。城乡管理上的双轨制,尤其是历史遗留问题依然极大地影响到改革的进程,导致城乡一体发展的格局难以形成,从而成为实现"以城带乡,以工促农"的重大障碍。当前,包括济南在内的众多城市通过划县设区的形式扩大城市面积,也正是为了更好地解决城乡统筹发展的问题。事实上,济南区域面积的拓展,有助于推进农村经济发展、促进农民增收,是一种突破现有格局的积极尝试。总体而言,与城镇相比,农村地区基础设施仍然落后、配套不足,而且农村劳动力受教育程度偏低、整体科学文化素质不高,难以满足先进农业发展的需求,而这一现状短期内难以解决。现代信息和智能制造时代已经到来,社会生产力在整体提高,科技第一生产力的作用日益彰显,简单重复的劳动将越来越多地为机器所取代,受教育程度偏低以及技能培训不足的劳动力的就业将越来越困难,这也是城市工商企业及私人资本进入农村动力不足的又一重要因素。近年来,在政府的引导下,济南在企业下乡方面开始发力,已初见成效,尤其是一些综合实力强的大型企业在乡镇建厂后对乡村经济的带动效果明显,但是大量实力相对较小的中小企业要进入农村地区,没有重大政策、体制的支撑是不行的。

4. 农业科技及管理等人才下乡的各项配套政策及保障措施力度不足

人才下乡的动力不足,先进的农业生产经营以及管理技术就难以得到推广。而当今广大农村地区最缺乏的正是吸引城镇居民到此施展才能的舞台。没有实

实在在的经济基础或可挖掘的优势资源潜力,没有良好的人才发展环境,不仅不能引来人才,相反还会让更多的农村能人流失,在贫穷落后地区实际上已经形成了这种恶性循环。强大的农业科技人才和技术储备是提高农业效益以及促进农民增收的根本。当前,实施乡村振兴工作的关键在于制定出确确实实的优惠政策,推进企业和人才扎根乡村、务实创业,全面推进城乡之间的人才、科技交流,促进城乡居民共同开发农村的优势经济、文化等资源,通过各类人才作用的发挥带动城乡协调发展。

5. 农村居民老龄化问题日益严重

与城市相类似,济南广大农村社会经济发展的人口红利也在不断消失,尤其是较为偏远的村庄日益萧条,以家庭为生产单位的农业生产经营环境不断恶化,“老弱病幼”从事农业生产的现象日益明显,空心村现象在偏远地区普遍存在,这些对农业的创新发展极为不利。而农村第二、三产业不发达,富余劳动力就业不充分,许多人只能依靠外出打工来提高收入,这也造成了农村家庭重要劳动力的流失。大多数低收入的农村地区都是因为当地农产品价值不高,缺乏竞争力,难以持续增收,从而抑制了农民的生产积极性,进一步导致家庭承包经营的耕地、林地等利用率不高,经济发展缓慢。如果没有其他新的经济增长方式以及新动能,农村经济就难以实现可持续发展,农民在其他各个领域的发展必然也会受到制约。

6. 农村基层组织薄弱

一些农村地区社会经济长期发展较为缓慢的重要原因之一还在于乡村基层组织涣散、凝聚力不强。实践证明,一个组织功能退化、恶化以及凝聚力、号召力不足的基层组织,很难带动乡村的良性发展。有许多乡村经济、社会、文化长期发展缓慢的主要原因往往还不是资源、技术、劳动力的问题,而是缺乏为民服务的好带头人。近年来,受到金钱至上思潮的影响,一些乡村基层组织的主要领导干部,不仅没有起到好的带头作用,而且还常常以权谋私,践踏民主与法治,大肆将公共资源化为私有,侵占广大村民的利益,甚至拉帮结伙,结成黑社会势力,对不甘于利益被侵占的村民进行打击报复,影响恶劣。当前,全市范围内的打黑除恶,深得广大人民群众的拥护。同时,广大农民群众渴望建立起一个规范有序、富有活力的乡村自治机制,并且拥有一个可以信赖的带头人。各级政府要切实依法保护农民的利益,并不断提升农民自己当家作主发展经济的主体地位。

上述问题如果不能得到有效解决,落后地区与先进发达地区在经济和其他各个领域的差距势必会进一步拉大。

当前,在决胜小康社会建设战略目标的关键时期,必须加快推动农民增收步伐,补齐农村经济发展的短板,并对城乡融合发展作出更好的规划和部署。农村的发展、农民的增收和农业的巩固,一方面主要是靠农民不断挖掘自身潜力、奋发图强、创新发展;另一方面,政府和整个社会需要在对乡村扶贫帮困的基础上加大农业科技、产业发展投入,加大对农民的培训,增强农民自我发展能力,拓宽增收渠道等。新时代已经来临,发展农村经济必须依靠党的十八大以来新的科学思想理论,加强创新与实践,并充分利用现代科技为农业发展服务,为农民增收服务。不断加固农业发展的基础,增加新动能,发展新业态,逐步让农民的生活好起来,让满意度以及自信心升起来。

二、农村居民增收的潜力分析

从全国范围来看,作为东部地区大省山东的省会,济南农业发展的基础相对较好,尤其是近年来,农村经济的发展取得了很大进展,精准扶贫工作不断深入,消除贫困人口的目标即将实现,为济南区域协调全面发展奠定了良好的基础。随着农村经济、科技水平的不断提高,济南从事农业生产所需的劳动力规模逐年减少,农业效益日益提高。城市第二、三产业的迅速发展吸引着越来越多的人口走出农村,并取得越来越多的发展机遇。许多农民工在城市务工打拼,努力创业发展,逐步开阔了眼界,自我发展能力不断增强。从目前来看,除了少数明星村、特色乡村之外,越来越多的农村家庭的主要收入来源已经不是农业生产及其相关的收入,而是源于农民务工的收入,而且在总收入中工资性收入所占比重越来越高。随着济南县域经济的发展,济南农村越来越多的年轻人开始选择在邻近的城镇就业并定居,进而融入城镇化进程中。而广大农村,尤其是临近中心城市的乡村,现代生态农业以及农村第二、三产业也在迅速发展,城乡融合度进一步提高。

(一)农业劳动人口数量变化情况分析

由表1可见,在济南市总人口规模不断增加的同时,从事第一产业的就业人口呈明显下降趋势,2016年为70.9万人,占当年总人口的11.2%,而1978年该比例为30.2%。在总人口规模不断增加的情况下,农业劳动力绝对数量不断下降的事实说明:一方面农村劳动力仍然有富裕,需要进一步向第二、三产业转移;另一方面农业劳动生产率正在随着科技进步而不断提升。济南的农业最终必然是通过高素质的农业劳动力以及现代生态农业技术的推广实现做大做强,也就是说,发展农业不仅是提升人们对农产品的数量和品种需求,而且还要满足城乡居民日益增长的对农产品生态、安全、绿色的质量需求。经过改革开放40多年的不断发展,济南市总体上已经步入工业化发展的中后期,第二、三产业对劳动力的需求日益增多,这也是社会主义市场经济发展的必然结果。从世界上绝大多数先进、发达国家和地区的发展历史来看,国家工业化的发展往往会引起农业劳动力减少的。自实施改革开放政策以来,我国从事农业的人口也普遍呈现下降趋势,这同绝大多数发达国家的发展趋势相一致。但是,作为全球最大的发展中国家,我国的农村又有自己的特殊性,虽然农业的产值在国民经济中所占比例已经不到10%,但是农村人口比例仍然占到总人口数量的近一半。从济南的户籍人口来看,目前农村地区人口的数量仍然占到人口总数的50%左右。虽然近些年一些周边县市因被划入济南市而成为市区,但是从事农业生产经营的农业人口身份依然未能全面改变。同时,农民工这一过渡的身份却延续了很多年,直至今日。因此,大量的农民工要彻底转变为城镇居民或许还有很长的路要走。从济南地区内部来看,各个区县的差距也十分明显,表现在经济水平、教育、医疗、养老等各个方面。随着各地经济的发展,尤其是发达地区对周边地区的辐射影响,许多农民工开始返乡工作,主要是选择就近打工,但是大多数人仍然从事第二、三产业。有的经营能力增强的农民工回乡后扩大农业经营规模,搞农业企业、家庭农场等,比如发展家乡的旅游业、特色种植业等,而不再局限于经营自己的“一亩三分地”了。目前这一现象已经越来越明显,并且也受到当今政策的大力支持。

表 1　1978～2016 年济南市农业劳动力数量变化情况　单元:万人

年份	1978	1990	1995	2000	2005	2010	2015	2016
农业劳动力	136.30	125.73	116.13	109.98	99.10	76.66	71.80	70.90
总人口	450.67	523.60	542.12	562.65	597.44	604.08	625.73	632.83

资源来源:《2017 年济南统计年鉴》。

(二)农业在国民经济中的产值占比变化及其分析

由表 2 可见,济南农业产值占全市生产总值的占比已经从 1978 年的 17.63%下降到 2016 年的 4.85%。农业产值占济南全市 GDP 比例逐步减少的变化表明:农业从整体上讲已经属于弱势产业,在农村人均资源占有量十分有限的情况下,大多数农民如果继续依靠传统农业实现增收将越来越困难;只有越来越多的农村人口从事第二、三产业,才能实现稳定、持续的增收。

当前,经济发展已经进入工业化后期阶段的济南,要补齐农业发展的短板,就必须将“以工补农,以城带乡”作为农业发展战略的关键,而且农业生产经营活动还要得到整个社会的支持。农业作为维持生存和保障国家和地区安全的基础,其地位永远不能动摇,而且农业的发展必须实现可持续。从农业自身来讲,只有做强做优才能有出路。未来农业的发展不仅仅要保证数量的要求,还必须走生态绿色、优质高效的道路,以满足粮食安全以及食物安全的需求。农业的高质量发展必须有高质高效的服务作保障,从这个角度来讲,农村中大量从事低效农业生产的富裕人口也必须从农业中分离出来,并转向城乡第二、三产业。值得我们警惕并高度关注的是:城镇工业的高速发展往往使许多人忽视了农业的基础作用。很多人甚至认为,用第二、三产业赚来的钱购买农产品更经济实惠。但是,实际上作为人口大省的山东省,如果每个地方都要依靠其他地区为自己供粮,又有谁能够供得起呢?大量依赖进口,粮食安全如何保障?中美贸易战打响之后,我国不得不从世界各地寻找粮源,寻求进口多样化;同时,一些国家也开始趁火打劫,对我们的粮食安全产生了很大的隐患。这一事件再次提醒我们,必须掌握食品生产的主动权。农业产值在经济总量中占比例虽然小,但是地位重要。粮食生产自济自足始终是国家和地区发展的重大战略问题,任何时候都不可以掉以轻心。

农业创新无所不在,并且农业也只能通过创新做大做强。从当前来讲,强大的第二、三产业才是促进农业更好、更快发展的保障;只有实现城乡融合发展,农业及农民增收的问题才能从根本上得以解决。

表 2　1978～2016 年济南市农业生产总值占济南总产值的比重变化　单位:亿元

年份	1978	1990	1995	2000	2010	2015	2016
农业产值	4.16	23.93	67.64	96.02	215.17	305.39	317.31
济南 GDP	23.60	138.24	473.52	944.13	3910.53	6100.23	6536.12
农业产值占总产值(%)	17.63	17.31	14.28	10.17	5.50	5.01	4.85

资源来源:《2017 年济南统计年鉴》。

(三)居民收入变化情况分析

由表 3 可见,城镇居民与农村居民可支配收入的比例从 1980 年到 2016 年先缩小后扩大,在 2000 年以后的 10 多年来一直稳定在 2.8∶1 左右,但是绝对值相差越来越显著。城乡收入差距不断拉大表明,农民的增收能力相对越来越低。从目前来看,在现有条件下要缩小差距,困难会越来越大。城镇工业发展的“雪球”已经滚得很大,与乡村经济规模相比已不可同日而语。农业要发展,农民要增收,一方面需要将包括土地资源在内的农业生产资源不断向少数农业生产经营能手或农业企业集中,依靠生产经营能力强大的农业企业或合作经济组织提升农业生产的总体水平;另一方面农业劳动力必须进一步向第二、三产业转移,包括向农村地区的第二、三产业转移,如发展农产品精加工,逐步提高目前农业生产偏低的劳动回报率。总体来讲,济南大部分农民的未来持续增收将主要依靠工资性收入,越来越多的农民也将逐步转变为产业工人。随着现化信息、交通的进一步发展,城乡之间的时空将越来越缩短,未来的主要问题则在于如何统筹规划和实现城乡融合发展。因此,当前城镇发展的首要问题就是必须为解决农业人口转移作出制度性安排,既为现代、高效生态农业发展留下空间,同时也为城乡其他产业的发展储备更多人才和劳动力。农村经济必须走向创新和多样化发展的道路。

表3　　1980～2016年济南城乡居民人均可支配收入变化　　单位:元

年份	1980	1985	1990	1995	2000	2005	2010	2015	2016
城镇	440.1	703.8	1619.5	4720.6	8471.3	13578.5	25321.1	39888.7	43052.2
农村	168.9	330.5	731.1	1812.7	3046.8	4812.3	8903.3	14231.8	15345.6
城乡收入之比	2.61∶1	2.13∶1	2.22∶1	2.60∶1	2.78∶1	2.82∶1	2.84∶1	2.80∶1	2.81∶1

资源来源:《2017年济南统计年鉴》。

缩小城乡差距,促进农村经济发展,是一个庞大的系统工程。当前,城乡之间的差距,不仅仅表现在收入方面,而且反映在科技、教育、文化、卫生、医疗等各个方面,其中最重要的差距体现在劳动力的综合素质方面,体现在创新思想、文化以及掌握先进技能等方面。因此,如果仍然维持当前城乡分离的管理体制,不加大农村改革与开放的力度并全面支持济南农村经济、科技、教育、文化等领域的发展,不拓展广大农民发展的空间,实现农业现代化的目标将继续被拖延。

三、促进农民增收的途径

推进济南城乡融合发展,关键在于管理体制创新,其中农村资源要素能否参与市场配置是重点。政府要根据农村社会经济发展的实际,作出新的制度安排,要通过公共设施建设、教育培训、信息服务均等化等措施推进城乡一体化进程。目前,构建全社会"以城带乡,以工促农"的机制,解决长期制约农村发展的历史遗留问题,补齐短板,才是推动农村实现全面小康并走向现代化的根本保障。这要先从基层组织抓起,优化基层管理体制,大力选拔农村优秀人才,推出一大批作风优良的基层干部做乡村振兴的带头人,不断增强造血机能,促进乡村振兴繁荣。

(一)进一步发挥政府的职能作用

充分发挥政府的推动和引导作用,求真务实,进一步克服各种形式主义、功利主义,扎实做好对农村的服务工作。

第一,对农村的扶持政策要建立在科学有据的基础之上。要让扶持农业的有限财政资源用在刀刃上,主要是搞好公共性的基础服务,共享改革红利,逐步减少广大乡村居民发展的成本。要不断改进扶持方式,让大多数村民满意。

第二,结合乡村振兴、精准扶贫等一系列发展农村经济的优惠政策,加快解决低收入群体的基本生存问题。

第三，为农村增加更多的公共服务。城镇的繁荣发展离不开大量的基础设施投资，乡村也是如此，要逐步还清对农村的历史欠账。应继续加大公共基础设施以及各类配套设施的建设，尤其是道路、通信等决定着经济发展质量优劣和效率高低的公共服务设施建设。准确地讲，乡村交通运能、信息网络覆盖率的大小决定了农村经济发展的潜能，基础不牢，乡村现代化的目标就不可能实现。从当前的情况来看，高速公路、高铁、城铁通过的乡镇一定比其他地方发展得更快。而只有进一步加快农村现代信息技术的推广运用，加强区域服务信息、物流等各项公共服务，才能为农村经济的发展提供更强的动能。

（二）进一步深化农村改革

第一，要坚决废除城乡二元化的体制，消除阻碍城乡一体发展的鸿沟，使城乡资源通过市场进行配置。要突破“围城”，一方面让农民能够合法自愿“进城”，融入城镇化的进程；另一方面同样也允许市民“出城”，到广大的农村地区谋求新发展，要将人的发展提高到一个新高度。只有促进城乡高度融合、人口双向自由流动，才能够在更大的范围内实现城乡信息、资源共享，实现空间合理调配，实现区域协调发展。既然广阔、美丽的乡村是城市的“后花园”，岂能不允许城里人参与自己“后花园”的建设和共享呢？

第二，完善城乡融合发展的新体制。济南要有大胸怀，不仅要向国内城市开放，而且还要向国外开放，只有开放了市场，先进的技术、人才、资金等各类资源要素才能融进来，才能有更多的资源供我们选择利用。积极推进并逐步开放乡村的资源市场，认真搞好“三权分置”改革，盘活农民的现有资产，吸引更多的社会力量参与乡村建设，最终将乡村的资源优势转换为经济优势，促进农村经济持续发展、农民持续增收。

（三）坚持科学发展，走市场经济发展的道路

促进城乡融合，必须将乡村的经济发展规划纳入到地区整体发展规划之中。未来济南发展的着眼点不仅仅是考虑产业，更应当注重人的发展。因此，在城乡一体化过程中，我们的规划应当着眼于通过产业转型升级以及产业链延伸将更多的农业劳动力转变为城镇各类产业的劳动力，实现城乡人口和区域产业的共同发展。要借助现代的信息技术手段对广大农村地区人口及各类资源实施全面的普查，进一步完善动态的监测，加快推动农村集体经营性资产清查和评估，加快农村承包地“三权”分离制度改革步伐，推动农村各类生产要素市场化，不断提高农民发展经济的主体地位和建设美丽家园的热情。

（四）加大乡村基层组织建设的力度

实施乡村振兴战略，需要依靠大量的坚强的农村基层组织，依靠广大党员和其他各类优秀的农村基层干部。通过组织群众,发动群众、建立各种形式的合作经济组织,充分挖掘自身的潜力,使广大农民群众不断适应社会主义市场经济发展的要求。进一步加强村民自治和民主选举制度,尤其是在基层组织建设中,要严格选拨人才,让为民谋利、受人拥护的人主持工作。当前工作的重点就是要提升基层组织的凝聚力、带动力和影响力,要采取能者上、庸者下、劣者汰的用人机制,不能让不作为、懒作为、胡作为的人占着关键的位子。政府在进行精准扶贫工作中,既要搞好扶贫帮困,也要治庸治懒,不搞一刀切,要充分借助贫困人口的自身努力,再扶一把,从而实现脱贫和持久发展,并逐步走向小康和富裕之路。

(五)加大农村科技教育培训的投入

坚持"授之以渔"方针,实现脱贫致富需要一定的扶持,但是外因必须通过内因起作用,即对贫困农民的帮扶要以增强其发展能力为基础。未来政府工作的重点之一是加强对转型农民的职业培训。政府要统筹城乡各类教育资源,大力提高农村低层次劳动力的职业技能和增收能力。要充分利用城市现代教育培训的手段和日益智能化的信息传媒技术提高教育培训的质量,使系统性学习和终身教育常态化,不断扩大培训的力度和范围,使包括农业经营、管理服务在内的各种理论知识、就业技术培训成为农民转入各行各业发展的必要环节,使职业培训工作日臻完善,满足各行各业对多种人才的需求。

(六)全面依法维护市场经济的发展秩序

公平竞争的环境是经济社会发展最重要的基础环境,维护公平正义始终是政府的主要责任。作为市场经济建设的参与者,谁都不能以践踏法律、侵犯他人来实现自己的利益。然而,总有一些人往往以为"老子天下第一"或"天高皇帝远",根本不把法律当作一回事,并不惜侵犯他人的权益来实现自己或小团伙的利益。为此,政府必须要严格执法,并借助广大群众、民间组织、网络媒体等整个社会的力量,扼制破坏市场经济的违法犯罪活动。要将基层民主监督与法律监督纳入整个地区社会治理体系,扼制乡村邪恶势力,进一步加强对偏远地区或落后农村地区的执法或巡查工作。要充分发挥村民建设家园、治理家园的主动性,教育农民学会使用法律的武器保护自身的合法权益,弘扬乡村正气,弘扬乡村优秀文化,维护乡村良好的发展环境。

参考文献

[1]方海勇、张荷:《深化农村一二三产业融合发展》,《浙江经济》2017 年第 13 期。

[2]韩俊:《农村新产业新业态的发展》,《中国金融》2017 年第 3 期。

[3]韩长赋:《新形势下推动“三农”发展的理论指南——深入学习领会习近平总书记“三农”思想》,《农村工作通讯》2017年第5期。

[4]李彤:《聚焦2017年一号文件 促进农民增收提出哪些“新动能”》,《党建文汇月刊》2017年第3期。

[5]刘靖羽、尹奇、陈文宽:《集体建设用地流转中集体经济组织行为分析——基于鹰鸽博弈理论》,《四川农业大学学报》2015年第4期。

[6]刘乃安、郭庆海、韩艳红:《农业供给侧结构改革下我国农民增收的路径分析》,《税务与经济》2017年第2期。

[7]欧世平:《农民增收问题研究综述》,《洛阳理工学院学报》(社会科学版)2012年第6期。

[8]邱天朝:《让农村产业融合成为带动农民增收的新动能》,《中国经贸导刊》2016年第34期。

[9]孙玲:《浅谈农民增收问题的现状及对策研究》,《农业与技术》2016年第22期。

新一轮人才竞争背景下
济南市加快高端人才集聚对策研究

张桂兰

人才是实现民族振兴、赢得国际竞争主动的战略资源。近年来，国内外对高端人才的争夺日趋激烈，引才政策和留才机制不断改革创新。四面围攻之下，济南加快高端人才集聚、形成人才竞争优势刻不容缓。

一、新一轮人才竞争的表现与特点

十八大以来，党和政府对人才工作越来越重视，将人才强国战略提高到国家战略的高度。习近平总书记多次强调“发展是第一要务，人才是第一资源，创新是第一动力”的观点，指出我们要“聚天下英才而用之”。2016 年 3 月，中共中央印发《关于深化人才发展体制机制改革的意见》，拉开了我国新一轮“人才争夺战”的序幕。此后，《关于实行以增加知识价值为导向分配政策的若干意见》（2016 年 8 月）、《关于深化职称制度改革的意见》（2017 年 1 月）、《关于分类推进人才评价机制改革的指导意见》（2018 年 2 月）等一系列人才政策陆续发布。在这些政策导向下，各省市纷纷制定本土化、具体化的区域人才政策，人才竞争从单纯的“物质”引才向“制度”激活或环境吸引力转变。

（一）部分城市人才集聚政策比较

随着人才体制机制改革的全面展开与深入，地方性的人才政策不断推陈出新。本文择取北京、上海、广州、杭州、武汉、西安等城市的代表性政策予以分析比较。（见表 1）

表 1　　部分城市代表性政策比较

城市	政策及出台时间	重点引育人才	创新性措施
北京	《北京市引进人才管理办法(试行)》,2018 年 2 月	1. 科技创新人才及科技创新服务人才。 2. 文化创意、体育、金融、国际交往人才以及教育、科学研究和医疗卫生健康等专业人才。 3. 高技能人才。	1. 落户保障。引进人才无产权房屋的,可在聘用单位的集体户落户;无集体户的,可在人才公共服务机构集体户落户。 2. 建立自由职业者引进通道。对本市科技创新或文化创新贡献突出且依法纳税的自由职业者,可申办人才引进。
上海	《人才高峰工程行动方案》,2018 年 3 月	1. 取得国内外同行公认的突出成就、一般处于本领域全国前 5 名或国际前 20 名。 2. 年富力强、活跃在创新创业一线,具有成长为世界级高峰人才的潜力。	1. 量身定制,一人一策。 2. 发展平台:为高峰人才量身创设新型工作机构,还可按需建设定制式实验室。 3. 用人机制:实施高峰人才全权负责制,包括用人权、用财权、用物权和技术路线决定权、内部机构设置权等。 4. 考核激励:实行外部中长期考核机制,财务方面实行综合预算管理,并授予高峰人才学术出国自主权。
广州	《广州市高层次人才认定方案》《广州市高层次人才服务保障方案》《广州市高层次人才培养资助方案》,2017 年 12 月	"杰出专家""优秀专家""青年后备人才",以"高精尖缺"为导向,涵盖科技、教育、医疗、文化、体育、金融、社工等各个领域的高层次人才。	1. 五年内将投入约 15 亿元,为高层次人才提供住房保障、医疗保障、子女入学、创新创业、资助补贴等方面的优渥待遇。 2. 为高层次人才提供住房补贴或 10 年免租的人才公寓。 3. 为人才举办和参加会议论坛、进修培训、发表论文、出版著作等方面给予一系列支持资助,杰出专家、优秀专家、青年后备人才每月可分别领取 3000 元、2500 元、2000 元的资料津贴。
杭州	《关于深化人才发展体制机制改革完善人才新政的若干意见》,2016 年 11 月	1. 顶尖人才和团队。 2. 海归精英和外籍专家。 3. 国家"千人计划""万人计划"人才。	1. 对顶尖人才和团队重大项目实行"一事一议"政策,最高可给予 1 亿元项目资助。 2. 组建杭州人才猎头专业委员会,组建青年人才举荐委员会,探索推动政府和猎头机构合作引才的新模式。

续表

城市	政策及出台时间	重点引育人才	创新性措施
武汉	《关于深化人才发展体制机制改革推动建设具有强大带动力的创新型城市的实施意见》，2016 年 12月	世界级产业科学家人才和团队、创业投资人、海外人才等。	1. 取消人事代理收费，人才引进落户实行公益化服务，所需资金由财政予以保障或者补贴。 2. 建立“城市合伙人”重大项目评审评价机制，完善财政“无偿资助”和“股权投入”相结合项目资金支持机制。 3. 政府领先采购或推动人才创造的新技术、新产品。 4. 建立人才创新创业容错免责制度。
西安	《优化高层次人才服务工作的十三条措施》，2017 年 11 月	1.“科学家计划”：主要引进院士等高层次人才。 2.“西安之星计划”：科技、教育、文化、卫生等领域的优秀领军人才。 3. 企业家人才。	1. 建设西安市高层次人才服务平台和绿色通道。 2. 同步推进招商引资和招才引智。 3. 设立西安驻海外校友工作站、海外高科技孵化器和海外联络站，实施引才“黄金眼”战略。 4. 为高层次人才提供人才公寓、购房和租房补贴。
济南	《关于深化人才发展体制机制改革促进人才创新创业的实施意见》，2017 年 5 月	国内外顶尖人才，国家级领军人才，省级领军人才，市级领军人才，高级人才，对产业发展急需、社会贡献较大、现行人才目录难以界定的“偏才”“专才”。	1. 遴选一批重点企业，实施人才工程配额制。 2. 构建常态化的海外高层次人才联络网，实施重大引才活动服务外包。 3. 设立泉城“人才驿站”。全市调剂 500 个事业编制作为人才编制“蓄水池”，滚动使用、动态管理。

从上述政策可以看出，我国各地对高端人才的争夺趋于白热化，无论是中长期的“人才计划”，还是目标精准的“人才工程”，每个城市都对高端人才递出了“橄榄枝”，千方百计地用创业投资、生活补贴、住房保障、“绿色通道”服务等吸引人才、留住人才。其中很明显的特点是：落户门槛降低，住房保障的力度加大，人才补贴加码，人事编制破冰。如西安提出全国在校大学生仅凭学生证和身份证就可以在西安在线落户；武汉让大学毕业生以低于市场价 20%买到安居房，以低于市场价 20%租到租赁房；杭州提出毕业后一年内在该市用人单位就业或自主创业，

硕士研究生每人补贴2万元，博士研究生每人补贴3万元。济南设立了“人才驿站”，在全市范围调剂500个事业编制作为人才编制“蓄水池”。各地的创新性政策显示，人才体制机制改革正在向深层次的“痼疾”开刀，人才竞争进入新时代。

（二）新一轮人才竞争表现的特点

1. 全域化

自中共中央《关于深化人才发展体制机制改革的意见》印发以来，地方党委、政府对人才的重视无与伦比，纷纷出台文件呼应中央政策。城市引才所聚焦的不仅是域内高端人才，而且还重点面向域外人才，吸引了一大批外国人才和出国留学人才回归。教育部统计数据显示，十八大以来，随着留学回国人数的不断攀升，已有231.36万人学成归国，占改革开放以来回国总人数的73.87%。海归们带回国的不仅是国际化知识、专业技能，而且还有人际关系网络。因此，“以才引才”“以才荐才”已成为很多城市引进高端人才的有效举措，国内城市对人才的争夺向全球全域扩散。

2. 具体化

随着人才政策逐渐完善，各地对人才引进、培育、使用、激励等环节的实施更加精准，现在基本形成了贯穿人才“引育留用”全程的政策体系。如广州在2017年同时出台了《广州市高层次人才认定方案》《广州市高层次人才服务保障方案》《广州市高层次人才培养资助方案》三个文件，对高层次人才的认定、服务、扶持提出了指导性意见和可操作方案。济南在《关于深化人才发展体制机制改革促进人才创新创业的实施意见》（简称“人才新政30条”）发布之后，陆续制定实施了20个配套文件，包括高层次人才认定、支持计划、人才落户、绿色通道等实施细则。研究还发现，各地在制定人才政策的同时一般会指定牵头单位或承办单位，任务完成情况还要纳入工作考核。因此，新一轮的人才政策和人才竞争明显呈现出具体化的特点。

3. 本土化

近年来各地的人才政策和人才竞争越来越关注本土的需求，呈现出浓郁的地方特色。无论大中小城市，这一轮人才竞争中所制定的政策都聚焦于本地产业发展的需求，所制定的人才需求目录更加实际、实用。如北京提出要加大文化创意人才、体育人才、金融人才、国际交往人才、教育、科学研究和医疗卫生健康等专业的人才引进力度；上海的“人才高峰工程”主要瞄准宇宙起源与天体观测、光子科学与技术、生命科学与生物医药、集成电路与计算科学等13个重点领域。

4. 差异化

新一轮人才竞争表现出明显的地域差异性：一是引进对象有层次性。如北京、上海等一线城市的人力资源丰富，其中普通中高层次人才数量较多，接近饱和。因此，北京、上海的人才引进重点在于吸纳“高、精、尖”人才，体现出“全球视野和国际标准”。相对来说，西安、武汉、郑州、济南等城市不但高端人才匮乏，而且还需要进一步优化城市人口结构，所以人才引进对象涵盖了各类各层次的人才。二是不同城市的人才引进方式不同。城市发展程度不同，资源禀赋不同，拥有的人力资源和政策制定自主权不同，所采用的人才吸引方式也截然不同。北京、上海作为首都或国际化大都市，具有得天独厚的发展优势，吸引人才一般采用“高、精、尖”选拔型人才引进方式。中小城市由于竞争力不足，吸引力处于劣势，需要通过高额资金补贴和提供最大福利待遇招揽人才，其人才吸引方式多为“物质刺激”型人才引进。如山东莱芜对产业发展紧缺急需的顶尖人才团队，采取“一人一策、一事一议、上不封顶”的灵活方式给予资助。济南等二线城市本身具备较为丰富的人力资源和较为先进的基础设施，经济环境和文化环境也较有吸引力，且具有较大的政策自主权，因而其人才吸引方式多为选拔招徕型人才引进。

（三）新一轮人才竞争出现的原因

优秀的人才一直是稀缺资源，人才竞争的本质就是赢得发展战略主动权。新一轮人才竞争的发生，既是市场经济发展的必然规律，也是新时代我国经济社会发展的内在需求和必然趋势。

1. 人才争夺反映了创新驱动发展战略的必然要求

人才竞争的背后是各地经济发展的竞争。目前我国的经济发展方式开始由传统的以普通劳动力和资本投入为主向以人才集聚和创新驱动为主转变，高端人才的重要性越来越受到各地政府的高度重视。正如习近平总书记在2015年“两会”期间所指出的：人才是创新的根基，创新驱动实质上是人才驱动，谁拥有一流的创新人才，谁就拥有了科技创新的优势和主导权。因此，我国各地对人才的争夺实质上是智力和创新力的争夺，是本地为加快实现经济的转型升级、赢得新时代发展的质量与速度所提供的保障。

2. 人才争夺是产业和资本转移过程中的必然现象

十八大以来，我国经济发展过程中出现了大幅度的产业梯度转移和资本转移现象，也推动了诸多产业由过去集中于少数一线城市开始向新一线城市甚至二、三线城市转移，这必然会带来人力资源的重新配置，主要表现为对高端人才和紧缺人才的争夺。

3. 人才争夺是各地应对人口红利逐步消失的“药方”

有研究认为，“人口红利”是中国实现经济快速发展的重要原因，而我国15～59岁劳动年龄人口从2012年开始下滑后，“人口红利”就开始下降。数据显示，2017年，在中国全面放开二孩政策后，全国出生人口总计1723万，人口出生率比2016年下降了0.52‰，只有12.43‰。这一数据比日本的出生率还低，人口自然增长率下降到了5.32%的低生育水平。随着“人口红利”的衰减,劳动力供给形势必然发生变化,人力资本的质量和数量都呈现出两极分化的现象,劳动力成本将显著上升,从而影响经济竞争力。近年爆发的以高校毕业生为主要目标人群的人才竞争就是因为随着人口结构的变化和地区功能定位的转变,一些地区认识到青年人才的重要性,进而加强对其争夺的结果。

二、新一轮人才竞争下的济南选择

(一)新一轮人才竞争对济南的影响

愈演愈烈的“人才争夺战”对济南产生了很大影响。从积极的视角来看,人才竞争加速了人才在全国范围内的流动,促进人才的市场化进程,有利于打破传统的人才流动壁垒,为济南集聚高端人才创造良好的环境。从消极效应看,当前的城市人才竞争无形中造成了人才价格的加码升级,容易导致不正当的恶性竞争,对于济南这样快速发展中的二线城市来说,长远的发展空间势必受到一定影响。但是,新一轮人才竞争对济南的最大影响是改变了济南对人才引进的理念。过去,济南引进人才主要是面向顶尖人才、高端人才、急需人才,但新一轮人才竞争体现了人才理念的新突破。

一是促使济南对人才的认识从高端人才向普通人才拓展。人才是一个复杂的群体,由不同层次和类型的人才构成。高端人才肩负着瞄准世界前沿,实现重大理论与技术创新的重要使命,具有引领性和带动性,是一个国家或地区经济社会发展必需的重要力量。而一般人才则是在各个领域有所发明、有所创造的人才,他们蕴藏着巨大的潜能,具有极大的可塑性,在有利的条件下通过工作实践、教育培训等途径,可以有效优化提升,实现从一般人才到高端人才的转变。新一轮人才竞争中,各地在继续保持对高端人才关注的同时,纷纷把目光投向大学毕业生甚至中专毕业生群体,体现出地方政府在人才问题上的视野更加开阔。

二是促使济南对人才引进政策和方式的认识从单纯的“物质性吸引”向制度变革和环境建设倾斜。在新一轮人才竞争中,各地政府强化政策导向,大力改善人才生态环境,激励力度和幅度前所未有,特别是在户籍、住房等长期制约人才集聚的因素方面,实现了不同程度的创新与突破。比如,郑州推出的高校毕业生“零门槛落户”,南京推出的租购并举人才安居政策,深圳推出的建立人才荣誉和奖励制度,充分考虑了人才的切身利益所需,体现了各级政府对人才发展机制和环境建设重要性的认识。

(二)新一轮人才竞争中的济南选择

在新一轮人才竞争中,济南必须加快构建具有全球竞争力的人才制度体系。近年来,济南市以“人才新政30条”为统领,构建了“1+20”人才政策体系,即1个

《关于深化人才发展体制机制改革促进人才创新创业的实施意见》,20 个《人才工作实施细则或实施办法》(见表 2)。目前,人才工作已经形成了全市统筹布局,各县区各单位齐头并进、协同发力的良好势头。各类人才新政含金量高、竞争力强,平台建设各具特色,合力聚成了吸引人才的"强磁场"。

表 2　　济南市主要人才政策例举

发布机关	政策
中共济南市委、市政府	《关于深化人才发展体制机制改革促进人才创新创业的实施意见》(〔2017〕16 号)
济南市人民政府办公厅	《泉城首席技师选拔管理办法》(济政办发〔2017〕12 号)
济南人才工作领导小组办公室	《济南市高层次人才分类认定办法(试行)》(济人才办发〔2017〕13 号)
济南人才工作领导小组	《关于促进高校和科研院所协同创新和成果产业化的若干政策(试行)》(济人才发〔2017〕7 号)
济南人才工作领导小组办公室、市公安局	《济南市引进人才落户实施细则(试行)》(济人才办发〔2017〕16 号)
济南人才工作领导小组办公室、市教育局	《济南市高层次人才子女入学实施细则(试行)》(济人才办发〔2017〕15 号)
济南市科学技术局、市财政局	《济南市支持海外科技企业孵化器建设管理暂行办法》、《济南市支持海外科技企业研发机构建设管理暂行办法》(济科发〔2017〕22 号)
济南人才工作领导小组办公室	《关于深化人才发展体制机制改革促进人才创新创业的实施意见实施细则(试行)》(济人才办发〔2018〕1 号)
济南市人才工作领导小组办公室	《泉城产业领军人才支持计划实施细则(试行)》(济人才办发〔2018〕10 号)

资料来源:中国济南人才网,http://www.cn-jnrc.com。

与以往政策相比,"人才新政 30 条"主要有五大特点:一是范围更广。树立大人才观,秉承"省会人才"就是"济南人才"的理念,将省会高校、科研院所各类人才纳入扶持范围,人才范围包括了顶尖人才、创新人才、创业人才、基础人才、外籍人才等各类人才。二是含金量更高。对各类人才的扶持力度前所未有,最高可获得 1 亿元的综合资助。三是机制更活。充分发挥市场在人才资源配置中的决定性作用,从推动简政放权、发挥市场机制作用、保障用人主体自主权等方面为人才"放权松绑"。四是保障更有力。在改革薪酬制度、支持科技人才兼职或离岗创业、加强科研成果转化激励等方面加大激励力度。五是生态更优。在人才创业投资、子女入学、保健医疗、住房保障等方面提供及时高效的服务。

三、济南市集聚高端人才存在的问题

人才是最活跃的先进生产力,人才的聚集直接折射出一座城市的高度。在新一轮人才竞争下,济南的人才政策优势正在被弱化,宣传效应被压制,应急反应机制滞后,面临人才缺失、人才流失的严重风险。

(一)高端人才政策的趋同化

济南市制定的高端人才引进政策主要有两个依据:一是依据国家政策,在大方向和具体措施上坚决贯彻中央精神;二是依据本市经济社会发展的需要确定人才引进的重点对象和政策措施。但是,从已制定的高层次人才界定标准、人才引进专项资金、创业扶持政策、各种福利性政策来看,济南与其他二级城市的政策具有很多的相似性和趋同性,由此带来的直接后果是人才引进的同质化竞争愈演愈烈。而且,就目前的引才效果来看,济南的高端人才数量和质量明显落后于长三角、珠三角地区。可见,济南市高端人才引进政策还缺乏有效竞争力。

(二)高端人才数量和结构不能满足产业发展需要

目前,济南全市人才资源总量 150 万人,拥有国家"千人计划"专家 101 人,泰山学者和泰山产业领军人才 826 人,泉城特聘专家("5150"人才)590 人。大部分高端人才分布在济南市高新技术产业开发区,天桥、槐荫、平阴、商河等区县的高端人才数量屈指可数。在高端人才的分布上,大部分人才就职于高校和科研院所,真正服务于企业第一线的人才较少。高端人才的专业特长主要在高新技术产业、新兴产业,企业管理、新兴服务业领域的高端人才比较匮乏。

(三)人才生态环境面临的挑战

人才的竞争,归根结底是环境的竞争。在目前济南的城市基础设施尚不完善、环境尚不够给力的情况下,打赢高端人才集聚这场战役需要更深远的思考和努力。因为地域差异,引进的高端人才不一定适应济南的科研氛围和文化氛围。有些单位承诺给人才的配套措施和工作条件落实较慢、生活配套措施也不够完善等情况,对高端人才积极性也产生一定打击。同时,济南正处在城市化的高峰期,环境污染、房价高、食品安全、交通拥堵等"城市病"比较显著,这都会限制高端人才来济南工作和发展。

四、济南市集聚高端人才的对策建议

高端人才的集聚受到多种因素的影响。济南市加强高端人才的集聚,可以从以下方面采取措施:

(一)推动人才引进方式的创新

1. 以才引才

济南应充分发挥高端人才引领作用,通过建立"以才引才、以才荐才、以才聚才”工作机制，打造高端人才“朋友圈”，形成“引进一名高端人才，带来一个高端人才团队，催生一个新兴产业，培育一个新的经济增长点”的链式裂变效应。

2. 双招双引

济南要以十大产业园区和新旧动能转换先行区为主要载体，紧密结合十大“千亿”产业发展规划，扩大对内对外开放，通过“招商引资、招才引智”要素新组合，把高端人才引进与资本引进、企业引进通盘考虑。有关部门要综合运用好产业链招才、专业化招才、社会化招才、委托代理招才、乡情亲情招才等多种手段，善于借鉴招商方式，像“猎头”一样招才引智。

(二)增强高端人才政策的区域竞争力

政策因素是高端人才流动和集聚的直接驱动力。新一轮人才竞争下，各地的政策影响力可见一斑。济南市应完善改进现有人才政策，构筑一个覆盖全体、突出高端、协同互促的人才政策体系。

1. 制定有针对性的高端人才集聚政策

高端人才因其人力资本的形成过程不同，从而具有不同于其他人才的个性特征。如高端人才的自我实现意识较强，具有较强的创新能力和自我管理能力，所以他们对自身的发展都有明确的规划。济南制定高端人才政策时应该考虑到高端人才的个性特征和核心需求，坚持全面覆盖和重点突出的原则，福利性政策和发展性政策并举，让他们生活无忧、事业前景可期。对待特别优秀、紧缺的人才，应实行一人一策，特事特办。

2. 制定有竞争力的高端人才引进政策

政策的有效与否，很大程度上要通过比较才能发现和凸显，所以济南在制定高端人才政策时要充分比较各地政策，吸取其他城市的经验教训，根据济南本地的资源特点和人才需求，制定富有本地特色、具有显著竞争力的高端人才引进政策，如人才安居、创业扶持、创新激励、服务保障等。目前，主要应关注三点：一是完善项目扶持政策。对引进人才领衔实施的研发项目，济南市各类科技计划应在同等条件下优先支持，优先推荐省和国家相关科技计划；对科技成果转化项目所需的生产厂房和建设用地等，在政策上给予倾斜。二是突出政策扶持重点。对重点产业、重大项目和关键技术攻关等方面的高端人才和团队，要实施重点资助，增强政策的引导力、影响力和吸引力。三是注重高端人才的普适性政策，在安家补贴或住房补助、子女入学、配偶就业、职称晋升、工资待遇等方面政策适当倾斜，让其安心工作、生活，解除后顾之忧。

(三)提升产业对高端人才的吸附力

1. 用产业聚人才

经济发展和产业结构是决定高端人才集聚的重要因素。济南要想集聚高端人才，必须首先促进产业结构的转型升级，大力发展高新技术产业、先进制造业、现代服务业和战略性新兴产业，激发产业对高端人才的迫切需求，促进高端人才向重点产业集聚、向产业园区集聚，使产业结构与人才结构协调发展。

2. 用企业聚人才

企业是用人的主体。我国高端人才绝大部分集中在跨国企业、著名的大型国有或民营企业。目前，济南可以通过以下方式用企业聚人才：一是着力引进培育国际名牌企业，吸引高端人才参与企业的技术创新和管理，实现企业与人才的共赢。二是重点支持高端人才创业，促进科技成果转化，培育一批有发展潜力的高科技企业。三是搭建企业与高端人才的交流平台，疏通沟通机制，及时将政府的优惠政策传达给企业，协助解决企业面临的问题，将企业拉上引才用才的“战车”。企业本身应进一步完善治理结构，健全规章制度，改进经营机制，加强社会责任，在创造经济效益的同时，积极参与社会环境建设，改进内部管理，为高端人才提供一个和谐共进的工作环境。

3. 用园区聚人才

“栽下梧桐树，引得凤凰来”，好的平台是集聚人才的重要载体。济南现在的很多优秀企业和高端人才都集聚在各大产业园区之中。济南市应针对高端人才的特点，重点打造一批国际知名的产业园区、创业空间、孵化器，以特优区域、特惠政策、特殊机制，加速聚集人才项目，让人才的科研成果转化有承载空间。鼓励产业园区利用自用存量用地，在不违反城市规划的前提下，建设人才公寓（单位租赁住房）等配套服务设施。

（四）完善高端人才集聚制度体系

高端人才集聚是一个长效机制，济南市要重点建立引得进、留得住、用得好的人才引进、评价、使用、激励、约束机制，为人才创造良好的制度环境，用制度激发高端人才发展的动力与活力。

1. 探索高端人才的科学评价机制

在选择高端人才时，固然应当注重：其本人在国际学术界的声誉，在国外著名高校、科研机构、跨国公司担任的职务，在某一领域里是否有过重大贡献，是否主持过大型科研或工程项目。但更为重要的是，应该考量他是否有持续创新的能力以及是不是济南市真正急需的人才。因此，在引进高精尖的高端人才（尤其是政府打算重点资助的创新创业型人才）时，必须经过严格评审，从知识、能力、诚信、性格等方面综合测评，对拟引进人才严格把关，避免引进“学术骗子”或“创业游击队”，努力增强高端人才引进工作的科学性、有效性，减少主观性、盲目性。

2. 不断拓宽高端人才的引进渠道

济南市要解放思想，善于利用第三方资源，大力发展人力资源服务业，委托国内外知名猎头公司开展高端人才引进。不断创新社会化引才模式,发动全民全域引才,对有效引才的个人和组织发放一定奖金和“引才大使”的荣誉称号。还可以通过企业合资并购吸纳高端人才,鼓励济南市大型企业通过合资或并购国内外成长性企业,直接引进高端人才的管理、技术和经验。

3. 努力完善高端人才激励机制

高端人才激励机制包括职务晋升、研发或创业资助、薪酬待遇、产权激励、人才流动和社会保障制度等。建议济南:一是发挥收入分配的导向作用,制定合理的薪酬策略,实行工资待遇向优秀人才和关键岗位倾斜的政策,努力实现一流人才、一流业绩、一流报酬。根据实际情况,可实行年薪制、周薪制、技术入股、期权激励、利润提成、个人特殊股金、个人特殊保险等形式的分配方式。二是要优化人才竞争机制,打破行政职务和专业技术职务终身制,推行竞争上岗,充分调动高端人才的创新创业激情和工作热情。要适当照顾高端人才的职业能力特点,改革职称评审办法,在职称评聘中,对高端人才实行评聘分开,低职高聘,以岗定酬。三是坚持精神奖励和物质奖励相结合的原则,进一步规范各类人才奖项,建立以政府奖励为导向、用人单位和社会力量奖励为主体的人才奖励体系,给予优秀高端人才荣誉激励和物质激励。

4. 建立高端人才约束机制

济南的人才政策,重点都放在为人才提供种种优惠待遇上面。但是,随着人才资助额度和福利待遇的不断提升,人才的诚信、职业操守成为用人单位特别关注的元素。当前,济南市在引进高端人才的同时,应及早建立人才诚信档案,对高端人才的职业信用进行追踪管理,对高端人才创办的企业进行资信等级评价。同时也要定期检查用人单位对高端人才的使用情况,尽量避免人才的闲置和浪费,消除故意压制和打击高端人才的不良现象。

(五)进一步优化人才生态环境

对于高端人才来说,良好的环境、一流的服务往往比优厚的待遇更有吸引力。济南市应围绕人才发展不同阶段的动态需求,坚持一手抓软环境营造,一手抓硬环境建设,为人才打造“近者悦,远者来”的人才生态环境。

1. 提高党委、政府对高端人才的服务能力

党委、政府和领导干部应做好表率,重视人才、尊重人才、服务人才。加强部门合作联动,建立统分结合、协调高效的工作机制,让高端人才感受到一个公平公正、公开透明、执行有力的政府服务环境。加快人才领域的“放管服”改革,给科研院所、企事业单位充分的人才使用权,让市场机制在人才资源配置中起基础性作用。落实好党委联系服务专家制度,加强党政干部与高端人才的沟通联络,跟踪科研项目,掌握进展情况,帮助他们解决工作和生活上遇到的困难和问题。

2. 注重高端人才发展的平台建设

一是做优做强创业载体,主要是创业园区、孵化器。济南市的十大产业园区是聚集高端人才和孵化企业的摇篮。但是,经过多年的发展,产业园区普遍反映,囿于规模与土地限制,出现了部分企业由于土地问题落不下、留不住的现象。因此,济南市目前亟待扩展现有创业载体并开辟新的创业基地,用于吸引和安置高端人才创业团队和创业项目;或者放宽高端人才创业政策,不拘泥于是否落地园区,只要是在济南落地的高端人才项目,就享受统一的园区优惠政策。二是催动科技创新平台的生产力,主要是高校、科研院所和企业的研发机构、院士工作站博士后工作站以及千万亿次超级计算机之类创新资源共享平台,让创新有团队、有资本、有仪器支持。三是加强产学研企政合作交流平台建设,可以是实体组织,也可以分类设置网上平台,激发人才的创新力,促进成果转化,保障人才的知识产权。四是推广海外高端人才集聚平台,主要是海外孵化器和离岸创新创业基地,要做出济南的品牌和国际知名度。

3. 增强环境对高端人才的吸引力

济南应进一步加强市政基础设施建设、道路交通建设、学校医院建设、文体设施建设、人才公寓建设,让公共设施更便捷,让生活更便利,让人才安居乐业。一要加强环境保护,保护蓝天,驱除雾霾,扩大园林覆盖率,增加旅游休闲景点,以优美的自然环境提高城市魅力和国际知名度。二要不断提升市民文明素质,加强公共秩序管理,让“文明城市”的称号名副其实。三要宣传弘扬人才的社会贡献力,形成人人知才、爱才、重才、育才的浓厚氛围和城市传统。

参考文献

[1]李家福:《城市人才争夺标准的共性与差异》,《人民论坛》2018 年第 15 期。

[2]吕红娟:《“人才争夺战”:缘起、影响及方向——访中国人事科学研究院原院长、中国人才研究会学术委员会主任吴江》,《中国党政干部论坛》2018 年第 6 期。

[3]马抗美:《“人才争夺战”的理性思考》,《中国党政干部论坛》2018 年第 6 期。

[4]张鹏程、王长劲:《集聚天下英才助力泉城腾飞——济南市深化人才体制机制改革打造省会人才创新创业新高地》,《大众日报》2018 年 1 月 25 日。

济南市推进乡风文明建设研究

闫 平

党的十九大提出实施乡村振兴战略的重大决策，并从“产业兴旺、生态宜居、乡风文明、治理有效、生活富裕”五个方面对乡村振兴提出总体要求，高度凝练、准确定位了乡村振兴的五维目标和建设标准，既是乡村振兴的聚焦着力点，又是乡村振兴的发力突破口，而其中“乡风文明”具有承接上下、贯穿全局的作用。乡风文明这一反映乡村文化繁荣兴盛、社会秩序井然、道德风尚良好的社会目标，不仅是“产业兴旺、生态宜居”的本质属性和内在要求，而且还是“治理有效、生活富裕”的理念向导和必然前提，可谓是乡村全面振兴和持续发展的精神动力、思想保证、智力支撑和推进力量，在推进实施乡村振兴战略中有着无可替代的重要价值和作用。

一、乡风文明的基本内涵、价值意义及作用

（一）乡风文明的基本内涵

乡村文明是中华民族文明史的主体。从历史发展角度看，我国作为重农固本的农业大国，无论是家国制度、礼俗规范，抑或是人文教育、生活习俗，皆形成于民众长期的农耕生产与生活当中，乡村（村落或村庄）是我国家国一体传统社会结构的基础组织。由淳乡厚土孕育、绵延而来的“乡风”，是乡村普遍认同、基本稳定的思想观念、心理状态及行为模式。可以说，乡风既含指农村社会的风俗、风气和风尚，又是维系中华民族的文化基因和精神纽带。乡风本质上属于文化范畴，是一种涵盖物质文化、精神文化、制度文化、行为文化且具有较强地域特征的文化形态，其特殊作用力可以抵达该地域人与人、人与社会、人与自然相互关系的方方面面。“乡风”看不见、摸不着，却时时存在于农民日常生产生活中，综合反映着乡村居民对物质文明和精神文明的追求，并始终以一种无形的软约束对农民的言行举止发挥着内在管束与熏染作用，进而促进乡村社会的文明发展步伐。

“文明”这个由18世纪欧洲人最早提出的概念,是相对于蒙昧、野蛮的人类历史发展脉络而言的,其原点意义在于对人类自身存在与进化的反思以及对人性的约束和引导,继而在革除蒙昧、开发民智,传播新知、走向现代的过程中完成人类的文明进化与发展。显然,“自省”和“教化”是“文明”的主要内涵支点。鉴于此,推动乡风文明建设应当双管齐下,把握好向内和向外两个方向的用力:一方面,强调民众加强自律,自觉提升文明意识,消除有悖社会公序良俗的行为;另一方面,加强对农村居民文明素质的引导、规范和教化,提升农村社会文明程度。

由自然条件、历史演进和地域文化共同作用形成的乡风文明,是乡村普遍流行的良好社会风气、精神品质、行为习惯的总和。当前,由农民群众思想道德文化水平的普遍提升而促成的农村社会崇尚科学、倡导文明的良好风气,是乡村走向振兴的逻辑前提。从社会属性角度看,社会文明标志和社会治理方式是体现乡风文明实质要求的两个主要方面。其一,作为一种社会文明标志,乡风文明意味着乡村地区除了具有繁荣的社会文化、良好的社会秩序、优美的居住环境,更要拥有具备良好思想道德素质和科学文化素质的农村人口。其二,作为一种社会治理方式,乡风文明要以建立自治、法治、德治相融合的有效乡村治理体系为主旨,规范和教化乡村社会群体的文明意识和行为习惯,保障农村社会的和谐稳定与健康发展。对此,我们认为,乡风文明建设的文化意义在于:培育居民对所在乡村的认同感和归属感,提升农村居民对家乡的热爱之情和建设之志,构建乡村特有生态文化环境,对内提高乡村凝聚力,对外增强乡村辐射力。这种以乡风文明为轴心促进乡村振兴的保障性理念和目标,何尝不是乡村全面振兴的核心要义?在此需要指出的是,在乡风文明建设过程中,要注重加强与乡村振兴整体要求的协同性与关联性,做到统筹兼顾、协调推进。

2006年中共中央制定的“十一五”时期规划建议,针对建设社会主义新农村,提出“生产发展、生活宽裕、乡风文明、村容整洁、管理民主”的建设要求。时隔十余载,将“十一五”规划建议与十九大提出的乡村振兴战略总体要求两相比照,除了“乡风文明”四个字的标准没有变,其他标准都给予了一定调整。针对现阶段我国农村建设大政方针和发展规划,中央连续使用“乡风文明”标准,凸显了该项内容的重要性和紧迫性,意味着乡风文明真正关切农民最直接、最现实的利益问题,真正关切农民最美好的发展愿景,这一带有鲜明问题导向和目标导向的宗旨要求,可谓是中国特色社会主义新农村建设的中心任务和长久主题。

乡村振兴需要“形神兼备”。根据乡风文明是乡村振兴的根本要求这一标的来理解乡风文明建设的内在逻辑,依次是:家风民风是乡风的因子,乡风文明是乡村振兴的法宝;农民是乡村振兴的主体和乡风文明的本体,没有文明的农民,就没有文明的乡风;只有筑牢农民精神之堤,才能建好乡村美丽家园。由此而论,培养新时代新农民，倡导农村社会新风尚，是乡风文明建设的核心内容和关键环节。对此，必须加快发展农村教育和文化事业，加大农民劳动力技能培训力度，培养造就有文化、懂技术、会经营的新型农民，以广大农民整体素质的不断提高，带动、支撑乡村振兴。同时，必须着力加强乡村精神文明建设，促进农村社会文化繁荣兴盛，引导村民树立先进文化观念和良好道德风尚，倡导科学健康文明的生活方式，依托农村居民坚定的理想信念和饱满的精气神，聚起乡村振兴的强大精神力量。

(二)以乡风文明促进乡村振兴的价值意义及作用

抓好乡风文明建设，是当前推进乡村振兴战略的一项重要而紧迫的任务。围绕乡村振兴战略的规划目标和总体要求，乡风文明的价值意义和地位作用着重体现在以下方面：

1. 乡村文明是乡村振兴的“根”与“魂”

中央提出的乡村振兴战略总体要求中，“产业兴旺”为乡村振兴奠定物质基础，“治理有效”为乡村振兴提供根本目标，“生态宜居”“生活富裕”是乡村振兴的鲜明标志，而“乡风文明”则为乡村振兴提供坚实有力的思想保障、精神动力和智力支持。长期以来，乡村建设存在重经济、轻文化的倾向，乡村文明建设往往因周期长、见效慢而得不到足够重视，以至于乡村文化建设衰微、人心不古、民风不淳等现象凸显，如：某些村庄敬老孝亲、守望相助的德孝观念日渐消失，陈规陋习蔓延，邻里矛盾频发，干群关系紧张等。这些问题，如果日积月累，将会成为乡村社会不安定的因素。乡村振兴既要塑形，又要植根、铸魂。从根本上改变农村落后面貌，不只是保障农民物质上的满足，更需要农村个体道德观念、精神理念、行为习惯的整体提升。坚持以社会主义核心价值观建设为统领，传承弘扬中华优秀传统文化，提升广大农民的思想道德素质和科学文化素质，培育农村居民建设美丽家园的公民意识和相应的生产技能，是推动乡村振兴战略中最基本、最深沉、最持久的力量。因此，乡风文明是乡村振兴的根脉和灵魂，抓住了乡风文明建设这个根本，就抓住了乡村振兴的要害和关键。

2. 乡风文明是乡村振兴的重要条件

乡风文明关系到乡村社会的文明程度、发展质量，关乎农民群众的获得感、幸福感和安全感。应该说，在乡村振兴建设过程中，群众满意与否、幸福与否，是乡风文明建设的试金石，也是真正实现乡村振兴的“本”、乡村持续健康发展的“源”。文明的乡风，能够渗透到乡村建设的各个方面，既可以为产业兴旺供给具有文化内涵的要素资源，也可以为生态宜居提供健康的生产生活方式和优良的人文环境，又可以为乡村有效治理注入先进理念和现代思维，更是通过大力培育时代新农民实现农民就业增收和生活富裕的不二途径。乡风文明对于乡村振兴具有本源意义，可以说是乡村振兴的先决条件和有效措施。乡风文明与乡村振兴交互作用、同步前行，不仅有利于拓展和深化乡村振兴的内涵，而且还可增添乡村振兴的生机与活力。

3．乡风文明是乡村振兴的善治良法

针对乡村振兴战略要求，山东省提出要沿着农业农村现代化方向，统筹生产、生态、生活一体布局，努力实现“三生三美”融合发展的愿景目标。所谓“三生三美”，即生产美、产业强，生态美、环境优，生活美、家园好。其中，生活美、家园好，不仅是乡村振兴的落脚点，而且还是乡村振兴的出发点。基于此，应当加快推进乡村治理体系和治理能力的现代化，以乡村善治为主攻方向，建立健全自治、法治、德治相融合的乡村治理体系，有效保障农村社会的安定与和谐。要达到这一目标，就要充分发挥乡风文明建设对于提高农民主体意识、建立民主意识和提升民主生活习惯的作用，对于促进农民积极参与社会公共事务以及遵纪守法、依法行事的作用，对于农民严格遵循党组织集中统一领导以及自觉奉行乡规民约的作用。作为乡村振兴的主体，广大农民只有增强乡村民主管理与监督的意识和能力，才能为农村基层民主政治建设和乡村有效治理打下扎实基础，为乡村振兴提供有效政治保障。

4．乡村文明是乡村振兴的持续动力

文明，作为升华的文化，能够催生和架构先进的价值体系，调整城乡之间要素资源的优化组合，助力乡村社会趋向全面、协调、可持续发展的制度选择和路径安排。进入新时代，我国由政治昌明、经济繁荣、社会安定、文化兴盛所营建的乡村文明发展环境，将成为推动乡村振兴和社会发展的动力之源；乡村社会成员综合素质和劳动技能的普遍提升，将转化为高水准的社会生产力，为乡村振兴提供源源不断的优良人力资源；农村先进的制度文化和文明气象，能够为乡村振兴凝聚共识、提升发展品质、激发发展新动能，优化城乡融合发展的内部环境和外在条件，为农业全面升级、农村全面进步、农民全面发展提供持续不断的内在驱动力。

综上所述，乡风文明建设是一个综合、全方位、系统性工程，不是一朝一夕能实现的，离不开政府、社会组织、农民群众等多方的群策群力。通过乡风文明建设，共同推动传承发源于乡土、潜藏于乡土的优秀传统文化，共同推动富有特色的民间习俗、优良家风村风，共同推动城乡社会文化的交流、融合与发展，让农村社会成员共建共享乡村社会文明发展成果，从而满足广大农民对美好生活的向往。

二、济南市乡村建设发展现状

近年来，济南市贯彻落实中共山东省委、省政府《关于在全省农村实施“乡村文明行动”的意见》，以开展文明生态村建设、统筹城乡发展七大工程、生态文明村建设三项活动为载体，围绕“营造新环境，倡导新风尚，发展新文化，培育新农民，实现新发展”的工作目标，重点实施了道德育民工程、农民培训工程、文化惠民工程、文明共建工程，大力提升了农民道德素质、文化水平，改善了农民生存条件和方式，大力推动了城乡融合发展步伐。为推动美丽乡村建设，把提升农村硬件质量建设与发展乡村文化旅游、特色产业相结合，与乡村精准脱贫解困相结合，与乡村传统文化建设与保护相结合，使济南市美丽乡村建设以及精神文明建设取得明显成效。

在大力发展都市精致农业、聚焦提高农村产业质量、增强农村经济发展后劲的同时，按照山东省《美丽乡村建设规范》要求，着力提升美丽乡村标准化建设覆盖率，深入实施针对农村制定出台的改路、改水、改电、改房、改暖、改校、改厕等“七改”工程，达到无害化卫生厕所改造24.3万户、村庄街巷硬化320个、2364个村庄，以标准化大幅推动美丽乡村建设。截至2017年年底，济南市美丽乡村标准化建设覆盖率提高到52%以上。在此基础上，坚持“连点成线，接线成面，产村结合，融合发展”创建思路，着力推进美丽乡村示范村创建工作，省市级示范村总数达到179个，形成了12条美丽乡村示范线路，有力推动了美丽乡村建设质量上水平，让农民群众在乡村发展中分享到更多的获得感、幸福感。总体来看，当前济南“三农”各项事业发展迈上新台阶，为全面实施乡村振兴战略奠定了良好基础和有利条件。

然而，基于历史和现实诸多因素，当前济南农村地区还普遍存在精神文明与物质文明发展不平衡的问题，致使济南市乡风文明建设面临诸多挑战：一是有些村民不能正确处理国家、集体和个人三者的利益关系，理想信念缺失，法制观念淡薄，自私自利突出，精神世界空虚。二是个别地区村干部政治意识不强，党性修养弱化，思想观念陈旧，受宗族、血亲观念制约，对基层组织建设管理软弱涣散，乡村治理能力亟待强化。三是农村生活水平快速提升与道德建设不匹配问题凸显，红白事大操大办，人情攀比心重，厚葬薄养、封建迷信等不良风气和陋俗依然存在。四是农村文化市场管理松散，公共文化服务水平牵强，有些不良文化产品对农民特别是青年农民带来不良影响。五是村庄“空心化”和老龄化问题突出，普遍存在精神文明创建工作有名无实、缺乏活力，文化的化育凝聚作用形同乌有。诸如此类，不仅是乡村振兴不容忽视的社会问题，而且还给乡村振兴战略要求的城乡文化融合发展制造了障碍。

三、推进乡风文明建设的基本原则和实践路径

2018年6月，习近平总书记到山东视察工作时，对山东乡村振兴寄予厚望，要求山东发挥农业大省优势，扛起农业大省责任，全力抓好“三农”工作，打造乡村振兴的齐鲁样板。总书记还就实施乡村产业振兴、人才振兴、文化振兴、生态振兴、组织振兴五方面工作以及乡村振兴战略健康有序进行作出重要指示，为山东乃至

全国做好乡村振兴工作指明了方向和路径。

作为省会城市,理当应时而动、顺势而为,争做乡村振兴齐鲁样板的急先锋。济南曾以全国省会城市综合排名第一的好成绩成功当选全国文明城市,应该说,济南精神文明建设站到了新的起点上,积累了新的优势。由此我们认为,济南从乡风文明建设入手推动实施乡村振兴战略,不失为一个重要的突破口。济南要认真贯彻落实习总书记对山东提出的“两个走在前列、一个全面开创”(在全面建成小康社会进程中、在社会主义现代化建设新征程中走在前列,全面开创新时代现代化强省建设新局面)的明确要求,坚定不移地走中国特色社会主义乡村振兴道路,率先在山东省开启“三农”工作高质量发展新境界,全力推动乡村“五个振兴”在济南市取得落地生根的切实成效,大力促进乡村文化繁兴,培育文明乡风、良好家风、淳朴民风,提振乡村精气神,加快形成济南乡村文明新气象。

(一)乡风文明建设的基本原则

深刻认识和把握新时代农村精神文明建设的新要求,认真贯彻执行党的十九大报告提出的新时代中国特色社会主义思想和乡村振兴方略,推动乡风文明建设应坚持以下基本原则:

——坚持以社会主义核心价值观为引领。把社会主义核心价值观作为乡风文明建设的一条主线,谋划部署各项工作,强化农民思想道德建设和农村精神文明建设,深化新时代中国特色社会主义思想和中国梦的宣传教育,大力弘扬伟大的民族精神和时代精神,丰富农民精神世界,增强农民精神力量。

——坚持用社会主义先进文化占领乡村阵地。满足农民日益增长的对美好生活的向往和对精神文化生活的新期待,着力提高农民思想道德素质、科学文化素质,提高乡村社会文明程度,将乡风文明与乡村产业增收、生态文明、乡村治理等建设工作同安排、同部署、同推进。

——坚持挖掘弘扬优秀传统文化。依托齐鲁文化的深厚底蕴,充分发挥中华优秀传统农耕文化、礼仪文化、习俗文化对于教化百姓、淳化民风的特殊功能,积极培育富有时代精神和山东特色的新时代文明传习中心,注重教化引导、实践养成和制度约束,焕发农民共建美好精神家园的道德品质和自觉意识。

——坚持让农民享有改革发展成果。以人民为中心,以满足农民文化民生需求为目标,提供适宜乡村特点、适合农民实际需要的文化产品和服务,充分尊重农民主体地位,发挥农民的主体责任,用好用活农村本土文化资源,使农民在文化创造上各尽其能,在文化享有上各得其利,让广大农民拥有更多文化获得感。

——坚持以改革创新促进文化生产力发展。贯彻“实施乡村振兴战略要物质文明和精神文明一起抓”的新发展理念,协调推进公益性文化事业和经营性文化产业发展,大力发展文化创意产业,在保障供给农民喜闻乐见的文化产品和服务过程中传播先进思想、塑造美好心灵、弘扬社会正气。

——坚持城乡文化融合发展。树立新时代文化发展观,建立健全城乡文化融合发展的体制机制和政策体系,优化以城带乡、城乡共建的文化发展环境,把外部条件支持与激发内在活力结合起来,形成全社会人人有责、齐抓共管乡风文明建设的良好局面。

(二)济南推进乡风文明建设的对策建议和实践路径

1. 持续开展乡村精神文明建设,焕发乡村文明新风尚

(1)强化教育引导,把握乡风文明建设方向。加强农村思想道德建设,提高农民思想道德水平、科学文化素质和劳动技能,是乡风文明建设的重心工作。乡村振兴的最终目标,是提高农民在产业发展中的参与度和生活富裕的受益面,确保农村产业发展、农民就业增收和生活富裕幸福。乡风文明建设要注重结合时代要求和当地振兴发展的需要,引导农民群众思想观念、心理状态及行为模式逐步与农业农村现代化相适应、与实现乡村有效治理和文明建设相吻合。要以社会主义核心价值观为主导,加强爱国主义、集体主义、社会主义教育,深入实施公民道德建设工程,大力推进社会公德、职业道德、家庭美德和个人品德建设。充分运用好道德讲堂、儒学讲堂等体现山东地域文化特色的多样宣传文化阵地,大力弘扬以爱国主义为核心的民族精神和以改革创新为核心的时代精神,凝聚起全面建成小康社会、实现中华民族伟大复兴中国梦的强大正能量。加强法制宣传普及、文明文化宣教等各类培训教育,引导农民自觉尊法、学法、守法、用法,合理合法地表达个人诉求、解决纠纷、维护权益,营建遵纪守法光荣、违规违纪当罚的良好社会环境。

“焕发风尚,引导为王。”要引导农民顺应时代大势、更新观念,变封闭保守为开明开放,变依赖观望为自立自强,变小富即安为富而思进,激励农民群众秉承自力更生、艰苦奋斗的传统美德,齐心协力建设美好精神家园、创造幸福、富裕生活;引导农民的思想观念接轨新时代,将科学精神、民主意识、文明理念逐步渗透到村民头脑,转化为振兴乡村的自觉行为;引导农民崇尚科学、移风易俗,养成文明科学健康的生活方式,努力形成乡村居民遵道德、讲文明、有礼貌、守秩序的乡村文明新风尚。

(2)注重人文教化,提升农民精神风貌。乡村社会文明程度的提升有赖于村民素质的普遍提高。古语有言“凡教化之不立,而万民不正也”,淳化乡风民风,必须把工夫用在人文化育与文明养成上。要从改善农民道德品质和精神风貌入手,教育广大农民由“要我文明”向“我要文明”转变,充分发挥村规民约作用,加快提高乡村治理水平,探索制定乡风文明建设评价体系,让道德是非标准更加鲜明、道德评价评判更加有力。教化引领广大村民向上向善、孝老敬亲、勤俭持家、友善邻里、重义守信;发挥村民议事会、道德评议会、禁赌禁毒协会、红白理事会等群众自

治组织作用，强化对乡村事务的管理服务，大力开展移风易俗行动；在深入持久开展“家风润万家”活动中，注重家风的提炼和传承，以家风促民风，以民风带乡风，让千千万万个“最美家庭”“星级文明户”“好婆媳之家”等文明家庭，成为奠定乡村文明的坚定基石；广泛开展精神文明创建活动，在继续开展传统宣教品牌活动的同时，借助互联网技术平台和大众舆论，多渠道放大好人善事的榜样带动效应；深化文明村镇创建，加强动态管理，及时总结推广经验，打造一批孝心村、和谐村、生态文明村、移风易俗村、兴业富民村以及“道德标兵”“新乡贤”等特色示范典型，做到宣传接地气、教化有示范。

传统文化的承续，有赖于民间乡风习俗的传播，通过社会化、群体性传习而世代延续，要创新实施新时代文明传习中心建设工程，按照“注重素质培育，强化文化熏陶，重在实践养成”原则，将其打造成提高乡村文明程度的综合载体。需要强调的是，在乡风文明建设过程中，要防止居高临下的单向灌输，“大道理”“填鸭式”宣讲，难以取得良好的“教化”效果。只有从村民的现实生活和成长实际出发，以情动人、以理服人，调动起农民的主观能动性，让村民在反思自身存在哪些不文明行为的同时，自觉自愿参与乡风文明的培育，乡风文明建设才能充满生机活力且长久地开展下去。

2. 强化乡村公共文化服务，满足农民精神文化向往

(1)城乡融合，完善乡村公共文化服务载体。融合才能创新，多样才有活力。要推动城镇公共文化服务向农村延伸，让更多公共文化资源向农村和农民倾斜，加大力度实施文化惠民和文化扶贫工程，加强文化惠民项目落地且与农民群众文化需求无缝对接，打造乡村资源充足、设备齐全、服务规范、群众满意的基层综合公共文化设施和场所。

在加强原有文化礼堂、农家书屋、文体广场等文化阵地建设基础上，创新开辟“家训家风馆”“农民文化乐园”等新载体，力争2020年实现济南市基层综合性文化服务中心全覆盖；确保乡村公共文化服务的财政投入，形成政府主导、社会参与、多元投入建设乡村文化的格局；大力开展百姓喜爱的文化活动，以内容丰富、形式多样的文化产品，提高百姓的参与度和满意度，活跃繁荣农村文化市场；运用好文化、科技、卫生“三下乡”“文化进万家”“欢乐下基层”“文化志愿服务”“免费送戏送电影”等载体，把更多优秀的文化产品和服务送到村民中间，让村民在美的熏陶滋养下渐渐形成文明意识和行为。

(2)创新公共文化服务供给方式，提高文化服务水平和效率。借鉴城镇公共文化服务菜单式、订单式服务举措，让广大村民享有自己想要的文化服务，探索建立公共文化服务云平台，推动实施公共文化精准化服务；在加大发挥政府购买文化产品、文化企业供给文化产品的基础上，变“单一供给”为“多元供给”，运用市场

机制、社会捐助等多种形式,增加农村文化资源总量,提高公共文化服务水平和效率;支持“三农”题材作品创作生产,着重推出反映乡村生活的温暖人、鼓舞人、启迪人、引导人的文艺作品,增强广大农民对主流价值观的认同和接受,激励村民葆有积极向上的心态和进取精神;应用市场手段整合民间艺术资源,发挥文化能人、民间艺人的作用,广泛动员农民参与组建农民文艺队伍,让“农民演给农民看”,放大新时代“高台教化”的溢出效应,使表演者和观赏者皆能受到良好教育。

强化乡村文化服务功能、挖掘乡土文化人才、壮大乡村文化队伍是保障。一方面要做好内功,提升乡村文化专干的综合素质和业务能力,扶持发展农村业余文化队伍,增强乡村基层文化的自我发展活力;另一方面要引进外援,吸引高校艺术专业毕业生和城镇文化志愿者深入基层,为村民提供公共文化服务工作。

3. 弘扬乡村优秀传统文化,以寄托情感的乡土文化淳化乡风

(1)阐发优秀传统文化内涵,凝聚崇德尚善的精神力量。作为中华文明的重要发祥地,山东地域,不仅包括国家级历史文化名城济南,而且还拥有丰厚的历史文化资源,所以要深入挖掘、生动诠释和广泛传播优秀传统文化的精神内涵,聚焦道德品行、自强不息、敬业乐群、家国情怀等时代价值,努力形成一批有济南特色的文化精品成果。

传承优秀传统文化,首先要守护好文化根脉。乡风文明内涵中不可或缺地含有“乡愁”情结、习俗文化、历史记忆等元素。古村落、古民居是乡土文化和乡里民风的物质载体,保护好这些富含历史文化记忆和地域特色的乡村,就留住了乡韵、乡情;继续遵循实施山东省乡村文明建设品牌工程——乡村儒学推进计划,打造一批乡村儒学讲堂示范点,推广中华文明礼仪,传播优秀传统文化;深入挖掘“优秀传统农耕文化蕴含的思想观念、人文精神、道德规范”,不断赋予其新的时代内涵和现实定位,做好对原生态文化的创造性转化和创新性发展工作。在保护传承传统农耕文化基础上推进乡村记忆工程,挖掘乡村特色文化符号,因地制宜地建设一批民俗文化馆、历史文化展室、民俗旅游特色村,使乡村成为有历史记忆和地域特色的文化之乡、精神家园;深入挖掘济南城乡各地革命历史和红色文化资源,发挥革命文化塑造文明乡风的重要价值作用,开发城乡红色文化旅游专线,使居民了解本地光荣革命传统,树立家乡本土历史文化的自豪感并转化为干事创业的进取意识;借助传统节日,组织开展各类民俗文化活动,赋予当地非遗文化时代内涵,并渗入乡风文明建设中,促使优秀传统文化活起来、传下去,让传统节日富有人文情怀,让农村具有情感寄托,让农民“记住乡愁”、热爱家乡。

(2)发展农村文化产业,提升乡村文化软实力。加强对乡村人文景观、民风民情、自然生态等乡村文化内涵的挖掘、研究、保护和利用,依托“农创+文创”发展思路,大力开发传统工艺产品、民间艺术表演、节庆文化物品等,以传统非遗文化

要素提升文化产业含金量，利用网络技术和设施，运用市场力量，加大财政投入、创新发展机制，发展乡村文化创意产业，千方百计地为农民提供就业渠道和增收途径；引导更多村民进行文化消费，加快培育农村文化消费市场，提高农民的审美素养和文化鉴赏力，为文化产业发展提高持续推动力；发挥地域文化资源优势，把乡风文明建设与乡村旅游业和乡村文化产业发展有机结合起来，以一村一品、各具特色的美丽乡村建设，提升乡村文化软实力，从而提高乡村文化品位，增添乡村人文魅力，推动乡村社会风气的根本好转。

4. 加强组织领导，建立健全乡风文明建设的长效机制

济南市各级部门要建立健全党委统一领导、党政群齐抓共管、文明委组织协调、有关部门各负其责、全社会共同参与的领导体制和工作机制。按照 2018 年中央一号文件指出的“建立实施乡村振兴战略领导责任制，实行中央统筹省负总责市县抓落实的工作机制。党政一把手是第一责任人，五级书记抓乡村振兴”的要求，把乡风文明建设纳入高质量发展考核评价体系，在做到规划先行、分类推进、明确任务、层层落实的基础上，切实保障政策支持和经费投入。各级文明委、文明办要强化统筹、督导，确保“事有人干，责有人担”，避免出现“说起来重要，干起来次要，忙起来不要”的现象。

乡风文明建设要取得长久效果，必须创新制度设计，鼓励和支持一切有利于促进培育村民道德情感、提高村民文明素质和乡村文明程度的实践活动，并将成功经验以制度的形式确定下来，探索形成以制度促进持久开展乡风文明建设的长效机制。

参考文献

[1]中共中央宣传部：《习近平总书记系列重要讲话读本》，学习出版社、人民出版社 2016 年版。

[2]中共中央宣传部：《习近平新时代中国特色社会主义思想三十讲》，学习出版社 2018 年版。

[3]冯天瑜：《中国文化生成史》，武汉大学出版社 2013 年版。

[4]何国松：《中华文化简史》，北京工业大学出版社 2013 年版。

[5]饶会林：《城市文化与文明研究》，高等教育出版社 2005 年版。

[6]王衍军：《中国民俗文化》，暨南大学出版社 2008 年版。

[7]朱效梅：《大众文化研究》，清华大学出版社 2003 年版。

[8][美]塞缪尔·亨廷顿、[美]劳伦斯·哈里森主编：《文化的重要作用——价值观如何影响人类的进步》，程克雄译，新华出版社 2018 年版。

当前乡村建设存在的问题及治理途径

刘　军

“十一五”规划中建设社会主义新农村被确立为重大任务，这是一个重大而又及时的举动。十六届五中全会又提出“建设社会主义新农村”。这一提法的形成和最终提出，表明了新一代中央领导集体在解决“三农”问题上已形成了比较完整的思路。特别是2013年农业部正式启动了“美丽乡村”创建活动，从中央到地方以推进“美丽乡村”工程为抓手，加快推进各地新农村建设的步伐，提升乡村建设的品位。而乡村治理在通过对村镇布局、生态环境、基础设施、公共服务等资源进行合理配置和生产后，促进当地经济、社会的发展以及环境状况的改善，不断提高广大农村居民的物质生活水平和精神文明水平，改变“脏乱差”的农村现状，不断加强基层治理。我们党在十九大作出“实施乡村振兴战略”的重大决策，并提出：“坚持农业农村优先发展，按照产业兴旺、乡风文明、治理有效、生态宜居、生活富裕的总要求，建立健全城乡融合发展体制机制，加快推进农业农村现代化。”“加强农村基层基础工作，健全自治、法治、德治相结合的乡村治理体系”，这不仅是实施乡村振兴战略的内在要求，而且还是实施乡村振兴战略的重要组成部分。当前，济南作为山东省省会城市、中心城市，如何有效推进乡村治理工作，如何走出一条具有中国特色的美丽乡村建设之路，我们既要着眼于济南农村的实际情况，也要开拓视野，要有创新思维，同时借鉴外省市及本省其他地市在乡村治理中的先进治理经验和实践经验，根据济南市乡村的具体情况，去芜存菁，总结出一套适合济南市乡村治理的先进方法，使济南市的乡村治理工作跃上一个新台阶。

一、当前乡村治理中基层党组织、人与土地及德治法治存在的问题

(一)基层党组织建设过程中,依然存在整体素质不高、能力不强、观念不新、闯劲不足、行为失范等问题

我国政权组织共有五个治理层次,它们是中央、省(区、市)、市(地)、县和乡镇,其中,乡镇是国家在地方设立的基层治理单位。乡镇治理的组织结构,包括乡镇党委、乡镇人大与政府、上级政府在乡镇的职能派出机构、各类协会及社团组织等。乡镇之下,是乡村——农民生活居住的地方。乡村是一个国家组成的最基本的单元,是国家治理体系的最末梢。乡村治理的好坏,不仅影响着乡村社会的发展、繁荣和稳定,而且还体现着国家治理体系的整体水平。乡村治理好了,农民生活富裕了,广大农民在自治、法治、德治等方面会得到进一步提高。

目前,村支部建设中存在着这样那样的问题。从主观上分析,村支部成员整体素质不高、能力不强、观念不新、闯劲不足、行为失范等问题依然存在。不正之风产生的原因有多种:部分党员干部,尤其是农村党员,疏于学习党纪国法,法纪观念淡薄;基层干部日常教育监管不力,政治纪律、政治规矩教育针对性不强;职能不明确,存在"都不管"和财务资金未批先支、对上谎报、对下瞒报等现象;行业监督往往滞后,发现问题处理不及时、不到位,乡镇纪委碍于情面不愿监督或监督不力等。如何减少和杜绝此类问题的发生,是当前必须重视和亟待解决的问题。

(二)乡村治理中人与土地、农民与农业的问题

农村人口众多,农民创收能力弱,收入偏低;贫困群体数量过多,经济发展后劲不足,与整个经济发展态势差距过大。由于农业生产率底下,所以农民收入偏低和增长缓慢,使得农村整体发展滞后于城市和全国平均水平。农村土地经营分散,小农户在土地种植等经营上各自为政,无法形成规模经营。以济南市来说,随着城市化进程加快,农民原本用于生产的耕地大量被楼房、厂房等占用,土地用途发生改变,能种植农作物的土地逐渐减少,人均耕地面积降低,粮食人均产出减少,这与中央提出的新型城镇化建设不以牺牲农业和粮食、生态和环境为代价的初衷相违背。另外,农村年轻人大都不愿意延续老一辈那种"面向黄土,背朝天"的生活方式而走进了城镇,甚至都市,因为城市里来钱快,收入也比种地要高许多。60 岁以上的老年人及未成年的孩子成为村里主要留守人员,部分土地被闲置,劳动生产率降低,粮食产出下降。在济南,仅 2016 年,新增城镇就业 18.9 万人,新增农村劳动力转移就业 5.1 万人,年末城镇登记失业率为 2.17%。这种外出打工只是一种临时性转移,是一种离土不离乡的转移,因为家庭主要成员还在农村,户口还在农村,家里还有承包的土地,所以不能真正调整农村生产关系,也

不能解决制约农村经济增长的土地问题，并不利于农村经济的长期稳定发展。

（三）乡村建设中法制建设不健全

第一，思想认识不到位，习惯性思维很难改变。一是片面理解法治和人治。现代法治是相对于人治而言的，于是许多人就按照自己的习惯性思维简单而又片面地认为："人治就是用人来治理社会，法治就是用法来治理社会；过去人治用政策治理社会，现在法治是用法律来治理社会。"还有的人认为："搞法治建设，这都是司法机关和执法部门的事，与己无关。"更有甚者，个别乡村干部往往置法律于不顾，随意违法现象时有发生。二是对乡村治理法治化缺乏信心。改革开放以来，法治建设虽然取得了很大的成果，但由于种种原因，法治的实效不很理想，在一些地方和部门还存在着有法不依、执法不严、违法不究、监督乏力等问题。因此，有不少人对法治的作用表示怀疑，认为法治没有解决中国社会问题的能力，要实现法治目标实在太遥远了。三是依法办事的意识差。由于受传统封建法治文化思想的影响，少数基层干部在执法过程中，从官本位出发，大搞官僚作风，以言代法，以权代法，工作方式简单粗暴。受此影响，老百姓对法治的态度冷漠，学法、用法的自觉性不高。

第二，制度建设不规范，各村镇法治化建设进展不平衡。目前，各乡村虽说在制度建设上较以往有了长足进步，但是各村法治建设发展不平衡，个别村在制度整合、完善和落实上还不到位：一是村务、财务公开的内容不规范。大多数村委会能够如实具体地按规定全部公开，但也有的村委会只将一些大的方面公开，而有关村财务的关键性或比较敏感的内容不予以公开。二是各项规章制度不够规范。有些村各项制度完善，"四民主""两公开"搞得扎实完备，但个别村则明显滞后，存在较多问题，如济南市各县区中因村级财务管理、土地征用、房屋拆迁、宅基地审批等引发的村民集体上访事件等热点、难点问题时有发生，严重影响了社会安定。三是制度落实不到位。当前农村普遍制定了村规民约、自治章程、村民参事议事机制，以及村级民主决策和议事程序、三务公开等民主法制制度，但诸如村规民约等制度存在不够完善、未能村村普及的问题，部分制度在实施过程中普遍存在群众知晓率不高、执行打折扣、落实不到位的情况，有的制度甚至在制定出台后一直就没有付诸实施，成为一纸空文。

第三，农村普法教育不到位。主要表现在：一是农村法治宣传效果不佳。农村的普法教育工作活动少于城镇，尤其是村级自行组织的普法教育活动极少，农民的法律意识、法治观念与市民相比淡薄得多。二是农村干部群众的法治观念滞后。部分农村干部依法管理村级事务的意识、能力和做法与新形势下农村工作的要求相比还有较大的差距；群众对普法认识存在不少误区，认为法律宣传解决不了实质性的问题，普通群众中信权不信法、信钱不信法、信访不信法的现象依然存在。三是农村人口流动性大，大多数年轻劳动力外出打工，平时工作繁忙而得不到法治教育，村中剩余劳动力又大多为中老年人，农村空村现象严重；同时，法治宣传教育经费投入偏少，宣传队伍有待强化。四是贴近群众实际、贴近生活、群众喜闻乐见的法治宣传节目不多，宣传形式上大多也只是“摆个摊，发张单”，没有更好的办法、措施和形式，工作成效不明显。

第四，村民自治中民主选举形式化。随着村民自治的发展，村委会选举得以落实，民主选举取得了明显成效，然而村委会选举在实践上却存在着诸多形式化的问题。选举过程中存在着随意操作的现象，贿选问题依然存在。为拉选票，候选人送钱、送物、送承诺等手段花样倍出，这种现象严重损害了党和国家的形象，加剧了农村中的社会矛盾。另外，农村中宗族势力对村民自治的发展也造成了一定的消极影响。选举过程中，将票投向宗族内的参选人；在村庄公共事务管理过程中，村民的民主管理权和监督权也受到一定的影响。

二、推进乡村治理现代化的经验借鉴

河南邓州“四议两公开”模式在推进农村基层民主制度建设方面取得了显著成效。“四议两公开”工作法，是指凡是村级重大事务和与农民群众切身利益相关的事项都要在村党组织领导下，按照“四议”“两公开”的程序决策实施。“四议“就是”党支部提议、村两委会商议、党员大会审议、村民代表会议或者村民会议决议。“两公开”包括决议内容公开、实施结果公开。这一工作方法，充满了协商民主的政治意蕴。协商民主强调负责任的权力主体之间通过平等、公开、广泛的议论与交流，相互了解和包容彼此的观点与主张，就某些共同话题达成共识，进而在理性修正偏好的基础之上作出公共决策。协商民主基础之上的公共决策也因此获得了鲜明的合法性。“四议两公开”工作法为协商民主的实践提供了结构性安排，为村庄中的主要权力主体提供了沟通与协商的工作机制，并且通过程序性的工作流程将协商民主演变为制度性的民主工具，达到了各个权力主体各尽所能、各取所需的政治要求与管理目的。“四议两公开”工作法探索了党内基层民主与农民主人翁地位有效结合的形式，是党领导的村级民主自治机制的创造性实践。作为村民自治制度建设的创新，在制度和程序上实现了加强党的领导、严格依法办事、充分发挥民主的有机结合，也拓宽了党员群众参政议政的渠道，解决了农村少数人决策、多数人担责的矛盾。

济南市章丘区官庄街道吴家村，在基层党的建设上探索出一条适合本村发展的模式。村里事，民作主，这是吴家村扎实推进“四会管村、五间理事、三网惠民”的治村模式。村党支部修订完善村规民约并坚持依章依约办事；村级重大事务实施“五步议事法”，坚持民主议事协商制度。这一工作模式，极大地促进了干群之间的关系，协商民主得到很好的发挥。吴家村在自身发展的同时，在村党支部的带领下，探索实施了以“三联三带”为载体的工作模式，实现了乡村振兴与脱贫攻坚的有机衔接，积极打造联带扶贫示范中心。如今，“三联三带”工作模式已经在官庄街道全面铺开。

农民富不富，关键看支部。一个敢干事、能干事的领导班子，在产业发展中的核心作用会得到充分体现。乡村组织振兴，最关键的是村党组织自身的振兴。党支部在充分实施“三个职责”和对群众的“四个职责”外，更要把“三会一课”等制度纳入标准化轨道，着力建立健全致力于规范村支部自身建设的一系列原则要求，切实保证支部活动的全方位、全过程、全领域都有章可循，努力把村党组织建设成为“宣传党的主张、贯彻党的决定、领导基层治理、团结动员群众，改革发展的坚强战斗堡垒”。在此基础上，充分挖掘农村中的有才人，请外出务工、干事创业的能人回乡投资，带领农民共同致富。

历城彩石街道充分认识到外出返乡人才的重要性，于是在街道党支部的大力引导下，不少能干事、会干事、有能力改变家乡面貌的人才纷纷回到彩石，充分发挥他们“带动一方百姓，搞活一片经济，富裕一乡农村”的作用。某建筑装饰公司老板郭景芝外出多年并成功创业，却毅然决定回村参加村“两委”换届选举，并成功当选为村主任。他就任后，经多方努力，村里的交通问题、吃水问题、电力问题、河道问题都得到良好解决。年轻中医李京凯，山东省中医院硕士毕业后，与采石街道联合，积极为周边贫困百姓提供义诊，定期下乡为贫困百姓提供健康体检，以此来践行他当初返乡开办诊所“要让大家能看得起病，能看得好病”的初衷。

乡村治理得好不好，关键要看村“两委”班子。班子成员在书记的带领下，要敢想敢干，紧紧围绕本地的实际情况，充分发挥党支部的带头作用，多方式、多形式，充分打造具有当地特色的优势产品、优势农业。农民富了，村集体有钱了，才能更好地为村民服务，修路、打井等配套设施才能跟得上，文化娱乐生活才能更加丰富多彩，日子才能越过越红火。

三、因地制宜地打造具有本地特点的乡村治理体系

（一）下大力气抓好村级党支部的班子建设，尤其要选好“班长”

在乡村，村级党组织作为党的最基层组织，是村级治理的核心，所以要选好党组织班子成员，尤其是要选好支部书记。我国多年的乡村治理实践表明：“要让农村稳，党建最根本；农村要提高，关键靠支部；支部强不强，首要是班长。”作为书记，除了要“懂农业，爱农村，爱农民”外，更要勤政务实、公道正派、知法懂法、廉洁奉公、德高望重，要让村民心服口服，有较强的管理和驾驭能力。村党支部书记管辖范围虽然不宽，但事务众多，责任重大。班子成员也要具备责任心、公道心和奉

献精神,在支部书记的带领下,在乡镇的统一领导下,带领本村农民勤劳致富、共同致富,要有干劲和真本事。

党的十七届三中全会强调:"加强村党支部书记队伍建设,是当前农村基层干部队伍建设的重中之重,是推进农村基层组织建设改革创新的首要任务。"中组部下发的《关于加强村党支部书记队伍建设的意见》中,进一步明确了村党支部书记的主要工作职责:推进科学发展、带领农民致富、密切联系群众、维护农村稳定、加强自身建设。

2018年初,中共中央农村工作会议和一号文件提出:扎实推进抓党建促乡村振兴,突出政治功能,提升组织力,抓乡促村,把农村基层党组织建成坚强战斗堡垒。强化农村基层党组织领导核心地位,创新组织设置和活动方式,持续整顿软弱涣散的村党组织,稳妥有序地开展不合格党员的处置工作,着力引导农村党员发挥先锋模范作用。这是党中央根据国际国内形势作出的重大决策,对于农村引领新需求、激发新动能、创造新活力、催生新经济具有十分重要的意义。

针对基层不正之风和腐败问题形势依然严峻的问题,在日常工作中,上级部门要强化监督执纪问责,实现过程监督、前置监督,抓紧落实主责清单制度,要优化信访举报工作,拓展信访举报渠道,积极主动收集群众身边的不正之风和腐败问题线索,对群众关注的热点问题、典型事项公开曝光,理顺财务体制,加强审计监督,资金使用、开支等情况及时向群众公布,满足群众知情权,严格落实监督、民主、议事等制度,克服工作中出现的"三差"问题,即装备配置差、经费保障差、办公条件差;在履职上,克服"三低"问题,即政治地位低、人员素质较低、经济待遇低,真正做好纪检监察,做好民主监督工作。

加强农村党支部队伍建设,做好选拔培训和监管工作,建设一支守信念、讲奉献、有本领、重品行的村党支部队伍。中组部明确提出要把思想政治素质好、带富能力强、协调能力强的优秀党员选拔为村党支部书记,要把思想正派、有公道心、热心为农民做事的人选拔为村党支部成员。要加强培训工作,党支部书记每年要接受一到两次党纪法规业务培训;乡镇政府每年要把村党支部书记分批分次集中起来,根据本地具体情况,让其外出学习考察并带回外地的先进经验。对村党支部书记要实行岗位目标责任制,对书记任期内工作实行目标管理;完善村党支部书记业绩考核办法,将考核结果作为落实村党支部书记业绩考核奖励的主要依据,严格兑现奖惩,增强村党支部书记工作的责任感和使命感。同时,定期对村党支部成员进行考核讲评,发现问题及时解决。

(二)及时解决好农村劳动力及土地的问题

加强乡村治理,解决"三农"问题,缩小城乡差距,实现城乡统筹发展,关键在于加快农村剩余劳动力向非农领域转移以增加农民收入的需要。

第一,从解决途径上来说,实现城市化、产业化,走城乡一体化的发展道路,让农村经济发展起来、农民收入增长起来,是破解“三农”问题的最终出路。

第二,农村剩余劳动力转移是提高农业劳动生产率的需要。小农经济最根本的特点是土地小规模经营,这是制约农村经济增长的根本因素。这就要求我们必须在合理解决土地使用权流转的原则下,扩大土地的经营规模,提高人均产出比率,解决生产效率低下问题。因此,让部分农民从土地上转移出去,有利于农业经济向集约化发展,加快农业生产机械化、科技化的发展,实现农业生产走规模化经营、产业化发展的道路。

第三,地理位置决定乡村治理的发展方向。就济南市的地形及地理位置来说,济南属于半盆地地貌。从山东整体上看,济南是丘陵地带中的平原,但是济南地势南高北低,南面临山,东西两侧也有部分小山脉,从而形成济南独有的半盆地地形。济南地形可分为三部分:北部临黄带,中部山前平原带,南部丘陵山区带。其中,山地丘陵 3000 多平方千米,平原 5000 平方千米。最高海拔 1108.4 米,最低海拔 5 米,南北高差 1100 多米。由此可以看出,济南在土地使用上应以地形地貌为基础。平原地带应整合农村资源,将小的符合整体搬迁条件的村落规划整合到一起,有条件的就将村民整体聚集到乡镇上,平整村落空出来的土地,扩大耕种面积,使土地逐渐走向因地制宜、规模化经营、机械化耕种的路子;对于山地丘陵地带,除平整土地用于种植粮食等农作物外,还要加大林木及果品的种植等,形成农业多种类、多样式发展,推进特色农产品种植以及木果采摘、乡村旅游等产业项目。这样,不仅能保护好绿水青山,而且还能让村民们的腰包鼓起来,同时也能造就一批具有专业、科学、创新、品牌意识、有互联网思维的新型职业农民,带领村民共同致富。

第四,农村剩余劳动力转移对实现城镇的发展起了很大作用。成千上万的农民从土地上解放出来,转移到城镇第二、三产业中。城镇发展是提高社会生产和生活水平的必然归宿,也是加快工业发展进程、减少农村人口、扩大城镇居住人口的必然要求。

目前,加快农村人口转移已经具备了一定条件。一方面,农业生产力水平的提高和农民观念的改变为农村剩余劳动力转移提供了可能。经过多年的实践,农村生产力水平有了很大提高,随着农业机械化、良种化和规模产业发展的推行,农业劳动生产率不断提高,产生了大量农村剩余劳动力,使农村剩余劳动力向城镇转移有了现实可能;同时,广大农民的开放意识不断增强,自给自足的小农思想在许多农民头脑中已经荡然无存,取而代之的是利益意识、市场意识和竞争意识,走出去闯荡市场的愿望十分迫切。另一方面,城市经济的发展为农村剩余劳动力转移提供了需求。城市经济增长的活力不断增强,服务领域不断拓宽,承载能力不断提高，发展的空间不断延伸。中国正处于工业发展中期阶段，以制造业、加工业为主体的劳动密集型产业蓬勃发展，以服务业为主的第三产业发展潜力更是巨大，这些产业都需要大量劳动力。

农村剩余劳动力转移到城市，起到了拾遗补缺的作用，极大地促进了城市经济的发展，特别是激活了城市服务业的发展。户籍制度改革及相关政策的调整为农村剩余劳动力转移提供条件。户籍制度改革制度方面的改革为农民进城务工经商提供了便利条件，而劳动用工制度、工商管理制度、子女入学、住房制度、社会保障制度等方面的一系列改革又为农村剩余劳动力转移创造了现实条件。农村剩余劳动力转移到城市，为农村规模化生产提供了良好条件。十九大报告提出，要培养造就一支懂农业、爱农村、爱农民的“三农”工作队伍。大力培育新型职业农民，尤其是生产经营型职业农民，除了能提升职业农民自身综合素质之外，也能带动周边农业从业者的整体水平。职业农民在农业生产中，运用机械化设备等生产工具，做到规模化、集约化生产，提高了生产效率，缩短了收获时间，使土地在农耕中得到休养。劳动力是生产力中最活跃的因素，通过调整农村劳动力的产业结构和空间流动，转移农业剩余劳动力，使农村劳动力资源得以合理和有效的利用，对促进农业科学化、规模化、机械化和农村城镇发展具有重要意义，对控制农村人口数量、提高劳动力的科学文化素质、改变农民的传统观点、开拓市场经济也具有积极作用。

第五，要抓好乡村治理工作，就要进一步完善农村土地制度，把与农民个人和家庭息息相关的承包地和宅基地的关系处理好。在坚持农村土地集体所有的前提下，中央在十九大中决定，农村土地第二轮承包到期后再延长30年，创造性地提出了所有权、承包权、经营权三权分置，为农民流动和土地规模化经营提供了保障；与此同时，鼓励探索农村宅基地所有权、资格权、使用权三权分置，盘活农村闲置的宅基地和闲置的农房，最大化地扩大土地耕种面积，为农民增收致富创造条件。

（三）要建立健全法治、自治与德治相结合的治理体系

法治是国家意志的体现，乡村治理要以法治为根本要求，以法律作为规范乡村所有主体行为的准绳。党的十八届四中全会通过的《中共中央关于全面推进依法治国若干重大问题的决定》从系统的观点出发，指出“全面推进依法治国，基础在基层，工作重点在基层”，提出了“推进基层治理法治化”的要求。乡村是社会管理的最底层，乡村干部是党和政府在基层的代言人，他们是否能依规依法依纪办事，直接关系到基层政权能否有序运行，更加关系到百姓的切身利益。乡村治理法治化，就是要在党的领导下，以宪法为准绳，依法管理乡村事务，即基层的政治、经济、文化等一切活动依照法律管理，公民的所有行为依照法律进行，使基层的一切行为由法律来调控,将基层的一切行为纳入规范化、法律化的轨道。法治也是自治和德治的规范和保障。只有通过法治,才能从根本上实现乡村社会公平正义、促进社会诚信,从而确保良好的乡村社会秩序的建立和维护。自治是村级治理的主要手段和方法,只有以自治为核心,才能实现乡村的有效治理。村民自治的根本目的,就是保证和支持村民实行自我教育和自我管理,是将人民当家作主落实到国家政治生活和社会生活之中的最直接体现。让村民群众当家作主是乡村治理的本质和核心,这是以人民为中心的根本政治立场所决定的。

无论是德治还是法治,都需要通过自治来实现和推进。自治必须以法律为依据,坚持问题导向,按照相关程序制定乡规民约和各项管理办法,让乡村治理各项具体措施落到实处。伦理道德是引导社会风气和凝聚社会人心的不可替代力量,是乡村治理的灵魂。德治应以培育和践行社会主义核心价值观为主题,围绕主题开展社会主义精神文明创建活动,通过道德教育、模范引导、家风传承、多种形式的文体活动等途径和方法,培育文明乡风,不断提高村民的道德修养和文明素质,潜移默化,化风成俗,逐渐在村民中形成奋发向上、崇德向善的精神风貌。制度是保障,法制是基础,我们应更加重视农村基层法治、自治以及德治的关系,更好地改善村民自治法律环境:

第一,进一步完善立法,加强普法教育。在现行普法教育的基础上,对农村留守人员定期举办法律学习班。乡镇及党支部利用农闲时间,在家里、村部及田间地头对农民进行定向普法教育、专项普法宣传,强化广大农民的法律意识和法制观念。遇到问题,首先考虑的是违不违法,是否能在法律允许的范围内解决。加强对外出务工人员的法律宣传,利用手机微信、手机 APP 等多种形式手段宣传法律知识,使村民知法、懂法、守法。

第二,解决好宗族势力之间的关系。要加强村民自治能力,正确引导宗族势力,在意识上淡化宗族观念,确保各个村民都能以独立个体身份参与自治,突出主人翁意识。

第三,工作程序上做到正规化、透明化。禁止贿选,避免唯利是图的小农思想,充分发挥村民大会的监督作用,做到选举公平公正,选出能为人先、真正为农民服务、带领农民走向富裕的能人才人。

第四,加强村民的思想文化教育,提高村民的文化素养。增强村民的主体意识和政治参与意识,通过宣传、办培训班等形式,有针对性地提升村民的政治权利与义务及政治参与的渠道、方法等方面的知识,增强村民依法行使权利和履行义务的自觉性,培养村民关心政治、关注村内的各项事务的积极性,使村民认识到自己在村民自治中的地位和作用,从而配合村干部工作。只有这样,才能使村民更好地表达自己的利益需求,才能真正实现村民自治。

第五，加强德治教育。德治是健全乡村治理体系的情感支撑。在乡村治理中融入德治，能够发挥道德引领、规范、约束的内在作用，增强乡村自治和法治的道德底蕴，为自治和法治赢得情感支持、社会认同，使乡村治理事半功倍。在济南市，章丘区官庄街道吴家村在这方面走在了前面。吴家村在党支部的领导下，经过探索、实践，率先在全区建设"居家式养老"模式老年公寓，每年为老年人支付合作医疗、新农保、意外伤害保险费用、发放生活补贴、免费查体等多项服务，成立了孝心艺术团，开讲堂、做孝事、定孝制，建成了首个章丘区"中华孝心示范村"。先后被评为"全国敬老文明号""山东省乡村文明家园省级示范点""山东省泉城先锋基层党组织""济南市新农村建设十大行动先进村"。我们应深入挖掘乡村熟人社会蕴含的道德规范，结合时代要求进行创新，强化道德教化作用，引导农民向上向善、孝老爱亲、重义守信、勤俭持家。建立道德激励约束机制，引导农民自我管理、自我教育、自我服务、自我提高，实现家庭和睦、邻里和谐、干群融洽。广泛开展"好媳妇""好儿女""好公婆"等评选表彰活动，开展"寻找最美乡村教师""寻找最美乡村医生""寻找最美乡村村官""寻找最美乡村家庭"等活动。深入宣传道德模范、身边好人的典型事迹，弘扬真、善、美，传播正能量。

参考文献

[1]丁美：《浅析我国社会保障制度中的社会公平问题》，《济南职业学院学报》2017年第5期。

[2]谷婉宁：《济南鲁能打造城市生态宜居范本》，《齐鲁晚报》2018年7月12日。

[3]胡健、乔栋：《一个贫困县的生态扶贫探索》，《人民日报》2018年6月1日。

[4]刘贵堂：《能力过硬才能更好担当作为》，《大众日报》2018年8月15日。

[5]刘海鹏、孙远明：《乡村振兴，看苏北如何打好生态牌》，《齐鲁晚报》2018年8月1日。

[6]马剑等：《姜山镇的振兴秘诀》，《瞭望》2018年第34期。

[7]潘俊强等：《产业旺，乡村振兴有底气》，《人民日报》2018年3月22日。

[8]潘林青：《"新农民"乡村振兴路》，《瞭望》2018年第30期。

[9]钱堃：《真心为民办实事　真情奉献得民心——访商河县玉皇庙镇瓦西村党支部书记常延富》，《济南日报》2018年6月1日。

[10]阮宝勇、彭辉：《"点子书记"治镇有道》，《大众日报》2018年7月8日。

[11]沙文婧：《村干部违规为亲属办低保被党内严重警告　市纪委通报5起扶贫领域腐败和作风典型问题》，《济南日报》2018年9月5日。

[12]张清津:《“两个服务业”引领乡村振兴》,《大众日报》2018 年 8 月 15 日。

[13]张玉清、黄明、张汩汩:《“旅长村支书”的新追求——记福建省尤溪县梅仙镇半山村党支部书记林上斗》,《人民日报》2018 年 7 月 31 日。

[14]张志锋:《宜居乡村,中用比中看重要》,《人民日报》2018 年 6 月 7 日。

济南市南部山区农村精准扶贫长效机制研究

李义宏

贫困,是当今世界最尖锐的社会问题之一。特别是对于我国这样一个区域发展差异大、农村人口数量多且要在2020年实现全面建成小康社会的第一个一百年奋斗目标的发展中大国来说,解决贫困问题刻不容缓。精准扶贫是粗放扶贫的对称,是指针对不同贫困区域环境、不同贫困农户状况,运用科学有效程序对扶贫对象实施精确识别、精确帮扶、精确管理的治贫方式。自济南市开展精准扶贫工作以来,各级政府和部门高度重视扶贫工作,建立健全精准扶贫机制,出台重点攻坚工作方案,创新扶贫方式,丰富扶贫内容,把准扶贫关键点,扶贫工作进展显著,但也不同程度地存在扶贫对象失真、扶贫资源配置有待优化、扶贫参与主体单一、监管不到位等问题。精准扶贫政策落地需要精准识别、精准帮扶、精准管理等多层面、全方位推进,以完善的机制体制为依托,构建扶贫治理体系,促进精准扶贫常态化。推进精准扶贫,加大帮扶力度,是缓解贫困、实现共同富裕的内在要求,也是全面实现全面小康和现代化建设的一场攻坚战。济南市作为山东省的省会和政治、经济、文化中心,有能力在精准扶贫工作中开创新局面,走在前列。

一、济南市南部山区贫困现状

经过调查摸底,南部山区共有贫困村135个,其中省级贫困村124个,市级贫困村11个,针对贫困人口共建档立卡12039户24539人(占全市的15%),是济南市相对深度贫困地区。西营镇老峪村和积米峪村被列为国务院易地扶贫搬迁村,同步搬迁633户,1722人,其中贫困者224户,491人。2017年年底,南部山区贫困村退出25个(还有2个易地扶贫搬迁村未脱贫),脱贫196户,369人;新纳入29户,55人;返贫5户,10人;脱贫不享受政策5975户,13014人。导致济南市南部山区贫困的原因主要有以下几个方面:

一是农民增收相对缓慢。“十一五”时期，全市农民人均纯收入年均增长13.1%，而南部山区仅为10%；2010年，南部山区农民人均纯收入约8000元，比全市平均水平8900元低11个百分点，收入水平明显落后于近郊和平原地区。

二是镇域经济实力薄弱。区内大多是传统农业乡镇，现代农业发展处于起步阶段，生态旅游业呈“散、乱、小”状态；加之为支持平原地区项目建设，实现耕地占补平衡，许多山坡地变成基本农田，制约了生态产业发展，使各乡镇经济实力与近郊、平原乡镇的差距越拉越大。以区内实力较强的仲宫镇与平原地区实力中等的董家镇相比，2010年仲宫镇人均GDP为2.1万元，董家镇为5.6万元，仲宫镇仅是董家镇的36%；仲宫镇人均地方财政一般预算收入400元，董家镇人均收入约1300元，前者仅为后者的31%。如与东郊王舍人镇、郭店镇等经济强镇相比，两者之间差距就更大。

三是乱搭乱建严重破坏生态环境。近年来，南部山区乱搭乱建现象仍未完全禁止，一些未批先建、违规占地建设的房地产项目不断出现，生态好的地方几乎都有违规建设的别墅、宾馆、饭店。据基层的同志反映，这些无序开发项目大多是外来资本与村里合作违规所建，严重破坏生态环境，农民不仅受益有限，而且还失去了长远发展的土地依托，成为引发社会矛盾的潜在因素。

四是城市蔓延导致水源涵养和泉水补给功能下降。1980年济南城市总体规划中，城区南至二环南路及兴济河一线；2000年城市总体规划中，城区南至分水岭，城市建设用地向南扩展约10平方公里；2010年城市总体规划中，城区南至双尖山、兴隆山一带山体及济莱高速公路，城市建设用地又向南扩展了约8平方公里。城区边界的不断南移，导致靠近城区的泉水直接补给区面积不断减少，南部山区水源涵养和泉水补给功能弱化，原有的24个重点渗漏区，目前保存完好的只有8个，功能下降的有11个，城市建成区内已经完全消失的有5个。

五是农村污染问题不容忽视。因缺乏垃圾处理设施，没有建立起有效的垃圾处理机制，农村生活垃圾、建筑渣料随意堆置，农药、化肥、农用薄膜以及各类激素长期大量使用，导致农业面源污染累积增加，加剧了环境污染；尤其是卧虎山水库、锦绣川水库流域的污染影响了城市饮水安全。

二、国内外精准扶贫实践经验

（一）小额信贷扶贫模式以孟加拉国“GB”模式为例

孟加拉国的乡村银行简称“GB”，该银行推广的扶贫模式，是指以社会成员相互之间监管所形成的社会压力为纽带，通过互相承担连带责任而组成的社会组织形式，是全世界规模最大、规划运作程度最高、效益安全稳定的小额贷款金融机构。GB模式既可以保证扶贫工作的实效性，又保证了金融机构的自身发展。其主要内容是:一是农村贫困人口是唯一贷款目标。GB模式的宗旨是为广大农村贫困群众服务,首要贷款对象是有劳动能力的农村贫困人口。在筛选贫困人口的过程中,将勤俭节约、责任心和还贷观念列入考察内容,并将贫困妇女当作优先放贷的对象。孟加拉国是男权社会,GB模式有效提高了妇女的社会地位,对妇女儿童权益的保护也有积极作用。二是成立五人联保责任小组。经筛选,确定放贷对象后,银行选取经济能力和社会背景相近的贷款人,组成五人联保小组,直系亲属不列入小组范围。小组成员相互帮助、相互监督、相互制约,大大降低了贷款风险。三是小额、付息、按周还款,并建立小组基金,实行强制储蓄。包涵的主要内容是:分阶段放款、还贷付息、小额贷款、后续贷款以及建立监督机制等。

综上所述,与其他贷款模式相比,GB模式的优势体现在:一是提高了扶贫资金的使用效率。五人联保责任小组的成立,提升了贫困人口的组织化程度,形成了脱贫的集体意识。同时,通过集体融资、集体担保等规章制度,小组成员互相监督的意识也有所增强。贫困人口贷款收益大部分用于还贷,引导建立勤俭节约的社会风尚,有效地保障了资金的安全、提高了扶贫资金使用效率。二是增强了放贷的精准度。首要选择对象是最贫困人口;同时,通过反复开展核查识别,进一步细化放贷对象的标准。放贷过程中,扶贫资金实现全覆盖。三是引入市场机制。贫困人口获得贷款后,结合五人联保小组成员的建议,选择合适的方式发展生产、取得收益。这种根据市场需求有针对性地进行劳动生产,可以保证放贷对象的利益最大化,从而持续提高其主观能动性,大大减少对社会和政府扶贫资源的依赖。GB模式的成功推广,不仅体现在银行实现了盈利,更重要的是,该模式始终将扶贫开发作为放贷的主线,通过大范围发放小额贷款,广泛动员贫困人口参与到扶贫脱贫工作中来,通过成立联保小组等方式,深入整合贫困人口的力量,根据市场需求从事生产活动,有效推动贫困人口实现自我生存和自我发展。这一模式对潍坊市探索金融扶贫新模式、大力推进富民农户贷和富民生产贷等信贷措施具有较强的指导意义。

(二)湖南省平阴县脱贫的经验

湖南省平阴县通过精准施策、精准帮扶,积极帮助非扶贫工作重点村脱贫,成效明显。

一是摸准实情,建档立卡。按照统一标准,通过合规有效的程序,把真正的贫困对象识别出来,把贫困人口、贫困程度、致贫原因等情况搞清楚。坚持把民主评议和公示公告作为精准识别的最核心环节,确保整体过程公开透明,确保群众的知情权、参与权、监督权,达到了贫困户个人认可、社会认同、组织认定、公开透明的效果。

二是结对帮扶,覆盖全面。结合贫困人口的经济现状、家庭情况、脱贫愿望等要素，安排乡镇、县直部门以及社会组织等组成精干力量，与 542 名贫困人口结对帮扶，实现了无缝隙、全覆盖。

三是制定措施，精准施策。在帮扶过程中，因户精准制案，因村精准施策，进一步优化帮扶成效：(1)财政资金帮扶。对 2016 年度的建档立卡贫困户，按标准发放产业发展引导资金，每人每年 200 元，引导贫困户通过入股投资、发展产业等提高收入。(2)帮扶责任人扶持。严格落实帮扶责任制，帮扶责任人为所联系贫困户提供生活必需品，每年不少于 200 元。(3)行业扶贫全覆盖。制定行业扶贫专项方案，整合低保兜底、危房改造、大病救助、小额信贷等各项优惠政策，分类覆盖到全部贫困户。(4)发动社会捐助。开通贫困户精准供需平台，组织开展大型扶贫募捐活动，全面提升贫困户生活水平。组织各镇街区募集资金 3000 万元，全部用于精准救助。平阴县在脱贫攻坚过程中，全面细化帮扶措施，有效解决了大水漫灌式的扶贫模式，为解决非扶贫工作重点村贫困户脱贫提供了明确指引，为济南市解决这一难题提供了有效借鉴。

(三)河南省兰考县精准扶贫的做法

河南省兰考县在构建特色产业体系与脱贫攻坚统筹推进课题上狠下工夫，进行了积极有益的探索。

一是发展农副产品和食品深加工产业。通过龙头企业引领，明确了畜牧产业发展重点，积极打造标准化品牌，确保食品安全。在产业集聚区，先后引进禾丰牧业、正大集团、华润集团等多个项目。在乡镇，科学规划龙头企业养殖基地，以“公司＋基地＋农户”模式带动农户创业增收。在农村，鼓励调整种植业结构，大力发展饲草配套，不断提高农产品的附加值。

二是壮大木业加工及家居制造产业。依托家居产业园，打造中高端家居集群；依托家居联盟产业园，打造品牌产业集群；依托电商产业园，打造电商产业和家居配套集群。在乡镇，以富民为目标，突出链条延伸和产业配套。在农村，积极打造“一村一品”，先后培育 28 个木制品特色村。三是积极培育新兴产业。优化升级吊装机械产业，鼓励小化工企业进行产业转型，倾力打造国家级循环经济产业园。集产业发展、科技研发、

三产配套为一体的兰考科技园正在积极筹划。借助国家消化钢铁产能政策红利，积极建设混凝土、钢结构住宅产业基地。兰考县特色产业体系的构建为济南市精准扶贫提供了有益借鉴。“公司＋基地＋农户”的做法，从很大程度上解决了本地经济发展与贫困户脱贫的关系。通过依托当地主导产业、合作社等新型经营主体，统筹各级财政扶贫资金，引导社会资金注入，集中打造一批扶贫产业示范项目，培育品牌产业集群，从而带动发展贫困村集体经济，带领贫困人口脱贫致富。

(四)山东省安丘市辉渠村精准扶贫的做法

为进一步巩固精准扶贫成果并建立长效机制,安丘市在辉渠村成立了全国首个"第一书记扶贫帮困"基金。该基金首期规模人民币50万元,主要来源于企业捐赠和扶贫项目的收益。运作模式是将扶贫项目的收益转化成持续普惠基金,用于救助返贫户和无劳动能力的贫困户,还可以购买村级劳务公益岗位,实现了对贫困户进行持续帮扶和长期补助。为充分发挥好基金作用,市、县、镇、村共同研究制定了《基金章程》,明确规定基金的监督管理由村民代表大会负责,日常管理由理事会负责,监事会进行监督,实行严格的财务管理制度和公示、审批、审计等制度,确保资金的使用效益。2016年至今,通过扶贫项目带动,辉渠村建档立卡的196名贫困户先后全部脱贫。该基金共发放资金13万元,帮扶医疗支出过高贫困户16户。辉渠村将扶贫项目收益转化成普惠性基金,建立起扶贫资金长效机制,为下步贫困人口脱贫、就业提供长期补助和持续帮扶。这一做法,对济南市精准扶贫对策建议的提出,具有很强的借鉴意义。

三、济南南部山区农村精准扶贫长效机制对策措施

(一)锻造思想先锋队,坚决打赢脱贫攻坚战

打赢脱贫攻坚战,带领贫困地区和贫困人口全部脱贫,是党中央向贫困全面宣战的动员令和冲锋号。当前脱贫攻坚进入攻坚拔寨冲刺阶段,南部山区是全市相对深度贫困的地区。针对南部山区底子薄、任务重的现实情况,在历城区选派的52名第一书记的基础上精心选派83名市派第一书记,实现南部山区135个贫困村第一书记全覆盖。第一书记先锋队是南部山区打赢脱贫攻坚战的领头羊和开拓者。南部山区脱贫攻坚面广量大,基础设施滞后,第一书记先锋队对南部山区打赢脱贫攻坚站尤为重要。

打铁还要自身硬,第一书记先锋队首先要完善和健全各项服务机制。建机制、抓落实,成立由党工委书记和主任任组长、管委会各副主任任副组长、各相关办局负责人为成员的第一书记工作领导小组,明确工作任务和职责。明确了组织人事局牵头、扶贫办抓业务指导、街镇抓管理落实的第一书记协调推进机制。

一是拟好农村党建工作。发挥好第一书记强基固本的"第一责任人"的关键作用,把加强党组织建设作为首要任务,结合"两学一做"学习教育常态化、制度化,将"三会一课"、主题党日等组织活动落到实处,抓班子、带队伍,真正把涣散班子拢起来、把支部威信树起来、把干部能力提起来、把堡垒作用激发出来。

二是夯实精准扶贫工作基础。在近期开展精准识别"回头看"工作中,充分发挥第一书记先锋队懂政策、熟业务、上手快等优势,引导他们积极投入到扶贫信息核对、精准识别工作中。第一书记先锋队与广大村两委干部、街镇党员干部一起

完成2014～2017年贫困信息数据核对工作，核查完善各类不准确数据12033条，采集完成各类信息638014条，完善房屋、低保、医疗等各类证明材料26万份，初步实现南部山区贫困“底子清”“情况明”。

三是加快脱贫攻坚步伐。充分挖掘贫困村自身资源，发挥第一书记先锋队的纽带作用，整合派出单位党组织的后盾力量，助力贫困群众增收脱贫。济南邮政派驻锦绣川办事处付家村第一书记，依托“互联网＋邮政渠道平台”，着力打造邮政电商精准扶贫示范村，销售各类水果20余万斤，同比人均增收600余元。联合济南广播电视台派驻长岭村第一书记，在泉城公园成功举办了“精准扶贫—南山山货进泉城”活动，向泉城市民推介山楂、核桃、小米等18种南部山区特色农产品，受到了广大市民的欢迎，叫响了南山生态农产品品牌。积极改善贫困村生产生活条件，第一书记积极争取各类资金1200余万元，改善道路23.25公里，19个贫困村修通了柏油路，19个贫困村用上了自来水，4个贫困村通上了电，建设贫困村文体设施34处，村集体经营性收入新增88.94万元。

（二）进一步提高思想认识，理清生态功能区发展思路

南部山区生态功能区作为济南市最重要的水源涵养区和泉水补给区，集丰富的自然生态资源和深厚的历史文化底蕴于一体，资源优势十分明显。因此，南部山区是济南市得天独厚的宝贵财富而不是发展的包袱，构成了济南市发展生态经济的主要载体和最具潜力的增长点。济南市“十二五”规划提出，要打造实力济南、魅力济南、宜居济南，建成与山东经济文化强省相适应的现代化省会城市，而功能区约占全市总面积的1/5、市区面积的1/2。显而易见，没有南部山区能区做生态屏障，济南不可能建成生态宜居城市；没有功能区的富裕，济南不可能实现城乡统筹发展；没有功能区的科学发展，济南就不可能建成与山东经济文化强省相适应的现代化省会城市。从某种意义上说，功能区是济南的希望与未来。目前，功能区面临的一系列问题，从根本上说是当地经济发展与自然生态之间的矛盾造成的。这一矛盾的突出表现是传统发展方式超出了南部山区脆弱的生态承载能力，对自然资源的过度获取和无序开发超出了区域自然生态系统的自我修复能力。这类不当甚至破坏性的开发活动是导致功能区生态环境退化、农民增收乏力的重要原因。因此，鉴于功能区在济南市特殊而重要的地位和生态仍然脆弱的状态，要促进区域生态保护与农民增收，就必须转变传统发展方式，按照生态文明建设要求，将生态保护与经济发展作为一个整体统筹考虑，建立资源节约型、环境友好型、清洁生产型和循环经济型的发展新模式。具体实践中，应以科学发展观为指导，牢固树立“环境就是资源，生态就是资本”的全新理念，围绕建设省会“生态特区”，制定一系列特殊政策，探索“在保护中发展，在发展中保护”的新路子，集中力量打造济南市乃至山东省生态经济发展的先导区、山区综合保护开发试验区和省会经济发展的重要增长极，真正实现生态功能增强与农民收入增加的良性互动。

(三)制定省会绿色发展战略，进一步调整完善规划体系

中共山东省委、省政府高度重视济南市南部山区问题，并于2001年提出要建成“高标准的生态功能保护区”。我们应树立“南部山区生态功能区是全省的功能区”的理念，科学制定“省会绿色发展战略”，高标准编制区域发展规划，并参照山东省“蓝”“黄”规划进入国家战略的做法，努力使其上升为省级战略，获得省里特殊政策支持。目前，济南市已对功能区历城、市中所辖839平方公里的区域，编制完成了《济南市南部山区保护与发展规划》。根据保护与发展的实际需要，对规划进行细化完善，特别是要加大项目建设用地对生态产业发展的支持力度。同时，加快制定出台总面积为1544平方公里的《泉域生态功能保护区保护与发展规划》和《功能区长清片区保护与发展规划》。还可发挥功能区地处泰山余脉的优势，与泰山一起保护与开发，逐步推进济南绿色都市圈战略，更好地与全省发展相对接。为提高规划水平和加大宣传力度，建议举办一次高层次的主题研讨会，邀请国家有关部委领导、国内外知名学者以及省里的领导和专家，共同研究功能区保护与发展问题，进一步提高认识、开阔思路，为科学决策提供更充分的依据，并营造全省上下关注功能区建设的良好氛围。总体规划确定后，应尽快编制基础设施建设、绿色产业发展、生态旅游发展、环境保护与治理、村镇建设、历史文化保护等相关专项规划。总体规划及各专项规划的编制，应正确处理好保护与发展、当前与长远、局部与整体的关系，并与土地利用总体规划、国民经济和社会发展规划相衔接，确保规划的科学性和有效性，维护规划的统一性和严肃性。为加快工作推进步伐，建议适时召开济南市南部山区生态功能区建设工作会议，研究出台有关政策，全力扶持功能区发展。

(四)完善生态保护措施，构筑省城生态屏障

一是控制城市向南蔓延。明确城市发展“红线”不再向南扩展，着力引导城市“东拓”“西进”，特别是加快“北跨”步伐，参照国内外大城市发展经验，打造黄河两岸生态风貌带，努力推进“以河兴城”，减轻城市向南扩展的压力。探索实施土地最低限价政策，有效控制房地产开发在功能区蔓延。加强规划指导，挖掘存量土地潜力，城镇建设和项目开发尽可能控制在适建区内。严控各类违规占地建设项目，集中清理违法建设，采取“堵”“疏”结合的方式解决乱搭乱建问题。

二是提高产业准入标准。在功能区内划定禁建区、限建区、适建区，出台产业准入和建设项目管理办法，禁止或限制不符合功能区定位的产业发展，明确产业发展方向、布局和重点，明确准入产业与项目的环保标准、投资强度、技术要求、资源综合利用及产业集中度等。建立项目预审机制，对建设项目实行分类管理。加强项目论证和策划,规范投资行为,制止盲目投资和低水平重复建设,提高项目建设和资源开发质量。对新开工和续建项目,实行生态保证金制度。

三是加强生态水系建设。用好用足土地,出让收益10%用于农田水利建设,以水源涵养和生态修复为重点,以大流域为骨干、小流域为单元、大中小型水库为节点,坚持环境综合治理与监督保护并举,积极实施造林绿化、农业面源污染控制、破损山体治理、环境综合治理等生态建设工程,逐步形成主要河流两侧、水源地周边的生态保护带,建立河湖健康、人水和谐的生态水系。同时,借鉴外地经验,在统一规划的基础上,推动水利项目的自我整合、与涉农涉水项目的结合、与生态环境旅游文化的融合,打造几个农田水利连片治理的重点片区,促进农田水利建设与现代农业发展、新农村建设的同步推进。

四是制定保护与发展的地方法规。借鉴外地先进经验,根据功能区发展需要,制定出台保护与建设功能区的地方法规,以地方立法的形式对功能区规划、建设、管理做出明确的规定,并将对功能区生态保护的重要政策措施法制化、规范化,为保护生态环境、制止对功能区的无序开发和破坏等现象提供法律依据。

(五)切实转变发展方式,构建生态经济体系

一是建设一批重点生态项目。加大功能区污水处理、交通、通信、水利等基础设施项目建设力度,积极争取更多的中央和省重点生态项目落户功能区,将引进的一些重大生态型、环保型产业项目优先落户到功能区,增强其自我造血能力和发展后劲。

二是大力发展都市农业。整合各项扶持资金,重点支持规模大、效益好、带动力强的都市农业园区,打造一批特色生态农业产业带。加快特色农产品现代配送体系建设,鼓励各大都市农业园区筹建农产品物流配送中心,在市区开设有机农产品专卖店,为市民提供优质的农产品,促进农业增效、农民增收。深入落实《果业苗木花卉业产业振兴规划》,大力发展经济林,扩大优质干鲜果品种植面积;积极发展林下经济,扶持各类生态环保的林下种植、养殖项目,多渠道增加农民收入。

三是全面提升生态旅游业。借鉴河南省云台山景区发展经验,引导功能区旅游业朝规模化、集约化方向发展,以大型景区为辐射单元,规划建设若干航母级的"旅游综合体",将功能区建成国内外知名的旅游度假区。丰富旅游文化内涵,充分挖掘生态文化、名人文化和民俗文化,推出一批特色鲜明的文化旅游项目。学习借鉴国际上发展乡村旅游的"绿道"模式,建设南部山区旅游休闲绿道,把农村居民点、旅游景点、现代农业生产基地串联起来,促进旅游业率先形成生态旅游、农民就业、宜居城乡的一体化富民惠民功能。大力推动"农家乐"升级改造,制定完善行业标准,形成全市统一规范的服务管理体系。

四是做大做强农业龙头企业。按照“扶优、扶大、扶强”的原则,对有明显优势、市场前景好、带动能力强的龙头企业,加大贷款贴息和专项资金补助力度,培育1～2个国家级龙头企业,带动更多的农户增收致富。针对龙头企业反映强烈的土地瓶颈制约问题,在贯彻国家土地政策的前提下,划出一定区域,建设农产品加工企业基地,推动农产品加工产业集群化发展。创建产学研、农科教相结合的科技创新体系,培养引进一批高层次专业技术人才,提高科技创新能力,加快技术成果转化。着力提升龙头企业精深加工能力,提高农产品加工率和附加值,实现农产品由鲜销向精深加工转变,延伸产业链,真正把农产品“吃干榨净”。

(六)建立健全激励机制,营造建设功能区的良好环境

一是实行考核激励政策。按照生态功能区发展定位,对区域内的乡镇制定专门的绩效考核体系,参考国家生态乡镇标准,弱化GDP、财政收入等经济指标,突出生态保护、富民就业、公共服务、生态友好型产业发展和结构调整方面的指标;并对达到生态建设标准的乡镇给予重点奖励,对长期在山区工作的干部给予更多的关怀和鼓励。探索对村级的激励措施,鼓励引导各村加快生态村建设,特别是大力推广艾家村的经验,打造一批生态文明村。

二是强化财政激励政策。按照科学化、规范化和制度化的要求,设立功能区保护与发展专项资金,充分体现对功能区的倾斜扶持。加大财政转移支付力度,健全基本公共需求保障机制,保障区域公共设施运行和社会公共服务经费。区域内产生的各种税费收入,主要用于功能区建设与发展。优化财政支出结构,提高用于功能区固定资产投资的比重,逐步减少功能区重点生态建设工程区级配套资金,降低公益性设施建设项目的区级配套资金比例并给予优先支持;对各项涉农资金和有关生态保护的资金,进行有效整合,统筹安排使用。

三是制定生态补偿激励政策。针对不能进行开发的禁建区,建立“养山就业”“保水就业”“保洁就业”等生态公益性就业机制,设立护林员、保水员、保洁员等生态就业岗位,直接支持农民增收,激发当地群众保护生态的积极性。将荒山造林列入公共财政,加快生态公益林建设;完善生态林补偿机制,扩大市级生态公益林范围,提高生态补偿标准,尽快启动县级生态公益林机制;对符合退耕还林的坡耕地,参照国家退耕还林有关政策,逐步实行退耕还林,并给予补助。

(七)深化重点领域改革,健全发展保障机制

一是加快核心区域城乡统筹改革。功能区涉及多个区,范围较大,可按照积极稳妥、先行先试的原则,选择核心区域即南部山区历城所辖的仲宫、柳埠、西营三镇率先突破。建议将此三镇作为济南市的统筹城乡改革试验区,参照各地统筹城乡改革的先进经验,允许其在城乡一体化发展方面进行大胆的改革探索。特别是南部山区保护与发展的一些改革措施要首先在核心区域进行试点,为整个功能区发展探索出一条成功的改革路子。

二是推进投融资体制改革。积极探讨建立功能区投融资平台的可行路径，通过政府注资、划拨土地和股权、赋予其特许经营权等手段，成立功能区发展投资公司；或有效整合我市现有投融资平台，将区域内具备经营条件的国有资产及项目划入其中，打造一个集融资、投资、资产管理和资本运营为一体的企业集团，为生态保护和经济发展提供有力的资金支持。投融资平台的运作，应充分利用济南市已与省农发行签署战略合作协议的有利条件，大力争取其贷款支持。

三是探索生态保护机制的市场化改革。对共享生态功能区环境和水资源的工商企业、饭店宾馆、高等院校以及公园景区等企事业单位，在相关税费中提取一定比例作为生态资源维护经费，用于生态建设和环境保护。建立功能区排污权等资源环境权益市场交易机制，对直接向功能区排污的单位高额征收环境治理费。积极探索城市分质供水改革，对饮用水设专门管道供应，并适当调整水费，从中抽取一定比例的资金，申请设立生态补偿基金，用于功能区生态保护。

参考文献

[1]《济南市人民政府关于切实做好一年农村扶贫开发工作的意见》，济政发〔2007〕38 号。

[2]黄承伟：《中国扶贫行动》，五洲传播出版社 2014 年版。

[3]唐丽霞、罗江月、李小云：《精准扶贫机制实施的政策和实践困境》，《贵州社会科学》2015 年第 5 期。

[4]张笑芸、唐燕：《创新扶贫方式，实现精准扶贫》，《资源开发与市场》2014 年第 9 期。

[5]赵武、王姣明：《新常态下“精准扶贫”的包容性创新机制研究》，《中国人口·资源与环境》2015 年第 11 期。

[6]郑瑞强、曹国庆：《基于大数据思维的精准扶贫机制研究》，《贵州社会科学》2015 年第 8 期。

[7]左停：《精准扶贫战略的多层面解读》，《国家治理》2015 年第 36 期。

城市发展

济南城市国际化现状及推进策略研究

石兆宏　等

城市国际化是城市发展的内在要求与趋势。城市国际化历史悠久，但其作为一种主导因素深刻影响到城市发展并因此受到学术界的关注却只有 100 多年的历史。一般认为，城市国际化与国际贸易及新国际劳动分工的出现等因素有关，尤其是全球化的快速推进，更是促使国际劳动分工呈现出新的趋势特征，从而加速了城市国际化和国际城市发展的进程。过去的 100 多年中，城市国际化和国际城市的兴起深刻改变了世界城市体系的格局；同时，也为一部分新兴国家及城市融入国际城市体系、扩展参与国际分工和国际合作的空间提供了重要的通道和平台。最新研究表明，21 世纪以来，发展中国家的世界城市增长迅速，从 2000 年到 2016 年，发展中国家城市进入世界城市榜单的数量从 93 个增加到了 173 个。这些城市对全球化的深度参与，不仅促成了国家的崛起与发展，而且还成为了城市升级转型的重要基石。

济南是近代中国自开商埠、最早推动自主开放的城市之一。近年来，济南着力推进城市对外开放和城市国际化进程，建设现代化、特色化国际大都市成为引领城市发展的重要目标和战略引擎。但是，城市国际化战略的制定和推进必须立足于城市自身的国际化条件及面临的国际化外部环境。如果着眼于全球范围城市国际化的大格局来审视济南的城市国际化进程，济南城市国际化不仅面临着一些现实困难和挑战，而且还有一个如何立足实际、寻求自身定位和战略实施框架的问题。本研究将基于城市国际化的一般理论与实践，对济南城市国际化现状及面临的问题展开分析，并就城市国际化的目标定位与推进策略进行研究。

一、城市国际化的一般理论

城市国际化是城市发展所呈现出来的特定轨迹，其主要方向与成果就是国际城市的形成与发展。城市国际化和国际城市理论经历了一个不断深化和完善的过程,回溯这个理论过程并对其中涉猎的主要问题和研究成果加以梳理,是进一步讨论济南城市国际化现状和未来发展策略的理论前提。

(一)西方城市国际化研究:理论进程与概念界定

1. 理论进程

学术意义上的城市国际化和国际城市发端于西方。近代以来,随着国际贸易在西方国家的展开,城市国际化成为一部分城市转型发展的重要方向。许多城市作为贸易主体逐渐成为全球或地区的贸易中心、金融中心和文化交流中心,并拥有了国际城市的地位和发展特征。进入20世纪下半叶以后,随着跨国公司的崛起和新国际分工的展开,西方一些主要城市进一步成为全球经济运行的控制节点,城市国际化和国际城市也呈现出新的发展特征。基于这些背景,西方学者对城市国际化和国际城市的关注和研究逐步展开,对问题的探究和阐释也日渐清晰。

西方学者研究问题的关注点集中于国际城市(世界城市)本身。总体来看,西方对于世界城市的认识与研究主要经历了四个阶段:一是概念提出阶段。"世界城市"(World City)作为学术用语最早由盖迪斯(Patrick Geddes)于1915年提出,他从经济和商业两方面将"世界城市"描述为在世界商务活动中具有最重要地位的城市。二是概念界定阶段。20世纪60年代,霍尔(Peter Hall)从学术意义上对世界城市进行了系统阐释,从而开启了对世界城市的系统研究。三是推动世界城市研究体系化阶段。20世纪80年代,随着经济全球化的扩展,学者弗里德曼(J. Friedmann)和沃尔夫(G. Wolff)推动了对世界城市理论的扩展研究,他们将世界体系理论、国际劳动分工理论以及都市化和经济全球化理论加以连结,提出了"世界城市"的假设,实现了世界城市研究体系的建构。四是世界城市研究扩展和创新阶段。这一阶段的研究扩展与创新主要体现在两个方面:其一,美国学者萨森(Saskia Sassen)提出了"全球城市"(Global Cities)概念;其二,以拉夫堡大学泰勒(P. J. Taylor)教授为首的研究团队(GaWC,全球化与世界城市研究网络)提出了"世界城市网络"(World City Network)概念。这两个概念的提出,都伴随着对相应理论体系的架构和阐释,推动了世界城市理论的创新与发展。

2. 概念界定

基于上述进程,西方学术界对城市国际化和国际城市的界定也经历了以下几个主要阶段:

(1)霍尔的定义。霍尔将"世界城市"解释为"对世界或大多数国家产生全球性经济、政治、文化控制的大都市",他认为国际城市应具有以下要素特征:主要的政治权力中心,国家的贸易中心,主要银行的所在地和国家金融中心,各类人才聚集的中心,信息汇集和传播的地方,娱乐业成为主要产业部门,作为人口中心并且集中了相当比例的富裕阶层人口。

(2)弗里德曼的解释。在弗里德曼那里,世界城市的形成主要与新国际分工直接相关。他认为国际城市发展主要强调的是金融中心、跨国公司总部所在地、国际性机构的集中地、第三产业的高度增长、世界交通的重要枢纽(尤其指港口与国际航空港)、主要制造业中心(具有国际意义的加工工业等)、城市人口达到一定标准等因素,这些因素也构成了国际城市的评价依据和发展方向。

(3)萨森的定义。萨森的全球城市概念更多地强调了全球城市作为高级生产者服务业最佳场所的意义,认为只有那些有能力生产和出口金融产品以及高度专业化的服务的城市才能成为国际城市。

(4)泰勒教授及其研究团队(GaWC)对世界城市的界定。该团队基于动态视角讨论了城市之间的关系,提出了"世界城市网络"概念,认为"世界城市网络"是由枢纽层、节点层、次节点层的城市相互联结而成的城市网络体系,世界城市是这一网络体系中的"全球服务中心"。这一研究结论打破了以往单纯从等级层次角度对世界城市体系的认定,认为城市之间是一种合作而非竞争关系,国际城市只是这个网络体系的主体;国际城市网络是一个动态网络体系,所有城市都有可能进入国际城市网络。

西方学术界对国际城市的研究一直在不断持续和深化。无论怎样,西方学者透视问题的关注点在于国际城市本身。国际城市的特征和评价标准是怎样的,在全球城市体系中,哪些城市拥有国际城市的赋存特征和地位,这些城市是基于何种机制成为具有国际影响力的节点城市,国际城市背后的发展依托及其与国际城市区域的关系是怎样的,这些问题构成了西方国际城市研究的主线。

(二)国内城市国际化研究:概念梳理与研究推进

国内对城市国际化的研究兴起于 20 世纪 90 年代。研究初期,人们通常将城市国际化与国际城市纳入到同一个分析框架下加以解释。李立勋指出,城市国际化是一种发展过程,在国际化的发展过程中,一些城市逐渐成为了国际型的经济、社会、文化中心,这样的城市我们称其为"国际城市"。张可云提出了一个开放性定义,他指出城市国际化不仅是一个结果,而且还是一个与国际城市逐步接轨的过程,是在经济、政治、文化等领域更多地参与国际交流,进而与世界融为一体的过程。于涛等人认为,"国际化城市"概念可以从静态和动态两个角度去定义。从动态的角度看,国际化城市是指处在国际化进程中的城市,其中处在顶级和高级发展阶段的主要是世界城市、全球城市等;而国际性城市等则是指处在国际化进程中的中级和初级发展阶段的城市。对于国际城市,这里也是基于它与城市国际化的关联来加以透视和界定的。

国内学术界这样一种研究视角,与全球化背景下中国作为后发国家与占据先发优势的西方老牌国际城市的关系模式有关。改革开放以后，国内城市首先是以融入者的姿态面向外部世界和世界城市体系的，这个过程也就是城市国际化的过程。对于国内城市而言，所经历的是由城市国际化而进入国际城市体系的过程，所以研究的视角必然是基于城市国际化过程中对国际城市的关注和研究。

近年来，国内学术界对国际城市本身有了更多关注，形成了一些更加体系化的研究成果。卫玲、戴江伟系统归纳了国际城市的内涵与属性，主要强调了三个方面：一是国际城市必须具有高度的开放性，尤其是国际要素要在城市发展中发挥主要作用。二是国际城市必须是杰出的现代化城市，主要是指经济实力要强大，经济总量能够影响到整个国家的经济走势；基础设施要现代化，包括硬件建设和作为软件设施的城市治理；要实现高度的文明共享，尤其要发挥将现代文明扩散到周边区域、促进区域乃至国家进步的作用。三是国际城市必须具有跨国界的影响力，强调国际城市是国际性经济、文化资源集聚与释放的空间节点，要在跨国界生产活动、贸易、文化传播方面发挥枢纽作用。

（三）城市国际化研究的两个基本问题

城市国际化研究涉及多个层面的问题，其中，有两个问题的讨论对于我们全面认识城市国际化的内涵与走势特征具有重要意义。下面对此进行简要梳理和说明：

1. 城市国际化指标体系研究

学术界对城市国际化和国际城市评价指标的设定，内含了人们对城市国际化和国际城市属性特征的理解。从未来走势上看，不同的评价指标又将会产生不同的引领作用，从而对城市国际化和国际城市建设形成更深层的影响。

20世纪80年代以来，国外关于城市国际化和国际城市的评价指标的研究不断深化和扩展，比较有代表性的评价指标体系有：(1)弗里德曼的世界城市假说对评价指标的设定。该理论主要从以下几个方面对世界城市的内涵和评价指标作了规定：主要的金融中心，跨国公司总部，国际性机构，第三产业的高速增长，重要的制造业中心，主要交通运输节点，城市人口规模等。(2)泰勒教授及其团队(GaWC)对指标体系的界定。泰勒教授基于他的世界城市网络理论，主张应该根据城市人口数量、城市化水平、金融市场、交通基建等13项指标对世界城市进行分级排名。财务、广告、金融和法律等4大产业的跨国企业子公司和分公司的分布情况，是其衡量世界城市所关注的主要因素。(3)伊斯坦布尔世界城市年会对指标体系的界定。该指标体系主要关注和涉及经济发展水平、城市产业结构、基础设施水平、社会开放水平、经济对外交流水平等五个方面的17项指标。(4)伦敦规划委员会世界城市指标体系。其主要的关注点是城市基础设施、国际贸易和投资带来的财富创造力、服务于国际劳动力市场的就业与收入、满足国际文化与社会环境需求的生活质量等 4 项指标。

我国在进入 20 世纪 90 年代之后，学术界也开始就城市国际化及国际城市指标体系展开研究。喻国明(1995)根据其组织参与的一项课题研究，对现代化国际城市评价指标进行梳理，提出可根据年资金融通总量、年人均 GDP、港口吞吐量、外汇市场日交易量、外贸转口额等 5 项“最为关键的指标”和 13 项“基本指标”及 13 项“参考指标”对国际城市进行评价。屠启宇(2009)区分并比较了世界城市指标体系构建的识别性、比较研究性和战略规划性三条路径，提出应当从以“识别”世界城市为导向，转变为以“塑造”世界城市为出发点，进而提出了由目标性指标和路径性指标两个指标群构成，涵盖城市规模、控制力、沟通力、效率、创新、活力、公平、宜居和可持续等 9 个组别的后发世界城市指标体系。代帆、李婧(2011)把指标分为极化指标和扩散指标两类，提出了衡量“世界城市”的指标体系。易斌、于涛、翟国方(2013)从国际化城市的内涵与特征出发，提出应该从经济国际化水平、人才交流国际化水平、文化国际吸引力、政治国际影响力和生态发展水平等 5 个方面来衡量和构建国际城市。

除了这些一般意义上对城市国际化指标体系的研究，部分学者还针对特定区域或特定类型的城市国际化，形成了更具指向意义的国际化评价指标研究。汪欢欢、兰蓓在《中西部城市提升国际化水平路径研究》(2012)中，提出了涉及五大主要特征、19 项具体指标的城市国际化综合评价指标体系，其中，五大特征包括城市经济发展水平、城市产业结构、城市基础设施水平、城市社会开放水平、经济对外交流水平。张可云(2011)在回顾了国内外相关研究之后，就城市国际化评价指标提出了自己的见解和分析框架，并对中国省会城市国际化水平进行比较研究。

总体来看，随着城市国际化的推进，学术界对城市国际化和国际城市评价指标的研究也在不断演进和完善。这些研究，既丰富和细化了对城市国际化和国际城市内涵与结构体系的认识，也为推进城市国际化和国际城市建设提供了重要的框架基础。

2. 城市国际化及国际城市发生机制研究

自霍尔开启了对国际城市的学术性探讨以来，人们在探讨城市国际化和国际城市的基本概念和评价体系的同时，这些讨论也触及到城市国际化与国际城市的发生机制问题。实际上，从霍尔、弗里德曼到萨森和泰勒，各种理论体系的推进体现了人们研究视野的扩展，背后则是对全球化和新国际分工理论的全新解读以及对城市国际化环境与发展机制的全新认识和把握。概括起来看，人们对城市国际化及国际城市发生机制的研究有三个认识阶段十分重要：

一是基于新国际分工理论对世界城市发生机制的解释。霍尔、弗里德曼等学者都是基于这种视角对问题进行解释。尤其是弗里德曼更是基于“核心—边缘”

理论,认为世界城市通常是指处于全球城市体系最高层级的城市,它通过集聚和扩散全球资本来整合和控制全球生产和市场。一个城市在世界城市体系中的位置,直接与它所掌握的全球经济权力有关。在此,弗里德曼把核心—边缘理论与新国际劳动分工理论结合起来,揭示了世界城市的发生机制,由此也就赋予了世界城市以特定的区位内涵,即世界城市总是位于世界体系的核心地带或国际分工中的发达国家。这种分析方法在一定程度上造成了对世界城市体系固化的理解和解释,与世界城市发展的现实并不相符。

二是基于新国际分工背景下的产品价值链分工对世界城市发生机制的解释。波特(Porter,1985)较早就发现了价值链理论。迪肯(Dicken,1991)认为价值链也可以称为"生产系统"。价值链研究中两个最重要的因素是价值链的全球组织和空间布置,最终由其形成网络化的生产系统。武前波、宁越敏(2008)进一步用价值链理论解释国际分工的新动向,认为当前的国际分工已经转向了新国际劳动分工背景下的产品价值链分工。由于跨国公司基于每个生产细节成本最小化的考虑,将生产环节进行全球化布局,这就使得劳动分工的国际化和细节化不仅仅涉及传统老牌的世界城市,也时刻影响着全球化范围内的二级大城市或中小城市。由此,与全球生产网络密切相关的全球价值链分工理论开始成为分析国际城市形成的重要工具,并完成了对国际城市发生机制的全新解释。这一解释契合了泰勒教授及其团队(GaWC)所提出的世界城市网络理论。

三是基于区域和国家环境对国际城市发生机制的全新解释。弗里德曼和萨森对国际城市发生机制的解释,都是主要强调"地方生产系统"的价值和意义。20世纪90年代初,波特在"国家竞争优势"中提出,国家环境仍然对产业环节的竞争力提升具有重大促进作用。据此,武前波、宁越敏(2008)认为,波特通过对企业经济活动研究所揭示出来的国家意义有助于更完整地解释国际城市的形成机制。他们强调,在国际城市的形成过程中,国家仍然起到不可替代的作用,除了城市在国家范围内所拥有的天然条件之外,区位和空间、国家的战略、政策、市场和各种资本资源等都在其中发挥着重大的影响作用。他们系统梳理并勾勒了关于国际城市形成的理论框架,认为国际城市的形成可以从以下几个方面进行解释:(1)地方生产系统是国际城市形成的基础条件。如果缺少该要素条件的支撑,国际城市建设只能属于海市蜃楼。(2)全球生产网络是国际城市形成的外部条件。只有地区经济活动融入全球生产网络,才可能出现全球城市网络中的国际城市。(3)区位是决定一个城市能够成为极少数国际城市的稀缺条件,但这种条件有时也会发生改变,如信息网络技术和城市对外交通设施等都会对城市的区位产生影响。(4)国家仍然是国际城市形成过程中所不能忽略的重要因素,如国家的发展战略、经济体制、政策方针以及市场环境等都与之密切相关。一般来说,以上四个条件是国际城市形成的关键因素，若缺少其中一个都将会对国际城市的形成产生阻碍作用。显然，这是对国际城市发生机制的更完整的描述与说明。

（四）几点认识

综合以上理论进程可以看出，目前学术界围绕城市国际化和国际城市建设已经形成了丰富的研究成果，但是人们对问题的认识并未完全达成一致。无论怎样，基于已有的研究成果，可对城市国际化和国际城市发展形成以下几点认识：

第一，城市国际化是城市发展基于国际贸易和国际分工的出现、尤其是全球化时代的来临所呈现出的基本趋势。由于时代背景以及城市所处的地理环境不同，不同城市国际化的重心和发展水平也有所不同。总体而言，城市国际化一般表现为城市在经济、政治、文化等方面的国际影响力不断扩大、参与国际分工与合作的能力不断提升的过程，其核心是城市功能的国际化。

第二，国际城市是城市国际化的结果。由于城市国际化的主导方向和发展水平不同，国际城市所呈现出来的功能特征以及作为国际城市的等级水平也有所不同。无论怎样，随着全球化的展开，城市正逐渐成为全球化竞争的主体，立足国际化视野来谋划城市发展、推动城市国际化进程已成为一种基本选择。

第三，根据目前对国际城市评价指标的研究，城市国际化及国际化城市建设应主要围绕以下目标展开：(1)形成较大的城市规模和较强的城市综合竞争力；(2)形成较高的经济开放度，并且在国际贸易、文化和科技等方面建立起广泛的国际联系，形成对国际性资源、尤其是对高端优质资源的集聚能力和配置能力；(3)形成较强的国际性服务功能，具备在全球化舞台上充当经济、文化和政治等领域的服务中心或重要节点城市的功能；(4)形成多样性和包容性文化，有开放融合的人文环境；(5)形成现代化的城市基础设施和市政服务系统，交通、通信便利，人居环境优美，科教文卫事业成熟，政府服务高效。

第四，要准确把握城市国际化与世界城市建设的新动向与新趋势，助推城市国际化进程。一是全面领会城市国际化及国际城市的发生机制，立足本地资源禀赋，及时把握参与全球分工以及对接国家战略的各种机遇条件，提升城市国际化水平。二是要着眼于国际城市网络体系和国际城市区域空间来考虑城市国际化布局。这两个不同的透视视角，将有助于向外更好地对接国际城市网络体系，向内更好地完成对国际城市区域空间的资源整合。三是瞄准和依托城市发展新动能，推进城市国际化进程。研究表明，面向 21 世纪中叶，打造升级版的全球城市，必须超越传统思维，将科技创新、文化创意等创新策源能力作为国际城市的核心功能和评价指标。这些新的功能指标也应该成为引领新一轮城市国际化战略实施的重点方向。

二、国内城市国际化实践的主要思路与经验

(一)青岛的国际化之路

青岛是我国首批沿海开放城市,早在20世纪80年代就开启了国际化之路,孕育了一批如海尔、海信、青啤等具备国际化经营经验的企业。30多年来,青岛立足港口城市的资源禀赋,大力发展对外贸易、加工制造业、高新技术产业、现代服务业等,吸引外资外企在青岛落地投产,鼓励本土大型企业"走出去"或对外直接投资,在推动企业经营国际化的同时,青岛的国际影响力逐渐扩大,城市国际化水平显著提高。

1. 实施精准的城市国际化推进战略

为加快推进国际城市建设,近年来青岛市先后制定发布了一系列政策和法规,为青岛的国际化建设规划了具体的实施路径和方法。2016年2月,青岛市发布了《青岛市落实开放发展理念推进国际城市战略实施纲要》,明确了城市国际化的指导思想和目标定位。同年8月,发布了《青岛市国际城市战略指标体系》《青岛市推进实施"国际化+"行动计划(2016~2017)》,对标先进国家(地区),将国际化战略分解为具体工作任务,落地至各政府部门。2018年6月,青岛市又发布了《关于加快形成全面开放新格局的意见》,明确提出青岛城市国际化的目标定位是:全力打造在全球具有重要影响力的国际海洋名城。

(1)发布双年"行动计划"。为了更好地实施国际化战略,青岛市每两年制定一轮"行动计划",这是青岛实施国际城市战略的一大创新。现在《青岛市推进实施"国际化+"行动计划(2016~2017)》已顺利完成并进行了考核,《青岛市推进"国际化+"行动计划(2018~2019)》同步启动,新一轮行动计划任务量增加了一倍,对标也更加精准,将城市的国际竞争力、国际影响力、国际吸引力、国际成长力、国际支撑力5个一级指标中涉及的35个二级指标按照责任分工逐项落实到全市70多个部门(单位)和有关区市的工作中,让青岛建设国际城市战略的目标变得具体有形和清晰可见。

(2)实施对标机制。青岛国际化建设的另一大创新是实施对标机制,"行动计划"的具体任务几乎都要对标国际标准或国际案例,做到高标准、高要求、高规格。为此,青岛市国际城市战略推进委员会对应双年《行动计划》,印发了《青岛市推进实施国际城市战略"国际化+"行动计划对标案例指导手册(2016~2017)》和《青岛市推进实施国际城市战略"国际化+"行动计划对标案例指导手册(2018~2019)》。手册对需要对标学习的国内外先进城市相关案例进行汇编整理,共收集对标典型案例223(91+132)宗,每一宗案例都对应了《行动计划》中涉及对标的相应部分,旨在通过借鉴国际经验,同时结合青岛的本土优势,将蕴含国际元素、体

现国际标准、可以学习参考的典型案例内容进行整理和归纳，探讨青岛建设国际城市的标准和路径。例如，“2018～2019 行动计划”的“2-1-7”项就提出，应对标香港、上海、新加坡等先进标准，加快推进青岛国际消费中心城市建设，建立扩进口与促消费联动机制，实施资本品进口和消费品进口并重发展战略。“2-1-19”项提出，对标美国迈阿密、荷兰阿姆斯特丹、西班牙巴塞罗那、韩国釜山、新加坡等世界知名邮轮母港发展建设模式，应高水平、高标准地规划建设青岛邮轮母港。

(3)实行严格的考核制度。建立国际城市战略考核机制是保障战略实施的题中之义。青岛制定了《青岛市国际城市战略指标体系》《推进实施国际城市战略考核办法》等相关文件，让青岛的国际城市战略推进有章可循。为确保考核的公平性与科学性，青岛市制定“国际城市建设”考核指标时邀请相关领域知名专家及市推进委各专项工作组牵头单位组成考核组。考核组经反复论证确定了包含共性化指标和个性化指标在内的考核内容及计分办法。国际城市建设考核范围包括青岛 10 个区市、8 个经济功能区以及 80 个市直部门(单位)。目前，《青岛市国际城市战略年度评估报告(2016～2017)》已完成。

2. 成立专业战略推进机构

中共青岛市委、市政府高度重视国际城市战略推进工作，全市成立了高规格的市国际城市战略推进委员会，由书记、市长两位主要领导担任主任，市委、市人大、市政府、市政协分管领导任副主任，市政府分管领导兼任办公室主任，市直部门(单位)、各区市政府、经济功能区主要负责同志任成员，有效保障了国际城市战略推进工作在全市各级各部门全面展开。在工作层面建立了“8＋30＋1”推进机制，在推进委员会总体框架下建立了由商务、质监、发改、规划、城管、外事、文明办、政法委、法制办、人社局等部门牵头的 8 个专项工作组，70 多个部门(单位)共同参与的 30 个专业工作小组和 1 个专家咨询委员会秘书处构成的推进工作体系。市国际城市战略专家咨询委员会秘书处确立了年会制度，每年定期在青岛国际啤酒节期间举办专家咨询委员会会议。同时，按照政府购买岗位服务模式创新组建了青岛市国际城市战略推进中心。该中心作为推进委员会办公室执行机构，负责协调推进国际城市战略具体事务。

3. 开展广泛的国际合作

开展国际合作、举办国际展会、承办国际性活动是推动城市国际化的重要途径。2008 年，青岛市成功协办了第 29 届奥运会。以帆船赛事为动力，青岛市建设成立亚洲一流、国际先进的海上运动基地，成就了“帆船之都”的美誉。2018 年，青岛成功举办了上合组织青岛峰会，峰会在新起点上发出了中国方案的《青岛宣言》，也向世界展示了新时代中国的美丽青岛形象。承上合青岛峰会的东风，青岛的各类国际性活动应接不暇。随着 2018 青岛国际 VR 影像周、2018 青岛国际陶瓷艺术展等重量级国际性活动相继在青岛举行,国际会议、高端论坛也纷纷选择在青岛举行,青岛国际会议中心成为了国际人流、信息流、智慧流、资金流的交互地,青岛的国际知名度、影响力和美誉度也在节节攀升。

在国家"一带一路"战略中,青岛市是新亚欧大陆桥经济走廊主要节点城市。根据《关于加快形成全面开放新格局的意见》,青岛将积极对接上海合作组织、"中东欧16+1""东盟10+3"、中日韩自贸区谈判等国家层面多边合作机制平台,深化中英、中美地方经贸合作,拓展与新加坡城市发展全域合作,打造"深化日韩亚太,提升东盟南亚,拓展欧亚大陆,突破西亚非洲"全球经贸合作战略格局,提高青岛对全球经济、政治的辐射影响力。

4. 加强面向国际的基础建设

作为全国首批沿海开放城市,青岛始终走在对外开放的前沿,非常重视城市的基础设施建设、环境建设,注重发展外向型经济,提高城市的综合实力和国际竞争力。

(1)外向型经济是青岛经济发展的亮点。改革开放以来,青岛实行"引进来"和"走出去"双向开放战略,截至目前,全市累计利用外资768.3亿美元,142家世界500强企业在青岛投资272个项目;累计对外投资项目1542个,海尔、海信、青建等优势企业加快全球布局,境外投资总额达295.5亿美元,涉及全球99个国家和地区,累计承揽对外承包工程项目987个,完成营业额270.4亿美元。青岛充分发挥港口城市的优势,与全球215个国家和地区建立了贸易往来,累计实现外贸进出口8881亿美元。青岛还面向全球拓展地方经贸合作,累计跟79个国家和地区缔结经济合作伙伴关系。

(2)建设海陆空联动的交通体系。经济实力奠定了城市建设的基础。青岛市依托多式联运海关监管中心的功能优势,以"跨境发展、物流先导、双园互动、贸易引领、产能合作"为运作模式,构建了"西联中亚欧洲,东接日韩亚太,南通东盟南亚,北达蒙俄大陆"的国际多式联运贸易大通道。在海上,青岛港作为太平洋西海岸重要的国际贸易口岸和海上运输枢纽,稳居世界第七大港。在空中,127条国内航线、19条国际和地区航线让青岛成为国际交通枢纽。在陆地,随着中欧(青岛)班列、中亚班列、中蒙班列等国际班列的开通及线路的延伸,青岛北达俄蒙、南连东盟、东至日韩、西到欧洲的国际物流通道网络逐步形成。

(3)加强国际化人才队伍建设。国际化城市需要国际化人才。近年来,青岛已连续六次入选"外籍人才眼中最具吸引力的城市"。这是由国家外国专家局组织、国内唯一一个完全由外籍专家团队评出的引才引智"中国城市榜",被喻为"城市国际化的风向标"。青岛能够获此美誉得益于青岛在全国率先探索研究外籍雇员制度,青岛鼓励政府机关、事业单位等公共管理机构面向国际招聘、使用海外高层次人才，试点外国人来华“两证合一”等多项改革。同时，青岛还出台了外籍海外高层次人才一次性奖励资助办法，对聘用管理期内获得中国政府“友谊奖”等国家级奖项的外籍人才一次性给予50万元奖励。对引进高层次人才的中介机构和个人，给予最高30万元的引才“红娘”奖。2016年以来，青岛引进外国人才12600人，其中，办理来华工作证件的有7200人。

(4)加强宜居环境建设。青岛的海洋资源丰富，气候适宜，自然环境得天独厚，是国内外著名旅游城市和公认的宜居城市。据2018第十七届全球国家(城市)竞争力分类优势排行榜发布的信息，青岛位居2018中国最具特色旅游城市排行榜和2018中国最具幸福感城市排行榜榜首，2018中国最安全城市排行榜季军。优美的生态环境、优越的生活质量、和谐的社会文明、完善的社会福利体系、良好的社会治安状况让青岛越来越“美丽”，国际影响力和知名度不断攀升。

(二)杭州城市国际化实践：进程与主要思路

杭州是浙江省省会，长江三角洲中心城市之一，国家历史文化名城和重要的风景旅游城市。进入新世纪以后，杭州坚持以城市化带动国际化、以国际化提升城市化，在实施“一带一路”建设、长江经济带发展、长三角城市群规划等国家战略的新背景下，面对人民群众对美好生活的新期盼，特别是面对2016年G20杭州峰会和举办2022年亚运会等重大机遇，全面提升杭州城市综合实力、创新活力、人文魅力和国际影响力，城市国际化不断实现新突破，为建设世界名城打下了坚实基础。

1. 进程：破题“国际化”，统筹谋划，科学推进

杭州市把建设世界名城作为一项不断持续深入的重要举措。从2008年开始，“城市国际化”战略就被列为杭州城市发展“六大战略”之一。2012年杭州又着重提出，将城市国际化作为推动发展的两大主抓手之一；2015年12月，中共杭州市委十一届十次全会指出，“十三五”时期，杭州市要确保继续走在全国重要城市前列，努力建成美丽中国的样本，朝着建设世界名城目标大步迈进。此后，《杭州市加快推进城市国际化行动纲要(2015～2017年)》、《杭州城市总体规划(2001～2020年》(修订版)正式公布。2016年，中共杭州市委发布了《关于全面提升杭州城市国际化水平的若干意见》，完善了全面提升杭州城市国际化水平的顶层设计，提出通过“三步走”实现世界名城目标。由此，从顶层设计，到路径安排，再到指标量化，杭州城市国际化从破题开局一步步走向了科学推进的新阶段。

2. 主要思路

(1)打造具有全球影响力的“互联网+”创新创业中心。杭州市抢抓国家自主创新示范区和跨境电商综合试验区战略平台建设机遇，深入实施创新驱动发展战略，集聚高端要素、培育前沿产业、积极参与国际经济合作，提升杭州的综合实力

和全球影响力。一是拓展国际创新创业载体,以杭州国家自主创新示范区建设为龙头,加快创新创业平台建设。形成了由科创特色小镇、离岸创新创业基地、开放式创业街区和高端众创空间组成的国际化创新创业空间体系。二是构建国际前沿和高端产业集群。落实"互联网+"战略,实施《中国制造2025杭州行动纲要》,抢占全球产业制高点。三是打造国际开放合作高地。巩固和深化杭州跨境电商综试区先行先试优势,推广运用新商业模式,建设全球最优跨境电商生态圈,打造国际网络贸易中心。四是营造国际创新创业生态环境。实施"创新创业新天堂"行动计划,完善政产学研合作机制,支持行业龙头企业联合组建产业研究院,推动科技成果有效转化。

(2)打造国际会议目的地城市。杭州市抢抓举办G20峰会和亚运会的历史性战略机遇,发挥本土会展品牌优势,成为具有世界水准的国际会议举办城市、会展之都、赛事之城。一是打响全球会议目的地品牌。充分发挥杭州成为G20峰会举办城市的带动效应,加强与国际机构和国家部委的合作交流,引进了一批具有世界影响的国际会议、高端论坛项目。二是提升展会国际化水平。完善了以杭州国际博览中心为重点的大型会展场馆布局,创新经营理念和运营机制,提升会展服务水平和配套能力,打造会展创新创业基地。培育了西湖国际博览会、世界休闲博览会、中国国际动漫节等体现杭州特色的本土会展品牌。三是增强国际体育赛事组织能力。按照国际一流水准,举办了2017年全国学生运动会、2018年世界短池游泳锦标赛,正积极筹备2022年亚运会等重大赛事,大大提升了本土赛事品牌的国际知名度。

(3)打造国际重要的旅游休闲中心。杭州市充分发挥旅游品牌优势和历史人文优势,实现高端旅游和商贸消费新突破,实现国际文化交流,成为国际旅游目的地、购物消费新天堂。一是深入推进旅游国际化。依托西湖、西溪湿地、千岛湖、天目山等自然山水资源,挖掘古都古城、大运河等丰厚历史文化资源,打造了一批世界级旅游产品和品牌。二是大力实施旅游全域化。推出了一批旅游特色小镇品牌,着力构建大杭州全域化旅游新格局。三是建设国际消费中心城市。优化商贸业布局,提高延安路商业街国际知名度,运用大数据改造提升传统商贸业态,营造既有国际品牌集聚又有浓郁杭州特色的高品质购物体验环境。

(4)区域性国际物流中心。杭州市对接长三角城市群,打造亚太地区重要国际门户,充分发挥杭州区位条件和综合交通枢纽优势。一是提升交通枢纽国际化水平。推动萧山国际机场扩容提升和功能配套,拓展航空配套服务市场,大力发展临空经济。二是加强与"一带一路"节点城市的铁路骨干支线网衔接,对接中欧国际货运班列。三是深化与宁波舟山港、上海港等战略合作,鼓励企业参与"海上丝绸之路"建设。

(5)形成区域协同发展新格局。杭州市抢抓国家区域发展战略机遇，发挥杭州城市国际化与城乡一体化互动融合的优势，推动城市群和都市圈协同发展、城乡一体化统筹发展。一是主动接轨国家区域发展战略，进一步增强集聚和辐射带动能力。积极参与国家"一带一路"战略，主动融入长江经济带和长三角城市群发展规划，加强重大战略平台和重点专题领域合作，提升杭州在长三角世界级城市群中的能级，提高杭州在全国的城市地位。二是加快杭州都市区和都市圈建设。充分发挥杭州中心城市龙头作用，实现了杭州都市区通勤一体化和公共服务互联互通，使杭州都市区成为全省参与国际国内竞争的尖兵和龙头。三是深入推进城乡一体化。强化市域空间统筹，构建多层次、多中心、网络型城市体系。推动市区一体化发展，促进萧山、余杭、富阳与主城区的深度融合。

(三)广州：建设枢纽型网络城市

1. 进程与目标定位

广州地处珠江入海口，近邻港澳，自古以来就是岭南地区政治、经济与文化的核心，中国对外交流的传统口岸。

自秦汉南越王时期，广州就有已经有发达的对外贸易，南越王墓中曾出土中亚风格的水系和来自非洲的玻璃制品；近代最为著名的岭南画派，就是以吸收西方现代绘画技巧为其特色；至20世纪80年代，广东更是成为全国对外开放的桥头堡，承担了中国经济开放发展试金石的作用。

现代广州，经改革开放40多年建设，已形成更多成熟的中外经济文化交流平台，如广交会历经61年，有着深远的国际影响力。

广州的发展得益于其深植入内心的岭南文化，岭南文化开放、务实、重商、进取。广州处于多种文化的交汇区，更具兼容并包、融汇四海的开放性以及敢为人先、超越传统的进取精神。

广州作为珠江三角洲的中心城市，伴江沿海、得天独厚的地理位置使广州在2000多年前就与东南亚乃至中亚、西方有所交流，至唐宋期间更成为中国对外海上贸易的门户，也铸就了广州人敢于追求实利实惠、重商务实的性格。

广州是我国古代"海上丝绸之路"的起点，也是国家一带一路战略中的重要节点城市。广州借助其发达的经济、完善的产业体系、扎实的基础建设成为粤港澳大湾区的核心；同时，成为全球产业链与物流链中重要的一环。

根据《广州城市国际化发展报告(2017)》，广州作为中国重要的中心城市之一，在世界城市体系中地位不断提升，获得国际范围内的较高评价。目前，建设全球枢纽型网络城市，正成为广州城市国际化的战略目标和发展方向。

2. 措施

(1)提升传统制造业。广州具有良好的工业、产业基础，借改革开放之势，广州抓住了改革开放及全球化的历史机遇，成为中国经济的龙头城市之一，并通过招商引资建立了世界最具规模的传统制造业产业基地集群。时至今日，这依然是广州最具国际竞争力的优秀产业，并对资金、技术、人才产生巨大的吸引力。广东省传统的工业、产业、制造业优势是广州成为国际化城市的基础条件。

(2)推动产业结构升级。在新的形势下，广州仅仅依靠传统制造业的存量优势，已难以满足发展的需要。因此，面对新的国际环境与经济形势，广州开始谋求产业结构的升级。首先，广州通过“纳新”聚集高端资源、要素资源，以科技对传统产业体系进行升级，以思科广州智慧城和通用集团生物产业园为代表的一批高新企业跨国企业项目已显现良好的带动作用，阿里云工业互联网总部也将落户广州。至2016年，广州产业结构的转型升级已初见成效。其次，广州抓住区域产业转型的机遇，借助其作为中心城市的辐射作用，直接引领佛山、韶关、肇庆等形成卫星城市，建立了以高新技术、金融商务服务、电气机械、交通运输、国际贸易为主的10个千亿元级产业集群。借助区域资源整合，广州显现出了国际化现代化巨型城市的特征。

(3)打造现代交通枢纽。广州毗邻港澳，不仅是航运、航空枢纽，而且还是铁路物流枢纽和信息与互联网枢纽。广州的交通系统首先依托广州港为代表的运输枢纽展开。广州港以其航运得天独厚的规模与经济优势，使广州的制造业与世界相连。同时，广州通过发达的物流系统深入内陆，覆盖全国及西部北部内陆国家。广州的航空运输也具有极其明显的枢纽优势，其旅客吞吐量在世界达第16位。与机场航空规模对应的是金融服务业的发展，这进一步成就了广州的国际金融城市地位。广州的交通枢纽作用也得益于国家的战略部署，日前刚通车的珠港澳大桥，进一步稳固了广州作为大湾区中心城市的地位。

(4)加快城市服务升级。2017年以来，广州发布多份计划对基础设施、城市服务、环境交通、旧厂旧村等进行升级改造，着重营造市场化、法治化、国际化的营商环境，全面提升城市能级。目前，广州正推动从依赖土地和低成本劳动力带动的发展阶段，向依靠先进制度、高端投资和创新驱动的发展阶段转型。同时，从一个省的中心城市转向粤港澳大湾区的战略核心并迈向更高层次的全球城市，以此建立起全球资源配置中心的城市地位。数据显示，目前广州的GDP已近2万亿元，广州已从传统的省会中心城市迈向真正意义上的国际化大都市。

3. 启示

(1)推动各个维度均衡发展。广州总体经济实力不断增强，突显出各个维度均衡发展的城市特色，尤其是金融“硬指标”表现突出。广州不断强化作为国际金融中心的城市建设，并力求转变思维方式，强化学习意识，弥补广州金融发展的短板，进一步完善现代金融体系链条，努力塑造高度竞争的市场机制，加快优化配置金融人才环境，大大提升广州市在国际上的影响和辐射力。

(2)建设良好的政府形象。一是处理好政府与媒体的关系。主要体现在：政府宣传与时俱进，积极涉足新媒体，建立网络民主平台；充分发挥传统媒体的调查监督优势，提高公务治理的效率。二是推进政府公务治理的“法治化”。通过搭建公民参与的治理平台等措施，建设负责任的、透明的政府；通过举办各种大型会议和赛事，提升广东的国内和国际形象。

(3)着力打造国际化营商环境。广州践行推动形成全面开放新格局的理念，以建设国际交往中心为目标，不断提高对外开放水平，通过切实的改革开放，国际化营商环境大大改善。

(4)推动全球创新与服务位势的不断提高。广州致力于从依靠低成本土地和劳动力，转向高端投资、创新驱动发展阶段，在全球网络和分工体系中正呈现出全球资源配置中心的功能和价值。

三、济南城市国际化现状分析

加快城市国际化进程，是济南的战略选择，也是全面打造对外开放新高地战略背景下济南面临的一项紧迫任务。要推进城市国际化战略的深入实施，首先必须对城市国际化现状进行分析和研判。

(一)分析框架和评估体系

目前，学术界围绕城市国际化与国际城市评价，已形成若干研究成果和指标体系。但是国际城市所处的发展阶段不同，它们所属的功能类型不同，与此相适应的分析框架也将有所不同。在此，我们首先对国际城市的类型进行梳理，以此对国际城市分析框架和济南城市国际化评价指标进行把握。

1. 国际城市分类

研究表明，国际城市首先有发展时序和阶段的不同，并因此被划分为先发国际城市和后发国际城市。早期西方学者所关注的世界城市，往往都是基于国际贸易和国际劳动分工等市场因素所形成的，是“自然发育”的结果。弗里德曼正是基于这些早期城市的历史实践，提出了世界城市假说，并认为世界城市只诞生在世界体系中的核心和半边缘国家。但之后的实践表明，世界城市不仅可以发生在上述所谓世界体系的核心地区，而且还在其他的边缘地带逐渐发育和形成。有学者进一步对纽约、东京和首尔进行比较，认为世界城市的崛起存在某些差异性，这种差异性主要源自于城市所在社会的文化和政治传统，由此提出世界城市建设模式上的两个主要类型：主要强化国际化因素和依靠市场力量的“自然发育模式”和主要依托国家崛起因素和依靠政府力量的“规划推动模式”。这里对不同发展模式的总结，也就解释了在所谓世界体系核心之外世界城市崛起的可能性和实现路径。而在世界体系核心之外边缘地带所出现的世界城市,发展时序上必然晚于早期基于第一种模式所发展起来的世界城市。这些城市,学术界将其称为"后发国际城市",依托国家崛起因素和依靠政府力量的"规划推动模式",通常是这些后发世界城市的生成机制和发展路径。

根据国际城市功能担当上的完整性与侧重点的不同,还可以将其划分为综合型国际城市和特色功能型国际城市等不同类型。综合型国际城市往往在功能上较为完整,这些城市通常在经济、政治、文化、社会等各个方面都呈现出作为国家或区域首位城市的属性特征。东京、伦敦、巴黎等都属于这种类型,这些城市不仅拥有本国500强企业总部的50%以上,而且其政治功能、文化创新与交流功能也居于首位。另一类属于特色功能型国际城市,这些城市的国际化功能通常有所侧重,比如,纽约、法兰克福、米兰、蒙特利尔等都是公认的侧重经济的世界城市,柏林和罗马则是侧重文化、政治的世界城市。

2. 分析坐标

根据上述对国际城市的分类分析,可以就城市国际化和国际城市评价形成一个基本的分析框架,即从城市国际化和国际城市发展的阶段特征以及国际城市的功能特征两个角度出发,借助纵向的时间轴和横向的功能轴,建立起相应的分析坐标,以此对不同发展阶段和功能类型的国际城市进行科学评估。

3. 主要指标

根据上述分析框架,同时考虑到数据获取和比对的可行性,主要选取以下指标对问题展开分析:

(1)城市经济基础与开放水平。经济职能是国际化城市的基本职能。按照GaWC(全球化与世界城市研究网络)对世界城市分级排名的原则,真正意义上的国际城市必须在经济职能上表现为对全球市场和资源的管理和控制能力、对产业链上下游的支配能力、对国际要素和国际市场的占有能力等。即使是准世界城市,也应该在产业构造以及与世界的经济联系方面具备一定的基础条件。为此,区位条件优越、城市经济实力雄厚、具备广泛腹地,从而能够吸引大型跨国公司总部、区域总部或分支机构并成为这些机构的所在地,通常是衡量城市经济国际化水平的重要依据。具体涉及以下指标:地区生产总值,人均生产总值,第三产业增加值占GDP比重,全球500强公司或国内大公司总部、区域总部或分支机构入驻数量,实际利用外资总额,进出口总额等。其中,前三项指标反映了城市经济国际化的内生性基础因素,后三项指标是反映对外经济联系的指标。

(2)城市国际影响力和国际吸引力。城市国际影响力和国际吸引力是反映城市国际化水平的外显因素,可以通过以下几个指标加以评估:一是缔结友好城市数量。城市国际影响力首先体现在它的政治影响力方面。高层级的国际城市通常是大使馆、领事馆和大型国际组织所在地，这些机构不仅承担着国际政治交往的功能，而且还是实现和反映城市政治影响力的重要载体。一般城市则主要通过友好城市关系等渠道，建立与其他国际城市的友好往来，因此，缔结友好城市数量也就被视作衡量城市对外政治影响力的有效指标。二是国际组织总部落户、与国际组织联系和承办高级别国际会议情况。这项指标主要反映城市参与国际事务和对外文化交流的情况。高层级的国际城市往往有全球性官方国际组织总部落户，一般国际城市则主要是通过建立与国际组织的联系以及承办高级别国际会议来实现对国际事务的参与，从而提高对外交往能力和国际影响力。因此，举办大型国际会议和展览的数量都是体现城市对外交流和国际影响力的重要指标。三是国际航线开通情况。国际航线开通数量反映了城市内外资源流动的国际联通性，它同时也是增强城市国际影响力和国际吸引力渠道支撑。

(3)城市创新和文化交流能力。城市创新和文化交流能力是城市参与国际分工的基础条件，也是反映城市国际化水平的重要指标。城市创新和文化交流能力可通过多个系列的指标来衡量和体现，主要包括：一是研发投入占 GDP 的比重。全社会研究与试验发展(R&D)经费支出占 GDP 的比重，是国际上通用的用来反映研发投入强度的指标。该指标反映了城市的科技创新水平。在国际城市发展越来越趋向创新驱动导向的背景下，该指标更是作为城市核心竞争力的支撑因素，成为反映城市国际化可持续发展能力的重要指标。二是文化产业增加值占 GDP 的比重。这项指标既反映了城市的文化软实力，也在新经济时代来临的大背景下影响到城市的产业升级以及参与国际分工的能力和程度。三是举办具有国际影响力的文化节会情况。这是反映城市国际文化艺术交流水平的指标，也将影响到城市的国际影响力和国际吸引力。多年来，上海国际艺术节等重大艺术节就极大地提升了城市的国际影响力。四是国际游客年接待规模和旅游外汇收入情况。这既是反映城市旅游文化和城市形象影响力的因素，也是体现城市对外交流容量的一项指标。

(4)城市国际化支撑力。城市国际化需要一系列基础条件予以支撑，包括城市生态环境条件、城市公共服务设施条件等，这些因素构成了城市国际化的基础支撑力。具体来说，国际化支撑力可通过以下指标来加以衡量：一是城市人均公园绿地面积。这项指标主要是反映城市的生态环境状况。优良的生态环境，既是城市实现可持续发展的重要基础，也是城市以绿色生态理念和发展环境对接全球化进程的基本前提。二是城市拥有医院、卫生院的床位数及每万人拥有的床位数。该指标是反映城市医疗卫生条件的基础数据。医疗卫生作为基础公共服务的主要体现，其配置水平也是反映城市环境是否宜居的重要方面，并由此成为衡量城市国际化基础环境的重要指标。三是国际学校建设情况。一个城市建设国际学校的进程与数量,直接反映了城市教育环境的国际化水平,这同时也是反映城市国际化基础环境的一项重要指标。目前,国内许多城市都将建设国际学校作为推进城市国际化的重要举措来抓,部分城市更是在学校布局数量和教学规模不断扩大的同时,面向外籍人士子女推进教育服务升级,为城市国际化的深入展开提供了重要环境支撑。

(二)济南城市国际化现状描述与分析

按照2017年4月GaWC发布的世界城市排名,济南市目前已步入"准世界城市"行列,在国内省会城市(直辖市除外)中排第9位。那么,济南城市国际化的各项指标究竟处在什么水平上?与同类城市相比,济南城市国际化的优势和面临的问题与不足是什么?根据上述分析坐标与框架,我们引入国内15个副省级城市中部分省会城市的相关数据,对济南与这些城市的国际化水平进行比较,形成对济南城市国际化现状的描述与分析。

1. 城市经济基础与开放水平

一是地区生产总值和人均GDP水平。这是衡量经济发展的基础指标,也是城市国际化的基础条件,是衡量城市国际化水平的基础经济指标。2017年济南市实现地区生产总值7202亿元,在10个省会城市中排第7名,人均GDP为90999元,在10个省会城市中排第5名(见表1)。

二是第三产业占GDP的比重及金融业增加值的增长水平。这是衡量城市产业结构优化水平的重要指标,也是全球化时代城市参与国际分工的基础条件。2017年济南市第三产业占比为58.9%,在10个省会城市中排第4名,总体占比水平较高(见表1)。金融服务业是济南市的优势产业,也是济南强化省会担当、提升城市首位度的重要突破口。2014年,济南市金融业增加值超越青岛,自此以后,济南市金融业增加值一直居全省首位,其作为区域金融中心的作用和价值日益显现出来(见图1)。但是,如果站在更大区间上与其他省会城市相比,济南市金融业的发展并无优势可言。2017年济南市金融业增加值为776.01亿元,同比增长4.7%,而武汉、广州、杭州等城市当年金融业增加值都在1000亿元以上,广州金融业增加值更是高达1998.76亿元,同比增长8.6%。金融服务业是当今城市参与国际分工的重要方向和领域,作为深刻影响经济国际化的指标,济南金融业的发展状况显然还不容乐观。

三是吸引和利用外资情况。这是更直接反映城市对外经开放度与经济合作水平的一项指标。这一方面,济南市的状况多年来一直差强人意。2017年济南市实际利用外资额为18.8亿美元,在10个副省级省会城市中排第8名;进出口总额708.1亿元,排名第9(见表1)。这两项指标的排名,不仅落后于广州、杭州、武汉、成都等发达省会城市,而且还落后于经济总量与济南相当的西安等城市。

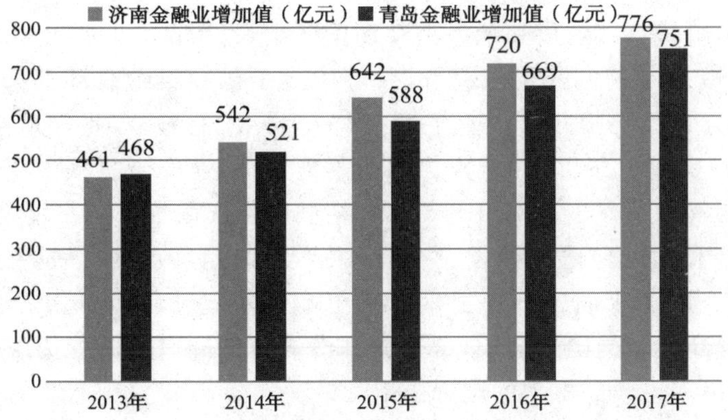

图 1　2013～2017 年济南与青岛金融业增加值增长情况比较

表 1　　2017 年省会城市基础竞争力和经济开放度比较

序号	城市	GDP(亿元)	人均 GDP(元)	第三产业占 GDP 比重(%)	进出口总额(亿元)	实际利用外资额(亿美元)
1	沈阳	5865.0	66893	56.41	867.6	10.1
2	长春	6530.0	79434	45.20	952.5	14.0
3	哈尔滨	6355.0	63445	57.59	226.3	34.4
4	南京	11715.1	127264	58.39	4143.0	36.7
5	杭州	12556.2	124286	60.89	5085.1	66.1
6	西安	7469.9	71357	61.17	2545.4	53.1
7	武汉	13410.3	111469	52.84	1936.2	96.5
8	广州	21503.2	141933	69.35	9714.4	62.9
9	成都	13889.4	76960	53.11	3941.8	62.0
10	济南	7202.0（排名第 7）	90999（排名第 5）	58.90（排名第 4）	708.1（排名第 9）	18.8（排名第 8）

资料来源：济南市统计局：《济南统计手册(2017)》。

2. 城市国际吸引力和国际影响力

城市国际影响力和国际吸引力是衡量城市国际化进展与成就的显性指标。我们主要通过以下指标对济南的情况进行比较分析：

一是缔结友好城市情况。这项指标反映了城市的对外交流能力和政治影响力。数据显示，截至 2017 年，济南共缔结友好城市 23 个、友好合作城市 38 个。缔结友好城市在 10 个省会城市中排第 7 位。

二是国际组织总部落户和承办高级别国际会议情况。目前，中国在总体上还缺少官方的、有分量的国际组织总部，仅有的 7 个国际组织总部都分布于北京和上海；中国承办高级别国际会议也主要安排在北京、上海、广州等地。但是，2016 年 G20 峰会在杭州举办，2018 年上合峰会落地青岛，意味着更多城市已开始介入高级别国际会议的承办。济南市近年来对举办国际会议给予了高度重视，2017 年先后组织了市长国际经济咨询委员会首届年会、国际泉水城市联盟沙龙、中德中小企业合作大会、第十届中日韩卫生部长会等对外交流活动和会议，但尚未真正引入和承办过高级别的国际会议，这表明济南参与国际事务的能力和水平都十分有限，也难以呈现出较高水平的国际影响力。

三是国际航线开通情况。近年来，济南在这一方面的推进力度较大，目前机场通航城市 82 个，其中，国际航线 15 条，地区航线 2 条。但与国内其他几个省会城市相比，仍处于较低水平上（见表 2）。

表 2　　2017 年省会城市国际地区航线、旅客吞吐量

序号	城市	国际地区航线（条）	旅客吞吐量（万人次）
1	南京	27	2582
2	杭州	39	3557
3	西安	32	4186
4	武汉	26	2313
5	成都	61	4808
6	济南	17	1432

3. 城市创新和文化交流能力

一是城市创新情况。在研发投入占 GDP 的比重方面，2017 年济南市 R&D 经费投入 156.7 亿元，占 GDP 比重为 2.4%，较 2016 年提升了 0.22 个百分点。但与其他城市相比，济南的投入水平仍显不足。数据显示，2017 年武汉、杭州、天津等城市研发投入占 GDP 的比重都在 3%之上，深圳的比值更是达到 4.1%。如果考虑到 GDP 基数的巨大差异，济南的差距更为明显。

表 3 中几个省会城市的创新各有优势，其中，济南市在专利授权和发明专利授权方面都具有优势，但在技术转化方面明显不足。这表明济南的技术创新成果转化和落地方面还有大量的工作需要研究和落实。

表 3　　2017 年省会城市科技创新环境比较

序号	城市	技术合同成交总额(亿元)	专利授权(件)	发明专利授权(件)	普通高校数(所)
1	南京	284.75	32073	10723	53
2	长春	212.80	8190	2607	40
3	西安	809.00	25042	7902	63
4	沈阳	217.54	9891	3373	47
5	济南	85.20	17330	5043	42

二是文化产业增加值占 GDP 的比重。2016 年,济南市文化产业增加值为 255.04 亿元,占 GDP 比重为 3.85%。而同期国家统计局公布的数据是,2016 年全国文化产业增加值为 30785 亿元,占 GDP 的比重为 4.14%,济南市文化产业增加值占 GDP 的比重低于全国平均水平。

三是举办具有国际影响力的文化节会情况。济南市近年来十分重视城市文化节会的举办,通过举办济南泉水节、国际泉水冬泳节等主题节会,大大扩展了济南的“朋友圈”,城市知名度和国际影响力不断提高。但总体来看,济南的文化节会始终没有在国际上产生广泛的影响力,也就很难对城市的对外文化交流以及城市国际吸引力的提升产生更有力的作用和影响。济南是山东省省会,也是重要的历史文化名城,拥有独具特色的泉水文化资源,可塑造独具影响力的文化品牌和文化形象,以此建立和拓宽文化交流通道,形成自己的国际影响力。在这一方面,济南需要展开和提升的空间还很大。

4. 城市国际化基础支撑力

我们主要就城市公共绿地分布、城市医疗资源分布和国际学校分布等方面进行比较,以此探讨济南国际化的基础支撑力。

一是城市公共绿地分布水平。在 10 个省会城市中,济南市每万人占有公共绿地 25.18 公顷,排名第 6 位。但就人均拥有绿地的实际面积来看,济南与排名在前的广州、南京等城市相比差距明显,需要花大力气改善生态环境、提升环境支撑力。

二是城市拥有医院、卫生院床位数及每万人拥有床位数。济南市每万人拥有医院、卫生院床位数是 75.08 张,在 10 城市中排第 5 名(见表 4),这说明在公共医疗资源配置方面济南的条件尚可。但济南市在国际医院、国际门诊建设方面相对滞后,至今并无真正意义上的国际医院投入建设和使用,这是推进国际化需要正视的一个问题。

表 4　　2017 年省会城市基础设施环境比较

序号	城市	医院、卫生院床位数(张)	每万人拥有床位数(张/万人)	每万人拥有公共绿地(公顷/万人)
1	沈阳	61894	84.32	/
2	长春	47129	62.59	24.68
3	哈尔滨	71181	73.99	14.34
4	南京	45195	68.17	138.27
5	杭州	64557	74.13	46.48
6	西安	53008	64.25	25.39
7	武汉	78896	94.60	27.84
8	广州	80767	92.84	166.12
9	成都	121383	86.77	22.22
10	济南	47524（排名第 8）	75.08（排名第 5）	25.18（排名第 6）

济南市统计局:《济南统计手册(2017)》。

三是国际学校建设情况。济南市在建设国际学校方面一直处于滞后状态,直至 2017 年才实现了零的突破,正式启动了以服务外籍人士子女教育为主的两所国际学校的建设进程。很明显,济南市面向外籍人士的基础服务环境还存有若干不足,需要尽快予以建设和完善。

(三)济南城市国际化面临的问题与挑战

上述分析表明,济南城市发展和国际化进程已经取得了一些初步的成效,在金融业发展、城市创新、基础医疗服务配套及生态环境建设等方面,都已为城市国际化的深入展开奠定了初步的要素条件。但济南城市国际化也面临许多问题和挑战,主要包括:

1. 经济国际化整体水平不高,存在明显短板

表 1 显示,在 10 个副省级省会城市中,济南地区生产总值排第 7 名,GDP 总量不仅远远低于广东、浙江、江苏这些发达省份的省会,而且还在过去一年里为西安所超越。

近年来,济南市金融业发展在省内一直稳居领先位置。但是,如果站在更大区间上与其他省会城市相比,济南市金融业的发展并无优势可言。2017 年济南市金融业增加值为 776.01 亿元,同比增长 4.7%,而当年武汉、广州、杭州等城市金融业增加值都在 1000 亿元以上,广州金融业增加值更是高达 1998.76 亿元,同比

增长 8.6%。金融业是产业链的核心，对上下游产业具有绝对支配能力。金融业增加值占 GDP 比重则直接反映了城市的经济结构水平，同时，也成为国际城市区别于一般城市的重要标志。上述数据表明，济南市金融业的发展状况，无论是现有的发展规模和增长幅度，还是其业已形成的结构及蕴含的产业上升空间，都难以担当起在经济国际化方面的先导和战略核心作用。

实际利用外资总额从投资层面上反映了城市经济的外向度，即城市对国际资本吸引力的强弱。进出口总额则反映了城市经济活动的开放性，大规模资源、产品与服务的进出口，是国际化城市形成的必要条件。在这一方面，济南市的指标水平在 10 个城市中排名靠后，表明济南经济国际化的短板十分明显，城市经济的外向度和开放性是济南推进城市国际化需要重点突破的方向。

2. 对外交流平台渠道匮乏，缺少高端平台支撑

尽管济南市在友城建设方面一直有所成就，城市层面的国际性会议活动也在逐步展开，但总体来看，对外交流的渠道和平台都十分匮乏，更是缺少真正意义上的高端平台支撑。我们可以比照广州，对济南的情况进行简要的说明。资料显示，2017 年广州共举办《财富》全球论坛、从都国际论坛、广州国际创新节、全球治理高层政策论坛等 47 场国际会议和展会，这些会议涉及经贸、金融、城市创新、国际旅游等各个领域，主办和参与主体则涉及诸多国际组织，有的以国家层面的对外交往为背景。2018 年 9 月，被誉为全球民航界“奥运会”和“世博会”的世界航线发展大会在广州举行。大会吸引了来自全球 115 个国家的 300 多家航空公司、700 多家机场管理机构、130 多家政府及旅游机构参加。此次会议举办，不仅促进了业界的交流，而且还极大地拓展了广州的对外交流渠道、提升了广州的对外影响力和国际吸引力。显然，济南的对外交流平台与渠道建设都还处在起步阶段，无论是国际会议、对外交流活动的组织与参与，还是在经贸、旅游、文化交流等方面所建立的联系渠道，不仅在领域和区域范围上狭促，而且还缺少高层次平台支撑。必须正视这些差距和不足，依托国家战略、政府和民间交往渠道，积极对接和融入国际组织和大型国际活动，拓展和提升对外联系的通道和平台。

3. 创新投入和创新成果转化尚有不足，城市国际化缺少创新要素支撑

创新是发展的根本动力。研究表明，2008 年金融危机以来，各国之间的竞争已经从产业和资本竞争逐渐转向创新竞争，通过科技创新、文化创意形成新的增长驱动力，成为谋求新一轮竞争优势的根本支撑。由此，世界城市理论也开始由传统的单纯注重金融控制和企业总部因素，转向对创新因素的关注。一些居于顶端的国际城市，像纽约、伦敦和东京等，更是从过去争夺全球经济流量转向对创新优势的塑造，以实现从全球财富中心、资本中心向全球科技创新中心的转变。

济南在城市创新方面拥有自身的优势。表3显示，济南市的专利授权和发明专利授权，在省会城市中排名均有好的表现，大学教育与科技资源也较为丰富。但是，济南市的科技投入却极为有限，科技成果转化也处在较低水平上，这就表明济南市在创新环境建设方面仍然有不尽如人意之处。在创新成为国际城市发展重要支撑的背景下，济南应该认真审视目前的问题和不足，打破城市创新的制约因素，发挥自身优势，完成创新型国际城市建设的战略转型。

4. 基础设施环境存有不足，国际化基础支撑力有待提升

一是直接面向外籍人士的服务环境不足。国际学校和国际医院等服务载体建设滞后，国际社区建设也存在功能配套滞后等问题。二是对外联通载体配套不足。近年来，济南在建设对外联通载体方面取得了一些新成效，包括中欧班列开通运行、国际邮件互换局兼交换站正式启用等。但航空港建设及其运力水平仍然存在明显不足和局限性，表2表明，济南市的国际（地区）航线十分短缺，运力更是十分有限。空港载体是体现城市对外交流水平及国际化影响力的指标，也是反映城市国际化基础支撑能力的一项指标。加强这方面的建设，将是济南城市国际化面临的一项紧迫任务。

四、济南城市国际化的目标定位与推进策略

（一）目标定位

1. 目标定位的三个背景依据

（1）立足城市国际化的全球背景对国际化目标进行界定，推进与城市国际化最新趋势相契合的城市国际化战略

过去100多年，城市国际化的发生机制和国际城市的发展趋势一直处在不断变动中。尤其是进入20世纪60年代以后，国际化的发生机制不断演化，从制造业的全球布局，到服务业的升级与主导，再到互联网经济的全面铺开，这些变动意味着全球化和国际分工内涵的改变，国际城市的发生机制、发展模式以及整体发展格局由此也发生了改变。一方面，更多城市依托在新经济领域的快速崛起中获得了参与国际分工的资格，从而融入到国际城市网络体系中；另一方面，基于城市国际化多元机制的形成，国际城市的关系格局和网络体系也在发生变化，国际城市体系越来越多地呈现出泰勒所描述的动态网络体系特征。这些背景与趋势特征，直接为新兴国家和城市打开了融入国际城市体系的契机与空间。

（2）立足国家战略和区域发展格局对国际化目标进行界定，推进与外部环境相契合的城市国际化战略

城市国际化与国际城市研究极重要的方面是对国际城市发展依托的探讨，其涉及的核心问题在于：国际城市究竟是依托单纯的城市空间获得了国际化的资

本，还是需要依托一个区域乃至更大的国家地域空间来获得发展支撑。西方部分学者主张应该着眼于国际城市区域来考量国际城市的生态环境。例如，霍尔认为全球城市区域的扩展，在空间联系上超越了城市本体，区域内以世界城市为核心的城市节点之间的经济、文化、政治联系较与其他地区的联系更为紧密。武前波和宁越敏等人的研究表明，国际城市形成的主导力量来自于地方生产系统和全球生产网络，但区位与国家仍然构成了国际城市形成的外部环境。显然，对城市国际化目标的研究和界定，必须立足国家战略和区域发展战略的总体要求和布局安排，对城市国际化的外部环境进行研判，推进与外部环境相适应的城市国际化战略。

(3)立足城市自身的赋存条件和国际化基础，对城市国际化目标进行个性化选择

无论是弗里德曼等学者基于国际劳动分工的视角将世界城市看作是城市自身显示出的突变性特征，还是以泰勒、斯科特等人强调应该从世界城市网络和全球城市区域的角度来理解国际城市的成因和发展过程以及城市本身的赋存特征和国际化基础条件，都是研究城市国际化的基本出发点和重要依据。国内许多城市对国际化战略的选择都体现了这样一种视角和选择机制。青岛市推进城市国际化战略，强调要在加强与亚太地区主要国际城市广泛合作的基础上，强化东亚地区国际贸易中心城市建设基础，逐步实现建设国际海洋名城的基本目标。这里对城市国际化的目标定位，就是基于对城市自身的赋存条件和国际化基础所进行的个性化选择。显然，研究和制定城市国际化目标的另一个基本视角就是对城市自身个性化条件的把握。城市对国际化目标的界定，必须立足城市自身的赋存条件和国际化基础，并且能够挖掘和突出城市的个性化资源优势，使国际化目标定位不仅能够为国际城市建设寻找到特定的方向和突破口，从而实现国际化收益的最大化，而且还能够借助独特的目标定位及其隐含的对地方生产系统的塑造，彰显出城市在国际劳动分工以及国际城市网络体系中的独特价值，为城市赢得更有利的国际化环境。

2. 目标定位的透视视角和基本框架

借鉴学术界关于国际城市分级与分层研究的思路与方法，我们对济南城市国际化目标的分析和研判，将着眼于三个层面的透视视角并按照以下分析框架展开：

一是基于时间视角，对济南城市国际化与国际城市建设的阶段特征进行把握。根据目前的研究框架，济南属于后发国际城市中国际化进程起步较晚、水平较低的城市。定位济南城市国际化目标，这是首先需要正视的一个背景条件。

二是基于功能视角，对济南城市国际化与国际城市建设所谋求的功能方向进

行把握。如前所述，国际城市在大的分类上有综合型和特色功能型两种不同类型。其中，综合型国际城市往往表现出作为国家或区域首位城市的属性特征。济南是山东省省会和区域性中心城市，城市国际化和国际城市建设，所以应着眼于综合功能性国际城市的方向来展开。

三是基于网络关系视角，对济南将要在国际城市网络体系中所要谋求的地位和外部区域网络进行把握。泰勒教授的研究表明，世界城市是借助一个网络体系而存在的，“世界城市网络”由枢纽层、节点层、次节点层等不同层级的城市相互联结组成。在其团队（GaWC，全球化与世界城市研究网络）于 2017 年 4 月发布的世界城市排名中，济南市列为“准世界城市”。显然，这种网络架构以及济南在其中的地位、所呈现出的外部区域关系网络，都是研究济南城市国际化目标的重要参照。

3. 目标定位

基于上述背景因素和分析框架，我们对济南城市国际化和国际城市建设的目标定位（见图 2）有以下考虑和设想：

把握国际城市发展的最新趋势和格局特征，依托并整合国家战略资源与国际城市区域资源，立足省会城市和区域中心城市的综合功能，着眼于打造山东经济龙头、央企和跨国公司北方总部基地、环渤海大湾区重要增长极等城市目标，全力提升经济竞争力、创新发展力、环境吸引力和基础支撑力，推动城市国际化和国际城市建设对标升级，建设引领齐鲁、与北京和上海两大国际城市区域有机呼应的国际化节点城市。这一目标定位内含了三个层次的考虑：

一是对目标定位的背景依据的考虑。主要包括：国际城市发展的最新趋势和格局特征，与城市国际化相关的外部资源环境，济南城市发展的功能定位和最新目标方向等。这些因素都是城市国际化和国际城市建设目标定位的基本出发点。

二是对城市国际化支撑层目标的考虑。主要强调了四个方面，即以经济国际化为内核的经济竞争力、以创新要素集聚和创新能力提升为内核的创新发展力、以自然生态和社会生态优化为内核的环境吸引力、以基础设施和公共服务升级为内核的基础支撑力。

三是对城市国际化核心目标的考虑。强调要在全力推进对标升级、提高济南国际城市层级地位的基础上，建设引领齐鲁、与北京和上海两大国际城市区域有机呼应的国际节点城市。这里对核心目标的构想，对应了城市国际化目标定位的分析框架，是对这种框架逻辑的体现。

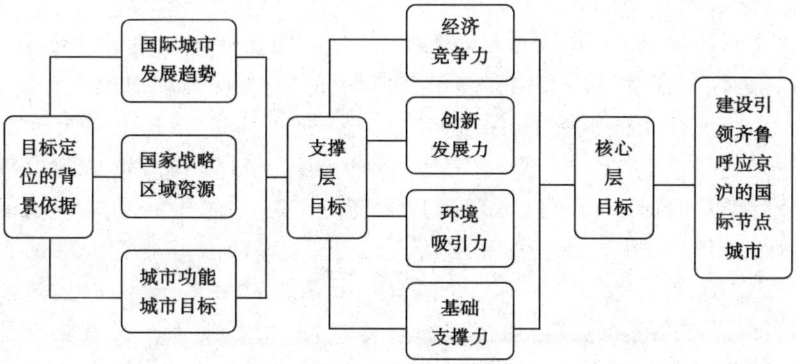

图 2　济南城市国际化目标定位:技术路线和目标分层

(二)推进策略

根据济南城市国际化的发展现状,同时考虑到城市国际化的全球趋势、济南面临的国际城市区域环境以及目前城市发展呈现出的新动态和新要求,今后一个时期,济南城市国际化应首先把握以下几个方面的推进策略:

1. 加快经济国际化进程,筑牢城市国际化经济基础

经济国际化是城市国际化全面展开的基础。济南应把握国际城市发展的新动态和新格局,抓住当前济南经济社会发展面临的新机遇,发挥主要优势领域的战略引领和支撑作用,着力解决某些短板领域存在的问题,推进城市经济向现代开放型体系转型,夯实城市国际化的经济基础。

一是加快服务业的转型升级。服务业既是构成现代城市经济体系的重要支柱,也是对接经济国际化的前沿和主导领域。近年来,济南服务业增加值占 GDP 的比重一直处于较高水平,但服务业发展也存在明显的结构性欠缺,不仅生产性服务业发展滞后,而且在金融服务、商务会展、文化创意、互联网技术应用服务等领域也存在明显的占位不足。因此,应针对这种结构性欠缺,加快现代新兴服务业的培育和升级,以更优化的产业结构和经济形态推进服务业的现代化转型。

二是持续深入地推进制造业转型升级。传统制造业曾经是支撑济南经济的支柱产业,但是如果着眼于国际城市发展的最新趋势和济南参与国际分工的现实需要,目前济南的制造业的架构与水平还难以具备广泛参与国际分工的能力。从全球经济发展的趋势来看,以高端智能制造升级传统制造业是城市产业升级的主导方向,也是经济国际化的核心内容之一。济南应把握这些新的趋势方向,推动智能制造创新平台和公共服务平台建设,完善智能制造体系,全面提升城市的智能制造水平,强化济南作为国内领先智能制造基地的对外影响力,提升济南作为地方生产系统在全球生产网络中的地位。

三是着力推动开放型经济体系建设。应以更积极的政策配套和更优良的政务环境与营商环境，服务开放型经济建设。要强化招商引资的政策引导力度，着力引进大项目、大企业总部及世界前沿技术的落地，实现招商引资的根本性突破。要立足济南经济转型的新要求，深入研究对外贸易转型升级的突破方向和实现路径，提升对外贸易整体水平。要抓住“一带一路”、中日韩自由贸易建设等重大机遇，推进区域对外合作的新突破，包括探索与“一带一路”沿线国家和地区的经贸及工程承包合作，推进与日本及韩国在尖端产业、现代服务业等领域的合作。要着眼于打造山东经济龙头、央企和跨国公司北方总部基地、环渤海大湾区重要增长极等目标要求和战略机遇，加快区域合作进程，增强济南在区域要素配置和国际城市区域分工中的战略节点作用，全面提升济南在国际城市网络中的价值与地位。

2. 加快对外交流平台建设，提高城市国际影响力

一是利用友城渠道和海外工作平台，扩大海外朋友圈及外围互动网络。借助友城互访、高层会商等形式，宣传济南形象，传达对外合作诚意，拓展对外交流合作的空间与渠道。同时，积极拓展海外合作伙伴城市工作平台和工作机制，扩大招商合作和城市营销网络。

二是积极争取企业总部和分支机构、国际组织总部和地区代表处以及高级别国际会议落户济南。要利用已有的渠道平台，研究企业总部和国际组织总部落户的规律和新动向，把握国际会议组织的信息渠道和组织模式，积极融入大型国际组织，争取国际会议和展览的承办权，提高济南的国际影响力。

3. 加大创新支持力度，夯实城市国际化创新活力基础

济南拥有独特的科技创新优势。前不久，全国量子计算与测量标准化技术委员会（筹）揭牌暨济南量子技术研究院新址启用，而此前济南已经将量子科技发展列入十大千亿元产业振兴计划，量子产业正成为济南把“山东经济龙头扬起来”的重要支撑。然而济南的科技创新还面临着一系列结构性问题，必须加大对科技创新的支持力度，强化创新对城市国际化的支撑作用。

一是加强对科技创新的资金和政策支持力度。要完善政策设计，以更有利的政策安排引导全社会加大对研发的投入力度。要进一步优化研发投入结构，引导现有的公共性研发资源向技术研发领域倾斜，着力解决创新成果转化难、落地难的问题，推动科技研发、技术创新与产业升级的结合，为经济转型升级提供创新动力。

二是发挥济南区域创新中心的战略枢纽作用，提高济南作为区域创新中心的国际化影响力。要发挥在创新平台建设方面的优势，整合并充分利用区域基础研发资源，全面释放区域科研机构在技术创新方面的潜力以及对区域产业转型的支撑作用。要积极整合区域创新资源，促进区域协同创新，在重大技术攻关、公共服

务平台、科技服务体系等领域，开拓合作渠道，强化济南作为区域创新中心的战略枢纽作用，增强城市创新对济南城市国际化的支撑作用。

4. 加强城市环境建设，提升城市国际化基础支撑力

一是加强生态环境建设。城市文化本色是形成城市国际化吸引力的重要基础。在倡导绿色发展的今天，特色生态文化更是对于打造优良的生态文化环境、增强国际城市的吸引力和影响力意义重大。特色泉水是济南的文化个性，也是济南独有的生态文化系统。济南应立足泉水与泉城的生态优势，着力推动以老城区为轴心的特色泉水国际形象标志区建设。同时，全面推动“山、泉、湖、河、城”城市生态体系的规划和建设，以济南独特的生态文化体系提高城市环境的国际影响力。

二是尽快推动服务外籍人士的环境建设与优化。要加快推动国际学校和国际医院等服务载体的建设以及国际社区的功能完善和环境优化等。

三是加强对外联通载体建设。要加快推动航空港扩容和功能升级，全面增强空港运力水平。要全面加强空港服务软件建设，提高行政效率，逐步建立和完善政府业务审批、国际贸易、航运服务等“一站式”通关服务，实现空港运力软扩容。

5. 建立现代化制度体系，强化城市国际化制度支撑

建立现代化制度体系是全面对接国际化要求的制度基础。济南应着眼于城市国际化要求，推进现代化制度体系建设，以更强劲的制度活力支持城市国际化战略实施。

一是完善现代经济制度，以更加自主开放的制度安排激发城市的创造性。要进一步理顺政府与市场的关系，发挥市场在资源配置中的决定性作用，以更加开放、有序的制度体系，提高资源配置的公平性和整体绩效；要加快构建有利于创新创业的体制机制，依靠科技创新激发城市活力，提高创新成果转化对城市经济转型的贡献率和支撑力。

二是完善行政管理制度，建立公平、公正、亲民、高效的现代行政体系。要深化行政执法体制改革，建立权责分明、高效负责的行政体系；要大力推行“互联网＋政务服务”，为企业和社会提供更加便利高效的行政环境；要进一步推动政务公开，以公开透明的行政运行，保障政府行政的公平、公正。

三是完善基层治理制度，以多元主体参与推进城市治理的现代化转型。市民社会的形成以及多元主体对城市治理的参与，是城市文化现代化的体现，彰显了一个城市对现代文明、对多元文化的包容精神，这同时也是城市文化国际化的体现，是一个城市拥抱世界的文化基础。应着眼于城市治理创新，引导、鼓励和支持社会各方面参与城市治理，形成政府治理与社会自我调节及居民自治的良性互动机制，为城市国际化提供更优良的社会治理环境。

四是完善引才引进和使用制度，以更优良的制度设计聚集人才资源，支持城市国际化战略的深入实施。要加大力度改革人才引进及使用制度，最大限度地吸引人才，激发人才创新创业活力，推动以创新为引领的城市国际化战略实施。要形成更精准的制度设计和推进计划，吸引海外高层次人才，为城市创新发展及对外交流合作提供人才支撑。

（课题组成员：石兆宏、张桂兰、张霖、姚衍琛）

参考文献

[1]屠启宇主编：《国际城市发展报告（2018）》，社会科学文献出版社2018年版。

[2]尹涛主编：《广州城市国际化发展报告（2018）》，社会科学文献出版社2018年版。

[3]代帆、李婧：《衡量“世界城市”的指标体系构建》，《管理学刊》2011年第1期。

[4]李立勋：《城市国际化与国际城市》，《城市问题》1994年第4期。

[5]罗震东、何鹤鸣：《全球城市区域中的小城镇发展特征与趋势研究——以长江三角洲为例》，《城市规划》2013年第1期。

[6]宁越敏：《未来30年世界城市体系发展趋势与上海的地位和作用》，《科学发展》2015年第3期。

[7]苏宁：《世界城市理论综述与启示》，《上海商学院学报》2010年第2期。

[8]屠启宇：《超越传统思维，打造全球城市2.0版》，《解放日报》2018年2月4日。

[9]屠启宇：《世界城市指标体系研究的路径取向与方法拓》，《上海经济研究》2009年第6期。

[10]卫玲、戴江伟：《丝绸之路经济带背景下西安迈向国际城市的路径选择》，《西北大学学报》（哲学社会科学版）2015年第4期。

[11]武前波、宁越敏：《国际城市理论分析与中国的国际城市建设》，《南京社会科学》2008年第7期。

[12]于涛、徐素、杨钦宇：《国际化城市解读：概念、理论与研究进展》，《规划师》2011年第2期。

[13]喻国明：《建设现代化国际城市的基本指标体系及操作空间——来自青岛市建设现代化国际城市“特尔斐法”研究的报告》，《城市问题》1995年第1期。

[14]张可云等:《中国省会城市国际化水平比较研究》,《地域研究与开发》2011年第4期。

[15]周振华:《全球城市区域:全球城市发展的地域空间基础》,《天津社会科学》2007年第1期。

济南城市发展进程、北跨经营主体与政府推动绩效

崔　巍　等

济南城市发展要在理解城市建设进程的同时，把握城市发展的规律，明确城市的基本内涵和功能，规划定位后的发展策略，按照城市聚集效益、规模效益和可持续发展要求，合理布局、规模发展，全面改善软硬环境。

济南城市政府要在城市经营中更好地发挥作用，就需要树立先进的经营理念，以先进理念作指导才能正确理解、科学地把握城市经营的内涵，才能组织和实施城市经营。城市政府在城市经营中处于规划、领导、指挥、协调的地位，必须积极运用法律规范、政策导向和经济杠杆来高效有序地组织开展城市经营。要系统认识并突出城市资源特色，根据社会经济增长现状选准突破点，采取适合城市实际情况的方式来进行操作。经营城市的基本思路是发挥政府在经营城市中的作用，消除体制障碍创新运行机制。

一、城市演化中的济南现状、发展趋势与北跨策略

城市建设进程中的途径和模式不同，城市建设进程、特点、作用和结果也会不同。济南城市建设的总体思路应是从国情出发，在充分合理利用资源和社会经济条件的基础上，走多元的城市建设道路，逐步建成以大城市为中心，中小城市为基础，比例协调、布局合理、多层次发展的城市体系，实现城乡结合、工农结合，以推动社会经济持续稳定发展。

(一)城市建设发展的趋势、济南现状以及北跨制约因素

第一，城市与区域协调发展将促使城市建设进入快速发展时期。通过城市群、城市带、城市极以及都市圈的规划发展，城市发展已经与区域社会经济形成密切联系；在做大做强城市的同时，通过城市的发展带动区域的联动，已经成为加速推进城市建设的共识。此情形下，城市政府先后在制定城市建设的近期、中期、远

期发展目标中将城市与区域协调发展作为重要内容。

城市建设发展的规律表明，当城市建设率超过 30%后，城市建设的发展速度进入加速状态，并出现城市与区域同步发展的趋势。虽然中国近几年城市建设率指标提高表明这一规律正在发挥作用，但是要实现大量农业劳动力向城市非农产业的转化仍是中国城市建设进程中的最大挑战。

2020 年，中国的城市建设率将达到 60%左右，意味着城市建设率每年需提高约 1.5 个百分点，而城市建设水平每提高一个百分点，就意味着有 1500 万农村人口转移到城市。如此庞大的人口转移，必然依靠城市与区域协调发展来解决。

第二，城市功能的综合发展与专业特色辩证发展。城市功能的综合与专业辩证发展已经成为中国城市发展的必然选择。因此，发掘城市的优势与潜力，认识不足，明确发展方向，找准城市功能定位，处理好综合与专业的关系，将是今后中国城市建设发展的主流趋势。目前，全国性、区域性大城市向综合大都市发展的势头日益加快，同时中小城市政府也都在修编新的城市规划，明确各自的功能定位。

综合目标定位是社会、经济、政治和文化的综合，也是各组成部分内部要素的综合，如经济方面的高新技术产业、现代制造业、重化工工业等的综合，文化方面旅游观光、消费休闲、科技教育等的综合；专业目标定位是突出综合因素中的某类或几类，突出具有比较优势或专业程度高的门类。

第三，城市建设中以人为本理念将得到深化贯彻。以人为本将成为今后城市规划建设中的一个重要标准和目标，人本、人性的规划建设将更强调城市环境，体现人文关怀。城市作为一种提供生存交流活动的场所，只有对应了人的行为才更具有意义，因此人性与人本的中国古代传统理念回归将成为必然。

反思前段时间各城市盲目建大广场、大草坪等贪大求洋的所谓政绩形象工程的弊端，必须调整城市建设的指导思想，重新将人文关怀作为城市建设与改造的原则。

第四，城市的地域化文化、自然个性特色将被突出。通过发掘保护城市的文化脉络与自然景观，打造城市特色品牌成为经营城市的重要手段，也是对过去城市特色模糊、发展模式雷同的理性反思。文化脉络与自然景观使不同城市呈现地域文化特色，古城古道、山城水乡皆可上升为城市的灵魂，并为城市发展带来可观的社会经济效益。

因此，在城市的更新改造过程中，为恢复和保留城市的文脉而做出的各种努力都将得到应有的回报，并且也已经成为提高城市竞争力的重要手段。

第五，城市环境向生态园林方向发展。提高城市环境实现可持续发展已成为城市发展的共同目标。城市生态园林既是对以往忽视生态环境建设、破坏生存环境的补偿修复,又是基于对人类发展的前瞻性主动行为。加快城市建设进程中没有理由再重蹈发达国家先破坏后建设的覆辙。

目前,城市政府都已经开始自觉将城市环境建设作为重要工作,用于环境治理、污染控制、生态文明建设方面的投入不断上升,并且持久的努力已有丰厚的回报。

第六,城市资源利用的集约效益更加显现。集约经营是城市是经营城市的基本前提和重要内容。追求多元城市发展目标的过程中,城市政府将在土地等资源开发经营中,从粗放型向集约型转化;城市基础设施建设以及公共设施建设都将在认真考虑投入与产出效益的前提下予以实施。提高城市开发建设的集约效益将是城市发展的趋势特征。

城市用地长期以来以粗放的外延扩展扩大范围为特征。20 世纪 90 年代的 10 年间中国城市用地规模平均扩展 50%,个别超过 200%。历史数据是城市用地与人口比为 1.12∶1,中国高达 2.29∶1。因此,城市建设经营过程中以最少的土地容纳更多的人口是一项艰巨任务。

第七,城市建设资源配置将更加强调市场与公开。市场经济强调的是资源的市场公开配置,并在未来的城市规划与建设中体现出公平与公正的理念。市场配置资源作为城市演化发展的必然趋势,将不可避免地贯彻到城市开发与城市保护、城市土地、环境等资源分配中。因此,城市资源配置将越来越透明,采取公众展示参与以及市场调节与政府管治相结合的公开手段,杜绝暗箱操作及由此而产生的腐败行为。

第八,城市空间扩展的集中与分散将有机结合。城市建设与逆城市建设是世界城市发展过程中的两种趋势,在城市空间结构与形态上是集中与分散相互交织的过程。快速建设的过程中,集中程度越来越高,而分散要求也越来越强烈,两种力量在不同时空表现出不同的强弱对比,因此城市空间集中发展还是分散发展成为城市空间发展中两种思想争论的焦点。

城市建设达到一定水平后将不可避免地出现逆城市建设的空间分散现象,同时城市中心区的集中程度将加剧,对于各个城市选择什么样的空间扩展模式可以作为一个课题来研究。是否必须重复发达国家城市建设与逆城市建设过程中城市空间演化集中与分散经历,需要根据中国的国情,避免空间过度集中与过度分散。

解决集中与分散发展的矛盾将使中国的城市政府在今后更加理性地对待城市空间发展的规律,并自觉地利用这一规律合理确定城市空间的有序涨落,使城市空间扩展的集中与分散有机结合。

随着城市建设的发展,其社会经济效应日益显现,城市建设进程中的带动作用逐渐增强，城市建设步伐加快综合功能日益显现，特别是随着城市基础设施的完善，城市承载能力逐步提高，交通、通信状况普遍改善。城市的聚集能力也进一步提高，对二、三产业的支撑程度提升，聚集效应使产业结构在调整中不断完善。城市环境有所改善，绿化覆盖率上升，生产生活污水处理率、垃圾无害化处理率提高。

城市居民生活水平随着城市经济增长、收入增加生活水平提高，消费结构也不断改善升级，特别是城市居民人均住房使用面积不断扩大。城市社会事业更是稳步发展，各类教育发展最快，社会保险趋于完善。

目前，中国城市建设已发展到城市加速发展阶段，并且一改缓慢状态而取得长足进展。但是，中国城市建设发展中还存在许多显性的问题：一是城市建设发展与产业发展水平不相协调。城市建设滞后于工业发展，制约了产业的协调发展，影响工业经济聚集优势的发挥和规模效益的提高，阻碍农业产业发展的进程，导致产业结构升级缓慢，制约经济增长质量和效益的提高。二是城市体系结构不尽合理。大中城市数量少，中心城市的聚集和幅射功能弱，县级城市数量结构失调；小城市数量多、规模小、布局散、水平低，县域首位镇和中心镇地位不突出，虽然有城市的外形，但城市的内涵不足。三是区域城市建设率差距大，发展极不平衡。与社会经济增长水平相一致，沿海相对发展，西部相对落后，既有历史原因又有现实原因。四是城市功能分工布局不合理。缺乏区域总体规划的协调指导，城市间产业趋同，横向联系松散，各自优势难以发挥。城市内部职能分工也不合理，城市规划不严肃，城区布局混乱，建设水平低，交通住宅紧张，城市功能难以发挥。五是城市建设发展的社会质量不高。中小城市医疗卫生条件差，科技教育滞后，环境脏乱。城市管理理念、水平更是与社会发展不相适应。六是城市建设道路依然不畅。受行政区划、财政、土地等因素制约，城乡分割的二元结构还没有明显改善，农村人口转变为城市人口的渠道依然狭窄。七是随着人口聚集的提高，就业压力不断增大。产业聚集带动农村人口向城市转移，城市就业压力加大，而目前非农产业就业比重与城市建设比率为1.5∶1，表明城市建设发展严重滞后于非农化，二者的协调程度有待进一步改善。

城市建设发展水平滞后，阻碍中国的社会经济增长，造成人口结构、资源占用和收入分配结构不合理，就业结构与产值结构不对称，加大产业重组的难度，限制了第三产业的发展。由于第三产业不发展，产业在其结构推移过程中吸收农业剩余劳动力的能力被削弱，使农民的就业领域得不到充分扩展，经济增长的潜力也得不到充分释放。

所有制约因素的深层原因是经济基础、体制问题、政策制定和城市发展策略的选择。生产力的发展是社会经济结构演变的根本原因，也是城市产生和发展的动力。经济是城市发展的基础,工业的聚集和发展水平的提高是推进城市建设的主要动力,而第三产业的发展能进一步促进城市经济的发展、推动城市建设进程。而中国现实的产业发展水平决定中国的城市建设水平不可能在短期内达到较高水准,也不可能普遍达到发达国家的水准。

市场程度不高也是制约中国城市建设发展发育程度的重要因素。劳动、土地、人才、资本、科技等要素市场发展缓慢,使城市市场比较集中的配置资源的功能得不到发挥,也就制约了城市的发展。城市发展政策方面中国在较长时期内采取了限制城市发展和限制农村劳动力转移的政策,并且至今还没有完全消除,促进产业与城市互动局面的政策至今未形成。城市发展策略关系内部各条件的作用未得到充分发挥,许多城市至今未踏上符合实际的路径。

(二)推进济南经济及城市北跨建设的总体战略与路径

城市建设路径是城市建设进程中的途径和模式,路径不同,城市建设进程、特点、作用和结果也不同。总体思路应是从国情出发,在充分、合理地利用资源和社会经济条件的基础上,走多元的城市建设道路,逐步建成以大城市为中心,中小城市为基础,比例协调、布局合理、多层次的城市体系,实现城乡结合、工农结合,以此推动社会经济持续、稳定发展。总体而言,大城市在规模经济范围内可继续发展;中等城市在充分考虑具体条件的情况下发展;小城市要积极建设发展,就地吸收农业剩余劳动力。

城市建设的发展没有统一的皆适用的模式,中国地区发展不平衡,自然资源分布不均衡,经济发展水平及城市建设水平千差万别,所以不可能采取单一的城市建设机制和形式去解决城市建设问题,城市建设发展道路必须是多渠道、多途径的。就具体城市发展而言,必须走适合各地特点的城市建设道路,必须从实际出发,因地制宜,这才是城市建设发展的现实选择。

就具有普遍意义的共性的大的路径而言,加快培育城市体系中的城市群、城市带和城市极是必然选择。城市群是以特大型多功能城市为城市极、大中型城市环绕发展、生产生活互补的地理城市概念。城市群与城市圈是两个不同的概念,比如,京津唐城市群包括北京城市圈、天津城市圈、唐山城市圈,城市圈各有自己的特点。城市带也是地理城市概念,即大中型城市呈带状分布排列。城市带与带状城市不同,带状城市仅指单个城市,且城市带状建设不利于城市功能的发挥。城市极一般为城市群中的核心城市,或城市带中的两端城市。

目前,中国已经形成三大城市群,即珠三角城市群、长三角城市群、京津唐城市群。三大城市群中,珠三角城市群最为成熟,长三角城市群其次,因为珠三角城市群产业结构调整升级比长三角城市群快半拍,资源整合协调比长三角城市群的整合有效率,地缘上与港澳、东南亚经济合作更趋明朗,但发展潜力不及珠三角城市群。而京津唐地区经济基础较差，商业活动密度较低，发展潜力居第三位。

城市带主要是沿海、沿江、沿线城市带，包括环渤海城市带、沿黄海城市带、沿东海城市带、沿南海城市带、长江城市带、黄河城市带、京广京九沿线、沿陇海线、哈长沈大沿线等。城市带所连接的城市相互之间的经济分工关系不及城市群密切。

珠三角城市群中广州为城市极，长三角城市群中上海为城市极，京津唐城市群中北京为城市极，城市极是辐射极。

城市群、城市带与城市极中，城市极作用最大。充分发挥城市极的产业、技术等扩散功能，可以实现以“极”带“群”、以“极”带“带”。突出城市极在城市体系的中心地位，培育强有力的经济核心，通过构建卫星城来形成城市群，或在城市带中形成产业分工，就可实现优势互补，强化城市群、带间的联系，扩大产业规模带动区域经济增长。

然而，仅促进全国范围第一层次的城市群、城市带与城市极的发展，还不能够推动城市建设的全面发展。比如，上海提升城市功能以打造世界第六大都市圈，就算已经实现了这一目标，对全国的城市建设也起不了多大作用。

区域性中心城市是中国实现城市建设的中坚力量。城市作为区域中心是一定地域内社会经济要素的聚集体。城市与区域相互依存，彼此推动。区域性中心城市是商品流通、交通运输、金融服务、信息交流、科教文化的中心，对区域发展起带动作用。区域可根据历史、地理、社会、经济或行政关系划分，也可按数种或综合因素划分，在中国区域往往是按照行政关系划分。

既然城市是社会经济要素的聚集体，那么按照行政划分也是客观存在的，所以全国范围的第二层次的城市自然就是省会城市，区域界限就是省的边界，虽然在市场经济条件下这一边界显得模糊。省会城市一般都是具有社会、经济、政治和文化等综合功能的城市。省会城市作为省际中心城市需要提高综合聚集和辐射功能。

全国范围的第三层次的城市是地区级城市，具体的社会、经济、政治和文化等功能侧重点不同，需要根据地区资源及要素条件提高聚集和辐射功能。发展地区级城市已经成为有效推进中国城市建设进程的现实选择。

发挥区域性中心城市的作用需要突破现有行政区划，通过城市形态的调整解决区域性中心城市发展所需要的空间，进而完善中心城市功能。随着市场经济体制的完善和通信、交通的便利，中间管理层次的简化、撤并成为客观现实。但是，这已不是城市建设所能解决的问题。现在的问题是完善区域性中心城市功能，进一步提升中心城市作用，寻求城市竞争的优势互补，推动中心城市的健康发展和中国城市建设进程。

二、济南北跨的经营主体、规划、政府行为与杠杆运用

社会经济增长和科学技术进步不断推进城市的发展,也不断推动着人对城市的认识,而对未来城市的想象构成了城市规划观念。虽然过去不同历史时期的规划观念有所不同,但是总的来看都比较朴素,在自觉或不自觉中指导着城市建设实践。城市建设进程就农村人口不断转为城市人口的过程。人口向城市转移,不仅需要农业劳动生产率提高而提供剩余产品和剩余劳动力,而且还需要非农产业提供就业岗位,也需要城市的发展提供空间和设施,包括城市住房、交通、通信、供水、能源供应等基础设施和按照一定功能分布的空间结构体系。而目前的中国城市状况是供给不足,城市的服务能力、吸纳能力和扩散能力太弱。为此,就要强化城市功能,推进城市服务体系和城市设施的建设。

(一)济南北跨黄河的意识、规划功能与弊病问题的克服

1. 城市规划意识的发展变化与现实情况

虽然过去不同历史时期规划观念有所不同,但是总的看都比较朴素,在自觉或不自觉中指导着城市建设实践。中国奴隶制时期的都城规划特点是以宫城为中心,"面朝后市";唐长安城改为"面市后朝";宋朝出现的"街巷制"适应当时生产力发展水平,经过元、明、清一直沿袭到近代。这既说明城市生产力发展使"街巷制"形制得到保存,又说明中国始终没有跨越手工商品经济阶段。

欧洲中世纪是一段漫长而接近停滞的历史时期,城市规模很小且房屋密集、街道狭窄,以贵族庄园或城堡为中心,充满神权意识。产业革命促进生产力解放,资本主义生产方式带来空前的工业发展和人口聚集,新型的城市规划观念随之产生。先是"田园城市",后是"工业城"规划。直到1933年,《雅典宪章》明确提出城市的四大功能——居住、工作、游憩、交通,并提出有"计划"与有"秩序"发展城市的原则。

规划方法上引入新观念,摒弃形式主义及图案式手法,注重功能布局的合理性,出现大批著名的规划,如1929年《纽约地区规划》、1935年《莫斯科总图》、1944年《大伦敦规划》、1948年《哥本哈根规划》等。规划制订了适合城市功能发展的长期合理的方案,并坚信按照规划的控制和秩序去实施,就能解决城市问题。当然事实并非完全如此。

综观现代城市规划理论与实践,20世纪是是规划观念发生转化的时期。几千年来的传统观念经过理想主义和空想阶段,进入到适应现代科学技术发展的新时期。

第二次世界大战后,新的科技成就广泛运用,第三产业兴起,生活水平提高,城市规划与社会经济因素结合更加密切,从城市如何促进区域经济的发展与合理

布局，到城市如何解决人口就业、如何发展新区、如何保持旧城繁荣等问题；对城市结构和功能的多样化认识也越来越深化，越来越综合考虑生活、就业、文化、娱乐等问题，开始研究如何适应人的需要；也愈来愈重视保护历史文脉、自然环境和人文景观，并明确提出要优化城市生态、社会和物质环境。

微观上，普遍把城市设计及建筑设计看作规划的一部分，追求建筑、城市、园林的统一，重视社区的概念创造以及良好的社区结构和宜人的面貌、气氛等。

最为重要的是对城市规划方法的重新认识，不把规划看作是城市终极状态，把城市的发展视作一种连续不断的过程，提倡市民参与各种关系的协调，提倡规划为全体市民服务。在方法论方面，引进控制论、系统论、信息论和各种数学方法以及计算机技术，预测社会经济的发展，对方案进行分析和优化。把定性和定量分析结合起来，使动态规划成为可能。

中国城市规划观念的演变。关于城市规划观念，中国先是从苏联引进整套规划理论和方法，如住房平均主义、福利设施、以大型工业为建设基础、重生产布局、轻生活分区等，然而这些早已不适应中国的现实。社会经济变革加速人口集聚，尤其在沿海地带发展更为迅猛，出现了很多新的增长因素和需求，各种城市间和城市内部出现新的不平衡性。变革背景下，城市功能向多重性发展，进而引发城市规划的多重性。

经济转型的发展引起城市经济功能多元化。工业虽然仍是多数城市的主要产业，但是商业、贸易、金融、信息、运输、旅游等快速发展，增添了城市的经济功能，要求城市规划与之相适应，在一定程度上改变了城市的布局结构。

社会阶层的多层次要求在规划中得以呈现。市场机制作用下，人的收入出现分化，住宅高、中、低档的层次差别成为必然，所以社区的标准不同，设施项目也就不可能一致。

2. 城市规划功能与规范作用的发挥

城市规划宏观上涉及社会、经济、政治和文化等领域，微观上关系各行企业、家庭，是社会经济发展、绿色生态可持续发展的城市基础。目前，城市建设和发展的速度很快，给城市规划提出许多新的问题。这就要求城市规划机构必须研究新矛盾、新问题，在宏观上做好城市空间布局发展的研究和多层次规划编制，微观上做好城市建设和市容整治项目实施的规划引导和服务保障。

城市规划是城市建设的基础性规范，具有全局性、政策性、综合性、超前性，就其作用而言是城市健康、有序发展的保障。科学编制规划，可为完善城市的功能、引导城市的产业布局、改善城市环境、推动实现城市建设目标打下基础，是政府引导城市发展、调控城市产业结构、制定和实现城市社会经济增长目标的手段。

忽视规划或因城市规划本身不合理而造成的浪费是最大的浪费，这种浪费有时是无法挽回的，所以必须使城市政府乃至整个城市社会形成共识。

城市建设是实现城市经济增长的基础，而城市规划又是城市建设的基础。城市建设进程中要处理好社会、经济、环境三大效益的关系，而城市规划是前提和基础性工作。规划一旦成熟完善，必须严格按规划执行，不得随意变更。

要解决好规划经费的投入问题、组织机构问题、人员充实问题以及机构联动和统一协调问题，实现规划管理体制的科学运作。

城市政府要在编修完善城市体系策略布局总体规划的基础上抓详细规划的设计。体系规划、总体规划是策略性、全局性、整体性规划，而总体规划意图的实现离不开详细规划。详细规划是城市建设的具体依据，而制定出详细规划就要严格执行，凡是未编制、审批详细规划的区域一律停止或暂缓建设。

城市规划一经审批就具有法律效力，不得随便变更，杜绝“规划跟着领导走，领导跟着投资商走”的现象。加大查处违章违法力度，维护规划的严肃性。加大监督政府及机构的力度，并建立健全社会监督机制，开设违法违章的举报系统。

3. 中国城市规划体制与方法改革

过去中国城市规划的基本方法是设计方法，然后在空间地域上进行布局。近几年开始依据城市功能运用分析、预测和论证方法，目标是从整体上解决城市社会、经济和环境效益的统一。而具体项目仍然用设计方法来解决，是一种多专业、多项目的综合设计，更具有设计的性质，实质上是创造良好的物质形体环境。但是，随着房地产开发等经营活动的活跃，片面追求经济效益、着重短期行为的趋向有所发展，所以当前更需要严格的整体规划管理。

第一，重视观念的更新演变。规划意识必须与建设环境优美、管理完善、社会化的现代城市相符合，在事物变化中树立辩证规划观，认识到没有完美无缺的规划，也不必全盘否定或抛弃过去所有的规划原则、阶段、程序和做法，可以保留至今仍然适用的东西，但是必须不断地改革和更新已经与形势不相适应的东西。

规划应该对影响城市发展内容、形式、方向的各种因素进行深入分析，为规划注入新的观点和内容，引入新的方法和手段。既要抛弃规划一成不变论而赋予规划以弹性和灵活性，又应强调经过批准的规划的严肃性。

第二，健全城市规划体系。城市都有自己的规划体系，这是进行城市建设经营的基础，包括规划法规体系、规划行政体系和规划运作体系。随着城市在社会经济增长中的作用日益突出，城市发展中的矛盾和问题也会日益突出，所以要求城市规划体系健全制度和功能、机构增强管理，将城市真正建成高度文明、发达的社会、经济和文化发展中心。

为此，必须确立以市场为导向、以规划立法为规范手段、以实现城市规划编制的程序化和民主化为目标。

第三，防止规划改制中出现新问题。中国城市规划编制体系经历了一个逐渐发展和变迁的过程，目前规划编制体系仍不能适应新形势。城市规划新框架的建构，必须为城市的发展提供长远、全局性的策略蓝图，对于不同规模、类别、发展阶段的城市要区别对待。

第四，规划展示与市民参与。通过公开征集或邀请征集规划方案等方式，择优选定具备相应资质的规划编制结构承担编制任务，将审查后的详细规划草案公开展示，征询市民意见。

第五，加强规划法制建设提供保障。用各种法规作为手段来规范城市规划行为。

4. 目前城市发展规划中的交通道路与旧城改建

从现在到21世纪中叶将是中国城市建设发展的重要历史阶段，所以现在就要做好城市的规划。着眼于城市的结构体系布局，在先进的规划理论指导下，把城市规划做得更合理，使城市能够健康有序地发展。规划必须充分考虑组成城市布局的要素和条件，特别是商品经济高度发展后对城市建设布局的影响；同时，必须考虑人的活动特征，为城市居民创造理想的社会生产和生活环境，创造一个综合多功能的环境。

改革开放初期，不少城市都编制了城市总体发展规划，确定人口发展规模时为避免与控制城市规模的发展方针相抵触，采取压低城市人口发展规模的办法，因而多数城市的人口规模很快就突破原先预测数字，进而使城市的交通运输落后于需要，城市居民生活、工业生产和商业贸易受到制约。

建设包括铁路、公路、水路和航空运输在内的综合运输网络，成为目前城市建设的迫切需要。而优先发展城市公共客运交通又成为解决大、中城市交通问题的根本出路。城市对外交通，除发展铁路及公路运输外，沿海及内河城市还应开发水运和水陆联运等。

以城市中心向外辐射的电气化铁路、地铁为骨架，并与快速公共汽车、一般公共汽车及轮渡线联成客运网络。又因中国国土辽阔、人口众多，远距离客运还必须依靠航空运输。大、中城市都应该规划机场用地，特大城市须保留更多机场备用地。

旧城改建是城市规划设计与城市建设的重要部分，因为城市普遍存在人口密度高、房屋密集陈旧、街道狭窄、交通拥挤及基础设施落后等问题。为适应城市社会经济增长以及改善城市生活环境的需要，必然进行大规模旧城改造。旧城改建的目的是调整用地布局，拓宽街道、改善交通，旧房更新改建美化城市，增加绿地、改善旧城自然环境等。

用地的调整必须适应城市功能变化的需要，在市中心扩大商业服务业用地，市区有污染的工业及与市民生活没有密切联系的用地都应考虑调整。用地调整的同时还必须考虑改善城市交通、拓宽道路和增加停车场等问题。旧城区道路一般比较狭窄，系统混乱，不能适应汽车交通的发展。要重视保留市中心的步行区，城市干道在步行区边缘通过。用地调整还应尽可能扩大公共绿地，以改善市区生态环境。

改建不仅难度大，而且还需要大量资金，在城市建设资金不足的情况下，不可能也不应该进行大规模的旧城改建。

目前，城市发展的基本趋势是：大、中型城市人口将继续增加；50 万人口规模的经济区中心城市继续扩大；小城市、县镇发展仍慢于中心城市；而乡镇工业引起的乡镇发展中，人口规模将不会太大，仍属乡镇型居民点。

随着中国社会经济的发展，城市聚集发展不以人的意志为转移，因此应该因势利导，防患于未然。虽然应该同样重视小城市及乡镇的发展，但必须清醒地意识到，21 世纪中国城市规划最重要的任务将是大城市的规划，解决好中国大城市建设问题是实现中国城市建设的最大挑战。

5. 目前中国城市规划存在的弊病

城市规划存在的弊病可概括为短期行为、指令意志和形式套路，具体来说，表现为以下三个方面：

第一，城市规划的基本指导思想非常混乱。城市规划不能为直接刺激经济增长服务。经济增长是市场作用的结果，城市规划不能简单地顺应市场，只能通过改变空间布局来平衡各市场主体的利益关系。城市规划更不能单纯体现政府意志、为政府行为服务。政府把城市当作一个虚拟的“企业”来“经营”不是正常现象。

城市规划要通过长期的指导性和严格的法律程序来约束政府的行为，核心在于平衡公众利益，这就需要一系列的城市公共政策作为保障。城市规划就是要制定和实施以平衡公众利益为中心的城市公共政策，这应是城市规划必须树立的指导思想，也是科学发展观在城市规划上的具体体现。

第二，发展策略研究没有得到足够重视。发展策略是对城市及其区域在较长时期社会、经济、生态环境等重大问题的考虑、谋划和安排。高度综合是城市发展策略的重要特征，重点是对构成城市系统的社会、经济、环境三个子系统的综合集成，主要手段是通过调控某些参量来促进整个系统的结构朝着有序方向发展。

影响城市系统演化的决定性力量是各种要素及其相互关系，个别子系统、个别要素的较大和较快的演进并不意味着城市系统演化速度必然加快。城市发展策略就是对具有全局性、根本性、长期性问题提出平衡发展的总方针和制度框架。

错误的城市发展策略将导致城市规划中的短期行为。城市建设水平决定于分工水平，而分工水平的提高是个缓慢的演进过程，“跨越”“赶超”一类的思路缺乏科学根据。

第三，政绩行为严重干扰城市规划的严肃性。政绩工程是近年来城市规划和建设中的突出问题，如不切实际的城市发展目标、盲目追求速度和建设贪大求洋等。政绩工程仅是问题的表象，背后隐含着利益格局的改变。政府通过重新配置资源以形成有利于自身和所属集团的新利益格局，在政府强大的行政手段作用下频繁修编规划、任意改变规划。

6．城市规划建设中的城市建筑问题

建筑是城市最基本的物质载体，建筑文化是民族审美传统在建筑上的个性表现。经过长期以来的全球融合，建筑文化表现出趋同性。无论是在国内还是国外，许多城市都失去个性，彼此十分相似。全球化为中国当代建筑带来新的规划理念、设计方法和建筑技术，同时也淡化了中国建筑和东方文化的主体意识，引发了城市空间和形态的趋同。传统城市和历史建筑大量灭绝已经成为当代中国城市的一个突出问题。

代表城市历史的建筑被推倒，传统城市被小区围墙肢解，城市建筑理想被开发商的利益取代。好的建筑，是城市的标志，也是城市的品质。城市塑造建筑，建筑影响城市。自 20 世纪 60 年代以来，整个世界都在不同程度地经历了一场城市更新运动，迅速改变了历史城市的空间和形态结构。

追逐利润最大化和城市建筑的短期行为已经将传统的城市改变为高密度、高容积的空间。城市成为郊区的对立面，而且不断向四周无序蔓延。

全球一体已经对中国的城市规划和建筑界产生重大影响，可以说，国际上目前有什么样的建筑思潮，中国的建筑界就会有什么反应。改革开放使中国的城市建筑与建筑业大规模、快速发展，任何国家都无法与之相比。然而，中国建筑以及中国的规划师和设计师在国际城市规划与建筑领域却毫无地位。

近年来，国际设计领域广为流行两种倾向，即崇尚杂乱无章的非形式主义和推崇权威的现实主义。两股思潮已经引入中国，使中国成为设计思想的试验场。许多建筑追求新颖，完美得超乎现实，奇特得激动人心。建筑需要对环境问题做出回应，不仅要把建筑设计看作一种技术能力或艺术创造，而且还要把它当作是一种社会责任，将生态情怀和社会需求放在重要位置。

要遵循可持续发展和环境保护的原则，就应当在城市中提供方便生活的场所，使人乐于在其间生活和工作。鼓励在有可能减少能量消耗的地方开发新建筑，鼓励城市土地和建筑再生，鼓励对被遗弃和被污染的土地修复后加以利用，鼓励维持农村经济和保护农村风景、野生动植物以及自然资源，促进可持续发展。

目前，中国不少城市视建筑师为纯粹的从事服务性行业的工匠，或者说，业主通过建筑师的手来捏造形象，以至于建筑为业主或代表资本的权力所取代。

优秀的建筑作品需要有让建筑师脱颖而出的环境，而适应城市建设发展的建筑师是保证建筑成功的关键。建筑师不仅要积极发挥设计优秀作品的作用，而且还要参与到城市规划、城市设计甚至景观设计中。目前，国内似乎形成了一种趋势：国家级重大项目必须邀请国际明星建筑师设计，省市级重大项目必须邀请北京明星院校设计。

要善待自己城市的建筑师，给他们足够的机会去探索符合个性特色的建筑发展道路。项目由远离环境和背景的建筑师设计，或多或少地都会偏离城市的发展脉络。城市建筑有自身的规律，好的单体形式不一定是好的建筑。优秀建筑需要全民的扶植和培育，需要尊重历史、尊重文化、尊重艺术，而不是将城市建筑看作是积累资本的掠夺对象。城市建筑文化的积淀与资本积累同时形成并完善。因此，必须避免非理性规划及反规律思想，树立城市宏观动态发展的总体构思。

（二）济南城市经营内涵、北跨主体与政府的职能定位

1. 城市建设中的客观要求与经营城市内涵

城市建设进一步发展，需要强化城市功能。城市功能即城市作为生产、生活、市场、服务和管理中心的功能。具备这些功能的城市就能成为人流、产流、物流、资金流和信息流集散地。强化城市功能就是要提高城市的竞争力、增强城市辐射力和范围。这就需要改善城市环境、进行旧城改造，需要发展城市产业和提供各类服务环境。

城市经营的基本要求是，通过城市经营为城市建设提供资金和各种能量的支持。而经营城市遇到的直接问题是建设资金问题。面对城市建设资金缺乏的困境，许多城市提出“城市经营”的概念，意在以经营方式筹集和运作城市设施建设的资金。城市政府财政的单一投入体制无力完全承担城市的建设，需要寻求多元化的投融资体制，需要采取市场方式运作城市建设资金。但是，如果将“城市经营”的内涵仅仅理解为城市建设资金的筹集和投入的市场化运作就会产生误导。特别是一些城市政府把经营城市扭曲为通过出售城市资源特别是土地资源而获取资金收入，这种单纯追求城市建设资金的城市经营观念和做法已经产生一系列的不良后果：城市资源的开发、利用和经营上追求短期资金收入而对城市资源进行过度开发、不合理开发和破坏性开发，造成对城市资源特别是土地资源的破坏和浪费；为追求眼前的经济利益而忽视对城市资源的策略性经营，忽视了土地、空间、文化等城市资源的长期可持续发展；对近期难以产生直接经济效益的城市资源没有给予应有的重视，特别是没有注意潜在的长期效益，给文物、旅游和文化资源造成了难以挽回的损失。

虽然城市经营从解决城市建设资金缺乏的问题中提出来，但“城市经营”的内涵和意义远远不在于此。需要从经营城市的目的以及实现目的的过程、效果全面界定“城市经营”的内涵，并考虑与城市功能相关的基本特征，即人居环境、生态环境、市场环境以及投资创业环境。

城市经营的内容或目标涉及提高城市资源价值、提高城市竞争力以及实现人口、资源与环境的可持续发展能力。

提高城市资源价值就是要在经营城市过程中对构成城市空间、功能和审美载体的各种城市资源进行聚集、重组和营运，以实现这些资源的价值和功能的最优化。通过资源的静态配置和动态配置，使资源产生最大的效益。静态配置就是根据资源最佳用途来界定使用价值，针对已有资源在不同用途下没有达到效益最优的状况，发挥其潜力，实现最大效益；动态配置就是通过城市规划的制定和调整，使处于劣等位置的资源得到改变而实现升值。

提升城市竞争力，也就是提高城市产业、生产要素的聚集程度等；而城市环境是实现城市竞争力的载体，包括城市的合理布局、良好的城市基础设施、以人为本的文化环境。因此，城市经营的重要内容就是：为进入城市的各类投资者提供有利的投资环境，为进入城市的各类消费者提供最有吸引力的消费和服务环境。

城市可持续发展能力的基本要求是：当代人的发展不能损害后代人的福利，保持城市设施建设的长效性，不能破坏城市资源。城市资源作为城市发展的载体，包括自然资源和人文资源，其中某些资源具有不可再生性，如土地、文物资源等。因此，城市经营同一般的市场经营不同，更为重视资源的长期效益，重视城市环境的保护和生态的平衡，特别要防止急功近利的行为，使传统历史文化和自然风景免遭破坏。

2. 城市经营中的矛盾问题与政府错位

城市经营追求城市与自然的和谐发展，追求历史文化的传承和延续，并塑造出特色鲜明的城市形象。然而，现实是城市经营不分历史和文化背景，不分气候和自然条件，不分城市的性质差异，竞相克隆城市。城市经营策略的趋同对城市文化、景观独特性造成破坏，导致城市形象“千城一面”。城市不断掀起开发区、大商场、广场步行街、超高建筑热，甚至不顾实际，大力发展信息产业、生物医药、高新技术、现代物流、金融保险等产业，造成产业同构。

趋同性与特色、个性的矛盾实际上是城市政府经营能力与范围的矛盾。城市经营要求实现集约化的社会经济，追求城市的聚集效应，即因企业、居民的空间集中而带来的经济利益或成本节约；同时，追求城市的扩散效果，即城市功能从城市向周边区域的辐射。这必然导致城市经营的范围超越城市政府自身的能力范围。

“经营城市”的概念一提出就引起城市政府的关注，并成为政府强力介入的理由。主观原因是城市政府对城市建设投资利益的强烈冲动；客观原因是政府还没有从竞争性领域退出，加之体制改革和制度建设滞后，城市经营呈现出典型的政府主导性。

表面上，城市政府似乎都在推进城市资源资产的市场运作，并得到了大量的货币收益，从而极大地支持了城市的建设与发展。而这种直接的效益又强化了城市政府以各种方式推进政府经营城市的动机，并使政府行为广泛介入到城市资源配置的各个领域。这是一种对市场经济体制的扭曲，扭曲了转向市场经济后的政府职能。

“经营城市”的概念是在转向市场经济体制的背景下提出的。基本制度背景是资源配置由市场机制起基础性调节作用；政府的职能限于公共性领域，且通过市场作用于公共产品领域。这意味着城市政府集中资源的能力在下降，政府不能也不必再统揽城市的建设与发展。政府对城市经营的过度介入只会扭曲市场在城市资源配置中的基础作用，引起城市资源配置的效率的损失。

3. 城市经营的多主体与政府定位

经营城市不能仅仅理解为城市政府经营城市。城市经营必须在科学界定政府与市场主体各自职能的基础上，明确城市不同功能的不同经营主体。城市资源从单纯的自然形态发展到社会功能形态，从单一的自然社会形态发展到综合的自然社会形态，涵盖城市资源从产生到转让以及增值的多主体、多线路的全过程。因此，城市经营必然是多主体、多线路贯穿于城市的建设、发展和管理的全过程。

城市的自然资源包括城市发展所依赖的土地、山水、空间等；社会资源则体现在人类改造自然、改造自身的结果，包括电力、交通、供水、环保等城市基础设施；城市人文资源包括文化历史、科技教育等。资源的所有权、使用权、经营权和收益权等产权结构，属于不同的城市经营主体。因此，经营城市就不仅是政府的事。

城市经营必须明确城市不同经营主体的不同职能，政府承担的城市经营职能还必须明确政府怎样做、什么时期做、做到什么程度，在此基础上才能形成适应市场经济的城市经营模式。

城市经营模式要求市场成为城市经营主体的运作行为平台，让企业在市场中竞争并成为城市经营的广泛参与主体。因此，城市经营的基础是企业，进而凡是企业比政府经营更有效率的城市设施都应交给企业在市场中竞争、建设、经营。许多公共设施之类的公共产品仍然可以由城市政府提供，但要提高其效率则要交给竞争性企业来经营。电力、交通、供水、供热等都可以交给企业经营，在市场竞争中提高城市资源的利用和开发效率。更为重要的是，企业在城市资源的利用和开发中不断发展，自身便成为城市资源配置和城市经营的重要主体。因此，城市经营实际上包括政府与企业两类不同行为主体的经营以及合作经营。

城市政府经营城市要转变为提供规划城市、探索城市的竞争平台，为经营城市的投资主体提供有效率的市场制度，为参与经营项目投资主体提供竞争平台，使各类经营主体具有平等利用城市资源的机会。

规划城市是政府的职权，也是政府提供竞争平台的依据。规划是在广泛论证基础上提出的比较科学的城市发展前景。城市建设依据规划展开，哪里需要建设政府就在哪里提供竞争的市场。对城市发展的规划决定了各种城市资源的使用方向，这就使得城市规划本身成为城市经营的策略性资源，成为城市资源配置的导向。因此，政府要经营好城市的前提就是科学制定城市规划。

4. 政府经营城市中的规划制度创新

经营城市在于形成、发挥和提升城市功能。政府从企业能够经营的领域退出，作用对象应当是市场及企业无法实现的城市功能。通过政府管制体制改革的重新调整，建立有效竞争的市场格局。但是，城市资源配置的基础是城市规划。政府通过组织研究、规划来推进城市经营，所以城市规划成为政府经营城市的依据和纲领，这意味着政府对城市的规划将会决定各种城市资源未来的使用、运作和发展形态。

城市规划构成城市经营的策略性资源，成为城市资源运作的基础平台，也决定了城市规划在城市经营中具有极其重要的地位。

政府应该以经营的理念来规划城市空间，通过规划的轨道来推进城市经营。因此，政府经营城市的基本内容就是：规划好城市，合理界定城市的空间、功能和审美形态，使城市地理意义上的空间和功能意义上的空间统一和谐。

但是，城市规划的方法和过程的重要性并不亚于规划内容，规划中最重要的一点就是以人为本，尊重关系人的意见和看法。城市规划的内容基本上是道路、桥梁、公园、公用设施等，但是规划中真正的机体组织是组成城市的人，因为城市基础设施服务于人和人的活动。把基础设施与人的活动、与环境、与社会因素结合起来考虑，才是真正科学的城市规划。因此，编制规划不是政府的一厢情愿，必须组织一个由市民、专家、企业和政府人员组成的机构，形成一个广泛联系市民参与的联络网，听取广大市民社会的意见。

5. 经营城市中的模式选择与功能导向

城市政府不是要不要在发展中经营城市，而是要研究如何有效地经营。经营城市实际上是系于经济转型的一种政府行为方式变革，所采用的模式往往与城市政府自身职能转变和市场经济的成熟程度相关联。传统城市经营的思想着重于城市资源的市场利用，资金导向的城市经营追求短期资金收入而对城市资源进行过度开发、不合理开发和破坏性开发，造成城市资源的破坏、浪费和功能退化。

具有短期市场价值的城市资源在发挥城市功能时，表现为直接的或短期的资金效益。追求眼前的经济利益必然忽视对城市资源发挥功能的策略性经营，从而直接影响城市功能的发挥和优化。近期条件下难以产生直接经济效益的城市资源没有得到应有的重视，对提高城市竞争力产生了根本性的不利影响。

从根本上说，资金导向的经营城市方式没有处理好城市短期建设扩容与长期规划发展的关系。重视城市建设资金筹集的短期利益，而忽视城市在土地、空间、文化等城市资源的长期可持续发展，忽视了城市环境对城市建设与发展的综合性要求。

功能导向的城市经营模式基于功能观点，即政府根据城市功能对城市环境的要求，运用市场经济手段，对构成城市空间、城市功能和城市审美载体的各种城市资源进行市场配制的市场聚集、重组式营运，实现资源资本在容量、结构、秩序和功能上的最优，从而实现城市建设投入和产出的良性循环和城市的可持续发展。

城市资源的市场配制经营涵盖城市资源从产生到转让以及增值的全过程。城市建设进程中资源发挥功能并成为城市资源，实际上就是城市建设、发展和管理的过程。因此，要求城市政府根据城市功能定位，按照城市要求规划、建设、管理和推销城市。

功能导向的城市经营具有极宽的覆盖面，贯穿于城市的建设、发展和管理的全过程。城市经营为发挥城市功能服务，也就是为提升城市价值和城市竞争力服务。因此，经营城市就是要经营城市环境、经营城市功能。城市功能在根本上体现为城市对要素的聚集和扩散作用，体现为城市对生产、生活的综合服务能力。城市功能直接决定城市生产和生活的质量和成本，从而直接决定了城市的综合竞争力。因此，经营城市就是经营城市功能，必须从资金导向转向功能导向。

城市资源的资本、资产经营必须引入市场机制，这是由城市经营的性质决定的。但是，市场机制存在缺陷：外部效应，即私人在获取收益时花费的成本和社会所获得并承受的收益和成本不一致，导致污染、交通拥挤等不经济现象；市场不能提供公共产品，绿地、图书馆等非营利性产品只能由政府提供；市场竞争不完全，垄断严重影响市场的效率，必须由政府在某些行业维持竞争的有效性，如城市的供水、供电、电信及公共交通等。

完全市场导向的城市经营理念实际上是资金导向的城市经营观在经营方式和机制上的表现，致使经营城市实践具有相同的行为倾向。资金导向的城市经营观可能导致的问题在这儿也都能找得到。因此，要从经营城市由资金导向转向功能导向这个角度分析就必须摈弃完全的市场导向。

经营城市天然具有市场行为和政府行为的两面性，而基于功能导向的城市经营模式需要强调政府在经营城市中的作用，必须走市场行为与政府行为有机结合的道路。这就要求对政府职能进行合理的界定，积极推进政府控制或政府引导下的城市经营制度创新。

6. 政府在城市经营中的职能定位

城市政府是城市经营的领导者和组织者,其在城市经营中的职能定位直接关系到城市经营能否科学有效地进行。因此,只有合理界定城市政府在城市经营中的职能才能积极高效地履行职责,有效引导、规范、推动城市经营的实施。

城市政府在城市经营中的主要职能主要表现为以下几个方面:

一是制定经营城市的发展规划。经营城市是城市发展的一项庞大的系统工程,必须有一个科学合理的实施方案才能做到有序实施。因此,制定城市规划就成为经营城市的前提。规划应明确城市经营策略的阶段性目标,包括:近期目标是建设资金筹集、整合城市资源、挖掘城市潜力、提高城市竞争力;中期目标是优化城市环境、完善城市功能、提升城市形象、增强城市吸引力和辐射力;长期目标是建设文明、可持续发展城市。

明确经营城市的对象,即明确哪些方面可以作为城市经营的对象,可以由城市政府管理部门直接或间接运用市场和政策手段进行整合,有利于城市建设与发展,有利于城市知名度和形象的提升。具体包括城市土地、特色建筑、名优产品、支柱产业、国有资产和矿产资源等实体资源以及气候环境、人文传统、科教文化、会展节会等城市无形资源。

选择城市经营的方式,即对不同资源灵活运用各种经营方式,包括拍卖、有偿使用、参股、股权转让、租赁、抵押、授权经营等,以盘活城市存量资产,搞活城市增量资本。

二是具体组织实施规划目标。政府在城市经营中最重要的职能就是组织开展城市经营活动,运用各种政策措施经营城市,吸引各类投资者参与城市建设。可运用财政资金和国有企业上交利润,通过贷款贴息、财政补贴、税费扶持、参股控股、直接投资等多种手段,引导资金投向城市基础设施、国有企业、区域主导产业、城市公用事业等;鼓励各类投资者参与城市经营,通过土地、矿产、设施等资产作价,吸引投资者投资微利、回收期长的公用事业;最重要的是政府要提供载体、搭建平台,为投资者创造投资机会。

三是规范城市经营运作行为。城市经营是一种市场化的运作方式,是城市政府将城市资源采取市场方式配置,从而实现城市功能提升和形象改善,但是城市经营中涉及利益的再分配问题,营造公平、公开、公正的城市经营环境就成为城市政府的一项重要职能。要完善招投标制度,增强城市资源市场配置的公开性和竞争性,杜绝暗箱操作,防止营私舞弊给城市经营带来负面效应;城市政府要将城市经营纳入法制轨道,制定相关的行政法规,规范资源的经营行为,营造公平、有序的法制环境,为城市经营的参与者创造平等的机会和竞争条件,提升对城市价值快速增长的预期,调动全社会参与城市经营的积极性;同时,充分发挥执法部门的职能，加强监督监管，增强投资主体对城市项目进行经营的信心，吸引更多的、更优质的资本参与城市建设。

四是努力营造良好的城市环境。城市环境是城市经营发展的重要支撑，城市环境的综合素质决定着城市经营的深度、广度及实效性。因此，城市政府要营造良好的城市发展环境，提高城市整体价值。为此，要高水平地做好城市发展规划，包括社会经济增长规划、城市建设规划、资源开发利用规划、环境保护规划等，使城市按照科学的轨道可持续发展；通过加强道路等基础设施建设，完善城市功能，加大美化、净化、绿化力度，改善城市生态环境，增强城市的吸引力和凝聚力，为城市经营的具体实施创建快捷、顺畅的物质平台；保护人文资源，提高市民素质，改善人文环境，提高城市文化内涵。

（三）济南北跨中的政府作用发挥、城市经营与公共产品供给

城市政府要在城市经营中更好地发挥作用，就需要树立先进的经营理念。以先进理念作指导才能正确理解、科学把握“城市经营”的内涵，才能组织和实施城市经营。城市政府在城市经营中处于规划、领导、指挥、协调的地位，必须积极运用法律规范、政策导向和经济杠杆来高效、有序地组织开展城市经营。要系统认识并突出城市资源特色，根据社会经济增长现状选准突破点，采取适合城市实际情况的方式来进行操作。经营城市的基本思路是：发挥政府在经营城市中的作用，消除体制障碍，创新运行机制。

政府作为城市经营的主体不仅要在观念上适应市场经济的要求，而且还要在机构设置、行政职能发挥以及公共产品和服务的提供上引导经营理念，讲效率，讲效益。机构设置要经济合理，适应市场经济的要求，防止政出多门、职能交叉、协调不力等问题。

确保政府城市经营决策的有效贯彻执行和实效性，就要简化办事程序，提供快捷、高效的服务，减少政府的制约性行为，追求效率和效益，实现政府职能的转变。

第一，积极探索城市资产经营的新模式。要在城市经营管理中引入市场机制，积极吸引社会资金参与城市公用设施建设，引导经营性、商业性的公用设施进行市场运作，探索产业经营、企业管理和社会服务的路径。同时，要积极探索对市政设施在投融资、建设、使用、维护等全过程的体制创新，实现从政府投资行为到企业经营行为的转变。

对供水、供气、供热等按照建立现代企业制度的原则，创造条件，通过独立改制、引资改制等形式进行公司改造。将市政维修、园林、环卫等改组为公司，实行有偿服务、代办服务。

市政设施也要进行资产经营，扩大市政公用设施有偿使用、有偿服务的范围。

把市政公用设施上的广告权以及路、街、桥等设施的冠名权推向市场，进行拍卖。积极利用外部资金，加快城市建设，包括广告权出让、园林绿化建设、旅游文化区建设等实施招商引资。

第二，盘活城市资产。经营城市的对象包括增量和存量资产。盘活存量资产，带动和支配增量资产，可在一定程度上解开城市建设资金的症结。盘活存量资产就是对原国有投资形成的市政公用设施存量资产进行评估后实施资本运作，存量折股，增量参股，通过产权转卖、使用权出让、经营权转让等方式，提高资源配置效率。

第三，积极引入社会投资。充分发挥财政资金的导向作用，形成城市建设投资主体多元化格局。制定政府投资范围，调整投资领域，深化城市基础设施投融资体制改革，充分发挥市场机制的作用，吸收民间投资参与城市建设。

第四，让城市土地流动起来。科学经营土地是经营城市的最重要的内容。土地是最大的存量资产，所以经营城市就是要利用市场机制经营好城市土地。在确保耕地总量平衡和严格控制人均建设用地标准的基础上，对城市用地实行政府统一规划、征用与管理，垄断城区一级土地开发市场，建设用地一律实行使用权拍卖、转让。

第五，提高经营市政设施的管理水平。完善政府对市政设施建设和经营的监督管理，即明确政府对市政工程管理的职责，按工程建设分阶段管理，做到各司其职。

第六，正确处理经营城市与保护资源环境、生态文明建设的关系。要实现城市建设由外延扩张向调整改造为主的经营转变，发挥规模效益，提高城市资源的配置效率，从而使城市成为一个交通便捷、空气清洁、适合人居、企业发展的场所，同时注意加强历史文化及遗产的保护。

政府经营城市涵盖从城市规划到城市建设、改造、发展的全过程。其中，凡是市场经营更有效率的领域和项目交给市场后，剩下的属于公共产品和公共服务。公共产品和公共服务由政府提供，但并不是都可以采取经营方式，如行政服务、社会治安等。但也有一部分公共产品和公共服务可以采取经营的方式，成为政府经营的对象。狭义的城市经营就是指这一部分，经营的目的就是利用市场方式寻求更大、更有效的支撑。

城市政府经营城市公共产品有个效率问题，而没有市场的介入就不可能有效率。在城市供水、供电、公交等自然垄断行业，市场会一般失灵，而政府介入可防止损害消费者的行为。但是，这些行业仍然要交给企业经营，政府的介入主要在于对这些企业的经营进行监管和建立有效竞争的市场格局。

绿地、桥梁、图书馆等公共设施也只能由政府来提供，这类公共产品无法采取经营。因此,对政府经营城市中提供的具体公共产品需要具体问题具体分析。

首先,具有典型外部性公共品的提供,可以采取一定经营方式将外部性内生化。对于环境污染(包括城市垃圾),政府不仅要控制污染物的排放,而且还要进行环境治理,以便提供清洁的空气和水等公共产品。企业排放污染物实际上是将内部成本外部化,由社会来承担其成本。因此,对于排放污染物的企业,政府可通过征收费用或罚款等来弥补由此产生的外部成本,从而使企业将外部效应内化,使之尽可能减少污染物排放。相反,可对外部性行为给予必要的财政性补贴,鼓励外部经济行为提供准公共产品。对公共教育、传染病预防、污染物处理等外部经济行为提供直接或间接的补贴。这种补贴可减少外部不经济行为。

其次,一些公共产品随消费者人数的增加可能导致拥挤性。如社区绿地、公共公园等,当消费群体规模增加时,原有的消费者所获收益水平将会降低,于是产生通过付费来限定消费者人数的经营方式。现实经济中,这类产品由政府或私人供给的现象同时存在。使用数量超过一定程度后会产生消费的竞争性,这为收费提供了效率上的依据。

最后,某些城市公共设施的建设资金问题无法完全靠政府来解决,而市场则可以提供多种筹措资金的方式。贷款建设的项目以投资者的名字命名,鼓励企业修建公共设施,从而提高这些产品的供给。

政府对非纯公共产品和准公共产品的经营采取收费的方式,决不意味着是纯粹的市场经营。政府也不能靠这种收费来追求和获取自身收益。政府的属性决定只能追求公众利益最大化,而不是追求自身利益最大化,不能用纳税人的钱建造的公共设施来经营获利。因此,政府对非纯公共产品和准公共产品的经营应该有严格的限制。

(四)北跨的投融资体制、招投标与土地经营杠杆把握

1. 城建投资融资体制与招投标制

城建投资融资体制应实现政府社会管理职能与出资者职能分离,建立资本金制度。对于重大项目,应由政府部门委托专门机构提出可行性论证方案,经组织专家审查同意后安排立项并纳入规划。城建规划和城建项目,必要时报当地市人大或人大常委会审议决策。公益性、公用性等城建项目还必须规范工程建设项目招投标制,组织投标,通过公开交易,在由专家组成的评标委员会进行评议后择优选定投标者。

城建投融资体制,是城市建设的基础,直接关系到城市功能的发挥。城市建设的投融资体制要改变过去政府财政包揽的做法,按照市场原则,实现投融资多元化。一要吸引和引导社会资金,遵循“谁投资,谁受益”原则,使城市建设中的可经营性项目市场化;二要加强城市基础设施投资公司建设,增强城市建设的融资能力。城市建设投资公司作为国有独资企业，代表政府进入金融、证券市场等资本市场进行融资。

城市政府将部分财政性收入及对一些基础设施收费收入作为城建投资公司融资的偿款保证，建立可靠的还贷机制，保持公司信誉，促进公司良性发展。运作时要特别处理好城市基础设施建设投资公司的行为与市场行为的关系。

而城建项目实行招投标制，有利于企业通过竞争提高建设质量，确保工程按期完工，做到投资省、质量好、工期合理。为此，在采用公开招标方式时，由出资人筛选工程设计、施工企业或承包公司，由项目法人采用公开招标的方式采购原材料和主要技术装备。

城建项目管理中通过制定、签订科学合理的合同，严格履行合同规定条款，以规范具体管理者、监督者和建设者的行为。

政府不能说"有所为，有所不为"，而只能说"有所能，有所不能"。其实政府对于做什么应很清楚，各国均不会有很大的歧义。但是，一个负责任的城市政府应当实事求是地向百姓讲清楚，形成一种政府与社会合作的善治体制。

现在有一种不正常的现象，即政府部门的行政责任不明确，"有所为，有所不为"变成"有利就为，无利则不为"。公众事务只要有增加拨款或"寻租"机会，各个部门都抢着做，对没有部门和个人利益的工作则拼命往外推。有的城市政府变成基础设施和公用事业的总包头，部门利益至上。

2. 经营城市的土地杠杆应用

城市土地是城市政府最重要的自然生成资本，是城市建设资金最稳定可靠的来源。凡是发达城市都是善于经营城市土地的城市。因此，总体上要公开拍卖，增加城市建设收入，核心是建立土地资源储备制度。成立土地资源储备机构，将城市规划区内的未开发的国有土地及未开发的土地都纳入土地资源储备进行统一管理、出让。城市政府要高度垄断土地一级市场，放开二级市场。

政府要想在取得、储备、出让土地的过程中获得城市发展收益，必须建立有效的土地储备制度：依照法定程序，运用市场机制，按照土地利用总体规划和城市规划，通过收回、收购、置换和征用等方式取得土地，进行前期开发和储存后以公开招标、拍卖方式供应土地，调节各类建设用地。

目前，国内土地储备机构设置的模式主要有两种：一种是单一结构，土地储备机构隶属土地管理部门；一种是双结构，土地收购储备委员会和土地收购储备机构。土地收购储备委员会由政府设立，成员由土地、财政、发改、规划等部门组成；土地储备机构隶属于土地管理部门，接受收购储备委员会的领导和监督。单一机构的土地储备制度的运行，由于缺少体制和制度的保障，存在很多困难，而双结构的运行比较顺利。

土地储备制度正常运转的条件是土地和资金，因为取得土地的主要手段是经济手段，即绝大多数土地的取得要靠资金收购。由于占有大量土地的城市国有企业大多数在经营上陷入困境，厂房和设备已不值几钱，但土地价值极高。储备机构通过收购这些土地，再用这些土地到银行抵押贷款，然后用贷款向企业支付收购费用。

储备机构取得土地后负责土地的平整和相关基础设施的配套，所以必须解决土地储备制度正常运转的资金问题。解决该基金问题的途径包括政府财政拨付启动资金收购土地和商业性贷款。

建立土地储备制度，政府就掌握了城市土地"统一收购权"和"垄断供应权"，能够把分散的土地重新集中起来，使城市土地一级市场牢牢掌握在手中，能够有效调控土地供应的规模和节奏，使国有土地资产增值。否则，存量土地无计划地进入市场，使大量的协议土地掌握在开发公司和国有企业手中，容易扰乱土地一级市场、扭曲土地市场价格。此外，郊区受利益驱动，大都存在擅自将集体土地变为建设用地的情况，破坏了土地市场正常的竞争秩序。

政府还可以对已批准而未按期开发或未按批准用途使用的土地强制收回，统一拍卖，所得收入存入城市发展专项基金。

同时，还要推进城乡土地制度改革，探索建立健全农村集体土地使用权的有偿使用和合理流转机制，积极鼓励离乡进城的农民将原承包的土地使用权有偿转让给他人，既可将其作为进城定居和创业的启动资金，又能推进农业规模经营。

但是，必须强化耕地保护，挖掘用地潜力，注意城市地下空间的深度开发与综合利用，安排一些适宜在地下的工程项目，如仓储、停车场以及战备设施等。要进一步注意完善土地租赁税费以及土地置换、农村宅基地管理、乡镇用地管理、企业用地管理、集体土地流转管理和开发区用地管理等。

（项目组成员：崔巍、马小惠、刘军、郭建国）

参考文献

[1]《国务院办公厅印发〈关于创新管理优化服务培育壮大经济发展新动能加快新旧动能接续转换的意见〉》，《电力与能源》2017 年第 1 期。

[2]《加快新旧动能转换　推动传统产业转型升级——山东省食品工业协会第八次会员代表大会暨产学研合作推动工业转型升级高峰论坛在济南召开》，《中国科技产业》2017 年第 9 期。

[3]《扩大新动能增长基础　加快新旧动能平稳转换——浙江上半年经济运

行情况分析》,《决策咨询》2016 年第 5 期。

[4]《全省政府研究室系统加快推进新旧动能转换研修班在济南举办》,《山东经济战略研究》2017 年第 7 期。

[5]《新动能蓄势待发　新旧动能转换仍需时日——三季度全省 10000 家样本企业专项监测报告》,《浙江经济》2016 年第 20 期。

[6]《新旧动能转换步伐　全力打造自然生态宜居宜业新枣庄》,《山东经济战略研究》2017 年第 11 期。

[7]白景明等:《基于新旧动能转换下的财政金融风险——东北地区财政经济调研引发的思考》,《财政科学》2018 年第 1 期。

[8]杜艳壮:《对标国际　创新驱动　五征集团新旧动能转换　塑造经济发展新动力》,《当代农机》2017 年第 8 期。

[9]顾巍:《省人社厅新旧动能转换重大工程推进工作领导小组第一次会议召开》,《山东人力资源和社会保障》2017 年第 6 期。

[10]冷秋:《青岛金融业:助力新旧动能转换　服务实体经济发展》,《金融时报》2017 年 11 月 8 日。

[11]刘天东:《打好新旧动能转换"组合拳"　打造富美章丘"升级版"》,《中共济南市委党校学报》2017 年第 4 期。

[12]罗婧:《福建经济发展新旧动能转换的亮点、问题及对策研究》,《福建理论学习》2017 年第 5 期。

[13]马秋林:《加快新旧动能转换　开拓江苏经济发展新局面》,《唯实》2017 年第 8 期。

[14]王伟:《新旧动能转换背景下推进济南省会经济大发展的路径分析》,《中共济南市委党校学报》2017 年第 6 期。

[15]吴长发:《动能转换初显生机　转型发展任重道远——临西县新旧动能转换调研报告》,《统计与管理》2017 年第 11 期。

[16]许恬:《国务院"四招"力促新旧动能迸发　解读〈关于创新管理优化服务培育壮大经济发展新动能加快新旧动能接续转换的意见〉》,《中国科技产业》2017 年第 3 期。

[17]杨盛林:《以建设"品牌山东"精准发力新旧动能转换》,《湖北经济学院学报》(人文社会科学版)2017 年第 11 期。

[18]张文、张念明:《供给侧结构性改革导向下我国新旧动能转换的路径选择》,《东岳论丛》2017 年第 12 期。

济南市提升城市品质对策研究

姚衍琛

进入21世纪,中国长期保持快速城市化和高速经济发展,城市人口的迅速增加致使城市用地增长、空间扩展和结构重组,也推动着城市形态的快速演变和城市品质的调整更新。高品质生活环境是未来城市的核心竞争力成为一种共识。作为一项兼具软硬实力的建设,提升城市品质成为城市转型的新目标和新方向。

一、城市品质的概念和建设原则

(一)城市品质的概念

城市,是承载人生产生活的重要载体,是具有相当面积、经济活动和住户集中以致在私人企业和公共部门产生规模经济的连片地理区域。由古到今,人类城市发展经历了由自发无序到自觉有序的漫长过程。

1933年,以《雅典宪章》提出的城市"居住、工作、游憩、交通"四大功能为标志,人类对环境问题的认识上升到一个新高度。

改革开放40年来,中国城市更多强调了生产功能。这个导向在物质财富不断增加、市民收入稳步提高的同时,也导致了幸福感的下降。人们已见惯了城区堵车、生态环境劣坏的城市病,城市、建筑、景观与人的关系正在被片段化。城市空间发展的无序、新老建筑杂汇、景观的拼贴、人的体验与环境分离等矛盾使城市和建筑变成"熟悉的陌生人"。

触动,而后改变。研究表明,高品质生活环境才是未来城市的核心竞争力。在这种需求下,宜居城市、幸福城市、生态城市、休闲城市、花园城市等成为新时期城市转型的方向,"城市品质"概念应运而生。

"城市品质",字面解读为"城市的品位和质量"。这是一个系统的集合,以提升市民幸福感为目标,是尊重与保护自然环境、传承与挖掘历史文化、提升和转型产业系统、均衡与提高公共设施等多方面的有机融合。喜欢一座城市,可以始于共鸣,陷于繁华,但最后忠于的却是品质。高品质城市应当是美好外在形象与优秀文化内涵完美结合的所在,是城市的高等发展阶段。新时代,高品质城市必将成为城市转型的新目标和新方向。

(二)构建品质城市的目的和意义

1. 科学发展观指导下构建和谐社会的要求

城市自建设以来就是为了聚拢群体、使之居住。钟情一座城,是因为她让人觉得宜居宜业、出行顺畅、生活美好而和谐。提升城市品质以满足人民对美好生活的向往,是城市建设从过往的以安全为本、以经济为本升级到以人为本的具体体现,是推进科学发展、构建和谐社会的出发点和落脚点。城市品质提升既要讲美学,又要讲哲学,既要以生态为先、民生为本,又要以文化为魂、品质为基。

2. 顺应科学规律、确立城市定位的战略选择

城市是社会功能、经济功能、文化功能的不同区域和基本社会单元的有机融合,不同的经济社会发展阶段,城市建设有不同的要求。作为典型的劳动力输入城市,济南在享受人口红利的同时,也产生了突出的城市问题。道路拥堵、交通状况不佳、建筑“千楼一面”、外观呆板雷同、缺少个性风格、城市整体风貌不再等情况,到了不可不视、不可不改的地步。顺应城市发展规律,科学确立城市定位,促进城市与人的协同发展和良性互动,是城市发展的唯一出路。

3. 彰显特色、提升城市竞争能力的迫切需要

城市特色是城市长期发展过程中形成的文化积淀,是城市居民生活的有机组成,是城市的核心竞争力和发展后劲,更是城市可持续发展的保证。作为具有千年历史和特色沉淀的城市,济南也曾商贸繁盛、气开先河。新时代要实现城市建设新突破,就不能脱离独具济南地域特色的城市内涵。城市和谐发展的全新境界,就是要在城市功能完善和提升的基础上,让发展成果真正惠及市民,让城市新颜真正得到认同。以提升城市品质为目标,明确城市建设发展新标杆、新要求、新定位和新路径成为必然选择。

(三)城市品质的评价体系

城市品质提升要以人的需求为基点和指导,寻求实现自然物质环境和社会人文环境的整体优化。基于区域特征考量,本土特征越突出,个性越鲜明,本区域人文精神也就越突出,其对城市品质的构建作用也就越大。评价城市品质,如同评价人的综合素质,需要多角度、全方位审视。本文拟构建以气质品质、建设品质、环境品质、社会品质和生活品质等5个方面为要素的代表评价体系。

1. 气质品质要素

气质品质是城市发展的内生动力。每座城市都应有自己独特的气质。一个

有希望且理想化的城市,必定阳光、开放、包容、自信,其文化必然会透过城市气质得以表现。气质品质,要与城市发展阶段相适应,与城市特色风貌相融合,与城市承载能力相匹配。

2. 建设品质要素

建设品质是城市重构的突出标志。每座城市都是人类生产生活的空间载体。建设品质,必须充分体现紧凑、集约、高效的现代城市设计原则,强调城市多重功能混合,保证生产生活功能配套和完善;必须重视城市"精明增长",处理好精当规划、精致建设和精细管理之间的相互关系。

3. 环境品质要素

环境品质是城市和谐的重要保证。环境品质,必须重视产业发展与环境承载的匹配,重视前沿产业布局;必须重视城市群落动态平衡以及人与自然的和谐共济,重视山水生态与人文历史的共联共生。

4. 社会品质要素

社会品质是城市安宁的关键因素。社会品质,必须坚持"民意导向""问题导向",关注民生民安,维护社会公平,将安全理念贯彻城市建设的始终;必须"以人为本",加快构建城市安全发展保障体系,重视可持续发展对城市繁荣度的贡献。

5. 生活品质要素

生活品质是城市提升的最终目标。生活品质,必须重视提升城市居民文明素质,努力实现人的全面发展;必须重视"聚沙成塔,聚人为群"的集群效果,着力塑造城市精神和城市品格,彰显城市独特个性与品位;必须不断优化改善人口结构,提升城市竞争和活力水平,达成宜居宜业效果。

二、国内外典型品质城市建设

(一)维也纳(奥地利)

维也纳,一座属于享乐者的品质城市,具备一切好的生活空间特征。对于游客,悠悠古意令人沉醉;对于艺术家,先锋精神使人折服;对于居民,它的惬意让人享受。

维也纳品质是有意无意间多层面城市形象凝塑的结果。维也纳地处东西欧交界处,交流、冲突、融合是这座城市的"关键词"。形象塑造上,它兼重物质和文化,兼容健康和生机。物质层面上,城和人生活紧密联系,注重"公共"需求而非"空间"美奂,营建出一种"美好"格局。城市空间成为人聚会、休闲、购物的场所,是生活不可或缺的一部分。整座城艺术氛围浓厚,古典与现代融合得浑然一体,塑造了世界艺术之都高贵、优雅、迷人的形象。作为欧洲象征,它的文化凸显为人的幽默感和轻松感,是几代人用大理石、砂岩、水泥和着心血建造的梦之都,其"文艺范"从不属于任何民族和任何人,而仅属于一个已经消失的时代。

维也纳品质始终遵循着一种“看不见”的规划。它对每个城区都规定了功能混合的指标要求，并对每个特定城市设计区域都作了进一步的详细规定，避免单一功能的大面积开发对城区造成不良影响，例如“社会保障住宅”比例规定。这类做法保证了规定覆盖的城区有足够量的居民，且居民的社会阶层是混合的。尽管城市政府损失了巨大的土地出让收益，但换来了城区社会结构的健康组成和旺盛活力的“长期收益”。

维也纳品质体现于既古老又现代的美好。在风貌保护和城市更新方面，它将传统建筑保护和居民物质生活条件提高结合在一起，摒除了“先拆再建”的模式，使城市发展具有弹性，具备了过去、当下和未来共生的可能。自 10 世纪巴本堡王朝在罗马军驻地基础上建造城墙始，千百年来的发展使这座山青水碧的城市充满了浓厚的古老庄重色彩。自内城至外城依次展开为 3 层，城内街道遵循自然形制，基本保持垂直相交的网格形态，呈圆环放射状。有机的城市街道和密集分布的、大大小小的广场一起，形成了一张覆盖居民生活区域的网。加上它在高密度城区布置高密度路网的做法，辅以精细化、“修修补补”式的城市规划，使维也纳既广布交通又极具可步行性，整个城于古老中孕育着现代。

（二）江苏扬州（中国）

扬州，兼具自然环境和历史风貌的文化古城。和国内一线城市不同，此城始终在打造自己“古、绿、水、文、秀”的独特气质风貌，使得其品质“精致更兼秀美，宁静不失活力，人文古今交融，和谐生态宜居”。

扬州品质以建设更舒服、更自由的公共空间为最鲜明特色。绿杨城郭环绕的扬州，绿色是这座城市的底色。扬州全面推进“开城先开路，治城先治水”战略，积极拓展城市空间，“东水西山一路连，南江北湖一河牵”的城市发展大格局基本形成，“人文生态精致”的城市特色和“宜居宜游宜创”的城市品牌日益彰显。倡导为后人留下发展空间的理念，以精明增长和可持续发展规划公共空间建设，锚固城市形态，提升城市价值，取得瞩目成果。

扬州品质把重视历史文化和风貌特色保护作为城建之根。地处淮河以南、长江以北，大运河穿城而过，东西南北文化在这里交融贯通，使扬州成为一座呈现多元性显著特点的城市。7000 年文明史和 2500 多年建城史，留下大量可移动、不可移动文物以及历史积淀的文化精神，将扬州造就成一座“通史式”城市。针对“极具文化广泛性”的特点，城市管理者按照“保护为主，抢救第一，合理利用，加强管理”的要求，坚持“有机更新”“持续整治”“微循环式保护与更新”和“动态保护更新”等多形式相结合的原则和“护貌、美颜、扬韵、铸魂”的保护思路，把历史文化街区分成若干板块，以小规模、渐进式、微循环式保护与更新方式加以修复、整治，重新彰显了历史文化名城活力。

扬州品质把市民自豪感贯穿进城市更新之中。坚持以人为本推进城市建设，“人文、生态、精致、宜居”特色不断显现，城市大环境和外在形象的认可度日渐提高，市民“我是扬州人”的自豪感处处体现。在自豪感、使命感的驱动下，扬州不与其他城市比规模、比高楼、比洋气，而是比特色、比文化、比内涵，高度重视城市环境质量改善和城市环境打造，先后启动古城保护工程、“绿杨城郭新扬州”工程、瘦西湖活水工程和瘦西湖扩容工程，水更清了、天更蓝了、气更新了、城更美了。通过激发城市自豪感和展现“温文尔雅、精致生活”，固化市民行为习惯，提升群众素质品格，支撑起了现代城市的发展。

三、济南城市品质现状分析

每座城市都具有性情和品格。易中天将之比作人，北京“大气醇和”，上海“开阔雅致”，广州“生猛鲜活”，厦门“美丽温馨”，成都“悠闲洒脱”，武汉“豪爽硬朗”……回首再看济南，表面上好像温良含蓄、安分随时，却实实在在缺乏磨刀霍霍的斗志和夸父追日式的远大志向。

（一）不够大的济南

缺乏国家战略层面的发展定位。改革开放后，粗放规划指导下的济南发展造就了东西狭长、南北短促的格局，城市空间结构松散，显得极为纤细。相比现代化大都市需要的大体量，多年来济南的规划始终未曾踏过黄河，当下的差距不言而喻，是典型的“大省小省会”。在全国15个副省级城市中，面积居第11位，人口居第13位；在省会城市中，面积居第20位，人口居第15位；在全省地市中，面积居第11位，人口居第7位，难以发挥对全省的辐射带动作用。

城市体量不够大。单就核心城市建设体量而言，济南就与省会地位不相匹配。当下，资源向大城市集聚已是区域发展的基本规律和必由之路。未来各省间的竞争，归根结底就是核心城市的竞争。济南北有京津冀城市群，南临南京、合肥等强市，西面国家中心城市郑州，东连省内力压济南一头的青岛、烟台，“四周高峰耸立，中间洼地之势已然形成”。户籍、房价、子女教育、异地医疗等冰冷现实的门槛或壁垒，让都市新移民很难感受到家的温暖和情感共鸣。志向上的因循守旧、规划上的底气不足、规模上的不上档次，也自然难以造就大的气质格局。

（二）不够强的济南

经济实力不强。济南经济总量仅占全省比重的9.75%，首位度在全国省会城市中排名垫底。工业经济、外向型经济、民营经济、县域经济是当前明显的发展短板，还缺少大项目的开工落地。2016年，全市规模以上工业企业主营业务收入仅居全省第13位，进出口总额仅居第7位，民营经济增加值占GDP的37.2%，比全省平均水平低13.9个百分点。现有平阴、济阳、商河3个县（区）综合实力均比较弱，在2018年上半年全省137个县(区)GDP排名中，分别居第100位、102位和117位。济南虽是经济大省省会，经济指标却位列第三，与自身政治地位极不相称。国务院关于“环渤海地区南翼中心城市”的定位，有意无意间对济南在鲁西地区辐射吸引能力的不足做出了注脚。

文化软实力不强。发展缺少统一领导和协调；行业部门各自为战，信息缺乏共享；缺少相应的政策法规和规范标准；人才结构性矛盾突出；文化产品创意创新能力不强等。加之济南并不是一个强有力的资源配置中心，更非具备资源、政策、人才集聚效应的发展之地，所以在全省事务中也往往得不到强有力的话语权。

科技创新力不强。存在很多深层次的问题隐患，例如，原始创新能力不强，十分缺乏高层次领军人才、高技能人才，依然存在制约创新发展的思想观念和深层次体制机制阻碍。再如，科技投入强度低，科技成果转化率不高，科技对外开放程度不够，全社会创新创业热情特别是科技人员和企业家的积极性还没有得到充分调动和激发，创新环境亟待进一步完善。

(三)不够美的济南

济南本是一座丽质天成的城市，但自20世纪末大拆大建始，由于受到环境污染和生态破坏的影响，“泉城明珠”渐渐蒙尘，不复诗词描绘般的美好。不经意间失去城市历史记忆和人文关怀形象的济南，现在变得不够美丽。

颜值不够美。严峻的大气污染防治形势、黑臭的河流水体，与省会或副省级城市的地位极不相称，与市民的期盼差距很大；灰头土脸的小门头房、脏乱差的街边市场和处处可见的违章搭建的户外广告、粗糙丑陋的城市角落，拉低了济南的颜值。更深层面上，产业规划上工业用地与其他用地混杂，现有各工业园区分工不明确，布局随机、分散，难以共享基础设施和公共资源，排放的“三废”难以集中处理，环境污染问题难以解决。

生态不够美。撇除自然生态不说，济南还缺少精简高效的政务生态、充满活力的创新创业生态和诚信法治的社会生态。束缚人才发展的体制机制障碍、营商环境的不美不畅、“重商亲商”社会基础的缺乏、“亲清”政商关系营建、市民文明素质的提高都是摆在济南“向美”路上的难题。

对故有城市景点背后文化内涵的挖掘不够深入。“海右此亭古，济南名士多”，古往今来诸多历史名人在泉城留下过佳话。但可惜的是，济南城市更新中却往往对大舜、曹操、闵子骞、秦琼、李清照、辛弃疾、王尽美、邓恩铭、老舍、季羡林等名人的影响力熟视无睹。作为历史文化名城和开埠较早的现代都市，如何挖掘和保存丰富的人文遗产，使之在当代发挥社会、精神和经济效益，是需要尽快考虑和规划的问题。当下济南缺乏考虑“文化立市”的城市战略，更缺少打造济南“大舜文化”“泉水文化”“鲁菜文化”等城市品牌的具体动作。

（四）不够富的济南

GDP数据排名靠后。2017年济南实现GDP 7201亿元，在全国省会城市中排第10位，较之2016年跌落一位，被合肥赶超。更为尴尬的是，合肥当地更关注如何缩小与南京、杭州等城市的差距，济南早已不是合肥城市发展的比对目标。十年前与济南在同一起跑线上的郑州，也成为了全国中心城市，其GDP突破万亿元大关旬日可达，把济南远远甩于身后。在全国范围比较，济南的GDP列第23位，是全国省会之中唯一没有进入省内城市GDP排名前两名的。即使在山东省内，济南的经济地位依旧尴尬。

市民的腰包不鼓。作为经济强省省会，济南当地百姓的收入与经济总量排名不匹配。在《2017年春季求职期平均薪酬城市排行榜》中，济南的平均薪酬为6487元，全国排名第30位。因为兜里没钱，所以济南的老百姓不想消费、不能消费、不敢消费。“不富”的尴尬，源自城市产业结构不尽合理、发展质量不够高，在于城市发展短板太过明显。执政者必须抓紧思考如何能使“消费驱动”这个“马车轮”真正转起来，成为经济增长的重要支撑力量，成为社会和谐稳定的良好基础。如何实现“藏富于民”，真正使百姓富起来是济南的民生考题、发展考题，更是政治考题。

（五）不够通的济南

交通组织混乱，不成系统。一是济南作为全国铁路核心枢纽的地位下降明显。一个自胶济津浦时代起具有百年历史的铁路枢纽大站，在经历了普速列车时代、高铁“四纵四横”时代，再到“八纵八横”时代，济南未能在全国“米”字形高铁枢纽城市中占到先发位置，其核心枢纽的重要性被稀释。二是市内交通问题严重。在高德《2017年中国主要城市交通分析报告》中，数据显示济南通勤拥堵排名位列全国百城第一。现有城市道路功能混杂，体系不完整，路网密度低，布局不合理，交通不畅，客货交通混杂，与主城区交通联系弱，与高速公路的衔接系统尚未完善等等，均为济南拥堵的诱因。特别是2009年以后，私家车数量迅速攀升，中心城区公交系统发展滞后，停车位严重不足，道路设施无法满足车辆通行需求，交通设施用地集约化程度极低等，致使交通问题更加突出。加之交通管理手段落后，交通规则落实不理想，都成为道路道路拥堵的放大器。

城市信息交通水平不高。随着大数据、云计算、物联网、移动互联网、人工智能等新兴技术的迅猛发展，济南传统的信息化建设体制机制创新滞后、项目建设缺乏实效、数据资源孤立分散、基础设施建设不到位等问题逐渐暴露出来，政府部门之间、政企之间或企业之间的数据壁垒难以打破，故有的信息交通架构已无法保障高效地互联互通。此外，济南的政务信息数据面向公众开放程度不高，尚有很大潜力可供挖掘。

四、济南市提升城市品质对策研究

2018年，为进一步巩固全国文明城市创建成果，改善城乡面貌和人居环境质量，全面提升省会城市形象，济南着眼宜居宜业宜游城市建设目标，深入开展了城市提升“十大”工程。一年来，城市品质提升初见成效。在此基础上，本文提出济南提升城市品质五方面对策：

（一）构建开放包容之城

开放包容是一种城市胸怀，表达着城市文明的温度与厚度。城市竞争力，不在于拥有多少资源，而在于能否汇聚全球性的资源，在于如何成为资源自由交流的中枢。纵观历史、横比东西，城市是否博大、包容，人口结构是最直观的衡量维度。能否容纳外来人口、广纳四方豪杰，是判断城市包容能力最核心的标准。

树立共享发展理念。一是树立以人为本的城市发展理念，从更高、更宽广的立场出发，用无惧任何挑战的勇气，制定互惠互利的共享社会发展战略规划，大力塑造多元文化背景族群间的相互尊重、宽容、帮助的城市精神文化，营造共生共存、共建共享、和谐发展的社会氛围。二是对共享社会的原则、目标、项目等作出统筹安排，通过改变以行政层级、户籍人口数量为依据的社会公共资源和服务设施配置，推进服务均衡化、公平化发展，为有序推动共享社会建设提供战略指引，真正达成“人人参与，包容开放，公平共享”的发展目标。随着城镇化进程的加快，还要努力消除原有城乡二元体制造成的身份差别烙印，通过推动一系列的诸如财政制度、户籍制度、社会保障制度的央地联动改革等措施，向社会宣告城市吸纳八方人才的意愿和决心。在文化包容、使城市繁荣根植于“汇天下英才”“聚创造之力”的基础上，通过制定适应共享社会的法律法规体系、大力发展现代共享经济体系、建设社会数据用户开放共享平台和加大城市公共开放空间建设等措施，推动诸如住房政策、土地制度、城市规划制度、城市设计政策等方面的联动改革和收入分配制度、社会资源配置模式、城市精神文化建设的联动改革，主动迎合市民对城市美好生活的向往和需求，使济南的经济发展成果不仅为本地居民所有，而且还为周边地域居民所享。

积极构建国际化济南。要塑造基于自身绵延传承历史的城市品格。在规划定位上，置入“一带一路”国家战略背景，寻找一切可利用的机会，通过完善城市枢纽空间、系统推进内联外通网络等措施，在开放发展中跻身全球城市网络，最终构建网络型、枢纽型城市。在对外交往中，顺应供给侧改革背景下的国际指向，以人为本，谋求本地金融国际化、贸易国际化、生产国际化、信息国际化、科技国际化、产业国际化和人才国际化。在全方位开放和城市更新中，要有大格局和大胸襟，实施符合全球产业大变革大调整时代背景下的策略，建立健全国际范围营商环境，提高创新创业全球服务位势，聚焦高端、高质、高新产业发展，培育枢纽企业和社会组织，均衡发展城市各项维度，举办高端国际会展、会议，构筑“山水城市”生态格局。

(二)打造紧凑优化之城

建设城市的过程是赋予城市人性化的过程。在寸土寸金的今天，“摊大饼”“拉油条”式的城市发展模式呈现出诸多弊端，不再适应高品质城市需求。实现济南城市紧凑发展或许是应对未来智慧城市建设的出发点和归宿点。

探索建设交通导向型城市。采取以交通为导向的集约式城市发展模式，做到对行人友好，更符合济南“以人为本”的城市可持续发展思路。其一，在城市规划上，要充分体现紧凑、集约、高效的现代城市设计原则，使各片区能够紧密有序地联系，各地块能够充分体现渗透关系。注意新旧城区之间的紧密联系，力使服务设施布置与城市主要发展方向一致。在城市生活区域中强调商业服务、行政办公、居住生活等多重功能混合，反对纯粹功能分区的追求。其二，提倡公共空间和公交枢纽建设，鼓励步行。可在充分考虑用地条件与规划可操作性基础上，放弃当下流行的同心圆与放射状道路相结合的道路组织方式，探索变异方格网状道路体系。可以对核心区马路进行人性化“限宽”，并在每条街道上设置 6 米宽的专用自行车道，打造窄街小网格，把城市还给居民，让城市回归到“城市是人的城市”本位。与之相配，倡导“放弃汽车出行”，建设广泛绿色出行空间理念，积极打造更多公益出行系统，确保公共交通系统等工具满足市民需要。通过构筑绿化带、划定城市发展边界、制定充分的公共设施标准、指定优先资助发展地区、规定土地利益获得及开发权转移、划定动植物和水源及其他重点区“保护区”以及加强政府对公共土地所有权控制等方式，进一步强化交通导向的城市发展模式。

提倡城市“精明增长”。充分用足济南土地存量空间，减少盲目扩张。重视城市中心区再生和复兴，加强对现有老旧社区重建，重新开发废弃、污染工业用地，以节约基础设施和公共服务成本。相对集中地进行城市建设，修建地下综合管廊和海绵城市，通过密集组团，使生活和就业单元尽量拉近距离，同时采取措施减少基础设施、房屋建设和使用成本。通过深化城镇住房制度改革，继续完善住房保障体系，加快城镇棚户区、危房和老旧小区改造。尝试“城市小区块”发展模式，通过划定区块居住家庭上限，配套功能混合的服务保障设施群落；倡导公交优先，使街道在变得越来越小的同时变得越来越多，以求达到保障居民在城市循环系统中地理权益的目的。

(三)建设韧性生态之城

有韧性的城市，是绿色可持续的城市，天蓝、地绿、水清的生态环境要更加怡人，人与自然的关系要更加和谐。生态城市建设是对城市生态要素的综合整治目标、程序、内容、方法、成果和实施对策全过程进行规划建设，同时也是城市生态系统动态平衡、调控人与环境关系的有效手段和过程。

妥善制定并发布《济南市绿色生态城市建设指标体系》。用专业标准来保证济南城市规划区范围内，能够按照绿色生态理念与“资源节约，环境友好”的要求并结合新旧动能转换战略进行规划、建设和管理城市，积极实践低碳生态城区建设，鼓励绿色出行、绿色消费、绿色居住，推动城市转型升级。严守保护红线，加倍呵护会呼吸、有生命的城市基础设施，推进城市内外环和主干道绿带、生态间隔带建设，增加绿色生态空间，优化城市用地结构，搞好城市用地平衡，完善市域生态空间格局。谋划还“山”“泉”“河”“湖”于市民，破除看得见和看不见的围墙，让山的厚重和水的灵动托起、串起城市的里里外外。

悉心打造“济南泉·城文化”名片。济南因泉而生、因泉而建、因泉而兴，“毖彼泉水”是根脉灵魂和独特名片；济南因城而生、因城而秀、因城而名，“城即园林”是文化特质和至高品牌。坚定推进市域“一核、两带、三区、六廊、九点”生态布局，立足济南各区生态功能特色，形成功能完善、协调统一、健康和谐的水生态系统总格局。秉持“诗歌济南、文化泉城”理念，立足历史文化传承和自然禀赋，打造精致城市文化生活；塑造“山水即城市”的城市高辨识度特色风貌形象，使“抬头能见山，迈步可进山；俯首便看水，闲居可得水”成为居民生活不可分割的一部分，重现历史文化名城荣光。避免过快城市建设带来的文化符号混乱，逐渐还老城于自然，通过营造通透视觉景观效果，一心一意构建山、泉、湖、河、城相融合的美丽泉城，再现济南“潇洒似江南”的自然、文化风貌。

持续调优调绿产业结构。大力发展低能耗、低污染、高附加值的产业，把发展新能源汽车产业集群、核电装备产业集群、智能电网及储能产业集群、氢能产业集群等新兴产业作为加快自主创新步伐、建立与城市特色相适应的产业结构着力点。强势推进产业链招商，加强产学研结合，大力实施创新能力提升、质量品牌建设、产业与应用融合示范、区域能源转型示范、“互联网＋”智慧能源等5大重点工程和人才工程等措施，全力以赴加快发展。加快布局前沿性产业，大力发展信息、软件、文化创意、金融、总部经济、会展、物流等生产性服务业，实现先进制造业与现代服务业的互动发展。

积极推进绿色建筑发展应用。引进专业人才，通过研究学习国内外典型绿色建筑案例，在全市范围内全面推动绿色建筑建设。以奖代补，引导商业房产开发项目执行绿色建筑标准，实行房企准入制度，鼓励一定规模、一定资质的房产开发企业建设绿色居住小区和绿色建筑集中示范区。投入资金，支持商业开发的宾馆、酒店、商场、写字楼等公共建筑进行绿色节能改造，按规定进行财政帮扶奖励。充分运用大数据、云计算等技术手段，构建绿色节能指标实时监测体系，全面开展绿色建筑能效测评。

（四）携手安全繁荣之城

坚持“问题导向”“民意导向”创新社会治理，着力解决影响基层社会治理的突出问题，不断完善社会治安防控体系建设，打造安全基础上的繁荣城市建设。建立以安全生产为基础的综合性、全方位、系统化城市安全发展体系，全面提高城市安全保障水平。

倡导城市公共安全系统规划。将安全理念贯穿城市规划设计始终，即包括总体规划、详细规划及专项规划各个层面。下大力气把安全规划要素系统化，使从防灾减灾到防卫、防止犯罪，从公共安全到危机管理，从宏观城市整体安全到微观住宅单体安全，都成为城市规划必不可少的部分。

构建城市安全发展保障体系。借助构建智慧城市契机，尽早建立科学高效的城市公共安全监测、评估和预警系统，加强公共信息资源整合，深化城市安全防控技术应用和安全保障能力，构建协同联动应急管理平台和安全恢复平台。加强市民公共安全教育培训，使之掌握紧急避险常识，提高自防自救能力，最大限度地降低突发安全事件所带来的危害。

用可持续发展让城市繁荣。把“以人为本”作为城市发展的出发点和落脚点，把美好生活作为城市进步原动力，使衣、食、住、行成为政府工作重点和服务方向，通过城乡统筹、产城互动、节约集约、和谐发展等系列措施，缩小居民收入差距，实现均衡发展、共同富裕目标，最终真正提升城市文明高度。发挥投资对城市建设关键作用，依靠技术进步和创新提高城市化质量和效率。加大投资力度，加快城市垃圾和污水处理等环保基础设施建设，解决外来移民住房难题，改善棚户区住房条件；加快发展可持续农业、循环农业和有机农业，积极保证居民群众食品安全。

（五）塑造充满活力的幸福之城

创新产生活力，宜居带来幸福。“城市活力”作为动态概念，包含经济的增长性和趋于合理的产业结构、人口的年轻性与包容性以及空间的多元性。幸福作为感觉，来自活力城市基础上的进取向上和宜居宜业。

提升城市居民文明素质。城市宜居，核心在德。沙聚成塔，人聚成群，普通人群的性格凝铸之后就是城市的性格。着力传承本地优秀历史文化，深挖根植于济南人心中的“崇拜好汉，敬重英雄”的善恶观和“温润含蓄，慷慨仗义”的价值取向，并由之延伸，进一步塑造济南“豪情迸发，生死可以”的城市精神和“负剑执书，敦厚阔达”的城市品格。紧紧抓住提高公民思想道德和科学文化素质不放，不断加强公民社会公德、职业道德、个人品德建设和科学文化素养提升。不断发动、宣传、教育，提高公众节约资源、保护环境和可持续发展的意识，破除陈规陋习，在全社会形成厉行节俭、崇德向善的文明风尚。

多元渠道稳定经济增长。城市宜居，关键在商。近代济南曾经的辉煌，在于因开商埠而成为中国内陆对外开放“第一城”的魄力和聚力，客观上使济南发生了翻天覆地的变化。新老相辅的城市规划格局，成为近代城市发展的范例，其开埠后的一系列做法也值得现在研究借鉴。要牢牢把握国际产业发展新趋势，以产业结构优化为抓手，以产业质量提升为标准，坚定不移地实施新旧动能转换重大工程，通过孵化小微企业，积极培养本地品牌，厚植“厚道鲁商”精神，多渠道稳定济南城市经济增长。

优化改善人口结构。城市宜居，根本在人。人口社会结构越年轻多元，城市活力就越旺盛。建设“青年人才友好型城市”，发挥就业导向对人口结构的调节作用，通过产业结构优化升级和经济持续快速发展引导人口结构优化；发挥公共服务导向对人口流动的促进作用，通过在人口导入的重点行业、重点产业、重点区域加快基本公共服务资源均衡布局，打造综合功能配套完备城市，推动人口合理流动；发挥人才开发引导对人口流向的调控作用，创造良好营商环境，吸引大批与建设省会城市相适应、创新创业活力充分迸发的高素质专业技术人才、高技能人才和海外高层次人才加速向济南聚集流入，切实提升城市活力和竞争力。

营造高品质第三空间。城市宜居，重在环境。在济南建设规划中，城市管理者要以打造优美自然环境为己任，一张蓝图绘到底；积极引入第三空间建设理念，保证公共空间环境的可达性和异质性。关注联合办公，企业孵化器、共享社区、实虚交融的网络交往平台建设，对“城市更新”“旧城改造”等发展策略主导的城市“第三空间”建设进行再定义，修复尺度不当、符号化以及僵化使用的公共空间。强化城市重点地区公共空间设计与历史城区文化复兴工作的结合。通过精细化、品质化的社区微改造、15 分钟生活圈构建等工作，营造有品位街区、高品质社区。

参考文献

[1]安树伟、常瑞祥：《“2015 城市国际化论坛”综述》，《首都经济贸易大学学报》2016 年第 3 期。

[2]郭培章等：《中国城市可持续发展研究》，经济科学出版社 2004 年版。

[3]胡迎春、曹大贵：《南京提升城市品质战略研究》，《现代城市研究》2009 年第 6 期。

[4]黄鹤群：《提升长三角城市品质的实践与思考——以南通依托江海资源建设港口城市为例》，《南通大学学报》（社会科学版）2009 年第 3 期。

[5]黄江松：《塑造我国城市品牌的思考》，《湖北社会科学》2004 年第 9 期。

[6]李俊、张鲁丹：《城市国际化评价指标和建设路径研究——以杭州为例》，《上海管理科学》2017年第4期。

[7]李丽萍、吴祥裕：《宜居城市评价指标体系研究》，《中共济南市委党校学报》2007年第1期。

[8]孟祥林：《城市化进程中的伴生问题》，《理论参考》2010年第2期。

[9]倪伟俊：《推进城市国际化值得关注的几对关系》，《经济纵横》2016年第4期。

[10]潘文瑜：《以公共文明细节提升城市品质的启示》，《镇江社会科学》2009年第5期。

[11]杨于泽：《塑造城市品质的引导力量》，《长江日报》2008年4月22日。

[12]任彬彬：《城市化中期中小城市品质提升研究初探——以江苏省扬州市为例》，中共江苏省委党校硕士学位论文，2010年。

济南市提升精细化城市管理研究

李　战

2017年全国“两会”上，习近平提出了“城市管理应该像绣花一样精细”的总体要求。实现城市管理精细化，成为全国各大中型城市政府的一项重要任务。党的十九大报告进一步指出，中国特色社会主义进入了新时代。面对新时代，济南围绕“打造四个中心，建设现代泉城”的战略目标，正在如火如荼地推行精细化管理理念。研究梳理济南的城市管理现状，发现城市管理的薄弱之处，注重管理细节，进行精益求精的修缮，从而改善城市管理的运作模式，科学整合各方社会公共资源，提升城市管理水平。这不仅能促进济南现代化城市的全面发展，而且还对济南推进智慧城市建设、城管体制改革以及构建济南大城管格局都具有十分重大的意义。

一、准确理解和把握城市精细化管理的内涵和要求

精细化管理是在城市发展过程中产生的一种新的理念、新的模式，进而衍生出新的文化，并随着社会、城市、人类的发展而不断地完善。

(一)城市精细化管理的基本内涵

精细化管理从理论脉络上来分析可知，它源于20世纪50年代日本企业的管理理念、管理方式和管理技术，随后被推广应用于各种社会组织机构。城市精细化管理就是将精细化管理的原理应用到城市管理之中，通过规则的系统化和细化，运用程序化、标准化和数据化的手段，使城市管理各单元精确、高效、协同和持续运行。城市精细化管理强调将管理工作做细、做精。“做精”是指精益求精、精雕细琢，是城市管理细化的必然结果；“做细”是指严谨细致，把握好每一个细节，是提高城市管理水平的必要途径。精心是态度，精细是过程，精品是结果。精细化管理，以全面提高城市管理水平和工作质量，是追求卓越、实现完美的必然选择。

(二)城市精细化管理的主要内容

精细化管理是一种管理理念和管理方法,体现了对管理的完美追求。它的主要内容有:一是管理对象精细化。弄清管理对象的底数是实施精细化管理的关键,只有对管理对象的情况了如指掌,才能对每一类对象实行有效管理。要充分分析职能配置,按照不同类别实行层级式细化分类,科学制定不同的管理标准,采取不同的管理方式,发挥分类管理的优势。二是管理制度精细化。要对各项管理内容进行细化并用制度的形式固定下来,为规范执法提供制度保障,促进管理方式的转变,达到长效管理的目的。三是管理手段精细化。对各类城市管理问题进行细致的研究、精确的预测、有效的应对,以实现主动式、前置式管理。四是管理职责精细化。要按照精细化管理的要求,对各管理岗位的基本职责从内容、标准、时限等方面进行细化、量化、固化,使各项管理工作有规可循,有据可依,真正形成基本职责清晰、岗位职责明确的岗责体系。五是考核评价精细化。建立起与精细化管理相配套的城管绩效考核体系,全面落实执法责任制。以过程控制、监督考核、奖优罚劣为抓手,运用考核、奖励、处罚、责任追究的手段,建立科学高效的激励机制,实现执法人员奖惩机制和管理机制的有机结合。六是管理方式智慧化。精细化管理靠的是先进的管理手段和科学的流程设计,再加上及时优化和改进,从而使管理更加切合组织的运作实际和发展要求。

二、城市精细化管理的意义

城市精细化管理是提高城市管理效能的重要举措,是改善城市市容环境面貌、提升城市环境品位和水平的有效途径。对于“打造四个中心,建设现代泉城”、深化全国文明城市和国家卫生城市创建、推动城市全面发展具有重要的现实意义和深远的历史意义。必须不断深化城市管理体制改革,加快形成指挥有力、运转顺畅、责任量化、指标精准、处置有措、反应迅速的城市精细化管理新格局,真正实现精细化管理,让泉城济南呈现出“江山如画,家园如归”的文明城市管理新气象。

(一)实施城市精细化管理,有助于塑造城市品牌

通过城市精细化管理能够将管理细节加以沉淀,继而形成常态化的城市管理机制和城市管理制度,从而使得城市管理以及相应的服务成为一种城市品牌。特别是济南近段时间持续优化营商环境,而精细化的城市管理更有利于推进营商环境建设向前发展,使得城市获得更为稳定持续的发展,城市竞争力也会随之增强。

(二)实施城市精细化管理,有助于提升城市管理质量与水平

对于城市精细化管理来说,就是要做到精益求精,做到不断完善和创新,要注重细节,稳步推进。要求城市的管理在程度上有所加深,达到较高的境界,使得城市管理的成效尤其是行政方面的工作让市民信服,从而更好地启发自觉性;在范

围上有所拓展，就是要求城市管理所涉及的范围要不断拓展，做到都要管，做到勇于承担责任；在质量上要有所提高，就是要求城市管理获得明显的效果，要满足市民需求。众所周知，细节决定成败，对于城市管理来说也是如此，能否提升城市管理自身的执行能力往往在很大程度上取决于城市管理的细节之处做得如何。

（三）实施城市精细化管理，是擦亮全国文明城市金字招牌的现实要求

2017年，济南市成功创建全国文明城市，如何将摘得金牌转化为擦亮金牌，保持全国文明城市的高水准，进一步提高城市管理水平至关重要。近年来，济南市城市管理工作取得了较好的成绩，但仍存在不少问题，有较大的提升空间，如城市环境卫生脏乱差的问题时有反弹、城市基础设施建设难以“求精”、城市管理法律法规不完善、部分市民文明意识有待增强等，这要求我们大力推进精细化管理，从小事做起，从细节做起，建设更高水平的文明城市。

（四）实施城市精细化管理，是建设美好宜居城市的内在要求

城市，让生活更美好。这不仅体现在市容整洁、环境优美层面，而且还体现在城市公共基础设施是否便利、城市服务水平是否完善等方面。正因为如此，济南提出了“打造四个中心，建设现代泉城”的战略目标。而实现这一目标的重要前提，就是让城市的环境更加优美、让城市的服务更加完备、让居住者的生活质量不断提高。这就迫切需要引入精细化管理理念，推进城市精细管理工作，认真审视城市建设管理中的细节，采取措施解决细节不美、不到位、不精致的问题，努力营造和谐宜居环境，让人民群众更好地分享城市发展的成果，对所居住的城市更满意。

三、济南市城市精细化管理现状

近年来，济南市以党的十九大精神为统领，坚持以市民为中心理念，聚焦全市“1＋454”工作体系，城市管理重心不断下移，网格化综合管理不断深化，补短板工作大力推进。城市管理标准逐步建立，基本实现了行业管理的全覆盖。责任主体逐渐明晰，条块关系得到理顺，部门联动更加顺畅。智能化手段应用更加广泛，管理效率显著提升。

（一）更新城市管理理念，提升城市精细化管理效能

济南市以人民群众满意为中心，以法律、法规和部门单位的“三定”方案为依据，研究确立了市、区、街三级和相关部门的城市管理责任，以权力清单、责任清单、公共服务事项等形式，通过媒体网站向社会公布，接受社会监督。进一步健全“市、区、街、居”四级城市管理网络，并以“市、区、街”城市综合管理委员会为依托，以社区居委会为基础，把城市管理的每项工作、每个区域、每个环节的责任，都一一细化到格、分解到岗、砸实到人，确保城市管理的每个“点、线、面”都有人管理、有人负责。同时，制定科学的城市综合管理考核方案，细化考核标准，明确考核项目，突出考核重点，创新考核方法，严格结果运用，将考评结果作为各县区年度经济社会发展综合考核中“城市管理水平”指标的重要依据。出台《济南市城市管理综合考评工作方案》，采取部门联考、社会评价、第三方测评等方式，组织实施了三个季度的城市管理综合考评（正在组织实施第四季度考评），公开奖前罚后，严格督办问题整改，各县区党政一把手投入城市管理工作力度空前加大，切实发挥了“以考促管，以考促改，以考促靓”的作用。在此基础上，厘清部门责任，把工作责任明确到每一个岗位，分解到每一名人员，让所有人共担压力、共担责任，充分调动每个岗位、每名人员的积极性、主动性，把责任追究压紧压实，彻底纠治“干好干坏一个样，干与不干一个样”等不良风气。大力纠正不作为、慢作为、乱作为等“庸懒散奢”行为，让人民的满意度逐年上升。

（二）勇啃硬骨头，不断提升城市精细化管理水平

针对群众反映的热点、难点问题，敢下力气，勇啃硬骨头。2017 年全年济南市累计拆除违法建设 3286.9 万平方米，拆除违法户外广告 17292 块，全力拿下了趵突泉西片区、“青龙峪”别墅群等一大批违法建设“硬骨头”，完成违法建设、违法广告的“年度拆除指标任务”分别为 118％和 102％，取得重大的历史性突破。采取的“先公后私，台账管理，联合惩戒，督导问责”等经验做法和“济南速度”，受到广泛赞誉，“规划即法”观念深入人心。重庆、青岛等 31 个城市来济南专题学习拆违拆临经验。住房城乡建设部在福州召开的全国拆违工作推进会上，济南市做了经验介绍。人民日报、新华社等中央媒体多次报道，为济南做法点赞。2017 年建设完成 570 吨/日生活垃圾填埋二期工程和 750 吨/日生活垃圾焚烧发电扩建项目。深入推进“厕所革命”行动，自 2015 年到 2017 年 11 月底，全市共完成 1334 座旅游厕所的建设管理工作，其中，新建 935 座，改建 399 座，动员号召 1100 多家沿街单位加入“厕所开放联盟”，补齐影响市民生活品质的短板。同时，探索利用脸谱识别系统和非现场执法模式，实现和谐文明执法，积极构建“管理有序，监管到位，标准明确，保持长效”的市容秩序新格局。

（三）强化社会动员，不断提升城市精细化管理合力

注重发挥广大市民参与城市管理的积极性，着力打造全民共建、共管、共享的百姓城市管理新机制，坚持开门办城管、主动办城管、依靠群众办城管，充分运用现代网络新媒体，从群众最关心、反映最强烈的问题抓起，联合社会各界，深入开展“环卫工歇脚点”“厕所开放联盟”和“环卫工爱心早餐”等公益活动，扎实推进门前市容环境责任制，形成了全社会共管共建共享文明城市的浓厚氛围。2011 年 5 月，济南成立全国首个百姓城管协会和百姓城管义务总队。参与者有离退休老干部、公交驾驶员，还有天桥区金未来幼儿园的老师和小朋友等，实现了市民既是城市管理对象又是城市管理主体的有机统一。经过几年的发展，百姓城管逐渐成为泉城济南一个新名片。许多城市管理中的老大难问题，由百姓城管协会出面，很快就得到妥善解决。

（四）发扬绣娘精神，不断提升城市精细化管理品质

为进一步健全完善城市管理法规体系，济南市研究制定了《济南市城市治理条例》和《济南市城市管理执法条例》，修订了《济南市户外广告设置管理条例》，调研起草《济南市违法建设查处条例》。继续围绕城市管理行政执法、生活垃圾减量与分类管理、环境卫生管理等方面，制定出台地方性法规或政府规章。对标“平、亮、绿、美、净、齐”要求，制定出台推进城市形象提升行动计划，细化标准、量化考核、压实责任，全面开展城市形象提升行动。深入开展城市杆线整治，实施夜景亮化工程，让城市空间更加优美整洁。2017 年，集中治理背街小巷 1633 条，整修路面 34 万平方米，粉刷墙体 65 万平方米，绿化补植 12 万平方米，清理非法小广告 34 万处、垃圾死角 3 万余处，修设路灯 2000 盏、果皮箱垃圾桶 7000 个等。打造了德邻里、鞭指巷胡同等一批泉城特色街巷。露天烧烤划定“禁烧区”，占道经营严管重罚，执法方式变“喊、劝、撵”为“查、扣、罚”，共取缔露天烧烤 800 余家，取缔占道夜市、农村大集及摊点群 124 处，取缔流动商贩 6 万人次，规范店外“伸舌头”经营 5 万处（次），绕城高速以内基本消除露天烧烤，占道经营造成的交通压力得到有效缓解；建筑渣土管理严格落实“五条军规”，先后对 90 辆渣土车摘牌停运，对 222 处施工工地现场整改，对 78 家运输单位限期整改和约谈；城乡环卫一体化实现全覆盖认定；年内收运处理生活垃圾 157 万吨（日均 4792 吨，累计发电 2.66 亿度），全市近 3000 家餐饮单位已纳入统一收运，日均收运处理餐厨垃圾量持续稳定在 300 吨以上；城区主次道路机扫率、洒水冲刷率分别达到 96％、98％，市容环境、城市品质得到大幅度提升。

四、济南市城市精细化管理面临的问题和挑战

（一）法制体系不完善，依法行政水平不高

市民对城管执法存在偏见，特别是各类城管执法的负面新闻时常见于各种媒体中，其根源在于国家层面缺少专门的城管立法，缺乏城管纲领性文件。虽然出台了《城市管理执法办法》，但在具体实践中，城管执法内容多，涉及面广，仍有一些问题不能够涉及。济南市近年来也出台了诸如《济南市城市治理条例》和《济南市城市管理执法条例》，修订了《济南市户外广告设置管理条例》，但没有明确济南最关心的城管职责范围、城管编制问题，在执行方面仅依靠一部部门条例，容易出现运作模式、管理标准、考核办法等不尽相同的现象，以至于综合执法改革仍停留在空壳子上，依法行政水平仍然不高，难以实现城市管理常态化，难以推行管理长效化。

(二)重难点问题时有反弹

2017年在第五届全国文明城市名单中,济南位列省会城市榜首。创建文明城市使城市的管理水平得到提升,环境变得干净整洁,但突击式、运动式阶段过去之后,一些区域、道路的占道经营、车辆乱停乱放、农贸市场卫生和秩序、重点部位的市容环境等问题反弹。例如,马路上的一些“红三轮”又开始活跃,街头巷尾聚起了零散的小市场,行人和电动车闯红灯现象时有发生。再如,文明城市创建时期,为了搞好环境卫生和秩序,街道办事处增加、更换一些保洁设施和工作人员,杜绝小商小贩占道经营,及时解决违章停车现象。因此,该小区在创建文明城市期间,环境卫生良好,道路畅通。时隔半年过去后,一些烤鱿鱼、卖鸡蛋煎饼的三轮车在早晨、傍晚的时候就来到马路口,违章停车现象日益严重,本来狭窄的马路连公交车和自行车通行都受到了障碍。这些治理过的问题就如痼疾,开始出现反复的势头。有些人怀疑前期的管理工作是一阵风,刮过去,吹散了枝叶,不能将树连根拔起。这些疑问与担心不是没有道理,如果稍有放松,问题就会接踵而来,前期的成果就会付之东流。

(三)城市管理长效机制不牢固

城市管理是一项复杂的系统工程,涉及工商、环保、园林、城管、安全、消防、交通等政府的多个职能部门。各部门的工作侧重点和法律依据不同,部门之间存在着一定的职责交叉,这就有可能造成城市管理中出现多头执法或相互推楼的现象。虽然济南市近些年一直在努力探索城市管理的长效机制,注重加强部门间的协作、配合,但由于各部门之间未能从根本上建立起稳固的沟通交流、信息分享、协调联动及监督考评等机制,在实际的城市管理工作中一些好的制度、措施很难发挥长效作用。

(四)城市发展带来的管理问题

随着莱芜并入济南、山东新旧动能转换综合试验区的开发建设以及北跨黄河、济南空间开发战略和城市发展战略的大力推进,城市精细化管理也遇到了新的挑战和困难。一方面,山东新旧动能转换综合试验区、济南国际医学科学中心等大体量重大工程建设项目密集施工、快速推进,而相关的配套设施、管理措施又难以及时跟进,给城市管理工作带来了诸如噪声污染、渣土运输、卫生维护等一系列问题;另一方面,济南作为省会城市群经济圈的核心城市,其人口聚集效应也不断凸显,由此带来了大量的进城务工人员。这部分人员由于自身素质和能力的限制,往往没有固定工作和住所,在街头上从事着各种低层次的生产方式谋生,如维修、加工、摆摊点、开小餐馆、做小生意等,常常带来占道经营、乱倒乱扔、违规搭建等相关问题,这也进一步加大了城市管理的难度。

(五)智慧化程度偏低,信息化亟待升级

济南城管的智慧化建设主要体现在济南数字城管,其应用城市地理空间信息,将城市管理信息数字化,但还不能对城市管理运行状态进行实时、自动和全面的感知,比如,街面秩序管理不够细致,网格化监管占道经营、广告牌管理、路灯管理等未实现智能监管。实际的工作仍然是由城管人员具体操作监督,在智能化方面并没有形成成熟的经验与完整的体系。随着城市管理的不断深化,数字城管已不能完全适应和满足社会发展的需求。另外,各个部门之间的信息不能够实现全网共享。数据资源的价值性尚未全面释放,数据共享和基于数据的社会化应用程度需要提升。很多部门数据体制缺乏革新,无法保证收集的数据准确、真实、实时,这样就会导致一些数据可用率并不高。由于受到条块分割和各自政策的约束,各部门之间不能充分实现数据共享,信息碎片问题仍然存在。

五、济南市推进城市精细化管理的举措和建议

济南是山东省的政治、文化、教育中心,是山东半岛城市群和济南都市圈的核心城市、新一线城市,人口700多万,这使得城市管理的范围更广、变量更多、难度更大。因此,济南要以实际情况作为一切工作的出发点与落脚点,针对城市管理的“难点”“痛点”“堵点”问题,以绣花般的细心、耐心和卓越心,使济南这座城市更有温度、更富魅力、更具吸引力。

(一)精心谋划,完善城市精细化管理规范体系

城市精细化管理的根本在于具有全面完备的法规体系,能够从源头上为城市的精细化管理提供必要的法制保证。因此,首先要建立健全城市精细化管理的法规体系,完善相应的政策标准和执行条例,使城市管理有法可依、有章可循。首先,应当仔细梳理包括城乡规划、城市管理、交通、市容、河道、住房、环境、公共安全等在内的各类法规、规章、条例等,查漏补缺,加快制定立法空白领域的相关政策,对不符合精细化管理要求的政策进行优化与修改,对一些与当前制定的法规规章相冲突的旧有规范进行调整与废止,从而提升政策管理的有效性。其次,在政策制定上要既有前瞻性,又接地气。要对标最高标准、最好水平,对照群众美好生活需要的不足之处和差距,抓住关键细节和细微之处,制定相关的法律规范,这些是目前城市管理中迫切需要解决的问题,需要加快出台相应的指导规范。然后,进一步制定科学的考核方案,细化考核标准,明确考核项目,突出考核重点,创新考核方法,严格结果运用,在各县区推行对城市管理工作进行全面考核、层级考核机制,切实通过考核推动城市管理工作全面落实、全面提升。念好城市管理“紧箍咒”。全面推进岗位责任制,把工作责任明确到每一个岗位,分解到每一名人员,让所有人共担压力、共担责任,切实通过责任制充分调动每个岗位、每名人员

的积极性、主动性，把干工作由“被动执行”变为“主动作为”。把责任追究压紧压实，彻底纠治“干好干坏一个样，干与不干一个样”等不良风气和行为。把好城市管理“度量衡”。全面推行城市管理标准化作业、标准化管理、标准化执法，建立起系统完善的精细化城市管理标准体系。修订完善城市管理作业标准，健全完善日常监督检查细则，同步建立完善考核奖惩制度。进一步完善责任、监督、考核与奖惩机制，持续改进和优化工作标准，用城市管理的标准化推进精细化、实现长效化。最后，在政策的制定上要注重其可实践性，即其内容要可量化、可对照、可操作，可以为解决当前包括垃圾分类等在内的管理顽症提供政策支持与依据，能够满足日常管理与执法的需要。

（二）精密配合，加强政府部门的引导与协调

城市的精细化管理离不开政府各部门的协调与配合。因此，要提高精细化管理水平，就要切实提高各部门的协调配合能力，破解“部门跨界”的难题。其一，要加强党建联建工作，以党建为引领，加强基层党建在城市精细化管理中的战斗堡垒作用，通过基层党建，带动区域内的单位、企业、组织和群众参与到城市精细化管理的过程中，形成全社会共同管理的大一统城市管理新格局。其二，要进一步厘清市、区、街镇的管理分工和相关职能部门的管理边际，明确管理责任，打破协作边际，制定完善相应的管理办法和协调机制，使管理无缝衔接、有效对应，从而发挥出“1＋1＞2”的效能。

（三）精雕细刻，全力开展城市容貌攻坚战

打造具有魅力的泉城，不仅要有坚实的物质基础，而且还要有高质量的软环境。软环境既体现在城市文化、市民素质等方面，也体现在城市市容管理上。市容管理涉及背街小巷、越门经营、店外作业、占道堆放、无证设摊、车辆违停等许多方面。要下足“绣花”功夫，要有“天下大事必作于细”的细心，树立精细化管理理念，需要向绣花一样精心、细心、耐心，交出文明城市的好作品。以巩固提升文明城市创建成果为抓手，对标“平、亮、绿、美、净、齐”要求，制定出台进一步推进城市形象提升行动计划，细化标准、量化考核、压实责任，全面开展城市形象提升“十大行动”。按照“大清除、长效化、细分类”的总体思路，发动全社会力量，全力实施垃圾治理，让城市更加清洁。动员市、区、街、居以及机关单位、企业、学校等各方面力量，采取全面排查、建立清单、跟踪督导等方式，集中清除城乡各类积存垃圾，实行网格定责、专人盯守、举报投诉、奖罚并举等措施，达到垃圾日产日清。制定出台生活垃圾分类实施方案，加快建立济南生活垃圾分类投放、分类收集、分类运输、分类处理的垃圾处理系统，形成法治引领、政府推动、全民参与、城乡统筹、因地制宜的垃圾分类制度。试行市民家庭装修垃圾和废旧家具免费收集处理，推进建筑垃圾资源化利用，变城市废弃物为再生新资源。深入开展城市杆线整治，实施夜景亮化工程，让城市空间更加优美整洁；全力开展城中村、城郊结合部环境综合整治，努力解决脏乱差问题；大力实施城市出入口和窗口提升行动，塑造城市新门面；深入开展背街小巷、占道经营、门头牌匾、封门堵窗、“三高”沿线（高铁、高速、高架桥）、非法小广告专项治理提升行动，使济南的市容环境、城市品质得到大幅度提升。

（四）精耕细作，大力实施城管作风持久战

城市环境是城市精细化管理的体现，树立省会意识，坚持高点定位，用符合现代泉城发展的新思维、新定位、新作为，努力打造“整洁有序，和谐优美”的省会城市新形象，使城乡生活环境更加靓丽、居民生活更加美好。坚持依法管理、文明执法，集中开展全市城管系统党风、政风、行风提升行动，加强教育、培训、管理和考核，加强街办城管科和协管员管控，实施城管协管人员“审、进、管、退”的管理制度，把城管这支队伍打造成党委政府的冲锋队、市民百姓的贴心人。坚持开门办城管、主动办城管、依靠群众办城管，充分运用微信、微博、短信平台等现代网络信息技术，联合社会各界，持续有效地推进城管开放日、城管进社区、环境脏乱差有奖举报、市民一线体验等公益活动，广泛开展道路保洁、清理垃圾、上街宣传、清理乱贴乱画、制止占道经营和劝阻各类不文明行为等活动，扎实推进门前市容环境责任制，形成全社会共管共建共享文明城市的浓厚氛围。

（五）精明细巧，提升城市治理智慧化水平

随着城市化的发展，人类社会正从工业社会快速向信息社会、共享社会演变，城市管理也亟须打造智慧化的运行模式，促进城市组织优化与创新发展，持续提升城市公共服务力与竞争力。运用智慧化提升城市精细化管理水平，运筹帷幄、科学调度，用软件优化弥补硬件上的短板，四两拨千斤地推动城市管理真正向精细化转变。首先，拓展“互联网＋城市管理”服务新理念，加强城市管理基础信息采集和基础信息库建设。摸清底数，建立完善城市管理基础信息库，切实做到基础数据全面翔实、动态实时、互联共享，是强化精细化管理的基本要求。整合数字化城市管理应用平台和智能交通指挥平台，整合相关城市管理数据，实现互联互通、数据共享，综合运用物联网、云计算、大数据等现代信息技术做好新时代文明城市建设管理工作，巩固提升文明城市创建成果。其次，加快智慧平台建设。加快“12345”市民服务热线平台、智慧城管综合决策指挥平台、智能交通指挥平台、城市照明监控系统、智慧市政设施信息化管理平台、城管物联网基站、智慧污水、智慧水务、智慧停车等信息化项目建设，全面提升城市管理智能化、精细化水平。打通数据库之间的壁垒，形成城市管理的大一统数据平台，通过对城市建设、交通、治安、水务、环境等的全盘掌握，提升精细化管理的水平。最后，借助智慧手段通过济南全民智慧城管 APP、"济南市城市管理局"、微信公众号等方式，对涉及城市管理方面的市民投诉实行统一受理、统一派单处置、统一考核、统一跟踪反馈，并对属实的投诉给予一定奖励，实现投诉有反馈、有解决、有回访、有激励，增强市民对城市的主人翁意识和认同感。

参考文献

[1]郭理桥:《现代城市精细化管理》,中国建筑工业出版社 2010 年版。

[2]陈桂龙、皮定均:《智慧治理开启城市管理新常态——建设有中国特色的社会治理体制》,《中国建设信息化》2016 年第 19 期。

[3]董幼鸿:《大城市基层综合治理机制创新的路径选择》,《上海行政学院学报》2015 年第 6 期。

[4]封冰野:《大连市中山区市容环境长效管理研究》,《大连理工大学》2016 年第 10 期。

[5]黄镇:《城市管理工作要力争做到敢管事、会管事、管好事》,《城建监察》2010 年第 8 期。

[6]蒋源:《社会精细化治理新路径探索》,《人民论坛》2015 年第 2 期。

[7]李军:《推进精细化管理　实现长沙城市管理五大提升》,《城市运行管理》2011 年第 3 期。

[8]梁喜、李东连:《重庆城市精细化管理的问题及对策》,《知识经济》2016 年第 8 期。

[9]沈振江等:《日本智慧城市建设案例与经验》,《规划师》2017 年第 5 期。

[10]孙铁翔、朱基钗:《中共中央办公厅国务院办公厅印发〈国家信息化发展战略纲要〉》,《电子政务》2016 年第 8 期。

[11]孙新军:《确立"六精六细"管理理念　推动城市精细化管理水平提升》,《城市管理与科技》2017 年第 5 期。

[12]王宝强、陈姚:《城市设计的城市精细化管理实现路径》,《广西城镇建设》2017 年第 5 期。

[13]吴苏贵、李显波:《上海推进城市精细化管理调研报告》,《科学发展》2018 年第 1 期。

[14]岳欣:《推进我国智慧城市发展的思考》,《宏观经济管理》2013 年第 11 期。

[15]张元好:《城市信息化文献综述——从信息港、数字城市到智慧城市》,《情报科学》2015 年第 6 期。

[16]张占斌:《推进新型城镇化应明确四大战略任务》,《杭州(周刊)》2014年第3期。

[17]邹宗根:《城市社区精细化治理的路径探索》,《中国机构改革与管理》2016年第12期。

基于居住空间的城市品质提升研究

张　霖

随着社会经济发展和城市化的不断推进,城市已成为人类生产、生活的主要场所,而城市更新是城市发展的大势所趋,是优化城市结构、提升城市功能、增加城市发展机会、重塑特色形象、实现城市品质提升的重要举措。近年来,我国城市日益呈现出交通拥堵、用地效益低、功能布局混乱、公共空间环境不适应发展需求等城市病问题,市民对居住环境改善的诉求越来越强烈。加之快速的城市化进程推进了旧城改造重建,城市文脉受到冲击,由居住空间引起的社会矛盾逐渐显现。国内各大城市相继提出要建设品质城市,城市发展转向质与量并重。济南市提出要加快棚户区、危房改造,有效推进老旧小区综合整治,特别注重人居环境的改善,体现以人为本,通过城市居住空间的更新提升来促进空间资源合理利用、改善人居环境和提高生活质量,从而全面提升济南城市品质。

一、相关概念及内涵

城市是人类活动最典型的空间存在。从城市形成至今,人们对于城市空间和城市品质的研究一直没有停止过,相关概念和内涵也在不断地丰富。

(一)城市空间

"城市空间"的概念缘于建筑空间概念由内部空间扩展到外部空间领域。而"城市空间"概念的进一步发展,是综合了地理学空间元素与心理学中知觉等概念衍生出的"场所"概念。城市形象的最主要特性就是可确认同一性的单一场所。场所的所有特性,涵盖了城市空间的主要性质。

(二)居住空间

城市规划学者认为,居住是城市重要的功能和组成部分,居住空间则是城市空间的细化和延续。居住区空间由以居住建筑为主的群体组合而成。它是为了各种功能的需要而有意识地进行分割或围合，组成不同大小、形状、特征、色彩的空间。这个空间环境应既能保持个人、家庭、社会的特点，有足够的手段保持互相不受干扰，又能进行面对面的交往。我国学者一般是按照城市社群的社会经济背景、职业背景等的相似性划分社会区域的，通常将城市居住空间分成三个层次，即邻里、社区和社会区。其中，邻里是城市社会空间结构研究的最小单位，若干个邻里单元构成社区，而若干个社区又构成了社会区。通常同一社会区内部具有相似的社会经济特征，其居民的职业背景与社会经济地位也具有相似性。综上所述，居住空间是城市空间的重要组成部分，是全体成员的“社会关系”在“空间关系”上的体现。

（三）城市品质

城市品质是自然物质环境品质与社会人文环境品质协调发展的一种复合人居系统状态，是生态文明、服务设施、经济发展、城市文化、城市居住和城市管理的有机结合。城市品质的提升依赖于硬环境和软环境的相辅相成、相互促进与完美结合，是一个动态完善的过程，需要政府、社会和公民的共同建构与维护。其中，自然物质环境品质包括城市生态文明建设、城市服务设施完善和城市经济持续发展等；社会人文环境属于城市品质的软环境，包括城市文化繁荣进步、城市居住品质化和城市管理科学化，诸多维度相互影响，且相互紧密连接，共同促进城市品质的提高。

本文基于居住空间，通过总结济南城市空间演变及居住空间的基本格局，对影响城市品质的各种因素进行比较研究，从而为城市管理者的决策提供更为科学的建议和借鉴，有利于城市品质的提升。

二、济南市居住空间的演进历程

（一）古代社会济南城区空间的演进

城区空间格局是城市社会经济活动、文化、政策和城市整体建设策略在地域空间布局上的凝聚和具体体现，是衡量城市发育程度的一个重要指标。古代济南城区形态的发展历程，经历了历下古城、秦汉历城县城、魏晋南北朝“双子城”、唐朝齐州州城、宋朝济南府城和明清济南城几个发展阶段。清咸丰年间，为抵御捻军的进攻，在济南府城外的东、南、西三城郊以及北郊又修筑了石圩，进行了济南城区的第四次拓展。

历下古城发源于今护城河内西南角，秦汉时期设历城县（见图 1），县城当时已发展成为一座东西五百步、南北六百步、略成“田”字形的方城，面积约 30 公顷。

魏晋时期，在历水以东，修筑东城，与秦汉历城县城隔河相望，济南城市整体上由此形成了“双子城”的格局（见图 2）

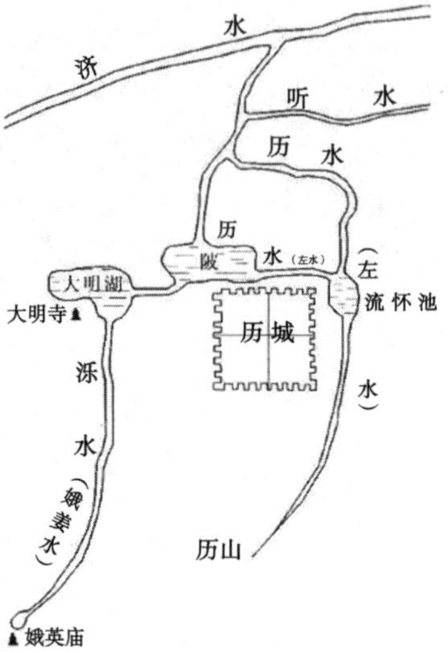

图 1　秦汉历城县城示意图

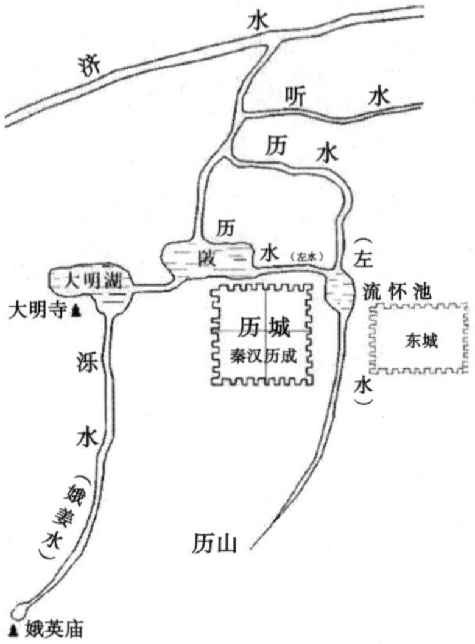

图 2　魏晋时期济南古城示意图①

唐元和十五年（820）设齐州，齐州州城环绕历城县城而建，城市空间布局也由“双子城”转变为“母子城”，即历城县城称为“子城”，其余部分为“母城”（见图 3）。济南府治始于宋代，齐州升为济南府，这时的府城还是土城。明代时，济南建设又进入繁盛期。洪武四年（1371）开始以砖石修筑城垣，而后三司移治于济南，省和府级的文武衙门交错罗列。清中叶以后，城市居民大量增多，以致济南府城内外官舍民房大大增加，商业买卖逐渐繁荣。于是府城的东、西、南三面关厢及关厢附近聚集了大量的平民及商市，古城区也相应扩大到府城以外的关厢一带，在济南府城外东、南、西关厢边缘修建了圩。至此，济南古城的城市格局基本形成（见图 4）。

① 图 1～4 资料来源：马正林：《中国城市历史地理》，山东教育出版社 1998 年版。

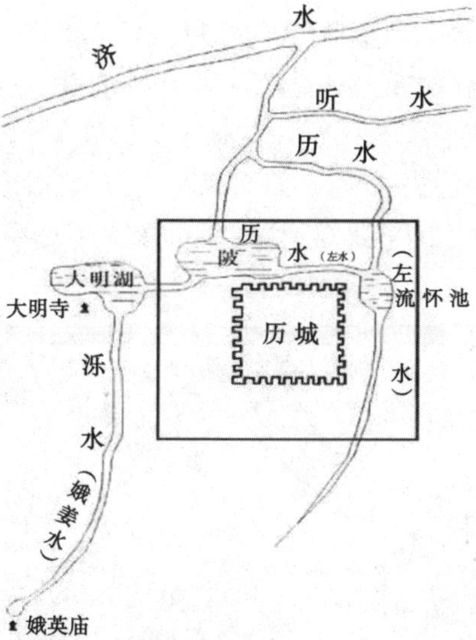

图 3　唐朝古济南城示意图

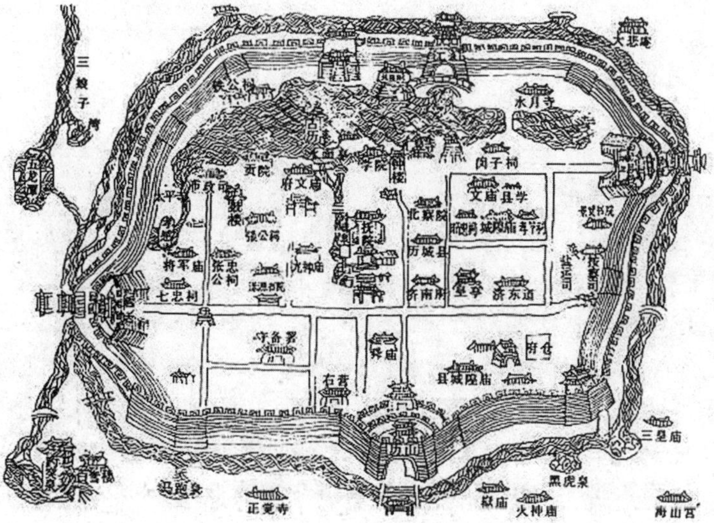

图 4　清代济南府城总图

(二)近代及民国时期(1840~1948)社会济南城区空间的演进

近代济南城市济南城市空间结构的变化可以说是因商而兴起、因商而发展的。鸦片战争以前,济南一直保持着中国传统封建城市的空间格局,在城内填充扩展,而城墙作为区分城市与乡村的屏障,一直限制着济南城市空间的拓展。直到 1904 年,济南自开商埠(见图 5),才终于打破了封建传统的束缚,使济南城市空间结构发生了根本性的变化。自开商埠后,胶济、津浦铁路相继建成通车,并在济南交汇,交通的便利更加速了城市的发展,商埠区逐渐发展为济南最繁华的商业中心。

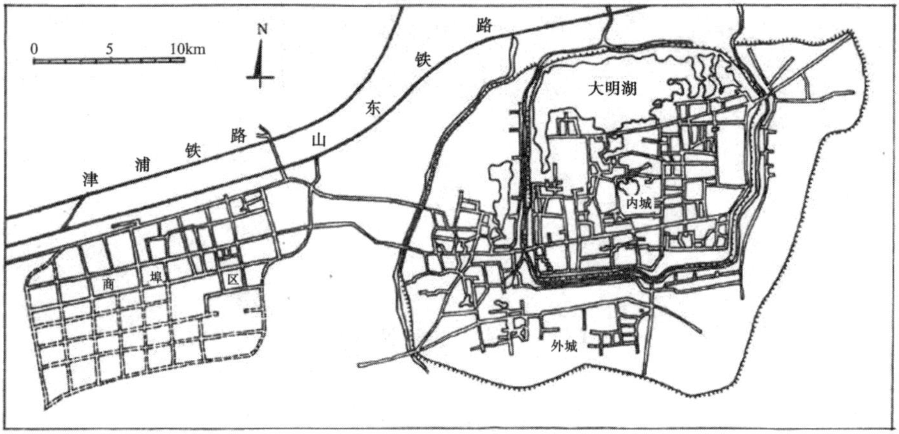

图 5　1904 年济南开辟商埠地图①

人口的变化必定影响着居住空间的改变。济南开埠前,在城市居民中,官宦贵族、豪绅门第及依附这些豪富借以营生的人们,占有很大的比重。济南开埠以后,商务繁盛,四方商贾云集济南,居民不断增加。民国以来,居住区域几经扩大。由于军阀混战连年不怠,加之日寇横行蹂躏八年,城市居民的分布状况也时有变迁。济南自开商埠后,城市空间从初期的古城区"单中心"结构,到后期的古城区与商埠区并置的"双中心"结构是近代济南城市内部结构形态演替的最大特征。古城区,内圈是府城,是城市的政治文化中心;外圈是居住和商业、手工业集中的关厢地区。1948 年济南商埠区(见图 6),以济南火车站、纬四、纬五及经二路附近为城市商贸交通中心内核;其第一外圈是居住集中地,但有少量工业和商业混杂;第二外圈是棚户区,也有少量工业、仓储混杂;再外是工业区。

① 资料来源:杨秉德:《中国近代城市与建筑》,中国建筑工业出版社 1993 年版。

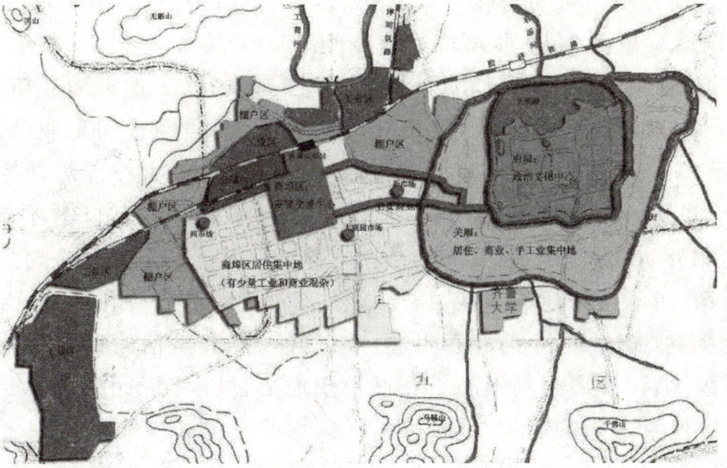

图 6　1948 年济南内部结构形态示意图

城市人口的大量增加使古城区与商埠区内的居住空间都有所发展扩大，并由于较密集的分布而形成有序的居住片区。而古城与商埠区之间的区域，因没有规划和管理，由居民自发建设，出现了散乱的居住点。随着胶济铁路通车，济南成为南北交通中枢，外国人的数量快速增长。除了传教士群体之外，还有日益增长的领事人员家属、国际贸易商以及少量的小商人。大批处于困境的周边农民也纷纷进城，使得济南市人口急剧增加。德、日、英等国也相继在济南设立领事馆，并开办银行、商店、教会、医院、学校等。民国时期，津浦铁路全线通车，并与胶济线交汇于济南，使济南在进出口贸易和商业交往的地位大幅度提高。此时，老城区仍基本延续了开埠之前的状况，官宦衙门、绅士大夫、军阀将领等集中在该区居住。洋商、华商、小贩、进城农民则主要分布在商埠区和外城。1937 年 12 月，日军侵占济南以后，对商埠用地做了第 3 次拓展，并将地理环境和卫生条件良好的南郊新市区建设成为其聚居区。1945 年抗战结束后，济南政权重归国民政府手中。经过前面几个阶段的演变发展到现阶段，济南已经成为以商业消费为主的城市，老城内居住着大量国民政府高级军队将领，中下阶层商业、手工业者集中居住于关厢地区，商埠区以济南火车站、纬四、纬五及经二路附近的城市商贸交通中心为内核。

（三）计划经济时期（1949～1987）济南市居住空间

1949 年 10 月，新中国成立后，济南进入社会主义发展新时期，社会制度的变革深刻影响了城市建设的各个方面。在“大跃进”“文化大革命”、改革开放等诸多因素的影响下,济南的发展走过了一段曲折、复杂且极富特点的历史过程。

1. 新中国成立后到1957年济南居住空间

在国民经济恢复和“一五”时期,济南城市空间格局处于正常演变阶段。由于济南不是国家重点投资开发地区,城市总体变化不大,居住区和工业的建设推动着城区成空间“一三象限”小规模蔓延式发展,即呈“东—东北—北—西南”向的城市外扩。在空间格局上表现为:拆除古城墙和石圩并在原址上修建环城马路;开辟堤口路、历山路、解放路、经十路等交通干道并沿交通干道呈触角式发展;在黄台、东郊、泺口和白马山修建工业区,城市居住区向四周扩展到花园庄、工人新村、堤口庄、二七新村、邮电新村和王家庄,形成以经四路和济洛路、纬二路为轴线的空间“一三象限”城市发展格局形态。在城市用地上,城区面积由1948年的20.38平方公里扩展到1956年的30.29平方千米,年均城区扩展速率为1.24平方千米。到“一五”时期初,市区共建房屋38.1万平方米,包括原有住房;市区住宅已达416.3万平方米,人均居住面积4.11平方米。

2. 1957～1979年济南居住空间

1957～1979年,由于受当时不稳定政治环境的影响,济南城市发展处于时快时慢、动荡不稳定时期。工业的非常规发展,促使济南城市空间格局不断演变,城区格局呈现出空间“第一象限”迅速发展形势,即城市呈“东—东北—北”向的大规模扩展。城市扩展在空间格局上表现为:跳跃式扩展与蔓延式生长相结合的以“东—北”部为主、周边绵延填空插针式发展。居住区以当时现有城区为基础,向四周扩展,并以向东郊和南郊扩建为主,规划建起黄台工业区内的肉联厂小区、山东师范学院小区和王舍人庄工业区的济钢新村等。这些住宅区以行列式平面布局为主,在师范学院小区及工人新村南村采用了沿街周边式布局与行列式相结合的形式,取得良好的城市沿街建筑景观。到1979年底,市区房屋总有面积中住宅面积772.88万平方米,市区新建住宅房屋面积62.50万平方米,人均居住面积4.16平方米。

3. 1979～1987年济南居住空间

随着十一届三中全会的胜利召开,从1979年起国内政治环境开始稳定下来,一切工作步入“以经济建设为中心”的正轨上来。在改革开放的形势下,济南进入了城市快速发展的新时期。1980年,济南编制《济南市城市总体规划》和18项专业规划,为济南城市规划建设和管理指明了方向。在此指导下,济南开始加快城市市政工程基础设施建设。城市道路的拓宽,主、次干道的改造和新建,立体交叉桥梁的建设,使铁路分割市区的面貌格局得到基本解决,形成了现代城市的空间骨架,将城市建成了一个能初步快速反应的通道。随着旧城改造和新区建设的步伐，住宅建设出现高速发展的势头，首次出现统一规划、统一建设、统一配套的完整的住宅区，相继建成七里山、燕子山、花园庄、菜市庄、毕家洼等住宅小区，形成了以原有城区为中心、向四周大片分布的格局。城市扩展的主轴“东北—西南”初步凸显，城市沿着没有障碍、地势平坦的东北方向和相对宽广的西南方向延伸，且以东北方向为主。这一阶段，城区面积由 1979 年的 67.43 平方千米扩展到 1987 年的 94.92 平方千米，年均城区扩展速率为 3.44 平方千米，城市进入快速建设时期。

总体来看，社会主义计划经济时期(1949～1987)济南城市扩展以在旧城区外围建立“生产型工业企业单位”为主，济南市的商业中心、行政中心依然位于城市的中心。由于“单位制”的城市建设和管理模式，位于城市核心的区域就成为机关干部的聚集区，核心区外围的工业区就成为工人聚居的区域，其外围则是农业用地和农村聚落。这一时期，济南市的居住空间总体上依然表现为正向递变的传统社会模式，即从中心市区向郊区，居民的社会经济等级地位逐渐降低的“正向”递变空间结构(见图 7)。

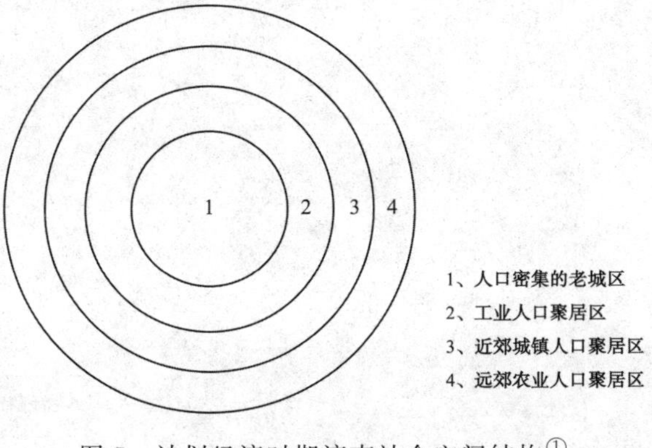

图 7　计划经济时期济南社会空间结构①

(四)改革开放以来(1987 年至今)济南城市居住空间

我国自 20 世纪 90 年代进入一个渐进的转型期，而城市进入转型期则是以 1987 年城市的土地有偿使用制度的建立为标志的。城市的经济体制转型和社会结构转型同时进行、互相推动；同时，二者也互相制约，造成结构冲突和体制的摩擦，使城市的社会问题日趋突出，如社会分层结构的出现以及由此衍生的城市社会空间的分化，从而导致社会问题日趋空间化等。

① 资料来源：黄亚平：《城市空间理论与空间分析》，东南大学出版社 2002 年版。

1. 1987～2000 年城区空间格局

在前期城市快速发展的基础上，这段时期济南处于继续加速发展阶段。城东和城西的贤文庄和大金庄两个组团已基本形成，“一城四组团”的城市空间格局也由此形成。主城区除东南部受山体阻挡外，其他方向继续向外呈蔓延，形成空间“一二三象限”的扇形式扩展。城区面积由 1987 年的 94.92 平方千米扩展到 1995 年的 136.21 平方千米，年均城区扩展速率为 5.16 平方千米，城市进入高速建设时期。

2. 1995～2000 年城区空间格局

1995～2000 年，城市空间形态在原有城区基础上，“摊大饼”式的小范围向外漫延扩展，同时进行着内部填充式变迁。整体空间格局大致以山东省政府所在地为圆心点，沿东北—西南和南北两个轴向延伸。这一时期，由 1995 年的 136.21 平方千米扩展到 2000 年的 157.19 平方千米，年均城区扩展速率为 4.196 平方千米，城市内部改造成为该时段城市发展建设的一个重要方面。

图 8　新中国成立后济南城市空间结构演变图①

① 资料来源：济南市规划局：《济南市（1996～2010）年城市总体规划》。

3. 2000 年迄今城区空间格局

随着济南经济社会的快速发展和城市化进程的加快，为适应形势发展要求，2003 年济南市提出了“东拓、西进、南控、北跨、中疏”的空间战略和“新区开发，老城提升，两翼展开，整体推进”的发展思路，《济南市城市总体规划（2006～2020）》依然延续了城市带状形态格局，并向东西两翼跨越式发展，形成主城区居中、西部城区和东部城区同步发展的“一城两区”格局（见图 8）。

三、21 世纪以来济南市居住空间分异及潜在的社会问题

（一）济南居住空间现状

1. 从区域空间变化来看

一是经十路、奥体中路沿线区域。经十路是济南市一条东西向的交通大动脉，它将济南由西部新城、中部旧城区、东部新城连接起来，是济南人流、车流的主要交通通道。同时，全运会主场馆—奥体中心、济南市新市政府大楼、高新开发区汉峪金谷的设立等因素共同塑造了该地段住宅市场快速发育的态势。济南中央商务区也同样位于济南市东部新城核心区域经十路城市发展主轴上。二是内环路无影山中路—北园大街—历山路—经十路—纬十二路—济齐路。济南市内环路毗邻区域属于济南市住宅发展成熟区域，随着济南市旧城改造和土地整理的进行，在济南市各个方向成熟片区的周围都出现了新的住宅开发片区，这些片区与其附近的成熟片区有相近的区域属性。例如，济南万达广场周围片区、恒隆广场周围片区、大舜天成自由城片区等。三是济南南部青龙山、郎茂山、万灵山、西站山、平顶山等区域。该区域是济南市环境最好的片区，历来都是济南高档楼盘开发的首选。因此，南部片区，特别是沿英雄山路靠近二环南路等地段，集中了大量的高档住宅及别墅区。因此，该地段也是济南发展较快的区域。

2. 从居住空间变化来看

2002 年以后，济南市商品住宅发展迅速，各区均建设了大量住宅楼盘。加之济南人口的剧增，城市居住密度加大，住宅建筑高度也在迅速增长，济南城市居住空间变化明显。主要表现在：商品住宅建设的范围不断扩大；居住重心逐渐向郊区扩散；生产与居住混合的传统单位制格局逐步被打破，商品住宅小区成为城市居民选择住房的主要形式。另外，个人选择住房的自由度大为提升，伴着着社会阶层贫富分化的加剧，居住空间分异也日趋明显。城区范围内，高收入住区相对分散，主要沿经十路两侧成带状分布，以千佛山为中心成圈层分布，以及环境宜人的南部山区。低收入住区空间分布上则较为集中，大多分布在中心城区、二环路—北园大街、胶济铁路沿线及老商埠区。

3. 从居住空间发展趋势来看

东部高新区、历城区、西部西客站片区及北部小清河片区将成为住宅供应集中区域,中部核心区的纯居住功能则在慢慢弱化,城市扩张仍以东西向为主,北部发展重在改善现有环境、提升区域形象。因而,居住空间以东部、西部为主,旧城区由于居住趋于饱和,主要将以旧城更新、地块功能置换为主。

(二)济南市居住空间分异的动力机制

1. 政府调控政策

在政府层面上,济南市居住空间分异主要是通过政府一系列的调控制度(如土地使用制度、住房商品化制度、户籍管理制度等)影响居住空间分布特征。随着土地批租和有偿使用制度的推行,土地级差效应日益显著,这为不同质量的居住用地在空间上的不均衡分布提供了可能。随着金融、商业、高档商住等项目的侵入,位于城市中心区的低档住宅、工业、仓储等项目纷纷外迁,这直接导致伴随该类型住宅的人群及居住空间的变迁,中心高昂的地价加速了危旧房的改造,导致低收入阶层被边缘化,城市居住空间随之发生转变。在房改政策大力推行下,居民择居的灵活性大大增强,济南市在房改方面的相关政策,使得同一工作单位不同职工选择不同住宅的需求成为可能,随之带来的是各种不同档次住宅的需求急速增长。

2. 市场利益驱动

首先是通过"招、拍、挂"获得土地的房地产开发商,在经济利润最大化的驱动下,房地产开发商人为地将城市人群分类,针对不同类型的人群在不同的地段开发了不同等级的商品房。随着这种市场利益的驱动以及房地产开发商的人为操作,高档住宅往往集中在区位条件良好、环境优美、基础设施完善的地区,而在交通状况与环境条件恶劣的地段则集中了低档住宅。济南市历下区、市中区、高新区等地段集中了大量的中高档住宅区,在济南市北部、西部槐荫区、天桥区等地段则集中了大量低档住宅。不同层次的住宅区在空间布局上形成分化,为居住空间分异提供了物质前提。

3. 公众自由择居

在市场经济条件下,城市居住空间分异主要是个体择居行为整合结果的体现。不同类型的居民在收入、职业、家庭结构、居民消费心理与习惯等方面存在差异,导致各类型居民在择居意愿上呈现多样性与复杂性。对低收入阶层而言,只能选择住宅价格较低、环境品质较差的地段,而高收入阶层则可以选择环境品质和交通状况更便利的地段。城市一般居民在择居方面所考虑的因素包括住宅价格、交通、环境、基础设施、通勤距离等。而这些因素在市场因素作用下的差异导致居民在自由择居方面存在不同,最终导致居住空间在空间上的分异。因而,公众的自由择居行为也是导致居住空间分异的一个重要因素。

4. 规划导向行为

城市规划在各层面的规划包括城市总体规划、居住区规划、旧城改造规划、绿地系统规划及道路交通规划等。各种类型的规划对城市居住空间格局的影响起着重要的作用。城市总体规划通过用地布局使居住用地在空间位置上存在差异，居住区规划形成了不同档次的住宅。旧城改造规划造成了中心区低收入居民被边缘化，绿地系统规划在环境品质上造就了不同居住空间分异的格局，道路交通规划形成了交通状况的差异。

(三)济南市居住空间潜在的社会问题

1. 社会隔离加深

社会在空间上的分异引发的居住隔离会使不同社会群体之间的交往缺失，此种状态极易给社会的安定造成隐患，从而导致阶层矛盾激化。与此同时，居住空间的分异，使得不同阶层所形成的交往范围也大为不同。在一定程度上，这种交往空间的差异性也导致了阶层间社会距离拉大，容易导致阶层矛盾与社会排斥。各收入阶层所形成的生活圈层也造就了不同的社区管理模式。目前，济南市居住空间分异现象已日趋明显，在城市中心区与城市边缘区的分化尤为明显。中心区与郊区，东南方向与西北方向的差异仍有不断扩大的态势，如不妥善处理，将可能成为济南市进一步发展的瓶颈。因此，有必要从城市总体上优化空间格局，缓解城市居住空间分异现象，在中等阶层住宅区、经济适用房住宅区、廉租房住宅区采取不同的管理措施和管理模式。

2. 社会福利受损

居住空间分异导致城市空间资源分配上出现不公平，城市低收入居民在居住空间分异的影响下失去了对城市中心空间的使用权，新的经济形势给社会福利带来了更高层次的考验。受各项因素的影响，如消费者择居过程的交通、景观偏好、竞租能力等，使得山水景观区、商业聚集地和轨道交通等区位良好的地段以及社会公共资源区域被社会中、上阶层独享，城市的广大低收入阶层成为被边缘化群体。从经济学角度出发，居民的消费能力决定了其对居住区位的实际拥有能力。然而，绝大部分的公共服务设施(如景观、教育、医疗卫生服务等)设置在市中心，这些设施只能被城市中少数的中、上阶层居民优先享有，处于社会低层的居民由于受自身居住区位的影响，再加上交通成本及消费能力的有限性，使得该类居民享有城市公共资源需要支付极高的成本，这进一步加大了社会资源支配两极分化的程度。在这种情况下，居住空间分异使得低收入群体的社会福利受到损失。

四、济南基于居住空间的城市品质提升

(一)进一步培育多中心的城市空间结构,合理配置居住空间用地资源

“多中心”是20世纪60年代以后西方国家为解决大城市出现的各种城市病而提出的一项主要规划实践。目前,这一策略已经成为中国大城市空间发展的重要策略。“多中心”不仅能够分担“单中心”过于集中的功能,而且还提高了“中心区”的用地供给,这不但能够缓解城市病,而且还能在一定程度上抑制“单中心”不断攀升的地价。而中心区地价的降低有利于缓解城市中心区过高的房价、缓和空间极化现象,进而也就缓解了城市的居住空间分异。济南市在城市总体规划中也明确提出:“总体布局应有利于城市功能优化和结构调整,合理开发建设新区,有机疏解旧城,使城市空间从单中心高度集聚向多中心组合城市结构模式转变。”然而效果似乎不太明显。因此,需要加快济南市“多中心”空间格局的形成,分散主城区的市级功能,平衡过于集聚的居住,抑制主城区房价过高增长,合理配置居住空间用地资源。

(二)提倡适度混合居住,提倡多样交往空间

混居模式,即将不同收入阶层的居民在邻里层面结合起来,形成相互融合地区,使低收入群体不被排除在城市主流生活之外。发达国家主要通过对房地产开发的介入以及有效的规划手段实现居住的混合。混合居住可以创造多样交往空间,使得低收入者通过高收入者获得更多的就业信息,拓宽个人交往范围,提高就业率,增加收入;同时,受高收入者的观念、生活习惯等影响,更加接近现代生活文明,规范自身行为,享受和高收入者同样的公共服务设施,促进社会资源配置公平。济南市在居住空间分异不可逆转的形势下,对混合居住这种模式可以进行一定的尝试。混合居住的开发模式有别于市场主导下的自由开发模式。针对该类模式的倡导必然带来高额的开发成本,而这种开发成本由具有宏观调控的政府来支付。针对混合居住模式的推行,一个使各个阶层利益达到平衡的结合点显得尤为重要。因此,对于混和居住,政府不仅要重视居住物质空间的混合,更要关注混居邻里主导价值观的培养。

(三)加强住区周边公共设施建设,缩小住区外部环境差异

商业、教育等公共设施对城市居住空间格局影响较大,这既影响商品住宅的分布方向,更关系到住宅的价格。因此,要调整城市社会空间格局就必须对城市的公共设施分布进行优化调整。目前,济南市商业、教育等公共设施大都集中在二环路以内的中心城区,造成公共设施布局不合理、人流过度密集,加剧了中心地区商品住宅的开发和价格的攀升。新建区教育设施、商业中心建设明显滞后,特别是购物超市以及中小学匹配度不够。因此,未来要首先加强东西两翼新扩展地

区公共设施的建设，进而再向北扩展。东部在高新技术开发区、奥体中心以及高等院校等的影响下，吸引了大量人口，并带动了大量商品住宅的开发。完善济南东部城区的公共设施，尤其是商业设施的配套，能够进一步增强该区的活力。西部也是济南城市空间发展的一个战略方向，目前该片区商业、教育、医疗等设施发展较为薄弱，需要在住区集中地段有条件地增加公共设施的配给。而北向发展水平较低，在东西两翼发展到一定水平后，应重点转向北向的公共设施建设，以缩小不同居住片区的公共设施水平差距。

（四）把社会空间规划纳入“北跨”战略，实现济南“黄河时代”居住空间和谐发展新突破

2018年济南市政府工作报告再次重点指出，要举全市之力推进新旧动能转换先行区建设攻坚，坚持以中疏支撑北跨、以北跨带动中疏，开启先行区建设“元年”，实现“千年一跨”破题起势。济南新旧动能转换先行区初步规划范围1030平方公里，其中黄河北730平方公里。新区建设，规划先行。目前，济南正按照田园城市、精明增长的理念，同步推进总体规划与产业、交通、生态等专项规划编制，以产兴城、以城促产、以业聚人。从济南经济社会发展来看，城市的发展规划对城市居住空间的发展变化有着重要的影响，尤其改革开放以来，济南市规划的变迁对社会空间的拓展方向选择、居住空间的分异产生了重要的影响。因此，我们应当把居住空间规划纳入“北跨”战略，避免在新区建设中重复出现上述社会空间存在的问题，实现济南“黄河时代”居住空间和谐发展新突破：一是结合TND模式（传统邻里开发模式）规划适宜性社区，按照“政府引导，群众自愿，市场参与”的工作思路，分期分批推进社区建设，使人口向镇区集中，居住向社区集中。TND模式为我们在改善社区环境、提高土地利用率、加大居住空间异质化方面寻求到了一条崭新的道路。二是结合TOD（公共交通导向）规划新区居住空间组团的构建。济南市规划空间结构具有向“多中心”发展的趋势，多中心组团式的城市结构可以在一定程度上使城市用地与城市公共设施均质化。城市副中心可以分流市中心对不同收入阶层的吸引，也有利于提高周边区域的设施水平，防止低收入区域的贫困化和边缘化。因此，济南应当在加强“三桥一隧”新跨河通道体系建设的同时，通过以TOD模式为导向的居住开发来进行系统的土地开发和居住空间布局，借助轨道交通、大运量公共交通（BRT）等模式的空间开发，构建紧凑的城市组团和TOD社区，增强社区认同感，降低出行成本，在控制密度的前提下提高空间利用率。三是制定宜居城市未来发展蓝图，高标准建设，提高承载能力。新区建筑的设计与建造对市民的生存环境以及生活质量有十分巨大的影响，所以应当在城市建设过程中提高标准，打造绿色建筑，提高承载能力，并且把黄河的历史文化、文脉记忆、地方风情、田园风光融入到城市建设中，实现现代与传统融合、城市与田园结合。

市场化进程对物质资本配置效率的影响与对策研究

马　斌

一、资本配置效率及分类

(一)资本配置效率的含义

资源配置效率问题是经济学研究的核心问题之一。意大利经济学家菲尔弗雷·帕累托(Vilfredo Pareto,1848～1923)对资源配置含义给出了最严谨的解释。帕累托认为,如果社会资源的配置达到这样一种理想状态,即任何新的调整不可能在不使其他任何人境况变坏的情况下,使任何一个人情况变得更好,也就是不存在更多的"帕累托改善",那么这种资源配置的状况就是最佳的,也是最有效率的,这就是"帕累托最优",称之为"帕累托效率"。"帕累托最优"是经济体和政治方针非常重要的一个评价标准。

经济学理论认为,在充分竞争和完备的市场条件下,交换的最终结果一定是"帕累托最优",并同时会满足如下三个条件:一是交换最优。此时任意两种商品对任意消费者来说,两种商品的边际替代率相同,并且消费者此时的效用均达到了最大化,个人不能从再次交易中取得更大的利益。二是生产最优。此时对于任何两个不同产品的生产者来说,所需要投入的两种生产要素的边际技术替代率是相等的,并且这两个生产者之间的产量均同时达到了最大化,也就是这两个经济体均在其生产可能性边界上生产。三是产品混合最优。此时生产者在任意两种商品之间的边际产品转换率必须与这两种商品的边际替代率相等。以上三点通俗地说,就是所有使用者均得到了相同的边际利益,所有的供给者的边际成本都必须相等,而且任意使用者的边际利益必须与任意供给者的边际成本相等。如果资源的分配满足了以上三个条件，我们就通常说资源的配置是有经济效率的。

（二）资本配置效率的分类

研究资本配置效率问题的前提是对资本配置效率进行有效的分类。吕宙从宏微观的视角将资本配置效率划分成三个层次：国民经济层次、行业层次和企业层次。国民经济层次和行业层次属于宏观角度的划分，其中，资本怎么在全社会合理分配以实现产出最大化为国民经济层次的资本配置研究，资本在行业间实现合理分配为行业层次的资本配置研究。企业层次属于微观角度的资本配置研究，是指在特定的经济条件下，如何使用资本使其实现利润的最大化。魏海港从狭义和广义两个层面划分了资本配置效率，狭义的资本配置主要指资本在公司内部进行配置，资本配置低效率是指公司在生产可能边界以下生产，实际产出水平与其拥有的资源和技术要求存在一定差距；广义的资本配置主要指资本在各公司之间的配置状态，有效率的资本配置保证分配到每家公司的资本都必须拥有相等的边际产出。魏海港以公司作为资本配置的划分点，是微观层次的划分，并未涉及宏观层次的资本配置效率。刘赣州更精确、逐层深入地划分了资本配置效率，依据资本作用范围大小将资本配置效率划分成国际层次、宏观层次和微观层次。微观层次的资本优化配置进一步分为企业内部的资本配置和企业之间的资本配置。刘赣州认为市场经济条件下，商品都按照市场价格出售，此时资本更多的流向具有价格优势（低于市场价格）的企业，达到资本在企业间的有效配置；而与此同时，企业经营者会基于利润最大化原则，调整资本在各要素之间的配置，以促使各种生产要素达到最优组合。资本在各种生产要素之间的有效配置程度即为企业内部的资本配置效率。我国资本边际收益在地区、行业间存在巨大的差异，基于这种考虑，刘赣州在宏观层次上进一步把资本配置效率划分为行业资本配置效率和地区资本配置效率。行业资本配置效率表明了将资本配置到边际效率最高行业的有效程度。地区资本配置效率指将资本配置到边际效率最高地区的有效程度，揭示了资本在不同地区间的增量和存量的比例关系。资本在国际领域的配置是指在开放的条件下，资本从配置效率较低的国家流入到资本配置较高的国家，进而促进资本在国际间的优化配置。

以上不同层次的资本配置效率存在着相互联系、互相影响的关系。小范围领域资本配置效率的提高能促进该范围经济更快的发展，并吸引更多资本的进入，进而对大范围领域的资本配置效率起着优化和改善的作用。例如，企业层次资本配置效率的提高，必将使资本在地区的利用更有效率，从而能促使整个地区资本收益率的提高、实现经济的良好发展。地区资本收益率的提高又将吸引更多的资本流入，进而促使更大范围资本配置效率的改善。同样，大范围领域资本配置效率状况也能通过影响资本的流动来影响小范围领域的资本配置效率。对于一个国家内部、地区、产业等宏观层面的资本配置效率,主要是通过社会经济制度的安排予以实现;企业之间以及企业内部资本配置效率等微观层面的资本配置效率的提高,则是通过其内部的生产管理与技术水平的提高得以实现。现代经济学理论认为,市场是资源配置最重要的方式,资本市场的发展水平以及要素市场和产品市场的发育程度等均会影响资金在不同地区、行业和企业间的流动,进而影响地区经济、产业结构以及企业的发展。

二、山东省物质资本配置效率的测算及基本特征

(一)资本配置效率基本测算方法

从已有研究文献看,在国家、地区或行业层面对资本配置效率的测度主要采用了两种方法,即边际产出均衡法和投资弹性系数。

1. 边际产出均衡法

这种方法的思路来自新古典经济学的边际产出均一化思想。当各行业、地区资本的边际产出不相等且资本不存在行业和地区间的流动障碍时,投资者为了获取最大利益会不断调整投资方向,通过资本在不同行业或部门间的流动,最终使资本的边际产出率趋于相等。资本边际产出率也称为"投资效果系数",用公式可以表示为:IOCR=△Y/△K。其中,"△Y"为产出的增量,"△K"为资本的增量。投资效果系数表示在一定时期每一单位资本的投入所带来的产出的增加,一般认为,在资本投入等因素不变的情况下,资本配置效率和投资效果系数互为正比例关系。

2. 投资弹性系数

这种方法的思路是行业资本配置效率的提高便意味着在资本回报率高的行业继续追加投资,而在资本回报率低的行业适时撤走资金。投资弹性系数是行业盈利能力对投资变动敏感程度的测度指标,为当年投资增长速度与当年 GDP 增长速度的比值。Jeffrey Wurgler(2000)开创性地构建模型 $\ln=\frac{K_{it}}{K_{it-1}}=\alpha+\eta\ln\frac{V_{it}}{V_{it-1}}+\varepsilon_{it}$,采用各行业的实际固定产形成(K)对实际产出增加值(V)的弹性(η)来衡量一国的资本配置效率。弹性越高,说明这个国家行业间的资本流动对行业兴衰的变化越敏感,这个国家行业间的资本配置效率越有效。

(二)山东省物质资本配置效率

从已有研究文献看,对于国家、区域或行业层面资本配置效率的测算,比较有

代表性的测度指标主要有投资弹性系数、边际资本产出比率和全要素生产率的增长率这三种。如果分析和比较不同区域的资本配置效率，可以采用边际资本产出比率进行测度。本文研究的重点是中国各地区物质资本配置效率的情况，因而采用边际资本产出比率——投资效果系数（IOCR）进行比较研究。

需要指出的是，IOCR受诸多变量影响，其中资本存量、科技水平、市场化水平等都是重要影响因素。一般认为，资本存量越大，边际投资效果将越小；科技水平越高，边际投效果越大；等等。但同时，在资本存量等因素相同的情况下，IOCR越高也代表着资本配置效率越高。

1. 资本存量的测算

基于生产者的层面，所谓的资本是指进入生产函数中，对某一时段产出做出贡献的资本要素。资本存在广义和狭义之分，广义的资本除包含物质资本外，还包含土地资本、人力资本等所有能进入生产函数的资本；狭义上的资本仅指一般意义上的物质资本。本文测算和研究的资本指狭义上的物质资本。

从对我国资本存量的已有研究看，对资本存量的测算基本上是采用Goldsmith 1951年所开创的永续盘存法。永续盘存法的基于原理是：假定每一期的资本都是上一期留存下来的资本折旧后所剩的部分，再加上当期新增的资本量就得到该期资本总存量。在确定一个基期的资本存量后，只要能够确定每年的资本折旧和新增资本量，即可通过迭代法计算出每一年的资本存量。具体来说，假设资本的积累方式是：$K_t=K_{t-1}(1-\delta_t)+I_t/P_t$。其中，“$K$”为资本存量，“$\delta$”为资本折旧率，“$I$”为投资额，“$P$”为投资价格指数。对以上四个变量（各年投资流量“$I$”、投资品价格指数“$P$”、折旧率/重置率“$\delta$”、基年资本存量“$K$”$_0$）的选择与构造以及缺失数据的处理，本文借鉴张军的方法处理。在此基础上，将省级数据延展2012年，基于永续盘存法计算出的山东省资本存量数据见表1。

表1　　山东省物质资本存量估计　　单位：亿元

年份	1952年价格	1990年价格	年份	1952年价格	1990年价格
1952	57.40	135.70	1983	578.69	1368.06
1953	58.66	138.67	1984	662.03	1565.07
1954	61.06	144.35	1985	766.20	1811.35
1955	65.88	155.75	1986	876.17	2071.32

续表

年份	1952 年价格	1990 年价格	年份	1952 年价格	1990 年价格
1956	73.34	173.38	1987	1012.20	2392.90
1957	80.36	189.97	1988	1138.73	2692.04
1958	91.62	216.61	1989	1236.50	2923.16
1959	106.68	252.19	1990	1336.35	3159.22
1960	122.15	288.76	1991	1466.77	3467.53
1961	119.70	282.98	1992	1670.32	3948.75
1962	116.42	275.23	1993	1970.80	4659.09
1963	112.85	266.78	1994	2294.92	5425.33
1964	112.27	265.42	1995	2646.18	6255.75
1965	115.42	272.86	1996	3057.32	7227.70
1966	123.63	292.27	1997	3526.03	8335.76
1967	129.34	305.78	1998	4069.60	9620.80
1968	132.80	313.96	1999	4683.74	11072.68
1969	141.04	333.43	2000	5413.56	12798.01
1970	151.77	358.80	2001	6191.42	14636.94
1971	164.31	388.44	2002	7129.00	16853.43
1972	176.92	418.25	2003	8287.16	19591.39
1973	190.24	449.74	2004	9778.50	23117.02
1974	200.76	474.61	2005	11621.49	27473.97
1975	234.51	554.40	2006	13738.38	32478.45
1976	266.01	628.86	2007	15938.54	37679.75
1977	305.73	722.78	2008	18330.10	43333.57
1978	347.63	821.82	2009	21645.78	51172.06
1979	386.80	914.42	2010	25311.59	59838.29
1980	425.71	1006.40	2011	28398.39	67135.67
1981	465.10	1099.52	2012	31712.40	74970.21
1982	519.29	1227.64			

注：本表中给出的资本存量为各年末数据。

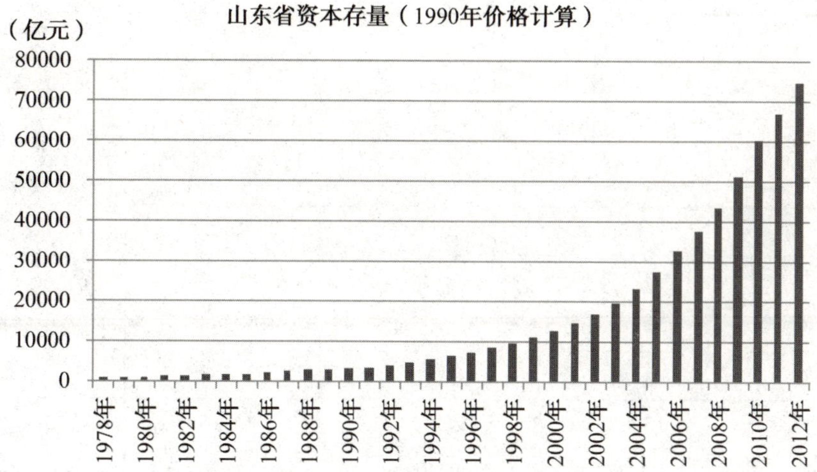

图1　山东物质资本存量趋势图

改革开放以来，尤其是1990年以后，山东省物质资本存量保持着几何级数的增长，但其产出效率如何，需要我们对其进行更深一步的研究。

2. 山东省投资效果系数计算

以1990年为价格基期，测度的山东投资效果系数（*IOCR*＝$\triangle Y/\triangle K$）如图2、表2所示。可以看出，*IOCR*在历经了改革前半段的宽幅波动后，从1994年开始持续下降。

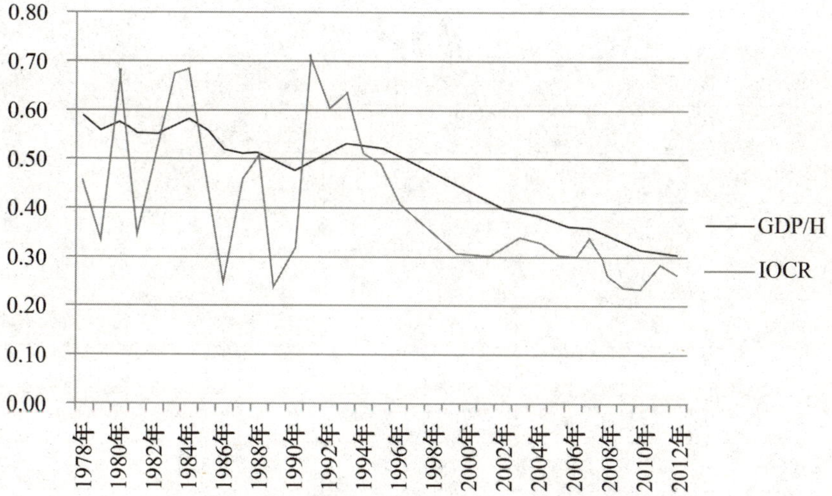

图2　山东省投资效果系数（*IOCR*）趋势

表 2　　山东省投资效果系数(*IOCR*)计算

年份	*K*	*GDP*	*GDP/K*	*IOCR*
1978	821.82	483.80	0.5887	0.4553
1979	914.42	515.57	0.5638	0.3431
1980	1006.40	578.48	0.5748	0.6838
1981	1099.52	611.23	0.5559	0.3518
1982	1227.64	680.52	0.5543	0.5408
1983	1368.06	775.43	0.5668	0.6759
1984	1565.07	910.11	0.5815	0.6836
1985	1811.35	1014.10	0.5599	0.4222
1986	2071.32	1078.56	0.5207	0.2480
1987	2392.90	1227.36	0.5129	0.4627
1988	2692.04	1379.83	0.5126	0.5097
1989	2923.16	1436.12	0.4913	0.2435
1990	3159.22	1511.19	0.4783	0.3180
1991	3467.53	1732.57	0.4997	0.7180
1992	3948.75	2024.45	0.5127	0.6065
1993	4659.09	2475.06	0.5312	0.6344
1994	5425.33	2869.03	0.5288	0.5142
1995	6255.75	3278.19	0.5240	0.4927
1996	7227.70	3677.38	0.5088	0.4107
1997	8335.76	4090.78	0.4908	0.3731
1998	9620.80	4532.83	0.4711	0.3440
1999	11072.68	4989.24	0.4506	0.3144
2000	12798.01	5514.20	0.4309	0.3043
2001	14636.94	6069.33	0.4147	0.3019
2002	16853.43	6773.57	0.4019	0.3177
2003	19591.39	7702.90	0.3932	0.3394
2004	23117.02	8878.16	0.3841	0.3333

续表

年份	*K*	*GDP*	*GDP/K*	*IOCR*
2005	27473.97	10215.17	0.3718	0.3069
2006	32478.45	11711.33	0.3606	0.2990
2007	37679.75	13474.78	0.3576	0.3390
2008	43333.57	14979.80	0.3457	0.2662
2009	51172.06	16813.81	0.3286	0.2340
2010	59838.29	18877.07	0.3155	0.2381
2011	67135.67	20933.02	0.3118	0.2817
2012	74970.21	22984.03	0.3066	0.2618

注:以 1990 年为价格基期。

3. 山东省资本配置效率与其他地区比较

从省级层面看,山东省投资效果系数(*IOCR*)与其他地区的变动趋势基本上一致,如表 3 和图 3 所示。

表 3　　地区投资效果系数(*IOCR*)指标

年份＼地区	江苏	山东	河南	广东	陕西	新疆
1978	2.1656	0.4553	0.5791	0.0678	0.5611	0.3612
1979	1.0296	0.3431	0.5031	0.5625	0.3529	0.4121
1980	0.4114	0.6838	0.6621	0.8739	0.3841	0.2923
1981	0.9758	0.3518	0.4754	0.4205	0.2591	0.3603
1982	0.4450	0.5408	0.2097	0.4060	0.5502	0.3086
1983	0.5470	0.6759	0.7828	0.3040	0.6158	0.3959
1984	0.6726	0.6836	0.4186	0.5502	0.6155	0.4080
1985	0.6235	0.4222	0.4807	0.6433	0.3829	0.4892
1986	0.3331	0.2480	0.1687	0.5033	0.1661	0.4174
1987	0.4307	0.4627	0.6938	0.8596	0.2680	0.4892
1988	0.6245	0.5097	0.3193	0.6617	0.6001	0.3816
1989	0.1215	0.2435	0.3335	0.3433	0.1513	0.2949
1990	0.2389	0.3180	0.2518	0.2342	0.2026	0.5869
1991	0.3224	0.7180	0.3373	0.6719	0.4214	0.2947
1992	0.6462	0.6065	0.5561	0.6194	0.7633	0.3291
1993	0.5057	0.6344	0.6153	0.4905	0.4823	0.2905

续表

年份＼地区	江苏	山东	河南	广东	陕西	新疆
1994	0.5215	0.5142	0.4761	0.6394	0.6559	0.2199
1995	0.5036	0.4927	0.4777	0.4011	0.5754	0.2288
1996	0.4115	0.4107	0.4231	0.3508	0.6486	0.2196
1997	0.4111	0.3731	0.3211	0.4213	0.6359	0.2975
1998	0.3581	0.3440	0.2618	0.3715	0.5435	0.2357
1999	0.3443	0.3144	0.2617	0.3396	0.4689	0.2626
2000	0.3778	0.3043	0.2977	0.4178	0.4124	0.2819
2001	0.3764	0.3019	0.3058	0.3966	0.4144	0.2826
2002	0.4131	0.3177	0.3025	0.4620	0.4480	0.2291
2003	0.3685	0.3394	0.3068	0.4667	0.3432	0.2578
2004	0.3893	0.3333	0.3450	0.4766	0.3712	0.2715
2005	0.3405	0.3069	0.2701	0.4047	0.3654	0.2412
2006	0.3613	0.2990	0.2285	0.4328	0.3148	0.2153
2007	0.3587	0.3390	0.2021	0.3645	0.2289	0.2682
2008	0.3722	0.2662	0.1634	0.4263	0.4071	0.3004
2009	0.2988	0.2340	0.1247	0.2637	0.2639	0.2115
2010	0.3023	0.2381	0.1397	0.3170	0.2501	0.2171
2011	0.2366	0.2817	0.1360	0.1862	0.1767	0.1823
2012	0.2302	0.2618	0.1166	0.1560	0.1673	0.1367

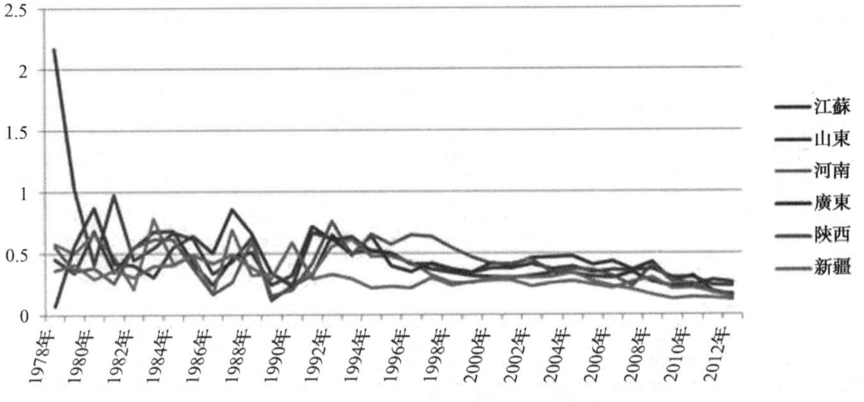

图 3　地区投资效果系数（*IOCR*）趋势

由于个别年份间的数据变化幅度可能较大，所以本文将计算出的各地区的年度投资效果系数（*IOCR*）分为两个时间段，即 2003～2007 年为一个时间段，2008～20012 年为一个时间段，对两组地区年度的投资效果系数求均值进行比较。结果如下表 4 所显示。从表 4 可以明显看出，绝大部分省份的 *IOCR* 都在明显地降低，近十年东部地区 *IOCR* 总体上要高于中西部地区。

由此可以看出，各地投资效果系数可能受资本存量不断增长的影响而普遍出现不断下降的情况。但同时，从东西差距来看，虽然东部资本存量、投资强度从常理来看相比中西部地区要高，但 *IOCR* 仍呈现出相对较高的状态，这说明 *IOCR* 还受资本存量以外的因素的影响，其中市场化程度的影响不可忽视。例如，东部地区开放较早、市场化程度高，虽然边际效益因为资本投资强度大而有所下降，但较高的市场化程度又提高了资本配置效率，所以 *IOCR* 值最终较高。对于这些变量对资本配置效率的具体影响，后文将进行详细测度，以揭示其中的关系。

表 4　　各地区投资效果系数（*IOCR*）均值比较

地区	2003～2007 年	2008～2012 年	差	地区	2003～2007 年	2008～2012 年	差
北京	0.4080	0.4624	0.0544	湖北	0.4406	0.3413	－0.0993
天津	0.3856	0.2656	－0.1200	湖南	0.4909	0.3541	－0.1368
河北	0.3838	0.2232	－0.1607	广东	0.7117	0.4087	－0.3030
山西	0.4567	0.2344	－0.2222	广西	0.3570	0.1645	－0.1926
内蒙古	0.2394	0.1564	－0.0830	海南	0.5835	0.3931	－0.1904
辽宁	0.4924	0.3109	－0.1815	重庆	0.2259	0.3750	0.1491
吉林	0.3259	0.1890	－0.1369	四川	0.5495	0.4529	－0.0966
黑龙江	0.5968	0.3317	－0.2650	贵州	0.3187	0.3276	0.0089
上海	0.4507	0.3647	－0.0861	云南	0.3237	0.2080	－0.1158
江苏	0.4054	0.3129	－0.0925	西藏	0.2377	0.1729	－0.0648
浙江	0.4976	0.3625	－0.1351	陕西	0.3051	0.2506	－0.0545
安徽	0.6847	0.5295	－0.1552	甘肃	0.4075	0.2396	－0.1678
福建	0.4221	0.2851	－0.1371	青海	0.2604	0.2101	－0.0504
江西	0.3194	0.3260	0.0066	宁夏	0.1516	0.1153	－0.0363
山东	0.4344	0.2898	－0.1447	新疆	0.2136	0.1920	－0.0215
河南	0.3739	0.1812	－0.1928	地区平均	0.4017	0.2913	－0.1104

三、市场化进程中提高物质资本配置效率的对策建议

本文以市场化进程对物质资本配置效率的影响作为研究主题，采用投资效果系数作为资本配置在效率的测度指标，并将其作为被解释变量，借鉴樊纲、王小鲁《中国市场化指数——各地区市场化相对进程2011年报告》中的市场化指数作为解释变量，另外还选取了一系列的控制变量，通过回归分析的方法进行实证研究。实证结果表明，1997～2012年间山东省市场化进程及其分指标对物质资本配置效率回归的系数为正值，说明市场化程度越高，资本配置效率也越高，市场化进程的提高能促使物质资本配置效率的改善。对此，山东省应该进一步提高自身的市场化程度，发挥市场优化资本配置的作用，以促进经济的发展。基于以上分析和研究，我们应从以下几个方面着手来改善山东省的物质资本配置效率。

(一)深入推进地区市场化，为资本配置创造良好的外部环境

1. 加强政府职能建设，促进政府与市场良好关系的发展

地方政府干预行为的存在，一方面可能会使国有或者国有控股企业出于政治等原因，偏离企业利润最大化目标，另一方面使得国有或者国有控股企业享有比非国有企业更多的资源而不利于市场经济的发展。目前，我国仍处于经济的转轨时期，政府的干预行为在地方仍然或多或少地存在，在推进市场化进程中，政府部门应尽快转变角色，实现管制型政府向服务型政府的转变。构建良好的政府与市场关系，应该包含以下几个方面：一是政府的职能以法律的形式有着明确和恰当的界定；二是政府的权力受法律的约束，政府决策程序民主透明；三是降低市场交易成本，有效制止政府官员腐败。政府的主要职能是制定并执行相关法律法规、提供公共产品和对市场失灵的地方进行宏观调控。通过法律的形式界定和约束政府行为，有利于防止政府对经济的随意或过多干预而损害市场机制的正常运行。

2. 发展和壮大市场中介组织

在我国社会主义市场经济的实际运作中，市场中介组织在规范与健全市场秩序、沟通政府与企业间的联系、维护和协调不同利益主体的权益等方面具有不可替代的作用。发展和壮大市场中介组织，不仅是转变政府职能和推进市场化改革的客观要求，而且还是对外开放和面向国际竞争的现实需要。发展和扩大中介组织，能分化社会管理、延伸政府服务、增强社会自律、完善市场体制。伴随着我国社会主义市场经济的发展，我国中介组织也得到了迅猛的发展，但仍存在管理体制不够健全、数量偏少、种类不全、独立性差、整体素质不高等问题。为解决这些问题，进一步发展和壮大各地区的市场中介组织，必须加强政府对中介组织的管理。

第一，遵循市场规律，加强法律体系建设，增强市场中介组织的独立性。要保证市场中介组织客观、真实、公正的执行职能，必须保持中介组织的独立性。通过法律体系的建设，规范政府与市场中介的关系。一般情况下，政府不得干预中介组织的具体业务，而是要加强市场中介组织的监管，为市场中介组织的独立运行创造良好的环境。

第二，规范发展营利性中介组织，建立健全各类行业协会。发展营利性中介组织，不仅可以直接为社会各类组织或机构配置有效资源，而且还是政府部门的有力助手，能协助政府部门对微观主体进行监管。但营利性中介组织作为市场人，必然以追求利润最大化为经营原则，这就需要政府部门对其进行有效的规范、完善营利性中介组织的内部治理结构、化解监管和经营利益的冲突。行业协会承担着协助国家制定有关产业政策、制定适合本行业发展方针和规划、加强对本行业中介组织的业务指导和监督等重大任务。依据产业发展需要，建立健全各类的行业协会，能促进行业健康有序地发展。

3. 加快各类要素市场的建设

我国要素市场的发育程度远远落后于产品市场，成为我国经济发展中的短板。要素市场的发育程度直接决定了各种要素的配置状况，对企业的经营发展起着决定性作用。因此，加快要素市场的建设，是完善现代市场体系的重点。对于土地市场，政府应改进管理土地市场的方式，由市场来确定土地的使用者以及转让价格，充分发挥对土地资源的配置作用。对于劳动力市场，应建立健全社会保障体系和就业服务体系，形成合理的市场用工机制，引导劳动力的合理流动。

4. 进一步完善和提升商品市场

商品市场的完善，能够加快商品的流通速度、降低交易成本，是提高经济运行速度和效率的有效途径。完善商品市场体系的建设应该从以下几个方面着手：按照竞争有序、统一开放的现代市场的建设要求，在优化整体框架和空间布局的基础上，不断优化各类商品市场的经营方式和结构，加大商品市场设施与环境等方面的建设力度，形成以高效先进的物流系统为支撑的现代商品市场体系。不同种类的商品市场有着完全不同的交易主体与交易对象、交易场所与交易手段，所以应该依据各类商品市场的自身特点以及发展趋势，有步骤、有重点地推进市场体系的建设。

5. 打造有效的市场竞争环境

完善的市场体系以竞争性市场为基础。只有通过市场参与者之间的平等竞争，才能形成真正反映资源稀缺程度的价格信号；只有这样形成的价格，才能成为权衡成本和收益以及协调各个经济主体利益的基本尺度，从而正确引导社会资源的合理配置。但是，不正当竞争同样会影响市场体系的发展，将导致资源的浪费和配置的不合理。因此，必须建立一个公平、有序和正当的市场竞争环境，保证市场主体能及时获得价格波动、市场供需等方面的信息，加速资源的有效流通和配置，提高市场效率。具体来说，要求在法律法规以及政府有关政策上对不同的市场主体应平等对待，在市场上消除门槛限制，使各市场主体拥有平等的竞争机会。

（二）推动投资体制改革，充分发挥资本市场配置资源的作用

资本市场实现资源配置的主要途径是：通过资金的汇集和定价以及所显示的信息这三个基本环节实现资本的配置，进而完成资源的配置。主要表现在：通过证券化等形式将资金引入资本市场，再将进入资本市场的增量资金以融资的方式配置到高成长性、高效益的产业和企业；此外，还将通过资本市场的股权运营，如并购等，实现企业的优胜劣汰。

1. 建立和发展多层次的资本市场体系

随着我国经济持续发展以及创新经济体系的逐步建立，企业对融资与其他金融服务的要求逐渐多元化，各类投资者的壮大对投资的要求也日趋多样化。因此，建立多层次的资本市场体系，对于完善市场体系和破解融资难题具有重要的意义。

第一，加大不同层次市场的建设，形成完整的市场结构体系。我国股权市场可以分为主板市场、创业板市场、场外交易市场、分散的柜台交易市场和金融衍生品市场这五个层次，需要对不同层次市场的相互关系和市场作用有着明确的定位。在我国多层次的资本市场中，主板市场处于最高层次，应利用已经形成的优势，积极完善主板市场的上市和交易机制，将深沪交易所培育成层次最高、全国性的场内交易市场。创业板市场是相对主板市场而言的，其设立目的是满足某些不符合主板市场上市要求但又具有高成长性的中小企业股权交易和股权融资的需要。场外交易市场定位于为那些未达到交易所上市的条件但具有良好发展状况的中小企业提供股票交易和融资服务，它不仅是作为股权流通的场所，而且还应具备股权融资的功能，是一个功能完整的证券交易市场。在经济发达的国家，柜台交易是十分常见的交易方式。在我国，应该正视它的存在，在规范的前提下使其合法化，让其成为三大市场的补充。金融衍生品在规避风险、提高资本利用效率方面发挥着不可替代的作用，所以构建多层次的资本市场，不仅要考虑如何满足中小企业的融资需求，而且还应考虑到金融衍生品市场的建设。

第二，贯彻市场机制，避免行政化。多层次资本市场的建设，必然使市场组织机构有所增加。首先，这些市场建设所需要的资金，应该避免由政府或者国有独资部门承担，而应交给市场参与者去解决。其次，要改变行政机制对市场组织结构定位和定级的做法，使其真正作为法人实体而存在，享有民事只听的权力并承担民事主体的责任。最后，要加大资本市场的制度建设，建立多层次资本体系市场需要有新的制度，依据不同的市场层次制定不同的交易规则。

第三，建立多层次的监管体系。不同层次的资本市场一个重要的区别就是上市标准的不同，对此应根据不同层次的市场设立不同的监管制度和标准，选择不同的监管方式，形成有着内在联系但又相互独立的监管体系。建立多层次的监管体系，首先要有制度上的保证，以作为防范风险的第一道屏障，对风险最大或者容易引起严重风险的行为进行约束；其次，要严格执法，切实保护投资者的利益；最后，除加强制度建设和严格执法，还要强化对资本市场的研究分析，建立有效的预警机制，以提高防范系统风险的能力。

2. 采取有效对策提高资本市场定价效率

资本市场配置资源的根本途径是定价。从目前我国资本市场的发展情况看，一直很强调资本市场的融资功能而忽略了资本市场的定价功能。自资本市场建立以来，其定价效率一直比较低。资本市场上信息分散、高度不对称使得价格信号严重失灵，从而致使资本市场定价效率低下，甚至市场失灵。因此，要充分发挥资本市场合理配置资源的作用，就要重视资本市场的定价功能。

第一，纠正资本市场功能的定位偏差，将提高资本市场定价效率置于首要位置。在过去，由于我国经济建设资金缺口比较大，资本市场过多地强调其融资功能而忽视了定价功能。但伴随着我国经济的快速发展，我国经济建设所需要的资金缺口问题已从根本上得到了解决，资本市场在过去所强调的融资功能的重要性在减弱。当前的问题是如何将已有的资金有效地使资金的利用效率最大化，从而由定价决定资本配置的功能变得越来越重要。

第二，减少行政干预，提高资本市场规范水平。我国资本市场规范水平不高的一个重要原因是行政干预长期存在。市场规范化水平与市场定价效率密切相关。在市场的运行中，规范化水平越高，市场竞争就越充分有效，进而将与价格相关的各种信息，如市场主体间的竞争、市场供求关系等信息，更充分地反映到证券的市场价格中。政府的行政干预影响着证券市场价格的信息，定然会削弱资本市场的定价效率。因此，必须对政府的干预行为进行有效约束，通过法律制度来界定政府干预的权限、方式和机制，提高资本市场的规范化水平。

第三，不断完善资本市场整体构建，并加强监管，防止违规行为损害市场效率。目前，我国资本市场仍存在着一些缺陷，如市场的进入与退出机制不完善，众多企业被排斥在市场之外，而已上市的企业即便其资产已相当恶化仍存在于市场之中，这都弱化了企业间正常的市场竞争，不利于效率的提高。为了解决资本市场仍存在的一系列问题，必须不断推进市场整体构建的完善，促进资本市场功能尤其是定价功能的实现。政府在上市条件、信息披露、上市发行等方面制定规则的同时，还要加强对违规行为的监督，以防止非理性投资等问题引起市场的剧烈波动，进而造成效率的损失。

总之，提高资本市场定价效率的关键在于纠正资本市场的功能定位，由市场来决定资本的占有条件。同时，不断提高资本市场的规范化水平，建立有效的市场主体结构、管理方式和监管制度。相关法律制度的制定应以提高资本市场定价效率为出发点，不断加强监管，预防和惩治损害市场效率的非法违规行为。

社会民生

济南市医养结合养老服务创新发展的路径探索

朱冬梅　等

随着社会人口老龄化程度加深，失能和部分失能老年人口大幅增加，老年人照料、护理和医疗问题日益突出，老年人的医疗卫生服务需求和生活照料需求叠加的趋势越来越显著。而医疗卫生和养老服务资源各自独立的服务体系远远不能满足老年人的需要，迫切需要为老年人提供医疗与养老相结合的服务。当前，医疗卫生与养老服务相结合，是社会各界普遍关注的重大民生问题，是破解养老问题、积极应对人口老龄化的长久之计，对惠民生和全面建成小康社会具有重要意义。

一、济南市发展医养结合养老服务的背景和意义

济南市开启医养结合养老服务模式的探索，是面对济南市人口老龄化发展趋势和养老服务需求而逐渐兴起的。与此同时，国家一系列医养改革政策的出台和山东省加快医养结合示范省创建等一系列举措，为济南市大力发展医养结合养老服务指明了方向、提供了有力的制度依据和政策支撑。

（一）国家和山东省推进医养结合养老服务的政策背景

国家高度重视发展医养结合养老服务事业和产业。为积极应对人口老龄化和解决老人养护问题，国家对建立“医养结合”服务体系已经作出战略布局和规划。

2015 年 11 月，国务院办公厅转发卫计委、民政部、发展改革委、财政部、人力资源社会保障部、国土资源部、住房城乡建设部、全国老龄办、中医药局等联合发布的《关于推进医疗卫生与养老服务相结合的指导意见》(以下简称《意见》)。该《意见》是国家为医养结合发展所做的顶层设计，而且明确了具体目标。《意见》对推进医疗卫生与养老服务相结合，满足人民群众多层次、多样化的健康养老服务

需求进行了全面部署。《意见》提出：到2020年，符合国情的医养结合体制机制和政策法规体系基本建立，医疗卫生和养老服务资源实现有序共享，覆盖城乡、规模适宜、功能合理、综合连续的医养结合服务网络基本形成。《意见》对基层医疗卫生机构、医疗机构、养老机构开展不同形式的医疗卫生便利服务提出明确要求。《意见》明确了实现医养结合五方面的重点任务：建立健全医疗卫生机构与养老机构合作机制；支持养老机构开展医疗服务；推动医疗卫生服务延伸至社区、家庭；鼓励社会力量兴办医养结合机构；鼓励医疗卫生机构与养老服务融合发展等。该《意见》的发布标志着国家在发展医养结合养老服务方面有了宏观指导和整体规划。《意见》出台后，医养结合试点从国家层面全面展开，旨在是探索《意见》各项指导性政策如何实施落地。2017年6月，《国务院办公厅关于制定和实施老年人照顾服务项目的意见》（国办发〔2017〕52号）进一步提出：加大推进医养结合力度，鼓励医疗卫生机构与养老服务融合发展，逐步建立完善医疗卫生机构与养老机构的业务合作机制，倡导社会力量兴办医养结合机构，鼓励有条件的医院为社区失能老年人设立家庭病床，建立巡诊制度。2017年，党的十九大报告指明了积极应对人口老龄化、破解养老难题的战略目标："构建养老、孝老、敬老政策体系和社会环境，推进医养结合，加快老龄事业和产业发展。"

山东省是人口大省，人口老龄化趋势演进所带来的养老压力是省委、省政府高度重视的社会问题。2018年2月26日，山东召开创建全国医养结合示范省启动会议，发布《山东省创建全国医养结合示范省工作方案》（以下简称《方案》），就统筹医疗卫生、养老服务及社会各方面资源，推动医养结合创新、融合、发展提出一系列举措和目标要求。依据该《方案》，到2018年底，建立起较为完善的医养结合政策体系、标准规范、管理制度和专业化人才培养制度，健康养老服务体系不断健全，患病老年人得到有效治疗；到2020年年底，以居家为基础，以社区为依托，以机构为补充、医养相结合的服务体系全面建成。家庭医生签约服务力争覆盖所有常住老年人群，所有医疗机构为老年人提供就医绿色通道，所有养老机构为入住老年人提供医疗护理服务；到2022年年底，服务模式智慧化、投资主体多元化、服务队伍专业化、服务流程标准化、服务品牌高端化的医养结合服务体系全面形成，老年人健康养老管理服务全面覆盖，智能健康养老服务产品全面推广，智慧医养、智能照护服务全面普及，以多层次、多样化需求为导向的医养健康产业繁荣发展。

上述国家以及山东省分别出台的指导政策和专项文件，明确了医养结合发展方向和具体措施，为包括济南市在内的地方各级政府推进医养结合发展提供了政策支撑、制度依据和发展目标。

（二）济南市人口老龄化现状及养老服务压力

济南市老龄人口比例较高，而且呈现出高龄化和空巢老人多的特征，老龄人口抚养比率持续走高，由于失能和半失能而造成不能自理和不能完全自理的老人高于山东省平均水平。

截至 2017 年年底，济南市户籍人口 643.62 万，同比增长 1.71%。全市户籍人口中 60 岁以上老年人 133.6 万，老年人口占比 20.8%，同比增加 0.4 个百分点，高于全国 60 周岁以上人口占比。80 岁以上人口 17.4 万，占老年人口总数的 13.7%。按照国际通用标准，济南市已进入中度老龄化社会，养老形势严峻。

依据 2015 年济南市 1%人口抽样调查数分析，60 岁及以上人口高龄化率达到 25.13%，65 岁及以上人口高龄化率达到 25.13%。

就老年人家庭结构来看，济南市空巢老人和留守老人较多。济南市 60 岁及以上老龄人口中，单身老人的家庭占到 15.24%；只有一对老年夫妇的家庭占到 25.64%；有三个 60 岁及以上老年人的家庭占到 1.18%；空巢老人家庭占比达到 40.87%。

就老年人口的健康状况来看，济南市 60 岁及以上老龄人口的整体健康状况要差于山东省平均水平，具体来看：济南市属于健康状况的老龄人口占比达到 47.89%，比山东省平均水平低了近 1 个百分点。而属于不健康但生活能自理的老龄人口占比达到 12.37%，比山东省平均水平低了 2 个多百分点；属于生活不能自理状况的老龄人口占比达到 5.97%，是山东省平均水平的 2 倍多。

随着老龄化程度的不断加剧，老年人对医疗护理的需求与日俱增，特别是“高龄、空巢、失能(半失能)”老人的增加对医养结合的服务需求可谓是剧增。而养老服务和医疗服务不能有效衔接，老年人的养老照料和医疗康复服务需求无法有效满足，老年人一旦患病，就需要在家庭、医院和养老院之间不断折腾，既耽误了治疗，也增加了负担。

从当前济南市老年人医养状况来看，老年人群就诊率高、住院率高和慢性病患病率高的特征决定了他们在“医疗”和“养护”状态之间交替的频率较高。而医疗机构、养老机构和社区服务三者的服务相对独立，老年人在“医疗”和“养护”之间转换不顺畅以及难以实现“医疗”和“养护”叠加服务，增加了老人延误疾病治疗的几率，也给家属、子女增加了负担。与此同时，出现了医院老年患者“押床”“赖床”而许多养老机构却床位“空闲”的现象。从根本上看，老年患者“赖”的不是医院的床位，而是想得到医保报销和专业医护；养老机构床位“空闲”，不是“供大于需”，而是老年人所需要的医疗护理服务得不到满足。

(三)济南市发展医养结合养老服务的意义

医养结合养老模式是一种养老理念的创新，是养老模式和养老思维的转变，是通过多层次、专业化的养老服务完成医疗资源和养老资源的整合。医养结合中的“医”和“养”是两个不同的层次，“医”指的是医疗，“养”又细分为养老和养护。

随着老年人健康状况的不断恶化,越来越需要“医+养”的养老服务方式。济南市在当前人口老龄化的现状下,建立健全医养结合养老服务具有重要意义。

1. 解决失能老人的护理问题

从上述分析来看,济南市不能自理的老人占比达到5.97%,是山东省平均水平的2倍多。随着银发浪潮加快,失能老人和半失能老人将会呈现增加趋势,因而老年人医疗护理服务正面临更高的要求和更大的挑战。通过建立医养结合养老服务模式,能够使失能老人得到医疗和康养叠加的专业化服务。

2. 改善空巢老人的护理困境

一方面我国独生子女现象普遍,“4-2-1家庭结构”造成家庭照料功能弱化;另一方面,随着生活水平的提高和社会医疗水平的进步,老年人寿命延长,空巢老人家庭数量增多,其日常需求、医护需求、心理需求等很难得到满足,孤寡老人更甚。通过家庭医生签约、建立家庭病床等医养结合服务形式,可以大大改善空巢老人无人照护的困境。

3. 弥补传统养老机构医疗功能的不足

养老机构的医疗功能配备不完善,无法满足老年人的医疗护理需求。失能老人大多患有慢性病,迫切需要根据老年人的健康状况进行医养结合的长期护理,即在日常护理的基础上结合医药治疗、饮食调理、康健护理等为老年人提供更全面的照料。

4. 解决大型医疗机构难以提供的养老服务问题

目前我国的医疗资源还不能为老年人提供长期住院的服务,由于一些疾病恢复期比较长,再加上慢性病老年人需要长期的医疗护理,所以“押床”现象屡见不鲜。这就迫切需要医养结合养老机构来承担这些老年人的常规护理工作,以实现治疗、康复与护理的无缝衔接。

5. 摆脱中小型医疗机构资源闲置的困境

在大型医疗机构病床紧张的同时,一些二级以下的中小型医疗机构和民办医院的床位使用率偏低,大部分医疗资源闲置。如果结合养老模式进行运作,可以达到医疗资源和养老需求的最佳结合。这样能够使一些二级以下的中小型医疗机构和民办医院的医疗资源得到充分利用。

二、济南市医养结合养老服务前期探索及成就

在中共济南市委、市政府的统一领导部署下,在市医疗卫生、民政、财政等各相关部门以及各区县(街道)、社区共同努力下,在建立职工长期护理保险制度和以养老机构、医疗机构、社区为依托开展医养融合发展等方面取得突出成绩。在为老年人提供上门护理、社区日间集中照护、养老机构照护和住院医疗

护理等方面做了大量工作。

(一)医养结合养老服务模式探索

归纳济南市已经践行的“医养结合”养老服务模式,大致可划分为以下四种形式:一是依靠社区卫生服务网络,推行家庭医生签约模式,让“医疗”进社区、进家庭,为居家老人提供上门服务;二是医疗卫生机构开展养老服务,将养老院(公寓)托管给医院;三是养老机构内配置医疗服务,也就是“养老机构+医疗服务”型;四是医疗机构与养老机构协议合作。

1. 居家养老与社区医疗服务相融合

济南市充分利用卫生医疗网络实施居家、医养相结合,主要有以下几类形式:

(1)家庭医生进社区。主要是依靠社区卫生服务网络,推行家庭医生签约服务模式,让“医疗”进社区、进家庭,为居家老人提供上门服务。2011 年开始,济南市就试行“家庭医生签约式服务”,以公共卫生和基本医疗服务为主要内容,通过家庭医生团队与社区居民建立稳定的医疗保健关系、签约服务的形式,主动上门服务。家庭医生团队的人员由全科医生、社区护士、公共卫生等方面的成员组成,每个团队可签约 300～500 户有需要的家庭,对家庭中有老年人和残疾病人等重点人群优先覆盖。此外,充分利用社会中医资源,把居家老人“医”和“养”近距离地“融合”在一起。这样,既符合老人居家养老的意愿,又让健康养老提质增效,还助推了重点发展居家、医养相结合的思路。

目前,覆盖广泛的社区卫生医疗中心为居家医疗服务提供了有利的条件,如全市现有社区卫生服务机构 288 家、乡镇卫生院 46 家、村卫生室 2845 家,而且还组建了 1875 个家庭医生服务团队。到 2017 年年底,这些基础医疗卫生单位已签约 65 岁以上老年人 54.04 万名,实施家庭医生上门巡诊和提供个性化服务。

(2)社区日间照料中心的医养结合服务。例如,2016 年底高新区雅居园小区,首家医养结合的社区日间照料中心开始试营业。配有全科医生和护士的日间照料中心,在承担日间照料的同时,为老人提供日常的医疗咨询以及血、尿常规、肝功能等基础健康查体,并为每个参与检查的老人建立健康档案。日间照料中心内部还将成立“旅居部”,在全科大夫的指导下,为老人设计旅游路线,全程按老人习惯量身打造;同时,由医生、护士陪同一起出游,为旅行途中老人的身体健康提供保障。截至 2017 年 8 月,济南市已经建立了 205 家日间照料中心。这些日间照料中心为老年人提供一些生活的照料、医疗保健,包括免费医疗的服务,发挥的效果总体来讲还是不错的。

(3)中医药养生与养老服务相融合。济南市利用 133 家国医堂(中医馆)的中医资源,把中医“治未病”和养生的理念与老人健康养老生活进一步相结合。国医堂与老年人签约服务的过程中,做好中医体质辨识、健康指导,同时注重发挥居家康复、灸疗、拔罐等的医疗保健作用,把传统医学的特色养生保健服务送进家门。

(4)为老年人提供医养结合信息化服务。济南市各社区卫生中心打造居家医养信息化管理支持平台,建立家庭医生式服务档案。如板桥社区卫生中心对老年人健康查体检信息进行录入,并对老年人慢性病进行监控管理,实现了就诊、巡诊实时更新。此外,还有医疗机构在社区建设社区家庭医生移动工作站,如市中心医院在历下区十亩园等4个社区设立智能血压计移动医疗管理平台试点,为老年人免费发放智能血压计1981台,提供实时健康监测服务,受益老人达2376人。老年人足不出户即可享受到优质高效的医疗服务。

(5)医养结合产业化服务进小区。近年随着人们生活水平的日益提高,房地产开发商在开发和销售楼盘时倡导居家养老理念,关注医疗对老年人日常生活的影响,将养老和医疗融合在一起,成为提升养老服务产业与地产行业开发楼盘至关重要的一步。如济南蓝石·大溪地就属于房地产商开发的高端养生社区,提供了完备的物业服务和社区医疗等配套服务,满足了老年人日常生活的基本医护需求。小区医疗方面具备全科诊疗、化验、心电图、B超等功能,能全面解决社区老年居民日常健康问题,并定时对老人提供义诊咨询,对身体有疾病的老人及时进行康复指导、咨询和危险因素干预。对于60岁以上行走不便的慢性病患者,可以电话预约上门诊治。

2. 医疗卫生机构开展养老服务

医疗机构依托医院医疗资源优势,开展多种形式的医养结合服务:

(1)加强对老年慢性病的管理服务。医疗机构根据老年慢性病的特点,推进老年专科建设。如济南第五人民医院利用原有机车医院的院区,建立以市第五人民医院为依托的专科特色病区,在满足基本医疗之外,建立心脑血管疾病、康复及安宁疗护的老年病专区。又如市第三人民医院建立集养老、肿瘤、安宁疗护为一身的病房以及以中医养生为主的医养结合中心。

(2)医疗服务向养老公寓和社区延伸。医疗机构依托医院人才优势以及公立医院的公益性,把医疗服务延伸到社区养老院或老年公寓,对不能自理和半自理的老人进行治疗和康复服务,让健康养老扩面增容。在社区,医院与养老体系"联姻",资源共享,是实现医养结合的捷径。

一是基层医疗卫生机构托管基层养老机构。例如,1992年,济南市历下第二人民医院与东关街道办事处联合,成立"济南市历下区第二人民医院老年公寓"。公寓集养老和医疗保健为一体,入住的多数是无法自理或半自理的老人,管理方式与医院接轨,执行医院病房管理模式,实施以护理为主、医疗保健为辅助的服务方式。公寓内设化验室,配备放射检查设备,有专业的医护人员全天候值班,随时为老年人解除疾病痛苦,为老年人身体健康保驾护航,对老年人的生理、心理以及病理特征进行医疗保健，并给予细致的服务。

二是社区卫生服务中心与养老机构融合发展，共同提升。在城区，社区卫生服务中心与老年日间照料中心相融合；在农村，村卫生室与幸福院相融合。如章丘区先后新建或利用现有农村闲置房舍等建成幸福院157处，其中和村卫生室融合运行的有40余处。

(3)由政府建设并委托医疗卫生机构进行运营的模式，也就是“委托运营+医养结合”的养老模式。以山东济南养老服务中心(济南善德养老院)(以下简称“中心”)为例，全市乃至全省首次创新性地采用“委托运营+医养结合”模式。该“中心”由济南市民政局兴建，通过公开招投标，委托具有相应资质和管理能力的山东大学第二医院运营，从而实现养老中心“政府主导”“医养结合”的功能定位。该“中心”按照“出模式，出经验，出标准，出人才”的目标，以满足多元化、现代化的养老居住需求而设计。其宗旨是探索独具特色的养老新理念，引进和创新前沿成果与服务模式，搭建医养结合、康养结合平台。“中心”由知名专家和医护人员组成医护团队，并开设了老年病医学科、康复科以及与三甲医院同等的多门类科室，为老人提供查体、医疗、保健等服务。“中心”对入住失智失能、半自理和不能自理的老人分类管理，每天有护士和医生进行巡诊和检查。老人在突发疾病、慢病加重需住院治疗时，可直接被送到病房。医院提供专业的医疗诊治和护理服务，当由“养”转入“医”的模式，进入医疗服务流程，享受医疗保险政策，而且可以使用医保就医。在这里，养老患者能得到及时、有效、专业、规范、系统的医疗诊治和护理。当病情稳定康复后再转为“养”的模式，建立健康档案，进入养老服务环节。对于身体功能无障碍的患者，在专业人员的指导下进行健康锻炼，以“养”的模式调理身心状态，最大限度地恢复老年人身体各项机能。这种“医”和“养”两种模式的有机结合、灵活转换，实现了“医”和“养”的互补与统一。此外，在老年疾病治疗和养生方面，中西医相结合显现出更大的优势。“中心”充分施展中医药的优势，推广膳食食疗养生，在脑血管病、帕金森病、老年痴呆、糖尿病等方面有显著效果。

3. 养老机构内配置医疗服务

经过多年的发展，“养老机构+医疗机构”型养老机构已积累了很多经验。特别是规模较大、有条件的养老机构在内部设立了卫生所或医疗站。随着国家政策的出台，济南市出台了一些相应的地方性文件，鼓励有条件的养老机构开设老年病医院、专科医院、护理医院、康复医院等专业医疗机构。随着医养结合政策的落实，一些有实力的保险公司、高校和实体企业开始涉及养老行业，将逐渐打破养老机构内配置医疗机构较少的局面。

例如，鲁商福瑞达国际颐养中心这个进军养老健康产业的标志项目，2017年5月就开始试运营，是济南市历下区政府“医养结合”试点养老机构。济南鲁商福瑞达是济南市知名企业,通过整合资源,构建了全方位的养老服务体系。该“中心”以“医、养、护”结合为特色,集医疗护理、机构养老、社区养老、居家养老、助浴服务为一体,为老年人提供一站式、综合性养老服务。该“中心”内设济南福瑞达护理院,配备医师、护师、护理师、心理咨询师以及康复培训师,并以齐鲁医院附属康复医院为技术支持,同时与国内多所三甲医院结为战略伙伴,为老人提供有偿绿色通道服务,营造安心静养的环境。

4. 医疗机构与养老机构协议合作

养老机构就近与医院签订服务协议,定期为入住老人看病。例如,章丘区日月潭养老中心,虽然有202张床位,规模处于中等,但始终未能被批准在内部建立医疗机构。为解决入住老人身体多病的问题,中心服务台设有紧急呼叫系统且与各房间相接以保障第一时间掌握老人身体状况,解决老人和家人担忧的突发疾病问题;同时,与章丘第二人民医院签订服务协议,建立起可靠的医患业务联系。在养老中心,有长驻医生为入住老人看病开药,由老人的家人到医保定点医院拿药,护士解决打针和护理的后顾之忧。如果有需要化验和检查身体等进一步治疗的情况,才到医院诊治。这样,方便了很多慢性病老人的日常医疗和护理问题。

另外,还有一种更便捷、更经济、见效快、多方共赢的一种模式,就是在医疗机构附近建养老院。像天桥区颐养家园老年公寓,是民办非企业单位,虽然只有60张床位,却建在了社区卫生服务中心的楼上。该卫生服务中心是由山大二院投办的社区医院。老年公寓与社区医院签订了医疗服务协议。社区医院为入住此公寓的老人建立健康档案,并提供查房配药,进行治疗性护理等基本的医疗服务,老人在此医院能享受到社保中门统、门规等全套的政策。这样,既方便老年人就医看病,又让老年公寓省心省力,而且医院也可以增加盈利,达到多方共赢的局面。经过多年医养结合的探索,这种方式可以说是统筹医疗资源和养老资源实现医养结合最佳途径之一。

(二)建立职工长期护理保险制度,助力医养结合发展

长期护理是指向功能能力、认知能力、身体机能下降者提供一系列的照料服务,这些人需要在一段较长的时间内依赖他人来完成基本的日常生活活动。长期护理服务通常与一些基本医疗服务相结合,比如护理(伤口敷料、疼痛管理、药物治疗、健康监控等)、预防、康复等,也可以与家政服务或者照料服务相结合。长期护理保险就是指运用保险的方式,为那些因功能能力、认知能力、身体机能下降导致生活无法自理而需要被长期照料护理的人提供护理费用或服务的一项制度安排。老年人是长期护理保险的主要参保对象。职工长期护理保险主要覆盖职工基本医疗保险的参保人群,重点解决重度失能人员基本生活照料的费用。由于重度失能者绝大多数是老年人,因此这项制度被纳入养老服务的重要内容。

2016年,济南市制定下发《关于建立职工长期医疗护理保险制度的意见》。当年6月1日,正式启动实施职工长期医疗护理保险制度。2017年8月,出台了《关于进一步完善职工长期医疗护理保险政策的意见》,制定了更详细完备的实施措施。

1. 基本情况

济南市职工护理保险资金来源主要是职工医保统筹基金,其次是福彩公益金和财政资金。按每人每年115元的标准筹集,其中,职工医保统筹基金每人100元,财政资金每人5元,福彩公益金每人10元。护理服务方式有三种:医疗专护(简称"专护")、护理院医疗护理(简称"院护")、居家医疗护理(简称"家护")。申请流程:参保人或家属到定点医护机构提交申请,首先由定点医护机构对待遇享受人员的资格进行初审,再由社保经办机构(第三方经办机构)依据条件标准进行实地复审,审核通过的可享受护理保险待遇。护理保险费用由医保机构与医护机构定额结算。

2. 制定享受护理保险的评定标准体系

探索建立长期医疗护理需求认定和等级评定标准体系,包括对失能、失智、精神类疾病的评定评定办法、评定标准等;制定《日常生活能力评定表》,对享受专护、院护、家护等建立详细的评定计分办法,并逐步降低享受护理保险待遇门槛,让更多参保人享受护理保险待遇。

3. 实行"医护分开,专护融合"

护理保险制度建立初期,参保人员在享受护理保险待遇期间,无法享受基本医疗保险待遇,生活照料也没有制度性安排。运行过程中发现失能人员对医疗护理及生活照料需求最大。为切实解决中重度失能者基本生活照料以及与基本生活密切相关的医疗护理等所需费用,切实减轻参保人经济负担、减轻参保人家属日常照料的事务性负担,对护理保险待遇进行了及时完善和调整。一是参保人在享受院护、家护待遇期间,可同时享受基本医疗保险门诊规定病种、普通门诊统筹待遇。二是参保人享受专护待遇期间既可享受医疗保险住院医疗服务也可享受护理保险服务,实现住院医疗、医疗护理、照护服务相结合。

4. 制定标准化、规范化护理保险服务项目

护理保险重点是保障长期处于中重度失能状态的参保人员日常生活照料以及与基本生活密切相关的医疗护理等所需服务。济南市在广泛调研的基础上,结合实际需求,制定了《济南市职工长期护理保险服务项目》,明确护理服务项目清单及相关服务标准、规范。把"清洁护理、睡眠照料、排泄护理、失禁护理、人工取便护理、协助翻身及咳嗽排痰、卧位护理、安全管理、心理安慰、生活自理能力训练、清洁消毒"等基本医疗保险支付范围外的服务项目纳入护理保险资金支付范围。

5. 鼓励"医、养、康、护"融合发展

根据参保人对医疗、养老、康复、照护的多样化需求，调整和完善定点医护机构准入标准。其中，专护定点医护机构的标准由过去二级以上医疗机构调整为一级以上医疗机构(含护理院)；院护、家护定点医护机构的标准调整为定点医院、社区卫生服务机构、有医疗资质的养老机构。同时，探索医养结合模式，鼓励医疗机构与养机构组成医养联合体，实现功能融合、资源共享，共同开展护理保险服务；鼓励托养机构、家政公司与定点医疗机构组成联合体承担家护服务。探索将享受家护待遇参保人的家属、邻居和社会志愿者纳入护理服务工作。培育引导一批服务质量好、服务能力强的专业机构开展长期护理保险业务，促进健康产业和长期护理服务市场的发展。目前已有多家外地护理机构在济南市投资护理院，介入济南市护理保险服务市场，发展势头较好。

通过试行职工长期护理保险制度，在一定程度上减轻了老年人长期护理的经济负担，深受老年人及老年人家属的欢迎。

三、济南市建设医养结合养老服务面临的挑战与困境

(一)医养结合发展面临的新任务与新挑战

新时代，随着生活节奏不断加快和生产生活环境的变化，国民面临环境污染、食品药品安全、职业安全、精神压力问题叠加的现状，健康服务需求旺盛。未来，随着人民群众健康意识日益增强、健康需求日益增长，迫切需要倡导以大健康理念发展老年人"康养＋医养"事业。

党的十八大以来，以习近平同志为核心的党中央以国家长远发展为基点，以民族伟大复兴为目标，将全民健康融入国家战略。党中央在"推动医疗卫生工作重心下移""医疗卫生资源下沉"、推动"城乡基本公共服务均等化"、解决群众"看病难、看病贵"问题、提倡广泛开展全民健身运动、推动全民健身和全民健康深度融合等方面出台了一系列政策。2017 年 3 月，国家卫计委、国家发改委、国家中医药局、全国老龄办等 13 部门联合印发了《"十三五"健康老龄化规划》，以积极应对人口老龄化，提高老年人的健康水平，助力实现健康中国的战略目标。党的十九大对医疗卫生改革提出新的目标和要求，指出："倡导健康文明生活方式，预防控制重大疾病。""实施食品安全战略，让人民吃得放心。""坚持中西医并重，传承发展中医药事业。""支持社会办医，发展健康产业。"

在上述国家大健康战略背景下，2018 年 9 月，济南市人民政府提出"建设国际医疗康养名城"的发展战略。提出了一系列新的目标和任务："完善基本养老保障体系。推进全国首批居家和社区养老服务改革试点城市、全省医养结合示范先行市建设……加快城乡养老服务基础设施建设，引入社会力量整合新建医养结合机构，提

供治疗期住院、康复期护理、稳定期生活照料、安宁疗护一体化的医养结合服务，满足健康养老服务需求。……到2025年，实现健康养老服务机构多元化、服务队伍专业化、服务流程标准化。”这些新举措和新目标，一方面对加快医养结合养老服务建设提出了新的要求，另一方面为医养结合养老服务创新发展带来了新的契机。

(二)医养融合面临的困境

1. 医养结合管理缺乏系统性

养老服务工作涉及部门多，资源分散，协调程序复杂。部分工作还存在职能交叉、权责不清、缺乏合力状况，很大程度制约了社会力量进入养老服务市场，也影响了养老服务业在医养结合、养老产业融合和人才支撑等方面的突破和发展。从隶属关系来讲，医养结合管理涉及民政、卫生、人社、老龄办、财政、消防等部门。以养老机构的建立为例，需要政府和国土部门批准，而养老机构的运营是由民政部门管理，医疗机构是由卫生部门管理；从业务范围上看，养老环节涉及的部门是民政与人社部门，医疗环节涉及的部门则包括卫计、民政与人社部门。多头管理，造成医养结合各项政策落地程序复杂，医养融合发展难度大，工作进展缓慢。

2. 中小型养老机构难以承接医疗服务

养老机构是承接和承办医养结合养老服务的主阵地，而目前，济南市由于养老机构自身发展受到多方面局限，造成服务设施、人才资源、服务能力等严重不足，现有养老机构大部分存在设施设备落后、服务和管理水平不高的状况，致使难以达到具备承接医疗服务资质的水平。例如，政策提倡举办家庭化、小型化养老机构，但小型机构往往难以达到消防安全标准，无法获得设立许可；政策规定鼓励利用企业厂矿的闲置房屋等开办养老接续性机构，但往往难过消防关。部分机构因房屋产权问题无法办理消防许可证，致使不能申请一些政府扶持性政策。再如，由于政策性原因，新增养老机构落地难的问题特别突出。政策规定，对于民办非营利性养老服务机构可以划拨土地，而民政部门认定为非营利性的先决条件是首先要建立相应机构，形成互为前置的矛盾；政策规定，养老服务机构可通过协议出让或租赁建设用地的使用权来设定抵押权，但《物权法》规定这类公益性资产不得用于抵押贷款。由于上述种种问题，致使一些中小型养老机构存在“批准难、招人难和运转难”等问题。调查发现，大部分中小型养老机构是微利运营，很难再拿出资金进行基本设施的升级改造和配备医疗卫生室以及基本的医疗设备。上述种种问题造成一些中小型养老机构难以承接基本医疗服务。

3. 社区居家养老服务缺乏优质医疗资源的支持

社区和居家养老机构难以获得优质的医疗资源的支持，造成居家养老和社区日间照料医养结合发展缓慢。目前济南市城区的社区日间照料中心普遍面临选址落地难、基层投入压力较大等困难。居家和社区养老类社会组织数量少、普遍“小、散、弱”，提供有效服务的能力不足。而居家老年人迫切需要健康咨询、慢性病管理、日常护理和康复服务。特别是对一些失能、半失能老年人来说，更需要医疗诊断、康复护理等健康服务。但是，当前多数社区只能提供日间生活照料，医务室医疗设施和医师资源欠缺，不能取得医疗机构许可。主要原因有两个方面：一方面是医疗机构“重医疗，轻护理”。部分医疗机构认为长期护理服务不能为医疗机构带来较大的经济效益，因而重视为患者提供医疗性服务，而轻视病后康复和长期护理。医疗机构在经济效益和盈利创收的目标下，往往把资源重点放在盈利高的医疗诊治上，向基层社区和居家老人延伸医疗服务的积极性不高；另一方面，一些诊疗水平高、信誉好的医疗机构，特别是三甲医院，其本身医疗资源就十分紧张，几乎无暇顾及为社区提供医疗支持。

4. 家庭医生签约服务效果差强人意

“家庭医生签约服务”推广以来，出现了发展不均衡的问题。部分社区签约服务效果很好，群众满意。但城市郊区和农村社区签约率不高，群众受益甚微。签约率不高的原因包括多个方面：一是医院全科医生不足，多数医院全科医生在医院接诊率已经接近满负荷，几乎没有精力和时间做家庭签约医生；二是社区基层医生很难解决编制问题，工资待遇、福利也有限，因而基层医生队伍不稳定；三是居民对这项服务认识不足或对签约医生信任度不高，认为有病还是要去大医院；四是有的地区存在签约率高而实质性服务少的“面子工程”现象。

（三）长期护理保险制度存在的问题

依据国际国内经验，目前济南市正在推行的职工长期护理保险制度将会不断扩大覆盖人群。除了扩大参加职工医疗保险的人员覆盖面之外，更严峻的任务是建立全体市民、农民共同享有的长期护理保险制度。当前，职工长期护理保险制度推行过程中面临的问题，正是未来建立全民共享的长期护理保险制度必须面对和解决的问题。

1. 基金来源渠道单一

从前期济南市职工长期医疗护理保险制度实施的情况来看，护理费用来源主要是职工医保基金。这容易造成以下问题：“一方面人均拨付费用偏低，另一方面可持续性有一定风险。医疗保险基金本身要求收支平衡，略有结余。随着人口老龄化的加深，如果仅用基金支付长期护理保险费用，会存在基金收不抵支的风险。若要规避风险，必然要提高医保险金收缴率，而这必然会加大居民和职工经济压力。从当前居民和职工收入来看，不具备提高收缴医疗保险费比例的可行性，只有靠财政补助资金和福彩公益基金，因为还没有形成企业、单位、慈善机构等社会团体和个人的捐助等多元化来源渠道。从长远来看，资金来源具有较大的压力。

2. 制度覆盖面较低

一方面受制度限制，覆盖人群面窄。目前，济南市长期护理保险的保障对象仅有职工基本医疗保险的参保人员，还没有建立全民共享的长期护理保险制度，以致参加城市居民医保和新农合的老人还无法享受护理保险相关的待遇，而这部分老人占需求量的60%以上。另一方面是基金支撑能力有限，即使老人能够享受到保险制度待遇，由于认证标准较高，医疗负担更重的"边缘老人"却被卡在门外，目前保障人群基本限定在常年卧床且需要专业护理的失能人员。随着年龄的增长，老年人身体机能退化，所患慢性疾病增多。一些疾病经过适当的治疗不会威胁人们的生命安全，但是患慢性病有可能导致老年人部分失能或完全失能，从而严重影响其生活质量，对医疗服务的需求更大。

3. 缺乏医养型专业人才和复合型管理人才

通过对部分养老机构的调查发现，济南市从事专业护理的人员队伍存在人数少、学历低、待遇差、流失多的特点。其原因是多方面的：一是由于社会普遍对老年护理认同感不足，从业人员工资待遇偏低、职称晋升机会欠缺等，造成养老型医养结合机构尤其是民办机构医养结合服务的专业人才短缺，服务人员整体素质偏低。二是法律保护不到位，存在一定职业风险。在养老服务工作中，养老服务人才会受到一些不公平待遇。由于养老服务工作的对象是老年人，风险程度高，而在产生工作纠纷时，养老服务人员很难运用法律武器保护自己。另外，由于养老和医疗机构向"医养结合"转型，对管理人员提出了更高的要求，如何统筹分配医养资源、完善医护人员相关管理制度、增强机构的市场化运作能力，都对管理人才的储备提出了挑战。

4. 缺乏完善系统的医养结合监管体系

长期医疗保险护理制度中，尚未建立部门责任明确的医疗服务监管体系，尚未建立沟通协调管理机制，尚未对老年人的医护照料质量建立统一的评估机制。长期医疗保险护理制度中，医护照料所产生的费用由医保统筹账户支付，在缺乏评价和监督的情况下，服务质量难以得到保障。目前从国家到地方现已出台的各级政策来看，目前现有的健康养老服务要求和服务规范主要集中于机构的服务人员、设施、房屋等硬性条件的规定，欠缺对于服务质量的规范和控制。

四、对济南市医养结合养老服务创新发展的思考和建议

2018年3月，济南市启动全省医养结合示范先行市建设，明确"做实居家社区医养结合"这一主攻方向。未来，济南市应以政府为主导，以打造国际医疗康养名城为契机，大力发挥自身优势，补齐短板，充分调动社会力量广泛参与，加快医养

融合发展和嵌入式发展,建立多层次、多元化的医养结合养老服务体系。

(一)以打造国际医疗康养名城为契机,拓展医养服务路径

为深入实施"健康中国"战略,有效满足人民群众全方位、全生命周期健康需求,济南市提出加快打造具有泉城特色的国际医疗康养名城的发展战略。该战略定位为医养结合养老服务提供了新的发展理念和发展路径。

1. 拓展老年人康养新路径

要与养老产业相融合,积极拓展老年人康养新路径。从"大健康"发展视角审视健康老龄化,应大力提升老年人康养水平,减少社会和老年人的医疗压力。因此,除了传统的医疗、养老领域发展医养结合养老服务之外,养老服务事业应当与文化、体育、旅游等领域开展深度融合,大力发展老年人旅游、文化、体育等产业化服务。通过这些与老年人康养相关的产业,拓展老年人康养服务路径。把养老服务产业做大做强,以产业发展拉动服务发展,使养老服务延伸到老年产品制造、老年医疗保健、老年教育、文体休闲等领域,使更多的老年人享受健康老龄化的生活。

2. 打造泉城特色康养品牌

要借国际康养名城建设之势,打造泉城特色康养品牌。以建立国际医疗康养名城为契机,打造具有泉城特色的系列养老服务康养品牌。借助济南市国际医学科学中心、生命科学城、济南药谷、特色康养小镇等重要载体,加强医疗康养人才的培养,开展老年人健康产业技术创新、业态创新、模式创新,推动养老产业集聚发展,利用济南泉水、南部山区优越的自然环境、中医药水平较高等独特优势,鼓励医养康护型养老服务机构连锁化经营、集团化发展,开发能满足老年人多种需求的老年社区和大型养老综合体,发展多层次、多样化的康养模式,培育养老产业品牌,并充分发挥品牌示范带动作用。

3. 申请国家医养结合试点城市

目前,山东省青岛、烟台、威海已经纳入国家医养结合试点城市。济南市应借康养名城取得突破之际,积极申请国家医养结合试点城市。结合正在推进的全省医养结合示范先行市建设,积极申请国家医养结合试点城市,把济南纳入医养结合发展的全国战略布局中。

(二)以政府为主导,动员社会力量广泛参与

未来医养结合服务发展要突破上述困境,必须坚持政府引导和社会广泛参与。在发展路径上要强化政府统筹养老机构和医疗机构发展的顶层设计,充分整合和利用现有养老和医疗卫生资源:一是要发挥基层卫生服务机构在健康管理、家庭病床、老年病治疗方面的作用;二是要鼓励养老机构与医疗机构开展双向转诊、远程医疗、协议委托等多种合作;三是采取措施引导部分一、二级医院和专科医院转型为老年人护理院；四是加大对非营利性社会组织和养老服务民营企业的支持力度，吸纳社会力量开展多元化养老服务。通过多方参与，探索多元化路径，满足老年人多元化医养结合服务需求。

（三）发挥优势，补齐短板

一是要继续发挥优势。济南市医养结合养老服务走在全省的前列，与济南市独特的医养资源密不可分。济南市是扁鹊故里、传统医学的重要发源地。济南的医疗资源十分丰富，医疗机构以“多”和“强”而闻名，全国百强综合医院在山东有4家，济南就占了3家。济南拥有30多家三级医院（三甲医疗机构25所）、100多家二级医院、各类医疗卫生机构6188处，在山东排第一位，在全国排名也在前列。1917年建校的齐鲁大学，被誉为中国现代医学的发源地之一，“齐鲁医学”更成为我国四大医学教育品牌（“北协和、南湘雅、西华西、东齐鲁”）之一。济南也由此成为占据现代医学高地一席之地的城市。另外，济南市“高校＋医院”而形成的人才优势以及由齐鲁制药、国家健康医疗大数据北方中心等形成的产业优势，都为大力发展医养结合养老服务提供了有利的资源条件。未来医养结合养老服务发展应当继续发挥济南市的资源优势，总结已经取得的经验，复制和推广一批拥有济南特色的典型模式。

二是要抓紧时间补齐短板。在与其他城市进行比较和深入调查研究的基础上，找准济南市医养结合养老服务存在的突出问题、目前的差距，也就是存在的“短板”，积极采取措施，有针对性地解决问题。特别是在医养“融合式”和“嵌入式”发展以及打造“15分钟服务圈”、长期护理保险制度发展、人才培养、医养结合先行示范城市、社区居家养老医疗服务等方面加大工作力度，尽快补齐“短板”，使济南市医养结合养老服务的整体水平快速提升。

（四）加快建设“互联网＋医养结合”的智慧化服务体系

目前，济南市已经构建区域健康医疗大数据平台，涵盖户籍人口约637万，汇聚结构化数据约15T，全市53个单位、1010个数据集实现开放共享，为建设健康医疗大数据北方中心提供了“济南样本”。未来，济南市应当充分运用互联网技术，大力推进远程医疗服务，弥补医疗机构、社区，特别是农村社区医疗资源不足的现状。利用计算机网络、现代通信以及遥感、遥控等技术，建立起城乡医疗单位之间、医生和患者之间的联系，实现远程医疗咨询诊治，为老年人提供方便、放心、高效的医疗服务。另外，济南市可结合自身优势，充分利用浪潮集团全国领先的云计算、大数据服务优势，建立智慧养老管理平台，扶持电子信息、智能家居、可穿戴设备等相关产业发展。例如，可以通过智能可穿戴设备采集老人的安全与健康等数据，经过云平台加工后传输到智慧养老管理平台，随时掌握所辖老人的安全与健康状况，以物联网与互联网、云计算和大数据等手段将政府、社区等机构及家人与老人连接起来,对老人实施动态的健康和安全管理,并有针对性地对每位老人进行健康干预。政府和社会的服务资源可以通过平台为老人提供服务,满足老人对不同服务的需求。

(五)加快推进医养融合发展

国家鼓励医养结合模式的初衷是通过两种资源的整合提高资源利用效率,是倡导医疗机构和养老机构联营、协作,而不单单是扩建机构。当前,济南市迫切需要多措并举,一方面大力提升中小型养老机构承接医疗服务的能力,另一方面大力倡导医疗与养老融合发展。

1. 政府牵头,有效整合医养资源

医疗服务资源和养老服务资源需要进行有效整合。要充分发挥医疗服务资源和养老服务资源的优势,形成互补、互助、互动、互融的发展格局,合理有效地整合现有资源。政府积极引导建立由相关主管部门牵头、统筹全市医疗资源与养老资源的工作机制,促其有效对接、合作双赢。政府部门健全管理机制,以促进部门间的协调与合作。在此过程中,需要民政部门、卫生部门与其他相关部门之间在制度顶层设计层面加强沟通和协商。同时,需要管理工作者增强医疗机构和养老机构、社区居家医疗护理服务提供主体之间的沟通,从而为老年人就近提供高效、便捷的医疗服务。另外,应加快相关法律制定的进程,完善养老机构的管理体制,明确养老机构的准入资质,规范经营服务行为,切实加强养老服务机构规范化管理,进一步完善养老服务的有关法律、法规,加大执法和监督力度,维护和保障老年人、养老机构及其从业人员的合法权益。

2. 加快推进养老机构资质提升工作

针对一些中小型养老机构申报医保定点机构达标难的问题,要有针对性地推进:一是采取措施提升养老机构的资质水平。对现存老机构的硬件设施进行改造,坚持积极引导、区别情况、因地制宜、分步实施的原则。对一些基础比较好且有一定资金、能力的养老机构,可积极引导,结合星级评定、专项检查等时机,鼓励机构抓紧进行改造升级;对一些有发展基础和改造意愿但有实际困难的养老机构,可采取以自筹为主、政府帮一点的方式,分阶段实施改造升级;对那些基础条件差、入住率始终难以提升的养老机构,则可在积极引导的前提下,通过引入专业社会力量进行并购、合作、加盟等形式,有计划地完成改造升级。二是对不同的养老机构采用分类细化的准入机制,科学界定养老机构申办医护保险定点资质准入标准并适当降低标准,采取“宽进、严管”的办法,让更多的养老机构纳入医保定点机构,让长期护理保险制度惠及更多的老人。

3. 引导优质医疗服务资源向社区延伸

要采取措施引导优质医疗服务资源向社区延伸,为社区和居家养老的老人提供必要的医药服务：一是加强养老机构、医疗机构与社区对接合作，采取有效措施让医疗服务延伸至社区居家服务，建构居家照顾、居家看护、居家护理服务体系。在总结前期经验的基础上，逐渐扩大家庭病床的覆盖范围，让更多的失能老人享受到专业化的家庭护理服务，在家中既能得到家人的精心照料，又能得到专业的医疗护理康复服务，还能享受到医疗保险报销政策，从而解除家属和子女长期照料老人的不便，减少老人人长期住院医疗费用负担，同时也能缓解大医院住院难的压力。二是鼓励社区卫生服务中心为社区托养机构或日间照料中心提供医疗服务。由社区卫生服务中心与社区托养机构或日间照料中心签约，开展巡诊、健康宣教、慢病管理等基本医疗卫生服务。三是借鉴国外经验，引用社会力量来弥补公共医疗力量的不足，推动社会力量提供更好的产品和服务。济南市在发展社区医养结合的过程中，可借鉴美国模式，将社区医疗、养老"外包"给有资质的服务机构，这样不仅解决了社区医疗资源有限的问题，而且还开拓了新的市场。

4. 鼓励部分医疗机构向医疗护理转型

政府相关部门要出台鼓励性政策，支持医疗机构开设老年病科（区），加强老年病专业建设，增加老年病床数量，提升老年相关疾病的诊疗技术水平。支持医疗机构设置一定比例的安宁疗护床位。按照山东省的要求，开展养老服务的床位应不低于200张，并配置一定比例的安宁疗护床位。医疗机构设置的医养结合、老年病、安宁疗护等床位不列入平均住院日统计指标。加强老年病专业学科建设，服务老年人的科室主任应具有副主任医师以上职称。每床配备的医师、护士数应不低于医院平均比例。同时，鼓励医院推进远程医疗协作，指导基层医疗卫生机构为社区高龄、重病、失能、部分失能以及计划生育特殊家庭等行动不便或确有困难的老年人，提供定期体检、上门巡诊、家庭病床、社区护理、健康管理等基本服务或居家养老支持。

5. 进一步推进家庭医生签约服务工作

参照国家制定的"到2020年，力争将签约服务扩大到全人群，形成长期稳定的契约服务关系，基本实现家庭医生签约服务制度的全覆盖"的目标，济南市还有很大的提升空间，可以从以下几个方面进一步推进家庭医生签约服务工作：一是加大宣传力度，采取多种形式，广泛宣传家庭医生签约服务的政策与内容，重点突出签约服务便民、惠民、利民的特点，增强群众主动签约的意愿。二是建立健全签约服务的内在激励与外部支撑机制，调动家庭医生开展签约服务的积极性。通过建立合理的基层医疗卫生机构绩效工资制度、设立全科医生津贴等办法，使收入分配适当向临床一线的医务人员倾斜，使家庭医生通过提供优质签约服务来提高收入水平，从而增强开展签约服务的积极性。三是建立以签约对象数量与构成、服务质量、健康管理效果、居民满意度、医药费用控制、签约居民基层就诊比例等为核心的签约服务评价考核指标体系，定期考核，并建立相应奖惩机制。四是基层医疗卫生机构要对家庭医生团队提供必需的业务和技术支持。构建完善的区域医疗卫生信息平台，实现签约居民健康档案、电子病历、检验报告等信息共享，逐步实现“户户拥有自己的家庭医生，人人享有基本医疗卫生服务”的目标。

（六）解决长期护理保险制度存在的突出问题

1. 扩大基金来源渠道

加强顶层设计，解决筹资渠道单一问题。采取政府主导、多元化的筹资渠道，缓解长期护理保险基金来源压力。一是要做好财政转移支付的制度性安排，依据上年度支付情况，做好财政资金安排。二是审慎动用财政资金的比例，引导社会资金参与长期护理保险制度建设，并制定具体政策措施，鼓励企业、单位、慈善机构等社会团体和个人捐助。三是根据实际条件确定合理的筹资比例和筹资标准。精准测算保险金收支平衡中长期状况，科学评估参保人缴费能力，从而确定科学的筹资比例和筹资标准，确保基金收支平衡。四是要防范“医养待遇不分”，对医疗服务和养老服务的支付要区分清楚，须分清医疗服务和其他服务的界限，只有分清才能做到精确支付、防范医保基金支付风险。五是将部分养老服务项目纳入到医疗保险体系或者护理保险体系，建立政府和个人自付的筹资模式，强调养老服务的可支付性和公平性。

2. 建立“多层次，广覆盖”的制度性安排

一是要依据老人的身体状况和服务需求制定差异化、多层次的服务等级。在服务场所上，应充分尊重老年人个人意愿，整合家庭、社区和机构照护资源。在服务内容上，失能老年人需要得到的长期照护服务不仅包括医疗保健和生活照料，而且还需要得到相应的精神慰藉。因此，在长期照护服务中，应多关心老年人的心理状态，使其身心得到健康维护。在服务方式上，做好各种转变之间的过渡衔接工作，使长期照护服务更具有连续性，需要综合考虑老年人在不同阶段的生理状况及其特定的照护需求，整合不同的长期照护平台，使其相互协调、相互合作，以确保老年人长期照护服务的有效衔接。二是要逐步扩大覆盖范围。一方面在职工长期护理保险和前期试点经验的基础上，尽快出台《济南市长期护理保险制度》，逐渐把覆盖范围扩大到城乡所有居民；另一方面，在不断增加基金来源的基础上，逐渐放宽参保人享受长期护理保险幅度，使更多的老人享受到医疗护理服务。

3. 大力培养从事老年人医疗护理的专业人才

当前，济南市迫切需要建立多层次的养老护理人才培养教育机制、扩大医养服务从业人员队伍、提升从业人员专业技能。一是优化专户人员结构。有关部门在职业培训和就业促进方面出台更加优惠的政策，加大专业化培训力度，推动护

理人员队伍的技能结构优化。二是想方设法吸引人才、留住人才。通过人事制度改革，对养老机构、医养结合机构医护人员在资格认定、职称评定、培训培养等方面适度倾斜，完善对医疗护理专业技术岗位评审认定机制，提高专业医疗护理人员的职级水平和收入水平。另外，建立和推行护理从业人员综合保险制度，为养老服务的从业人员解决意外、健康风险问题，从而能够吸引人才、留住人才。三是下大力气提升养老护理人才队伍的资质和专业化技能。支持各类院校增设老年医学、康复、护理、心理、营养、社会工作等专业和课程，依托高校、科研机构、医疗卫生机构资源建立全科医生、老年护理专业护士、养老护理员等人才的进修、培训制度；逐渐改善老年护理实训建设不完善、师资匮乏、缺乏专业教材的现状。引导现有医护人员进入医养结合机构工作或多点执业，逐步提升医养结合人才队伍的专业化水平。四是养老机构应建立激励机制，对养老护理员进行人性化管理。一方面加强物质激励，对工作中做出较大成绩和贡献的养老护理员给予物质奖励，满足他们的物质需求；另一方面，加强精神激励。激发养老护理员工作的能动性、创造性，建立科学的绩效评价体系，使养老护理员切实感觉到被理解、被尊重和被关心，对工作产生认同感、成就感。五是扩大医养服务志愿者队伍。鼓励相关专业的高职院校毕业生、老年社会工作者和各类志愿者为老年人提供长期护理服务。根据服务需要对志愿者进行适当培训，并按计划分配志愿者的服务内容和服务时间。

4. 细化长期护理服务管理机制

一是要进一步完善养老服务信息系统，做到政策公开、政策咨询、基本信息审核、服务派送、网上公示等服务信息详实并及时更新。二是借鉴日本经验，建立“书面申请—医生意见—健康调查—确定护理等级—制定护理计划—介入护理服务—服务后健康评估—制定新护理计划”一条龙式的细致严谨的长期护理服务机制。三是不断健全和完善长期护理保险管理机构、经办机构、评估机构和照护服务机构等相关行业管理部门信息互通、共享的系统，以提升长期护理保险服务的整体运行效率。

5. 健全老年人长期护理服务质量监督机制

一是设立长期护理统一管理机构，设立管理城乡老年人生活、医疗的统一机构，负责对老年健康服务体系的总体规划、实施与管理。对老年生活、医疗服务进行宏观调控、综合协调、制定政策法规，并负责指导、监管、评估和审批。在政府引导下，着力构建一套居家、社区及医院密切关联的网络化、系统化服务体系，为老年长期护理提供专业和规范的服务。这个服务体系应该含有数字化老年疾病防控体系、健全的生活和医疗服务网络以及紧急救助服务、住院转诊服务和健康管理服务三个医疗服务通道。二是管理部门建立长期照护管理和监督计划，进行长期照护服务动态化管理，进一步细化并严格执行资格审查、失能评估、服务等级评估和照护服务人员的能力评定管理制度。三是设置专门的监督机构，对长期照护服务供给过程和服务质量进行严格监督和管理，对长期照护服务质量进行监控，对从事长期照护服务的工作人员的从业资格进行监督和定期考核。制定相应的惩戒机制，对服务质量不达标、服务标准执行不到位和人员资格审查不合格等问题给予及时纠正或处罚。

（课题组成员：朱冬梅、王丽娟、许海峰、李战）

参考文献

[1]杜鹏：《回顾与展望：中国老人养老方式研究》，团结出版社 2016 年版。

[2]国务院办公厅：《关于推进医疗卫生与养老服务相结合的指导意见》，国办发〔2015〕84 号，2015 年 11 月 18 日。

[3]邓大松、李玉娇：《医养结合养老模式：制度理性、供需困境与模式创新》，《新疆师范大学学报》2018 年第 1 期。

[4]刘兰波：《“医养结合型”社会化养老的探索与思考》，《中国民政》2016 年第 2 期。

[5]穆光宗：《成功老龄化：中国老龄治理的战略构想》，《国家行政学院学报》2015 年第 3 期。

[6]邬沧萍、王萍：《积极应对人口老龄化》，《求是》2009 年第 7 期。

[7]杨燕绥、张芳芳：《不同的老龄化，不同的发展模式》，《国际经济评论》2012 年第 1 期。

[8]张晓杰：《医养结合养老创新的逻辑、瓶颈与政策选择》，《西北人口》2016 年第 1 期。

职称外语考试和职称评价中存在问题和应对建议

张　伟

一、职称外语考试调查问卷

为了更好地了解职称外语考试的现状及作用，我们进行了关于A市职称外语考试的调查。

（一）对于应考动机及满意度的评价

调查结果表明，对于职称外语考试，多数被访者认为外语学习应是自愿行为，不应拿职称评定来强迫人学习外语。

（二）外语与专业及能力关联性评价

在调查问卷中，少数人选择了“自己专业与外语密切相关或“有一些关联的”，绝大多数人认为“专业与外语无关”。可以说，在实际工作中，外语与大多数人的工作无关。

（三）关于职称外语考试对外语学习的推动作用

极少数人认为“职称外语考试对于外语学习非常有用”。对大多数人而言，职称外语考试对外语学习的推动作用非常有限。

从此次调查中，我们不难发现，实际工作中，外语仅是某一部分人工作的工具，与大多数人的工作无关。不管考试与否，绝大多数人“外语学习取向”基本上不变。对大多数被访者而言，职称外语考试虽为晋升职称的必要条件，但对外语学习的推动作用不大。大部分人都是迫于外在压力，“被动地”参加职称外语考试。

二、职称外语考试存在的主要问题

（一）试卷质量不高，内容缺乏针对性

各级各类的职称外语考试只要及格即可，这个统一的分数线无法反映出不同

行业中不同等级的应试者在真实语言情境中完成阅读任务时所需要的时间程度。我们还发现职称外语考试中不同专业的区分在于阅读材料的不同,不同的等级表示阅读材料的难度和阅读量的大小不同,而其他方面的设计是一样的。而且现在职称外语考试试题采用的题型全部是客观选择题,这直接导致了试卷信度和区分度的降低。

(二)效果上达不到专业人员真正掌握外语的目的

在专业人员晋升职称这一重要问题上,一刀切地设置外语考试门槛,让众多专业人员苦不堪言,造成了他们时间和精力的巨大浪费,所以越来越多的人们对现行的职称外语考试提出了质疑。大多数领域,外语是基本用不上或完全不用的。业内专业人员的英语水平基本不高,即使原来外语有相当水平者,也因为长期用不着而束之高阁,随着岁月流逝,便"还给了老师"。

(三)在一定范围的专业技术领域内名存实亡

对大多数专业技术人员来说,参加职称外语考试所付出的成本较高,而实际收益却很小,在实际工作中没有起到多大的作用。有些专业平时基本上接触不到外语,为了通过考试就搞强化训练,临阵磨枪。一旦通过职称外语考试,顺利地评上职称,就基本上是放弃了外语学习。事实上,一个人的外语水平和专业水平关联不大,基本相悖,所以对于这个职称晋升的"拦路虎"并不受人热捧,而且在一定范围的专业技术领域内已名存实亡。

(四)职称外语考试劳民伤财

职称外语考试常常给报考者造成巨大的浪费,包括时间上的、精力上的以及经济上的。由于外语考试是晋升职称的必要条件之一,要想获得职称晋升就不得不在外语学习上花费大量的时间和精力。而一旦通过外语考试,就把外语扔在一边,一放就是三五年,形成"再升—再突击—再考试"的学习模式。

职称外语考试的教材每年都有变化,逼得人们年年掏钱买教材,这给考生造成了极大的浪费。其实,每年修改的地方不尽相同,即使是为了更新内容,也可以考虑采取大稳定、小调整的办法,不断完善。

考试报名费、图书资料费、培训费等促成了"考试经济"的产生。为了通过考试、提升职称,大家似乎都"不差钱",因为掏钱是暂时的,外语过了关,专业技术职务晋升了,工资待遇也就会相应提高,就是所谓的"花小钱,办大事"。

(五)组织考试的方式死板,很难适应参考人员的实际需求

职称外语考试每年只举行一次,时间安排在 4 月中下旬,一般只在地市级以上城市设立考点。职称外语考试期间,如果遇到出差或者单位有要事需要处理,应考者就必须请假,否则就会错过当年的职称外语考试。

外语学习的终极目标是熟练运用,就是让学习者在不断使用外语的过程中提高交际的能力。因此，对外语的考核必须通过对该技能掌握程度的准确衡量加以体现。语言教育学家认为，任何一种语言技能掌握都必须遵循听、说、读、写的原则。由此可见，单纯为了职称晋升的职业外语考试已经背离了外语学习的真正要义。

三、职称评价中存在的主要问题

（一）职称评价容易一把尺子量全体

对于今天这样一个高度多元化并且变化迅速的职业体系，拿一把静态的尺子进行一刀切，其合理性当然需要存疑。高校、科研院所等专业技术人员密集单位，即使评委会不把职称外语作为评审必备条件，这些单位的专业技术人员在现实工作中也经常查阅外国文献，所以这些部门的专业技术人员在职称评价时进行职称外语考试则是合理的，但是对于基层一线专业人才、工程施工一线人员等，职称评审完全可以不对职称外语做硬性要求。

（二）职称聘任制度的一些重要工作环节没有真正落实

在职称聘任中，每一单位需要引入的竞争机制由岗位设置、择优聘任、聘期管理、绩效考核等重要工作环节构成。但是，很多企事业单位对上述工作环节没有真正全面落实：有的单位没有把岗位设置规范为一个必要步骤，把岗位的任务和责任作为选聘人员的前提，把专业技术资格指标作为聘任的前提；有的单位在评聘过程中，重评轻聘，以专业技术资格评审替代职务择优聘用；有的单位制定的聘约，缺乏契约的内容，不能体现聘期内应该履行的职责和达到的标准而流于一种形式；有的单位在绩效考核中没有定性与定量相结合的要求，难于合理评价等。可以这样说，没有重要的工作环节的科学管理，只能造成一种杂乱无章的竞争，这不仅不能达到专业技术人员资源配置优化、充分调动人员积极性的目的，而且还会导致人际关系的紧张和专业技术工作的无序，大大地削弱了职称聘任制度的积极意义。

（三）职称资格评价体系不尽合理

现行职称资格的评价，少数要通过外语、计算机考试，部分人员需要通过学位认定，大部分人员的评价都是采用评审方法。尤其对于高级人员来说，职称资格标准将要求通过绩效来反证工作能力，因而无法采用样本模拟的考试方法，只能采用同行专家的评审方法。由于在评审标准的掌握上，各评委会缺乏量化指标，加上各种经济利益的驱动，客观上难以排除人为因素的影响和相互攀比的倾向。这是目前职称资格评审中论资排辈和过分看重论文和成果、轻实际贡献的原因。执业资格考试已经启动，虽然取得了较好的社会效果，但是毕竟推行的专业技术的范围尚不大。因此，严格评审标准、加强评委会建设、提高评审质量、促进任职资格评审科学化是深化职称改革的一项重要任务。

四、职称外语考试和职称评价相关问题的解决措施

(一)加强考试理论研究

现有的职称外语考试中存在的各种问题,究其原因,可以归结于:考试理论研究滞后,对职称外语考试的考试性质和考试规律认识不清晰。如果没有明确的理论标准,就不能确定考试工作方向,也就无法合理运用考试手段,做到科学地组织考试,考试的效应就难以得到很好的发挥。

第一,设立专门的考试理论研究和考试技术开发机构。对考试的规律、方法、技术、模式、法规及国际国内相关考试发展状况、趋势动向、现实问题进行深入系统的研究。

第二,与各大专院校、科研院所紧密结合,对于考试问题进行实证研究及联合技术开发,力争做到学以致用,积极吸收、消化他们最新的科研成果。

第三,鼓励一线人员,结合实践工作积极开展在职研究。让他们在实践中成长,在工作中提升。

(二)强化职称外语考试的实用性

任何一种语言都是交流的工具,所以外语学习的终极目标应该是熟练运用、增强彼此交流的能力。在这一能力的体现中,“听、说、读、写”是根本。

现在的职称外语考试,重笔头而忽视“听”和“说”,以致出现了哑巴英语的尴尬局面。国外的外语考试包含听力考试或者口语考试。以博思考试为例,其不仅包含口语考试,而且还着重考察工作中用到的口语。所有的考官都接受过专门培训,口语考试形式也是灵活多样,如对话、专题演讲、信息交流与讨论等。这样的考试有利于专业人员的国际交流。

再比如,澳大利亚职业英语考试紧扣医疗卫生专业人员的英语水平这个中心,不仅试题开发有医学专业人员参与,而且试题内容突出医学特色与实用性,让受试者充分到参与语言运用之中,突出体现“用”字,很好地满足了专业人员的实际需要。

(三)建立政府主导下的职称外语考试电子化平台

运用计算机技术建立职称外语电子化考试平台。通过政府招标的形式,征集考试试题库,构建电子化平台系统。

根据不同专业的特点设计考试试题(包括口语、听力、阅读等方面),真实测量专业工作对专业技术人员外语水平的要求。

健全相应的法律规范,加强试题的安全保密工作,以确保试题能得到高质长效的使用,题库的版权归政府所有,命题人、应考人员对试题都无权使用、复制和传播。

同时,利用电子化考试平台,更加灵活地组织考试。由一年一次改为每月开考一次,月初报名,月底考试,按照博思考试划出的标准来规范专业技术人员的外语水平等级,可以考虑根据评审正高、副高和中级的不同而采用不同的考试板块。这样做的目的,既可以给那些从事专业技术的人员以更多的时间去钻研技术,也可根据工作时间安排去学习外语,三月份过不了关,四月份再过一次,这样也不影响一年一度的职称评定工作。

(四)建设一支理论扎实、业务精干的考试管理队伍

考试管理是一门科学。任何科学都有其一般性和特殊性。作为考试管理人员,既要掌握一般考试管理专业知识,同时也要熟悉职称外语考试管理工作。

考试是手段,命题是关键,命题水平的高低直接影响职称外语考试的质量。职称外语考试试题命题组一定要由熟悉现代考试、熟悉英语语言、熟悉专业要求的各类人才组成,而不是临时团队,七拼八凑。同时,可以建立大专院校、科研院所和专家学者的长期联系,对于命题、评卷和考试管理的专家进行聘任。这样就能建立一支常备的命题专家库。有条件的情况下,可以考虑建立命题专项基金。

加大对考试技术、试题题库、质量监控、评分阅卷、考务管理、机考实施等基础领域的研究,培养自己的研究队伍。对职称外语考试的每个环节的工作实施有效监督与监管,同时加强人事考试系统内部的监督检查力度。主动接受社会监督,邀请人大代表、政协委员、有关专家及社会有关方面的人员对人事考试工作各个环节进行监督、检查。打击非法培训机构,整顿考试培训市场,净化考试环境。

(五)在职称评价方面要加强宏观调控,实施分类管理

由于历史的原因,不同行业、不同领域的专业技术人员队伍的分布、结构、素质等存在差别。由于不同地域的经济、科技发展水平不同,各地区专业技术人员数量也存在差异。这就决定了职称评价工作必须在坚持统一原则、政策与标准的前提下,针对不同系列、不同地区、不同企事业单位等不同特点,实施分类管理。

第一,按不同系列分类。不同系列的专业技术人员,因工作性质、工作对象、工作业绩表现形式等有很大差别,在职称评审中必须要有针对性,区分出不同的特点。比如,对于科研、高教、卫生、工程和农业等学术性、技术性较强的系列或经济、会计、统计和档案等专业性、经验性较强的系列,在规范评审标准时务必按不同的特点实施分类指导,绝不能脱离实际。

第二,按不同地区分类。市区和县里的工作环境不同,在职称评价政策上要实行不同的指导。县里的专业技术人员数量不足,整体素质有待提高,同时外流严重,因而要以适当的倾斜政策鼓励和吸引专业技术人员投身农业生产和乡镇企业第一线。特别对农村乡镇企业的各种专业技术人才,可以实行地方性专业技术职务评价,以体现他们的特点,尽力促进这支队伍的稳定和提高。

第三，按不同性质分类。按照建立现代企业制度的要求，对企业（包括新经济组织和自收自支事业单位）一律遵循“自主设岗，自主聘任，自主管理，自我约束”的原则，评聘专业技术职务。职称改革要为企业发展创造良好的条件，引导企业在国家政策规定的范围内行使自主权。对全额拨款和差额拨款的事业单位，宏观调控要按照不同的学术地位、性质任务、人员状况、技术水平等情况，以单位编制为基础，确定不同的结构比例，不能搞一刀切。

五、基本结论

专业技术人员职称评价一直是事业单位人才评价的重要内容之一。正确评价人才，才能合理地培育和调动人才的工作积极性，对完善事业单位人才评价有着重要的理论和现实意义。合理评价的目的就是要吸引人才，用一流的人才创造一流的业绩。国内关于事业单位人才评价问题的研究起步较晚，而且研究大多集中在企业，对事业单位问题研究很少。因此，从事业单位人员职业特征本身出发，对事业单位人才评价机制进行研究有着重大的理论意义和现实意义。实践的发展离不开理论的指导，本文通过对职称外语、职称评价体系的研究，得出以下结论和建议：

第一，人才评价体系的优化，不是某个地区、某个部门能够独立解决的，要放到整个国家的角度来考虑。我国现行的事业单位专业技术人员职称制度决定了职称在当前和今后一段时间对于事业单位人员来说还是重要的评价方式。

第二，职称评价制度不仅涉及技术职务的简单升降，而且还涵盖了合理工作分析、科学设岗、合理竞争上岗、聘后管理。职称制度的建设最重要的是建立全面而且能上能下的用人机制。专业技术职务不应该是事业单位人员增加薪酬的主要途径，岗位和绩效才是决定升降的根本。

第三，对事业单位专业技术人员的职称评价，要坚持公开、公正、透明、科学的原则，做到及时、有力、长短期相结合，要从申报、评审程序、聘任、考核等方面全面进行改革和探索。

第四，评价方式应更加多样化。职称制度尽管是重要的评价方式，但通过调查显示，事业单位人员最关心的除职称以外，还包括工作强度、个人成长、工作成就、社会尊重、内部评价和同事关系等多个方面。不同因素对人才的影响不同，事业单位的人才评价方案应是各要素的有机组合。

济南市落实“以人民为中心”的发展思想推动高质量发展研究

王鲁宁

关于济南市落实“以人民为中心”的发展思想推动高质量发展的研究，从实质上讲是关于“以人民为中心”的发展思想的理论与实践及其相互结合问题的探讨，由此决定它的研究内容应当包括理论层面、实践层面及其相互结合。从理论和实践相结合的视角，对“以人民为中心”的发展思想和济南市落实“以人民为中心”的发展思想推动高质量发展问题进行系统和深入的探讨，它不仅可以深化对习近平新时代中国特色社会主义理论思想与我国社会经济高质量发展相结合问题的认识，而且对于我们正确把握“以人民为中心”的发展思想与济南市的高质量发展相结合的理论依据、本质内涵、方法论原则、实践路径和有效方法等具有重要现实意义。

一、“以人民为中心”的发展思想与习近平治国理政的新理念

“以人民为中心”的发展思想与济南市社会经济高质量发展相结合何以可能，是关于济南市落实“以人民为中心”的发展思想推动高质量发展研究所要探讨的前提性和基本性问题，它涉及到关于习近平新时代中国特色社会主义思想的精神实质、习近平“以人民为中心”的发展思想及”“人民主体论”所形成的时代背景、理论基础、文本依据及思想渊源、哲学依据、话语体系及现实指导意义，以及“以人民为中心”的发展思想在习近平关于治国理政的新理念新战略的思想体系结构中的地位、建构作用及与“四个全面”及“五大发展”战略布局等的本质性联系等问题深入而系统的探讨。首先要在理论层面上对习近平“以人民为中心”的发展思想的哲学基础和现实指导意义进行理性分析和正确阐释，为济南市落实“以人民为中

心”的发展思想推动高质量发展研究奠定理论基础和逻辑前提。

习近平在党的十九大报告中首次明确提出“新时代中国特色社会主义思想”这个概念。习近平新时代中国特色社会主义思想,以“以人民为中心”为主题和核心内容统领新时代的宏伟目标和基本方略,围绕“以人民为中心”对新时代的社会主要矛盾作出新判断;围绕“以人民为中心”提出一系列新思想,制定出一整套新方略;围绕“以人民为中心”,制定出实施增进人民福祉的“两步走”的新战略目标。“以人民为中心”在新时代中国特色社会主义思想体系中举足轻重并占有重要地位,是习近平新时代中国特色社会主义思想的首要核心内容。“以人民为中心”的发展思想是对中国特色社会主义发展规律的新认识、新概括,是致力于破解发展难题、增强发展动力、厚植发展优势的治本之策,是实现更高质量、更有效率、更加公平、更可持续发展的必由之路。

十八大以来,习近平关于治国理政的一系列重要论述和新的发展理念,集中体现了我们党在新的历史条件下高瞻远瞩、总揽全局的战略眼光、战略智慧和战略定力,为我国改革开放和现代化建设进一步指明了方向,提供了根本遵循。这些内容,都贯穿着习近平总书记“以人民为中心”的发展思想和“人民主体论”的基本思想,它们把习近平总书记系列重要讲话各个方面的内容有机联系起来并使其成为一个思想整体。我们应当深入研究、努力掌握贯穿其中的“以人民为中心”的发展思想。因此,把“‘以人民为中心’的发展思想的理论基础和现实指导意义”作为一个重要课题来研究,具有十分重大的理论意义和实践价值。当前国内理论界对习近平“以人民为中心”的发展思想及“人民主体论”所形成的时代背景、理论基础、文本依据及思想渊源、哲学依据、话语体系及现实指导意义等还缺乏较深入、全面的理论探讨。尤其是,当前我们对“以人民为中心”的发展思想在习近平关于治国理政的新理念、新战略的思想体系结构中的地位、建构作用及与“四个全面”及“五大发展”战略布局等的本质性联系等在理论研究层面上的还不够深入和系统,离现实的发展和实践的需要还有一定差距,还需要对以下诸多重要问题进行较为深刻的理论分析和阐述。

高质量发展与我国社会主要矛盾变化的内在关联。在党的十九大报告中,习近平同志指出,中国特色社会主义进入新时代,我国社会主要矛盾已经转化为人民日益增长的美好生活需要和不平衡、不充分的发展之间的矛盾。在改革开放初期,为解决当时“人民日益增长的物质文化需要同落后的社会生产之间的矛盾”这个社会主要矛盾,必须尽快发展社会生产力,各方面工作都要配合和服从快速发展经济。经过多年努力,我国经济体量明显增大,经济实力显著提升,原来生产力落后的状况已经得到相当程度的改变,生产力发展的制约因素更多地表现为经济社会发展不平衡、不充分,特别是表现为经济结构性矛盾尖锐、生产效率性问题突出、社会民生建设滞后和资源环境约束趋紧等。解决发展不平衡、不充分问题,必然要推动高质量发展。从社会主要矛盾的另一侧即人民需要来看,人民日益增长的美好生活需要是多方面的,既包括物质和精神生活的丰富,也包括民主法治、公平正义的保障和提升,还包括对安全和良好生态环境的需要等。只有实现高质量发展,才能满足人民对物质文化生活的更高要求,才能为全面满足人民的美好生活需要奠定坚实的物质基础。

在社会主要矛盾发生转化的条件下,推动高质量发展成为解决社会主要矛盾的关键举措,成为当前和今后一个时期确定发展思路、制定经济政策、实施宏观调控的根本要求。转向高质量发展阶段是社会主要矛盾转化的客观要求,也是全面建成小康社会、全面建设社会主义现代化国家的必然要求。一方面,进入新时代,我国社会主要矛盾已经转化为人民日益增长的美好生活需要和不平衡、不充分的发展之间的矛盾。不平衡、不充分的发展就是发展质量不高的表现,要破解社会主要矛盾、满足人民日益增长的美好生活需要,必须推动高质量发展。坚持"以人民为中心"的发展思想,要把人民利益摆在至高无上的地位,统筹推进"五位一体"总体布局,协调推进"四个全面"战略布局,认真贯彻党的十九大精神和中央经济工作会议要求部署,一件事情接着一件事情办,一项任务接着一项任务抓,扎扎实实推动高质量发展,让改革发展成果更多、更公平地惠及全体人民。

二、"以人民为中心"的发展思想与社会经济及民生事业的高质量发展

党的十九大和中央经济工作会议作出了"中国特色社会主义进入了新时代,我国经济发展也进入了新时代"的重大论断,指出新时代我国经济发展的基本特征就是我国经济已由高速增长阶段转向高质量发展阶段。推动经济实现高质量发展,是适应我国发展新变化的必然要求,也是当前和今后一个时期谋划经济工作的根本指针。过去40年的高速增长,成功解决了"有没有"的问题,现在强调高质量发展,根本在于解决"好不好"的问题。高质量发展,意味着高质量的供给、高质量的需求、高质量的配置、高质量的投入产出、高质量的收入分配和高质量的经济循环。促进高质量的需求,要促进供需在更高水平上实现平衡。我国已形成最大规模的中等收入人群,城市化水平不断提升,内需市场十分广阔,但是就业质量不高,居民收入水平偏低,公共服务供给不足,养老、医疗、教育等给居民带来的负担还比较重。必须解决这些问题,释放被抑制的需求,进而带动供给端升级。实现高质量的分配,就是要推动合理的初次分配和公平的再分配。初次分配环节,要逐步解决土地、资金等要素定价不合理的问题,促进各种要素按照市场价值参与分配,促进居民收入持续增长。再分配环节,要发挥好税收的调节作用、精准脱贫等措施的兜底作用,注意调节存量财富差距过大的问题,形成高收入有调节、中

等收入有提升、低收入有保障的局面，提高社会流动性，避免形成阶层固化。

中国特色社会主义进入了新时代，我国经济发展也进入了新时代，其基本特征就是我国经济已由高速增长阶段转向高质量发展阶段。推动高质量发展，是保持经济持续健康发展的必然要求，是适应我国社会主要矛盾变化和全面建成小康社会、全面建设社会主义现代化国家的必然要求，是遵循经济规律发展的必然要求，也是当前和今后一个时期确定发展思路、制定经济政策、实施宏观调控的根本要求，对此，我们必须深刻理解、全面把握、认真贯彻，坚定不移地推动高质量发展。另一方面，社会民生事业的高质量发展。经济高质量发展的最终目的是满足人民对美好生活的需要。经济转向高质量发展，必须落实到社会民生事业的高质量发展上。这主要表现在：其一，教育、医疗、养老、社会保障等社会公共产品的数量和质量能够满足全体居民的需要。其二，能够创造较为充分的就业机会，形成基本合理的收入分配体制机制，使居民总体收入稳定提高，中等收入群体不断壮大，基本消除贫困。其三，社会风气积极向上，文化事业蓬勃发展，人们精神生活日益丰富，社会文明程度不断提高，社会氛围公平、公正、民主、和谐。其四，绿色发展理念深入人心，生态环境得到充分保护，居民生活环境美好宜居，人与自然和谐相处。

全面建成小康社会，在保持经济增长的同时，必须贯彻落实习近平总书记关于“以人民为中心”的发展思想，切实抓好民生这个为政之要，扩大人民群众获得感。各级党委和政府要把民生时刻放在心头、扛在肩上，从解决好人民群众普遍关心的突出问题出发推进全面小康社会建设，牢牢把握发展的出发点和落脚点。党的十八大以来，以习近平同志为核心的党中央把“人民对美好生活的向往”作为奋斗目标，把“以人民为中心”的发展思想放到治国理政的重要位置，把“让老百姓过上好日子”作为发展的出发点和落脚点，谋民生之利，解民生之忧，开创了经济发展与民生改善良性互动的新境界，人民群众获得感和幸福感明显提升。发展回应人民群众的期待，唤起了人民群众的积极性、主动性、创造性，必将激励亿万人民群众投身全面建成小康社会和实现中华民族伟大复兴的中国梦的新征程。习近平“人民幸福至上论”对解决我国社会经济及民生事业的的高质量发展具有指导意义。

“以人民为中心”的发展思想及其战略构想特别关注人民大众的生活和民生幸福，对当今中国的共同愿景作出大众阐述，具有浓厚的大众情怀和大众品格。作为坚持人民主体地位和彰显人民至上价值取向的中国梦、中国道路及社会经济的高质量发展最终都要落到老百姓的幸福生活上，民生事业的高质量发展包含着更好的教育、更稳定的工作、更满意的收入、更可靠的社会保障、更高水平的医疗卫生服务、更舒适的居住条件、更优美的环境，期盼孩子们能成长得更好、工作得更好、生活得更好，这八个方面是民生事业高质量发展的重要组成部分，是中国梦及人民幸福实现的基点，是人民对幸福美好生活的期盼和向往，从而也是“以人民为中心”的发展思想在推动社会经济及民生事业高质量发展实践中的运用和体现。现阶段我们所面临的民生事业方面的问题，主要是第二阶段的民生问题，其表现为人民群众范围不断扩大、水平不断提高的物质和精神需求的满足状况。物质需求主要体现在基本生活保障、医疗、就业、养老、住房、交通、社会治安、社会救助、食品安全、环境质量等方面，精神需求主要体现在教育、文化、政治等方面。

关注民生事业发展是习近平“以人民为中心”的发展思想(包括“人民幸福至上”原则)及十九大提出的社会经济高质量发展的应有之义。坚持“以人民为中心”的发展思想，以不断改善民生和加强民生事业建设为发展的根本目的。我们党领导人民全面建成小康社会、进行改革开放和社会主义现代化建设的根本目的，就是要通过发展社会生产力，不断提高人民物质文化生活水平，促进人的全面发展。对各级领导干部而言，贯彻“以人民为中心”的发展思想，很重要的是要摆正经济增长与改善民生的关系，了解老百姓所思所想。习近平同志明确指出：在保持经济增长的同时，更重要的是落实“以人民为中心”的发展思想。人民群众关心的问题是什么？是食品安不安全、暖气热不热、雾霾能不能少一点、河湖能不能清一点、垃圾焚烧能不能不有损健康、养老服务顺不顺心、能不能租得起或买得起住房等。相对于增长速度高一点还是低一点，这些问题更受人民群众关注。如果只实现了增长目标，而解决好人民群众普遍关心的突出问题没有进展，即使到时候我们宣布全面建成了小康社会，人民群众也不会认同。习近平强调，全面建成小康社会，不是一个“数字游戏”或“速度游戏”，而是一个实实在在的目标。各级领导干部要想群众之所想、急群众之所急、解群众之所困，在学有所教、劳有所得、病有所医、老有所养、住有所居上持续取得新进展。

党的十八大以来，党中央坚持民生事业发展优先，从解决群众最关心、最直接、最现实的利益问题人手，加强普惠性、基础性、兜底性民生建设，持续加大民生投入，不断深化养老、医疗、教育等领域改革，民生事业持续改善，民生保障网越织越牢。一是就业保持平稳。出台新的就业创业政策，扎实做好重点人群、重点地区的就业工作。就业形势连年好于预期，近几年城镇新增就业人数持续走高，年末城镇登记失业率为近年来最低。二是教育更加公平。财政性教育经费支出占GDP比例持续超过前几年，2016年我国九年义务教育巩固率及普及程度超过高收入国家平均水平，重点高校招收贫困地区农村学生人数大幅增长，资助各类学校家庭困难学生人数逐年增长。三是人均收入持续增长。近几年城镇、农村居民人均可支配收入年均实际增长较大，已达到6.8%和8.7%，农村居民人均可支配收入增速持续高于城镇居民。2016年以来，全国居民人均可支配收入持续增长，居民收入增速与GDP增长保持同步。四是社保覆盖面扩大。国家统一城乡居民基本养老保险制度，全面启动机关事业单位养老保险制度改革，覆盖城乡居民的社会保障体系不断健全，保障水平稳步提高。五是看病更加方便。整合城乡居民基本医保制度，提高财政补助标准，实现大病保险全覆盖，基层医疗服务明显改善，初步建立了分级诊疗的政策体系，符合规定的省内异地就医可直接结算。六是居住不断改善。近几年全国城镇保障性安居工程累计建成套数有较大提高，特别是棚户区里中低收入家庭的住房条件得到极大改善。综上所述，民生保障网织密织牢，民生领域"难点"开始破解，"底线"加紧筑牢，"保障网"更为坚实。

三、落实"以人民为中心"的发展思想与济南社会经济及民生工作的高质量发展

坚持"以人民为中心"的发展思想，既是重大的理论问题，也是重大的实践问题。习近平总书记指出："以人民为中心的发展思想，不是一个抽象的、玄奥的概念，不能只停留在口头上、止步于思想环节，而要体现在经济社会发展各个环节。"坚持以人民为中心，既是重大的认识问题，也是重大的实践问题。要把"以人民为中心"的发展思想内化于心、外化于行，变成正确的发展观和政绩观，落实为人民持续提升的获得感、幸福感、安全感。把握"以人民为中心"的发展思想，必须坚持联系的、发展的、全面的、辩证的观点，统筹处理好发展中的重大关系。其中提出的"提高经济发展质量，满足人民日益增长的物质文化需要"是我们应关注的一个重点。这就要求我们要以习近平"以人民为中心发展思想"为指导，与当前济南市的社会经济发展和民生保障工作的实际相结合。济南市要在不断探索坚持和落实"以人民为中心的发展思想"的有效方式中，推动济南市社会经济高质量发展和民生事业取得新成果，努力打造有温度的城市，不断增强人民群众的获得感、幸福感、安全感。

"以人民为中心"的发展思想，不是一个抽象的、玄奥的概念，不能只停留在口头上、止步于思想环节，而要体现在济南市经济社会发展各个环节。"以人民为中心"的发展思想与济南市社会经济高质量发展已在实践层面上实现了某种结合与融会，这本身就意味着二者之间有其本质层面的关联性和同构性，这是它们相互结合之可能性的内在根据。无视这一点，"以人民为中心"的发展思想的理论与实践，以及"以人民为中心"的发展思想与济南市社会经济高质量发展之间在事实上的结合与融会就既不可思议，也无法得出合理解释和科学理解。"以人民为中心"的发展思想与济南市社会经济高质量发展的一致性只有在实践中才能实现并被表达，也只有通过反思性的把握才能被揭示出来。这种一致性主要体现在时代性维度和民族性维度上。在"以人民为中心"的发展思想的理论与实践关系以及"以人民为中心"的发展思想与济南市社会经济高质量发展相互结合和融合方面，我

们的问题已不再是“是否可能”，而仅仅是“如何可能”。因为前者在实践和事实上已不辩自明，后者则有待于我们从理论上作出揭示和阐释。

习近平同志对落实以人民为中心的发展思想进一步提出四个方面的要求，即：一是坚持人民主体地位，顺应人民群众对美好生活的向往，不断实现好、维护好、发展好最广大人民根本利益，做到发展为了人民、发展依靠人民、发展成果由人民共享；二是通过深化改革、创新驱动，提高经济发展质量和效益，生产出更多更好的物质精神产品，不断满足人民日益增长的物质文化需要；三是全面调动人的积极性、主动性、创造性，为各行业各方面的劳动者、企业家、创新人才、各级干部创造发挥作用的舞台和环境；四是坚持社会主义基本经济制度和分配制度，调整收入分配格局，完善以税收、社会保障、转移支付等为主要手段的再分配调节机制，维护社会公平正义，解决好收入差距问题，使发展成果更多、更公平地惠及全体人民。其中，“提高经济发展质量，满足人民日益增长的物质文化需要”是我们应关注的一个重点。因此，济南市落实“以人民为中心”的发展思想，要从有机融合入手，把“以人民为中心”的发展思想的认识论和方法论要求化为解决济南市社会经济发展中难点和热点问题的具体、有效方法和科学路径，以推动新时代的济南市社会经济高质量发展。

习近平总书记强调从解决好人民群众普遍关心的突出问题入手推进全面小康社会建设，体现了把“以经济建设为中心”和“以人民为中心”统一起来的重大思想。推进全面建成小康社会，是更多从解决人民群众普遍关心的突出问题入手，还是单纯从加快增长出发，是两种不同的思想方法和工作方法，涉及如何认识“以经济建设为中心”和“以人民为中心”的发展思想的关系问题。科学把握好“以人民为中心”和“以经济建设为中心”“以提高发展质量和效益为中心”这几个“中心”的关系，既是一个重大的理论，也是一个重大的实践问题。我们必须坚持人民中心与经济中心、质量效益中心的有机统一，正确认识以下几个具体的因果关系：如果脱离人民中心谈经济中心，经济发展就缺乏价值引领，容易偏离方向；如果脱离经济中心谈人民中心，人民福祉就缺少物质基础，成为空中楼阁；如果脱离质量效益中心，没有高质量发展，经济持续健康发展就难以为继，满足人民对美好生活的需要就会落空。

坚持以经济建设为中心，聚精会神抓好发展这个党执政兴国的第一要务，是党的基本路线的重要内容。坚持以经济建设为中心，并不等于单纯追求速度。在坚持以经济建设为中心的同时，坚持“以人民为中心”的发展思想，在思想上、行动上把二者统一起来而不是对立起来。经济中心和质量效益中心解决的是发展的路径问题，而人民中心解决的是发展的目的问题，更具有根本性、决定性意义。以经济建设为中心，根本目的是为了践行全心全意为人民服务的根本宗旨，为了在发展的基础上不断改善人民生活水平，满足人民群众日益增长的物质文化和生态产品的需要。它要求我们，济南市在推进全面建成小康社会进程中，促进经济增长固然重要，但如果我们把全面建成小康社会的出发点或主要关注点单纯地放在增长速度上，经济工作的重心、政策支持的重点也都放在保持济南市的增长速度上，则是片面的。

坚持和落实好"以人民为中心"的发展思想，还要把为济南市广大市民群众办好具体实事和有效解决市民普遍关心的突出问题同时并举、相互融和。习近平总书记指出，准确把握全面建成小康社会内涵，对实现第一个百年奋斗目标至关重要。全面建成小康社会，在保持经济增长的同时，更重要的是落实"以人民为中心"的发展思想，想群众之所想、急群众之所急、解群众之所困，在学有所教、劳有所得、病有所医、老有所养、住有所居上持续取得新进展。2016 年 12 月 21 日，习近平总书记主持召开中央财经领导小组第 14 次会议，研究推进北方地区冬季清洁取暖等 6 个人民群众普遍关心的突出问题。这次会议研究的问题，看起来似乎是小事，其实不然，蕴含着习近平总书记深邃的为民思想和科学方法，即把办好为民小事与解决群众普遍关心的突出问题共抓并举、协调推进。把这个思想和方法与当前济南市民生保障工作相结合，创造出更加具体有效的工作方式，即把为济南广大市民群众办好具体实事和有效解决市民普遍关心的突出问题同时并举、相互融和，在解决人民群众关心的问题中推动济南市社会经济建设发展，在办好为民实事上狠下工夫。

坚持和落实好"以人民为中心"的发展思想，要体现在济南市经济社会发展各个环节。其一，要把"以人民为中心"的发展思想的基本内涵和基本原则具体落实在济南市的高质量发展和民生保障工作之中。这就要求我们，必须要以习近平"以人民为中心"的发展思想为指导，与当前济南市民生保障工作的实际相结合，正确处理济南市的经济建设和民生保障工作之间的辩证关系。其二，正确处理办好具体实事和有效解决市民普遍关心的突出问题之间的关系，各级领导干部要成为济南落实"以人民为中心"的发展思想、推动济南高质量发展工作的主体，多做雪中送炭的重点民生工作。

参考文献

[1]《马克思恩格斯全集》第 3 卷，人民出版社 2002 年版。

[2]《马克思恩格斯文集》第 1～6 卷，人民出版社 2009 年版。

[3]习近平：《谈治国理政》，外文出版社 2014 年版。

[4]中共中央文献研究室：《习近平关于党的群众路线教育实践活动论述摘

编》，党建读物出版社 2014 年版。

[5]中共中央宣传部：《习近平总书记系列重要讲话读本》，学习出版社 2014 年版。

[6]衣芳：《人民群众主体论》，人民出版社 2008 年版。

[7]戴立兴：《毛泽东人民观及其当代意义研究》，社会科学出版社 2016 年版。

[8]汲广运：《马克思主义群众观研究》，山东人民出版社 2014 年版。

[9]李德顺：《论当代中国的“人民主体”理念》，《哲学研究》2016 年第 6 期。

[10]李纪恒：《始终把人民放在心中最高位置——学习习近平总书记以人民为中心的发展思想》，《求是》2017 年第 6 期。

[11]李景源：《习近平的群众观》，《中共福建省委党校学报》2016 年第 10 期。

[12]李冉：《以人民立场汇聚复兴伟力》，《求是》2016 年第 20 期。

[13]牟成文：《马克思的群众观及其哲学变革》，《中国社会科学》2012 年第 2 期。

[14]杨楹：《“人民的现实幸福”：马克思哲学的最高价值诉求》，《哲学研究》2012 年第 1 期。

“健康城市”发展模式下的健康济南建设研究

王翠萍

城市的快速发展,不可避免地会对人类健康产生一些不利影响。为了应对这一挑战,世界卫生组织(WHO)提出与倡导“健康城市建设”,并将其作为一项全球性的战略。健康城市克服了传统医疗范畴的狭隘局限性,以关注人的生命质量、全部事务的大健康意识和全面健康策略,创新了都市健康发展模式。目前,世界范围内上千个城市采纳和推行了健康城市建设工作,并取得显著成效。2018年,济南市政府工作报告中明确提出要打造健康济南。健康济南建设刚刚起步,面临着新常态、新政策、新布局带来的新机遇,如何将健康城市理论服务于健康济南建设,值得我们深入探讨。

一、健康城市模式是城市快速发展的理性选择

(一)健康城市的启动与发展

健康城市的启动源于城市的发展。目前,世界近一半的人口居住在城市;预计30年后,大多数世界人口将生活在城市中,其中亚洲和非洲的城市化速度最快。快速发展的城市化进程给人们带来更好的生活以及经济、教育、文化、机遇的同时,也产生了一些危险因素,给健康带来了许多负面的影响,比如环境污染、交通拥挤、居住条件差、基础设施薄弱、各类慢性疾病及精神疾患持续攀升,暴力、意外伤害、食品安全事件等社会问题正成为威胁人类健康的重要因素。健康的影响因素已从单一纯生物医学因素转向社会、心理、环境综合因素。为了应对快速的城市化对健康的新挑战和不良影响,健康城市运动应运而生。建设健康城市是促进和保护城市居民健康,促进城市可持续发展,从根本上提高城市经济社会发展水平的重要策略。

“健康城市”概念的提出,最早可以追溯到19世纪。1842年,英国召开的都市

健康会议提出了可以有效解决都市健康问题的途径。1977 年，WHO（世界卫生组织）召开第十三届世界卫生大会，提出了“人人健康”的新概念。在此基础上，1984 年举办的“2000 年健康多伦多”会议上，WHO 首次提出了“健康城市”一词，它突破了以往传统的“健康”及其“医疗保健”等概念的内涵，强调在多部门、多学科合作的基础上重点解决城市健康及其相关问题。1986 年，WHO 首次提出健康城市行动战略，加拿大多伦多市率先响应，而后在美国、澳大利亚、日本以及一些欧洲国家掀起了热潮，逐渐形成全球各大城市的国际性活动。1994 年以来，一些发展中国家成功地启动了健康城市运动，创建健康城市已成为城市建设发展的国际趋势。目前，世界范围内已有上千个城市和地区开展了健康城市建设项目。

1994 年，我国与世界卫生组织西太区开展健康城市合作，选择北京市东城区、上海市嘉定区开展健康城市建设，标志着我国正式加入国际健康城市建设中。1995 年，重庆市渝中区、海南省海口市、河北省保定市也加入到健康城市规划建设行列中。1996 年 3 月，重庆市举办了“中国健康城市规划研讨会”；同年 4 月，在 WHO 建议下，上海市嘉定区组织召开了“健康城市主题宣传会”。1999 年，WHO 西太区在苏州吴江举办健康城市培训班，之后苏州市人民政府正式向全国爱卫办申报健康城市项目。进入 21 世纪后，健康城市作为中国城市转变发展方式的新模式，受到了更多的重视。在地方层面，越来越多的城市开始制定具有自身特色的健康行动方案和规划，将健康城市建设纳入国民经注和社会发展规划之中。在国家层面，2012 年国务院发布的《卫生事业发展十二五规划》中明确提出全面启动健康城镇建设活动。2014 年 12 月发布的《国务院关于进一步加强新时期爱国卫生工作的意见》提出：探索开展健康城市建设，结合新型城镇化建设，鼓励和支持开展健康城市建设，努力打造卫生城镇升级版，促进城市建设与人的健康协调发展。2016 年 7 月，全国爱卫会印发《关于开展健康城市健康村镇建设的指导意见》，并着手制定健康城市的指标体系。2016 年 11 月，《全国爱卫办关于开展健康城市试点工作的通知》确定了包括济南在内的 38 个国家卫生城市作为全国健康城市建设首批试点城市。同时，《健康中国 2030 规划纲要》《“十三五”卫生与健康规划》都将健康城市建设作为重要内容，并将其作为推进健康中国建设的抓手，深入推进。这标志着我国健康城市建设已经进入一个快速发展时期。

（二）健康城市建设的背景和意义

1. 建设健康城市是建设健康中国的总体要求

2015 年 10 月，党的十八届五中全会作出了推进健康中国建设的重大决策。2016 年 3 月，推进健康中国建设纳入国家“十三五”规划。同年，中共中央政治局审议通过《“健康中国 2030”规划纲要》，强调把健康城市建设作为推进健康中国的重要抓手，力争到 2030 年建成一批健康城市的示范市。由此中国健康城市发展逐步迈入新时期。健康城市建设是适应中国经济社会发展新形势、满足人民群众健康新需求的必然要求，是新型城镇化建设的重要内容，对实现健康中国的目标具有重要意义。2018 年，济南市人民政府工作报告明确提出打造健康济南建设。在城市转型升级的关键时期，济南应该把健康作为城市发展主线，把健康济南作为实施健康中国战略的具体行动。

2. 健康城市建设是高质量城镇化的重要推动力

中共中央党校教授向春玲指出：当城镇化水平在 50%～70%区间内，处在快速发展阶段时，城市产业结构发生了革命性转型，城市系统与职能由单一化向“趋复杂化”转型，但经济实力还不够强；在这个阶段，人们尚不愿意付出一定的经济效益代价，实现必要的生态效益，加之其他种种因素，“城市病”将全面爆发。2017 年，济南市常住人口城镇化率突破 70%，所以也存在着环境污染、交通拥堵、人口膨胀等严重的“城市病”。健康济南建设，可以推动济南全方位的转型发展，成为治愈城市病的最佳选择，成为推动城市转型发展的有效途径。

3. 健康城市建设是巩固创卫成果的要求

济南市 2016 年 9 月已被授予“国家卫生城市”称号，按照全国爱卫办《国家卫生城市考核命名和监督管理办法》，国家卫生城市每三年复审一次，2019 年济南市迎接国家首次复审。健康城市是卫生城市的升级版，是我国第三次卫生革命的切入点，是中国卫生城市响应国际健康城市号召，在中国实践基础上实施的具有中国特色的社会大卫生事业纵深发展模式。从其他开展健康城市建设工作的成功实践来看，健康城市建设是巩固提升国家卫生城市的重要载体。当前，济南市正处于“打造四个中心、建设现代泉城”建设的关键时刻，也是推进城镇化的关键时期。从长远来看，健康济南建设符合城市发展的客观规律，可以显著提高济南市生态环境、社会环境，显著提升居民综合素质和城市文明程度，对于巩固发展国家卫生城市成果、提高全体市民健康水平有重要的现实意义。

4. 健康城市建设是增进市民福祉和促进人全面发展的保障

党的十八大以来，以习近平同志为核心的党中央坚持“以人民为中心”的发展思想，顺应人民群众对美好生活的向往，把增进人民福祉、促进人的全面发展作为一切工作的出发点和落脚点。健康城市建设将秉持“将健康融入所有政策”的理念，在普及健康的生活方式、形成全方位的健康服务、构建高水平广覆盖的健康保障、营造绿色安全的健康环境、发展新兴高质的健康产业等方面把人民健康放在优先发展的战略地位，努力把实现好、维护好、发展好广大群众的健康利益作为根本出发点和落脚点，不断提高广大群众的健康指数和幸福指数，是增进人民福祉促进人的全面发展的根本保障。

二、济南建设健康城市的现实基础

(一)“健康济南”建设的有利条件

济南市自2015年以来,先后成功创建“国家森林城市”“国家卫生城市”“全国文明城市”,这些都使济南城市基础设施建设、城市管理得到了较大提升,城市整体水平和人民群众健康水平得到提高,有效地缓解了城市发展所带来的部分压力,为健康济南建设打下了坚实基础。

1. 城市健康环境得到改善

影响城市健康的环境因素主要包括水、空气、绿化、居住环境、生活垃圾等,健康环境的改善主要围绕这些因素展开。近年来济南加强了水环境治理。深入贯彻“水十条”,城区污染水处理率提高到96%;强力推动南部山区水源地违法建设整治,重点泉群连续14年保持喷涌,入选全国水生态文明市。实施了蓝天工程,入选国家“北方地区冬季清洁取暖试点城市”,创新实施“蓝绿名单”制度,实现了供暖季“天蓝冬暖”两不误,2017年全年空气良好以上天数达到185天。实施了山体绿化工程,建成山体公园30处,城市建成区绿化覆盖率达40.2%,为市民提供了更多亲近自然、放松身心的活动空间。实施了拆违拆临工程,2017全年拆除违法建设3287万平方米,新增绿地230余万平方米。近年来,还开展了城市环境综合整治提升、老旧小区住宅整治、生活垃圾分类、“城市双修”、耕地保护等行动和工程,城乡环卫面貌日益提升,健康环境持续改善。

2. 健康服务能力不断提升

公共卫生服务是人们能够感受到的,同健康密切相关的因素之一。卫生服务的普及性、公平性和高效性以及弱势群体的卫生服务等都是健康服务的重要内容。近几年济南市不断深化医药卫生体制改革,完善四级医疗卫生服务网络,全市城乡社区卫生服务覆盖率达到100%。2017年底,全市登记注册的卫生机构5771个,每千人常住人口卫计人员13.3人,每千人常住人口拥有病床7.5张,执业(助理)医师29021人,注册护士33817人。重大传染性疾病防控有力。实施全民健身工程,全民健身场地设施不断完善,实现了“月月有比赛,周周有活动”。

3. 居民健康水平逐年提高

目前,济南市人均期望寿命达到79.53岁,高于我国居民人均期望寿命。婴儿死亡率降低到2.22‰,孕产妇死亡率降低到6.57/10万,达到世界发达国家中等水平。政府高度重视养老服务业发展,积极推进建立以居家养老为基础、社区养老为依托、机构养老为补充的社会养老服务体系,探索医养结合养老服务初显成效,被列入国家级医养结合示范市。加强流动人口权益保障,推进流动人口基本公共服务均等化,完善落实流动人口在安居、就业、保障、权益等方面的权益。

为全市3万名有康复需求的持证残疾人和残疾儿童实施精准康复服务，康复服务率达80%以上。公布了《济南市健康科普专家库管理办法(试行)》，确定了439名专家健康科普专家库成员，向群众解读疾病预防相关政策和服务，普及健康知识，提升了居民健康素养。

4. 健康社会逐步完善

社会环境的健康与否与城市健康有很大的关系，社会保障、社会治安、食品安全、交通体系等都是健康的社会影响因素。截至2017年年底，济南市城乡居民基本养老保险参保率、基本医疗保险参保人数分别达到226.99万人和408.02万人，最低生活保障的标准提高到每人每月596元，人民群众的获得感明显增强。加强了社会治安综合治理，济南市在19个副省级及以上城市的安全城市综合排名中居第三位，获评"国家食品安全示范市"，人民群众安全感增强。教育文化均衡发展，中小学实现"零择校""零择班"。大力推进城市社区党建和治理服务创新，社会组织达3132个，注册志愿者16万人。引导实施"公交优先"战略，大力推进公交管理改革，建立政府购买服务机制，推进高速路网、快速路网、城市主次干道、大容量公共交通、慢行系统五大城市交通体系建设，市民出行更加低碳、快捷。

5. 健康产业加速发展

2018年1月，《山东新旧动能转换综合试验区建设总体方案》获国务院正式批复，方案将医养健康产业列为山东新旧动能转换"十强"产业之一，支持济南国际医学科学中心建设；同年4月，国家健康医疗大数据北方中心落户济南，提出了建设国际医疗康养名城计划。这一系列的战略部署，为济南发挥医疗资源优势、建设健康济南提供了难得机遇。

(二)"健康济南"建设存在的主要问题

近年来，济南市在健康环境、健康服务水平、健康产业、健康社会治理等方面有了较大的改善，居民的健康素养水平都有了较大提高，城市治理逐步从被动治理、末端治理走向以预防为主的源头治理，治理理念从注重经济发展水平高低走向多领域涵盖，力争将健康理念贯穿于城市发展的各个阶段。但与世界发达国家相比，与国内其他先进城市相比，健康济南建设起步晚、起点低，再加上城镇化进程的快速发展，大城市病依然突出，健康支持性环境不能满足百姓的需求，所以健康济南建设依然存在一些问题：

1. 公共卫生思维限制了健康城市发展思维

"健康城市"概念不同于"卫生城市"，它是一种全新的、综合的、多维的视角下的城市发展模式。根据2018年4月发布的城市健康指标体系显示，当前我国将"健康城市"从健康环境、健康社会、健康服务、健康人群、健康文化5个方面进行了细分。因此，健康城市建设围绕方方面面，不单单包含人的身体健康，还贯穿环保、医疗、文化、规划、城建等几乎所有政府部门，从城市生活的各个方面为城市补短板。当前济南市仍然局限于完善城市公共卫生体系的范畴，认为健康济南建设主要是继承和发扬爱国卫生运动的传统工作脉络，是创新和丰富了爱国卫生的工作内涵，是爱国卫生运动的逐步转型和持续发展。这种思维严重限制了健康济南的发展，将健康济南仅仅作为促进人的健康的一种行动战略，没有充分认识到健康济南实质上是为摈弃高消耗、高污染、高浪费、低生态效益和社会效益的传统工业生产方式对人类发展造成的严重危机而提出的一种新的发展战略。因此，健康济南建设工作立足点不高。

2. 健康济南建设还未形成完善的治理格局

健康城市建设涉及国家机关、企事业单位、非政府组织、社会团体、个人等多重主体，能否采用适当的方式动员社会各方共同投身于健康城市建设工作，营造浓厚的社会互动参与氛围，是健康城市建设工作进展快慢的制约因素之一。要动员社会各方力量参与健康城市建设，必须建立多部门合作机制。目前，健康济南建设工作主要依赖政府主导，健康事务分散于相关政府部门，忽视非政府组织作用，社会组织参与氛围不浓，政府、社会和公众的协作机制有待进一步理顺，健康济南建设相关科研能力和水平不足。另外，济南市尚未建立"将健康融入所有政策"的制度性安排和长效性机制，市委、市政府的文件仅见于《济南市健康城市健康村镇建设实施方案》，没有健康济南发展规划、健康济南评价指标体系、工作总结报告等相关政策文件材料，大健康工作机制尚未形成。因此，实施健康济南建设，需要强化顶层设计，完善治理格局。

3. 健康支持性环境质量仍然有待改善

空气污染、水资源短缺、交通拥堵、基本公共服务不均衡等方面的"大城市病"仍严重阻碍城市健康发展。一是空气质量虽有所改善，但 2017 年 PM2.5、PM10 年均值以二氧化氮、可吸入颗粒物和细颗粒物的年均浓度仍超过空气质量二级标准。二是拆违拆临仍不彻底，一些背街小巷，环境问题仍比较突出，环境综合治理格局有待提升。三是过度饮酒、不合理膳食、吸烟等不健康生活方式较为普遍，运动和锻炼时间不足，健康生活习惯尚未普遍形成，严重困扰居民的健康素养水平。四是出行方式不健康，交通发展滞后于交通需求，现代化交通网络建设滞后，仅建成西部新城区一条地铁线。公交优先落实不够，80％的道路空间资源被 20％的小汽车交通占用，公交出行分担率仅为 25％，健康交通出行方式亟待改善。五是农村居民养老、医疗等社会保障水平仍然偏低，城乡差距依然存在。人口外来化与老龄化为健康城市建设带来诸多挑战，全市户籍 60 岁以上的老年人超过 130 万，远超世界卫生组织老龄化社会标准，养老服务潜在需求旺盛，有效需求不足，养老服务供需矛盾仍然突出。传染病、慢性疾病的防治等都是健康城市需要关注的重点。

4. 健康济南建设宣传氛围不够浓厚

"打造健康济南"提出后没有具体实施方案,由于宣传不到位,健康济南建设的信息不多,导致单位、社区及广大群众对健康济南的概念、意义、重要性缺乏认识,健康济南建设未形成共识。

三、"健康济南"建设的新路径

健康济南建设虽然起步较晚,还存在不少问题和不足,但其他国家和我国部分起步较早的城市建设经验积极向好,使其内涵和指标越来越准确、相关法律政策越来越完善、建设水平和质量越来越高、大健康理念越来越清晰,政府、民众参与越来越积极,为健康济南建设提供了有益的经验借鉴。以健康城市模式为引领,健康济南建设必须统筹好人、环境、社会这三大因素,围绕营造健康环境、构建健康社会、完善健康服务、培育健康人群、发展健康产业等目标任务,通过政府组织、部门共建、行业促进、群众参与等,真正将济南建设成为可持续发展的健康城市。

(一)突破公共卫生领域,不断与时俱进地更新健康济南建设的内涵

要站在济南城市未来发展的战略高度,充分认识到健康济南建设和创建国家卫生城市的不同,跳出公共卫生的思维,强调健康城市建设的全面性。"健康"的含义是广泛的,影响健康的因素除了医疗保健外,社会、经济、文化、城市建设等均对人类健康产生影响。健康济南建设不仅需要卫生部门的参与,而且还需要其他部门的共同合作。健康济南的建设应树立大卫生、大健康的观念,向所有与健康相关领域扩展,如住房、交通、环境、基础设施、公共服务、社会文化等方面的城市系统健康理念,要在建设过程中不断探索,根据实际情况适时进行调整,与时俱进地更新建设的内容,让济南的健康内涵随着时代和具体条件的变化而更加完整、科学。

(二)树立大健康观,形成重视健康的内在保障

1. 建立和完善政府主导、部门协作、多元社会主体参与的合作共治机制

一是要建立党委、政府领导的工作机制。济南应着眼新时代社会主要矛盾的新变化,研究编制《健康济南"十三五"规划》《健康济南 2030 规划纲要》,把规划列入重要议事日程,加强指导和考核。要成立健康济南工作领导小组,统筹指导健康济南建设,同时建立以市政府分管领导为总召集人的联席会议制度。联席会议在市政府的领导下,研究解决健康济南建设工作中的重大问题,统筹协调相关部门职责分工,加强监督管理及各部门间的协作,健全信息沟通和会商机制,形成工作合力。二是政府主导不意味着政府权力没有边界。在健康城市建设中,政府应该为非政府组织发挥作用让渡空间,要拓展政府、企业与社会组织等不同利益群

体之间协商、合作的途径，建立和完善多元社会主体参与的合作共治机制。如将健康城市建设中的公共服务、社会慈善、社会公益等职能转移或委托给社会组织，发挥社会组织在提供差异性、小规模公共服务方面的优势。营造企业、社会组织发展的良好环境，当企业、社会组织涉及健康城市建设、可持续发展等行业时，在享受优惠政策，如税收、行政事业性收费、基金扶持等方面给予照顾。三是拓宽公众参与渠道，在制定和完善相关政策过程中广泛听取公众意见，注重兼顾不同群体的健康权益等，使广大市民不仅成为健康济南政策的执行对象，而且还成为健康政策制定的参与者，积极引导、协调、激励各方主体以合作互惠心态共同参与健康济南建设。

2. 面向市民健康做好济南的未来城市规划

健康城市的规划与设计日益获得关注：一方面，城市环境问题突显，特别是因工业化造成的空气污染等环境问题；另一方面，城市居民对身心健康有诉求，需要物质空间支撑生活品质的提升。城市规划对公共健康的影响主要体现在各规划要素对城市环境、人们的行为模式、心理状态等方面的影响。在我国健康城市语境下的城市规划的研究和实践处于初级阶段，针对特定空间要素的理论和实证研究有待进一步加强。因此，济南应把全面健康原则和要求置于土地使用、空间形态、道路交通、绿地与开放空间等健康城市规划要素，消除和减少具有潜在健康风险的建设环境要素，推动健康低碳的生活、工作、交通和娱乐方式。

3. 建立适合市情的健康济南指标和评价体系

健康城市评价指标体系可以对健康城市建设进行监督、监测，并对建设过程进行评估，指标体系的确立是良好监测与评估的重要工具与基础。目前国内一些城市（如北京、上海、重庆等）根据各自经济、社会、环境和文化等方面的特点，构建了各有差异的指标体系。济南也应结合经济社会发展特点，借鉴国内外健康城市建设的一些具体指标和评价体系（影响心理健康的各类指标、市民的感受及参与度指标、政府发挥作用情况指标等），对国家发布的 2018 版指标和评价体系进行筛选和丰富，并结合先期进行健康城市建设的先进城市的指标和评价体系进行分析比较，制定适合济南市市情的指标和评价体系，并随着实践的发展适时调整指标和评价体系，以剔除不合理指标、丰富和完善自选项目。评价时，以本地区前后比较为主，不同地区间比较为辅。既要关注硬指标，也要关注软指标（机制、政策）的改善。

（三）加强宣传引导，坚持群众参与，夯实健康济南建设基础

1. 形成共建共享健康济南的共识

一是以济南社会主义核心价值观研究为依托，积极培育和践行社会主义核心价值观和健康济南的价值观，推进以良好的身体素质、精神风貌、生活环境和社会氛围为主要特征的健康文化建设。在全社会形成积极向上的精神追求和健康文明的生活方式。二是发挥新闻媒体、行业类媒体、健康类媒体及政府官方微博、微信等新媒体的舆论引导、健康科普、信息公开、行为互动等功能,积极传播健康生活方式核心理念,营造浓厚的健康济南建设氛围。三是以世界卫生日、世界无烟日、爱国卫生月等活动为契机,大力开展面向全社会成员的健康公益宣传活动,营造"从我做起"的社会氛围,引导社会公众以各种方式支持、参与健康济南建设。

2. 实施健康细胞工程

健康城市是一种理念,为了将理念落实,必须要有具体的载体。健康场所是健康城市的细胞、整合的平台、推进的载体、有效的抓手,使人们从垂直的大众健康问题转变到平等的思考方式,在健康城市建设中有着重要作用。健康济南建设应鼓励支持社区、单位、家庭及个人参与其中,广泛开展健康社区、健康机关、健康学校、健康家庭等创建活动,引导市民向健康生活方式转变,培养健康人群。

(三)明确工作重点,创造健康济南的支持性环境

1. 营造济南优美的城市生活环境

围绕济南现阶段严重影响市民健康且有可能解决或改善的主要问题,注重补短板,治理大城市病。开展污染防治,聚集 PM2.5 污染等领域的污染防治,全面推进交通运输、能源生产和消费、城市建设和管理及生活服务业等领域的污染综合治理,切实解决好大气、垃圾等突出的环境问题。加强水资源循环利用和"海绵城市"建设。构建完善的路网体系,大力发展公共交通,推行绿色出行,保障城市交通的安全、绿色、高效。依托拆违拆临,疏解腾退空间,重点建设一批绿地公园,为济南市民打造"亲山近水"的优美生活环境。

2. 细化健康服务,积极推进"智慧医疗"

建立健全动态电子健康档案、个人诊疗记录等健康信息库,全面推动医院联网,开通医院专家门诊预约等多项服务;推进家庭医生"签约制"及双向转诊,逐步改变大小病种都挤向大医院的状况;进一步完善"12349"居家养老服务电话等社会服务平台的功能,积极推进医养结合养老服务,让更多市民享受到便捷、贴心的健康服务;做好社区弱势群体的健康帮扶工作,让残疾人、空巢老人、流动儿童等弱势群体的身心健康得到有效保障。

3. 倡导健康的生活模式

引导市民参与多种多样的文体活动,充分发挥社区、公园、广场的休闲娱乐和健身功能,使市民合理运动,注重在体育运动中锻炼身体,同时在参与文化活动和社会交往中释放压力、涵养身心。通过"六进"活动,开展心理健康教育,提升市民的心理健康水平。加强对健康知识的宣传,引导居民形成健康的饮食、睡眠、运动习惯并杜绝不良习惯，为市民健康生活保驾护航。

（四）开放合作，积极借鉴国内外健康城市建设的成功经验

健康城市本质上是开放的，开放的健康城市才有现实意义。积极借鉴国内外健康城市经验，不仅需要开放视野，而且还需要开放思维和开放的政策。目前在WHO框架下，各国城市相应开展了理论探讨、经验共享、政策协作和技术推动等交流与合作，拓宽了国内外合作交流领域。一是要加强与欧美等地区的健康城市先进国家和地区间的交流，探索建立相对固定的沟通交流机制，促进健康城市建设水平。可采取高层论坛、市长论坛、健康城市对话、健康城市联盟等形式加强沟通合作。二是要加强与国际健康城市机构和组织的联系，推动建立长期稳定的合作机制。三是积极与国内健康城市建设先行城市开展交流，可学习借鉴苏州、杭州、上海、重庆等城市先进经验和成功做法，以提升理论水平、丰富管理方式与方法，使得济南的城市发展与先进城市发展同步。四是加强与健康城市建设研究机构的合作，借智借脑，不断优化健康济南建设的思路和举措。

（五）凸显优势，打造健康济南发展新动能

2018年4月，国家健康医疗大数据北方中心在济南落户，山东省、济南市成为我国启动健康医疗大数据中心建设的首个试点省份和首个试点城市。要充分利用这一优势，围绕健康数据的聚集、融通和应用，充分挖掘大数据在健康管理及服务中的价值，大力发展智慧医疗服务、智慧健康产品和智慧健康管理，推动大数据与大健康医药产业融合创新，从而衍生健康服务和健康管理新业态。同时，围绕“医、养、健、管、游、食”，重点推进“大数据＋医疗”“大数据＋养生养老”“大数据＋医药物流”“大数据＋医药制造”“大数据＋健康种植”等产业示范工程，加快推动大健康与大数据融合发展。

健康是人类生存发展的基础。健康城市是建设“健康中国”、实现“中国梦”的重要要组成部分。以健康城市模式为引领，健康济南建设只要抓住发展机遇，坚持政府主导、部门合作、全社会广泛参与，有效利用“国家卫生城市”“全国文明城市”创建时期的宝贵经验，以国家健康城市建设试点城市、国家健康医疗大数据中心建设试点市、国家居民健康卡虚拟化应用试点市为契机，将政府决策和科学指导紧密结合，致力于改善健康环境和社会、提升健康服务和文化、促进人群健康，健康济南建设定会在我市结出硕果。

参考文献

[1]郭根：《中国健康城市建设报告》，中国时代经济出版社2009年版。
[2]王鸿春、盛继洪：《中国健康城市建设研究报告（2017）》，社会科学文献出

版社2017年版。

[3]陈钊娇、许亮文:《健康城市评估与指标体系研究》,《健康研究》2013年第1期。

[4]顾志:《浅谈健康城市建设的思路与对策》,《江苏卫生保健》2006年第4期。

[5]胡淑贞、蔡诗意:《WHO健康城市概念》,《健康城市学刊》2004年第1期。

[6]梁鸿、曲大维、许非:《健康城市及其发展:社会宏观解析》,《社会科学》2003年第11期。

[7]宁德强、何定军:《"健康城市"发展模式视角下的健康重庆建设》,《重庆邮电大学学报》2010年第7期。

[8]宋言奇:《世界健康城市建设的新趋势》,《国外社会科学》2008年第4期。

[9]魏敏:《我国38个城市试点健康城市建设》,《中医药管理杂志》2016年第23期。

[10]夏震华:《试析国家卫生城市与健康城市的关系》,《江苏卫生保健》1999年第1期。

[11]周向红:《加拿大健康城市经验与教训研究》,《城市规划》2007年第9期。

[12]袁超:《泰州市建设健康城市的思路与策略》,江西师范大学硕士学位论文,2014年。

新时代生育观念和生育意愿变化及其对人口发展的影响研究

郭建国

生育观念是人们对生育问题的根本看法和具体态度，它直接影响生育行为，进而影响人口的生育水平和计划生育政策的具体实施。观念是人们在长期的社会实践中形成的，是客观世界在人的头脑中的反映。科学技术水平、文化教育水平、宗教信仰、风俗习惯、法律政策、文化因素、生育成本预期等，都会对生育观念产生相应的影响。在影响生育观念的诸多因素中，生育政策起着决定性的引导作用。生育意愿是人们生育观念的直接体现和集中代表，包括是否生育、期望的子女性别及数量、生育年龄、孩子的抚养等多个问题。

1980 年 9 月 25 日，《中共中央关于控制我国人口增长问题致全体共产党员、共青团员的公开信》指出："为了争取在本世纪末把我国人口控制在十二亿以内，国务院已经向全国人民发出号召，提倡一对夫妇只生育一个孩子。"在那之后各地严格地执行了独生子女和晚婚晚育的政策。在人口老龄化引起重视之后的 2013 年末计生政策调整为"单独二孩"，2016 年初又调整到"全面二孩"。30 多年来的时代变化和生育政策强有力的持续影响使得传统的传宗接代、养儿防老、重男轻女、多子多福、早生多生等传统生育观念随着时代的变迁已经发生了必然的改变。

我国实施全面二孩政策是党中央基于我国人口与经济社会发展的新形势而作出的重大战略决策。这一政策的现实推行，能够一定程度上缓解我国的人口结构性问题，增加青壮年劳动人口的比例，延长人口红利期，还能对社会老龄化的问题有一定缓和。它的理想的实施效果就是每对育龄夫妇都能实际生育两个孩子，所以本文结合全面二孩政策以来的实际生育情况，探究生育观念和生育意愿变化，尤其是实行全面二孩政策以来，对人口发展的影响程度。

一、传统的“无后为大”氛围中破天荒地产生和壮大了“单身贵族”和“丁克家庭”

20 世纪 80 年代以来的改革开放让生活在传统文化氛围中的中国人得以极大地了解了外面的世界，西方同时代以追求自我价值为中心的人生观念对国内的影响极大，不娶不嫁的单身贵族和结婚不生育的丁克双人家庭观念生成；而且随着时代发展，受文化、经济等各种因素的影响，这两类人群的数量呈现稳定增长的趋势。在对北京育龄男女的调查中大约有 10%选择不要孩子，而北京、上海、广州等大中城市中已经有 60 万个“丁克”家庭。随着国家城镇化的推进，城市人口所占比例将随之增多，“单身贵族”和“丁克家庭”也必将增多。

“单身贵族”和“丁克家庭”现象在传统的“不孝有三，无后为大”为权威的生育观念的时代是难以想象的，但时代发展到今天，越来越多的“新新人类”赞成和比较赞成“结婚但不要孩子”的观点，已经生育的人群“要孩子的原因更多来自于双方父母的压力”，而并非主要出于自愿。有调查显示，高等文化程度的市民，其自我意识和自我价值实现的需求更为强烈，家庭收入越高，对这一观点的赞成率也就越高。由此可见，现代人观念的更新及选择生活的自主意识正在不断增强，生儿育女不再是婚姻的必然目的，现代人更向往和追求有质量的、自由自在的家庭生活。“单身贵族”和“丁克家庭”的存在，说明当前生育观念中“传宗接代，延续香火”的观念的弱化，也说明持有传统生育观念较强的中老年人群在年轻一代育龄人群中的影响力在减弱，这无疑是不利于当前鼓励二孩的政策生育目标实现的，也是不利于将来人口发展的。因此，有仅要寻求积极有效的应对方法。

(一)使用经济的手段调控引导，坚决遏制不婚不育观念蔓延

不生育后代貌似个人自由，其实是拒绝履行社会生育义务的行为。正是因为有生育繁衍，社会才能得以延续。假如都不生育，则人类在进入老年、失去工作能力之后只能坐以待毙，就这方面来说，人类虽然不能有“养儿防老”的观念，但不可没有生育养老的基本认识。在过去的中国，若一个家庭没有儿子，会用“过继”的方式得到家族中其他家庭的儿子来作为自己的儿子养育，在老年由继子负责养老送终。中国传统中没有丁克一族，表现的也是一种对自己人生的负责。

现代的丁克一族应该明白“生育防老”的大义，要么生育，要么缴纳晚年生活保障基金，还有一种选择——领养或者缴纳相当于养育一人的费用。否则，丁克一族在失去工作能力之后的晚年生活就是一种寄生。社会应该让单身族和丁克族明确地认识到：放弃为社会履行生育义务的同时也就放弃了相应的权利。

2019 年 1 月 1 日，《个人所得税法》增加了一项专项附加扣除，其中包括子女教育支出。没有子女的人享受不到这一项个税优惠，这会让不生育的人感到不生育的劣势，应该能在转变思想上起到一定的促进作用。

（二）建议放开生育限制

调查结果显示（见图1），每个阶层中都有一定比例的人希望生育3个和3个以上的孩子，在高收入人群中想要3个以上孩子的人的比重是最高的。这部分人的生育意愿如果能转化成行动，也是助推人口发展的力量。

假如国家人口计生政策能继续调整至完全放开生育，那么，不婚和不要孩子的丁克家庭对人口发展造成的跳空可以被多胎生育的家庭给填补上，而且希望生多胎的家庭的生育意愿一旦落实，他们还可以同时填补部分一孩意愿的家庭造成的跳空。

全面二孩政策对丁克一族、一孩生育意愿者影响不大，而且它还限制生育多孩的意愿变成行动。因此，建议全面放开生育。

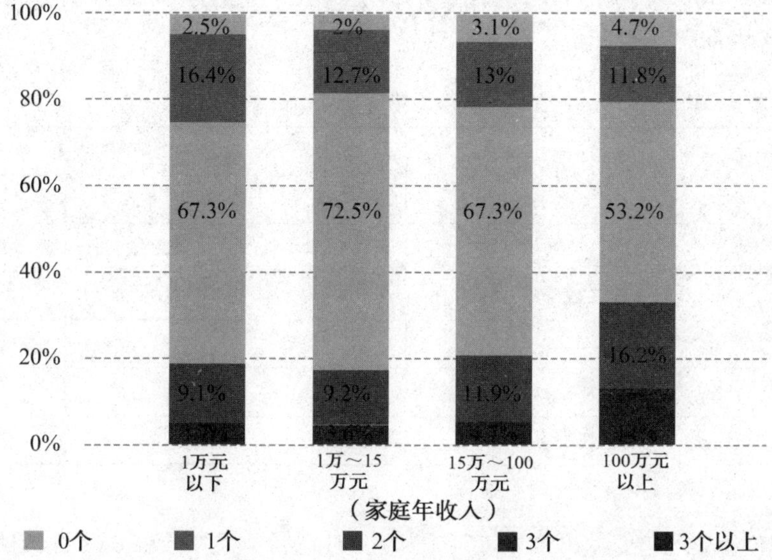

图1　家庭年收入与生育意愿比照

建议全面放开生育政策的另一个原因是为了解决二胎生育后继乏力的问题。

自全面放开二孩以来，中国的人口增长明显加快，二孩出生增长显著。国家统计局数据显示，2017年二孩数量进一步上升至883万人，比2016年增加了162万人；二孩占全部出生人口的比重达到51.2%，比2016年提高了11个百分点。很多专家认为，因为适合生育二孩的女性人数每年减少四五百万，所以二孩政策促进生育的效应得以很快要消失。这使得每年生育人口总数将下降很快。随着生育积压得以逐步释放，孕龄妇女总量将逐渐减少，全国人口出生率和出生数量冲高后仍将逐渐回落。

据山东省卫生和计划生育委员会数据显示，2016年全省人口出生数量达

177.06 万人,同比增加 53 万人,增长率达 42.7%,约占全国的 1/10。二孩出生总数明显增加,2016 年全省出生二孩 110 万人左右,占出生人口总数的 62.56%,同比增加 9.59 个百分点,约占全国的 13%。2016 年全省 35 岁及以上育龄妇女二孩生育率达到 12.41‰,同比提高 6.55 个千分点,说明全面二孩政策让大育龄妇女二孩生育集中释放。但是,数据同时也显示,2016 年一孩的出生率仅占 36.44%。

山东省是受儒家文化影响最大的省份,在传统的“多子多福”“无后为大”的儒家孝道思想影响下,生育热情居全国之首,但是从 36.44%的一孩的出生率就可以推知:全面放开二孩后,全国一孩的出生率也是很低。这也说明今后的生育主力军——独生子女“90 后”们的生育意愿状况令人堪忧!下面的数据分析也足以说明后继乏力问题。

表 1　　不同政策下年度预计出生人数　　单位:万人

年份	不实施全面二孩政策	实施全面二孩政策		
		高预测	中预测	低预测
2017	1770.0	2195.1	2109.9	2023.2
2018	1724.8	2294.3	2188.6	2082.4
2019	1674.5	2172.7	2077.3	1982.2
2020	1583.0	2035.9	1935.8	1845.5
2021	1528.9	1740.9	1689.1	1641.7

数据来源:《腾讯生育意愿调查报告》。

2017 年,全国实际出生数 1723 万人,对比低预测人数 2023.2 万人,缺口达 300 万人。当积压的二孩欲望释放后,实际出生数会更低!单独二孩到全面二孩的政策调整之后并不能达到预想的政策调整所要达成的目标,也就意味着要继续进行政策的调整,“全面放开”不失为调动尽可能多的生育力量的好办法。

二、“多子多福”的生育观念转变为“少生优生”的生育观念

我们社会发展已经进入新时代,对劳动力的需求已经从数量转变为质量的需求。因此,家庭要将儿女培训成为一个在社会中有竞争力的新时代公民,投入不断增加,养育成本不断提高。现实生活的生存竞争压力和养育成本的与时俱进,“多子多福”的生育观念被“少生优生”的生育观念取代。另一方面,社会法制建设的步伐在加快,社会养老保障体系也日趋完善,在影响到对家庭对养老方式认识的同时,也影响到生育观念的转变。国家为了应对老龄化社会可能出现的各种问题,一直在努

力地构建和推进新时代的社会养老保障体系建设,养老方式也必然逐渐由家庭养老向依重社会养老过渡,传统社会生育数量与家庭发展相互促进的关系被完全改变。

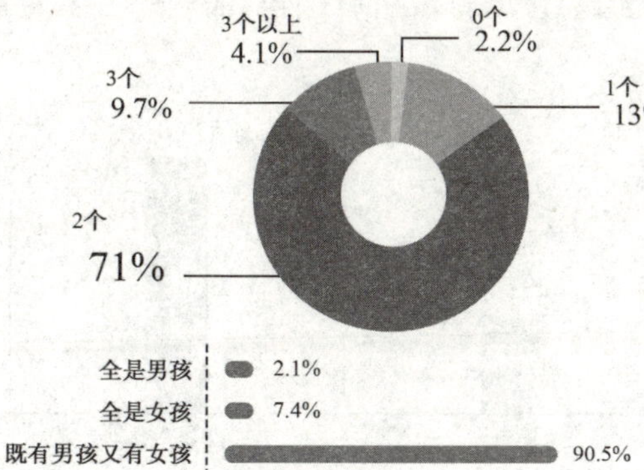

图 2　生育性别意愿调查分析

由《腾讯生育意愿调查报告》的调查结果(见图 2)可知,71%的国人希望生两个孩子,90.5%的家庭希望两个孩子是一男一女。

意愿不等于行动,如图 3 所示,真正决定计划生育二孩的家庭仅占 31.4%。

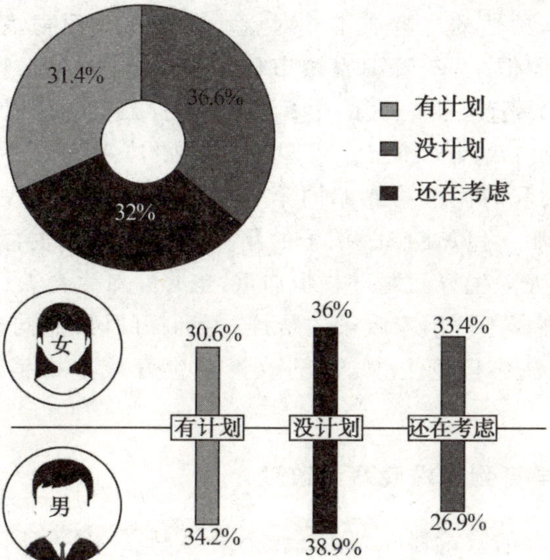

图 3　是否计划生二孩的家庭数据分析

全国妇联儿童工作部与北京师范大学中国基础教育质量检测协同创新中心从2016年4月开始历时半年，开展了“实施全面两孩政策对家庭教育的影响”调查。调查对象为包括北京、辽宁等10省(区、市)的0～15岁儿童的父母。

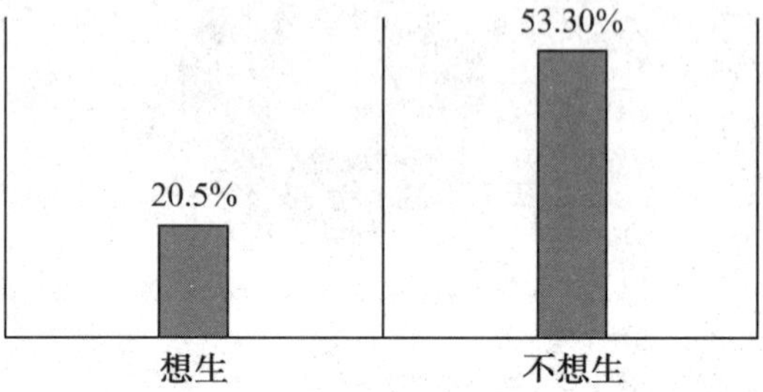

图4　二胎生育意愿比率

由图4可知，一半以上的一孩家庭没有生育二孩的意愿，发达地区尤为突出。综合以上调查结果可知，相当一部分家庭存在“不敢生，不愿生”的现象。

综合以上调查结果可知，影响二胎生育行动的主要问题有以下两个方面：

第一，第二胎养育成本大幅增加。毋庸赘言，一个孩子从孕前直到成年期要投入的经济成本越是在经济发达地区越多；经济欠发达地区的人们对美好生活的期望相对小一些，预估的生育成本相对就小些。相对而言，农业人口生育二孩的要多于城市人口。但是，随着国家城市化的积极推进，越来越多的农业人口向城市生活环境转移，因感受到巨大的生育成本，生育二孩的意愿也会随之降低。

第二，第二胎养育精力不足。入园、小学、初中，甚至高中阶段，当前都要付出很大的财力、人力和时间。第二胎同第一胎的生育间隔拉大，理想的是在第一胎上小学后再要二胎，可以使照顾孩子的精力更充沛些。生育间隔的拉大，使原本晚婚晚育造成的大龄生育问题进一步加重，也必然对生育人口的质量产生影响。

以上问题，都离不开国家政策的帮扶。我们可以参照同样需要鼓励人口增长的其他国家的做法。理论上说，奖励政策对生育成本抵消越大，生育的积极性越强。

三、由早婚早育到晚婚晚育的改变

鼓励晚婚晚育的政策伴随独生子女政策实行了36年。2016年修改的计生法取消了该政策，但由于日渐激烈的社会竞争，“先立业后成家”基本成了新时代的青年人的理念共识，社会大龄单身青年一度成为社会热点话题，“剩男剩女”“单身贵族”等等已经成为见怪不怪的普遍现象，催婚逼婚故事成为节假日家庭团聚活动的共同科目。据妇联2015年的《中国幸福婚姻家庭调查报告》，中国目前平均结婚年龄为26岁。据2010年第六次人口普查的数据，中国妇女的平均生育年龄已达29.13岁，已经超过了专家建议的28岁前的黄金生育时段。晚婚晚育的女性生育头胎时已是大龄妇女，当想再生育二胎时年龄更大，增加了孕期和生产的危险，也必然会影响出生人口的质量，也会影响继续进行二胎生育的意愿。所以，晚婚晚育也是不利于全面二孩政策目标的达成的。

在中国古代，人口多少代表的是国力强弱，所以相当长的时间里，实行的是鼓励国民生育的"计生"政策。比如，春秋时越国的制度是，妇女快分娩时要报告官府，由官府派医生守护，生男孩的奖励两壶酒、一条狗，生女孩的奖励两壶酒、一头猪；生三个孩子的，由官府派乳母哺育。在齐国，官府里也有专门的"掌幼"官，负责奖励"光荣妈妈"，比如有三个孩子的妈妈可以免交赋税；再生一个，全家的赋税都免了；倘若又生第五个的话，官府还派一个保姆来，老五和保姆的口粮全由国家负担。在鼓励生育的同时，越国也强制早婚："令壮者无取老妇，令老者无娶壮妻，女子十七不嫁，其父母有罪，丈夫三十不娶，其父母有罪。"从越国计生政策来看，如今流行的年龄悬殊的"姐弟恋""黄昏恋"因为影响生育均被严格禁止，青壮男子不能娶年龄大的女人，老男人则不准娶年轻女子。不仅如此，对未婚嫁的适婚子女的父母，还要治罪。后来，越国能打败吴国重新崛起，虽然原因很多，但与此"计生"政策的实行不无关系。

综观当今世界上鼓励生育的国家，奖励生育的力度都相当可观，可以让不积极生育者如同受了惩罚一样。只重奖不惩罚似乎是一种文明进步的表现，但是，如果想达到预期的目标，就要有切实的可操作性，就要有相应的奖惩措施！独生子女政策时我们奖励很少，微乎其微，但超生惩罚极其严重，因畏惧超生成本，所以政策收效明显。如今我们鼓励生育，奖励力度依旧微乎其微，原本人们已经畏惧生育成本的高昂，若再缺少惩罚措施的强制，当然会导致对实际政策推行效果的失望。

综合以上分析可知，全面二孩政策施行前积压的生育意愿释放以后的生育率会严重降低，现行二孩政策将失去激励意义；要解决人口发展问题，要么增加有效的奖惩措施，要么全面放开生育。

为保证国家人口发展的目标实现，提出如下建议：

第一，国家进行全面放开生育的政策调整的可行性研究。

第二，国家对第二胎生育进行生和育全过程的政策性奖励。

第三，国家向不婚不育人群收取"晚年生活保障基金"。

参考文献

[1]陈江生、李良艳、胡建闽:《中国人口发展的政策与实施》,经济科学出版社2017年版。

[2]王广州、胡耀岭、张丽萍:《中国生育政策调整》,社会科学文献出版社2013年版。

[3]刘顺芹:《对高校大学生独生子女与非独生子女婚育观比较研究》,中国农业大学硕士学位论文,2006年。

党史专项

弘扬济南四大文化
打造济南文化软实力

张华松　史瑞玲

济南是国家历史文化名城，拥有悠久深厚的优秀历史文化，其中的岳渎文化、泉水文化、大舜文化、名士文化堪称济南古代四大文化。这是济南城市的突出优势，其本身正是济南文化软实力之所在。若从实现传统文化创造性转化和创新性发展的角度审视，济南优秀传统文化则又是打造济南文化软实力的最重要、最珍贵的资源。

一、继承和弘扬岳渎文化，凸显岳渎作为济南地理和文化的坐标意义，形成与岳渎相配的恢弘壮阔的城市气象和文化意象

济南南依泰山，北跨黄河。泰山号称“东岳”，为五岳独尊；黄河，在古代与济水、淮河、长江并称“四渎”，是中华民族的母亲河。黄河从今济南经过，始于1855年。在此之前，流过济南腹地的是济水。

人类文化起源于山岳而繁盛于大河。在古代中国，所谓“五岳四渎”，不仅是从山河的物质体量上说的，而且还是从山河的文化含量上说的。“岳”“渎”是中华民族和民族文化赖以生长和发展之所在，是历史文化的圣山和圣川。

“泰山雄地理，巨壑渺云庄。”（唐代文豪李邕诗）泰山、济水是济南最显著的地理坐标与文化坐标，它们的存在决定了济南古城的大格局和大气象。北齐齐州刺史魏收登舜山（今千佛山），徘徊顾眺，感慨言道：“吾所经多矣，至于山川沃壤，衿带形胜，天下名州，不能过此。”杜甫咏济南：“迹籍台观旧，气冥海岳深。”高适咏济南：“云从四岳出，水向百城流。”近世老舍先生更说：“济南的美丽来自天然，山在城南，湖在城北。湖山而外，还有七十二泉，泉水成溪，穿城绕郭……在千佛山上北望济南全城，城河带柳，远水生烟，鹊华对立，夹卫大河，是何等气象！”

泰山岩岩,屏障济南。济南泉脉来自泰山,济南的风来自泰山,济南的河源于泰山,济南文化与泰山文化息息相关,水乳交融。

封禅文化是泰山文化的核心内容之一。济南有丰厚的封禅文化。如:汉武帝时封禅泰山的首倡者就是济南人终军,汉武帝在泰山脚下举行明堂礼,明堂设计规划图就出自济南人公王带。玉函山的"青鸟衔玉函"、历城南山"汉帝杏"以及济南会仙山、大仙山、二仙山、齐城峪、瓦子岭等神奇传说和遗迹,也都与秦汉封禅泰山有关。隋文帝、唐高宗、武则天以及康熙皇帝、乾隆皇帝封禅或祭拜泰山,都从济南经过,济南地区至今仍有皇帝的多处行宫遗址,如灵岩寺等。济南东岳大帝、碧霞元君崇拜源远流长。在济南所属县邑及乡间,东岳庙、天齐庙、碧霞元君祠(泰山奶奶庙)不计其数。泰山朝山进香的民间文化,过去在济南地区的流行程度也是其他州府所不能比拟的。济南以及山东半岛北部的青州、登州、莱州和滨州地区的人们朝山进香一般取道泰山北路,如今仍保留多条朝山的古道。夏、商、周三代,济南南部山区的泰山美石,作为特贡大量输入中原王朝。"泰山石敢当"过去遍布于济南城乡。石大夫的信仰缘起于章丘东陵山。在济南古人信仰中,泰山是求雨的终极之山。泰山挑夫也大多来自济南境内。济南宽厚、仁德、沉毅、壮伟的文化品格,在很大程度上也来自泰山文化。

济南,以济水而得名。济水是济南的母亲河,是孕育济南文化和文明的摇篮。波澜壮阔的济南文化长卷正是在济水—黄河上展开的。举例说,济南古济水流域是早期考古文化遗址和有虞氏古国的集中分布区,是有虞氏政权的"龙兴"之地;大禹疏浚济、漯,开辟济南治水文化的先河;济水是舟楫交通起源性河流,是《禹贡》中所载兖州、青州蚕丝和丝织品的主要运道("前丝绸之路"),是中国最早的"盐河";商王取道济水远征夷方,往返时经过济南多处古国古城;历史上许多重大战役和军事行动发生在济南济水之上;无数历史名人在济水—清河—黄河上留下足迹或诗章;济水有济伯祠,黄河有大王庙,济水以及后来黄河上的船工号子和打夯号子是重要的非物质文化遗产;济水清湛,独立无所依傍,贞洁尊贵,古代济南人将其比德于君子,对于古代济南城市人文品格的养成具有重大影响。

东岳与济渎(黄河)及岳渎文化,是济南得天独厚的自然和文化禀赋,是其他城市所不具备的。济南打造文化软实力,必须借力于固有的岳渎文化。

关于东岳文化,建议从以下几个方面进行打造:第一,以泰山统摄济南诸山,凸显泰山之于济南城市的地标意义。第二,将济南遥墙机场改名为"济南泰山机场"。第三,济南新开街道,应多考虑以泰山文化元素命名。第四,恢复重建济南老城内外具有千年历史的东岳庙、碧霞祠。第五,恢复、整修和开放泰山北麓朝山之路。第六,开辟泰山石敢当主题公园。第七,发掘济南境内封禅文化资源,规划和开辟岱阴封禅文化旅游观光专线,串联济南封禅文化的各景点、遗迹和文化元素。第八，在岱阴封禅文化旅游观光专线上选择合适的山村，建设“泰山挑夫文化展览馆”。第九，弘扬泰山宽厚、仁德、沉毅、壮伟的文化品格，重塑济南城市精神和文化形象。

关于济水—黄河文化，建议从以下几个方面进行打造：第一，齐河划归济南，使济南黄河成为完全意义的城中河。第二，由济南黄河上溯济水—清河，增加济南黄河的文化厚度和特性。第三，发掘和利用济水—黄河历史文化资源，开辟济南黄河访古旅游专线。第四，再现“海门风雨”和“鹊华烟雨”的景观和意象。第五，正在规划建设中的北湖应当向北适当扩大水面，并沿用“鹊山湖”的旧称。第六，旧动能转换先行区规划中的中心湖，可以考虑在怀家洼故址上开辟，以求事半功倍之效。第七，规划建设鹊华园，作为济南黄河景观风貌带的核心景区，园中建设砚溪村作为赵孟頫纪念馆。第八，重建泺口古城以及齐鲁会盟台和清代私家名园——亦园、基园。第九，在北店子、南北泺口、下泺口（堰头）、邢家渡等古渡口上展现古渡文化。第十，建设济南黄河展览馆，集中展示整条黄河的自然地理和历史文化风貌。第十一，择址重建大王庙。

二、开发和利用济南龙山文化资源和大舜文化资源，将济南打造成探寻中华文明起源的圣地和名副其实的“舜城”，使济南在文化软实力的激烈竞争中占据高点

济南是远古海岱东夷文化区的重要组成部分，是中国远古文化的重要发祥地，是最早进入文明时代的地区之一。早在八九千年的新石器时代早期，济南先民就创造出山东境内最早的有陶新石器文化——后李文化。此后又依次出现了北辛文化、大汶口文化、龙山文化和岳石文化。其中，尤以龙山文化最为知名。

龙山文化距今 4000～4600 年，属于文明初期的考古文化。作为文明社会标志的各种因素多已出现，比如，城子崖古城占地面积 20 万平方米，是济南地区乃至整个山东地区目前所发现的最早城址之一。城子崖遗址出土的蛋壳陶，“薄如纸，硬如瓷，声如磬，亮如漆，明如镜”，堪称稀世瑰宝，在当时是体现特殊社会阶层的地位和权力的象征物。龙山文化的发现，彻底否定了所谓的中国文化西来说，从而使城子崖成为中国文化本土说的伟大自证地。1961 年，城子崖遗址被国务院公布为第一批全国重点文物保护单位。

考古学上的龙山时代，相当于古史记载中的虞代。虞舜是东夷领袖，济南是虞舜曾经耕稼的故土，而济南一带所在的古济水中下游区域是中国第一个朝代——有虞氏政权的“龙兴”之地。济南古城也是依托以舜井泉群为源头的历水、以趵突泉泉群为源头的娥英水建立起来的，古代舜井旁有舜祠，趵突泉旁有祭祀舜妻娥皇、女英的娥英祠，大舜夫妻是济南古城的保护神。圣王大舜德泽遗爱于济南者深远，济南人民对大舜有着一种特殊的敬仰之心和感戴之情。故而至迟从唐代中叶开始，济南就有“舜城”的雅号。

大舜孝悌忠信，仁民爱物，厚生利用，以和为贵，是中国道德文化的鼻祖。大舜还是中国乐教和文艺理论的开创者、中国和谐文化的开创者。大舜是孔孟儒家的精神导师，大舜文化也就成为孔孟儒家文化的源头，故而孔子“祖述尧舜”，孟子“言必称尧舜”。后世济南人敦厚豁达、克让克孝的文化品格以及诗人辈出的文化现象，追本溯源，皆植根于大舜文化。

龙山文化与大舜文化，二元一体，共同构成了济南历史文化的源头和根柢，是济南在4000多年前作为整个东亚文化和文明高地的体现。因此，我们在打造济南文化软实力时，理应将二者作为一个整体予以考虑。

具体策略和措施包括：第一，为历山正名，将历山打造成中国大舜文化的圣山。第二，充分展示舜井悠久深厚的历史文化内涵，将舜井打造成中华第一古井和圣井。第三，在舜井西南侧曾发现龙山文化遗存，表明4000多年前，这里就出现了泉水聚落，所以应当树立龙山文化遗存保护标志碑，作为大舜与济南古城起源关系的明证。第四，经营历山（千佛山）舜祠，接续舜井舜祠的历史传统和文化内容，发掘和整理古代济南祭舜大典资料，在历山舜祠定期举办祭舜大典，使之成为济南的一个耀眼的文化品牌，并力争跻身为国家级非物质文化遗产。第五，在经十路以南开辟大舜广场，树立大舜塑像，并在广场与历山舜祠之间修筑开阔的石砌梯路，将有碍观瞻的弥勒佛塑像迁移至佛慧山。第六，开辟圣裔宗祠，作为海内外舜裔25姓氏奉祀先祖、恳亲联谊的场所，借此加快济南城市国际化的步伐。第七，创作并演出以大舜及大舜文化、龙山文化为主题的大型室外歌舞剧。第八，规划和开辟济南大舜文化旅游专线，并将济南境内以城子崖为代表的重要龙山遗址纳入其中。第九，规划建设城子崖龙山文化考古遗址公园。第十，做大做强龙山黑陶工艺产品，并融入大舜文化内容和元素，作为彰显济南文化软实力的拳头旅游纪念品。第十一，在中小学开设大舜文化校本课程。定期举办大舜道德文化高层论坛。

龙山文化是中国早期文化的代表。大舜文化是儒家文化的源头，是中华道德文化、和谐文化的源头。龙山文化与大舜文化在中国文明发展史上拥有无与伦比的崇高地位，是历史文化名城济南最耀眼的文化品牌之一。以上几个方面的策略和建议若能一一付诸实施，则济南必能建设成为巡礼中华早期文明的圣地和中国现代著名的“舜城”。

三、统筹并盘活济南泉水文化资源，凸显泉水文化特点，提升“泉城”知名度和美誉度，打造享誉天下的“生态之城”“园林之城”“泉水饮食文化之城”

济南是举世闻名的“泉城”，8000多年前的济南后李文化已经有了明显的“泉水胎记”。3000 多年前，谭国大夫作《大东》篇，其中“有冽氿泉，无浸获薪”的诗句，是济南泉水见诸文献的最早记载。

济南城因泉水而建，若从龙山时代舜井西南侧的原始泉水聚落算起，有 4000 多年的历史；若从商周之际“历汭”上的历国算起，有 3000 多年的历史。西晋末年济南郡治西迁历城，新济南城经过一二百年的建设，到了北朝时期，泉水文化正式起步。北宋曾巩等人充分利用济南的泉水资源规划建设济南城，济南遂成为名副其实的泉城，泉水文化进一步彰显。北宋李格非《历下水记》和金代《名泉碑》开创了后世济南泉水审美考量和排比的典范。明初大修济南城，奠定了“四面荷花三面柳，一城山色半城湖”的城市格局和风貌。泉水对于济南城市文化的影响是全面而又深刻的，济南泉水文化是丰富多彩的。泉水与诗人共同决定了济南潇洒、浪漫、风雅的城市风韵和格调。如今，济南市以“清水出芙蓉”的荷花为市花，以岸水舞清烟的垂柳为市树，以临水留倩影的白鹭为市鸟，都是有深厚的泉水文化背景的。

泉水是济南城市的灵魂，泉水文化是济南独有的核心文化，所以继承和弘扬济南泉水文化，打造济南文化软实力，必须统筹并盘活济南泉水文化资源，凸显泉水文化特点，提升“泉城”知名度和美誉度，具体建议如下：

第一，进一步疏解老城区的行政中心职能，力争将省人大、省政府办公机关搬离老城区，解放高墙大院中的泉水景观；拆迁王府池子周边棚户区，扩大泉池水面，高规格规划和建设泉林环境；打造“泉水人家”示范街区，推出“泉水人家”系列休闲体验项目，集中展示“家家泉水，户户垂杨”的传统泉城风貌；借鉴杭州经验，以壮士断腕的勇气，对于泉水核心景区周边严重有碍观瞻的建筑予以拆除迁移，畅通济南古城传统风貌带山水视觉长廊。

第二，进一步彰显济南园林“因水为胜”的特色，尤其是在古代名园故址上开辟城市公园，如五龙潭公园，充分继承古代贤清园、漪园和潭西精舍等名园资源，接续园林文脉。

第三，在即将改造的东西泺河以及新开挖的中泺河沿岸开辟几个大型的露天泉水浴场，浴场外广植柳树，为广大市民及游客提供优美舒适的亲水环境；开辟护城河、大明湖、中泺河、小清河、华山湖、济西湿地水上旅游观光线；继承独具特色的济南泉水民俗文化，展现曲水流觞、碧筒饮、水神信仰、求雨仪式、烧法船、放河灯以及荷柳民俗等。

第四，归并现有几个泉水专题博物馆的职能，建设高规格的泉水综合博物馆，提升泉水文化的宣传和传播力度；策划推出“天下泉城”大型水景演出项目，整合与泉水、泉水文化相关的文化内容和元素，如大舜、济南名士、黑陶、凤凰、柳树、莲荷等，使之成为全面展现泉城形象和文化风貌的舞台；提升“济南泉水节”国际化组织水平;加快“泉·城文化景观”申遗步伐。

第五,发掘和彰显济南泉水中的大舜文化元素,凸显圣王大舜及娥皇、女英作为泉城济南保护神的地位;发掘和彰显济南泉水的宗教文化元素,如道教文化之于趵突泉,佛教文化之于五龙潭。

第六,开发济南泉水饮食文化资源。济南是中国饮食文化的重镇,是古代中国北方茶文化的发源地,是宋代中国名酒之冠“珍珠泉”的诞生地,也是济南菜的诞生地。济南传统饮食及饮食文化端赖丰沛甘洌的泉水的滋养和涵育,可以说,济南饮食文化是泉水文化的重要组成部分,从提升济南文化软实力的角度,建议如下:早日启动分质供水工程,让济南饮食用水都来源于优质地下泉水,仅此一点,就足以使济南饮食文化独步天下;凸显济南作为中国北方茶文化发源地的特殊地位,利用得天独厚的泉水资源,尝试恢复宋代济南“北苑茶”和清代济南“莲心茶”,在老城区旅游观光区科学合理地配套修建具有浓浓泉城传统风韵的茶馆、茶社;精心设计济南酒文化的奇葩——碧筒饮,尝试恢复古代济南“真珠(珍珠)泉”“秋露白”等名酒品牌,开发“济南泉酒”系列;规划建设济南菜专有产地,保证食材特有的济南风味和质量,开发具有济南风味的“水菜宴”“荷花宴”“河鲜宴”系列,集合济南茶文化、酒文化,建立济南饮食文化园或济南饮食文化展览馆。

第七,弘扬济南优秀的生态文化和生态文明,乘济南荣获“全国精神文明城市”“全国卫生城市”“全国森林城市”“全国海绵城市”称号以及拆违拆临的东风,加大生态文明宣传力度,增强广大市民的生态环保意识,重现古代济南“山城”“水乡”的良好生态,以山青水绿的环境,以整洁雅致的市容市貌,使“有心长作济南人”成为全体市民和外来创业者的共同心声。

四、继承和弘扬名人文化,擦亮“名士之城”“诗城”,营造“大东风雅”的城市意象;发扬济南名士“斯文在兹”“江山再造”的文化自信和勇气,打造济南学派、中国书城以及中国儒学研究和传播的中心;发掘、继承和弘扬济南名士文化中的演艺文化资源,叫响“曲山艺海”的文化品牌,再现演艺事业的辉煌,努力将济南打造成中国著名的演艺之都

公元745年,诗圣杜甫游历济南,作《陪李北海宴历下亭》,诗云:“海右此亭古,济南名士多。”这是杜甫对济南人文的画龙点睛之笔。在杜甫之后1000多年的时间里,“济南名士多”逐渐成为世人的公论。

在古代文化中,“名士”主要是指有名的文士,我们打造和提升济南文化软实力,当然不能仅限于文士,也应包括有名的武士;不能仅限于济南籍的,非济南籍而对济南做出贡献的一切有名之士都应包括在内。从这个意义上说,名士等同于名人。

乾隆《历城县志》卷一《总纪》:“历代以来,其人物多武臣,多文士。”济南,山高水长,允文允武,历史上生于斯长于斯的著名政治家、文学家、思想家、学者、名将,层出不穷,他们是济南历史文化名城的荣耀,是我们提升和打造城市文化软实力的宝贵财富。

第一,做大“济南名士”的文章,尤其要在以下几对人物身上下工夫,他们是:两大名相——汉末济南国相曹操和大唐开国名相房玄龄(二人是政治家、军事家,也是著名文人);两大思想家——战国阴阳五行学派大师邹衍与明清之际理学家张尔岐;两大硕儒——汉初经学大师伏生与清代学术大家周永年;大唐诗坛双峰——诗仙李白与诗圣杜甫;中古两位高僧大德——济南佛教开山祖师朗公与西天求法高僧义净;大唐两大开国名将——秦叔宝与罗士信;“济南二安”——李清照号易安,辛弃疾字幼安;“二苏”——苏轼和苏辙;元初汉地两大世侯——张荣与严实;风流两太守——曾巩和赵孟頫;明代前后七子——边贡和李攀龙;“曲山艺海”两大家——散曲巅峰张养浩与词曲大师李开先;清初文坛“二亭”——王士禛号阮亭,田雯号漪亭;近代中国文坛“二老”——老残(刘鹗)和老舍;山东中共两大创始人——王烬美与邓恩铭。

以上14对名人都是济南文化的金字招牌。要加大这些金字招牌的研究、传播和开发力度,使名人文化效益最大化。

第二,擦亮“诗城”的品牌,营造“大东风雅”的城市意象。济南名士中,尤以诗人居多。自周代谭大夫的《大东》载入《诗经》开始,在济南出生的诗人、词人等文学家,仅举其中驰名全国、光耀文坛的佼佼者,就有唐之崔融,宋之李清照、辛弃疾,元之杜仁杰、张养浩,明之边贡、李攀龙、李开先、于慎行,清之王士禛、田雯、蒲松龄。“诗城”,是济南耀眼的文化名片。

作为“名士之城”和“诗城”的济南,不仅自身名士辈出,外来名士也不胜枚数。清代诗人王培荀说:“济南固多名士,流寓亦盛。如唐之李、杜,宋之苏、黄、晁、曾,无不游览流连。国初,顾亭林、张祖望、阎古古、朱竹垞,皆以事久住。学使则前明薛文清、王文成,一代大儒。我朝则施愚山、黄昆圃,一世文宗。以此提倡,人物风雅安得不盛。”诗仙李白、诗圣杜甫,接踵到济南,留下华美乐章。唐宋八大家中的欧阳修、曾巩、苏轼、苏辙,或者游宦于济南,或者游历济南,为济南留下大量脍炙人口的精美诗文。“唐宋八大家”中的黄庭坚虽然终生不曾来济南,济南却是他“梦牵魂绕”的所在,也有咏济南山水的试问传世。元、明、清时期,元好问、赵孟頫、王阳明、薛瑄、顾炎武、施闰章、朱彝尊、高凤翰、翁方纲、桂馥、铁保、刘凤诰、阮元、何绍基、匡源以及近代文坛“二老”——老残(刘鹗)、老舍,都曾在济南生活过多年,他们对于济南的咏赞,他们对于济南城市的经营和建设,更是济南古城一笔永恒的文化财富。

继承和弘扬济南名士文化，有助于营造“大东风雅”的城市意象。如果泰山、黄河造就了济南古城宏阔的气象，那么名士(主要是诗人)与泉水交相辉映，很大程度上决定了济南古城的风雅品格。“济南潇洒似江南”(黄庭坚)，“此地风流倘未央”(施闰章)，古人以潇洒、风流品评济南，显然是兼指济南的泉林风光和人文风貌而言的。如果我们用一个词来表述，便是“风雅”。

气象宏大，格调风雅，是古代“诗城”济南鲜明的意象。宏大，意味着不促狭；风雅，意味着不粗鄙。这正是我们营造济南现代城市意象不可或缺的两大元素。只要我们着力发掘济南历史文化资源，接续既往的历史文化传统，并赋予其新的时代精神，那么宏阔而风雅的城市意象就会复现于世。这是济南区别于竞争对手的标识，也是济南城市个性化的表现。

做好“诗城”的旅游资源开发。结合城市意象是塑造城市旅游形象的基础工作。我们要加大基于济南城市意象视角下的济南城市旅游形象研究，作为旅游地管理的有效工具或开展营销活动的有效参考，形成济南城市旅游形象设计理念、旅游形象标识与口号。另外，因为诗歌的艺术性和文化性，其本身也可作为旅游资源进行开发，主要表现在：诗歌对于提升和丰富旅游风景区的文化内涵和审美品位、提高风景区的知名度具有重要意义；诗歌对于丰富旅游者的知识和阅历、提高审美修养与环境保护意识具有重要意义；诗歌，尤其是山水诗，在旅游活动中具有很强的导游性与民族文化交流的中介性；通过发掘诗歌资源，可以开发旅游产品，开发以名人名作为线索的旅游观光线。

第三，深入发掘济南名士文化中的学术文化、思想文化资源，充分发挥济南作为齐鲁之邦首府的地缘政治优势，充分发挥省会高校和科研院所集中的学术优势，高扬齐鲁文化的大旗，尤其是儒学大旗，创造优良的学术研究和交流的平台，加大学术扶持力度，将济南打造成在全国乃至国际上有影响的儒学中心，使济南成为众望所归的齐鲁文化、儒学研究和传播的高地。接续济南学术传统，发掘济南学术潜力，重点致力于经学(尤其是历史上济南优势学科“尚书”学、礼学)、史学、文献学的研究，致力打造具有济南传统和特色的“济南学派”。

书籍是人类文化和文明的主要载体，济南在中国文献保存和传承方面，曾做出卓越的贡献。从伏生藏书传书，到北朝济南文化世族坚持习礼诵经；从边贡藏书万卷(万卷楼)，到张元英藏书数万卷；从张尔岐潜心古籍整理，救斯文于不坠，到马国翰辑佚群书；从周永年首倡“儒藏”说、开办中国历史上首家公共图书馆，到王献唐倾力经营山东省图书馆——历史上的济南是名副其实的中国“书城”。接续传统，开发利用一切可以利用的资源，我们完全有希望将济南打造成当代中国的“书城”。总之，济南在历史上向来有“斯文在兹”的学术担当，有“江山再造”的文化使命，是中国思想、学术的重地和圣地。古代济南的硕儒经师以其文化担当和学术贡献赢得了无限的荣光，这是当代济南打造济南学派、中国书城以及中国儒学研究和传播的中心的底气所在。

第四，发掘、继承和弘扬济南名士文化中的演艺文化资源，叫响“曲山艺海”的文化品牌，再现演艺事业的辉煌，努力将济南打造成中国著名的演艺之都。具体策略和措施包括：规划建设济南“曲山艺海博物馆”，集中展示济南博大精深的演艺文化；开发济南作为中国杂技艺术故乡的历史资源，发挥现代济南杂技艺术名满天下的优势，将济南打造成中国的“杂技之城”；仿效南京秦淮河，在环城公园和泉水景区为历史上济南著名歌女李苏苏、白妞等人塑造雕像，在趵突泉公园为元代著名剧作家武汉臣、岳伯川、关汉卿和王实甫树立塑像，在北湖上树立张养浩塑像，在长清园博园或长清湖上树立杜仁杰塑像；在百花洲上，上演叶承宗《百花洲传奇》；在绣源河上，建筑“曲山艺海”楼，高扬李开先“富文堂”北戏中心的大旗，并与李开先纪念馆共同构成体现济南演艺文化底蕴的大型风景观光区。

第五，修复或重建历史名人故居、墓地，以历史名人命名广场和新开辟的道路街巷。仅以名人故居为例，如经七路和小纬六路秦琼故里——怀智里、王舍人庄路南张揆故宅（有苏东坡《读书堂》）、韩仓李攀龙故居、西关柴市路南面的李攀龙古宅、华山之阳周密祖宅、布政司街张养浩七聘堂故宅、布政司街路东许邦才瞻泰楼、城隍庙街赵世卿故宅、珍珠泉大院南门外边贡故宅、西门外神堂巷毛鸿宾故宅等。这些名人故居是可以考虑恢复重建的，即便不能，也可以考虑在名人故居附近的路口或口袋公园里树立名人塑像和名人故居指示牌，恢复重建与名人有关的仿古牌坊、如李攀龙“海内文宗”坊、谷继宗按察司街“海岱精华”坊等。在扁鹊故乡——长清归德，择址重建扁鹊墓；在扁鹊长期定居行医的孝里东张齐长城起点附近，树立扁鹊纪念碑；在济南鹊山重建古已有之的扁鹊祠。加大对王烬美、邓恩铭、王乐平等中共早期领导人的宣传力度，在五龙潭公园中开辟园中园——济南革命先锋文化纪念园。

改革开放以来济南市社会治理创新发展研究

朱冬梅　李　战

改革开放 40 年来，伴随着社会主义市场经济体制的建立，济南市社会治理经历了不断创新与发展的过程，党委领导、政府负责、社会协同、公众参与、法制保障的社会治理体制不断完善，社会治理社会化、法制化、智慧化、专业化水平不断提升，为推进济南市经济社会发展提供了重要支撑。

当前，济南市正在以习近平新时代中国特色社会主义思想为指导，为打造“四个中心”、建设“大强美富通”的现代泉城而努力奋斗。站在新的起点上，总结回顾改革开放 40 年来济南市社会治理发展的成就、变迁历程和经验启示，有利于积极应对未来面临的新情况、新问题，进一步创新发展，从而打造共建共治共享的社会治理格局。

一、济南市社会治理变迁的背景与成就

社会治理是以政府为主导的包括其他社会力量在内的行为主体在法律、法规、政策的框架内，对社会领域的各个环节进行组织、协调、服务、监督和控制的过程。社会治理的变迁与一个国家、一个地区的社会制度、文化根基和经济社会发展是一脉相成的，每个国家选择什么样的治理体系是由这个国家的历史传承、文化传统、经济社会发展水平决定的，是由这个国家的人民决定的。改革开放 40 年来，济南市社会治理体制的变革适应了改革开放的需要，适应了济南市经济社会发展的需要，适应了人民的需要，在实践中不断创新发展。

（一）济南市社会治理变迁的历史背景

40 年来，济南市从计划经济时期“大一统”的管理体制逐渐发展变革为与中国特色社会主义市场经济相适应的社会治理体制，这一发展变革的过程与我国改革开放总体战略部署以及社会转型密切相关，与济南市 40 年来经济社会发展中不

断面临的新挑战、新变化密切相关。

1. 利益大调整对社会治理提出挑战

随着我国改革开放不断深化和市场化进程日益加快，济南市从计划经济向社会主义市场经济转型过程中，社会阶层加速分化，新的社会阶层带动社会利益结构的分化、重组，形成新的利益体，从而带来了人们价值观和行为方式的深刻变化，不同利益体之间的矛盾和冲突在所难免。在这种背景下，济南市改变传统的管理模式，建立多元化利益主体的诉求渠道势在必行。

2. 公众个体意识提升对社会治理提出挑战

改革开放、信息化以及全球一体化发展，不断为济南市经济社会的发展注入新的活力，与此同时，群众的思想不断开放，个体意识也迅速崛起，群众工作的难度逐渐提高。群众对权力不再是无条件地服从，而是通过各种渠道和方式表达或发泄不满，甚至会与政府发生冲突。面对群众个体意识和权利意识迅速提升，要做好新时期的群众工作，考验着政府赢得群众信任的能力，也考验着社会治理的能力。

3. 社会风险凸显对社会管理提出挑战

伴随着经济全球化、世界一体化飞速发展，济南市"风险社会"特征日益凸显，除了自然灾害风险之外，更有政治、经济、生态环境等人为风险。人们不断面对企业改制、下岗失业、征地拆迁、金融危机、非典疫情、水灾发生、市场诚信危机等，改革的不确定性和社会风险并存，导致人们社会安全感下降，人们的思想、情绪容易产生波动或被操控，甚至会引发大规模的有组织的冲突行为。因此，如何及时有效地应对各种类型的风险考验着政府在风险的防范、化解等方面的社会治理能力。

4. 社会变迁对基层社会治理提出严峻挑战

40 年来，济南市经历了从计划经济向社会主义市场经济的转型和城镇化发展的变迁历程，大量"单位人"变为"社会人"、大量农村剩余劳动力进入城市，实现从农民到"农民工"再到市民的转变。期间城市下岗职工、流动人口剧增，同时伴随着住房制度的市场化改革，新型的商品房小区逐渐取代"单位宿舍"，各类人群集聚在基层社区，传统社区的"熟人"关系社会被打破，取而代之的是"陌生人"社会，大大增加了基层社会服务、社会治安和社会治理的难度。社区居民自治、基层社会民主建设、基层社会治理变革势在必行。

5. 现代化信息技术发展对社会治理提出严峻挑战

40 年来，济南市信息媒体传播走过了纸质报刊时代、半导体收音机时代、电视机时代、计算机时代和互联网时代。随着信息技术的飞速发展，社会舆情管控难度越来越大。特别是进入互联网时代，一些很小的事件会快速扩散蔓延，甚至酝酿成重大的社会事件;有时会迅速形成失控局面,引发激烈的社会冲突,甚至会上升为政治事件。因而,运用好信息化、网络化这把“双刃剑”,提升社会治理的智慧化水平逐渐提上议事日程。

(二)济南市社会治理变迁的内在机理

40年来,为适应从计划经济体制向社会主义市场经济体制的转型,济南市实现了从“社会管理”到“社会治理”的变迁。虽然只有一字之差,其内在机理却产生了巨大的变化。

1. 行为主体的变化

“社会管理”强调管理主体的唯一性,强调党政机关主体对社会的监管与控制;而“社会治理”强调管理主体的多元性,强调除政府和国家之外的社会力量的广泛参与。

改革开放初期,济南市延续了计划经济体制的管理方式,各级党委作为行为主体不仅管理着行政事务,也管理着全部社会事务和经济事务。这种主体一元化的管理方式的工作效率较低。经过40年的改革与发展,逐渐实现了党政分开、政企分开、政社分开,形成了各级党组织、各级政府、各类企事业单位和各种民间组织以及居民共同参与的多元化治理主体。多元主体的参与,使社会治理走上更科学民主的发展轨道,大大提升了社会治理水平和效率。

2. 行为方式的变化

“社会管理”强调行政化运行方式,难免会存在命令和强制的管理弊端。而“社会治理”强调协商共治,主张政府与社会建立合作关系,主张多元主体协商共治。

改革开放初期,计划经济时期的“单位制”还没有彻底改变,包括社会服务在内的一系列事务和管理工作都是以行政运行方式通过单位贯彻落实的。经过40年的改革与发展,广泛的、多层次的协商民主制度体系逐步形成,多样化的协商民主形式在探索实践中稳步推进,协商民主的观念、意识和文化氛围正在逐步养成。与此同时,社会和公众的参与意识和监督意识不断提升,也大大推进了社会治理的法制化进程。

3. 行为向度的变化

“社会管理”的行为向度是自上而下,它强调权力主体通过行政的方式自上而下的单向、线性管理模式。而“社会治理”的行为向度是自上而下和自下而上的双向互动,它强调多元主体针对管理目标展开双向交流和互动,最终达成共识。

改革开放初期,由于社会主义民主制度不健全,造成各类社会事务的管理以党政行政指令的形式自上而下传达和执行为主。经过40年的改革与发展,协商民主得到了迅速发展,健全有序的参与机制逐步建立,参与渠道逐步拓宽,各类社会组织、市场力量和基层公众之间形成了平等的网络关系，它们之间互动交流，与政府协商对话。双向互动的行为向度为化解社会矛盾冲突、实现公共利益的最大化创造了条件。

（三）济南市社会治理取得的成就

40年来，政府治理理念逐渐转变，政府行政体制改革取得一定进展，在政府职能转变的基础上，逐步建立起新型公共服务体制，社会治理的主要领域取得突出成就。

1. 政府职能转变释放了社会发展的活力

政府自身不断转变职能，进行“放管服”改革，大幅度减少行政审批事务，在社会事务管理中坚持依法行政，减少对市场主体的行政干预，促进市场主体的活力和创新能力，不断优化政务工作环境，逐步建立起新型政务工作服务体制。同时，大力培育社会组织、中介组织和城乡基层自治组织，使之在承接大量政府转移职能的同时，也发挥了自我管理和自我服务的作用，社会治理的活力得到释放，社会治理的社会化取得长足发展。

2. 维护了社会的公共安全

社会治理通过协调各社会阶层和利益群体的利益关系，做好信访、仲裁、人民调解等工作，妥善化解社会矛盾；通过建立健全社会风险防控防治体系，注重对各类社会风险的源头进行治理和防控，对人民群众高度关注和关心的食品药品安全、饮用水安全、环境与生态安全等，从源头、过程和结果三个维度构建起全流程、立体化的公共安全治理新体系；通过建立覆盖全灾种、全过程、全社会共同参与的突发事件应急处置体系，逐渐完善风险评估与预防、应急处置与救援的公共安全综合管理机制，使人民群众的安全感不断提升。

3. 基层民主治理取得较大进展

基层民主治理不仅包括民主选举，而且还包括民主监督、民主决策和民主管理等。随着改革的深入，济南市以城乡社区为载体的基层民主治理的空间和治理能力大大提升。在城镇，协商民主成为推进基层社会治理的有效载体。许多社区开展形式多样的基层民主协商，涌现出很多典型案例，推进基层民主协商逐渐向多层次、制度化、规范化和常态化发展。在农村，村民自治的实践为建设社会主义新农村提供了基本的组织平台和体制架构。在推进农村社区建设中，在村民会议、村民代表会议、村委会、村民小组等村民自治架构之外进一步培育发展农村社区生产生活服务组织、专业经济合作组织、文化娱乐组织等多元化社区组织体系，村民自我管理、自我服务、自我教育的自治空间大大提升。

二、济南市社会治理的变迁历程

改革开放以来，济南市社会治理变革以党中央的一系列改革方略为总坐标，在党中央、省委、省政府的战略部署和发展规划的引领下，紧密结合济南市的实际，锐意进取，探索创新，社会治理体制改革经历了改革初期、发展期、深入期和深化期四个阶段。

（一）改革初期（1978～1991 年）

这一时期的社会治理体制改革处于初步探索阶段，旨在减轻国有企业的非生产性负担以增强国有企业的经营活力。社会治理体制的改革重点之一是由党委领导一切向加强政府对社会事务的管理转变，虽然这一阶段社会治理体制改革的力度不大，但却迈出了第一步，具有重要的历史意义。

1. 高度集权化管理结构开始松动

改革之前，济南市实行“党的一元化领导”体制。“市革委”作为唯一的管理主体，不仅管理着行政事务，而且还管理着全部社会事务和经济事务。对这种一元化管理体制的突破性改革始于党政分开、政企分开和服务型政府建设，这是济南市社会治理的历史性变革，也是社会治理一系列变革的基础和前提。

1980 年 10 月 20 日，市委制订了《关于搞好党政分工克服以党代政现象的意见》（以下简称《意见》），开启了党政分工的改革历程。《意见》指出，党政不分、以党代政的现象，是历史上长期形成的。为改善市级领导党政不分问题，重申划清市委和市政府的职权范围，认真贯彻执行集体领导分工负责的制度，逐步改革机构设置，精简机构，减少层次，改进领导方法。紧接着在同年 11 月 29 日，市委印发了《关于改进领导方法的意见》，改变市委包揽行政事务的状况，明确市委、市政府的具体职责。

1984 年，政企分开改革开始。同年 5 月 5 日，市委、市政府召开全市经济改革工作会议，学习中搞活企业，最关键有两条，第一条就是简政放权，使企业真正实现权、责、利相结合。10 月 30 日，市委常委举行学习讨论会，进一步重申政企分开、简政放权。

继党政分开到政企分开的改革后，济南市又开始了服务型政府建设。为进一步拓宽政府同人民群众的联系渠道，广泛了解社情民意，及时回答和解决群众提出的问题，提高政府工作的透明度、开放度，1988 年 1 月 25 日，济南市市长公开电话正式对外办公。市长公开电话当年接受群众来电 1.4 万余人次，为群众解决实际困难 5000 余件。“市长公开电话”的设立，意味着济南市向服务型政府建设迈出了第一步。

2. 精神文明建设在社会治理中发挥了重要作用

改革初期，社会主义法治尚未健全，因而以精神文明建设为主要载体的“德治”在这一时期发挥了重要的作用。

济南市高度重视精神文明建设，1981 年 6 月 1 日，市委成立建设社会主义精神文明领导小组，负责济南市社会主义精神文明建设工作。至 1983 年 9 月，为加强对全市“五讲四美三热爱”活动领导，推动社会主义精神文明建设，市委决定成立济南市“五讲四美三热爱”活动委员会，作为市委、市政府领导下统一组织指导全市“五讲四美三热爱”活动常设机构；1987 年 4 月，改为济南市精神文明建设协调委员会；1989 年 9 月，又改为济南市精神文明建设委员会。

体制的建立为精神文明建设提供了保障支撑。1981 年 5 月 4 日，全市举行“深入开展学雷锋、树新风，建设社会主义精神文明活动”大会。大会指出，要把学雷锋、树新风，“五讲四美”活动同各条战线、各个岗位的实际情况和具体特点结合起来，使“五讲四美”活动具体化。1983 年，张海迪成为时代楷模，她的成长经历和渴望知识、刻苦自励的顽强毅力精神成为全市人民乃至全国人民特别是青少年学习的榜样。1985 年 3 月 14 日，济南市首批文明单位命名大会召开，共命名了 317 个市级文明单位。同年 12 月 10 日，市委、市政府制定了《关于创建精神文明先进城市的意见》，动员全市人民开展“做文明市民，创文明单位，建文明泉城”的活动，把济南市建设成精神文明先进城市。1986 年 5 月 17 日，市政府颁布《济南市文明市民公约》。以上一系列举措，使济南市精神文明建设取得明显成效，为营造积极向上的社会氛围、服务于改革创业发挥了重要作用。

3. 区街建设与社会综合治理

这一时期的区街建设的主要目的是弥补城市建设方面的欠账，大力发展修理服务和劳务服务事业，方便人民生活，治理城市“脏乱差”和维护社会安定。

1982 年 8 月 23 日，市委、市政府制定了《关于加强和改进区街工作的意见》，以繁荣经济、方便人民群众生活、建设管好城市为重点，以抓好思想政治工作为保证，使区街工作更好地为整个城市工作服务，为加速四化建设服务。1991 年 7 月 20 日，市委、市政府制定了《关于进一步加强社会治安综合治理的意见》，提出运用多种手段，打好整治社会治安的总体战。从这些重点举措可以看出，这一时期济南市社会治安工作从改革初期的“管控”方式逐渐向“综合治理”方式转变。

4. 社会公共服务事业改革为经济体制改革保驾护航

改革初期，把企业搞活、把流通搞活、推行经营承包责任制、引入竞争机制等一系列举措，倒逼着劳动、人事、教育、公共医疗卫生等社会公共服务事业改革作出相应改革。

1987 年 5 月 4 日，济南市人民政府发出文件，要求深化医疗卫生改革，全面实行院长负责制和多种形式的技术经济责任制,改革医疗费等制度;5月26日,全市进行职称改革工作,对职称改革工作进行部署;5月30日,市委组织部、市人事局改革干部人事制度,向社会公开招聘机关工作人员。1989年3月24日,市委、市政府印发了《济南市深化教育改革的意见》,提出九项任务改革任务。1986年9月15日,市委、市政府召开全市劳动制度改革工作会议,提出要逐步建立起一套能够适应社会主义商品经济发展要求的新型劳动制度。1987年9月21日,济南市人民政府颁布了《济南市劳务市场试行规定》。同日,济南市劳务市场开业。该市场是济南市首次出现的在国家劳动计划的统一指导下运用市场机制、为劳动力供求双方提供信息和交流服务的场所,是改革劳动制度的重要措施。至1987年年底,共为4120人办理招工手续,为2364人办理就业培训手续,介绍临时用工210人,交流技术工人117人。上述一系列改革为以后社会治理的深化改革奠定了良好的基础。

(二)改革发展期(1992～2001年)

1992年,邓小平"南巡谈话"加大了全国改革开放的步伐。中共济南市委、市政府提出进一步解放思想,扩大开放,加快了改革的步伐,并就深化企业改革进行再发动,改革的重点放在推进企业经营机制的转换上。同时,就对外开放、鼓励发展个体和私营经济提出一系列新举措。这一时期社会治理紧紧围绕建立社会主义市场经济体制的总目标,为发展社会主义市场经济体制创造了良好的社会环境。

1. 简政放权主导下的机构改革

这一时期政府职能转变的力度进一步加大,重点是围绕着搞活市场、搞活企业进行机构改革。在此期间,1996年和2001年济南市进行了两次较大的机构改革。

1996年济南市党委机关机构改革的主要任是:划清职责范围,减少职能交叉,适当调整机构,精简人员;通过"三定"(定机构、定职能、定编制),合理配置和界定各部门的职能,理顺工作关系,精简内设机构和人员。2001年机构改革市委、市政府机关人员编制总量分别按15%、30%的比例精简。政府人员编制由原来的2702人减少到1896人,减少806人,分流人员600人;结合机构改革,共划转部门职能34项,取消部门职能28项,取消行政审批370多项,减少政府办事环节和工作程序。两次机构改革,理顺了职责,提高了工作效率。

2. 治理的法制化进程逐步向前推进

这段时期,由于全市改革进入整体推进、重点突破的攻坚阶段,因利益格局调整产生的新矛盾、利益纠纷增多,造成群众上访、基层社会稳定等问题突出。因而,除了加强精神文明建设以提升道德约束力之外,加快了法制化进程,普法教育和依法治理工作受到高度重视。

以解决上访、处理矛盾纠纷为例，济南市大力推进依法处理上访工作，也由此大大推动了社会治理走上法制进程。1996～1999 年，群众集体访呈现出规模大、频率高、行为超常和有组织的特点。人民来访反映的主要内容是：亏损企业欠发职工工资、退休人员退休金以及企业改革兼并破产所引发的问题，城建改造过程中拆迁安置不到位、房屋质量差、设施不配套以及原私房主要求调换房屋产权等问题。为解决上访问题，市信访局与市司法局联合成立济南市人民来访法律顾问室。2000 年 3 月 14 日，在市委、市政府两个信访接待室正式挂牌工作，由市司法局从各律师事务所派素质高的律师帮助接待处理涉及法律问题的群众来访。同年 6 月，山东省信访局向全省推介济南市的法律顾问制度。

这一时期，农村基层社会治理法制化取得一定成效。1992 年 8 月 26 日，全国依法治村民主管理经验交流会在章丘召开。会议着重总结和介绍了章丘加强和改善党对农村工作的领导，实行以法建制、以法治村、民主管理的经验，会后市委、市政府制定了《关于在全市开展学习章丘市依法治村民主管理经验，深化依法治理活动的实施意见》，总结推广章丘的做法和经验，有计划、有重点地全面开展依法治厂、治校、治店、治街活动，并在槐荫、章丘进行全方位依法治理工作试点。

这一时期，依法治理的改革进展迅速，突出表现在济南市对执法人员严格执法管理取得成效。1995 年 10 月 15 日，中共中央总书记、国家主席江泽民为济南市交警支队题词——“严格执法，热情服务”，对济南交警工作给予高度评价。1994 年 2005 年 2 月，在槐荫区开展“执法档案”建设试点工作，槐荫区政法系统 47 个基层科所队庭室、734 名执法干警全部建立“执法档案”。在试点的基础上，全市政法系统推广“执法档案”建设工作，初步形成对执法主体、执法行法为、执法环节等各方面的考核评估、跟踪管理、监督制约的格局。该做法被省委政法委以召开现场会的形式推广，被中央政法委以简报的形式刊发，《法制日报》头版头条予以刊登。

（三）改革深入期（2002～2011 年）

济南市在这段时期社会治理取得突破性进展，重点体现在政府职能进一步转变，除了党委和政府两个以往就有的治理主体外，“社会”和“公众”也成为社会治理必不可少的主体，明确了“社会”和“公众”作为非政府力量在新的社会治理格局中的重要地位，赋予了非政府的“社会组织”在新的社会治理格局中的重要责任，多元主体参社会与治理的格局逐步建立。

1. 政府职能更加适应了发展的需要

这段时期济南市政府进行了两次大的机构改革，同时通过建立“12345 市民服务热线”等举措加大了政府对民情民意的了解，促进了社会多元主体参与社会治理格局的形成。

2004年，市政府机构改革开始，此次政府机构改革围绕创新行政管理体制和运行机制，坚持精简、统一、效能和依法行政的原则展开。改革重点放在转变政府了职能和部门职能界定上，切实解决体制不顺、机构重叠、职能交叉和管理中的越位、缺位、错位问题。

2008年9月26日，“12345市民服务热线”开通，该热线在原市长公开电话基础上扩容升级、资源整合后，坚持以人为本、服务和保障民生的宗旨，认真受理、热情服务、多方联动、快速办理，协调各单位处理一大批热点、难点问题，对解决群众困难、维护社会和谐稳定发挥了积极作用，同时也搭建了一条济南市市民广泛参与社会治理的“热线”。

图1 “12345市民服务热线”受到社会广泛赞誉

2009年，市政府再一次进行机构改革，此次改革坚持精简统一效能的原则，积极探索实行职能有机统一的大部门体制，主要任务是转变政府职能、理顺职责关系、明确强化责任、优化组织结构和严格控制机构编制。至2010年3月底，市政府部门共取消、下放、转移职责52项，加强宏观调控、环境保护、住房保障、促进就业、安全生产及食品药品安全监管等关系国计民生的职责56项。

2. 社会治安综合治理成效显著

为维护社会治安，这段时期逐渐建立起从源头、过程到结果的全流程综合治安防控体系。2004年2月19日，市委、市政府制定了《关于建设“平安济南”的决定》，全市各级各部门把平安建设作为推进科学发展、构建和谐社会的重要举措，层层建立决策目标、执行责任、监督考核三大体系。涌现出涉法涉诉工作站、信访代理、综治保险、保安驻村、创建平安家庭、基层创安动态升降级管理、安全社区等在全国、全省有重大影响的经验，形成平安济南建设的品牌效应。群众安全感连续提升。

建立了突发事件防控应急处置体系。2007年2月，市政府应急管理办公室成立，市应急预案库汇集各类应急预案120余件，各乡镇（街道）和各类企事业单位均制订应急预案，基本形成覆盖全市各级各类突发事件的应急预案体系，初步形成分类管理、分级负责、条块结合、属地为主的应急管理体制。随后，济南市应急处置体系不断完善，覆盖了防汛抗旱、粮食供应、生活必需品供应、安全生产、环保、城市供水、灾害救助、气象安全、抗震救灾、森林防火、公共卫生、公安消防、反恐怖等各个领域，为及时应对城市紧急事件、化解社会风险发挥了重要作用。

3. 社会组织发展迅速

社会组织是承接政府职能转移的重要载体，也是参与社会治理的重要主体之一。这段时期，随着政府职能改革深化，大量政府职能向社会转移，济南市高度重视社会组织的健康发展，各类社会团体、行业协会、中介机构等社会组织迅速发展并日益成熟，在承接政府职能和自我管理、行业自律、维护行业者权益等方面发挥了重要作用。

在这段时期，中共济南市委、市政府非常重视社会组织管理工作，初步建立了社会组织管理法律法规体系。2003～2011 年，先后制定颁发了《中共济南市委组织部、济南市民政局关于进一步加强社会团体领导班子建设有关问题的通知》《济南市行业协会管理办法》《济南市社区民间组织备案管理暂行办法》《济南市社会团体管理工作服务手册》等具体实施办法，完善了政策保障体系，使社会组织管理工作进入了法制化、规范化的轨道。同时，本着"合理布局，优化结构，突出重点，注重质量"的原则，对于行业性、公益性、慈善性等符合经济社会发展需要的社会组织予以重点扶持。

1992 年，济南市正式登记发证的市级社会团体 316 家。到 2012 年，全市共登记备案各类社会组织 5444 家，包括社会团体 1304 家、民办非企业单位 2275 家、农村经济协会 456 家和社区社会组织 1409 家。

4. 社区建设得到长足发展

和谐社区是和谐社会的基础平台。这一时期济南市倾力打造和谐社区建设，重点把示范创建、典型引路作为推动社区建设深化发展的重要手段，按照构建社会主义和谐社会的总体要求，以社区管理体制创新为突破口，以建立新型社区、强化城市管理、完善社区服务、实现基层民主为目标，积极开展

图 2　青年公园社区举行的反家庭暴力模拟法庭

和谐社区创建活动，创造出“A”型社区管理模式、全面实行社区直选、建设特色社区、打造社区服务品牌等颇具创新意义的典型经验，在全国产生了重大影响。2006年8月，被民政部命名为“全国社区建设示范市”。2006年2月，槐荫区青年公园街道被世界卫生组织（WHO）社区安全协进中心组织命名为中国大陆第一个、世界第97个“安全社区”。

（四）改革深化期（2012年以来）

2012年党的十八大召开，党中央和国务院对社会治理作出全局性改革部署。特别是党的十八届五中全会提出“加强和创新社会治理，推进社会治理精细化，构建全民共建共享的社会治理格局”的重要指示，为社会治理改革创新开启了新的一页。济南市加大政府放管服改革力度，积极引导和激发社会组织参与治理，进一步提升基层居民自治空间，推动社会治理重心下移，逐步实现政府治理和社会调节、居民自治的良性互动。与此同时，济南市社会治理以文明城市创建为契机，推进社会治理法制化、精细化、网格化、智慧化进程，全面提高社会治理和公共服务能力。通过一系列治理新举措，济南城市文明度迅速提升。2017年11月，济南市以全国省会城市测评第一名的优异成绩获得“全国文明城市”称号。

1. 政府“放管服”改革取得较大进展

为优化济南市经济社会发展环境，实现“打造四个中心，建设现代泉城”的目标任务，济南市努力推进简政放权与职能转变，在减少审批事项、规范行政权力、提高审批效率、激发经济社会活力等方面取得了成效。

政府持续推进下放管理权力。2012年12月23日，市政府印发《关于深化行政审批制度改革的实施意见》，向县（市）区下放市级管理权限166项。其中，经济管理类16项，城市管理类55项，社会管理类10项，资源管理类85项。2014年，市政府印发了《关于公布部分市级行政许可等行政管理事项调整结果的通知》，进一步调整减少行政审批事项。通过取消和下放行政权力，给大量的企业和社会组织“松绑”，增强了经济社会发展的动力和活力。2017年5月2日，济南市下发了《济南市人民政府部分工作部门整合调整方案》（以下简称《方案》）。《方案》以大部门体制改革为整合调整方向，坚持一件事情原则上由一个部门负责，在“大文化”“大城管”“大农业”部门体制的基础上，实现“大水务”“大绿化”“大建设”“大交通”“大外事”体制格局，进一步优化政府部门职能配置，完善治理体系，提升综合治理能力。除此之外，济南市统筹推进优化再造投资项目审批服务流程，协调推进政务服务大厅“一窗受理，集成服务”，完善容缺受理、“多评合一”等审批机制。2018年6月19日，中共济南市委常委会议通过《深化“一次办成”改革进一步优化营商环境的若干措施》（以下简称《措施》），该《措施》对于进一步优化政务环境、方便群众和企业、减轻群众和基层办事负担起到积极作用。

2. 依法行政、依法治理取得显著成效

党的十八大以后，济南市依法行政全面推开。2013 年，济南市已建成 116 个法治文化示范点，全市有 3 个区(市)被评为“全国法治县(市、区)创建活动先进单位”，1242 个村荣获市级以上“民主法治示范村”称号，28 个社区被评为“民主法治和谐示范社区”，113 所学校荣获市级以上“依法治校示范学校”称号，1042 个企业荣获“诚信守法企业”称号。为此，济南市被评为“全国首批法治城市创建先进市”。2017 年以来，围绕服务治霾治堵、拆违拆临、新旧动能转换、民生保障等重点领域，推进政府立法，严格执行年度人大立法计划和政府规章制定计划，提高立法公众参与度，落实政府立法公开征求意见制度，先后制定实施大气污染防治、水土保持、湿地保护、禁放烟花爆竹、房屋安全鉴定、生活饮用水卫生监督、气象灾害预警等法规规章，依法治理得到显著提升。

3. 社会组织参与社会治理取得新进展

党的十八大以来，济南市重点围绕激发社会组织活力、提高社会治理水平、参与社会治理展开行动。社会组织在促进社会安定和谐、完善社会公共服务体系、化解社会矛盾和加强精神文明建设等方面发挥了重要作用。

2014 年 10 月 30 日，全市社会组织参与社会治理工作推进会召开，就加大社会组织参与社会治理工作的推进力度、加大社会组织培育扶持力度、拓宽社会组织发展渠道、加强社会组织能力建设，充分发挥社会组织参与社会治理的作用提出要求。这一时期社会组织承接政府转移职能取得突破性进展。通过社会组织公益创投、政府购买服务，大大提高了济南市公共服务供给的质量和财政资金的使用效率，更好地满足了公众的多元化、个性化需求。

图 3　2014 年 10 月 30 日，全市社会组织参与社会治理工作推进会在市中区社会组织创新园召开

4. 社区多元共治的格局基本形成

党的十八大以来，城乡社区以党的领导为核心、多元主体协商共治的治理机制成为基层社会治理总目标。特别是网格化、智慧化管理手段的运用，使社区治理步入了创新发展的新时代。济南市在社区治理改革发展中也涌现出一些成功典型，这些典型因地而异、因人而异，各具特色，但归纳起来有三个共同的特征：一是坚持党的核心领导地位。社区基层党建始终是社区治理重要抓手。以济南市历山名郡社区“一核多元，按需共建”模式为例，社区以区域化党建为引领，通过建立社区联合“大党委”，构建“一核心多基础”的基层组织体系，夯实基层党组织力量。二是社区多元主体协商对话，共同参与治理。建立“一党三会”制度，明确社区党组织、社区议事会、社区居委会、社区监事会四者各自分工和职责，保证社区有关的事项决策、执行、监督的合理性。三是充分调动社区居民参与社区治理的积极性，建立协商议事平台，发扬基层民主。

图4 2013年7月4日，馆驿街社区召开居民代表会议协商楼道声控灯改造及燃气管道安装事宜

5. 城市社会治理进入智慧化时代

随着科技的迅猛发展，为促进济南市信息化与工业化、城镇化、农业现代化融合发展，推进转方式、调结构，保障和改善民生，建设服务型政府，提升城市综合竞争力，济南市社会治理进入智慧化时代。2013年8月6日，济南市出台了《济南市人民政府办公厅关于实施“智慧泉城”建设的意见》(济政办发〔2013〕21号)提出了云计算为基础，在智慧政府、智慧产业、智慧民生、智慧家庭等领域建设一批重点工程和示范项目，并在有条件的县(市)区开展市级智慧城市试点工作。在智慧政府方面，政务云计算中心已经于2014年正式投用，智慧泉城运行管理中心已完成一期建设及先期数据接入工作，社会治理进入“互联网+智慧泉城”的新时代。

图 5　智慧泉城运行管理中心工作大厅

三、经验启示

回顾 40 年来济南市社会治理所走过的历程，其中的经验值得我们深刻思考，对未来社会治理创新发展将会有重要的启示作用。

（一）把坚持党的领导贯穿于改革的全过程

济南市 40 年社会治理的实践经验充分证明，坚持党的领导是一切工作取得胜利的根本保障。无论是政府职能转变、培育孵化社会组织、社区建设、村民自治和居民自治，无一不是在党委领导下稳步扎实地向前推进。进入新时代，济南市面临全面深化改革，社会治理作为深化改革的重要内容，仍然要充分发挥党总揽全局、协调各方的领导核心作用。

（二）牢固树立以人民为中心的治理理念

坚持以人民为中心，是习近平同志社会治理思想的根本政治立场。社会治理，说到底就是对人的服务和治理。社会治理要以人为本，把人民放在心中最高位置，坚持全心全意为人民服务，要随时随刻倾听人民呼声、回应人民期待。济南市社会治理变迁的每一段历程，都始终把人民的需要作为改革的出发点和落脚点，只有维护最广大人民的根本利益、确保人民安居乐业，才能使人民群众的安全感、获得感不断提升。

（三）不断推进政府职能转变

社会治理变革是从“大政府、小社会”逐渐向“小政府、大社会”转变的过程。40 年来，中共济南市委、市政府紧密结合济南实际，把政府职能转变作为一项重大战略任务来抓,始终把简政放权作为转变政府职能的重点,不断推进政府管理重心下移,充分调动了市场主体和社会主体参与社会治理的积极性。未来济南市社会治理创新发展,政府应进一步转变职能,加强服务型政府建设,进一步扩大城乡社区居民的自治空间,推进多元主体共建、共治、共享的社会治理格局深化发展。

(四)精神文明建设常抓不懈

人民是社会治理的重要主体,良好的社会治理需要全体人民的共同参与,因而人民群众的道德素养、文明素养是提升社会治理水平的软实力。40年来济南市社会治理的成就离不开精神文明建设,精神文明建设为社会治理奠定了民主、文明、法制、诚信、友善等良好的人文环境。未来济南市社会治理创新发展,要以社会主义核心价值观为引领,不断提升市民的精神文明素养。

(五)以法治为保障

改革开放以来,济南市顺应时代发展的新要求,认真贯彻落实中共中央关于依法治国、建设社会主义法治国家的一系列重要部署,积极推进依法治市,自觉把法治建设放在全市经济社会发展中来谋划和推进,开展立法、执法、司法、普法工作,法治建设取得了显著进步。实践证明,加强法制建设、依法治理是实现社会善治的重要保障。未来济南市社会治理创新发展要始终牢固树立社会主义法治理念,扎实推进依法治市工作,为实现城市社会治理现代化保驾护航。

参考文献

[1]毕竟悦:《中国四十年社会变迁》,清华大学出版社2018年版。

[2]李培林:《社会改革与社会治理》,社会科学文献出版社2014年版。

[3]李友梅等:《城市社会治理》,社会科学文献出版社2014年版。

[4]宋晓梧主编:《构建共享型社会:中国社会体制改革40年》,广东经济出版社2017年版。

[5]俞可平:《论国家治理现代化》,社会科学文献出版社2014年版。

[6]俞可平等:《中国的治理变迁(1978～2018)》,社会科学文献出版社2018年版。

[7]郑杭生、胡宝荣:《包容共享:社会营理的精神内核》,中国人民大学出版社2014年版。

[8]周良书、朱孟光:《改革开放以来中国共产党社会治理理念的演进与特点》,《理论探索》2016年第4期。

济南“打造四个中心，建设现代泉城”战略目标的提出与实践研究

齐　峰

2015年7月，中共济南市委十届八次全委会提出了“打造四个中心，建设现代泉城”的战略目标，这是市委、市政府对全市人民的庄严承诺。三年来，全市上下励精图治，砥砺奋进，全力推进“453”“1+454”工作体系，干成了许多实事，解决了许多难事，顺利实现了“一年有势头，两年有看头”，正在决胜“三年有突破”，一幅迈向“大强美富通”的现代泉城画卷正徐徐展开。

一、“打造四个中心，建设现代泉城”战略目标的提出

（一）提出的时代背景

“四个中心”战略目标的提出不是偶然的。它是中共济南市委、市政府审时度势，基于我国经济社会发展的阶段性特征，立足济南自身发展实际，回应省委、省政府对济南发展的殷切厚望和广大市民的新期待而作出的坚定抉择。

1. 主动引领经济发展新常态的战略选择

改革开放以来，我国经济高速增长创造了“中国奇迹”，但发展不协调、不平衡，高能耗、粗放低效的经济增长方式不可持续。从2012年起，我国GDP增速开始回落，2012年、2013年、2014年连续三年经济增速都在8%以下，正经历从经济奇迹到常规发展的重大转变：经济增长从高速转为中高速，从规模速度型粗放增长转向质量效率型集约增长，从要素投资驱动转向创新驱动。从当前我国经济发展的阶段性特征出发，适应新常态，保持战略上的平常心态。如何主动适应和引领经济发展新常态、破解经济社会发展难题，考验着各级领导决策者的智慧和担当。

面对经济发展新常态，济南同样面临着机遇和挑战：一是经济下行的挑战和稳增扩需的机遇并存，为济南投资、消费、创新等领域带来新一轮发展机遇。二是

利益调整的挑战和深化改革的机遇并存，只要以“壮士断腕”的决心推进改革，改革红利将进一步释放，经济社会发展活力将进一步迸发。可以说，“打造四个中心，建设现代泉城”是济南主动引领经济新常态的主动选择。

2. 科学分析省会发展形势的理性抉择

借成功举办第十一届全运会、第七届园博会和第十届中国艺术节的重大机遇，济南市乘势加快发展，拉开了“一城三区”的城市发展框架，经济社会发展跃上了一个新台阶。但是，放眼全省、全国、世界，济南经济社会发展仍面临不少困难和挑战，优势与劣势并存：

一是经济总体实力不强。与国内同类城市相比，济南人口少，面积小，经济实力较弱。经济首位度不高，2014 年济南经济总量占全省的比重仅为 9.71%，是唯一 GDP 占该省比重低于 10%的省会城市，处于“大省小省会”的尴尬地位，缺乏足够带动和辐射能力，省会吸引力、带动力、竞争力还不强。在全国 15 个副省级城市中，主要经济指标排名也比较靠后，面临“标兵越来越远，追兵越来越近”的紧迫局面。

二是经济发展后劲不足。首先，县域经济薄弱，是制约省会经济整体提升的瓶颈。统计资料显示，2014 年平阴、长清、济阳、商河、历城、章丘六个县区以全市 90%多的地域面积，贡献了 41.8%的生产总值，低于全国的 46%、全省的 77%。其次，民营经济是发展短板。2014 年济南市民营经济增加值只占 GDP 的 34.9%，比全省平均水平低 10.4 个百分点。最后，产业层次不够高。济南是一座老工业城市，近年来产业结构调整缓慢，产业转型升级步伐不快，高新技术产业占比偏低，从要素驱动转向创新驱动、实现发展方式“脱胎换骨”的任务十分艰巨。

三是经济外向度和城市国际化程度不高。济南市重大项目落地少，外向型经济薄弱，投资和出口是明显短板。固定资产投资、进出口总额、外商实际直接投资等指标，位居副省级城市后列。虽然拥有泉水这一国内外少有的资源禀赋，但其国际知名度、美誉度还不高，缺乏足够的影响力和吸引力。

四是济南比较优势彰显。济南区位优势明显，省会优势突出。济南最大的资源禀赋和核心竞争力就是泉水，做好泉水文章，有利于提升济南核心竞争力和软实力。济南需要从更大范围来审视自己，尽快找准新的发展坐标。可以说，“打造四个中心，建设现代泉城”是济南理性分析优势和短板后作出的战略抉择。

3. 回应省委、省政府殷切厚望和人民群众新期待的重大决策

鉴于济南独特的政治地位和区位优势，其经济社会发展、城市规划建设管理，从来都是被省委、省政府放在全省、全国的发展大局中来谋划和决策的。中共山东省委、省政府历届领导高度重视济南的发展，从“东拓、西进、南控、北跨、中梳”空间战略的谋划到“一城三区”城市框架的拉开，从发展省会经济到打造现代产业

体系的产业布局，从“一个核心、一个高地”到“大强美富通”现代泉城的发展定位，无不体现着省委、省政府领导的殷切期望。济南市市委、市政府历届领导不负厚望，根据省会发展实际，科学谋划发展战略，从“发挥省会优势，发展省会经济”到“拓展城市发展空间，打造现代产业体系”，从“加快科学发展，建设美丽泉城”再到“打造四个中心，建设现代泉城”，发展定位更加精准，发展目标更加明确，发展路径更加清晰。700万泉城人民是济南发展的主人翁，是济南发展的建设者、参与者、见证者，历来关心、关注、支持济南的建设和发展。他们期盼有稳定的收入、优质的教育、舒适的居住、健全的社保、优越的环境等，对历届市委、市政府充满期待，能带领他们实现“济南梦”。“打造四个中心，建设现代泉城”正是充分考虑省委、省政府既往对济南的发展定位以及广大群众的期盼得出的科学结论。

（二）提出的过程

“打造四个中心，建设现代泉城”的战略目标，不是一步到位提出来的，经过了从酝酿到确立、再逐步完善的过程。

1. 战略目标的酝酿

2015年3月27日，在济南市领导干部会议上，新履职的中共山东省委常委、济南市委书记王文涛饱含深情地提出“济南梦”，让全市广大干部群众备受鼓舞。“群众意见最大、反映最集中的热点问题是什么？制约济南经济社会健康稳定快速发展的体制机制性障碍主要有哪些？面对思想解放不够、观念更新不够、境界提升不够以及缺乏现代理念、缺乏创新意识、缺乏开拓精神应该怎么办？”……5月中旬，一场触及改革“深水区”的“解放思想大讨论”在各级领导干部中轰轰烈烈地展开。6月10～12日，济南市召开“解放思想大讨论”务虚会，深入查摆制约省会经济社会发展的重大问题，明确工作目标和努力方向。中共山东省委常委、市委书记王文涛提出“打造四个中心，建设现代泉城”的目标定位，初步勾勒出未来济南发展的总体框架。

2. 战略目标的确立

2015年7月3日，中共济南市委十届八次全会召开。会议认真分析当前省会发展面临的形势，响亮地提出了今后一个时期济南新的发展战略目标：“主动适应和引领经济发展新常态，立足新起点，再创新优势，积极打造全国重要的区域性经济中心、金融中心、物流中心、科技创新中心，建设与山东经济文化强省相适应的现代泉城，努力在协调推进‘四个全面’战略布局中走在全省乃至全国前列。”“打造四个中心，建设现代泉城”的战略目标，为济南树立了一个凝聚全市精气神、聚合省会资源禀赋而努力达到的新标杆。

3. 战略目标的丰富和完善

2016年是“打造四个中心，建设现代泉城”的破题起势之年。1月9日，市委、市政府召开全市经济工作暨“四个中心”建设动员大会,提出“433”工作体系,强力推进招商引资、项目建设、棚改旧改(征地拆迁)三项重点工作,确保“一年有势头,两年有看头,三年有突破”,吹响了“打造四个中心,建设现代泉城”的冲锋号。

2017年1月8日,全市经济工作暨“四个中心”建设推进大会进一步明确:构建“453”工作体系,坚定不移地推进“四个中心”建设,坚定不移地抓好招商引资、项目建设、棚改旧改(征收拆迁)、“拆违拆临、建绿透绿”和创建全国文明城市“五项重点工作”,坚定不移地打好治霾、治堵、脱贫“三大攻坚战”,确保实现“两年有看头”的目标。

2017年3月28日,济南市第十一次党代会提出:未来5年,济南“一个率先,两个基本”的总体目标:“率先高水平全面建成小康社会,基本确立全国重要的区域性经济中心、金融中心、物流中心、科技创新中心地位,基本建成与山东经济文化强省相适应的现代泉城,擘画了济南未来五年的发展蓝图。”

2018年1月6日,全市经济工作暨“四个中心”建设推进大会提出:全力推进“1+454”体系。“1”即深入学习宣传贯彻党的十九大精神;“454”中的第一个“4”,即“四个中心”建设,一以贯之打造区域性经济中心、金融中心、物流中心、科创中心,在“一年有势头”“两年有看头”的基础上实现“三年有突破”;“5”,即五项重点工作——招商引资、项目建设、棚改旧改征收拆迁、拆违拆临建绿透绿、城市更新;第二个“4”,即四大攻坚战—治霾、治堵、脱贫攻坚、新旧动能转换先行区建设。

至此,“打造四个中心,建设现代泉城”的战略目标内容更加全面,重点工作更加突出,推进路径更加清晰,推进措施更加具体,形成了完整的战略框架。

二、“打造四个中心,建设现代泉城”战略目标的科学内涵和总体思路

(一)科学内涵

市委十届八次全体会议提出的“打造四个中心,建设现代泉城”的战略目标,是时代赋予济南的光荣使命,是700万泉城人民的美好期盼,是全市党员干部群众的共同目标、共同追求、共同责任。

打造区域性经济中心,就是要做大经济总量,做强经济实力,全面推动工业经济、服务业经济、县域经济、外向型经济、民营经济、总部经济等蓬勃发展,主要经济指标增幅全面超过全省平均水平,不断提高在区域经济中的首位度。

打造区域性金融中心,就是要依托省会金融资源优势,全方位打造金融管理中心、金融机构中心、资金结算中心、金融交易中心、金融后台服务中心,努力成为立足山东、辐射周边省份、在全国有较大影响的黄河中下游地区金融中心。

打造区域性物流中心,就是要发挥济南区位交通优势,依托重要交通节点,大力规划发展现代物流业,打造以网络化、信息化、规模化为主要特征的全省综合性

物流中心、区域性物流中心及全国重要的物流节点。

打造区域性科技创新中心，就是要用好高校院所、科技人才等创新要素，加快科技研发和成果转化，推动全社会研发投入、高新技术产业占比等指标位居全省前列，成为国内重要的科技成果策源地和高新技术产业高地。

建设与山东经济文化强省相适应的现代泉城，就是要对照经济文化强省的省会地位和大市标准，提升城市现代化水平，擦亮泉城特色品牌，努力将济南建设成为具有深厚历史文化底蕴、浓厚时代气息、独特泉水韵味、享誉中外的现代化省会城市和繁华时尚、人文荟萃、宜居宜业、幸福和谐的现代泉城。

（二）总体思路

实现“打造四个中心，建设现代泉城”的定位与目标，要通过实施“开放、融合、聚焦”三大战略，坚持“项目导向，招商引资，环境营造”三大途径，激发“改革推动，创新驱动，投资拉动”三大动力，强化“思想保障，组织保障，队伍保障”三大保障，扎实工作，才能取得实实在在的成效。

三、“打造四个中心，建设现代泉城”战略目标的推进策略和战略举措

打赢新时代“四个中心”建设的“济南战役”，既要有战略目标，又要讲究战术打法，采取积极稳妥、科学合理的推进策略和措施。

（一）坚持解放思想先行，勇于冲破思想藩篱

“打造四个中心，建设现代泉城”的宏伟目标，给全市党员干部思想作风、境界水平提出了新的更高要求。首先要思想开放，开阔视野，提升工作境界标准。2015 年 6 月 10～12 日，市委召开“解放思想大讨论”务虚会，掀开了解放思想的大幕。2016 年 7 月 27 日，市委十届十一次全体会议再次向全市党员干部发出警醒之语：坚决清除“自以为是”顽疾。解放思想，要做到“四破除”“四强化”：一要破除“老大”思想，强化省会意识；二要破除保守观念，强化创新意识；三要破除“官本位”思想，强化大局意识；四要坚决破除“自以为是”痼疾，强化进取意识，摒弃“差不离”“小成即满，小富即安”思想，进一步解放思想、提升境界，打破思想上的镣铐，冲出心理中的沼泽，弘扬奋发有为、积极进取的精神，以坐不住、等不起、慢不得的责任感和紧迫感，持续不断地将事业推向前进。

（二）全面深化改革扩大开放，为“四个中心”建设提供强劲动力

2016 年 5 月，济南市被确定为全国首批 12 个构建开放型经济新体制综合试点试验城市。紧紧抓住综合试点试验城市契机，用好改革开放关键一招，坚决破除制约发展的体制机制障碍，不断为“四个中心”建设注入新的动力和活力。

一是深化行政管理体制改革。实施市级大部制改革，构建起大交通、大建设、大水务、大旅游、大外事、大绿化的行政管理体制；打破以区域划分的投融资体制，

整合组建新的六大投融资集团;设立济南新旧动能转换先行区管委会和济南国际医学科学中心管委会;设立市投资促进局,打造统一的招商平台;成立城市更新局,理顺棚改旧改体制;成立南部山区管委会,结束多年“群龙治水”的管理局面。

二是持续推进“放管服”改革。加强营商环境建设,出台《关于打造“十最”政务环境助推济南新旧动能转换的实施意见》《深化“一次办成”改革进一步优化营商环境的若干措施》,积极推进“一次办成”改革,优化办事审批流程,让群众和企业少跑腿、好办事。理顺高新区管理体制,将3000多项市级行政权力事项下放至高新区管委会,刻制了一批市级部门单位“2号印章”,让高新区行使下放的市级权力,同时将长清区创新谷和章丘区高官寨镇部分区域划归高新区代管。困扰高新区已久的管理体制不顺、发展空间不足等“成长中的烦恼”,至此迎刃而解。

三是加快投融资体制改革。密集出台了《济南市加快区域性金融中心建设促进金融业发展若干扶持政策》《济南市加快物流业发展若干政策》《济南市推进区域性科技创新中心建设若干政策》,为“四个中心”建设提供政策支持。建立产业引导基金,设立了100亿元教育发展基金、2500亿元新旧动能转换产业发展基金,发挥财政资金“四两拨千斤”的作用,引导社会资本投向实体经济。

四是深化人才发展体制机制改革。实施“5150”引才计划,每年设立不超过1亿元专项经费,遴选了590名创新创业人才。围绕产业金融中心建设,启动实施产业金融人才集聚计划,5年内分层次引进培养一批紧缺型金融人才。出台《济南人才发展体制机制改革实施意见》(济南人才新政30条),推出了《济南市高层次人才分类认定办法(试行)》《企业新引进研究生租房和生活补贴申请发放实施细则(试行)》《济南市高层次人才子女入学实施细则(试行)》《济南市引进人才落户实施细则(试行)》等4个政策落地措施;出台《关于促进高校和科研院所协同创新和成果产业化的实施意见》(“高校20条”)、《济南市教育系统人才引进管理暂行办法》;设立人才创新创业基金,市财政拿出3亿元,首期出资5000万元,用于对优秀创业人才企业股权直投、跟投,为“打造四个中心,建设现代泉城”提供了有力的人才保障和智力支持。

(三)加强干部队伍建设,为“四个中心”建设凝聚智慧力量

一是建立容错免责机制。鼓励支持党员干部“敢干事”,旗帜鲜明地为担当者担当。

二是健全“想干事”的正向激励机制。制定出台了《济南市基层一线干部正向激励实施细则(试行)》,让“实干者实惠”。

三是健全完善考评机制。强化干部考核评价结果运用,将考核结果与领导班子建设、干部选拔任用、经济奖励挂钩。

四是健全完善干部选拔任用机制。注重在“四个中心”建设一线培养选拔干部，积极为干部锻炼成长搭建平台，匡正选人用人风气。越来越想干事、越来越敢干事、越来越会干事、越来越能干事成为济南干部的新形象。

（四）坚持“以人民为中心”的发展思想，切实保障和改善民生

济南市始终坚持把改善民生作为重大责任，把增进人民福祉、促进人的全面发展作为全市各项事业发展的出发点和落脚点，不断提升人民群众的获得感、幸福感，建设一座有温度的城市。

一是着力保障和改善民生。做好就业和社会保障工作，加快教育、卫生、文化、体育等各项社会事业发展。全市一般公共预算民生和社会重点事业支出占总支出比重达到76%。实施更加积极的就业创业政策，最大限度地扩大就业、支持创业。着力解决大班额问题，新建、改建中小学分别为187所、90所。进一步深化医药卫生体制改革，加快建设“健康济南”。

二是扎实办好民生实事。每年列出一批民生实事，三年承诺的49件为民实事全部完成。整治提升老旧住宅小区，启动既有住宅增设电梯工作，市民居住环境更加整洁宜居。社会保险制度实现全覆盖，连续13次提高企业退休人员养老金，居民养老保险基础养老金连年涨。

三是更加关注困难群体。基本完成困难国企帮扶解困工作。加快推进棚改旧改工作，累计开工建设保障性安居工程15.7万余套，一大批棚户区居民搬进了新居，改善了居住条件。深入开展精准扶贫脱贫工作，累计24.5万人实现了脱贫、341个贫困村脱贫摘帽。高度重视保障低收入群体和特殊群体的生活。

（五）坚持全面从严治党，为“四个中心”建设提供坚强组织保障

“打造四个中心，建设现代泉城”关键在党，关键在党员领导干部。必须坚持全面从严治党，为“四个中心”建设提供坚强组织保障。

一是坚持把党的政治建设放在首位。全市各级党组织坚持以习近平新时代中国特色社会主义思想和党的十九大精神武装头脑，指导实践，严格遵守政治规矩和政治纪律，确保“四个中心”建设的政治方向。

二是切实加强基层党组织建设。认真贯彻全面从严治党要求，以开展“三严三实”“两学一做”专题教育为契机，紧紧围绕建设服务型基层党组织的目标，抓紧抓实各条战线、各个领域、各个环节的党建工作，大力整顿软弱涣散党组织，不断提升党的建设科学化水平，使每个基层党组织都成为打造“四个中心”的坚强战斗堡垒。

三是锲而不舍地加强作风建设。市委要求各级干部要践行四大作风：即负责担当的作风，勇于负责、敢于担当，勤勤恳恳、兢兢业业，按原则办事、依岗位履责；真抓实干的作风，大力发扬“钉钉子”精神，脚踏实地、埋头苦干，一步一个脚印地抓好各项工作落实；争创一流的作风，始终保持昂扬向上、奋发有为的精神状态，瞄准先进，争创一流，推动各项工作不断取得突破、走在全省全国前列；干净干事的作风，不越政治底线，不碰口袋红线，努力做清正廉洁、干净干事的表率，营造干事创业的浓厚氛围。

四是持续加强党风廉政建设。各级党委（党组）全面落实管党治党主体责任，严格落实中央八项规定精神，驰而不息纠治“四风”，推动党风廉政建设常态长效。加强纪律规矩教育，强化警示教育，使党员干部受警醒、明底线、知敬畏。各级纪检监察机关全面履行监督责任，着力构建不敢腐的惩戒机制、不能腐的防范机制和不想腐的保障机制，坚定不移地惩治腐败，形成反腐败斗争压倒性态势，为“四个中心”建设营造风清气正的良好政治生态。

四、“打造四个中心，建设现代泉城”战略目标的生动实践和显著成效

“打造四个中心，建设现代泉城”提出三年来，全市各级各部门积极投身“四个中心”建设，“一年有势头、两年有看头”的阶段性目标圆满实现，正在向“三年有突破”奋力迈进。

（一）加快区域性经济中心建设，经济综合实力不断增强

一是强力推动重大项目建设。牢固树立“项目为王，项目为先”的理念，坚持大抓项目、抓大项目。三年来，围绕打造区域性经济中心目标，建立完善市级重点项目库，确定620个市级重点建设项目，总投资14539亿元，涉及工业、商贸、市政公用、交通、物流等多个产业。济南新旧动能转换先行区完成规划设计、济南国际医学科学中心完成概念性规划，西部会展中心、绿地山东国际金融中心、齐鲁制药生物医药产业园、哈工大机器人等一大批产业项目加快建设。通过建设一批产业龙头，发展一片配套产业，构建上、中、下游密切衔接的现代产业集群，为打造“四个中心”奠定坚实的产业基础。

二是实施十大千亿元产业创新计划。出台《济南市十大千亿产业振兴计划》，形成一批支撑有力的千亿元产业集群，增创实体经济发展新优势，助推“四个中心”建设。

三是大力发展总部经济，积极引进国内外大型企业在济设立总部或区域总部。

四是着力加快发展现代农业。实施种养加、产供销、农工贸、农科教一体化，推进农村一、二、三产业融合发展。

五是加快现代服务业发展。大力发展教育、文化、医养康养、家政、旅游、休闲等服务消费，提升消费对经济发展的拉动作用。经过三年的发展，经济综合实力不断增强。2017年1～5月份，全市生产总值实现1875.55亿元，增速7.91%，为全省第二；一般公共预算收入完成354.64亿元，比上年同期增长17.9%，增幅列

省内 17 市第 1 位，在 15 个副省级城市中列第 10 位，呈现加快发展的良好态势。

（二）加快区域性金融中心建设，金融支撑力明显提升

一是突出产业金融定位。出台了《加快济南产业金融中心建设的实施意见》，积极申报国家级产业金融综合改革试验区，为全面打造济南产业金融中心奠定了基础。

二是举全市之力打造中央商务区。代表“山泉河湖城”标志的 5 个超高层“引爆型项目”加快推进，CBD 片区雏形初显。

三是狠抓金融招商。中央商务区新引进中德住房储蓄银行、和泰人寿等各类金融机构近 70 家，高新区汉峪金谷已签约金融与大型企业总部机构 30 多家，山东新金融产业园注册金融、类金融机构 120 余家，集聚效应开始显现，为实体经济注入强劲动力。2017 年末，金融业增加值 770 亿元，金融机构本外币存款余额 1.7 万亿元，均居全省第 1 位。根据 CDI 中国金融中心指数最新排名，济南在全国 31 个金融中心城市中列第 15 位，较上年上升两个位次。

（三）加快区域性物流中心建设，现代物流竞争力明显提升

一是加强顶层设计。制定了《区域性物流中心建设指标体系三年行动纲要》，明确提出，到 2020 年全面建成区域性物流信息交易中心、资金结算中心、总部集聚中心和货物集散中心。

二是强化交通基础设施支撑。加快综合交通枢纽城市建设，制定《“三环十二射”交通网络规划》，加快“米”字形高铁网建设，济莱高铁破土动工，济南首列中欧班列启运，济南国际邮件互换局兼交换站启用，济南机场北指廊建成投用。

三是加快推进物流园区建设。重点建设桑梓店物流中心、空港国际物流中心、董家镇公铁货运中心三大枢纽型物流园区和崔寨物流基地、大桥路物流基地两大综合型物流园区。抓好京东物流等 30 个重点项目建设，推进桑梓店等 8 个重点物流园区建设。传化泉胜公路港、盖世物流等一批项目加速推进，零点物流港改扩建工程启动。

四是培植知名物流企业。京东、苏宁、唯品会、菜鸟等知名企业纷纷将区域性物流总部落户济南，宜家家居、迪卡侬、百联奥特莱斯、麦德龙等消费性物流企业在济南集聚发展。

五是聚焦国际内陆港建设，实施《济南市加快推进国际内陆港建设行动计划》，大力发展多式联运，打造中国智慧物流名城。济南现代物流竞争力提升明显，先后获评“2017 中国物流业最具创新力城市”“2017 中国物流业最具影响力城市”。

（四）加快区域性科技创新中心建设，科技创新力明显提升

一是强化科技创新平台支撑。加快高新区“一区两城两谷”建设，推进国家重大新药创制平台、量子技术研究院等平台建设。中关村领创空间、国家技术转移东部中心交通产业中心、北斗导航位置服务数据中心山东分中心等重大创新创业平台先后落户济南。济南市与山东大学、山东省科技厅三方共建的山东工研院首期建成启用,浪潮思科网络科技有限公司正式运营。

二是推进科技与金融相融合。大力发展天使投资、创业投资、风险投资,省、市共建的科技金融大厦投入使用。出台了《济南市中小微企业创新券管理办法(试行)》,2017年市本级财政安排创新券专项资金1亿元普惠科技中小企业。

三是推进科技与产业融合。2017年9月12日,国内首个商用量子保密通信专网——济南市党政机关量子通信专网正式运行。中国重汽研发制造的全国首台氢燃料码头牵引车成功下线。济南二机床新型冲压设备成功打破国外垄断。齐鲁制药研发实力居2017中国医药企业第2位。一大批科技成果正不断助推企业创新从"模仿追随"向"源头引领"攀升。

四是加快发展大数据产业。大数据产业起步区已签约入驻一批大数据企业,建设形成100万平方米的大数据产业基地。

五是实施"泉城双创"人才计划,完善科技奖励制度,让天下更多英才创业泉城、圆梦济南。2017年末,全市高新技术企业达到1074家,高新技术产业产值增速和占比、R&D占GDP比重增幅、规模以上工业R&D经费内部支出占主营业务收入比重、万人有效发明专利拥有量、技术合同登记数、技术合同交易额增幅等均居全省首位。同年,成功获批"济青烟国家科技成果转移转化示范区"。

(五)加快建设现代泉城,城市品质显著提升

一是城市发展空间不断拓展。高起点、高效率推进新旧动能转换先行区、国际医学科学中心、新东站等重点片区规划建设,穿黄隧道和两座跨河大桥破土动工,"携河北跨"迈出实质性步伐,使济南从"大明湖时代"跨到"黄河时代";章丘撤市设区,使城区面积由3303平方公里扩大到5022平方公里。"一个主中心、一个副中心、五个次中心、十二个地区中心、两个卫星城"的城市框架基本形成,一座充满生机和活力的现代泉城逐渐显现。

二是城市环境明显改善。2016年以来,市委、市政府把治霾作为三大攻坚战的重中之重,打好治霾和污染防治攻坚战。实施大气污染防治"十大行动",取缔整改散乱污企业7190家,济钢生产线全线停产,全面完成323台35蒸吨及以下燃煤锅炉淘汰任务,集中开展建筑工地扬尘、燃煤、机动车尾气、露天烧烤和黑臭水体治理。空气质量明显改善,济南由此退出全国空气质量重点监测城市后列,"蓝天白云,繁星闪烁"开始成为生活常态。

三是交通拥堵状况有效缓解。市委、市政府把治堵作为当前最大的民生,深入实施"交通治堵十大措施",积极推进城市综合交通体系规划建设,加快打造"米"字形高铁网,加快构筑"三环十二射"高速路网,石济客专开通运行,对外四通八达的交通网络进一步完善。加快推进城区 3 条轨道交通建设，R1 线实现电通并试跑，R2、R3 线建设加速推进；二环西路南延、工业北路高架、顺河高架南延隧道、二环东路南延、二环南路东延 105 公里“两横三纵”高架空中走廊闭环成网；打通刘长山西路等 27 条瓶颈路、断头路；落实公交优先战略，新开通纬十二路 BRT 等 37 条公交线，群众出行更加顺畅便捷。深化交通综合整治，人脸识别、爱心斑马线、信用惩戒的“路口文明”常驻，文明交通蔚然成风。根据高德地图发布的《2017 年第一季度中国主要城市交通分析报告》，济南高峰期拥堵延时指数环比下降 8.9％，治堵成效有目共睹。

四是城市面貌焕然一新。将棚改旧改（征收拆迁）作为“打造四个中心，建设现代泉城”的先手棋，坚持以法治思维、法治方式推进拆迁工作。一大批棚改旧改项目顺利推进，一大批棚户区居民搬进了新居，改善了居住条件。实施城市“双修”和有机更新，打造“1＋5”特色街区，推进 472 个老旧小区整治，部分老城区露出新颜。坚持“先公后私，先政府后个人，先党员后群众”“一把尺子量到底”，对违法建筑“零容忍”。仅用一年时间，拆除违章建筑 6.6 万处、3300 万平方米，增加 240 万平方米绿地，城区绿地率提高 0.5％。拆违拆临、建绿透绿取得重大历史性突破。

五是城市气质大幅提升。牢固树立“绿水青山就是金山银山”的理念，按照“共抓大保护，不搞大开发”的思路，坚持绿色发展，加强南部山区生态保护与修复，加快建设省级生态功能保护区。充分利用泉城的独特禀赋，做足“显山露水”文章。扎实推进海绵城市建设、国家森林城市建设、国家卫生城市建设，实施山体修复，加大山体公园建设力度，为市民提供了更多亲近自然、放松身心的活动空间。泉城特色风貌带更加彰显，泉水连续 14 年持续喷涌。“听得到泉水叮咚，看得见一城山色”，泉水终又成为济南的靓丽风景。

六是省会形象大幅提升。坚持不懈创建全国文明城市，秉持“为民、靠民、不扰民”的创建理念，20 年矢志不移、永不放弃，以省会城市第一名的成绩成功摘得“全国文明城市”桂冠，实现了泉城人民 20 年的夙愿，城市形象和美誉度大幅提升，市民群众的自豪感、荣誉感、归属感大大增强。

七是城市治理更加有效。坚持以市民为中心理念，实施网格化、精细化、智慧化、法治化城市治理，探索公众有序参与城市管理的方式和路径，着力构建纵到底、横到边、全覆盖、无盲区的管理网络，有效破解城市顽疾，城市管理井然有序，初步形成市民共建、共治、共享的社会治理格局。

参考文献

[1]王文涛:《在市委十届八次全体会议上的讲话》,2015 年 7 月 3 日。

[2]王文涛:《在全市经济工作暨"四个中心"建设动员大会上的讲话》,2016 年 1 月 9 日。

[3]王文涛:《敢于担当真抓实干　为"打造四个中心,建设现代泉城"不懈奋斗——在中国共产党济南市第十一次代表大会上的报告》,2017 年 3 月 28 日。

[4]王文涛:《稳中求进　奋力夺标　打一场新时代四个中心建设的"济南战役"——在全市经济工作暨"四个中心"建设推进大会上的讲话》,中国共产党济南市委员会网,2018 年 1 月 6 日。

[5]王忠林:《政府工作报告——2018 年 1 月 8 日在济南市第十六届人民代表大会第二次会议上》,济南市人民政府网,2018 年 1 月 8 日。

[6]晁明春、张鹏程、周昌:《济南:打造四个中心,建设现代泉城》,《大众日报》2017 年 6 月 12 日。

[7]晁明春:《济南:打造"四个中心"全面破题起势》,《大众日报》2016 年 9 月 28 日。

[8]刘志奇、管斌、亢舒:《济南:围绕"四个中心"建设现代泉城》,《经济日报》2015 年 11 月 12 日。

[9]王彬:《通往现代泉城的"济南行动"——"打造四个中心、建设现代泉城"》,《济南日报》2017 年 9 月 1 日。

[10]王端鹏、王彬:《打造四个中心　建设现代泉城——2017,奔跑的济南有看头》,《济南日报》2017 年 12 月 25 日。

[11]张硕:《三年行动寻突破　济南物流中心建设步履铿锵》,《济南日报》2016 年 1 月 11 日。

济南红色文化资源整合与红色文化品牌建设的对策及建议

董建霞

红色文化是中国共产党自身诞生、发展及领导人民群众在长期革命、建设、改革实践中积淀起来的一种特殊文化类型，它蕴含着丰富的革命精神和厚重的历史文化内涵。大力弘扬红色文化，可以增进人民的爱国情怀、培育人民的高尚情操、铸就人民的创新精神，进一步增强党的执政能力。济南有着光荣的革命传统，这片土地上曾经演绎了许多红色故事，留下了许多可歌可泣的红色遗址遗迹和永垂不朽的红色精神，有着众多的、主题鲜明、内涵丰富的红色文化资源。但是这些资源还处在浅层次的开发利用阶段。深度挖掘和整合这些红色文化资源，树立红色文化品牌，对于培育和弘扬社会主义核心价值观，对于坚定文化自信，对于济南打造四个中心、建设“大强美富通”的现代化省会，具有重要的政治意义和现实意义。

一、济南红色文化资源的概况及特征

关于红色文化资源的内涵和定义，近年来学界从不同角度展开了探讨和研究。各种探究丰富了我们对红色文化资源的认识，笔者通过学习比较，认为肖发生的定义比较全面，即红色文化资源是在新民主主义和社会主义现代化建设时期，中国共产党在领导各族人民进行革命斗争和现代化建设过程中所形成的，能够为我们今天所开发并具有重要价值意义的各种精神及其物质载体的总和。

（一）济南红色文化资源概况

济南红色文化资源比较丰富，据 2011 年出版的《济南革命遗址概览》统计，济南红色文化资源有 100 余项。部分意义重大且遗址保存较好的先后被列为文物保护单位，其中，山东省级文物保护单位达 16 项，市级文保单位 2 项。具体情况见表 1 至表 3。

表 1　济南红色文化资源名录

资源类别	名称
革命旧址	济南共产党早期组织建立旧址；齐鲁书社旧址；山东省立第一师范学校；山东省立第一中学；社会主义青年团济南地方团建立旧址；中共山东省委秘书处旧址；济南解放纪念阁；中共山东早期组织和社会主义青年团活动旧址；渤海区党委津浦铁路局济南机器厂党支部联络站旧址；济南战役山东兵团指挥所旧址；解放济南战役茂岭山战场遗址；中共济阳第一个支部成立旧址；大峰山革命遗址；葫芦峪革命遗址；泰山军分区歼灭伪三团战斗遗址；泰山军分区修械所、战时医院旧址；章丘第一支抗日武装建立旧址；三十七中队建立旧址；抗日民众义勇军建立旧址。
纪念地及纪念馆	毛主席视察北园公社纪念地；毛主席视察省农科院纪念地；周恩来同志 1946 年视察北平军事调处部济南执行小组纪念地；周总理视察洛口黄河铁桥纪念地；王尽美、邓恩铭雕像纪念广场；中共济南市委重建纪念地；济南战役纪念馆；中共山东省党史陈列馆；中共平阴县委旧址纪念馆；王世栋烈士纪念地。
纪念碑	四五烈士纪念碑；泺口九烈士纪念碑；长清下巴战斗纪念碑；长清一门三英烈纪念碑；宫川英男烈士纪念碑；郭恒祥烈士纪念碑；辛锐烈士雕像。
烈士墓及陵园	李敬铨烈士墓；尹天佑烈士墓；侯少章、侯筱章烈士墓；熊善隆烈士墓；吴鸿渐烈士墓；马警吾烈士墓；魏金三烈士墓；王统照墓；济南革命烈士陵园；历城革命烈士陵园；济阳烈士陵园；商河县烈士陵园；平阴县烈士纪念园。

资料来源：根据中共济南市委党史研究室编《济南革命遗址概览》（中共党史出版社 2011 年版）、刘春明主编《济南通史》第六册（齐鲁书社 2008 年版）、张润武等著《图说济南老建筑》（济南出版社 2007 年版）、徐宾主编《图说槐荫老建筑》（济南出版社 2018 年版）等整理而成。

表 2　济南市省级文物保护单位中红色资源名录

序号	类别	名称	时代	地址	公布时间
1	近现代重要史迹及代表性建筑	毛主席视察北园公社纪念地	1958 年	天桥区北园中学内	1977.12.23
2	近现代重要史迹及代表性建筑	毛主席视察省农科院纪念地	1958 年 1959 年	历城区全福街道山东省农业科学院东	1977.12.23
3	近现代重要史迹及代表性建筑	周总理视察洛口黄河铁桥纪念地	1958 年	天桥区泺口居委会北黄河铁路大桥上	1977.12.23
4	近现代重要史迹及代表性建筑	中共山东省委秘书处旧址	1923 至 1927 年	天桥区五龙潭公园内	1977.12.23

续表

序号	类别	名称	时代	地址	公布时间
5	近现代重要史迹及代表性建筑	英雄山革命烈士陵园	1949 年	市中区英雄山、五里山、马鞍山西麓	1977.12.23
6	近现代重要史迹及代表性建筑	解放阁	1948 年	历下区黑虎泉西路东端	1977.12.23
7	近现代重要史迹及代表性建筑	中国社会主义青年团、济南地方团成立会址	1921 年	市中区育英中学内	1992.06.12
8	近现代重要史迹及代表性建筑	王统照墓	现代	天桥区金牛山南麓	2006.12.07
9	近现代重要史迹及代表性建筑	济南战役山东兵团指挥所纪念地	1948 年	历城区仲宫镇尹家店村南	2013.10.10
10	近现代重要史迹及代表性建筑	津浦铁路局济南机器厂旧址	1910 年	槐荫区槐树街 73 号	2013.10.10
11	抗战纪念设施、遗址	熊善隆烈士墓	2002 年	平阴县孔村镇胡坡村中	2015.06.02
12	近现代重要史迹及代表性建筑	李敬铨烈士墓	1984 年	历城区遥墙镇鸭旺口村	2015.06.23
13	近现代重要史迹及代表性建筑	史元厚烈士纪念堂	1954 年	长清区马山镇潘庄村内	2015.06.23
14	近现代重要史迹及代表性建筑	舒同、晁哲甫及李予昂旧居	中华民国	历下区趵突泉街道南新街 51 号	2015.06.23
15	近现代重要史迹及代表性建筑	王士栋烈士纪念地	1967 年	天桥区泺口街道鹊山东社区居委会	2015.06.23
16	近现代重要史迹及代表性建筑	中共平阴县委旧址	1939 年	平阴县孔村镇王楼村	2015.06.23

表 3　济南市市级文物保护单位中红色资源名录

序号	类别	名称	时代	地址	公布时间
1	近现代重要史迹及代表性建筑	周恩来同志 1946 年视察北平军事调处部济南执行小组纪念地	1946 年	槐荫区经三路 240 号	1979.09.03
2	近现代重要史迹及代表性建筑	大峰山革命遗址	1938 年	长清区孝里镇大峰山风景区内	1979.09.03

资料来源：根据济南市文物局历年发布的《济南市省级文物保护单位名录》和《济南市市级文物保护单位名录》整理而成。

(二)济南红色文化资源的特征

1. 数量较多,分布广泛

济南拥有百余处红色文化资源,如济南共产党组织建立及活动的旧址、中共山东省党委活动的旧址、济南战役纪念馆、解放阁等,还有大量的战争遗址、会议旧址、烈士陵园、纪念碑等多个种类,遍布全市各区县,形成了数量多、分布广的特色。

2. 主题鲜明,内涵丰富

济南是"五四"运动中发起时间最早、持续时间最长、参与阶层最广、斗争也为最激烈的城市。因而,济南为"五四"运动的伟大开端之地。济南是全国建立共产党组织最早的地区之一,是山东省党组织的发祥地。王尽美、邓恩铭直接参与了中国共产党的创建,在中共一大 13 名代表中,济南有其二;在国内 6 个早期共产党组织中,济南为其一。济南共产党组织对中国共产党的创建做出了重大贡献。1933 年,中共山东省委在遭受了十几次大的破坏之后,济南市的基层党、团组织几乎全部被摧毁。危急时刻,济南乡师党支部的赵健民、姚仲明、王文轩等几名年轻的党员、团员,独立坚持斗争,重建中共济南市委,将星星之火保存传播,最终历尽艰难险阻,与上级党组织取得了联系。济南铁路大厂党支部,为山东省第一个企业党支部,主导着济南乃至山东地区的工运方向,为山东各地企业党支部的创建树立了榜样。抗日战争时期,在中国共产党的领导下,济南地区的抗日军民相继建立起大峰山、平阿山区、章历泰边区、齐济临商边区等抗日根据地,对敌作战 600 余次,毙、伤、俘日伪军 31000 余人,缴获了大量武器、弹药及军用物资,沉重地打击了日本侵略军,为抗日战争的胜利做出了重要贡献。1948 年 9 月 16～24 日,中国人民解放军华东野战军仅仅用 8 天时间,就解放了国民政府强固设防和重军守卫的济南市。济南战役的胜利,拉开了全国解放战争战略决战的序幕,在中国人民解放军战争史上写下了光辉的一页。

济南党组织及革命先辈们前仆后继,百折不挠,顽强不屈,用生命和鲜血创造了无数丰功伟绩,为中国革命事业的发展做出了重大贡献。由此可见,济南红色文化主题突出鲜明,内涵非常丰富,这既是一笔宝贵的精神财富,又是红色文化品牌建设的重要资源。

3. 红色文化品牌少,影响力较小

自 2004 年以来,党中央、国务院作出大力发展红色旅游的战略决策,先后制定红色旅游发展规划。2016 年,中央办公厅、国务院办公厅又印发了《2016～2020 年全国红色旅游发展规划纲要》,公布了《全国红色旅游经典景区名录》,共有 300 处红色旅游经典景区,其中山东省有 13 处景区入选,济南革命烈士陵园、济南战役纪念馆、济南市解放阁 3 处景区列入全国红色旅游经典景区名录。另外,济南革命烈士陵园入选中国200个爱国主义教育基地;济南—济宁—枣庄—临沂—连云港线也是中国30条红色旅游精品线路之一。可以看出,济南诸多红色文化资源中,仅有济南革命烈士陵园、济南战役纪念馆、济南市解放阁形成了品牌,在全国享有一席之地。但其知名度尚不及省内的临沂、枣庄、莱芜等地红色景区,更无法与井冈山、延安等相比较。其他的红色文化资源影响力更小,既使济南市民也不是很了解,更很少去参观。

二、济南红色文化资源整合构建的路径

近年来,济南市政府投入了大量资金对部分遗址进行了修复和保护,取得了良好的社会反响。但总体看来,济南红色文化资源尚处在浅层次的开发阶段,其利用效率较低,资源缺乏有效整合,与其他红色区域相比较,还存在很大差距。不少的遗址面临着自然老化、风雨侵蚀以及人为破坏。特别是坐落在偏远农村的遗址,如魏金三的故宅以及与之相邻的长清临时党支部的诞生地,皆已破败不堪。章丘三十七中队建立旧址、南明十三烈士牺牲地遗址等也面临着这样的情况。分析其原因,主要是因为管理体制不顺、资源整合不多、开发资金不足、红色经营理念不强、宣传力度不够等。

本文主要从以下几个方面对济南红色文化资源的有效整合进行探讨:

第一,线的整合。整合设计济南共产党组织发展历程旅游路线,包括济南共产党早期组织创建地、津浦铁路大厂旧址、“四五”烈士纪念碑、泺口九烈士纪念碑、五柳闸中共济南市委重建地、中共山东省委秘书处旧址、王尽美和邓恩铭纪念广场、中共山东党史陈列馆等。通过这一路线,可以让人们对济南共产党组织发展历程有更直观的认识,对济南共产党人艰苦卓绝的斗争和百折不挠的精神有更深切的感知。

整合设计济南战役进程旅游路线,包含仲宫镇尹家店村南的济南战役山东兵团指挥所纪念地、茂岭山的济南战役纪念地、解放阁、济南战役纪念馆、英雄山烈士陵园等。通过实地行走和济南战役纪念馆的全景画体验,让人们了解济南战役的宏大场面。随着科技技术的不断进步,建议开辟济南战役VR体验馆,吸引更多青年和学生更加真切地体验战争的激烈和残酷,以感受思想和灵魂的震撼。

整合设计长清大峰山抗日根据地旅游路线,包含大峰山革命遗址、长清下巴战斗纪念碑、长清一门三英烈纪念碑、宫川英男烈士纪念碑、长清临时党支部、魏金三故宅等。这一路线展现抗日根据地军民以机智灵活的游击战,与日伪进行周旋对抗的过程,体现抗日战争的惨烈与军民的爱国精神。

第二,面的整合。可以将附近单个红色资源扩展连片,形成一定规模的红色旅游区。如中共山东省委秘书处旧址、王尽美和邓恩铭纪念广场以及中共山东党史陈列馆三处红色资源都在五龙潭公园一带。现今在全国上下抓党建的形势下,到中共

山东党史陈列馆参观学习的单位和个人较多，而陈列馆受到场地限制，显得有些局促。附近的中共山东省委秘书处旧址、王尽美和邓恩铭纪念广场却很少有人问津，特别是中共山东省委秘书处旧址大门常年紧闭，并未开放。再加上五龙潭公园收取门票，也限制了其开发利用。因此，建议取消五龙潭公园门票，将中共山东党史陈列馆与中共山东省委秘书处旧址、王尽美和邓恩铭纪念广场联合开发、精心设计，利用五龙潭公园优美的自然风景及丰厚的历史文化资源，必定能将其打造成独具特色的红色旅游景区。

可以采取红色文化和绿色山区结合模式。大峰山景区做得非常不错。大峰山位于济南市长清区孝里镇境内，为国家AAA级旅游区，是省级森林公园，已被打造成集历史古迹、绿色休闲、红色旅游于一体的综合性旅游景区。景区内的齐长城遗址被联合国教科文组织评为“世界物质文化遗产和全国重点文物保护单位”；大峰山革命遗址保存完好，为山东省重点文物保护单位；峰云观、灵官庙等道教场所，再加上峰峦叠翠的秀丽景色，可谓是一处历史文化资源丰富、自然景观优美的景区，但是其知名度不高，吸引力还不够，应该加大宣传力度，运用营销手段，吸引更多的人到大峰山游览观光。

历城区的葫芦峪革命遗址（中共济南工委、历城县政府活动旧址）和泰山军分区修械所、战时医院旧址皆位于西营镇。西营镇境内群山环抱、山青水秀、空气清新、风景秀丽，盛产苹果、核桃、板栗、花椒等30多种果品。境内有济南市最高的山峰——云梯山，海拔最高的——泉拔槊泉。这两处革命遗址可以与西营镇绿色山水结合起来打造旅游线路，使红色旅游与乡村旅游、森林旅游等新业态融合发展，让红色旅游更具吸引力。

第三，精心设计红色研学旅游线路。2016年11月30日，教育部、国家发展改革委等15部门印发《关于推进中小学生研学旅行的意见》，各地要根据研学旅行育人目标，依托自然和文化遗产资源、红色教育资源和综合实践基地等，建设一批安全适宜的中小学生研学旅行基地。在这个《关于推进中小学生研学旅行的意见》的推动下，各地根据自身特色纷纷推出研学旅游线路。2018年6月，山东省旅发委制定印发了《山东省红色文化研学旅游实施方案》，提出当年的7～11月，山东各市将确定1～2个红色研学旅游实践基地，每个实践基地选择1～2所学校开展试点工作。这为红色文化资源的开发和利用提供了难得的发展机遇。

济南应该借此东风，设计和打造好红色研学旅游实践基地。英雄山与大峰山应该是比较好的选择。同时，还要设计三五条线路，开展一日游、两日游、三日游等，以适应中小学生研学的不同需要。这需要专业机构来设计线路、建设基地、撰写适合学生的导游词以及设置适合学生的活动。另外，还应适应外地外省学生研学的要求，将济南的红色文化资源与省内其他地方的红色旅游线路结合起来进行推广。济南市旅发委也可以让各区县设计本地的红色研学旅游实践基地和旅游线路。同时,济南市旅发委连同济南党史研究室等部门积极主动与济南市各级教育部门联系,与各学校合作推广红色研学旅游实践基地及线路。济南市的中小学生可以先在本地游学,特别是低年级学生更适合本地游学,这对认识家乡、热爱家乡以及树立文化自信、培育社会主义核心价值观皆有助益。

中共山东省委党校及济南市委党校,乃至各区委党校,每年都举办很多班次学习班,红色文化考察也是其培训学习的一个内容。据了解,党校学习的外出考察多是两周或两周之上的班次,而且多安排在外地外省,如沂蒙山革命根据地、井冈山、延安等地,而济南红色文化考察却安排很少。建议在党校短期培训中,如一周的或两周的班次,安排一次济南红色文化考察。各区县委党校也应积极安排参观本区县红色文化考察。通过诸多努力,最终使济南丰富的红色文化资源成为开展党性教育、爱国主义教育和革命传统教育的重要载体。

三、济南红色文化品牌建设的建议

(一)唱响"济南战役精神"红色文化品牌

济南战役是一次著名战例,"是攻坚战的典范、速战速决的典范,也是军政全胜的典范。战斗中涌现出了"济南第一团""济南英雄连"等英雄集体。在这场战役中,华东野战军第九纵队第二十五师第七十三团在团长张慕韩指挥下勇猛突击,迅速突破外围防线,攻占济南外城永固门,进逼内城。9 月 23 日,总攻内城开始后,该团担任主攻任务,奉命在城东南角实施突破。全团官兵百折不挠,反复架设云梯,前仆后继,浴血奋战,终于在 24 日晨 2 时许突破城垣,攻入内城,为济南战役的胜利做出重大贡献。此战役中,全团涌现战斗英雄、功臣模范 118 人,七连获纵队授予的"济南英雄连"称号。该团被授予"济南第一团"荣誉称号。

他们不怕牺牲、敢打敢拼、不畏艰险、志在必得、誓死夺标的精神激励着无数后人。因而,要深入研究和总结提炼"济南战役精神""济南第一团精神",拓宽宣传渠道,将其打造成济南红色文化最亮的品牌。

(二)弘扬"尽美精神"红色文化品牌

王尽美同志是杰出的共产主义战士,是中国共产党的创始人之一,是中共山东党组织的缔造者和早期领导者,他为党和人民的事业做出了不可磨灭的历史贡献。济南则是王尽美同志求学、成长、奋斗的地方,是他树立共产主义信仰、宣传和实践马克思主义的地方,是他为实现尽善尽美的共产主义理想而奋斗终身的地方。济南应该成为研究、宣传、弘扬王尽美精神的主阵地。遗憾的是,济南还没有王尽美的纪念馆。建议选择合适的地方设立王尽美纪念馆,中共山东省委秘书处旧址可以作为考虑对象。建立王尽美纪念馆,传承和弘扬"尽美精神",激励人民群众为实现中华民族伟大复兴的中国梦不懈奋斗，对于开展“不忘初心，牢记使命”教育活动也具有重要意义。因此，济南通过设立纪念馆、开展系列活动、打造文化产品等，塑造好“尽美精神”红色文化品牌。

(三)打响“大峰山——山东的井冈山”红色文化品牌

大峰山是泰西抗日根据地的重要组成部分。1938 年 6 月，中共泰西各县的第一个县委——长清县委在岚峪村建立。同年年底，大峰山抗日根据地初步建立。1941 年 5 月下旬，800 余日伪军在长清县黄河以西地区扫荡，大峰山抗日武装积极出击，采取麻雀战术袭扰敌人，击毙日军少将土屋兵驻团长，这是整个抗战时期全国县级抗日武装击毙的唯一一个日军将级军官，也是泰西抗日军民击毙的日军最高指挥官。八路军总司令朱德、副总司令彭德怀特通令嘉奖。

在整个抗战时期，大峰山有 580 名烈士英勇牺牲，总共为革命输送过 13.8 万兵员，大峰山抗日斗争在中国人民抗日战争史上留下了光辉的一页。党和国家领导人田纪云、万里、段君毅等在抗战期间都在大峰山工作过。20 世纪 70 年代，八大军区中有 4 个司令员出自大峰山，有 7 个省委书记在大峰山战斗过。因此，大峰山有“长清的延安”“山东的井冈山”之美誉。

“大峰山——山东的井冈山”红色文化品牌需要积极研究、宣传，长清区应着力营造，它将来应该是一块非常耀眼的红色文化品牌。

(四)塑造“济南乡师——摧不垮的战斗堡垒”红色文化品牌

1929 年 8 月，山东省立第一乡村师范学校在济南北园白鹤庄成立，后曾改名山东省立济南简易乡村师范学校、山东省立乡村建设专科学校附设乡村师范学校，习惯上称之为“济南乡师”。从 1929 年 11 月到 1938 年停办的 8 年间，从这里走出了 155 名共产党员，其学生总计不过 600 多人；走出校门后，至 1943 年间又有 6 人入党。在抗日战争和解放战争中，很多的乡师学生担任了党政军重要职务，仅出席中共七大的代表中就有 4 名是济南乡师的学生。1944 年，中共中央山东分局书记朱瑞在延安中央党校做报告时说，抗日战争前，在山东的济南乡师出了一大批共产党的干部，可以说，济南乡师是我们党设在白区的一所党校。

在国民党的白色恐怖统治时期，以赵健民为首的济南乡师党支部在恢复、重建济南和山东党组织工作中作出了特殊贡献。济南乡师党支部由此被誉为“摧不垮的战斗堡垒”“白色恐怖下的一颗红星”“白区工作中的第一堡垒”，在中共山东党史上书写了辉煌的一页。

济南乡师党支部这种信仰坚定、勇于担当的精神是一笔宝贵的财富。因此，“济南乡师——摧不垮的战斗堡垒”应作为天桥区重点打造的红色文化品牌。

(五)讲好济南红色文化故事

针对济南的红色文化资源，编写普及性读物，让王尽美、邓恩铭、赵建民等同志的革命事迹和革命精神进校园、进课堂、进党校，让市民学生、党员干部都能够了解本地先烈事迹和红色文化。同时，还可以通过创作红色文学作品，制作影视剧、动漫、游戏等人民群众喜闻乐见的形式宣传红色文化，提高红色品牌的知名度，用红色文化谱写中华民族伟大复兴中国梦的美好新篇章。

2016年，习近平总书记"七一"重要讲话中指出："95年来，中国走过的历程，中国人民和中华民族走过的历程，是中国共产党和中国人民用鲜血、汗水、泪水写就的，充满着苦难和辉煌、曲折和胜利、付出和收获，这是中华民族发展史上不能忘却、不容否定的壮丽篇章，也是中国人民和中华民族继往开来、奋勇前进的现实基础。"红色文化资源正是这一段珍贵历史的直接见证，是共产党人坚定理想信念和伟大革命精神的物化载体。

济南作为一座国家级历史文化名城，红色文化是济南历史文化的重要组成部分。丰富的红色文化资源，是济南人民宝贵的文化遗产和精神财富。要开发利用好这些红色文化资源，传承红色基因，需要政府和相关部门积极主动作为，优化管理体制，推行跨领域、跨行业合作，营造研究、繁荣、发展济南红色文化的浓厚氛围，大手笔、高起点、高水平地挖掘和整合红色文化资源，唱响红色文化品牌，发挥其资政育人的重要作用，推动红色旅游的发展。另外，应该注意的是，红色文化资源的开发与利用，要坚持"保护为主，抢救第一，合理利用，加强管理"的原则，科学规划，严格程序，及时维护与整治，严禁毁损文物甚至破坏性开发。

参考文献

[1]《山东文史资料选辑》第三十辑，山东人民出版社1991年版。

[2]刘春明主编：《济南通史》第六册，齐鲁书社2008年版。

[3]魏本权、汲广运：《沂蒙红色文化资源研究》，山东人民出版社2014年版。

[4]徐宾主编：《图说槐荫老建筑》，济南出版社2018年版。

[5]徐长玉主编：《济南文化通览》，山东人民出版社2012年版。

[6]张润武等：《图说济南老建筑》，济南出版社2007年版。

[7]中共济南市委党史研究室编：《济南革命遗址概览》，中共党史出版社2011年版。

[8]中共济南市委党史研究室编：《中共济南地方史》，济南出版社2001年版。

[9]肖发生：《定位与提升："红色资源"的再认识》，《井冈山学院学报》2009年第1期。

[10]张勤城：《论红色文化资源》，《红色文化资源研究》2015年第1期。

改革开放以来济南市生态文明建设发展研究

梁永贤

习近平总书记在党的十九大报告中指出:“生态文明建设功在当代,利在千秋。我们要牢固树立社会主义生态文明观,推动形成人与自然和谐发展新格局,为保护生态环境做出我们这一代人的努力。”生态文明建设的重要意义和奋斗方目标和方向在此得以彰显。济南市历来重视环境、资源保护和利用问题。自改革开放以来,在生态文明建设方面取得了重要成就。2016年1月,被全国爱国卫生运动委员会命名为国家卫生城市;2016年11月,成功创建全国水生态文明建设试点市;2017年举行的第五届全国文明城市评比中,济南市以全国省会城市总排名第一位的好成绩入选全国文明城市名单。所有这些都标志着济南市的生态文明建设达到了新水平,进入了新阶段。但我们还应更加清醒地认识到,济南与国内外先进城市相比还存在很大差距,目前面临的生态形势和问题依然严峻,尤其是环境质量问题依然十分突出,已经取得的成果还不够稳定,关于济南市生态文明问题的专门研究还很不足,生态文明发展还受着思想认识、体制机制等因素的影响和制约。鉴于此,本课题拟先摸清现状,对济南市生态文明建设现状充分调查研究;系统总结回顾济南市生态文明建设的历史进程、取得成就和主要经验;深入分析当前济南市在生态文明建设方面面临的问题、挑战和严峻形势,就如何以党的十九大报告为指导,全面推进新时代济南市生态文明建设提出基本思路和对策,力求对领导决策和建设实践具有一定的指导和参考价值。

一、生态文明的基本概念、内涵要求和重要意义

(一)生态文明的基本概念

生态文明是反映物质文化进步开化状态的范畴,主要指人类在经济社会活动中,遵循自然生态发展规律、经济与社会发展规律以及人的全面发展规律,积极改

善和优化人与自然环境、人与人类社会以及人与人之间的关系,在实现资源集约节约和生态环境改善以及促进人口、经济和生态持续发展方面所取得的全部成果。

(二)生态文明建设的内涵要求

生态文明是包括生态资源与环境、生态产业与技术以及生态文化与制度等众多构成要素在内的完整统一系统,要科学有效地进行生态文明建设,需要协调配套地改进和优化生态文明系统的各个构成要素。

1. 生态文化的繁荣发展是生态文明建设的精神条件。建设高度生态文明要以生态文化的繁荣发展和创新为先导,确立起人与自然共生共荣的生存共同体的价值理念,创建起以人与自然和睦和谐、人与自然成为伙伴和朋友为核心的新型生态文化,追求人口经济、社会文化和资源环境的健康、协调、持续发展。

2. 生态产业的科学发展是生态文明建设的重要物质基础。生态文明建设需要宏观经济系统由以往单纯追求绝对经济效益转向全面追求生态效益、经济效益以及社会效益,以经济社会与生态生命系统的共生共荣为根本价值目标与目标取向。在生产生活方式上,彻底转变长期以来的高增长、高收入、高污染的传统粗放型的落后工业生产方式,以现代新兴生态科技为支撑和依托,促进物质经济生产的信息化和生态化,将生态产业打造成为产业系统结构中的主导引领产业,成为拉动经济增长、促进充分就业的主要源泉。

3. 生态环境保护事业是当今生态文明建设的本质需求。资源环境和生态问题直接关系到民族复兴大局和广大人民群众的健康生活与身心发展。假如生态环境遭受重大污染和破坏,则人的生命的存在和健康就会受到破坏,人类的生产生活难以为继,人类与自然系统的和谐共生就不可持续。进行生态文明建设的根本目标和基本要求就是要统筹协同好人类与自然环境的关系,克服人类经济生产活动对自然资源和生态系统所产生的各种有形无形的损害和破坏,大力开发垃圾废品资源化产业技术,切实有效地控制和大幅降低各种污染物质排放量,保护好宏观和微观的生态环境,全面实现生态环境质量的彻底改善和经济社会与生态的可持续发展。

4. 生态资源的集约节约利用是生态文明建设的支持条件。生态环境的有效保护和物质资源的持续生产是经济生产、社会发展以及人类自身生命延续的物质基础和前提条件。生态文明建设的重要意义和重要目标任务就是要大力保护和高效利用各种自然资源,循环永续地利用各种废弃资源,积极有效地开发利用各种可再生型的清洁能源和新能源,切实保障自然资源的可持续供给利用和人类经济增长与社会的可持续发展,维护好人类社会与自然系统的生态平衡和共生共荣。

5. 生态科技的发展是推动生态文明建设的重要力量。所谓生态科技，就是用生态科学的基本理论和方法来看待和促进科学技术发展，将生态学的基本原理运用于科学技发展目标、政策制定、课题选择、成果创造、评价推广等环节，实现科学技术系统的生态化研发、生态化运用和生态化创造。

6. 生态制度的创新是生态文明建设的根本保障。现代社会是法治社会，进行生态文明建设要有法可依、有章可循，依法依规推动。要真正解决生态环境问题，其本源性动力在于推动法律、政策和管理制度的创新。为此，一方面需要建立关于生态文明的战略规划、政策规范和管理制度，要着眼于整体发展需要，真正把人与自然系统的和谐和睦以及协调持续发展纳入到国家五位一体现代化总体格局和国民经济宏观决策中；另一方面则要建立健全完善的法律法规、政策规范和管理体系，将生态文明整体系统建设全部纳入法制化、规范化轨道，使生态文明建设的各个方面与环节都有法可依、有章可循，切实保障国家生态文明的先进理念和战略部署得以科学有效地贯彻落实。

（三）生态文明建设的重要意义

生态文明事关人民的幸福安康和民族的长远未来，没有适宜的生态环境则人的生产、生活都将难以维系和持续。习近平同志在系列讲话中一直强调“绿水青山就是金山银山”的基本理念。党的十八大报告对生态文明的意义进行了精辟概括：“建设生态文明，是关系人民福祉、关乎民族未来的长远大计。面对资源约束趋紧、环境污染严重、生态系统退化的严峻形势，必须树立尊重自然、顺应自然、保护自然的生态文明理念，把生态文明建设放在突出地位，融入经济建设、政治建设、文化建设、社会建设各方面和全过程，努力建设美丽中国，实现中华民族永续发展。”把生态文明建设提升至与经济、政治、文化、社会四大建设并列的高度，列为建设中国特色社会主义的“五位一体”的总布局之一。党的十九大报告进一步突出强调了生态文明建设的重要意义，作出了“加快生态文明体制改革，建设美丽中国”的重大战略部署和决策。生态文明成为全面小康社会任务的重要组成部分，标志着中国特色社会主义生态文明建设进入了新的时代和阶段。充分认识生态文明的概念内涵、原则要求和重大意义，对于推动生态文明建设是非常必要的。

二、改革开放以来济南市生态文明建设的发展历程及取得的经验与成就

改革开放 40 年来，济南市生态文明建设取得了重大成就。总结回顾济南市这 40 年来的文明建设发展历程，大体可以将其划分为蓬勃兴起（1979～1986 年）、持续发展阶段（1987～1991 年）、全面推进阶段（1992 年至今）三个阶段。

近年来，济南市针对工业化和城镇化飞速发展过程中出现的严重的生态问题，采取了一系列应对措施，坚持把生态文明建设作为立市之本，将争创全国文明

城市和建设生态文明融为一体，不断改善人民群众的生产生活条件，促进人与自然和谐和睦相处，取得了重要效果。其主要经验做法和成就包括以下几个方面：

（一）大力推进生态济南建设

到2012年年底，济南市的环境空气中可吸入颗粒物、二氧化硫、二氧化氮的浓度年均值同比2011年度分别下降了75%、64%、13%、35%，之后的情况是逐年改善。地下水的水质状况整体上保持了良好的状态，国家所规定的需要监测的39项指标均已经达到了地下水三类标准；锦绣川、鹊山、玉清湖水库的主要指标均达到了地表水环境质量二类标准，水质整体上保持了质量稳定；在济南市的多条河流中，黄河济南段水质达到三类标准，徒骇河、漯河、小清河以及章齐沟等重点河流的水质都达到了山东省环保厅所制定的控制目标。济南一直重视环境绿化，城市建成区内的人均公园绿地面积达到了10平方米，绿地覆盖率已经接近40%。

自2013年开始，济南市把生态文明建设放在了更加突出、更为重要的位置，举全市之力统筹抓好生态城市、水生态文明城市、生态园林城市、森林城市、环保模范城"五城联创"。着重围绕治理污染源、提高绿化覆盖率等方面的问题，全方位改善济南市的生态环境质量。一方面积极推进以治理污水、废气、噪声等污染源为重点的环境综合整治工作，健全完善河道管理河长制，巩固水环境整治成果，开展重点流域排污企业的限期治理，加强重点污染源、污水处理厂在线监控。稳定空气环境整治成果，大力改善空气环境质量，力争使主要污染物年均值、日均值均满足国家二级标准，努力增加空气优良天数。加强区域噪声和交通干线噪声治理，降低噪声污染。另一方面加大城区绿化力度，打造"三季有花、四季常青"的中心城区绿色长廊，稳步提高城市建成区绿化覆盖率、绿地率，现已分别达到了40%、35%的目标，形成天蓝、地绿、水碧、山青的生态环境和净化、绿化、亮化、美化的城市环境，提高了公众对城市环境质量的满意度。

（二）打造泉城特色文化

济南因泉闻名，做好泉水文章对于济南意义格外重要。多年来，济南市注重特色鲜明的城市品牌、城市形象和城市文化的塑造，围绕打造"天下泉城"文化品牌，突出山、泉、河、湖、城的资源优势，加强泉水保护和开发利用，确保泉水连续喷涌，积极推进泉水申遗，策划举办泉水节，并在2015年提出基本建成国家级生态市，根据"小清河以北'净化'，南山'补水'，城区'成景'"的生态建设方针原则，逐步为广大市民打造了一个天蓝、地绿、水净、宜居宜业的生态文明家园。

（三）提高城市规划建设的科学性

随着改革开放和现代化建设的快速发展，中共济南市委、市政府对生态环境保护越来越予以重视，先后相继出台了《济南市国家森林城市建设总体规划（2010～2019年）》《济南市城市绿地系统规划（2010～2020年）》。在2012年10月份，济南市有幸成为创建国家级水生态文明市的试点城市，试点建设期为2013～2015年，提升完善期为2016～2020年。在全部整个试点期以内，济南市计划投入资金272亿元，其中在中心城区投资达149亿元。至试点期结束，济南市将构建起科学完善的水管理体系以及先进、有特色的水文化体系，建成健康优美的水生态文明体系、安全集约的水供用体系，大幅提升全市水生态的自然、用水、管理和意识文明水平，基本形成现代新型水利发展格局。这一战略规划和部署为济南市的城市生态安全和文明提供了有力保证。

近年来，济南市不断提高城市规划建设的科学性，在与城市建设息息相关的细节方面下功夫，围绕基础设施、市政养护、环境整治、交通运输等方面，提高城市功能，让城市更好地承载发展、造福市民。加强基础设施建设和配套建设，完善重点场所消防、防震、气象、人防设施，确保城市安全。强化市政设施养护，加大城市公厕、垃圾转运站、垃圾箱等环卫设施建设的改造力度，加强废弃物处置和利用效率，生活垃圾分类处理水平不断提高。开展城市环境综合整治，提高城市保洁质量，坚决遏制违法违章建设行为，规范户外经营秩序，加强建筑渣土、户外广告管理整治。发展交通运输事业，加快城市轨道交通规划建设步伐，优先发展公共交通，进一步提高城市公共交通分担率，加强综合管理，完善交通设施，不断提高交通守法达标率，逐步缓解城市拥堵、停车难等问题。

（四）大力改善生态文明质量

经过多年坚持不断的保护、治理，济南市的生态环境质量得到了明显改善。目前全市上下逐步确立起“绿水青山就是金山银山”的思想理念，全力打造绿色生态美好家园，现在正逐步做到三个“越来越”：一是天越来越蓝。通过全面实施“新的大气污染防治十大基本措施”，大力取缔和整改“散乱污”的落后企业7190家，顺利完成了323台35蒸吨及以下燃煤锅炉的淘汰任务。济南市现已入选国家“北方地区冬季清洁取暖试点城市”，完成了气代煤、电代煤改造的企业与用户有11万户，完成清洁燃煤替代改造的达42万户。到2017年，济南市全年的空气良好以上天数达到了185天，同比增加了22天，重污染天气天数同比减少6天，久违了的“蓝天白云，繁星闪烁”得以重现。二是山越来越绿。近年来济南市大力强化山体绿化，推进“青山入城”建设，对170座山体划定保护性红线，造林绿化地域5.6万亩，建成各种山体公园30余处，为广大市民提供了更多的休闲娱乐空间。三是水越来越清。济南市近几年全面落实了河道管理的河长制，深入贯彻“水十条”，现在城区之内黑臭水体治理任务已经全面完成，南部山区水源地违法建设整治大有成效，重点泉群连续14年保持喷涌，“听得到泉水叮咚，看得见一城山色”的泉群胜景现在已经成为济南市的一张靓丽名片。

(五)经济可持续发展实力增强

自党的十八特别是十九大以来,济南市在全市范围内大力倡导绿色生态经济,大力促进新旧动能发展方式的根本转换,全面积极构建能够涵盖三大产业的新型生态产业体系。目前济南市已经涌现出一批循环经济发展的典型和亮点,一些先进科技创新企业采用新的绿色生态技术及其生产方式,对各种生产废物、废水进行循环再生持续利用,这样既提高了企业收益,又有效降低了污染废弃物对生态环境的破坏。济南市以创新、绿色和健康持续的发展理念为导向,大力发展能够有效支持服务于一、二产业的第三产业,生态旅游蓬勃兴起,物流、信息、会展等新兴服务业迅速崛起。"水生态经济"正成为拉动济南经济增长、社会发展和生态文明建设全面协调、健康创新发展的引领和支撑。

三、济南市生态文明建设存在的问题和不足

通过上述的历史回顾和现实经验的总结,可以充分看到济南市在创建文明城市中业已取得的成效,但是同时也必须清醒地看到:目前济南市的生态环境问题仍然面临着许多问题和挑战,形势依然十分严峻。

(一)环境与空气的质量水平依然较低

当前济南市正处于城市现代化建设高速发展时期,由于市政工程施工和建筑与拆迁所发生的扬尘污染现象还相当普遍,尤其是城乡结合部地方的扬尘防治问题突出,扬尘防治工作的面临的形势很严峻。近年来,济南市的机动车保有量快速增加,外地入市车辆趋于增加,交通拥堵问题严重,废气排放量增加。据统计,2016 年的 1～2 月间,济南市共出现的灰霾天气高达 52 天,人可能吸入的颗粒物和二氧化硫分别超过了国家所规定的二级标准的 128 倍和 1 倍。

(二)水环境质量亟待改善

济南市区水环境质量目前还达不到五类水体的标准,地表水体的质量普遍超过国家规定标准。卧虎山、鹊山、玉清湖、锦秀川等水库的水源总氮年均值都明显地超过了国家规定标准,大明湖的水质有时呈现轻度富营养化状态。济南市在饮用水源地保护方面也还存在问题,尤其是农村饮用水源地保护异常脆弱,农村地区的生态环境保护难度大、任务重。此外,济南的工业污染排放稳定达标脆弱,污染治理工程设施时常不能正常运转,超标排污、偷偷排污现象屡禁不止。全市目前尚有污水直排口,城市污水的集中处理能力依然明显不足,市区内每天还有不少生活生产污水未经处理就直接排入河道,解决污水直排问题任务艰巨。

(三)土壤污染不同程度的存在

根据对济南市的 120 个普查点、68 项监测指标数据的统计,约有 7 个指标存在着超标现象。值得注意的是,在污染源附近的土壤存在不同程度的污染现象;

工业场地及周围土壤之中的重金属污染比较严重；固体废物处置场地周边的土壤中砷含量比较高；畜禽养殖区、高速公路的周围土壤中的重金属含量偏高。

（四）环保基础设施建设仍显薄弱

目前济南城区的污水管网覆盖率还较低，雨污分流不彻底，垃圾的无害化处理能力与水平不足，城市区域的森林绿化覆盖率与发达城市相比还明显偏低，缺乏生态绿化廊道，空气自净能力差。绿地的总量不足且布局凌乱，生态文明保护作用不明显。在城乡结合部地带的绿地系统建设更显滞后，济南城市外围周边的绿地廊道缺乏整体成片的林地屏障，城市与周边自然生态系统之间的交流廊道被有形无形的因素所阻隔。

（五）环境安全风险增大

随着城市化推进，建成区范围不断扩展，济南市在原来的一些污染企业聚集区逐步建设形成了居住社区与企业混杂的格局。这些年来因为企业环境污染造成的群众投诉时有发生，来自环境安全方面的风险不容小视。

四、济南市进一步推进生态文明建设的基本思路与对策

在当前形势下大力推动济南市生态文明建设持续发展，要以党的十九大报告和习近平同志有关讲话为指导思想，针对济南市生态文明面临的新问题、新挑战、新形势，采取系统、科学的方法，健康、持续地推进。

（一）大力宣传培育生态文明理念，提高广大市民的生态文明素质和生态环境质量

要坚持人与自然和谐共生原则，树立和践行“绿水青山就是金山银山”的理念，政府、社会和企业共同承担推进生态文明建设的责任。要坚持以人民为中心的发展思想，坚持不懈地贯彻党中央有关生态环境保护和生态文明建设的决策部署，大力推进生态文明建设和生态环境保护，建设美丽中国、美丽泉城，满足人民日益增长的优美生态环境需要。建设生态文明需要加快推动形成绿色低碳生活方式。在全社会范围内大力推动树立社会主义生态文明观，营造崇尚自然保护和生态文明的浓厚社会氛围，推动形成简约节约、绿色环保的生活方式。

推进济南市生态文明建设需要以解决群众最关心的环境质量问题为重点，以土壤、大气和水污染防治等突出问题为突破点，全力打好生态环境保护的攻坚战，实现环境空气质量的持续好转，使水环境质量得到阶段性改善、土壤环境污染得到遏制。要动员全体市民坚决打赢蓝天保卫战，让广大市民能够在良好、适宜的空气环境中健康地生产生活。要划定生态红线并严格保护，进一步加强自然保护区的建设和管理工作，进一步完善污染防治基础设施，强化环境监管能力，有效控制环境风险，显著降低发展资源依存度和环境压力，基本形成与全面建成小康社

会相适应的生态环境格局,不断满足人民群众日益增长的优美环境需要。

广大市民是城市发展的主体和中心,只有使市民的整体生态文明素质普遍得到大幅提高,才能从根本上实现生态城市建设的基本目标。人的素质是在社会实践过程中塑造的,广大市民的生态文明意识与素质需要在社会实践和社会环境中产生和提高。为此,要增强全体市民的生态政治参与意识,建立生态信息披露以及环境状况通报制度,满足和实现人民的知情权,运用多种途径和方式向广大市民普及生态文明法律及相关科技知识。

(二)确立更高标准的生态城市标准,建设更高质量水平的生态文明典范城市

经过多年奋斗,济南市已经成功创建国家级水生态文明城和全国文明城市,但这只是迈向更高水平文明城市的基础和开端,未来还有更艰巨的目标任务,有更加激烈的发展竞争。进一步提升济南市生态文明建设水平,要以党的十九大报告精神为根本指导思想,全面贯彻落实习近平同志关于生态文明建设的系列讲话和指示,对标国内外先进城市文明标准,力争使各项工作走在全国前列。为此,一方面要明确目标,要高标准、高定位,选定路径;另一方面要解放思想,经营生态。"生态文明城市"的牌子打得越响,就会吸引越来越多的人流、物流、信息流、资金流集聚济南市,吸引越来越多的人关注济南、了解济南、参与济南的建设和发展。要更高标准地定位生态城市标准,建设更高质量水平的生态文明典范城市,全面贯彻落实科学发展新理念,实现生产生活的持续生态化发展和生态文明的持续扩大再生产。

(三)推动新旧动能转换,大力发展绿色生态经济

要推动构建绿色低碳循环发展的经济体系,不断提升生产领域的科技含量,最大限度地降低生产活动的资源消耗和污染排放的强度。推动新旧动能转换,要注重发展绿色生态经济和循环低碳经济,坚持走新型城市化和新型工业化道路,将资源节约、环境保护与经济结构优化有机结合起来,实现产业体系、民生质量、社会发展、生态文明之间相互支持和促进的良性循环。

(四)完善管理规范体系,推进生态文明建设体制机制创新

把济南市建设成为具有高度生态文明水平的城市,必须健全完善生态环境保护体制机制。推进环境保护管理机构的体制改革,完善环境管理制度,落实控制污染物排放许可制度,开展和落实城市环境总规、多规融合、生态红线划定等基础性工作,尽快构建起政府、市场、社会和公众共同参与的整体系列化环境治理体系。要依据科学发展观的基本理念和要求不断完善优化生态文明发展战略规划设计,把资源节约和环境保护作为经济增长和社会发展的前提和原则规范,根据国家和省市生态文明战略布局和原则规范确定具体的发展目标和方向以及发展的速度和阶段。创新和优化生态文明建设的制度规范的关键是建立和完善关于生态文明的立法、执法和司法体系,建立科学有效的生态补偿法规与政策机制,实现生态收益共享和生态责任的共担。

(五)采取科学有效措施,继续做好南部山区生态功能区的保护工作

济南市生态文明建设的一项重要目标任务是必须不断加强对市区南部水源涵养区的保护工作力度。要探索实行在地下水的直接补给范围以内封山绿化和退耕还林,严格限制工矿及商用土地开发,采取有力措施将林地打造成为区域的控制性景观。在地下水的间接补给区域内实施疏林地改造,逐步将其改造转化为成熟林地。要坚持做好直接补给区域之内的重点渗漏区的保护改造,对于那些已经受到破坏的重点渗漏区域应当采取修复措施,对于那些保存较为完好的重点渗漏区域则要采取保护措施,巩固和拓展已有成果。此外,还要持续推进生态环境系统的基础设施建设,持续深入开展对各种废弃物的深度综合整治,按照乡村振兴战略要求和城乡一体化发展目标,实现政府公共服务全覆盖和公共产品向农村延伸,构建起城乡一体化的垃圾有效处理体系。

(六)创新发展管理方法和技术手段,巩固拓展水生态文明建设成果

作为全国首批水生态文明建设试点城市之一,济南市紧密结合济南市情、水情,系统实施了节水减排体系建设、水生态修复和保护、泉城水文化培育以及河湖水系连通等400多项重要建设工程,目前已经基本上构建形成了"河湖连通惠民生,五水统筹润泉城"的水资源系统化配置新格局,水生态环境质量已经明显提升,趵突泉等重点泉群已经实现多年持续喷涌,为进一步推进水生态文明建设积累了重要经验,下一步要采取更加科学有效的措施巩固和拓展水生态文明建设的积极成果。

第一,坚持多措并举、依法管控,构建更加科学严格的水管体系。以实行最严格水资源管理制度为抓手,严控"三条红线",在全市生产总值年均增长8.8%的同时,取用水总量逐步下降。在近年来开展的山东省水资源管理制度考核评比中,济南市连续多次被评为优秀等级,并已经顺利地通过了"国家节水型城市"复查考核,其中的科学有效的经验和做法需要认真总结,坚持延续下去。

第二,坚持彰显特色、系统治理,建立健康优美的水生态体系。生态文明建设要坚持系统治理、空间均衡协调的基本原则,对于南部生态保护区而言,应当坚持以保护和修复为主,继续加大水环境保护以及水源大幅涵养,进而强化"补"的功能。在泉水景观区域以内,济南市融"山、泉、湖、河、城"于一体,已成功创建"天下第一泉"国家5A级景区,今后要不断优化改进,更充分地彰显泉城泉水特色和魅力。济南濒临黄河,在沿河湿地保育区域以内,要加大力度深入开展鹊山龙湖、遥墙清荷、济西湿地、白云湖湿地的保护修复及其科学化建设。在济北平原区域,要结合济南市"北跨"发展战略和总体布局,开展农业水网系统的科学治理和生态系统修复，控制和治理来自农村区域的污染治理。

第三，坚持城乡统筹、优化配置，完善安全集约的供用水体系。经过多年不懈努力，济南市依托“六横连八纵，一环绕泉城”的全市大水网，实施了五库连通、卧虎山水库调水等河湖水系连通工程，年调水能力已经达到了 3 亿立方米，实现了地下水、黄河水、长江水、地表水多水源的联合调度配置。今后应当根据生产与生态首先使用地表水、居民生活使用地下水的原则和思路，继续推进泉域补给区高标准农田建设和东联供水等水源置换工程，不断提高城市供水的有效保障能力和饮用水的品质。

第四，坚持丰富内涵、提升品位，打造先进、有特色的水文化体系。目前济南市已经编制完成了关于名泉申遗的具体文本及其相应的管理规划，迄今已经成功举办了三届济南泉水节，初步打造出了靓丽的“泉城”名片。最近几年以来，济南市还开展了关于水生态文明建设的关键技术的研究与示范工作，同山东省黄河河务局、山东省水利厅签订了战略合作框架协议，由省市通力合作、共同促进济南市的水生态文明建设事业发展。另外，济南市还成立了市级水生态文明研究促进会，组织有关部门和学者共同编写出版了《济南水生态文明读本》，拍摄了《天下泉城》《小清河》专题纪录片，开展了以建设生态文明为主题的大型宣传活动、“生态济南、水韵泉城”摄影大赛等。所有这些都为济南市水生态文明的创新发展奠定了良好基础和良好条件。下一步应总结经验，更好地连续办好泉水文化节，不断改进工作机制，提高项目运作的水平和效果，聚力打造更具有先进性和泉城特色的水文化体系。

（七）构建多元投入体系，为生态文明建设奠定财力基础

生态文明建设是一个复杂系统工程，需要有雄厚的资金投入和经济支持，为推动生态文明建设科学、持续发展，需要构建多元化、系列化投入支持体系。首先，政府要进一步增加财政投资。要根据新时期济南市生态文明建设的战略规划和目标任务，参照国家与省政府要求以及其他地市的具体投入比例和力度，较大幅度地增加财政拨款额度。其次，要把握使用好政策资源，积极努力争取国家和省里的资金支持。最后，发挥调动社会积极性，鼓励民间资本投入生态文明建设。可以制定“谁投入，谁受益”的基本原则和方法，创立生态环境保护建设基金和投融资机制，开拓多样化经济形式和投资渠道，形成生态文明建设合力。

（八）加强政企互动，充分发挥政府和市场两方面的作用

政府和市场是生态文明建设的两大主体和方式，两者之间应该形成角色匹配、功能互补的协同机制。其中，政府要做好制度供给、政策规范、战略规划、引导激励、技术推广等方面的工作，建立产学研合作体系，促使企业、高校、科研机构形成相互支持和依托的合作发展机制。生态文明建设需要建立政府和企业之间强有力的合作机制，政府需要发挥战略规划、统筹管理、高效服务的积极作用，通过政企之间的功能互补和良性互动创造整体最大化生态文明效应。

（九）坚持人民主体原则，动员组织全民参与生态文明建设

生态文明建设是一项多部门、跨区域、造福全民的长期的宏大的系统工程，它是党委、政府的工作要务，也是广大人民群众自己的大事。只有坚持人民主体原则，充分发挥和尊重人民群众的主体性地位和作用，建立健全公众参与机制，全市生态文明建设才具有根本动力和保证。公众参与生态文明建设具有不可替代的重要作用和优势。一方面，政府通过广泛听取公众特别是相关群体的意见，可以准确地收集生态环境信息，使政府在决策中能够采取更科学有效的方法来解决生态环境建设中面临的问题，这样可以防范生态问题的发生；另一方面，广大群众参与生态文明建设，可以在人力、信息、资金等方面弥补政府的不足，同时还可以做到对生态文明建设实行全程监督。为此，首先是创造条件让公众参与生态文明建设决策。政府应该建立公众参与决策机制，在制定有关生态建设方面的法规政策和方法举措时多方面听取群众意见，这样既可以增强决策的透明度，也可以提高决策的科学性。公众参与决策也是政府接受公众监督的过程，这样可以使公众接受和认可政府工作，从而减少项目通过和实施过程的阻力，取得事半功倍的效果。其次是拓宽公众参与生态环境监督的渠道。人是生态环境的主体和中心，也是生态环境利与害的承受者，所以让公众参与生态环境质量的监督，既是一项公民权利，也是推动生态文明建设的重要条件。公众监督既可以促进对已经发生的生态环境问题的解决，又可以对未来可能发生的生态环境问题进行预警，起到防患于未然的作用。拓宽公众参与生态环境监督的渠道，让公众广泛参与到生态环境保护与建设的各个环节和层面，这对于推动我市生态文明建设是十分重要而迫切的。

参考文献

[1]习近平：《决胜全面建成小康社会，夺取新时代中国特色社会主义伟大胜利——在中国共产党第十九次全国代表大会上的报告》，人民出版社2017年版。

[2]黄承梁：《生态文明——人类社会全面转型》，中共中央党校出版社2010年版。

[3]刘湘溶：《生态文明——人类可持续发展的必由之路》，湖南师范大学出版社2003年版。

[4]谷树忠、胡咏：《生态文明建设的科学内涵与基本路径》，《资源科学》2013年第6期。

[5]黄勤、曾元、江琴:《中国推进生态文明建设的研究进展》,《中国人口资源环境》2015 年第 1 期。

[6]李红卫:《生态文明——人类文明发展的必由之路》,《社会主义研究》2006 年第 6 期。

[7]李良美:《生态文明科学内涵及其理论意义》,《毛泽东邓小平理论研究》2007 年第 2 期。

[8]廖才茂:《生态文明的内涵与理论依据》,《中共浙江省委党校学报》2007 年第 6 期。

[9]向跃霖:《生态文明协是建设和谐社会的基本要求》,《中国环境管理》2007 年第 1 期。

[10]俞可平:《科学发展观与生态文明》,《马克思主义与现实》2007 年第 4 期。

[11]赵冬初:《生态文明建设的基本原则和路径选择》,《湖南大学学报》(社会科学版)2008 年第 3 期。

[12]张贡生:《走向生态文明的现实选择》,《资源环境与发展》2004 年第 3 期。

[13]周宏春:《新时期、新高度、新任务:对生态文明建设的思考》,《环境保护》2017 年第 12 期。

[14]王端鹏:《强化省会意识,以更大力度支持济南生态文明建设》,《济南日报》2016 年 2 月 16 日。

济南市新旧动能转换先行区建设与产业发展战略研究

孙　明　宋建毅

李克强总理在 2018 年政府工作报告中提出，要大力改造提升传统产业，加快大数据、云计算、物联网应用，以新技术、新业态、新模式推动传统产业生产、管理和营销模式变革。济南新旧动能转换先行区将全力集聚创新要素资源，发展高端新兴产业，打造开放合作新平台，建设现代绿色智慧新城。坚持高起点、高标准、高水平，按照"国际标准、世界眼光、山东优势、泉城特色"的要求，编制先行区产业发展规划，明确新兴产业布局发展方向，制定主导产业培育目录，构建产业培育和推进机制，打造专业产业策划团队，为先行区可持续发展奠定基础。

产业兴则城兴，产业强则城强。加快推进新旧动能转换，核心是产业，关键在项目。当前济南正处于产业结构调整、经济转型升级的关键时期。借力新旧动能转换，实现产业转型升级，成为济南"打造四个中心，建设现代泉城"的有力抓手。在这样的背景下，各行各业积极行动，全力发展新动能，改造提升旧动能，助力济南实现创新发展、率先发展、领先发展。

一、新旧动能转换的内涵及意义

(一)新旧动能转换的内涵

2017 年初，国务院办公厅下发的《关于创新管理优化服务培育壮大经济发展新动能 加快新旧动能接续转换的意见》(以下简称《意见》)，对新动能和新旧动能转换的含义作了明确界定。《意见》指出，在当今世界新一轮科技革命和产业变革的背景下，我国以技术创新为引领，以新技术、新产业、新业态、新模式为核心，以知识、技术、信息、数据等新生产要素为支撑的经济发展新动能正在形成，而新旧动能转换，就是要加快培育壮大新动能，改造提升传统动能，以促进经济结构转型和实体经济升级。

第一，要从广度上理解新旧动能转换的内涵。当前，新旧动能转换经历了三个台阶，也可以称之为3.0版。1.0版是经济增长的动能转换，2.0版是经济社会发展的动能转换，3.0版是经济社会发展与人的发展动能转换。

第二，要从深度上把握新旧动能转换的实质。习近平同志在《之江新语》中说："人，本质上就是文化的人，而不是'物化'的人；是能动的、全面的人，而不是僵化的、'单向度'的人。"这是新旧动能转换的核心词。也就是说，新旧动能转换的实质就是造就一批"能动的人"，就是给每一个人安马达，给每一个企业安马达，让他们自己就能动起来。

（二）推动新旧动能转换的意义

第一，新旧动能转换对我国跨越"中等收入陷阱"具有深刻意义。目前，整个中国经济社会发展处于一个非常关键的阶段，而新旧动能转换是贯彻新发展理念的重要抓手，也是推进供给侧结构的重要着力点，是国家发展进入新阶段的重大战略。新旧动能转换不仅是一个保持经济持续、健康增长的动力来源问题，也是转变发展方式、实现经济转型升级的重要路径，是跨越"中等收入陷阱"、向现代化建设目标迈进的关键举措。

第二，推动新旧动能转换是我国抢抓新一轮科技革命和产业变革战略机遇的重要抓手。当前，全球出现了新一轮科技革命和产业变革，而且这轮变革带有更多的全面性、颠覆性，使我国第一次与发达国家处于同一起跑线上。这轮变革具有两个主要特征：一是以信息技术、新能源、新材料、人工智能、基因技术、量子通信技术为主要发力点，正在深刻改变经济社会发展模式，给人们的思想观念和生产生活方式带来巨大影响；二是具有群体突破、跨界融合、快速应用、开放共享、供需驱动等新特点，一些颠覆性技术对传统产业产生了"归零效应"，对新兴产业具有持续的"放大效应"，将引领传统要素与新要素的全新组合，重构生产、就业、分配、消费等各个领域和各个环节。因此，谁能抓住新一轮技术革命和产业变革的机遇，谁就能实现率先发展。

第三，以新旧动能转换推动产业结构升级。2013年5月，麦肯锡全球研究所（McKinsey Global Institute）发布了一份名为《颠覆性技术：技术进步改变生活、商业和全球经济》研究报告指出：移动互联网、知识工作自动化、物联网、云计算、先进机器人、自动汽车、新一代基因组技术等12大颠覆性技术，至2025年预估的潜在经济影响都会达到上万亿美元，2020年就可能达到30万亿美元，这是未来产业发展的一个方向。中国下一波的主导产业是健康、文化、节能环保、新一轮信息技术、高端装备。我们要培育壮大新的10万亿元以上的产业，通过新旧动能转换，推动我国产业结构的更迭和变化。

第四，山东和济南在全国新旧动能转换中承担着重要责任。新旧动能转换是国家的大战略，但没有完全破题。国家进行新旧动能转换，对山东寄予了厚望。习近平总书记要求山东要“凤凰涅磐”“腾笼换鸟”“浴火重生”走在前列。李克强总理在2017年的“两会”上说，山东要在新旧动能转换中打头阵。因此，山东和济南应该有紧迫感，超前谋划，前瞻部署，大胆探索新旧动能转换。

第五，推动新旧动能转换是济南发展的迫切需要。济南的新旧动能转换，要用两个“度”来衡量，在省内是“首位度”，在国内省会城市和副省级城市中是“先进度”。目前，济南在这两“度”上做得都不够，而且差距特别大，与济南的地位不相称：一是市场活力不足，经济板块小；二是创新力不强；三是老百姓的生活不富裕。因此，济南必须真正推动新旧动能转换，以此提升自身实力和省会城市地位。

二、新旧动能转换的目标

(一)新旧动能转换的衡量方法

一是经济增长方面。经济增长的核心指标是全要素生产率或科技进步贡献率。全要素生产率在较长一段时期内稳定在60%以上的水平，就意味着支撑经济增长的核心动力和能量不是劳动力、资本投入等，而是来自于科技进步、科技创新制度的革新等。在发达国家，全要素生产率对经济增长的贡献超过50%，它可能就是一个新的动能。

二是产业结构变化方面。主要指新兴产业(包括新型制造业、现代服务业、现代农业等)占比情况及其对经济增长的贡献情况。一个国家或地区新兴产业增加值占当地生产总值30%以上，5年周期内对GDP的贡献达到40%以上，就可以认为是实现了新旧动能的转换。

三是新技术对传统产业转型升级的贡献方面。主要是看信息技术、生物技术、绿色技术等新技术对传统产业发展的带动情况。欧洲很多国家只有几个特色产业，但它们有很多隐形冠军。根据德国联邦外贸与投资署提供的数据，德国99.6%的企业都是中小型企业，这些企业提供了79%的工作岗位，贡献了超过55%的经济附加值，实现了产业的高端化。

四是要素投入方面。包括研发投入占地区生产总值的比重、大中型企业研发投入占销售收入比重、风险投资占社会投资比重、教育投入占财政支出的比重等。这些指标能够表征全社会聚焦创新的动力有多大、能量有多足，代表了一个国家或地区的创新实力。

(二)济南推动新旧动能转换的目标

一是从要素投入驱动转向创新驱动。提高劳动生产率或全要素生产率对经济增长的贡献，提高资本投入及相关要素投入的效率，其核心是效率驱动的增长。包括整个经济体系，同样要提升效率。

二是从主要依靠传统产业推动转向传统产业和新兴产业协同推动。一方面提高战略性新兴产业的比重，另一方面增加高新技术企业的数量。济南高新技术企业数量比广州、南京、杭州少很多，需要下大力气促进高新技术企业的发展。

三是从主要依靠低技术行业推动转向知识技术密集型行业推动。美国用KTI指标（研发投入占行业收入的比重）将各类行业分为低技术行业、中技术行业、高技术行业。我国提出“两化”融合，山东也提出了“四化”，实际上就是产业结构的高端化、服务化、知识化、低碳化、智能化，这也是全球产业的变化趋势。因此，要将提高知识技术密集型行业的比重、提高“两化”融合程度以及主要行业中机器人应用情况等作为新旧动能转换的主要目标。

四是从要素投入数量推动转向要素投入质量推动。现在的经济增长由传统的人口红利转向新的人才红利，即提高人力资本的素质。一个地方的创新精神强不强，创新文化浓不浓，要看它集聚了多少创业投资。要素投资，包括教育投入、R&D投入等，这些都是转换的目标。要从传统的引进外资转向优化资本结构、创业投资、创新投资。

三、如何推动新旧动能转换

（一）用新发展理念推动新旧动能转换

一是创新的理念。创新不只是技术创新，要特别注重体制创新，而且后者在解决目前的问题时往往是第一位的。

二是协调的理念。济南市域面积较小，应从更大的范围考虑区域协调，例如济南和莱芜的一体化等。做好城乡协调，需要推动现代农业发展。同时，济南有很多重工业和高新技术产业，重汽、浪潮里边还有涉军产业项目，所以军民融合也应在考虑范围之内。

三是绿色的理念。在发展的理念上要注重保护环境产权，因为好的环境本身就是一笔巨大的财富。

四是开放的理念。济南除了向东发展，还要考虑南、西、北三个方向。西部要搭上“一带一路”这条主线。在南北方向上，济南是南来北往的枢纽点，新旧动能先行区的建设在连接京津冀和长江经济带方面发挥了重要作用。

五是共享的理念。不仅是基本服务的共享，而且是要打造一个社会共生的局面。现在中国需要确立并推广社会民生的思想：第一，穷人不能再穷；第二，富人不必出走；第三，中产阶层范围必须扩大。

（二）着力推进供给侧结构性改革

一是产业结构方面。重工业比重高、轻工业比重低；传统产业比重高，高新技术产业比重低。这种产业结构随着我国重工业阶段逐步结束，必然导致增长动力不足。

二是企业结构方面。国有企业比重高,三资企业比重低;传统企业比重高,高新技术企业和创业创新企业比重低。这种结构导致资源配置效率不高,并且使系统缺乏流动性和活力。

三是要素结构方面。劳动力结构方面,主要以当地人为主,外地人口少,人才缺乏的问题比较突出。技术结构方面,主要表现为科研基础教育比较薄弱,虽然每年科研论文数量不少,但转化不够,有效供给不足。资本结构方面,主要以传统金融为主,新金融(如创业投资等)不发达。

济南推动新旧动能转换,必须深入推进供给侧结构性改革:

第一,以传统产业改造提升为主攻方向,着力推动产业迈向中高端。如济南第二机床、中国重汽,一是要支持他们技术改造,如智能化、绿色化改造;二是要支持他们引进人才;三是要支持企业建设一些重大项目;四是争取国家层面的政策支持,发挥中国市场需求的优势,支持其迈向中高端。

第二,要以"四新"经济为重点,加快壮大发展新动能。济南最大的优势是省会,要打造与省会经济相关、相对应的产业结构。新动能的培育发展可能在短期内见效不是那么明显,但新旧动能转换的主攻方向还是应该以加快培育新动能为主。

第三,以企业为发动机,着力提升企业的创新能力。新旧动能转换的发动机是企业,创新的发动机是企业。政府主要是给企业提供人才、技术、知识、资本,再加上创造良好的环境和制度供给。济南应重点培育一些龙头企业,培育一些大企业和大量的中小型企业,优化企业结构。

第四,营造良好的营商环境和创新创业生态。济南在营商环境方面还存在几个问题:一是创新氛围和企业家精神还不够浓,民营企业不发达;二是创业融资不发达,融资渠道少,融资方式不够灵活;三是要素多样性和流动性不足。此外,济南的交通拥堵、房价、城市品质等问题都需要改进。国内外大量的实践已经证明,人才、技术、资金等生产要素是流动的,一个地方的发展的关键在于良好的生态环境,只要具备合适的土壤和环境,新的动能就会如雨后春笋般地冒出来。

(三)用"新体制、新供给、新方式、新主体"推动新旧动能转换

一是新体制。济南深层次的问题是体制问题,根本办法是依靠体制的改革与创新,寻求新体制,实现动能转换。济南国有企业比重较高,要高度重视混合所有制改革;另外,还要淘汰僵尸企业,政府要简政放权,就是放、转、改。

二是新供给。新供给就是要创造性的供给,要考虑创造市场。新供给将新产业、新业态、新模式等都包括在内。济南现在的发展重点在三个方面:其一,大力发展战略性新兴产业,包括新一代信息技术、医药技术、高端装备制造、生物和新材料。其二，大力发展生产型服务业，特别是要高度重视金融中心建设，大力发展金融业。其三，大力发展生活服务业。包括医疗健康、商贸、旅游、文化和教育。

三是新方式。重新组合资本、土地、劳动、技术、管理（特别是企业家）五大资源要素。经济增长过去主要依靠土地、资本、低价劳动力，现在要转向创新管理的高素质人才。

四是新主体。新旧动能转换需要有新主体，关键是要出新人。习近平总书记指出，全面深化改革就是要激发市场蕴藏的活力，市场活力来自于人，特别是来自于企业家，来自于企业与企业家精神。

（四）以“金融＋新动能”助力新旧动能转换

建设新旧动能转换先行区离不开稳定、可持续、风险可控的投融资保障支撑。济南新旧动能转换要把推进济南产业金融中心建设置于新旧动能转换的大局当中，重点支持新动能的几个关键领域。市区重点放在信息技术、制造业升级、现代服务业三个方面，周边县（市、区）重点放在农业供给侧结构改革、发展绿色经济、新型城镇化建设三个方面。

金融助力新旧动能转换，必须形成传统金融与现代创新金融相结合、间接金融与直接金融相结合、金融服务体系与金融生态体系相结合的立体化的金融支持与支撑平台。重点做到八个结合，即财政性融资与信用化融资相结合、体制内金融与体制外金融相结合、政策金融与商业金融相结合、间接融资与直接融资相结合、债权融资与股权融资相结合、城市融资市场与农村融资市场相结合、正规金融与非正规金融相结合、内资与外资相结合，从而形成多元化、多渠道、多层次、多形式、多方式的融资体系。

（五）加快济南新旧动能转换先行区建设

济南新旧动能转先行区建设要注重“六个聚焦”，形成济南新旧动能转换的新路径：

第一，聚焦高端产业发展。结合济南自身特点实现传统产业的提升改造，大力培育新兴产业，特别是“四新”经济，强化实体经济带动。第二，聚焦空间再造和载体建设。搭建高端发展平台，把提高济南城市首位度作为山东空间再造的一个重点。第三，聚焦对内、对外开放。以高水平双向开放促进新旧动能转换。第四，聚焦营商环境建设。要深化重点领域改革，积极推进行政区划调整，加快推进济阳撤县设区，深化济莱协作区发展，争取将齐河、禹城、邹平等周边县市纳入先行区的空间范围。第五，聚焦重大项目带动，寻求重点领域突破。第六，聚焦人才支撑，汇聚高端发展要素。

四、用系统工程思维推动新旧动能转换

新旧动能转换是一项系统工程,重点在于产业发展,十大千亿元产业可以说是山东省"十强产业"在济南的特色实践。济南要围绕十大产业找准新旧动能转换的发力点和突破口,用新模式的渗透、整合来推动新旧动能转换。

第一,创新融通。重大工程和项目的组织实施是跨行业跨领域、线上线下组合创新资源,是融通基础研究、应用与市场开发,是技术创新与产业化同步推进,所以必须实现创新融通。为此,要高度重视产业技术研究、工业设计研究等新型研发机构建设,通过组织科研力量和企业的提前介入来填补中间研发的缺项。

第二,企业融通。一是企业内部的平台化融通。把握企业未来发展的平台化趋势,把企业做成一个人人发挥创业、创新、创造能力的平台。二是大、中、小企业的融通。大企业和中小企业之间不再是主次关系,都是平等、双向的主体,大企业要裂变,小企业要聚合,形成社会化、网络化的协作配套关系,不再是原来单向的合作关系。三是企业与高校之间的融通。企业成为一种平台,与高校和科研机构形成一种"小核心、大结构"的关系。从目前来看,企业仅仅搞一般性技术改造、一般性创新投入是不够的,必须从根本上进行机制创新,生产研发各个环节都要按照互联网的架构,按照数据的模式来进行系统性改造。

第三,产业融通。一是推动新技术、新业态、新模式发展并广泛渗透,推动创新成果融入各行业各领域。用新一代信息技术、互联网思维和大数据构架对传统产业进行改造,促进一、二、三产业跨界融合,打通经济与社会的融合。二是对制造业进行智能化、网络化的服务管理改造,促进先进制造业向服务化方向发展。三是形成合理的产业体系,重点布局高技术产业、战略性新兴产业和未来产业,再加上现代服务业和传统优势产业,促进这些产业的相互融通、相互支持。

第四,产品融通。现代产品的发展趋势不是工业生产线上的标准化产品,而是满足个性化需求,同时集质量、技术、标准、品牌于一体的产品。这种产品会融通科学技术与人文艺术、自然科学与社会科学。"工匠精神",不仅强调对产品每一个环节精益求精,而且还强调设计上的独具匠心和文化上的创意想象。产品融通是融通质量、技术、品牌,加上人文思想。

第五,要素融通。目前,各类开发区实现了能源、交通、基础设施等方面的"硬融通",但对技术、人才、资本、项目等高端要素的"软融通"重视不够,只有将二者融合才能产生剧变效应。要素融通就是形成一个创新生态体系、一个全链条服务的体系,如提供政策咨询、人才培训、项目落地、供需对接、金融服务等。现在仍存在创新要素分散、产业形态单一、市场分割严重的问题,所以要利用现代科技尤其是互联网,推动更大区域范围的要素融通,打造一种或多种特色优势产业。

第六，政策融通。要支持新动能成长，必须采取融通性、综合性政策。比如，培育战略新兴产业，不仅要有产业引导基金、财政补贴、信贷支持，而且还要在标准制定、检验检测、行业规划、信息数据、公共创新平台、土地成本等方面加大引导支持力度。这种面对培育新动能的通融性政策，是问题导向和目标导向，而不是从旧体制出发的部门导向。政策融通背后是体制的融通，一项政策的出台一定要有各个部门的沟通协调，这涉及政府履行职能方式的根本性转变。培育新动能应该从制度上培养，制度创新才能培育出新动能。济南市如果能在新主体、新产品、新业态、新技术的市场准入、审批监管、法规标准等方面探索出新经验，既能促进自身发展，又能为全国走出新路子。

第七，人才融通。新动能转换的关键是人才的转换。产业升级和结构调整的最大短板是人才和劳动力素质跟不上，如果不改变这种现状，将面临新产业培育起来了却找不到合适的人才的尴尬。当前各地对人才的争夺很厉害，济南市的人才开放性还不够。国家近几年出台的人才激励政策很多，较为开放的城市和地区在中央政策的基础上再加码，而一些观念保守的地方，好多政策落不了地。济南要在创新人才政策方面走得更快一些、力度更大一些，形成人才高地和创业创新的高地。